Gesellschaft und Kreativität
Entstehung, Aufbau und Gestalt
von Kulturblüten

von Hans Graeve

R. Oldenbourg Verlag München Wien 1977

CIP-Kurztitelaufnahme der Deutschen Bibliothek

Graeve, Hans
Gesellschaft und Kreativität : Entstehung,
Aufbau u. Gestalt von Kulturblüten. – 1. Aufl.
– München, Wien : Oldenbourg, 1977.
ISBN 3-486-44601-0

© 1977 R. Oldenbourg Verlag GmbH, München

Das Werk ist urheberrechtlich geschützt. Die dadurch begründeten Rechte, insbesondere die der Übersetzung, des Nachdrucks, der Funksendung, der Wiedergabe auf photomechanischem oder ähnlichem Wege sowie der Speicherung und Auswertung in Datenverarbeitungsanlagen, bleiben, auch bei nur auszugsweiser Verwertung, vorbehalten. Werden mit schriftlicher Einwilligung des Verlages einzelne Vervielfältigungsstücke für gewerbliche Zwecke hergestellt, ist an den Verlag die nach § 54 Abs. 2 Urh.G. zu zahlende Vergütung zu entrichten, über deren Höhe der Verlag Auskunft gibt.

Druck: Grafik + Druck, München
Bindearbeiten: R. Oldenbourg Graphische Betriebe GmbH, München
ISBN 3-486-44601-0

INHALTSVERZEICHNIS

EINLEITUNG 1

I. GESCHICHTE, GESELLSCHAFT UND KREATIVITÄT 1
I.1. Kulturblüten als Randerscheinungen sozialer Prozesse 1
I.2. Die innere Entwicklung der Gesellschaft vor und während der Kulturblüte 4
I.3. Der Aufbau der Kulturblüte 5
II. SPENGLER, TOYNBEE UND DIE HISTORISCHEN TATSACHEN 6
III. BEDEUTUNG EINER THEORIE DER KULTURBLÜTE 11
IV. DAS HISTORISCHE MATERIAL 13

Teil I Entstehung und Aufbau der Kulturblüte 17

I. Kapitel: ÄUSSERE BEDROHUNG UND KONZENTRATION DER GESELLSCHAFTLICHEN KRÄFTE 19

I. ÄUSSERE BEDROHUNG ALS VORSPIEL ZUR KULTURBLÜTE 19
I.1. Athen und das persische Weltreich 19
I.2. T'ang-China zwischen den Türken, Tibetanern und Koreanern 21
I.3. Florenz, der Kirchenstaat und Mailand 22
I.4. Frankreich und die Einkreisung durch Spanien 25

II. ANPASSUNG DER GESELLSCHAFT 29
II.1. Begriff 29
II.2. Athen 30
– Demokratie und Flottenrüstung 30
– Strategos Autokrator, amtloser Demagoge und Scherbengericht 31
II.3. China 32
– Wiedererstarken der konfuzianischen Traditionen unter den Sui und T'ang 32
– Stärkung der Staatsgewalt und administrative Reformen 33
– Große Mauer und andere Monumentalbauten als Objektivationen ... 34
II.4. Florenz 34
– Der Weg zur Signoria der Medici 34
– Die Entstehung des staatsbürgerlichen Humanismus 35
II.5. Frankreich 38
– Stärkung der Staatsmacht 38
– Wandel der soldatischen Gesinnung 39

II. Kapitel:	DIE FÄHIGKEIT ZUR SELBSTBEHAUPTUNG	41

I. Offenheit 41
I.1. Anpassungsfähigkeit oder Fähigkeit zur Selbstbehauptung 41
I.2. Offenheit als Interesse für die menschliche Umwelt 43
   – Gegensatz zwischen dem späten China und dem modernen Europa 43
   – Die Offenheit anpassungsfähiger Gesellschaften 45
      – Athen 45
      – China 49
      – Florenz 50
      – Frankreich 52
I.3. Offenheit als rationale Einstellung 55
   – Athen 55
   – China 56
   – Florenz 56
   – Frankreich 58

II. Integration 58
II.1. Begriff und Bedeutung 58
II.2. Hierarchische Gliederung der Gesellschaft 59
   – Athen 59
   – China 60
   – Florenz 61
   – Frankreich 63
II.3. Religiosität 64
   – Religiosität und Integration 64
   – Athen 64
   – China 65
   – Florenz 66
   – Frankreich 66
II.4. Gemeinsinn 68
   – Bedeutung 68
   – Athen 69
   – China 71
   – Florenz 71
   – Frankreich 74

III. Der Ursprung der Fähigkeit zur Selbstbehauptung 75
III.1. Zum Ursprung und Verlust der Fähigkeit zur Selbstbehauptung 75
III.2. Zur Wiedergewinnung der Fähigkeit zur Selbstbehauptung 76

III. Kapitel:	DER ANPASSUNGSSPIELRAUM	79

I. Moralischer und materieller Anpassungsspielraum 79
II. Der moralische Anpassungsspielraum Athens, Chinas, Florenz' und Frankreichs 80
III. Der materielle Anpassungsspielraum dieser Gesellschaften ... 84

| IV. | Verhältnis zwischen Anpassungsfähigkeit und Anpassungsspielraum | 86 |

IV. Kapitel: ÜBERWINDUNG DER ÄUSSEREN BEDROHUNG UND FREISETZUNG GESELLSCHAFTLICHER ENERGIEN 91

I.	Die Überwindung der äusseren Bedrohung	91
II.	Die Freisetzung gesellschaftlicher Energien	95
II.1.	Bedeutung	95
II.2.	Die Freisetzung materieller Energien	96
II.3.	Die Freisetzung moralischer Energien	99
	– Einebnung hierarchischer Strukturen	99
	– Rückgang der Religiosität	101
	– Nachlassen des Gemeinsinns	106
	– Verfall der internationalen Moral	116

V. Kapitel: KREATIVITÄT, GEISTIGER UMBRUCH UND BEWUSSTSEINSERWEITERUNG 117

I.	Athen im 5. und 4. Jh. v. Chr.	117
I.1.	Die Tragödie von Äschylos bis Euripides	117
I.2.	Geistiger Umbruch und Bewußtseinserweiterung	119
I.3.	Die Literatur von Aristophanes bis Menander	120
I.4.	Die Architektur	120
I.5.	Revolution in Skulptur und Malerei	123
I.6.	Umbruch in Philosophie und Geschichtsschreibung	125
I.7.	Mathematik und Naturwissenschaften	127
II.	Die frühe und mittlere T'ang-Zeit	127
II.1.	Die Lyrik	127
II.2.	Die Prosa	131
II.3.	Die Malerei	132
II.4.	Die intellektuelle Revolution	132
III.	Die florentinische Renaissance	133
III.1.	Vielseitigkeit der Repräsentanten von Kulturblüten	133
III.2.	Der »uomo universale«	134
III.3.	Versatilität der florentinischen Künstler	135
III.4.	Die Revolution in den historischen und politischen Wissenschaften	137
III.5.	Naturwissenschaften und Mathematik	139
IV.	Frankreich von Ludwig XIV. bis zur Französischen Revolution	140
IV.1.	Die Literatur von Pascal bis Bossuet	140
IV.2.	Architektur und Malerei	142
IV.3.	Der neue kritische Geist	143
IV.4.	Soziologie und Geschichtsschreibung	143
IV.5.	Mathematik und Naturwissenschaften	145
	Übersichtstafel: Sozialer Prozeß und Kulturblüte	146

VI. Kapitel: IDEE UND WIRKLICHKEIT ... 149

I. Das Modell ... 149

I.1. Die Ursprünge der Kulturblüte ... 149
I.2. Die Entfaltung der Kulturblüte ... 150
   – Beginn und Phasen ... 150
   – Zusammenhang zwischen kultureller und sozialer Entwicklung ... 151

II. Modell und historische Wirklichkeit ... 153

III. Die historische Ausbildung der athenischen, T'ang-, florentinischen und französischen Kulturblüte ... 155
   – Athen ... 156
   – Phasen der athenischen Kulturblüte ... 158
   – T'ang-China ... 161
   – Phasen der T'ang-Kulturblüte ... 162
   – Florenz ... 164
   – Phasen der florentinischen Kulturblüte ... 165
   – Frankreich ... 167
   – Phasen der französischen Kulturblüte ... 170

IV. Der Sonderfall Japan ... 172

VII. Kapitel: HÖHE UND DYNAMIK DER KULTURBLÜTE ... 177

I. Die Freisetzung gesellschaftlicher Energien ... 177

II. Der Umbruch im gesellschaftlichen Normensystem ... 180

III. Hochstimmung, Selbstvertrauen und Harmonie ... 181

III.1. Die besondere sozialpsychologische Atmosphäre der Kulturblüte ... 181
III.2. Hochstimmung ... 182
III.3. Selbstvertrauen ... 186
III.4. Innergesellschaftliche Harmonie ... 187
   – Gleichgewicht zwischen Individuum und Gesellschaft ... 187
   – Moralische Autorität des staatlichen Führers ... 190
   – Gleichartiges Denken und Fühlen der Gesellschaftsangehörigen ... 191

IV. Tradition und Umgebung ... 196
   – Die Bedeutung der geistigen Überlieferung ... 196
   – Gibt es eine Herausforderung durch die natürliche Umgebung? ... 204

VIII. Kapitel: DIE URSPRÜNGE DES AUGUSTEISCHEN ZEITALTERS, DER ABBASIDISCHEN KULTURBLÜTE UND DER GOETHEZEIT ... 207

I. Das Augusteische Zeitalter ... 207

II. Die abbasidische Kulturblüte ... 211

III. Die Goethezeit ... 214

III.1. Die Kreativität der deutschen Kulturblüte ... 214

III.2. Grundlagen der deutschen Kulturblüte 216
  – Bedrohung und Anpassung Deutschlands vor dem Dreißigjährigen Krieg 216
  – Bedrohung Deutschlands nach dem Dreißigjährigen Krieg 217
  – Anpassung Deutschlands nach dem Dreißigjährigen Krieg 218
    – das Reich 218
    – Die Territorien 220
  – Die Offenheit des damaligen Deutschland 224
  – Die Überwindung der Bedrohung 224
III.3. Schwerpunkte und Schichten der deutschen Kulturblüte 226
III.4. Ergebnis 228

Exkurs: DIE KULTURBLÜTE ALS EMANATION GESELLSCHAFTLICHER KRÄFTE UND ALS ÄUSSERUNG EINES DESINTEGRATIONSPROZESSES 231

I. Die »Emanationstheorie« 231
II. Die »Desintegrationstheorie« 232
III. Kritik der Emanations- und Desintegrationstheorie 235

Teil II Zur Philosophie der Kulturblüte 245

IX. Kapitel: HALTUNG UND WELTSICHT 247

I. Allgemeine Einstellung 247
II. Die Kunst zur Zeit des Höhepunkts der Kulturblüte 251
III. Die künstlerischen Ausdrucksformen vor der Kulturblüte und nach ihrem Höhepunkt 259

X. Kapitel: REVOLUTIONÄRER FORTSCHRITT UND KULTURKREIS 269

I. Die Kulturblüte als Entladung gesellschaftlicher Energie 269
II. Die Impulse des revolutionären Fortschritts 272
III. Das »Gesetz« vom abnehmenden Einfluss der äusseren Geschichte 273
IV. Kulturblüten als Scharniere der Geschichte 274
V. Die Struktur des revolutionären Fortschritts 275
VI. Das Geheimnis der Achsenzeit 279
VII. »Anstoss« und »Anregung« 282
VIII. Vielfalt und Einheit der Kulturen 286
IX. Kultur und Staatensystem 291

XI. Kapitel: ÜBER HISTORISCHE SINNZUSAMMENHÄNGE 297

I. Die Notwendigkeit einer ganzheitlichen historischen Betrachtungsweise 297
I.1. Die Problematik monokausaler Erklärungsversuche 297
I.2. Krieg und Kultur 300
I.3. Religion und Kultur 302

II. Die historische Rolle grosser Persönlichkeiten 304
II.1. Die große Persönlichkeit während des Anpassungsprozesses 304
II.2. Die politischen Repräsentanten der Kulturblüte 307

III. Renaissance und Wahlverwandtschaft 309
III.1. Das Phänomen der Renaissancen 309
III.2. Deutung des Phänomens der Renaissancen 311

IV. Zur Kulturmorphologie 312
IV.1. Spenglers »Kulturseele« 312
IV.2. Kritik der Auffassungen Spenglers 316
- Die Bedeutung der Kulturblüten für die Physiognomie der Kulturen 316
- Die Ähnlichkeit »gleichzeitiger« Epochen 319
- Vergleich zwischen Kulturblüten 319
- Das Kriterium der »Gleichzeitigkeit« 321

Anhang: Kulturblüte und gesellschaftliches Normensystem 325

I. Das gesellschaftliche Normensystem 325
II. Die Anpassung 327
III. Die Anpassungsfähigkeit 329
IV. Die Freisetzung moralischer Energien 331

Nachwort: Theorie der Kulturblüte und Diagnose der zeitgenössischen Gesellschaft 333

Personenregister 338

Einleitung

I. Geschichte, Gesellschaft und Kreativität

I.1. Kulturblüten als Randerscheinung sozialer Prozesse

Kreativität in ihrer höchsten Form trat bisher ganz vorwiegend zeitlich und räumlich-gesellschaftlich geballt, in »Kulturblüten«, auf. So wurden beispielsweise die vier größten Künstler – Lyriker und Maler –, die China in seiner reichen, mehr als dreitausendjährigen Geschichte hervorgebracht hat, nämlich Wang Wei, Wu Tao-tzu, Li Po und Tu Fu, innerhalb von vierzehn Jahren – 699 bis 712 – geboren. Kreativität in dem erwähnten Sinne ist die Fähigkeit, auf künstlerischem, philosophischem oder wissenschaftlichem Gebiet Bedeutsames zu leisten.

Die äußere und innere Geschichte von Gesellschaften, die Kulturblüten hervorbringen, weist vor und während der Steigerung der Kreativität charakteristische Parallelitäten auf, die zusammengenommen ein Modell der Entstehung und des Verlaufs von Kulturblüten ergeben, das im folgenden geschildert werden soll.

Kulturblüten sind eine Randerscheinung umfassender, intensiver und mehrere Generationen andauernder sozialer Prozesse, die durch Vorgänge außerhalb der Gesellschaft ausgelöst und beeinflußt werden, die andererseits jedoch nur dann ablaufen, wenn die Struktur der Gesellschaft bestimmte Voraussetzungen erfüllt. Für die Entstehung einer Kulturblüte ist zunächst eine äußere Bedrohung erforderlich. Optimal ist eine Gefahr, die sich während einer Generation immer mehr verschärft und dann zu einer existenzbedrohenden Krise führt. Unter den günstigsten Umständen wird die Bedrohung sodann in triumphaler Weise und so vollständig überwunden, daß die Gesellschaft wenigstens für ein bis zwei Generationen in Sicherheit leben kann.

Soll es zu einer Kulturblüte kommen, muß die Bedrohung jedenfalls so stark sein, daß die Gesellschaft sie in den bisherigen Formen ihrer Organisation nicht bewältigen kann. Die Gefahr muß die Gesellschaft also zur Sammlung ihrer gesamten Kräfte zwingen, zu einer »Anpassung« im Sinne einer so tiefgreifenden Umgestaltung des sozialen Normensystems, daß dem Gemeinwesen eine zweckgerechte und umfassende Mobilisierung brachliegender gesellschaftlicher Energien möglich wird.

Athen wurde zwischen 510 und 480 v. Chr. in steigendem Maße von den Persern bedroht. In den letzten Jahren dieses Zeitabschnitts spitzte sich die Situation krisenhaft zu. Erst mit ihrem Sieg in der Seeschlacht von Salamis überwanden die Athener die größte Gefahr. Die Anpassung der attischen Gesellschaft bestand in der Demokratisierung der staatlichen Institutionen und insbesondere in der Einführung einer weitgehenden

Gleichberechtigung für den vierten Stand, die Theten, die man als Ruderer für die lebenswichtige neue Flotte benötigte. – Das China der Sui und T'ang wurde etwa ab 600 immer mehr von den Osttürken, den Tibetanern und den Koreanern (Koguryŏ) bedrängt. Zu einer gefährlichen Krise kam es, als die Osttürken 624 bis in die Nähe der Hauptstadt Tsch'ang-an vordrangen und nur fünfzehn Kilometer von dieser entfernt ihr Lager aufschlugen. Erst sechs Jahre später wurde Kaiser T'ai Tsung ihrer Herr. Auch danach dauerte die äußere Bedrohung noch einige Jahrzehnte fort. Die Chinesen begegneten ihr mit der Schaffung machtvoller zentraler Institutionen und dem Wiederaufgreifen der konfuzianischen Überlieferung mit ihren staatsbürgerlichen und auf eine »vita activa« gerichteten Grundsätzen. – Florenz hatte seit der Mitte des 14. Jh. in Neapel, dem Kirchenstaat, Mailand und Venedig gefährliche Rivalen. Seit 1385 entwickelte sich insbesondere Mailand unter seinem Herzog Giangaleazzo Visconti zu einer außerordentlich expansiven Macht. In dem Kriege, der zwischen den beiden Stadtstaaten bald ausbrach, geriet Florenz in eine immer bedrängtere Lage, die nach dem Fall des verbündeten Bologna im Jahre 1400 völlig aussichtslos wurde. Dennoch dachten die Florentiner keinen Augenblick daran, sich zu unterwerfen. Nur durch einen Zufall, den unerwarteten Tod Giangaleazzos im Jahre 1402, wurden sie von der mailändischen Gefahr befreit. Das charakteristische Ergebnis der florentinischen Anpassung an diese Herausforderung ist der staatsbürgerliche Humanismus, der in seiner reifsten Form von Leonardo Bruni vertreten wurde.

Damit die Bedrohung zu einer Anpassung führt, müssen freilich auch gewisse innergesellschaftliche Voraussetzungen gegeben sein, von denen gleich noch die Rede sein wird.

Die Anpassung ist der erste Abschnitt jenes sozialen Prozesses, der in seiner weiteren Entwicklung als Randphänomen die Kulturblüte hervorbringt. Ein zweiter Abschnitt beginnt, wenn die äußere Bedrohung im wesentlichen überwunden ist. Es findet jetzt gleichsam eine Rückanpassung an die nunmehr gesicherte auswärtige Lage statt. Sie bedeutet nach Verlauf von etwa einer Generation den Beginn der Freisetzung bisher gesellschaftlich gebundener Kräfte und besteht in einer zusätzlichen umfassenden Änderung des gesellschaftlichen Normensystems, nur jetzt mit gegenläufiger Tendenz.

Welche Intensität der Prozeß erreicht, hängt entscheidend auch von dem Ausmaß ab, in dem die Gesellschaft die äußere Bedrohung überwindet. Im optimalen Fall stellen Anpassung und Freisetzung gesellschaftlicher Energien einen Vorgang von großer Dynamik dar, in dessen Verlauf sich alle wichtigen sozialen Normen auch auf solchen Gebieten stark wandeln, die keine direkte Beziehung zu der Selbstbehauptung der Gesellschaft in einer feindlichen menschlichen Umwelt haben.

Diese – durch besondere Umstände aufs höchste intensivierte – Veränderung des Normensystems der Gesellschaft ist die eigentliche Kraftquelle jeder Kulturblüte.

Hierauf sind insbesondere zwei für die Kulturblüten charakteristische, in sich eng zusammenhängende Erscheinungen zurückzuführen: Der geistige Umbruch und die Erweiterung des Bewußtseins, diese im Sinne einer vertieften Auffassung des Menschen, der Gesellschaft und der Welt. Typisch dafür sind etwa die »Entdeckung« des Tragischen, neue soziologische Einsichten und ein größeres Verständnis der Geschichte. Die Bewußtseinserweiterung führt aber auch zu neuen, mit einer veränderten Schau des Menschen, der Gesellschaft und der Welt zusammenhängenden Kunstformen wie etwa dem Kontrapost in Athen oder der mathematischen Perspektive in Florenz.

Selbst in einem so »antitragischen Land« (Alfred Weber) wie China wurden zur Zeit der T'ang-Kulturblüte Töne der Tragik hörbar (Tu Fu), ebenso aber auch während der Kulturblüten des Mittleren und Neuen Reiches in Ägypten. Ansätze zu perspektivischen Darstellungen finden sich unter anderem auch auf dem Gipfelpunkt der athenischen Kulturblüte (Apollodor) und während der Blütezeit des Neuen Reiches.

Tatsächlich besteht zwischen der Bildung neuer Verhaltensnormen zur Zeit der Anpassung und der Entstehung revolutionärer Erkenntnisnormen, die der geistige Umbruch und die Bewußtseinserweiterung während der Kulturblüte bedeuten, eine sehr enge Beziehung.

Aber auch die sozialpsychologischen Faktoren wie Hochstimmung, Selbstvertrauen und innergesellschaftliche Harmonie, deren Entfaltung mit der äußeren Geschichte und dem Erfolg der Gesellschaft zusammenhängt, sind für die gesteigerte Kreativität der Kulturblüte mitentscheidend.

Die Kulturblüte beginnt etwa gleichzeitig mit der Freisetzung gesellschaftlicher Energien und erreicht nach etwa einer Generation ihren Höhepunkt. Der Freisetzungsprozeß führt in demselben Zeitraum zu offenem sozialen Verfall, der sich regelmäßig auch als Spaltung der Gesellschaft in einen »progressiven« und einen opponierenden »konservativen« Teil äußert.

Alle eindeutigen Kulturblüten fallen unter dieses Schema. Es gibt allerdings auch Zeiten höchster Kreativität, bei denen dieses Modell auf den ersten Blick nicht verwirklicht zu sein scheint. Rom etwa brachte – dies könnte man wenigstens bei flüchtiger Betrachtungsweise meinen – das Augusteische Zeitalter hervor, obwohl es damals schon seit fünf oder sechs Generationen auf keinen nennenswerten äußeren Feind mehr gestoßen war. In Wirklichkeit war diese Kulturblüte jedoch nicht ein Produkt Roms, sondern der Italiker, die sich zwei Generationen zuvor gegen die römischen Unterdrücker aufgelehnt, Rom beinahe besiegt, sich jedenfalls das uneingeschränkte Bürgerrecht erkämpft hatten.

Den obigen Darlegungen entspricht u. a. die Entwicklung in dem Israel Davids und Salomons, dem Athen des 5. Jh. v.Chr. und dem China der T'ang-Zeit. Erfolgt die Befreiung von der äußeren Gefahr nur stufenweise, so treten Verschiebungen ein. Entweder ist der Beginn des Freisetzungsprozesses und der Kulturblüte verzögert, oder es sind – wie im Florenz des Quattrocento – Ablauf des Freisetzungsprozesses sowie Entfaltung der Kulturblüte entsprechend in die Länge gezogen.

Die Entfaltung höchster Kreativität ist mithin in dem Sinne gesellschaftlich gebunden, daß Kulturblüten von ganz bestimmten Gesellschaften in ebenso bestimmten Phasen ihrer Entwicklung – die in der angenommenen besonderen Form freilich keineswegs zwangsläufig stattfindet – hervorgebracht werden.

Gesellschaften, die Epochen hervorragender Schöpferkraft entgegengehen, sind meist in eigenen Staaten organisiert. Dies ist auf die Rolle zurückzuführen, die die äußere Geschichte einer Gesellschaft bei der Einleitung des Prozesses spielt, als dessen Nebenprodukt sich die Kulturblüte später entfaltet. Es gibt jedoch auch Ausnahmen. Dies zeigt etwa die abbasidische Kulturblüte, die im wesentlichen von den Persern ausging, die in der entscheidenden Zeit (8. und 9. Jh.) dem arabischen Reich angehörten. Tatsächlich genügt es, daß eine Gesellschaft in dem Sinne politisch und militärisch handlungsfähig ist, daß sie mit Aussicht auf Erfolg um ihre Gleichberechtigung oder Unabhängigkeit kämpfen kann.

I.2. Die innere Entwicklung der Gesellschaft vor und während der Kulturblüte

Im Verlaufe des Gesamtprozesses, in den die Kulturblüte sich eingliedert, weist die Gesellschaft von Abschnitt zu Abschnitt jeweils eine kennzeichnende Struktur auf, die in einem charakteristischen Wechselverhältnis zu dem Fortgang des Prozesses steht. Dieser kann zur Zeit der äußeren Bedrohung nur dann eingeleitet werden, wenn gewisse innergesellschaftliche Bedingungen gegeben sind: Die Gesellschaft antwortet auf die äußere Bedrohung nämlich nur dann, wenn sie die Fähigkeit zur Selbstbehauptung besitzt, wenn sie in der Lage ist, die ihr drohenden Gefahren zu erkennen und ihre Kräfte so zusammenzufassen, daß sie die Bedrohung abwehren kann. Dies verlangt von ihr Offenheit und Integration. Offenheit bedeutet einerseits Interesse an der menschlichen Umwelt, zum anderen rationale Einstellung. Bis zur Mittleren T'ang-Zeit (763–846) waren wiederum selbst die Chinesen von einer, wie man meinen könnte, ganz »unchinesischen« Offenheit. Fehlt einer Gesellschaft diese Eigenschaft, wie etwa der chinesischen in späteren Zeiten, so nimmt sie die ihr von außen drohenden Gefahren nicht ohne weiteres wahr und ist auch nicht in der Lage, ihre Struktur in der erforderlichen Weise und im gebotenen Ausmaß an ungewöhnliche auswärtige Notwendigkeiten anzupassen. Offenheit in diesem Sinne ist eine Eigenschaft, die auch die meisten – selbst potentiell – unkreativ gewordenen Gesellschaften besitzen. Eine besondere Bedeutung erhält sie erst dadurch, daß sie sich mit beträchtlicher Integration verbindet. Diese drückt sich in sozialer Hierarchie, Religiosität und Gemeinsinn aus. Das Gemeinwohl muß vor den Interessen des Individuums eindeutigen Vorrang haben. Ohne beträchtlichen Gemeinsinn sind die Bürger nicht zu den persönlichen Opfer bereit, die die Anpassung verlangt. Die soziale Hierarchie solcher Gesellschaften ist etwa durch die erbliche Sonderstellung der führenden Familien gekennzeichnet. Dies gilt selbst dann, wenn die Gesellschaft, wie Athen zu Beginn des fünften vorchristlichen Jahrhunderts oder Florenz am Ausgang des 14. Jh. bereits Grundformen demokratischer Institutionen besitzt.

Die Gesellschaft darf das Individuum aber nicht erdrücken. Ist der Grad der Integration zu hoch, verbleibt der Gesellschaft nicht genügend Spielraum für die Anpassung; auch wäre sie dann nach Überwindung der äußeren Bedrohung nicht in der Lage, die für die Entstehung der Kulturblüte notwendigen Energien freizusetzen. Ferner kann zu starke Integration dem Erfordernis der Offenheit abträglich sein. Denn die Normen hochgradig integrierter Gesellschaften können das Interesse für die menschliche Umwelt, vor allem aber auch rationale Haltung ausschließen. Daß andererseits jedoch Integration in der hier vorausgesetzten Stärke und große Offenheit, etwa in den Formen von Religiosität auf der einen Seite und Toleranz und Rationalität auf der anderen, sich miteinander vertragen, zeigen z. B. die Athener in der Zeit um 500 v. Chr., als sie trotz starker religiöser Bindung äußerst tolerant gegen fremdartige Glaubensformen waren, und die Franzosen um die Mitte des 17. Jh., deren größter Vertreter, Pascal, als Denker streng rational und als Christ von inbrünstigem Glauben war.

Die Integration der Gesellschaften eines Kulturkreises pflegt sich meist ziemlich gleichmäßig zu entwickeln. Dies ist zurückzuführen auf die infolge der Zugehörigkeit zu einem bestimmten Staatensystem oft ähnliche äußere Geschichte, auf den im typischen Fall gleichartigen allgemeinen zivilisatorischen Fortschritt und auf den ununterbrochenen Austausch wichtiger Ideen. In der weitgehend parallelen Entwicklung des inneren Zusammenhalts der Gesellschaften eines Kulturkreises liegt der Hauptgrund, warum innerhalb von Kulturkreisen Kulturblüten zuweilen gehäuft auftreten.

Im Verlauf von Kulturblüten geht die Religiosität der Angehörigen der Gesellschaft zurück, läßt ihr Gemeinsinn entscheidend nach, die hierarchischen Unterschiede, die bis dahin für sie noch charakteristisch waren, ebnen sich weitgehend ein, die Integration lockert sich überhaupt. Diese Entwicklung macht ja gerade das Wesen der Freisetzung gesellschaftlich gebundener Kräfte aus.

Um den Höhepunkt der Kulturblüte bildet sich für eine gewisse Zeit zwischen Individuum und Gesellschaft eine Art Gleichgewicht heraus. Der einzelne wird von der Gesellschaft nicht mehr so sehr wie zuvor in Anspruch genommen, er lebt sich aber auch noch nicht auf Kosten der Gemeinschaft aus. Die Gesellschaftsangehörigen verfügen noch über ein mittleres Maß an Gemeinsinn und sind von einer geläuterten Religiosität. – Danach beginnen sich Symptome sozialen Verfalls zu zeigen: Gesellschaftliches Malaise, innerer Zwist und Schwinden des Gemeinsinns.

I.3. Der Aufbau der Kulturblüte

Die Kulturblüte selbst besitzt ebenfalls einen charakteristischen Aufbau.

Für ihren Beginn ist eine schlagartige Steigerung der gesellschaftlichen Kreativität charakteristisch. Sie dauert im typischen Fall etwa fünf Generationen und gliedert sich in drei Phasen, eine künstlerische, eine philosophisch-geisteswissenschaftliche und eine naturwissenschaftlich-technische. Die Phasen können sich zeitlich überschneiden; insbesondere pflegt die erste die zweite teilweise oder ganz zu überlagern.

Es wurde gesagt, daß die Kulturblüte ihren Höhepunkt etwa eine Generation nach Beginn der Freisetzung gesellschaftlicher Energien erreicht. Dieser Gipfel, der sich nach Dichte und Höhe der Leistungen bestimmen läßt, ist gleichzeitig der Zenit ihrer ersten Phase. Ihm zeitlich eher etwas voraus geht eine Zeit großer gesellschaftlicher Harmonie; bald aber setzt, wie erwähnt, der manifeste soziale Verfall ein. In dieser Konstellation beginnt die zweite, die philosophisch-geisteswissenschaftliche Phase, die – außer durch den immer noch andauernden Umbruch im gesellschaftlichen Normensystem – durch die Emanzipation der Individuen von einer zuvor ziemlich integrierten Gesellschaft und durch bestimmte soziale Erfahrungen vor allem negativen Charakters überhaupt erst möglich wird. – Sie strebt ihrerseits rasch einem Höhepunkt entgegen.

Für jeden Abschnitt der Kulturblüte sind bestimmte künstlerische Ausdrucksformen charakteristisch. Vom Beginn der Kulturblüte bis zu ihrem Höhepunkt sind klassische Kunstformen bezeichnend. Der Gegensatz dieser Periode zu den Zeiten vorher und nachher pflegt frappant zu sein, selbst in einer scheinbar so klassischen Kultur wie der athenischen und in einem vermeintlich so unklassischen Land wie China. – Wenn die Kulturblüte ihren Scheitelpunkt überschritten und der offene soziale Verfall bereits im Gange ist, treten im typischen Fall – eben als Ausdruck der rapiden Emanzipation des Individuums von der Gesellschaft – an die Stelle der klassischen Formen manieristische.

Die dritte – naturwissenschaftliche – Phase folgt den Höhepunkten der künstlerischen und der philosophisch-geisteswissenschaftlichen Phase im wesentlichen meist nicht unbeträchtliche Zeit nach. So haben Galilei, Newton, Einstein zu Leonardo, Shakespeare und Goethe einen recht gleichförmigen Abstand von etwa drei Generationen.

II. Spengler, Toynbee und die historischen Tatsachen

Bis ins 20. Jahrhundert gingen die Historiker von einer einheitlichen und im wesentlichen geradlinigen Entwicklung der Weltgeschichte aus, eine Konzeption, der trotz anderer Voraussetzungen auch Marx folgte. Diese Auffassung kam bereits in der Periodenbildung Altertum, Mittelalter, Neuzeit (bei Marx: Sklaverei, Feudalismus, Kapitalismus) zum Ausdruck. Europa wurde als Zielpunkt aller Geschichte verstanden.

Eine solche Auffassung war für den europäischen Historiker bei den hervorragenden kulturellen und zivilisatorischen Leistungen seines Kontinents gleichsam natürlich. Erst die sich seit dem 18. Jh. vollziehende Erweiterung des europäischen Geschichtsbewußtseins machte es möglich, diesen Standpunkt zu überwinden.

Nach früheren – bis auf Voltaire zurückgehenden – Ansätzen der Art war dies vor allem die Tat Spenglers und Toynbees. Sie lösten die Weltgeschichte in die Geschichte einer Vielzahl im Grundsatz gleichberechtigt nebeneinanderstehender Kulturen auf, deren Entwicklung, wie sie – jeder auf seine Weise – annahmen, einem bestimmten allgemeingültigen Schema folgt.

». . . Ich betrachte es«, so sagte *Spengler,* »als die *kopernikanische Entdeckung* im Bereich der Historie, daß in diesem Buche ein System an seine Stelle[1] tritt, in dem Antike und Abendland neben Indien, Babylon, China, Ägypten, der arabischen und mexikanischen Kultur – Einzelwelten des Werdens, die im Gesamtbilde der Geschichte ebenso schwer wiegen, die an Großartigkeit der seelischen Konzeption, an Gewalt des Aufstiegs die Antike vielfach übertreffen – eine in keiner Weise bevorzugte Stellung einnehmen[2].«

---

[1] Nämlich an die Stelle des »ptolemäischen Systems der Geschichte«.
[2] Oswald Spengler, Der Untergang des Abendlandes, Bd. I, München 1923, S. 23.

Und Toynbee kam zu dem Schluß, daß nicht National- und Stadtstaaten die »sozialen Atome« darstellten, die das Objekt des Geschichtsforschers seien, sondern die Kulturen[3].

Spengler ging davon aus, daß die Kulturen riesige Organismen seien:

> »Ich sehe . . . das Schauspiel einer Vielzahl mächtiger Kulturen, die mit urweltlicher Kraft aus dem Schoße einer mütterlichen Landschaft . . . aufblühen (und) . . . von denen jede ihren *eignen* Tod hat[4].«

Dementsprechend schrieb er ihnen auch einen ganz bestimmten Aufbau zu. Die beiden Hauptstadien der politischen und künstlerischen Entwicklung sind nach seinen Definiionen die »Kultur« und die »Zivilisation«. Die zivilisatorische Epoche der abendländischen Kunst etwa läßt er im 19./20. Jh. beginnen. Auf dem Gebiet der Geistesepochen unterscheidet er zwischen »Frühling«, »Sommer«, »Herbst« und »Winter«. Der »Winter« des Abendlandes wiederum beginnt nach seiner Auffassung mit Bentham, Comte, Darwin, Spencer, Stirner, Marx und Feuerbach. Spengler zufolge haben alle Kulturen auch die gleiche Lebensdauer, und zwar jede ein Jahrtausend.

Die letzte zivilisatorische Phase der chinesischen Kultur legt er in die Zeit der östlichen Han-Dynastie (25–220 n. Chr.). Die Frühe und Mittlere T'ang-Zeit (618–846), die kreativste Epoche der chinesischen Kultur, berücksichtigt Spenglers Schema nicht. Im Falle Indiens gelangt er zu ähnlichen Konsequenzen. Den Gipfelpunkt dieser Kultur bildet die Gupta-Zeit im 4. und 5. Jh. n. Chr. In jener Epoche lebte der größte indische Dichter, Kalidasa, und entstanden die Fresken der Adschanta-Höhlentempel, die bedeutendsten Gemälde, die Indien hervorgebracht hat. Damals wurde auch die Surya Siddhanta geschaffen, das hervorragendste Werk der indischen Mathematik und Astronomie. Das Dezimalsystem mit den »arabischen« Zahlen bildete sich endgültig heraus. Nach Spenglers Konzeption fällt diese hochbedeutende Zeit jedoch in den »Winter« der indischen Kultur. Bei der ägyptischen Kultur fügen sich die Tatsachen seinem Bild etwas besser. Die erste große Blüte Altägyptens, die Zeit der 5. und 6. Dynastie (»Altes Reich«), kommt nach seinem Geschichtsteil in den »Frühling« dieser Kultur zu liegen (was nach Spengler etwa dem 13. bis 15. Jh. der abendländischen Kultur entspricht) und die Kulturblüte der 18. Dynastie (»Neues Reich«) in eine zivilisatorische Spätphase, die er generell folgendermaßen charakterisiert: »Ende der Formentwicklung überhaupt. Sinnlose, leere, erkünstelte, gehäufte Architektur und Ornamentik. Nachahmung archaischer und exotischer Motive.«

Toynbee ging nicht in demselben Maße von einem vorgefaßten Geschichtsbild aus und war eher bemüht, seine Theorien mit den historischen Tatsachen in Übereinstimmung zu bringen. Im Gegensatz zu Spengler, der insbesondere glaubte, das weitere Schicksal der westeuropäisch-amerikanischen Kultur vorausbestimmen zu können[5], hielt er es auch nicht für möglich, über den Gang der Geschichte Voraussagen zu machen[6].

---

[3] Arnold J. Toynbee, A Study of History, Bd. I, London 1935², S. 44 f.
[4] O. Spengler, a.a.O., S. 27 f.
[5] O. Spengler, a.a.O., S. 3.
[6] Toynbee, a.a.O., S. 310 f., und A Study of History, Bd. XII, Reconsiderations, London 1961, S. 238.

Für die Entwicklung der Kulturen entwarf er ein Modell, bei dem er zunächst das hellenische Beispiel zugrunde legte. Fünf Elemente sah er vor allem als charakteristisch an[7]:
  1. In einem frühen Stadium besteht ein scharfer Gegensatz zwischen der kulturellen Einheit und politischen Zersplitterung der hellenischen Welt. Die mörderischen Kriege zwischen den Einzelstaaten sind der Kultur abträglich. Kurz vor der Auflösung gewinnt sie eine Atempause; die hellenische Welt wird in das Römische Reich eingegliedert. »Zu der Zeit, als der hellenische ›universalstaat‹ von Rom errichtet wird, ist die hellenische Welt bereits so ernstlich erschöpft und demoralisiert, daß sie sich unfähig zeigt, den Universalstaat auf die Dauer aufrechtzuerhalten; und das Auseinanderbrechen des Römischen Reiches bedeutet die Auflösung der hellenischen Kultur[8].«
  2. Das zweite Element betrifft die soziale Geschichte der Zivilisation nach ihrem »Zusammenbruch«. Es bildet sich ein inneres und ein äußeres Proletariat. Die Ursache hierfür ist die sozial unzureichende Politik der in der Gesellschaft führenden Minorität, die ihr die Majorität innerhalb des Bereichs der hellenischen Kultur und die primitiven Völker außerhalb ihrer Grenzen entfremdet.
  3. Auf religiösem Gebiet bringt das innere Proletariat eine höhere Religion, das Christentum, hervor, das von einer der nicht-hellenischen Kulturen angeregt wird, deren Vertreter in das hellenische innere Proletariat eingegliedert worden sind.
  4. Das äußere Proletariat, die Barbaren, besiegt mit Waffengewalt den hellenischen Universalstaat und errichtet auf seinem Gebiet Nachfolgestaaten. Ihr Beitrag zu der Entstehung neuer Zivilisationen ist jedoch – immer nach Toynbee – gering im Vergleich mit dem Beitrag, den das innere Proletariat leistet.
  5. Das fünfte Element betrifft die »Renaissancen«, durch die sich die beiden hellenistischen Kulturen, die byzantinische und die westliche auszeichnen.

Später stellte Toynbee fest, daß diese Theorie der Geschichte der babylonischen, altägyptischen und chinesischen Kultur nicht gerecht wird. Er änderte sie daher zu einem »helleno-sinischen« Modell ab:

»Dieses erweiterte Modell geht von der Beobachtung aus, daß eine Kultur in ihrem Frühstadium in politisch selbständige Gesellschaften gegliedert ist. Dieses System begünstigt den sozialen und kulturellen Fortschritt. Der Preis dafür sind aber ständige Kriege zwischen den räumlich begrenzten Staaten. In dem Maße, wie die Gesellschaft[9] an Kraft gewinnt, werden die kriegerischen Auseinandersetzungen intensiver und verheerender. Und früher oder später führen sie zum sozialen Zusammenbruch der Kultur, welchem nach einer langandauernden ›Periode der Wirren‹ durch die Errichtung eines Universalstaates abgeholfen wird. Dieser Universalstaat fällt immer wieder in Zustände der Anarchie zurück; mögen diese Zwischenzeiten kurz oder lang sein, so besteht dennoch immer die Chance, daß sie durch die Wiederherstellung der politischen Einheit überwunden werden. Es muß eine starke Kraft geben, welche auf die Erhaltung und, in den Zuständen von Anarchie, auf die Wiederherstellung der Einheit wirkt, wenn die Einheit ursprünglich einmal verwirklicht war; denn die Einheit wird immer wieder hergestellt, und dies sogar nach ›Zwischenzeiten‹, die so lang dauerten und so anarchisch

---

[7] Vgl. zu den folgenden Ausführungen Toynbee, a.a.O., Bd. XII, S. 171 ff.
[8] Toynbee, a.a.O., Bd. XII, S. 171.
[9] Worunter Toynbee den gesamten Kulturkreis versteht (vgl. Toynbee, a.a.O., Bd. I, S. 147).

waren, daß man annehmen sollte, daß sie einen unheilbaren Bruch in der Überlieferung bewirkt hätten[10].«

Nach Ansicht Toynbees paßt dieses Modell auf die große Mehrzahl der Fälle, in denen zweifelsfrei Kulturen vorliegen. Er hält es für das Standardmodell. Es basiert einmal auf der Annahme, daß jede Kultur einen »sozialen Zusammenbruch« erleide, daß dieser für die gesamte Kultur auf eine einheitliche Ursache zurückgehe und zur selben Zeit erfolge, so im Falle der hellenischen Kultur 431 v. Chr., dem Jahr, in dem der Peloponnesische Krieg begann. Dem Umstand, daß bei den ionischen Griechen Kleinasiens der Verfall bereits wesentlich früher als bei den Athenern begonnen hatte, und anderen Tatsachen, die auf eine unterschiedliche Entwicklung innerhalb des griechischen Kulturkreises hinweisen, maß Toynbee keine Bedeutung bei.

Er nimmt ferner an, daß es die ständigen kriegerischen Auseinandersetzungen seien, die den »sozialen Zusammenbruch« bewirken. Diese These impliziert zum einen, daß die Ursache für den »sozialen Zusammenbruch« einer Kultur außerhalb der einzelnen staatlichen Gesellschaften liegt, die zusammen den Kulturkreis bilden. Zum anderen bedeutet sie, daß kriegerische Auseinandersetzungen zwangsläufig eine abträgliche Wirkung auf die Kultur haben, sie in keinem Fall aber fördern.

Eine Besonderheit der Toynbeeschen Deutung ist, daß sie annimmt, die Staaten eines Kulturkreises würden in einem gewissen Stadium ihrer Entwicklung durch bessere Einsicht dazu gebracht, einen Universalstaat zu bilden: »Warum finden sich die Menschen mit einer ›Zeit der Wirren‹ ab, bevor sie sich entschließen, sich von den Kriegen zu befreien, indem sie sich einem Universalstaat unterwerfen[11]?« Tatsächlich kam es zur Bildung von Universalstaaten aber immer nur dadurch, daß der stärkste Staat sich die schwächeren mit Gewalt einverleibte. Wenn Toynbee diesen Umstand berücksichtigt hätte, wäre es ihm allerdings schwer gefallen, seiner Annahme, daß sich die Kulturen regelmäßig auf die Bildung von Universalstaaten zubewegen, einen sinnvollen Platz in seinem Modell zuzuweisen.

Spengler gab für den Aufstieg und Niedergang der Kulturen keine Erklärung. Er hätte sie als so überflüssig und unmöglich empfunden, wie eine Deutung für das Aufblühen und Verwelken einer Blume. Toynbee führte den Aufstieg der Kulturen ursprünglich auf die Wirkung eines angeblich »allgemeinen Gesetzes[12]« von Herausforderung und Antwort zurück. Später räumte er ein, daß es sich dabei mehr um eine mythische Umschreibung als um die Aufstellung eines Kausalgesetzes handle[13].

Er beschränkte sich nun auf die folgende Erklärung:

». . . Wenn wir die Zeit des Wachstums einer Zivilisation prüfen, werden wir nicht überrascht sein zu finden, daß eine Periode, in der die Gesellschaft[14] in eine Zahl von politisch selbständigen, räumlich begrenzten Gemeinschaften, die alle eine gemeinsame

---

[10] Toynbee, a.a.O., Bd. XII, S. 197.
[11] Toynbee, a.a.O., Bd. XII, S. 198.
[12] Toynbee, A Study of History, Bd. VI, London 1939, S. 228.
[13] Toynbee, a.a.O., S. 254 ff.
[14] Auch hier versteht Toynbee unter »Gesellschaft« den gesamten Kulturkreis (vgl. Anm. 9).

Kultur teilen, aufgegliedert ist, eine Zeit des Fortschritts und der Kreativität ist. Der Anreiz (»Stimulus«), den direkte persönliche Kontakte bilden, wirkt stärker in einer kleinen Gemeinschaft als in einer großen; das Leben in einer kleinen Gemeinschaft, die in aktivem Kontakt und in Wettbewerb mit Nachbarn ihrer eigenen Größe und Beschaffenheit steht, ist noch anregender, da es sich hier um ein soziales Gebilde handelt, das den Anreiz der engen Kontakte mit dem Anreiz des weiteren Horizonts verbindet. Eine klassische Darlegung der kulturellen Vorteile einer Ordnung politischer Vielfalt innerhalb eines einheitlichen wirtschaftlichen und kulturellen Feldes hat Hume in seinem Essay »Of the Rise and Progress of the Arts und Sciences« gegeben. Aber diese Segnungen müssen mit der Münze zwischenstaatlicher Kriege bezahlt werden; und es kann ein Punkt erreicht werden, an dem dies einen Aufwand erfordert, der größer ist als der Nutzen, den die Stimuli der Vielfalt und des Wettbewerbs mit sich zu bringen vermögen. Wenn der Saldo eindeutig negativ wird, erfolgt der Zusammenbruch der Gesellschaft[15].«

Die Frage, warum der Saldo, der erst positiv ist, später plötzlich negativ wird, läßt Toynbee offen. Als den entscheidenden Anreiz für Kulturen betrachtet er die politische Vielfalt, die für ihr Frühstadium in der Tat häufig charakteristisch ist. Damit werden aber wiederum z. B. nicht die Kulturen des alten Ägypten, der Gupta-Zeit, der T'ang-Dynastie und der augusteischen Epoche erfaßt. In keinem dieser Fälle gliederte sich der Kulturkreis zu der Zeit, als er seine bedeutendsten Schöpfungen hervorbrachte, in eine Vielzahl von unabhängigen Einzelstaaten.

Toynbee deutet ferner die Zusammenbrüche der Universalstaaten als Folge wirtschaftlicher Überbeanspruchung, gleichzeitig räumt er jedoch Ausnahmefälle ein, in denen größere wirtschaftliche Kraft diesen Zusammenbruch verhindert habe. Eine Erklärung für diese Ausnahmen gibt er nicht. Auch bleibt offen, ob die größere ökonomische Potenz dieser Kulturen nicht gerade ein Zeichen dafür ist, daß sie vitaler geblieben sind.

In Wirklichkeit sind es nicht, wie Spengler und Toynbee annehmen, die Kulturen als solche, die die Kulturblüten hervorbringen. Die Kulturkreise entfalten sich nicht gleichmäßig. In hohem Maße schöpferisch sind sie immer nur während kurzer Perioden, die unregelmäßig auftreten. Und auch dann ist es immer nur die eine oder andere Gesellschaft des Kulturkreises, die sich schöpferisch hervortut. Es verhält sich also umgekehrt. Dem Reichtum der Kulturen liegen die Kulturblüten zugrunde. Diese artikulieren die Kulturen und geben ihnen ihre individuelle Gestalt. Sie sind jeweils ein nach Ursprung und Erscheinung einheitliches Phänomen.

Die Impulse, die ihnen zugrunde liegen, sind der eigentliche Motor der Geistesgeschichte. Alle großen Fortschritte der menschlichen Kultur haben sich in historischer Zeit in ihrem Rahmen vollzogen. Allerdings gibt es, wenngleich nicht höchste, so doch hohe Kreativität auch außerhalb von Kulturblüten. Wie schon angedeutet, sind zwei gesellschaftliche Kraftquellen bedeutender Kreativität zu unterscheiden, die »Anregung«, die die Individuen aus den Leistungen anderer ziehen, und die Impulse, die von den Prozessen ausgehen, deren Randerscheinung die Kulturblüten sind. Am höchsten entfaltet sich Kreativität dort, wo die allgemeinen Kräfte der »Anregung« und die Impulse der kulturblütengenerierenden Prozesse optimal zusammentreffen.

---

[15] Toynbee, a.a.O., Bd. XII, S. 198.

Es waren die einebnenden Kräfte der Anregung, die die Historiker – und auch Marx – die Geschichte so lange als einen »Bandwurm, der immer neue Glieder ansetzt« (Spengler), betrachten ließen, deren Wirkung aber auch Toynbee und Spengler selbst in die Irre führte und ihnen die Kulturen als einheitliche Gebilde auch da vortäuschte, wo sie wegen der Komplexität ihres Ursprungs und ihrer Struktur dies sicher nicht sind.

III. Bedeutung einer Theorie der Kulturblüte

Spengler hat hervorgehoben, daß die Analogie die Methode sei, die eine große Lösung des Problems der Geschichte ermöglichen könne. Toynbee hat in demselben Sinne betont, daß es notwendig sei, geschichtliche Modelle zu bilden. Dem ist zuzustimmen. Nur die vergleichende Geschichtsbetrachtung erlaubt es, die historisch wirksamen Kräfte zu erfassen und die »Gesetze« der Geschichte, falls es solche gibt, zu erkennen. Es handelt sich hierbei um die höchste Stufe der drei möglichen Arten von Geschichtsschreibung. Während sich die Chronistik mit der zeitlichen Aneinanderreihung ausgewählter Fakten begnügt, bemüht sich der Forscher auf einer zweiten Stufe, die geschichtlichen Tatsachen in einen Zusammenhang zu bringen; er untersucht, wie sich ein bestimmter Zustand entwickelt hat. Damit verläßt er bereits den Boden der bloßen Fakten und forscht nach den Ursachen. Das kann mit Erfolg nur, wer weiß, »how things do not happen« (L. B. Namier), wer also – bewußt oder unbewußt – mit zulänglichen idealtypischen Vorstellungen arbeitet. Ein Historiker, der sich über den Verlauf einer Schlacht oder die Ursachen einer Revolution klar werden will, urteilt mit Hilfe seines gesunden Menschenverstandes, seiner Lebenserfahrung oder aufgrund besonderer militärischer und politischer Kenntnisse, die in mehr oder weniger zutreffende idealtypische Vorstellungen eingebettet sind. Ebenso verfährt er im Prinzip bei der Darstellung bestimmter Geschichtsabschnitte.

Die Möglichkeiten, die diese Art von Geschichtsbetrachtung der Erkenntnis bietet, sind jedoch begrenzt. Oft kann man mit dieser Methode nicht unterscheiden, was Ursache und was dagegen bloßer Ausdruck einer bestimmten Entwicklung ist. Wie weit hat Goethe, so fragt Thomas Mann in diesem Sinne, dem deutschen Bürgertum den antipolitischen Charakter aufgeprägt und wieweit war Goethe eben damit schon selbst ein Ausdruck deutscher Bürgerlichkeit. Es gibt zahlreiche Probleme derselben Art. Kann man Michelangelo tatsächlich für die Verirrungen des italienischen Manierismus und Barocks verantwortlich machen, oder ist seine Kunst bereits selbst das Produkt einer neuen Zeit? War Descartes – genetisch gesehen – wirklich der Wegbereiter Bayles, und wäre ohne den letzteren wiederum Voltaire nicht denkbar, oder sind alle drei nur der jeweilige Ausdruck verschiedener Stufen einer bestimmten sozialen und kulturellen Entwicklung, wäre also Bayles kritische Einstellung auch ohne Descartes möglich und Voltaires aufklärerische Haltung im Kern auch ohne die beiden anderen Philosophen denkbar gewesen, hätte sich also die Entwicklung des sozialkritischen Denkens in Frankreich auch ohne Descartes und Bayle nicht um ein Jahrhundert verzögert? – Gehen die Kulturblüte Athens vor allem auf Perikles und das »Große Zeitalter« Frankreichs in erster Linie auf Ludwig XIV. zurück, oder sind umgekehrt diese beiden Staatsmänner vor allem Produkte ihres Jahrhunderts? – Wie ist es zu verstehen, daß sich unter Ludwig XIV. die Zahl der Verbrechen verminderte? Ist dies ein Verdienst des Königs oder La Reynies, der als Polizeipräsident Paris mit einer vorzüglichen Polizei versah? Oder gibt es tieferliegende Gründe, eine Annahme, die uns die Beobachtung nahelegen könnte, daß es auf dem Höhepunkt anderer Kulturblüten zu einem ähnlichen Phänomen kam? – Ist es wirklich so, wie viele Historiker annehmen, daß der Peloponnesische Krieg und die Feldzüge Ludwigs XIV. die Hauptursache dafür waren, daß in Athen in den letzten Jahrzehnten des 5. Jh. und in Frankreich ab etwa 1680 das moralische Niveau entschieden sank, oder gibt es auch hier Ursachen, die für den Betrachter nicht ohne weiteres sichtbar sind? – War es, wie bedeutende Historiker[16] glauben, wirklich das Aufkommen des Examenssystems, das in China unter den frühen T'ang die Macht des Adels minderte, oder sind Triumph des Examenssystems und Machtschwund der großen chinesischen Familien nicht beide Ausdruck derselben sozialen Entwicklung, die sich wiederum in einen noch umfassenderen geschichtlichen Zusammenhang eingliedert? – War weiter die Verfolgung der Hugenotten im Frankreich Ludwigs XIV. nur eine Laune des Königs; ist sie auf sein zunehmendes Alter, auf den Einfluß des neuen Beichtvaters de la Chaise oder auf Machenschaften der Maintenon zurückzuführen? Oder folgen die Ereignisse hier ebenfalls Bewegkräften, die weniger deutlich an der Oberfläche liegen? Ist sie etwa als Reaktion der Gesellschaft auf Tendenzen zur Lockerung der Integration, die sich damals bemerkbar zu machen begann, zu verstehen? Ist die Verurteilung des Sokrates eine ähnliche Erscheinung? – Wurde der politische Niedergang Italiens seit dem Ende des 15. Jh. tatsächlich, wie so oft behauptet wird, durch die Niederlage der Italiener bei Fornovo und den Sacco die Roma eingeleitet, oder zählt die Hilflosigkeit, die Italien bei diesen Ereignissen zeigte, nicht bereits zu den Symptomen einer Entwicklung, die schon früher begonnen hatte? – Derartige Probleme können einzig durch vergleichende Untersuchungen gelöst werden, die in zureichender Weise nur anhand von Modellen, d. h. umfassenden idealtypischen Konzepten möglich sind.

Diese dritte Stufe der Geschichtswissenschaft überschreitet die Methode isolierenden Kausaldenkens; sie bemüht sich, ganzheitlich zu verfahren und einzelne Erscheinungen als Ausdruck der wenigstens in gewissen Phasen bestimmten Regelmäßigkeiten folgenden Gesamtentwicklung der Gesellschaften zu verstehen. Die sinnvolle Einordnung zahlreicher historischer Phänomene ist nur auf diese Weise möglich. Verfügen wir einmal über brauchbare Modelle, so können sie umgekehrt der konventionellen Geschichtsschreibung von Nutzen sein. – Dazu kommt, daß auch die Rationalität moderner Wissenschaft eine komparative Geschichtsschreibung fordert.

Modelle kann man aber nur mit geschichtlichem Material bilden, das sich dazu eignet. Man kann sinnvoll nur solche historischen Phänomene miteinander vergleichen, die in ih-

---

[16] Edwin O. Reischauer/John K. Fairbank, East Asia, The Great Tradition, Boston 1958, S. 186.

rer Struktur Parallelitäten aufweisen. Kulturen als Gesamterscheinungen verlaufen unregelmäßig und besitzen keinen gleichartigen Aufbau. Am besten haben dies – wenn auch unabsichtlich – Spengler und Toynbee selbst bewiesen. Dagegen sind, wie ausgeführt, die Kulturblüten und die sozialen Prozesse, die ihnen zugrunde liegen, in Entstehung und Entfaltung einander sehr ähnlich. Sie sind typisch strukturierte Abläufe jener Art, nach denen die Geschichtsphilosophen so lange und auf so verschiedenartigen Wegen gesucht haben. Sie besitzen tatsächlich den »streng symmetrischen Aufbau«, den Spengler den Kulturen zuschrieb und den auch Toynbees Untersuchungen voraussetzen.

Eine Theorie der Kulturblüte hat über das Interesse hinaus, das ihr an sich schon zukommt, vielfältige mittelbare Bedeutung. Dies gilt insbesondere für die Soziologie. Der Gesellschaftswissenschaftler hat die zwangsweise vorgegebene Enge des eigenen Standpunkts zu überwinden, die Gesellschaft, der er angehört und die sein Denken beeinflußt, zu transzendieren und die den sozialen Erscheinungen zugrundeliegenden gemeinsamen Strukturen zu finden. Die Gesellschaften, die Kulturblüten hervorbringen, bieten hierfür eine besonders gute Ausgangsbasis. Sie besitzen exemplarische Bedeutung. Sie sind nicht nur kreativ, sondern zeichnen sich wenigstens zeitweilig durch Harmonie und ein gewisses Gleichgewicht zwischen Individuum und Gemeinschaft aus. Sie nehmen in wichtigen Punkten eine mittlere Stellung ein. Es ist hier ein charakteristisches System gesellschaftlicher Werte und Normen zu erkennen, das für das soziologische Denken eigentliche Fixpunkte abgibt.

Dazu kommt, daß Gesellschaften, die Kulturblüten hervorbringen, sich revolutionär entwickeln und ein einzigartiges Material für die Untersuchung des sozialen Wandels liefern. Darüber hinaus macht es die Analyse der Kulturblüte und des ihr zugrundeliegenden Prozesses möglich, wenigstens für die Zeit vor und während der Kulturblüte die Entwicklung der Gesellschaft in ihrer Gesamtheit zu sehen und soziale, wirtschaftliche, zwischenstaatliche und kulturelle Gegebenheiten in einen sinnvollen Zusammenhang ohne Verabsolutierung des einen oder anderen Faktors zu bringen. Für die Wissenssoziologie außerordentlich interessant ist der mit Entstehung und Verlauf der Kulturblüte demonstrierte Einfluß der äußeren Geschichte einer Gesellschaft auf Weite und – indirekt – Inhalt des Bewußtseins ihrer Angehörigen.

IV. Das historische Material

Die hervorragendsten Kulturblüten, von denen wir relativ viel wissen, sind Athen im 5. und 4 Jh. und das Florenz der Renaissance. Andere bedeutende Kulturblüten, deren historischer Rahmen und geistige Leistung uns mehr oder weniger deutlich vor Augen stehen, sind etwa in Ägypten die großen Epochen des Alten, Mittleren und Neuen Reiches, die ungefähr in die Jahre 2450 bis 2320, 1900 bis 1780 und 1450 bis 1320 fallen; die Zeit Sargons von Akkad und seiner unmittelbaren Nachfolger (etwa ab 2350); Babylonien unter Hammurabi (1729 bis 1686); das Israel Salomons (ca. 963 bis 925); Assyrien im 7. vorchristlichen und Neubabylonien im darauffolgenden Jahrhundert; etwa gleichzeitig mit letzterem das China des Konfuzius; Rom unter Augustus; das Indien der Gupta-Zeit (320 bis 480); China vom Ende des 7. bis zur Mitte des 9. Jh. (im wesentlichen also die Frühe [618 bis 763] und die Mittlere T'ang-Zeit [763 bis 846]); die Araber unter den ersten abbasidischen Kalifen [ab 750] und vor allem unter Harûn al-Raschid (Regierungszeit: 786 bis 809); Persien im 12. Jh. und schließlich auch die schöpferischsten Zeiten der neueren europäischen Geschichte.

Die Thesen des vorliegenden Buches werden vor allem anhand der athenischen, der chinesischen (Frühe und Mittlere T'ang-Zeit), der florentinischen und der französischen Kulturblüte dargelegt.

Athen und Florenz waren kulturell ungemein fruchtbar, trotz der vergleichsweise sehr kleinen Bevölkerung, die diese Stadtstaaten hatten. Ihre Leistungen, außerordentlich in ihrer Bedeutung, wurden in einer unerhörten Dichte vollbracht. Wenn sich überhaupt irgendwelche Feststellungen über die Entstehung und den Verlauf von Kulturblüten machen lassen, dann werden sie sich vor allem aus der Geschichte dieser Gesellschaften ergeben; die außergesellschaftlichen Ursachen und die innergesellschaftlichen Vorbedingungen von Kulturblüten müssen bei ihnen in besonders reiner Form verwirklicht sein. Trotz der Besonderheiten der neueren europäischen Staatenwelt wird Frankreich als weiterer Beispielsfall dienen, weil auch hier sehr Bedeutendes hervorgebracht wurde und es nahelag, auch eine Kulturblüte aus dem Europa der letzten Jahrhunderte in die Untersuchung miteinzubeziehen.

Tatsächlich besteht für den Historiker, der die Entstehung und den Verlauf von großen Kulturblüten erforschen will, ein gewisser Mangel an hervorragend schöpferischen Epochen, die hinreichend bekannt sind. Ein Buch, wie das vorliegende, ist auf dauernde detaillierte historische Vergleiche angewiesen, die nur bei einer genauen Überlieferung der sozialen, politischen und kulturellen Tatsachen vor und während der Kulturblüte möglich sind. Trotz des fortgeschrittenen Standes der Geschichtsschreibung hat unser Wissen für die Zeit vor 1500 aber empfindliche Lücken. Das hängt auch damit zusammen, daß Gesellschaften ein historisches Bewußtsein, wenn überhaupt, so erst in der zweiten Phase von Kulturblüten zu entwickeln pflegen, so daß wir über die Tatsachen, die vor ihrem Gipfelpunkt liegen, sehr oft schlecht unterrichtet sind.

Unser lückenhaftes Wissen hat es auch erschwert, ein nicht-europäisches Land in die eigentliche Untersuchung der Kulturblüte miteinzubeziehen. Unter den außereuropäischen Kulturblüten ist dieser Mangel wohl am wenigsten schmerzlich bei dem China der Frühen und Mittleren T'ang-Zeit. Zwar steht uns auch der geschichtliche Ablauf jener Epoche und insbesondere ihre Anfangsphase nicht in jeder Hinsicht klar vor Augen. Der Nicht-Sinologe hat den Eindruck, daß die kritische Verarbeitung der Quellen noch nicht sehr weit gediehen ist. Von dem kriminalistischen Spürsinn, den die Forschung auf die Antike verwendet hat, ist in den Darstellungen, die die chinesische Geschichte bei westlichen Historikern findet, nichts zu verspüren. Wir sehen viele Dinge, so scheint es, noch zu sehr durch die Brille der traditionsgebundenen chinesischen Historiker, in mannigfacher Hinsicht also durch Vorurteile verzerrt[17].

Demgegenüber spricht für die Berücksichtigung der Kulturblüte der T'ang-Zeit die Notwendigkeit, wenigstens eine nicht-europäische Gesellschaft bei den grundsätzlichen Untersuchungen zu berücksichtigen. Als vierter Beispielfall wurde daher diese Kulturblüte genommen.

Mit Athen und Florenz auf der einen Seite und China und Frankreich auf der anderen werden Gesellschaften berücksichtigt, die auch einen ausgeprägten Gegensatz in den staatlichen Institutionen aufweisen. Florenz und noch mehr Athen waren freiheitlich regierte Staaten mit demokratischen Einrichtungen. Frankreich war im 17. Jh. dagegen eine absolute Monarchie, und China hatte ein Regime, das man als »orientalischen Despotismus« bezeichnen kann. Ebenso ausgeprägt sind die demographischen Gegensätze: Frankreich zählte im 17. Jh. ca. 20 Millionen Einwohner, China im Jahre 733 sogar 43 Millionen; Florenz und insbesondere Athen waren damit verglichen Zwerge; die Bevölkerung beider blieb weit unter einer Million.

Wenn sich die Darlegungen dieses Buches im wesentlichen auf die vier genannten Beispiele beschränken, so sollen seine Ausführungen doch für alle Kulturblüten gelten, wenn auch mit der Einschränkung, daß die Wirklichkeit dem idealtypischen Modell um so weniger entspricht, je schwächer die jeweilige Kulturblüte ausgeprägt ist.

Schon bei dem Elisabethanischen Zeitalter treten die Voraussetzungen in diesem Sinne weniger scharf hervor. – Venedig hatte im 18. Jh. mit den Malern Tiepolo, Canaletto und Guardi, dem Komponisten Monteverdi, dem Kupferstecher und Baumeister Piranesi, der den Neuklassizismus in Rom einführte, dem Dramatiker Goldoni und dem Schriftsteller Casanova eine beachtliche und vielseitig ausgeprägte Kulturblüte. Sie kann sich jedoch nicht mit den eigentlich großen Blütezeiten vergleichen. Dementsprechen finden wir bei ihr auch die typischen Züge der Kulturblüte schwächer entwickelt; die äußere Vorgeschichte dieser Epoche der venezianischen Kultur ist noch weniger charakteristisch.

---

[17] Es ist zu erwarten, daß die in Vorbereitung befindliche Cambridge History of China, die die moderne chinesische und japanische Forschung berücksichtigen und deren zweiter Band die T'ang-Zeit behandeln soll, hier eine gewisse Abhilfe schaffen wird.

Teil I

Entstehung und Aufbau der Kulturblüte

I. Kapitel

ÄUSSERE BEDROHUNG UND KONZENTRATION DER GESELLSCHAFTLICHEN KRÄFTE

I. Äußere Bedrohung als Vorspiel zur Kulturblüte

I.1. ATHEN UND DAS PERSISCHE WELTREICH

Alle großen Kulturblüten haben ihren Ursprung letzten Endes in der erfolgreichen Auseinandersetzung einer Gesellschaft mit der menschlichen Umwelt. Sie lassen sich stets auf die Überwindung einer starken äußeren Bedrohung zurückführen. Den siegreichen Perserkriegen folgte die große Zeit Athens. Nach dem Sieg der Chinesen über die Osttürken und Koreaner kam die Kulturblüte der Frühen und Mittleren T'ang-Zeit. Die florentinische Renaissance schuf ihre Meisterwerke, nachdem Ausdauer und Glück die Arno-Stadt von der tödlichen Bedrohung durch Giangaleazzo Visconti, den Herzog von Mailand, befreit hatten. Das »Große Jahrhundert« Ludwigs XIV. begann, als Richelieu die spanisch-habsburgische Gefahr gebannt hatte und Frankreich zum mächtigsten Staat Europas aufgestiegen war. – Es ist für das Verständnis der Entstehung von Kulturblüten unerläßlich, auf diese geschichtlichen Ereignisse näher einzugehen. Zuerst soll von Athen die Rede sein.

In Vorderasien entwickelte sich seit dem ausgehenden 7. Jh. eine neue expansionistische Großmacht. Damals wurden die iranischen Reitervölker von Königen des medischen Stammes geeinigt. 558 setzte Kyros die persische Vorherrschaft an die Stelle der medischen. Er griff gleichsam die orientalische Weltherrschaftsidee wieder auf und bezwang mit einem qualitativ hervorragenden Berufsheer 546 Lydien und 538 das neubabylonische Reich. Ägypten wurde 525 unterworfen. Mit Lydien wurden den Persern auch die griechischen Städte Kleinasiens botmäßig. Samos, der letzte unabhängige Staat in dieser Region, wurde von ihnen in den Jahren nach 520 erobert. In der folgenden Zeit machten sie das östliche Mittelmeer endgültig zu einer persischen See. Die Schiffe der Küstenvölker wurden in der persischen Reichsflotte zusammengefaßt.

Ein Feldzug gegen die Skythen (um 512) endete damit, daß die Perser auch Südthrakien und die Meerengen in ihren Machtbereich einbezogen. Ihr Reich grenzte nun unmittelbar an griechisches Gebiet. Dieses Unternehmen hatte ihnen klargemacht, daß es für sie unergiebig und gefährlich sei, sich nach Norden auszudehnen. Als sinnvolle Stoßrichtung für ihre weitere Expansion verblieb nur der Westen, insbesondere Griechenland. Seine Unterwerfung drängte sich den Persern auch deshalb auf, weil die Griechen Kleinasiens sich als ihre nützlichsten Untertanen erwiesen hatten und die Festlandgriechen außerordentlich unruhige Nachbarn waren.

In der Tat erwarteten die Griechen des Mutterlandes seit der Zeit, als die Perser Ägypten erobert hatten, einen Angriff, zumal ihnen bekannt war, daß einflußreiche griechische Emigranten – seit 510 auch der gestürzte athenische Tyrann Hippias – den persischen Großkönig Darius zum Angriff ermunterten und bei ihm den Eindruck zu erwecken versuchten, als ob die Griechen unter sich heillos verzwistet und somit eine leichte Beute seien.

Um 500 v. Chr. schien ein persischer Angriff auf Griechenland unmittelbar bevorzustehen. Doch noch einmal erhielten die Griechen Aufschub; die ionischen Städte Kleinasiens rebellierten zu eben jener Zeit gegen die persische Herrschaft. Aber dieser Aufstand brach zusammen, als die persischen Truppen 494 Milet eroberten. Die hochzivilisierten Einwohner dieser ruhmreichen Stadt wurden, soweit sie nicht umgekommen waren, in die Sklaverei verkauft oder in das fernste Mesopotamien umgesiedelt. Das dem Meer zugewandte Stadtviertel wurde dem Erdboden völlig gleichgemacht. Das Schicksal Milets stand den freien Griechen von nun an abschreckend vor Augen. In Athen brachte der Dichter Phrynichos den Fall der Stadt auf die Bühne und erregte durch seine realistische Darstellung Entsetzen. Athen war die einzige Stadt des griechischen Mutterlandes, die den aufständischen kleinasiatischen Griechen gegen die Perser militärisch zu Hilfe gekommen war, und dies, obwohl es 508 dem Perserkönig in der Hoffnung, Hilfe von ihm gegen Sparta zu erlangen, gehuldigt hatte[1].

Ein erster Feldzug, den die Perser gegen Griechenland 491 unternahmen, scheiterte an den Gewalten der Natur. Ein Sturm vernichtete ihre Flotte am Berg Athos. 490 zogen sie zu Wasser und zu Lande erneut gegen die Griechen aus. Die Aussichten, die sich den Athenern darboten, waren entmutigend. Die Perser waren schon rein zahlenmäßig stärker als die Athener; sie besaßen zudem den Ruf, unbesiegbar zu sein, während der Stadtstaat sich kriegerisch kaum je hervorgetan hatte. Es hätte für die Athener nahegelegen, sich vor einem solchen Feind hinter die Mauern ihrer Stadt zurückzuziehen oder wenigstens abzuwarten, bis die Spartaner eingetroffen waren. Sie zogen dem Gegner jedoch entgegen und stellten sich in der Ebene von Marathon zum Kampf, unterstützt nur von einem kleinen Kontingent Platäer. Als es zur Schlacht kam, griffen sie im Laufschritt an, unterliefen den Pfeilhagel der gefürchteten persischen Bogenschützen, vernichteten erst die beiden Flügel und sodann das Zentrum des feindlichen Heeres.

Zur eigentlichen Kraftprobe zwischen dem persischen Weltreich und den griechischen Stadtstaaten kam es jedoch erst zehn Jahre später. Keine der beiden Seiten hatte bis dahin ihre Möglichkeiten bis zum letzten ausgeschöpft. Der persische Angriffsplan von 490, der sich im wesentlichen auf den Einsatz des Landheeres beschränkt hatte, war, wie auch die Perser bald erkannten, von vornherein falsch angelegt gewesen. Hätten sie ihre Flotte in der Weise eingesetzt, wie sie dies 491 vorgesehen hatten und 480 sodann auch ausführten, hätten die Athener, die damals über eine eigene Flotte noch nicht verfügten, keine Chance gehabt. Die Athener wußten, daß die Perser erneut angreifen und daß sie dann die ganze Organisationskunst ihres Weltreichs, das damals seine höchste Leistungskraft er-

---

[1] Eduard Meyer, Geschichte des Altertums, Bd. III, Der Ausgang der altorientalischen Geschichte und der Aufstieg des Abendlandes bis zu den Perserkriegen, Darmstadt 1965⁴, S. 741.

reicht hatte, aufbieten würden, um Griechenland nach den beiden empfindlichen Fehlschlägen endlich zu unterwerfen. Aufstände in Ägypten und anderen Teilen des Reiches verzögerten das Unternehmen. Erst 483 konnte Persien mit den Rüstungen beginnen. Selten in der Geschichte hat ein so großes Reich die Unterwerfung von machtmäßig relativ so unbedeutenden Staaten wie den griechischen derart sorgfältig vorbereitet. Mit methodischer Gründlichkeit durchstachen die Perser sogar die schmale Landzunge der Halbinsel Athos, um eine Wiederholung der Katastrophe von 491 zu vermeiden. Von Phöniziern, den besten Seeleuten der antiken Welt, ließen sie sich bei der Planung des Vorhabens beraten.

Als die Perser 480 zum Angriff gegen Griechenland auszogen, sahen sich die Athener in einer ausweglosen Lage. Zahlreiche griechische Städte sympathisierten mit den Persern, manche traten sogar offen auf ihre Seite. Selbst das Orakel von Delphi empfahl Unterwerfung. Dennoch entschlossen sich die Athener abermals zum Widerstand. Und sie waren auch dann noch gewillt, den Kampf fortzusetzen, als die Perser sich der Thermopylen bemächtigt und die griechische Flotte bei Artemision geschlagen hatten, ihrem Vordringen bis nach Athen also keine Hindernisse mehr im Wege lagen. Sie evakuierten die Bevölkerung auf die benachbarten Inseln, insbesondere Salamis. In der Bucht, die nach dieser Insel benannt ist, stellte sich die Flotte der Athener und ihrer Verbündeten den Persern dann zur Schlacht. Es war der letzte Punkt, an dem die Griechen sinnvoll Widerstand leisten konnten. Hätten die Perser auch diese Schlacht gewonnen, wäre ihrem endgültigen Sieg nichts mehr entgegengestanden; auch das am Isthmus von Korinth postierte Landheer der Griechen hätte die Lage nicht mehr wenden können.

Themistokles hatte die griechische Flotte bewußt so aufgestellt, daß sie nur durch einen Sieg der völligen Vernichtung zu entgehen vermochte. Andererseits hinderte die große Enge des Sunds die zahlreichen Schiffe der Perser, ihre Schlagkraft voll zu entfalten. Entscheidend war schließlich die überlegene Disziplin der Athener und ihrer griechischen Verbündeten. In einem zwölfstündigen Kampf fügten sie dem Gegner eine vernichtende Niederlage bei. Ein Jahr später schlugen die Griechen den persischen Feind bei Plataä auch zu Lande.

I.2. T'ANG-CHINA ZWISCHEN TÜRKEN, TIBETANERN UND KOREANERN

Die äußere Vorgeschichte der Kulturblüte der T'ang-Dynastie ist in ihren wesentlichen Grundzügen diesen Geschehnissen ähnlich. 552 und in den folgenden Jahren gründeten die Türken ein großes Reich in Zentralasien, das für die Chinesen eine Bedrohung darstellte, die auch dann noch andauerte, als es 581 auseinanderbrach. Die Gefahr verschärfte sich, als Kaiser Yang Ti zu Beginn des 7. Jh. versuchte, zwischen den türkischen Stämmen Zwietracht zu säen, und sich dadurch die Feindschaft der Osttürken zuzog. 615 fügten sie ihm eine empfindliche Niederlage bei. Die Situation, in der sich die Chinesen befanden, wurde 624 mit erschreckender Deutlichkeit klar, als die türkischen Nomaden bis zum Flusse Wei vordrangen und dort – etwa fünfzehn Kilometer von der Hauptstadt

Tsch'ang-an entfernt – ihr Lager aufschlugen[2]. Erst 630 gelang es Kaiser T'ai Tsung, die Osttürken vernichtend zu schlagen.

In den Tibetanern erwuchs den Chinesen zu Beginn des 7. Jh. ein anderer mächtiger, expansiver und gefährlicher Nachbar. Tibet wurde 607 zum ersten Mal in seiner Geschichte geeinigt. Einen besonders kriegerischen Großkönig erhielt es um 620 mit Songtsen Gampos. An der Gangesebene zeigte er kein Interesse; dafür schickte er seine Armeen nach Oberbirma und Westchina. Wozu die Tibetaner gegenüber einem schwachen China fähig waren, zeigte sich später im Jahre 763, als sie bis zur chinesischen Hauptstadt vorstießen und kurze Zeit sogar diese selbst betraten, weil die Chinesen sich geweigert hatten, Tribut zu zahlen.

Auch von Korea drohte lange Zeit Gefahr. Dieses Land bestand damals aus drei Staaten. Der mächtigste unter ihnen, das kriegerische und expansive Königreich Koguryŏ, war China unmittelbar benachbart. Es konnte sich jederzeit mit den Nomaden des Nordens, die immer wieder Beutezüge nach China unternahmen, verbünden und mit ihnen China gemeinsam angreifen. Die Sui-Dynastie hegte daher seit ihren ersten Anfängen offenes Mißtrauen gegen die Absichten Koguryŏs, was die ohnedies prekären Beziehungen zwischen den beiden Staaten noch verschlechterte. Bereits 598 kam es zum Krieg. Ein erster chinesischer Angriff gegen das koreanische Königreich schlug fehl. Katastrophal endeten drei weitere große Feldzüge, die Yang Ti (604–618) in den Jahren 612, 613 und 614 unternahm. Die Chronisten berichten, daß er für den ersten über eine Million Soldaten aufbot, von denen er über 300 000 verlor[3]. Fünf weitere Angriffe, die China in den Jahren 644, 645, 646, 658 und 659 unternahm, scheiterten ebenfalls. Dies zeigt, wie mächtig Koguryŏ war[4].

Wenn auch nur allmählich, so wurde schließlich doch auch China der Gefahren, die ihm so drohten, Herr. Das erste entscheidende Datum ist das Jahr 630, als Kaiser T'ai Tsung, wie erwähnt, den Osttürken eine verheerende Niederlage zufügte. Unter seiner weiteren Regierung nahm China an Macht stetig zu und erreichte einen Höhepunkt seiner äußeren Schlagkraft. Die innere Mongolei machte er dem Reich der Mitte bis zur Wüste Gobi botmäßig. In großen Feldzügen gegen die Westtürken eroberte er 639/40 und 647/48 das Tarimbecken und dehnte den chinesischen Einfluß bis zum oberen Lauf des Indus im heutigen Afghanistan aus. Völlig vernichtet wurde das westtürkische Reich schließlich 657. – Songtsen Gampos, der tibetanische Großkönig, war bereits 649 gestorben.

I.3. Florenz, der Kirchenstaat und Mailand

Florenz sah sich im 14. Jh. in steigendem Maße einer doppelten Herausforderung gegenüber. Einmal einer gemeinitalienischen. Seit der Mitte des 14. Jh. bildeten sich in Italien,

---

[2] Vgl. zu diesen Vorgängen Charles P. Fitzgerald, Son of Heaven, A Biography of Li Shih-Min, Founder of the T'ang-Dynasty, Cambridge 1963, S. 146.

[3] H. B. Hulbert, The History of Korea, Bd. I., Seoul 1905, S. 91.

[4] E. O. Reischauer/J. K. Fairbank, East Asia, The Great Tradition, S. 410.

das zuvor in zahlreiche Stadtstaaten zersplittert gewesen war, vier Territorialstaaten heraus, Neapel, der Kirchenstaat, Mailand und Venedig. Von besonderer Bedeutung für Florenz waren der Kirchenstaat und Mailand.

Den Kirchenstaat hatte Kardinal Albornoz geschaffen, indem er einer Ansammlung von Gebieten, die sich in päpstlichem Besitz befanden, um die Mitte des 14. Jh. eine einheitliche Struktur gab. So war in Mittelitalien ein neuer Staat von Gewicht entstanden, was Florenz um so empfindlicher traf, als es bis dahin zwischen Neapel und Mailand die führende Macht gewesen war und es von dem neuen Rivalen nun im Norden, Osten und Süden umgriffen wurde. Dazu kam, daß der Papst die bisherige politische Linie der Kirche völlig änderte. Obwohl Florenz in dem Streit zwischen Kirche und Kaisertum immer zum Papst gehalten hatte, begann dieser 1375 einen mehrjährigen Krieg gegen die Stadt[5].

Besorgniserregend für Florenz war auch die Entwicklung im Norden. Hier vermehrte die Familie Visconti die Macht Mailands in einem Maße, daß sogar Venedig sich genötigt sah, auf der Terra Ferma eigene Territorien als Gegengewicht zu erwerben. Mailand wurde zu einer expansionistischen Macht von beträchtlicher Dynamik[6]. Unter Erzbischof Giovanni Visconti besetzte es zeitweilig Bologna (1349–1350) und griff dabei auch auf florentinisches Hoheitsgebiet über. Kaum zehn Jahre später bedrohte es diese Stadt erneut. Es unterstützte auch die Gegner der florentinischen Republik südlich des Apennin.

Durch eine Allianz mit anderen Stadtstaaten, vor allem mit Pisa, Lucca, Siena, Perugia und Bologna, konnte Florenz dieser Gefahr zunächst noch einmal begegnen.

Die Gemeinwesen, die Mailand eroberte, integrierte es voll in seinen Staatsverband; es unterstellte sie damit einer rationalen und zentralistischen Verwaltung, so daß seine Schlagkraft mit jeder Neuerwerbung wuchs. Der Charakter der Po-Ebene, die keine natürlichen Grenzen kennt, kam seinen Plänen zustatten. Wenn der Norden einmal unter seiner Herrschaft geeinigt wäre, würde er – so mußten die Florentiner annehmen – über den Apennin nach Süden ausgreifen, also denselben Weg gehen, den 1330 bereits die Scaligeri von Verona eingeschlagen hatten. – Im letzten Viertel des Jahrhunderts wurde die Bedrohung erneut akut. Es sind diese spezifische Gefahr und ihre Überwindung, die für die Geburt der florentinischen Renaissance entscheidend wurden.

1385 beseitigte Giangaleazzo Visconti seinen Onkel und bemächtigte sich damit der Herrschaft über Mailand und die Lombardei. Unter diesem Fürsten, dem man eine gewisse politische Genialität nicht absprechen kann, erhielt die expansionistische Dynamik der lombardischen Metropole neue Energie. Seinem verschlagenen und skrupellosen Vorgehen erlag eine norditalienische Stadt nach der anderen. Verona und Vicenza fielen 1386, Padua 1387. Damit beherrschte Giangaleazzo fast die gesamte norditalienische Ebene. Seit der Antike war er der mächtigste Mann in Italien, und bis ins 19. Jh. gab es

---

[5] Zu den Angaben über den Kirchenstaat vgl. insbesondere Ferdinand Schevill, History of Florence, New York 1963, S. 271, 273, 275.

[6] Zu den folgenden Ausführungen über Mailand vor allem E. R. Chamberlin, The Count of Virtue, Giangaleazzo Visconti, Duke of Milan, London 1965, und Hans Baron, The Crisis of the Early Italian Renaissance, Civic Humanism and Republican Liberty in an Age of Classicism and Tyranny, Princeton 1966, S. 14 ff.

keinen anderen Italiener mehr, der über eine vergleichbare politische Stellung verfügt hätte. Dichter begrüßten ihn bereits als den neuen König, als den Fürsten, der Italien den Frieden bringen würde.

Wie der Historiker Dati berichtet, wirkte die Nachricht von dem Fall Paduas geradezu lähmend auf die Florentiner. Hatte Coluccio Salutati bereits vorher gesagt: »Jeden Tag denken wir über die Gefahren nach, die wir sehen. Die Furcht nimmt ständig zu, und wir können nicht ruhig sein . . .[7]«, so war jetzt die Lage noch viel beunruhigender. Besonders besorgniserregend für die Florentiner war, daß Venedig nicht bereit war, mit ihm ein Bündnis gegen Mailand einzugehen, daß es diesem sogar geholfen hatte, sich Paduas zu bemächtigen. Auch ihre bisherigen Alliierten waren nicht zu gemeinsamer Abwehr zu bewegen. Siena und Pisa versuchten insgeheim, sich mit Giangaleazzo zu arrangieren, und erstere Stadt nahm 1389 sogar mailändische Truppen in ihre Mauern auf. Ein Versuch der Florentiner, zu einem Modus vivendi zu kommen, schlug fehl. So wurde die bewaffnete Auseinandersetzung unvermeidlich; am 1. Mai 1390 erklärte Mailand Bologna und Florenz den Krieg. Der Kampf erhielt eine besondere Schärfe dadurch, daß er auch eine ideologische Auseinandersetzung war, ein Angriff der »Tyrannis«, wie es die Florentiner sahen, auf die republikanische Freiheit und die menschliche Vernunft. Beide Seiten trieben denn auch intensive Propaganda. Der bedeutendste Anwalt der florentinischen Sache war Coluccio Salutati. Seine Feder fügte Giangaleazzo, wie dieser selbst sagte, mehr Schaden zu, als tausend berittene Soldaten.

Der Krieg währte mit Unterbrechungen bis 1402. Diese zwölf Jahre sind die schwersten der florentinischen Geschichte. Als Folge einer weiteren Annäherung Pisas an Mailand gingen Florenz 1392 die lebenswichtigen Häfen an der Mündung des Arno verloren; Mailand hatte damit ein seit Jahrzehnten angestrebtes Zwischenziel erreicht. Indirekt hatte dies eine wesentliche Schwächung der antimailändischen Liga zur Folge: Florenz war gezwungen, die Straße, die zu seinem neuen Hafen an der Adria führte, am Nordostabhang des Apennin durch eine Militärbasis zu sichern; seine Bemühungen, die dahin zielten, erweckten bei seinen Verbündeten ein solches Mißtrauen, daß es zu einer Krise in der Allianz kam.

Im Jahre 1398 wurde der Waffenstillstand von Pavia geschlossen, der Giangaleazzo jedoch nicht daran hinderte, seine Macht auf friedlichem Wege weiter zu verstärken. So lösten sich schließlich Padua, das 1390 seine Unabhängigkeit wiedererlangt hatte, Mantua sowie Ferrara von Florenz und näherten sich Mailand. Ihnen folgten zahlreiche andere Städte auf der der Romagna zugewandten Seite des Apennin. Im Februar 1399 erlangte Giangaleazzo auch endgültig die Herrschaft über Pisa. Die Lage der Florentiner wurde immer verzweifelter. Siena unterwarf sich dem Herzog von Mailand im September 1399 und Perugia im Januar 1400.

Alle florentinischen Versuche, diesen Verbündeten in ihrer schwierigen Lage zu helfen, waren vergeblich gewesen. Perugia hatte mitgeteilt, die alte Gemeinde bedürfe nach so vielen Heimsuchungen der Ruhe, die Anerkennung eines Protektors bedeute nicht Knechtschaft und Giangaleazzo sei der Retter Italiens, der es von Unterdrückung und

---

[7] Zitiert nach Chamberlin, a.a.O., S. 103.

Leid befreie; wenn Florenz das Wohl der Toskana und Italiens wirklich im Auge habe, gebe es lieber freiwillig nach, als daß es warte, bis es durch die Not dazu gezwungen würde. Auch Lucca stellte sich unter den Schutz Mailands. Nunmehr waren mit Ausnahme von Florenz und Bologna alle wichtigen Plätze nördlich von Rom in den Händen Giangaleazzos, einschließlich Cortonas und Chiusis, Spoletos und Assisis, ebenso das gesamte Küstengebiet südwestlich von Florenz.

John Hawkwood, der kampferprobte englische Söldnerführer, der früher für Florenz gekämpft hatte, war seit 1394 tot. Alle verbliebenen Condottieri von Rang waren in den Dienst Mailands getreten. Der einzige Zugang der Florentiner zum Meer war Rimini jenseits des Apennin. Der florentinische Handel war zum Erliegen gekommen, die Finanzen der Stadt erschöpft. Im April 1399 hatten Schnee und Frost die halbe Korn- und Weinernte vernichtet. In Florenz herrschten Hunger und Pest. In dem ersten Jahr der eigentlichen Krise, 1400, starben täglich 200 Bürger. Letzte Anstrengungen, neue Verbündete zu gewinnen, schlugen fehl. Den Kaiser, der – von Florenz großzügig unterstützt – ihm zu Hilfe kommen wollte, schlug Giangaleazzo im Oktober 1401 bei Brescia. Eine kleine florentinische Truppe, die Bologna entsetzen sollte, erlitt im Juni 1402 bei Casalecchio eine Niederlage. Kurze Zeit darauf fiel Bologna infolge innerer Zwietracht. Damit war das letzte Hindernis, das dem mailändischen Herzog den Weg nach Florenz versperrt hatte, beseitigt. Seine Truppen konnten von diesem Platz, an dem sie massiert waren, jederzeit auf Florenz marschieren. Die Stadt war jetzt auch völlig vom Meer abgeschnitten; alle Pässe befanden sich in den Händen der Mailänder. Florenz mit seinen einstmals weltweiten Handelsverbindungen empfand diesen Zustand mit doppelter Schärfe. Seine letzten Kräfte hatte es bei der Verteidigung Bolognas erschöpft; dem gefürchteten und verhaßten Feind war es jetzt nahezu hilflos ausgeliefert. Zudem hatte die Propaganda Giangaleazzos erreicht, daß frühere Freunde immer größeres Mißtrauen gegen Florenz hegten.

Allen Widrigkeiten zum Trotz gaben die Florentiner jedoch nicht auf. Diese Politik des Ausharrens hatte schließlich Erfolg. Im September 1402 starb Giangaleazzo ebenso plötzlich wie unerwartet. Sein Tod befreite die Stadt mit einem Male aus ihrer verzweifelten Lage.

I.4. Frankreich und die Einkreisung durch Spanien

Spanien stellte durch seine große Macht, seinen Ehrgeiz und die zahlreichen Gebiete, die es an den Grenzen Frankreichs besaß, bereits im 16. Jh. eine Bedrohung für diesen Staat dar. Im Süden Frankreichs beherrschte es das Roussillon, das mit Aragonien an die spanische Krone gelangt war, und überschritt damit die natürliche Grenze der Pyrenäen. Im Norden Frankreichs besaß es Flandern und den Artois, die 1555 mit den Niederlanden an die spanischen Habsburger gefallen waren. Der Artois mit seiner Hauptstadt Arras war nur wenig von der natürlichen Grenze Frankreichs entfernt, dem Tal und den Sümpfen der Somme, die einen wichtigen Schutz für die französische Kapitale darstellten. Auf der südöstlichen Seite Frankreichs hielt Spanien Mailand, zu dem es über den Hafen von Genua einen gesicherten Zugang besaß. Mittels dieses Herzogtums kontrollierte es die Po-Ebene und die Zugänge zu den wichtigsten Alpenpässen, die Frankreich und Italien verbanden. Zu den spanischen Besitzungen gehörte auch die Freigrafschaft Burgund mit der Hauptstadt Besançon. Sie war durch die Heirat Maximilians I. mit der Tochter Karls des Kühnen an die Habsburger gekommen. Der Streit um die burgundische Erbschaft war eine der wesentlichen Ursachen für die Feindschaft zwischen dem spanisch-österreichischen Herrscherhaus und den französischen Königen. Für die Franzosen war ihr Verlust um so schmerzlicher, als die Spanier damit ein Aufmarschgebiet erhalten hatten, das fast bis zur Saône reichte.

Eines der Hauptanliegen der Spanier war, sich den Zugang zu seinen niederländischen Territorien auf dem Landweg zu sichern; nur so konnte es die Versorgung seiner Truppen gewährleisten, die dort gegen die Aufständischen kämpften. Seit etwa 1580 störten englische und holländische »Piraten« die spanisch-niederländische Seeverbindung. Spanien mußte daher versuchen, Einfluß auf jene Territorien zu gewinnen, die die Landbrücke zwischen seinen mailändischen und seinen niederländischen Besitzungen bildeten.

Schon während der Regierungszeit Philipps II. (gest. 1598) hatte Spanien seinen Zugriff auf Italien ständig verstärkt. Fuentes, spanischer Gouverneur in Mailand von 1600 bis 1610, trieb diese Entwicklung mit großer Energie voran.

Die erste Etappe der Landverbindung war die Schweiz. Noch Philipp II. hatte mit den katholischen Kantonen der Eidgenossenschaft Verträge geschlossen, um Spanien ein Durchmarschrecht zu sichern. Fuentes hatte diese Verträge erneuert. Ein Punkt der Unsicherheit blieb allerdings auch dann noch das Veltlin. Dieses Tal, das östlich vom Comer See verläuft, war für Spanien das prekärste Verbindungsglied zwischen seinem mailändischen Gebiet und den Niederlanden sowie zwischen seinen eigenen Territorien und denen der österreichischen Habsburger. Es war ursprünglich rein mailändisch gewesen, seit 1513 unterstand es aber der Souveränität Graubündens, das seinerseits wiederum seit Heinrich IV. mit Frankreich einen Schutzvertrag hatte. Aus diesem Doppelverhältnis ergaben sich sehr komplizierte Streitigkeiten; insbesondere konnten sich Spanien und Graubünden auch nicht über das Durchmarschrecht einig werden.

An die Schweiz schloß sich die Freigrafschaft Burgund, an diese wiederum das Elsaß an. In letzterem hielten die österreichischen Habsburger wichtige Besitztitel. 1617 gelang es nun der spanischen Diplomatie, die Stellung Spaniens hier wesentlich zu verstärken. Der Gesandte Oñate erhielt von dem späteren Ferdinand II. gegen den spanischen Verzicht auf Böhmen unter anderem die Zusage, daß er nach seinem Regierungsantritt die österreichischen Besitzungen im Elsaß und in der Ortenau an den spanischen König abtreten werde (sog. Oñate-Vertrag). Diese Übereinkunft verfolgte auch den Zweck, die Stellung Spaniens gegenüber Frankreich zu stärken.

Seit 1620 hielten die Spanier auch den nächsten Abschnitt auf dem Weg zu den Niederlanden in Händen, die linksrheinische Pfalz, die sie im Zuge des beginnenden Dreißigjährigen Krieges besetzt hatten. Luxemburg gehörte seit der Teilung von 1555 ebenfalls zum Herrschaftsbereich der spanischen Habsburger. Die Wiederaufnahme der Feindseligkeiten gegen die Niederlande (1621) und eine ungeschickte französische Politik hatten zur Folge, daß die Spanier auch ihre Macht über die Städte und Fürsten zu beiden Seiten des

Mittel- und Niederrheins wesentlich verstärken konnten. So hatten sie 1622 z. B. auch Jülich besetzt.

Spanische Truppen, die sich auf dem Marsch von Mailand zur Freigrafschaft Burgund und von dort über das Elsaß oder die Pfalz nach den Niederlanden befanden, konnten Frankreich jederzeit angreifen. – Diese weitgehende Einkreisung war für Frankreich um so bedrohlicher, als die Spanier mit ihrer Infanterie, den »tercios«, über eine außerordentlich schlagkräftige Truppe verfügte. Es mußte befürchten, früher oder später das Schicksal Italiens oder Deutschlands zu erleiden und zum Tummelplatz fremder Söldnerheere zu werden.

Hinter den spanischen Habsburgern stand der österreichische Zweig des Hauses. Die beiden Linien waren nicht nur durch Familienbande, sondern auch durch eine unauflösliche Verflechtung ihrer politischen Interessen aufs engste miteinander verbunden. Spanien, das in Italien dominierte, garantierte hier den Einfluß des Kaisers; es wäre ihm seinerseits jedoch schwer gefallen, ohne dessen Unterstützung die Niederlande und die Freigrafschaft Burgund zu halten. Wie weit diese Interessengemeinschaft ging, zeigt auch der erwähnte Oñate-Vertrag.

Es gab nun zu Beginn der zwanziger Jahre des 17. Jh. zwei Entwicklungen, die Frankreich mit größter Sorge erfüllten. Einmal wuchs seit dem Ausbruch des Dreißigjährigen Krieges die Macht der österreichischen Habsburger ständig an, um im Jahre 1629 ihren Zenit zu erreichen. Kaiser Ferdinand II. stand zu jener Zeit ähnlich da, wie einst Karl V. nach dem Siege über die Schmalkaldener. Zum anderen gelang es den Spaniern endlich, die unmittelbare Landverbindung zwischen ihren beiden Herrschaftsbereichen zu sichern.

1616 gewährte Graubünden den Venezianern, die auf der Seite der Franzosen standen, ein Zugangsrecht zum Veltlin, mit der Folge, daß die Spanier die Alpenpässe sperrten und damit Graubünden die Verbindung mit Italien nahmen, was für das Land wirtschaftlich verheerende Folgen hatte. So unter äußeren Druck gesetzt, schloß die graubündische Regierung 1617 mit Spanien einen Vertrag, der diesem ein Durchzugsrecht durch die Pässe einräumte. Die Bürger Graubündens lehnten es jedoch ab, diesen Vertrag zu ratifizieren. Die Unruhen, die 1620 im Veltlin ausbrachen, benützte Spanien, um Graubünden zu zwingen, seine Rechte am Veltlin und die angrenzende Grafschaft Bormio mit den entscheidenden Gebirgspässen an das österreichische Tirol und das spanische Mailand abzutreten.

Dies geschah im Jahre 1622 und erwies sich als dauerhafte Regelung. Zwar wurden die spanischen Truppen im Veltlin bald durch päpstliche abgelöst, diese 1624 wiederum durch französische Soldaten vertrieben. An der tatsächlichen Lage änderte dies alles jedoch nichts, zumal der französisch-spanische Friedensauschluß von Monzon 1626 sehr zweideutig gefaßt wurde. Durch die Befestigung des Splügen erschlossen sich die Spanier den kürzesten Weg zum Rheintal. Das Ganze bedeutete, wie Ranke sagt, »eine Umwälzung der Weltverhältnisse«.

Was für Spanien die Sicherung der Nachschubwege war, bedeutete für Frankreich Einkreisung, besonders seitdem 1625 mit Graf Olivares in Madrid ein letzter leidenschaftlicher Verfechter der spanischen Vorherrschaft in Europa die Macht übernommen hatte.

Wie schwach die Position Frankreichs gegenüber habsburgischen Übergriffen war, wurde ihm immer aufs neue demonstriert. 1629 starb der Herzog von Mantua, der auf dem Sterbebett den Herzog von Nevers aus der französischen Linie der Gonzaga zum Erben eingesetzt hatte. Zu der Erbschaft gehörte auch die Markgrafschaft Montferrat mit Casale, der stärksten Zitadelle in Norditalien, die das Po-Tal und die Straße von Genua nach Mailand beherrschte. Frankreich stützte den Herzog von Nevers-Gonzaga gegen den habsburgischen Kandidaten, Karl Emanuel von Savoyen. Der Wiener Hofrat zögerte nicht, das Herzogtum unter Sequestration zu stellen und den neuen Herzog trotz seines unanfechtbaren Rechtstitels aus Mantua vertreiben zu lassen. Spanische Truppen schritten zur Belagerung von Casale.

Damit trat die Auseinandersetzung zwischen Frankreich und Spanien in eine zweite – nunmehr kriegerische – Phase ein. Die Bühne des äußeren Konflikts verlagerte sich aus jenen Gebirgstälern in die weite Ebene des Nordens der italienischen Halbinsel, die Richelieu in seinem Politischen Testament als »das Herz der Welt« bezeichnen sollte.

Als 1634 der Kaiser in der Schlacht von Nördlingen über die Schweden siegte und in demselben Jahr der Prager Friede weitgehend den innerdeutschen Krieg beendete, geriet Frankreich in eine akut bedrohliche Situation. Die Niederlande und Schweden hätten auf sich selbst gestellt den Krieg nicht fortführen können. Der Kaiser hatte Spanien gegen die Niederlande Reichshilfe zugesagt. Die habsburgische Vorherrschaft in Europa war der Vollendung näher als je. Dies alles war für Frankreich um so bedrohlicher, als sogar England – wie Frankreich wußte – mit Spanien in Verhandlungen über eine Allianz eingetreten war[8]. Obwohl Frankreich unzureichend gerüstet war und sich in einer schwierigen innenpolitischen Lage befand, entschloß sich damals Richelieu, offen in die große militärische Auseinandersetzung einzugreifen[9].

Dieser Bedrohung stand – wenigstens bis zur Zeit Richelieus – der innere und äußere Machtverfall Frankreichs gegenüber, eine Tendenz, der auch Heinrich IV. nur zeitweilig Einhalt geboten hatte. Es besaß keine Grenzbefestigungen, keine Flotte, keinen Staatsschatz und war geschwächt durch die religiöse Zwietracht und den Übermut der Großen, deren staatsfeindliche Intrigen Spanien bewußt unterstützte. Eine verfehlte Außenpolitik hatte es zudem fertiggebracht, daß Frankreich beim Amtsantritt Richelieus kaum mehr als bündnisfähig betrachtet wurde[10].

In welch prekärer Lage sich Frankreich tatsächlich befand, wurde 1636 überdeutlich. Bald nachdem Frankreich in den Krieg eingetreten war, geriet es in eine kritische militärische Situation, insbesondere in Lothringen und Burgund. Die Zaberner Steige, der wichtigste Paß in den Vogesen, geriet in die Hände des Feindes. Ihn benützte 1636 die kaiserliche Armee unter General Gallas, um nach Frankreich einzudringen und auf Paris zu marschieren. Zur gleichen Zeit rückte eine spanische Armee unter dem Kardinalinfanten von Nordosten vor, umging Amiens und nahm Corbie, die letzte Festung auf dem Wege nach

---

[8] Hierzu Walter Platzhoff, Geschichte des europäischen Staatensystems 1559–1660, München 1927, S. 184.
[9] Vgl. Platzhoff, a.a.O., S. 203.
[10] Jean H. Mariéjol in: Ernest Lavisse, Histoire de France, Bd. VI Teil 2, Paris 1905, S. 237.

Paris. Am 15. August jenes Jahres ritten die Truppen Johannes von Werths durch das von Entsetzen gelähmte Compiègne und drangen bis nach Pontoise vor, das von Versailles nur noch 34 Kilometer entfernt ist. Der Schrecken in Paris war groß. Selbst Richelieu riet dem König zur Flucht. Es war das einzige Mal, daß Ludwig XIII. seinem Rat nicht folgte[11]. Er befahl Regierung und Hof, in Paris zu bleiben, und begab sich selbst nach Senlis zu seinen Truppen. Durch den Einsatz aller verfügbaren Reserven[12] wurde die Krise glücklich bewältigt.

II. Anpassung der Gesellschaft

II.1. BEGRIFF

Natürlich läßt sich die eingangs aufgestellte These, daß alle großen Kulturblüten letzten Endes auf eine äußere Bedrohung zurückgeführt werden können, nicht dahin umkehren, daß jede Gefahr, die siegreich überwunden wird, zu einer kulturellen Blütezeit führen müßte. Großbritannien geriet durch die Niederlage, die es 1940 in Frankreich erlitt und die durch Dünkirchen zu einem Begriff geworden ist, in eine sehr bedrohliche Situation. Es mußte – allein auf sich gestellt und ohne über die notwendigen Truppen zu verfügen – mit einer deutschen Invasion rechnen. In der Luftschlacht um England überwand es die Gefahr teilweise, die dann mit der deutschen Niederlage von 1945 ganz beseitigt wurde.

Bedrohung und Sieg führten in diesem Fall nicht zu einer Kulturblüte. Man mag einwenden, daß es hier nicht zu einem Triumph über den Gegner kam, daß Großbritannien an dem Erfolg nicht den entscheidenden Anteil hatte, die eigentlichen Sieger des Zweiten Weltkrieges vielmehr die Vereinigten Staaten und die Sowjetunion waren. Aber auch diese Staaten haben in der Nachkriegszeit keine Kulturblüten hervorgebracht, und es sind auch keine Anzeichen vorhanden, daß es zu solchen noch kommen wird. Dies ist besonders auffallend bei der Sowjetunion, die im Zweiten Weltkrieg alle Stadien durchlief, von der größten Gefahr für seine Existenz bis zum vollkommenen, durch eine große Kraftanstrengung errungenen Sieg über einen furchtbaren Gegner. Kulturell sind seine Leistungen heute sogar geringer als im 19. Jh. oder nach dem Ersten Weltkrieg.

Die Entwicklung von Gesellschaften, die Kulturblüten hervorbrachten, weist eine Besonderheit auf. Sie faßten auf die äußere Bedrohung durch eine Änderung des gesellschaftlichen Normensystems ihre Kräfte in hohem Grade zusammen und steigerten ihre Macht dadurch in dem Maße, wie es die Abwehr der Bedrohung erforderte. Die durch die äußere Bedrohung auf diese Weise herbeigeführte zweckgerechte Fortbildung des gesell-

---

[11] Cicely V. Wedgwood, Richelieu and the French Monarchy, London 1949, S. 107.
[12] Mariéjol, a.a.O., S. 319.

schaftlichen Normensystems wird im folgenden als »Anpassung« bezeichnet. Theoretische Einzelheiten über die Anpassung, die sich insbesondere auch auf Parsons' normative Theorie des Handelns beziehen, bringt ein Anhang zu diesem Buch. Hier sei nur darauf hingewiesen, daß die Anpassung auch darin bestehen kann, daß die Gesellschaft ihre moralischen Reserven steigert, d. h. etwa auch darin, daß sie eine größere Hingabe ihrer Angehörigen an Staat und Gesellschaft bewirkt. Wenn nachstehend gelegentlich davon gesprochen wird, daß gewisse Entwicklungen »außenpolitisch« oder durch die »äußere Geschichte« bedingt seien, so ist dies in einem weiten Sinne zu verstehen und schließt jede Änderung gesellschaftlicher Normen ein, die geeignet ist, die materielle oder moralische Macht der Gesellschaft zu erhöhen, sofern sie nur auf eine äußere Gefahr zurückzuführen ist. Es kann sich dabei auch um Prozesse handeln, deren Zusammenhang mit außergesellschaftlichen Umständen den meisten Gesellschaftsangehörigen kaum oder überhaupt nicht bewußt wird.

Eine Anpassung in diesem Sinne ist Voraussetzung für jede Kulturblüte. Diese Annahme ergibt sich aus einer zwanglosen Interpretation der historischen Tatsachen und erhält ihre Bestätigung in dem sinnvollen Platz, den ein solcher Prozeß in einem umfassenden Modell der Entstehung von Kulturblüten ohne weiteres findet.

Großbritannien, die Sowjetunion und die Vereinigten Staaten haben auf die Bedrohung, die das Deutschland Hitlers für sie darstellte, nicht mit einer Anpassung in diesem Sinne geantwortet. Ihre innere Struktur wurde von der Bedrohung kaum beeinflußt; zu ihrer Bewältigung begnügten sie sich damit, die im Rahmen der bestehenden gesellschaftlichen Verhältnisse verfügbaren Kräfte zu mobilisieren. Ganz anders war es bei jenen Gesellschaften, die dann in der Folgezeit Kulturblüten hervorbrachten.

II.2. ATHEN

Demokratie und Flottenrüstung

Die Quellen erlauben es nicht, den Anpassungsprozeß, den Athen angesichts der persischen Gefahr durchlief, in allen Einzelheiten und auf allen Gebieten nachzuzeichnen. Am evidentesten ist er auf verfassungsrechtlichem Gebiet, was nicht überrascht, da sich das Ergebnis der Anpassung ganz allgemein am ehesten in neuen Institutionen objektiviert.

In der athenischen Verfassungsgeschichte nach 500[13] sind mehrere Entwicklungen, die sehr eng miteinander zusammenhängen, von Interesse: Einmal die Fortsetzung der Demokratisierung, deren Anfänge bis auf Solon zurückreichen. 487 schafften die Athener das Archontat als Wahlamt ab. Von da an wurden die Kandidaten für diese Stellung von den Demen benannt, unter den fünfhundert Kandidaten die neun Archonten durch Los ausgewählt. Dadurch verloren diese Beamten den hohen sozialen und institutionellen Status, der bis dahin für sie bezeichnend gewesen war. Bei Marathon hatte einer der Ar-

---

[13] Vgl. zu den folgenden Ausführungen Eduard Meyer, Geschichte des Altertums, Bd. IV Teil 1, Das Perserreich und die Griechen bis zum Vorabend des Peloponnesischen Krieges, Darmstadt 1954[5], S. 320 ff. und S. 338 ff.

chonten, der Polemarch Miltiades, den Ausschlag gegeben. Ohne sein Eingreifen hätten die Athener die Schlacht nicht gewagt, ihre endgültige Niederlage wäre unausweichlich gewesen. Bis zu der Verfassungsänderung von 487 hatte ein anderer der Archonten sogar als Staatspräsident fungiert. Sie wurden nun auf die Stufe bloßer Verwaltungsbeamter hinabgedrückt. Die neue Regelung bedeutete praktisch, daß das Volk selbst die Regierung übernahm, daß es sich zum Souverän erhob.

Die Demokratisierung der athenischen Gesellschaft war ursprünglich von der äußeren Geschichte unabhängig. Vielleicht war sie sogar dazu angetan, die einheitliche Willensbildung und die Schlagkraft des Gemeinwesens überhaupt nachteilig zu beeinflussen. Etwas anderes gilt jedoch für die geschilderte Entwicklung. Die neuen Institutionen hatten wesentlich auch die Funktion, der Gesellschaft neue Kräfte zu erschließen; ihre Bildung war somit integraler Teil der Anpassung, die die Athener auf die persische Bedrohung hin vornahmen.

Diesen Zusammenhang hat die historische Forschung nachgewiesen. Ein erfolgreicher Widerstand gegen die Perser war, wie Themistokles, damals der maßgebende Staatsmann, mit klarem Blick erkannte, ohne eine starke Flotte nicht möglich. Die Schlacht von Marathon hatte 490 den Kampf nur deshalb zugunsten der Athener zu entscheiden vermocht, weil die Perser ihren Zug schlecht vorbereitet und vor allem nicht dafür gesorgt hatten, daß ihr Landheer in zureichender Weise von der See her unterstützt wurde. Die persische Expedition von 480 war dagegen von vornherein so angelegt, daß dieser Fehler vermieden wurde. Mit einem bloßen Sieg über das persische Landheer wäre die Auseinandersetzung diesmal nicht beendet gewesen. Auch bei der Unterdrückung des Aufstands der ionischen Städte hatte schließlich die persische Flotte, die bei Lade den Sieg davontrug, den Ausschlag gegeben. Auch dieser Krieg wurde tatsächlich zur See entschieden.

Der Aufbau einer starken Flotte war aber nur möglich, wenn der niedrigste Stand, die Theten, die bisher keinen Kriegsdienst geleistet hatten, als Ruderer der Trieren herangezogen wurden. Ein solcher Schritt bedeutete einen gesellschaftlichen Umbruch, dem früher oder später die staatsbürgerliche Gleichberechtigung der Theten folgen mußte. Die Entmachtung der Archonten und die Aufwertung des Volkes, das die seit Solon zur Volksversammlung zugelassenen Theten einschloß, hatte dieser sozialen Revolution den Weg geebnet. Mit der militärischen Gleichberechtigung der Theten, die Themistokles konsequent durchsetzte, erreichte er eine Verdoppelung der wehrfähigen Bevölkerung.

Strategos Autokrator, amtloser Demagoge und Scherbengericht

Untrennbar von der geschilderten Entwicklung ist die Entstehung des Amtes des Leitenden Strategen, des Strategos Autokrator. Das souveräne Volk, das den Archonten ihre politische Bedeutung genommen und die Regierung an sich gezogen hatte, war nicht in der Lage, ohne Zwischenschaltung verantwortlicher Beamter militärische Operationen zu leiten. So wertete es das Amt der Strategie auf, das ursprünglich keine politische Bedeutung besessen hatte. Bis dahin hatten die Phylen je einen der zehn Strategen gewählt, die an der Spitze der Bataillone standen und von denen einer im Kriege den Oberbefehl erhielt. Von nun an wurden nur noch neun der Strategen in den Phylen gewählt, den zehnten – das ist entscheidend – bestellte das ganze Volk durch gemeinsame Wahl. Er war damit der einzige athenische Beamte, der ein wichtiges, durch allgemeine Wahl zu besetzendes Staatsamt innehatte. Er besaß dadurch eine stärkere Stellung als die anderen Strategen, die praktisch seine Gehilfen waren. Das athenische Volk hatte damit die Möglichkeit, durch Wahl einem besonders fähigen Mann das Oberkommando über seine Truppen anzuvertrauen. Es war dieses neue Amt, das es 480 v. Chr. Themistokles ermöglichte, den einheitlichen Oberbefehl über die athenische Streitmacht auszuüben.

Ganz klar durch auswärtige Erfordernisse bedingt ist auch das Aufkommen der Einrichtung des amtlosen Demagogen, die die Kehrseite zur Abschaffung des Archontats als Wahlamt darstellt. Die Archonten waren schon vor der Reform nur für jeweils ein Jahr bestellt worden, ihr Amt daher bereits in seiner alten Form wenig geeignet, die für jede Außenpolitik notwendige Kontinuität zu gewährleisten. Die Entmachtung der Archonten ermöglichte es nunmehr dem jeweiligen vom Vertrauen des Volkes getragenen Mann, de facto die Leitung des Staates für längere Zeit in die Hand zu nehmen, wie es dann erst Themistokles und später insbesondere Perikles tat.

Wir haben zwischen 490 und 480 schließlich eine weitere ebenfalls außenpolitisch bedingte Entwicklung der athenischen Verfassung. Kleisthenes hatte bereits 507 das Scherbengericht, den Ostrakismos, eingeführt. Diese Institution sollte es dem Volk ermöglichen, durch einen in geheimer Abstimmung gefaßten Beschluß eine Persönlichkeit für zehn Jahre des Landes zu verweisen. Die Verbannung war nicht als Strafe gedacht, sondern sollte ein Mittel sein, Auseinandersetzungen, die den inneren Frieden gefährden und damit politisch abträglich sein konnten, entgegenzuwirken. Tatsächlich aber wurde der Ostrakismos lange Zeit nicht benützt. Dazu kam es erst im Frühjahr 487 – also erst angesichts der persischen Gefahr: Damals wurde Hipparchos des Landes verwiesen, 3 Jahre später Xanthippos und 482 Aristides. Mittels des Scherbengerichts gelang es Themistokles, sich seiner gefährlichsten Gegner zu entledigen und 482 den Bau der Flotte durchzusetzen. Praktisch war das Scherbengericht die notwendige Ergänzung zu der Institution des amtlosen Demagogen, der in kritischen Zeiten seine Aufgabe nur dann erfüllen konnte, wenn er über ein wirksames Mittel verfügte, um sich gefährlicher politischer Gegner zu entledigen.

Damit wurden einzelne besonders wichtige Aspekte der Anpassung Athens herausgegriffen, deren hervorragendstes materielles Ergebnis die athenische Flotte war, ein Machtinstrument, wie es die griechische Welt bis dahin nicht gesehen hatte.

II.3. CHINA

Wiedererstarken der konfuzianischen Traditionen unter den Sui und den T'ang
Die Anpassung Chinas begann unter der Sui-Dynastie (581–618), die 589 durch die Eroberung des chinesischen Südens die Reichseinheit erneuert hatte. Das Wiedererstarken der konfuzianischen Traditionen unter dieser Dynastie war der zentrale Teil des eigentlichen Anpassungsprozesses. Seit dem 3. Jh. hatten die chinesischen Kaiser versucht, ein dem Prüfungswesen der Han-Zeit ähnliches Examenssystem konfuzianischen Charak-

ters einzuführen. Diese Bestrebungen blieben jedoch erfolglos und mußten es bleiben, weil der sozial dominierende Adel mit dem Ziel opponierte, die maßgebenden Stellungen für die Angehörigen der eigenen Familien offenzuhalten. Erst Wen Ti (581–604) gelang es, die innergesellschaftlichen Widerstände zu überwinden und über den von der Han-Dynastie gesetzten Standard noch hinauszugehen. Yang Ti, sein Nachfolger, führte wichtige Reformen auf dem Gebiet der konfuzianischen Bildung und des konfuzianischen Unterrichts durch[14]. Für das Wiederaufleben konfuzianischer Traditionen ist auch bezeichnend, daß Kaiser T'ai-Tsung 630 anordnete, in jeder Präfektur seien konfuzianische Tempel zu errichten und die alten konfuzianischen Opferdienste wiederaufzunehmen. Die Philosophie des Konfuzius machte in der Folgezeit solche Fortschritte, daß die gebildeten Klassen die antipolitischen Auffassungen des Taoismus und die antisozialen Seiten des Buddhismus abzulehnen begannen. Eines der Ergebnisse dieses nicht immer leicht zu fassenden Anpassungsprozesses war das typische Ideal des literarisch und konfuzianisch gebildeten, für das öffentliche Wohl tätigen Staatsmannes, das die chinesische Gesellschaft im 7. Jh. zur vollen Geltung brachte[15]. Dies ist also eine ganz ähnliche Entwicklung, wie sie in Florenz um die Wende zum 15. Jh. zu beobachten ist, wo das Resultat der staatsbürgerliche Humanismus mit seinem Ideal der »vita activa« war. – Auch hatte der Konfuzianismus eine große verbindende Kraft, die auf die Einheit des Reiches hinwirkte[16].

Stärkung der Staatsgewalt und administrative Reformen
Im institutionellen Bereich bedeutete die Anpassung die Wiederherstellung einer starken Zentralregierung. Die Sui- und T'ang-Kaiser brachen die Macht der adligen Familien – natürlich auch mit mehr oder weniger aktiver Unterstützung wesentlicher Kräfte der Gesellschaft und auch von Teilen der bisher dominierenden Schicht. Diese hatte in den vorangegangenen Jahrhunderten sehr zu dem Unglück und der Zersplitterung Chinas beigetragen. Sie hatte sich einen immer größeren Teil des bebaubaren Landes angeeignet und dadurch auch die Steuereinnahmen des Staates beschnitten. Die Sui und frühen T'ang verfeinerten das »Gleiche Feld«-System (»chün-t'ien«), das Hsiao Wen Ti, dessen fremdländische Soldaten Widerstand der chinesischen Großgrundbesitzer unmöglich machten, 485 begründet und mit dessen Hilfe er dem Bauernlegen ein Ende gesetzt hatte. Sie kombinierten es mit dem von den Westlichen Wei (535–557) und den Nördlichen Chou (557–581) eingeführten Milizsystem («fu-ping«), das die Bauern in reguläre militärische Einheiten zusammenfaßte. Der Militärdienst wurde zu einem Teil der Steuerlast gemacht, die die Bauern als Landbesitzer zu tragen hatten. Während das »chün-t'ien« zuvor nicht sehr konsequent angewandt worden war, dehnten es die Sui und T'ang auf das ganze Land aus und bezogen auch die großen Familien mit ein. Zu Beginn der T'ang-Zeit wurde festgelegt, daß jeder gesunde Mann eine bestimmte Menge Getreides und anderer Naturalien als Steuer zu entrichten habe. Außerdem mußte er für die Zentralregierung 20 Tage

---
[14] Otto Franke, Geschichte des chinesischen Reiches, II. Bd., Berlin 1936, S. 328.
[15] Reischauer/Fairbank, a.a.O., S. 236.
[16] Franke, a.a.O., S. 321.

und für die örtliche Verwaltung noch zusätzliche Frondienste leisten. Schließlich waren bestimmte Bauern, die von Steuern und anderen Abgaben befreit waren, zu periodischen Militärdiensten verpflichtet, in der Regel ohne Bezahlung und auf eigene Kosten. Um das komplizierte System der Landverteilung technisch bewältigen zu können, führte man Volkszählungen durch und erfaßte allen Grund und Boden in einem Kataster.

Durch diese Reformen wurde, was für unseren Zusammenhang wesentlich ist, die finanzielle und militärische Kraft des Reiches beträchtlich gesteigert.

Große Mauer und andere Monumentalbauten als Objektivationen

Für den Historiker am greifbarsten ist das materielle Ergebnis des Anpassungsprozesses in den ungeheuren baulichen Leistungen, die die chinesische Gesellschaft insbesondere unter Yang Ti vollbrachte und die in einem evidenten Zusammenhang mit verteidigungspolitischen Notwendigkeiten stehen. Dieser Kaiser ließ auch die Große Mauer wiederherstellen, die ein besonders wirksames Mittel zur Abwehr der Nomaden war. Zur Versorgung der östlichen Hauptstadt Lo-yang betrieb er die Anlage riesiger Speicher. Einer befand sich an der Mündung des Lo-Flusses in den Hoang-ho; er soll einen Umfang von 20 li (über 11 Kilometer) gehabt und 3000 Kornkeller enthalten haben, die je 8000 Pikul Korn faßten. Auch das Netz der kaiserlichen Straßen erweiterte er in großem Maßstab. Ganz Überragendes wurde auf dem Gebiet des Kanalbaus geschaffen: Man stellte eine ununterbrochene Verbindung zwischen dem Südmeer, dem Yang-tse und dem Golf von Tschi-li her. Wie der Historiker Ssu-ma Kuang berichtet, waren diese Kanäle etwa 40 Schritt breit und von Heerstraßen begleitet, die man mit Weidenbäumen bepflanzte[17]. Der Hauptzweck dieses Kanalsystems war die Erschließung der Reisgebiete des Yang-tse-Tals für den volkreichen Norden. Es hatte aber – ebenso wie die erwähnten Lagerhäuser – auch eine unmittelbare militärische Aufgabe: Es diente der Versorgung der Armeen, die die Nordgrenze Chinas schützten, und – zusammen mit dem Kanalabschnitt, den Yang Ti 608 vom Gelben Fluß in das Gebiet von Peking baute – der Truppen, die gegen Korea kämpften. Diese Arbeiten waren nur durch eine Konzentration aller Kräfte möglich, die ohne die spontane Mitwirkung der Gesellschaft als solcher nicht hätte erfolgen können. Allein für den Bau des Großen Kanals wurde eine Million Arbeiter aufgeboten.

II.4. FLORENZ

Der Weg zur Signoria der Medici

Entsprechend der doppelten Bedrohung, mit der sich Florenz im 14. Jh. in steigendem Maße auseinanderzusetzen hatte, besitzt der Anpassungsprozeß dieser Stadt zwei Seiten. Der erste Aspekt zeigt sich in der Bildung neuer Institutionen. Um gegenüber Neapel, Venedig, Mailand und dem Kirchenstaat bestehen zu können, mußte Florenz ebenfalls zum Territorialstaat werden, also versuchen, die gesamte Toskana oder möglichst viel von ihr in seinen Herrschaftsbereich einzubeziehen. Dies war nur möglich, wenn es seine Kräfte zusammenfaßte, was wiederum eine entsprechende Verfassung voraussetzte.

---

[17] Vgl. zu den genannten Bauten O. Franke, a.a.O., S. 324, 326 f.

Die Florentiner hatten am Ende des 13. Jh. den Adel entmachtet. Von da an hatten während einiger Jahrzehnte die Großkaufleute die Regierung in Händen. Seit 1343 herrschten demokratischere Verhältnisse: Die Kleinhändler und die Handwerker dominierten. Ihr wankelmütiges Regime konnte jedoch der expansionistischen Politik, die für das Wohl des Staates unumgänglich war und die tatsächlich auch der gesamten Bevölkerung bereits in der ersten Hälfte des 14. Jh. am Herzen lag, nicht förderlich sein, zumal auch die Söldnerführer, auf deren Hilfe Florenz wie andere italienische Staaten für die Führung von Kriegen angewiesen war, die Demokraten als Auftraggeber nicht schätzten. 1382 trat daher ein Umschwung ein.

Die konstitutionelle Entwicklung, zu der es damals kam, lief den vorangegangenen demokratischen Tendenzen direkt entgegen. Mit der Errichtung der Signoria der Medici fand sie 1434 ihren konsequenten Abschluß. Wir haben es hier mit einer außenpolitischen Anpassung zu tun[18], deren oligarchische Tendenzen um so auffallender sind, als die Florentiner ein Jahrhundert lang ihr Staatswesen wie angedeutet immer mehr demokratisiert hatten, eine Entwicklung, die ihren Höhepunkt mit der Herrschaft der Ciompi, d. h. des Wollarbeiterpöbels, in den 3½ Jahren vor der Wende, von der die Rede war, erreicht hatte.

Die Gruppe der aristokratischen Familien, die 1382 – charakteristischerweise mit entscheidender Hilfe des Florenz nahestehenden englischen Söldnerführers John Hawkwood – die Macht übernommen hatte, sicherte ihren Fortbestand durch die »Reformen« von 1387 und 1393: Die Beteiligung der Kleineren Zünfte an der Besetzung der wichtigsten öffentlichen Ämter wurde auf ein Viertel beschränkt[19]. Die Einführung des »borsellino« stellte darüber hinaus sicher, daß zwei der acht Prioren von einer Liste besonders ergebener Anhänger der Regierung gewählt wurden. Angehörigen des Adels, die naturgemäß konservativer eingestellt waren, konnten nunmehr von Fall zu Fall die politischen Rechte zurückgegeben, Gegnern des Regimes sie andererseits entzogen werden, indem man sie zu Aristokraten erklärte. Florenz war nur noch dem Schein nach die Demokratie der 21 Zünfte, in Wirklichkeit aber eine Oligarchie, in der einige wenige Familien die Herrschaft ausübten. Der Charakter dieser Entwicklung als außenpolitischer Anpassung wird zusätzlich noch dadurch unterstrichen, daß die Macht und das Betätigungsfeld dieser Familien – wie später der Medici – vor allem auf außenpolitischem Gebiet lagen[20].

Die Entstehung des staatsbürgerlichen Humanismus

Der zweite Aspekt der außenpolitischen Anpassung äußerte sich nicht in institutionellem Wandel, primär und faßbar überhaupt nicht in der Änderung von Normen aus dem staatlichen Bereich, sondern in der Neuschaffung rein gesellschaftlicher Normen. Insoweit wurde der Anpassungsprozeß ausgelöst durch die Bedrohung, die dem florentinischen Gemeinwesen in Giangaleazzo gegenübertrat.

---

[18] Vgl. dazu Schevill, a.a.O., S. 336 ff.
[19] Schevill, a.a.O., S. 339.
[20] Cecilia Mary Ady in: Cambridge Medieval History, Bd. VIII, Cambridge 1936, S. 202 ff.

Es kam einmal zu einer neuen staatsbürgerlichen Einstellung. Die Florentiner wandten sich von dem mittelalterlichen Lebensideal eines weltentsagenden und beschaulichen Lebens, wie ihm noch Petrarca gehuldigt hatte, ab[21]. An seine Stelle traten die klassischen Vorbilder der Antike. Während die Florentiner bis zu der großen äußeren Krise überwiegend der Meinung gewesen waren, daß die Beschäftigung mit antiken Autoren einem Christen schlecht anstehe, galt es nunmehr als ausgemachte Sache, daß ein Bürger, der wissen wolle, was seine Stadt sei und wofür sie eintrete, die Klassiker befragen müsse. Die fieberhafte Suche nach antiken Manuskripten, die damals begann, erklärt sich auch aus dieser neuen Einstellung.

Der Sinn der neuen Haltung ist, daß die Florentiner angesichts der mailändischen Gefahr die Anforderungen, die die Gesellschaft an das Individuum auf staatsbürgerlichem Gebiet stellt, änderten und steigerten. Das Leitbild ist jetzt nicht mehr die »vita contemplativa«, sondern vielmehr das neue Ideal der »vita activa et civilis«, wie es zuerst Salutati verfocht und welches schließlich zu einer humanistischen Erziehung führte, die zum Ziel hatte, Staatsbürger für den Dienst am Gemeinwesen vorzubereiten[22]. Konkreter ausgedrückt: Um 1400 fand in Florenz eine Revolution gegen die überlieferte Anschauung, daß der wahre Weise ein zurückgezogenes und asketisches Leben zu führen und sich von öffentlichen Aufgaben fernzuhalten habe, ihren Abschluß. An ihre Stelle trat die Überzeugung, daß Flucht in Gelehrsamkeit und Kontemplation selbstsüchtig sei. Das gesellschaftliche Ideal verwirklicht nunmehr jener Bürger, der sich geistig zwar bildet, die Erfüllung seines Menschentums aber darin sieht, daß er seinen sozialen Pflichten nachkommt, zu denen auch die Gründung einer Familie und die Übernahme öffentlicher Ämter gehören. Ehre wird nunmehr gleichgesetzt mit Dienst an Gesellschaft und Staat. Opferbereitschaft und Gemeinsinn sind die neuen Losungen.

Als Ergebnis haben wir den staatsbürgerlichen Humanismus, wie er in reifer Form in den Werken Leonardo Brunis zum Ausdruck kommt, vor allem dem »Lob der Stadt Florenz« (1403/04), der »Geschichte des florentinischen Volkes« (1415), der Leichenrede für Nanni Strozzi (1428) und schließlich in dem »Leben Petrarcas« (1436). Symptomatisch für die Wende, die sich vollzogen hat, ist sein »Cicero novus« (1415): Der antike Staatsmann und Philosoph wurde jetzt als ideale Einheit verstanden. Einer Revision unterzog Bruni auch das Bild Dantes. In seinem »Leben Petrarcas« stellte er ihn anders als Boccaccio, der die politische Tätigkeit des Dichters noch bedauert hatte, als Persönlichkeit dar, die ihr Menschentum – entsprechend der Bestimmung des Menschen als »animal civile« – voll verwirklicht habe[23]. Entsprechend definierte Poggio in seinem Dialog »De nobilitate« Adel ausschließlich als aktive persönliche »virtù«. Ganz allgemein besitzt nach dieser neuen florentinischen Auffassung der »vollständige Mensch« einen starken Willen und bemüht sich, alle angeborenen Fähigkeiten voll zu verwirklichen; insbesondere aber ist er für das Gemeinwesen tätig. Es ist in diesem Sinne charakteristisch, daß es seit dem Beginn

---

[21] Vincent Cronin, The Florentine Renaissance, London 1967, S. 56 f.
[22] Baron, a.a.O., S. 457.
[23] Erich Hassinger, Das Werden des neuzeitlichen Europa 1300–1600, Braunschweig 1957², S. 28.

der Auseinandersetzung mit Mailand in Florenz nicht mehr zu jenen inneren Unruhen kam, wie sie die Stadt ein Jahrhundert lang immer wieder erschüttert hatten.

Auf der anderen Seite änderten sich auch die Vorstellungen, die sich die Florentiner vom Staat machten. Während sie früher überzeugte Monarchisten gewesen waren, begannen sie jetzt an die Überlegenheit der republikanischen Staatsform zu glauben. Petrarca (1304–1374) hatte sich noch unwillig über die Feindschaft Ciceros gegen Caesar geäußert. Salutati entdeckte nunmehr in dem römischen Redner den Verteidiger der Republik[24]. Bezeichnend für die neue Einstellung ist, daß die Florentiner mit einem Mal die mittelalterliche These, daß Caesar ihre Stadt gegründet habe, zurückweisen und wie Leonardo Bruni in seinem »Lob der Stadt Florenz« davon ausgehen, daß sie von dem republikanischen Rom abzuleiten sei.

Eng hiermit zusammen hängt, daß die Florentiner eine neue Auffassung der äußeren Stellung des florentinischen Staates entwickelten. Wie erwähnt, begriff man den Kampf der Stadt gegen Mailand nun anders als früher als eine Auseinandersetzung mit der alles verschlingenden Tyrannis. Das außenpolitische Denken wurde enttheologisiert. Die stadtstaatliche Freiheit stellte man dem religiös fundierten Universalismus des mittelalterlichen Reichsdenkens gegenüber und hörte auf, alle politischen Auseinandersetzungen als Konflikte zwischen Kaiser und Papst, zwischen Ghibellinen und Welfen zu verstehen. Das umfassende Kaisertum wurde nicht mehr als gottgewollt betrachtet. Gregorio Dati, der in seiner etwa 1407/08 geschriebenen Geschichte die mailändisch-florentinische Auseinandersetzung schilderte, ist der erste Historiker, der die Interdependenz der einzelnen italienischen Mächte erkannte und mit der Kategorie eines zwischenstaatlichen Gleichgewichts arbeitete. Leonardo Bruni sah die Geschichte in einem ganz neuen Licht. Nach mittelalterlicher Auffassung, der wir noch bei Petrarca begegnen, ist das Römische Reich das von Gott gewollte Weltimperium, das trotz zeitweiliger Schwäche bis zum Ende der Welt fortdauern werde. Bruni dagegen mißt ihm eine politische Bedeutung nicht mehr bei. Für ihn hat die Verbindung zwischen Kaisertum und antikem Rom aufgehört zu bestehen[25]. Die Aufgabe der Rom-Idee bedeutet praktisch, daß die florentinische Diplomatie von nun an rein rational vorging und nur noch die eigenen Interessen verfolgte.

Die Untersuchungen Hans Barons erlauben die Entstehung der neuen Ideen zeitlich ziemlich genau zu fixieren, und zwar auf die Jahre der Auseinandersetzung mit Mailand[26]. Faßt man den Vorgang als außenpolitischen Anpassungsprozeß auf, so findet er eine naheliegende Deutung.

---

[24] Salutati trat allerdings schließlich wieder für Caesar ein und rechtfertigte in der Zeit, als Florenz gegen Mailand kämpfte, sogar die Monarchie, ein Schwanken, wie es für eine Periode der Anpassung nicht allzu erstaunlich ist.
[25] Hassinger, a.a.O., S. 29.
[26] Dies nachzuweisen ist das Anliegen des in Anm. 6 erwähnten Werkes Hans Barons.

II.5. FRANKREICH

Stärkung der Staatsmacht

Der Gefahr, die das Haus Habsburg für Frankreich darstellte, konnte dieses nur mittels Zusammenfassung aller gesellschaftlichen Kräfte begegnen, die durchgreifend auch hier nur im Wege eines Anpassungsprozesses möglich war.

Bereits Heinrich IV. hatte in der klaren Erkenntnis, daß eine Versöhnung der Häuser Frankreich und Spanien eine Chimäre sei, daß, wie er sagte, die Größe des einen den Ruin des anderen bedeute, begonnen, die Grundlagen für eine ernsthafte Gegenwehr zu schaffen und den Gegenstoß vorzubereiten. Dieser Monarch wurde 1610 ermordet. In den folgenden Jahren war Frankreich führerlos, seine Reformen fanden keine Fortsetzung. Dies änderte sich erst wieder, als Richelieu 1624 Einfluß auf die Staatsgeschäfte gewann und 1630 eine nur durch die Person des Königs begrenzte Macht erlangte, die er bis zu seinem Tode (1642) ausübte.

Wie anderswo, so war auch in Frankreich die Anpassung ein gesellschaftlicher Prozeß. Sie erfolgte hier jedoch weniger spontan, war vielmehr eher ein durch die Klarsicht und Tatkraft Richelieus in allen Bereichen des öffentlichen Lebens eingeleiteter und gesteuerter Vorgang. Das Herzstück der französischen Anpassung war die Zusammenfassung der staatlichen Kräfte und die Stärkung der zentralen Gewalt. Seinen Reserven nach war Frankreich ein Koloß, nur waren sie für die Zwecke des Gemeinwesens nicht erschlossen. Das Mißverhältnis zwischen der potentiellen Macht Frankreichs und seiner tatsächlichen Schwäche war eines der Hauptthemen des französischen politischen Denkens von dem Werk »Le Débat des Hérauts d'Armes«, das um die Mitte des 15. Jh. erschien, bis zum Politischen Testament Richelieus[27]. So war z. B. der französische Staat der volkreichste in Europa, seine Bevölkerung war fast so groß wie die Spaniens und Deutschlands zusammengenommen, und dennoch war es an wirklicher Macht diesen Ländern wesentlich unterlegen.

Die wichtigste Seite des französischen Anpassungsprozesses war die Stärkung der Autorität des Staates oder, da dieser in dem König verkörpert war, des Monarchen. Richelieu hat insoweit die wesentlichen Punkte in dem Programm, das er dem König am 13. Januar 1629 vortrug, niedergelegt: »Die Großen haben ebenso wie die Kleinen dem König absoluten Gehorsam zu leisten. Die Körperschaften sind niederzuhalten. Die Bistümer sind mit Männern zu besetzen, die mit der Regierung zusammenarbeiten. Die Macht der Hugenotten als eines selbständigen Machtfaktors ist zu brechen.« Die Verwirklichung der uneingeschränkten Autorität des Königs bedeutete den Übergang zum zentralisierten, autoritären und egalitären Machtstaat. Richelieu ging rücksichtslos gegen den hohen Adel vor. Im August 1626 wurde der Marquis de Chalais wegen Majestätsverbrechens hingerichtet. Auch die höchste Aristokratie schonte er nicht. Die Enthauptung des Herzogs von Montmorency, des Gouverneurs der Languedoc, wegen Hochverrats im Jahre 1632 war ein geradezu unerhörter Vorgang. Ebenso wurden Erhebungen des einfachen

---

[27] Vgl. C. H. Wilson in: The Cambridge Economic History of Europe, hrsg. von E. E. Rich und C. H. Wilson, Bd. IV, Cambridge 1967, S. 522.

Volkes ohne Schonung unterdrückt. Die Macht der Parlamente von Paris und anderen wichtigen Städten schränkte Richelieu ein. 1641 verloren sie endgültig das Recht des Einspruchs gegen königliche Edikte. Er beseitigte auch den hugenottischen Staat im Staate. Zwar bestätigte er das Edikt von Nantes und gewährte damit wie Heinrich IV. Glaubensfreiheit, unterwarf aber La Rochelle, die stärkste Festung der Hugenotten, und brach auf diese Weise ihre militärische Macht.

Eng hiermit zusammen hängt die Stärkung des Staatsbewußtseins der Franzosen. Zu diesem Zweck benützte Richelieu modern anmutende Mittel. Publizisten, die er bezahlte, hatten seine Politik zu verteidigen. Seit 1631 gab in seinem Auftrag Théophraste Rénaudot eine Wochenzeitschrift mit offiziellem Charakter, die »Gazette«, heraus. Richelieu unterstützte die Publikation, indem er Nachrichten lieferte, und der König schrieb für das Blatt sogar Artikel. Gleichzeitig zeichnete der »Mercure Français« die offizielle Geschichte Frankreichs und Europas auf. – Auch Kunst und Literatur wurden der Stärkung der nationalen Moral dienstbar gemacht. Mit Hilfe der Académie Française, die Richelieu 1635 gegründet hatte, schuf er eine einheitliche moderne französische Schriftsprache und beeinflußte die Literatur in seinem Sinne. – Das Ergebnis der Anpassung ist insoweit die ungemein starke Stellung Ludwigs XIV. und die große Macht des von ihm repräsentierten Staates über seine Bürger.

Der große Kardinal schuf auch eine effektivere und einheitlichere Verwaltung. Davon profitierte auch das Finanzwesen, das für den Kampf gegen Habsburg so entscheidend wichtig war. Bis dahin wies das Steuersystem zahlreiche Mißstände auf, die auf regionaler Ebene nicht behoben werden konnten. Um dem abzuhelfen, entsandte die Regierung seit 1633 in steigender Zahl »maîtres de requête« und Intendanten, deren Befugnisse immer umfassender wurden, bis sie 1643 die Zuständigkeit für alle Obliegenheiten der Finanzbeamten und der Finanzgerichte erhielten. Sie waren zu einer dauernden Institution im Dienste der Zentralgewalt geworden. In welchem Ausmaß die finanziellen Reserven erschlossen wurden, bleibt erstaunlich. Im Jahre 1610 hatte die »taille« 17 Millionen Pfund erbracht. Ein Jahr nach Richelieus Tod, also im Jahre 1643, war der Ertrag auf 44 Millionen Pfund gestiegen. In dem Vierteljahrhundert nach 1635 nahm das staatliche Steueraufkommen noch einmal um mindestens das Doppelte zu[28].

Wandel der soldatischen Gesinnung

Von Bedeutung für die Anpassung war ferner das Militärwesen. Erforderlich war zunächst die Einrichtung von befestigten Grenzplätzen und – als Gegenmittel gegen die spanische Einkreisung – der Bau einer Flotte. Richelieu trieb ihn mit Macht voran. Durch sie habe man, so sagte er, Zugang zu allen Nationen, nur mit ihrer Hilfe könne man fremde Mächte daran hindern, die Hugenotten zu unterstützen. Die Ausrüstung der Flotte zeigt deutlich, wie sehr die Anpassung ein zusammenhängendes Ganzes bildete. Sie wurde aufs stärkste durch eben jene feudalen Sonderrechte behindert, die Richelieu so

---

[28] Carl J. Burckhardt, Richelieu, Behauptung der Macht und kalter Krieg, München 1965, S. 204; Pierre Goubert, Louis XIV et vingt millions de Français, Paris 1966, S. 26.

erbittert bekämpfte[29]. Andererseits erforderte der Flottenbau sehr beträchtliche Mittel, was auf die Finanzreform zurückverweist.

Bemerkenswert ist – auch hier interessieren Zahlen nur als materiell greifbares Ergebnis eines moralischen Vorganges – die rein numerische Vermehrung des Heeres. Vor dem Eintritt Frankreichs in den Dreißigjährigen Krieg zählte die französische Armee 60 000 Mann. Schon damals fragten sich kritische Beobachter, wie lange man eine solche Zahl unter den Fahnen halten könne. Als Frankreich 1635 in den Krieg eintrat, zog es nach zeitgenössischen Schätzungen allmählich 160 000 Mann zusammen[30] und diese Leistung wurde in der Folgezeit noch gesteigert.

Viel wesentlicher für die Anpassung noch war der Wandel in der soldatischen Gesinnung. Richelieu hatte bis zuletzt gezögert, den Waffengang gegen Spanien und den Kaiser zu wagen, weil er die französischen Truppen, insbesondere auch ihren Mangel an Disziplin, nur zu genau kannte. Er entschloß sich hierzu erst 1635, als dies seine politische Konzeption unumgänglich gemacht hatte. Der Verlauf der ersten Kriegsjahre gab seinem Urteil recht. Die Franzosen kämpften auf allen Kriegsschauplätzen unglücklich; namentlich für die Offensive waren sie nicht zu gebrauchen.

Erst eine gründliche Reorganisation machte aus dem französischen Heer eine schlagkräftige Waffe. Bereits 1643 errangen die Franzosen trotz fühlbarer zahlenmäßiger Unterlegenheit bei Rocroi einen Sieg über die disziplinierte spanische Infanterie, die berühmten »tercios viejos«, die erste wesentliche Niederlage, die diese seit anderthalb Jahrhunderten erlitt[31]. Die Reform, die Richelieu auf diesem Gebiet eingeleitet hatte, setzte ab 1643 Le Tellier verstärkt fort; sie wurde von dessen Sohn, dem Kriegsminister Louvois, vollendet. Die hervorragend gelungene Vorbereitung des Krieges von 1667/68 stellte für die französische Monarchie eine völlige Novität dar[32]. Das Buch »La conduite de Mars«, das 1685 erschien, zeigt, welcher Wandel sich in der Auffassung der Standespflichten des Offiziers vollzogen hatte. An die Stelle des edelmännischen Ehrenkodex war das militärische Dienstreglement getreten[33].

---

[29] Burckhardt, a.a.O., S. 17.
[30] Burckhardt, a.a.O., S. 189 f.; vgl. auch Mariéjol, a.a.O., S. 318.
[31] J. P. Cooper in: The New Cambridge Modern History, Bd. IV, The Decline of Spain and the Thirty Years War 1609–1648/59, Cambridge 1970, S. 221 f.
[32] Goubert, a.a.O., S. 80, 83.
[33] Delbrück, a.a.O., S. 267.

II. Kapitel

DIE FÄHIGKEIT ZUR SELBSTBEHAUPTUNG

I. Offenheit

I.1. Anpassungsfähigkeit oder Fähigkeit zur Selbstbehauptung

Es wurde festgestellt, daß Kulturblüten in einem bestimmten Zusammenhang mit der äußeren Geschichte der Gesellschaft stehen, daß Gesellschaften, bevor sie eine Kulturblüte hervorbringen, einer starken äußeren Bedrohung ausgesetzt sind. Ferner wurde hervorgehoben, daß die äußere Gefahr nur dann zu einer Kulturblüte führen kann, wenn die Gesellschaft auf sie mit einer Zusammenfassung aller Kräfte, einer Anpassung, antwortet. Damit sind die Voraussetzungen für die Entstehung von Kulturblüten jedoch noch nicht erschöpfend aufgezählt. Eine äußere Bedrohung führt nämlich, auch wenn sie stark ist und lange andauert, nicht selbsttätig zu einer Anpassung; sie entfaltet auf die bedrohten Gesellschaften keine mechanische Wirkung. Diese begegnen ihr mit einer Anpassung vielmehr nur dann, wenn sie die Fähigkeit zur Selbstbehauptung besitzen, wenn sie anpassungsfähig sind.

Das späte Rom war in diesem Sinne nicht mehr anpassungsfähig. Die germanische Gefahr stand den Bürgern des Reiches seit den Markomannen-Kriegen Mark Aurels klar vor Augen. Sie taten aber nichts Entscheidendes, um sich ihr gegenüber zu behaupten. Von Augustus bis Diokletian haben die Römer kein neues Kriegsmittel mehr erfunden, in keiner Weise mehr die militärische Taktik verbessert[1]. Im Gegenteil, der Kampfwert ihrer Truppen verminderte sich in dieser Zeit sogar. Die soldatische Disziplin ließ nach. Beschwerliche, aber notwendige Vorsichtsmaßnahmen, wie die allabendliche Anlage eines befestigten Lagers, kamen aus der Übung[2]. Die römischen Soldaten verlernten auch immer mehr die Kunst, in geschlossenen Formationen Manöver durchzuführen, die Präzision und damit auch Drill erforderten[3]. Ein römisches Kriegswesen, ein römisches Heer, das imstande gewesen wäre, die Germanen wirksam zu bekämpfen, gab es trotz der Gefahr, die sie für das römische Imperium darstellten, schon am Ende des dritten Jahrhun-

---

[1] Otto Seeck, Geschichte des Untergangs der antiken Welt, 1. Bd., Stuttgart 1921⁴, S. 270.
[2] Otto Seeck, Geschichte des Untergangs der antiken Welt, 2. Bd., Stuttgart 1921², S. 32 f.
[3] Seeck, a.a.O., 2. Bd., S. 50 f.

derts nicht mehr[4]. So kam es, daß wenigen Tausenden von Germanen die wohlhabendsten Gegenden des Reiches fast ohne Widerstand zur Beute wurden, obwohl ihre Bewohner wußten, welches Schicksal sie erwartete[5] und ihre materiellen Mittel zweckgerecht organisiert und mit Gemeinsinn eingesetzt für eine wirksame Abwehr mehr als ausreichend gewesen wären. Die Römer wurden selbst dann nicht aus ihrer Lethargie gerissen, als die Westgoten im Jahre 410 ihre Hauptstadt eroberten und plünderten. Sie hatten die Fähigkeit zur Selbstbehauptung verloren. Noch bevor dieses Jh. zu Ende ging, stießen germanische Söldner den letzten weströmischen Kaiser vom Thron (476). Auf den Trümmern des römischen Reiches errichteten die Barbaren ihre Gemeinwesen.

Ähnlich erging es Byzanz. Gegen Ende des 14. Jh. hatten die Osmanen die Stadt von der Landseite her völlig eingeschlossen. Seit jener Zeit wußten die byzantinischen Politiker, daß die einzige Überlebenschance für ihren Staat in der Wiedervereinigung der orthodoxen Kirche mit der römischen lag. Denn was von dem byzantinischen Kaiserreich geblieben war, konnte gegen den türkischen Druck nur mit Hilfe des Westens gehalten werden. Die anderen orthodoxen Staaten, Rußland sowie die Fürstentümer in den Donauländern und im Kaukasus, waren nicht in der Lage, den notwendigen militärischen Beistand zu leisten. Bereits Kaiser Johannes V. hatte dies klar erkannt und sich daher 1369 dem Papst persönlich unterworfen. Im Jahre 1439, als es eigentlich schon zu spät war, stimmte Johannes VIII. auf dem Konzil von Ferarra-Florenz der Kirchenvereinigung schriftlich zu. Die Regierung hatte damit das Richtige getan. Die byzantinische Gesellschaft widersetzte sich der Union jedoch leidenschaftlich und verhinderte, daß sie wirksam wurde. Die Byzantiner hingen so sehr an ihrem besonderen Bekenntnis, daß sie die Unterwerfung unter die Türken, von denen sie wußten, daß sie ihnen den Glauben lassen würden, der Anerkennung des Papstes und der römischen Konfession vorzogen. Der letzte große byzantinische Minister, Lukas Notaras, faßte dies in die Formel: »Lieber den Turban des Sultans als den Hut des Kardinals.« Mit dieser Politik konnte Byzanz effektive Hilfe aus dem Westen nicht erlangen, und Konstantinopel wurde 1453 von den Türken erobert. Der byzantinische Staat wurde vernichtet, weil seine Bürger die Anhänglichkeit an ihren Glauben über sein Fortbestehen gestellt hatten.

Ebenso versagte China im 19. Jh. vor der westlichen Gefahr. Es konnte sich zu keinerlei Reformen aufraffen. Trotz aller Krisen und Schwierigkeiten blieb es ganz in den überkommenen konfuzianischen Vorstellungen befangen, anstatt wie Japan sich in dem notwendigen Maße zu verwestlichen. Das Vornehmheitsideal des allseitig konfuzianisch gebildeten »Gentleman« stand der erforderlichen inneren Umwandlung ganz entschieden im Wege[6]. Noch 1883, als am Gelben Fluß Deicharbeiten nach moderner Technik vorgenommen werden sollten, protestierte ein Zensor gegen diese Verletzung der konfuzianischen Regeln[7].

---

[4] Hans Delbrück, Geschichte der Kriegskunst im Rahmen der politischen Geschichte, II. Teil, Die Germanen, Berlin 1921, S. 259.
[5] Hans Delbrück, Geschichte der Kriegskunst, IV. Teil, Neuzeit, Berlin 1920, S. 124.
[6] Dazu Max Weber, Die Wirtschaftsethik der Weltreligionen, Gesammelte Aufsätze zur Religionssoziologie, 1. Bd., Tübingen 1963[5], S. 449.
[7] Max Weber, a. a. O., S. 490.

Diese Beispiele zeigen, daß nicht alle Gesellschaften außenpolitischen Notwendigkeiten gerecht zu werden vermögen. Eine Gesellschaft besitzt nur dann die Fähigkeit zur Selbstbehauptung und damit zu Kulturblüten, wenn sie in der Lage ist zu erkennen, mit welchen äußeren Maßnahmen und welchen innergesellschaftlichen Veränderungen einer kritischen auswärtigen Situation zu begegnen ist, und wenn sie nach dieser Einsicht zu handeln vermag, auch wenn dies, wie in schwierigen Lagen oft der Fall, von den Gesellschaftsangehörigen große persönliche Opfer verlangt. Eine Gesellschaft muß also, um sich an die menschliche Umgebung anpassen zu können, einerseits einen gewissen Grad von Offenheit aufweisen, andererseits ihrem Fortbestand einen höheren Rang als anderen Werten zuerkennen. Auf diesen letzteren Punkt soll noch weiter unten eingegangen werden.

I.2. Offenheit als Interesse für die menschliche Umwelt

Gegensatz zwischen dem späten China und dem modernen Europa

Offenheit ist zum einen Interesse für die menschliche Umwelt, zum anderen rationale Einstellung. Es soll zunächst von ersterer die Rede sein.

Gesellschaften, die die Fähigkeit zur Selbstbehauptung verloren haben, fehlt die Offenheit in diesem Sinne oft völlig. China, von dem gesagt wurde, daß es der europäischen Bedrohung im 19. Jh. nicht gewachsen war, hatte sie seit dem 9. Jh. verloren. Bis dahin waren die Chinesen sehr offen gewesen. Erst damals begannen sie, die »Barbaren« immer mehr zu verachten und abzulehnen. Lu Chün, seit 836 Gouverneur von Kanton, verbot Fremden und Chinesen, zusammenzuwohnen und einander zu heiraten. Er untersagte Ausländern auch den Besitz von Grundstücken und Häusern[8]. Es kam in China damals sogar zu regelrechten Ausbrüchen von Fremdenfeindlichkeit. In Kanton wurden 879 nach chinesischen Angaben 120000 Ausländer umgebracht. Das Land wurde fremden Einflüssen unzugänglich. Daß die Chinesen sich von dem im Ursprung landesfremden Buddhismus fast übergangslos ab- und anstattdessen dem Konfuzianismus wieder in verstärktem Maße zuzuwenden begannen, ist Ausdruck dieser Entwicklung. 819 verfaßte Han Yü sein berühmtes Memorandum, das den Kaiser für die Verehrung kritisierte, die er dem angeblichen Fingerglied Buddhas erwiesen hatte. Er begründete seine Ablehnung des Buddhismus damit, daß diese Religion nur eine der Sekten der Barbarenvölker und Buddha barbarischer Herkunft sei[9]. In den Jahren 841 bis 845 kam es zu großen Buddhistenverfolgungen, die gleichzeitig auch den christlichen Religionen in China ein Ende bereiteten. Kaiser Wu-tsung hob die buddhistischen Klöster ganz auf. Nur der Zen-Buddhismus, welcher der Kontemplation den Vorrang vor den Schriften und den Riten

---
[8] Edward H. Schafer, The Golden Peaches of Samarkand, A Study of T'ang Exotics, Berkeley 1963, S. 22.
[9] Zur Entwicklung des Buddhismus vgl. Ch'ên Shou Yi, Chinese Literature, A Historical Introduction, New York 1961, S. 291, 304, 307.

vor den Glaubenssätzen gab, überlebte in China; diese Version der östlichen Religion war jedoch, was bezeichnend ist, seit der Mitte des 8. Jh. eher chinesisch als indisch und zudem »moderner« als die anderen Formen des Buddhismus.

Das Interesse der Chinesen am Ausland erlosch. Sie begaben sich auch nicht mehr in die Fremde. Diese neue Haltung stand ebenso im Gegensatz zu ihrer bisherigen Einstellung wie der Umstand, daß sie keine überseeischen Expeditionen mehr veranstalteten. Die einzige Ausnahme bilden die Fahrten, die die Ming-Kaiser in den ersten vier Jahrzehnten des 15. Jh. organisierten und welche die Chinesen bis nach Persien führten. Das Motiv für diese Unternehmungen ist unbekannt[10]. Sie waren jedoch für die Mentalität der damaligen chinesischen Gesellschaft in keiner Weise charakteristisch und hatten bei ihr denn auch keinerlei Resonanz[11].

Als China im 16. und 17. Jh. mit der europäischen Zivilisation in Berührung kam, zeigte es sich unempfänglich und übernahm trotz allen Bemühungen der Jesuiten nur auf mathematischem, astronomischem, artilleristischem und ähnlichen Gebieten gewisse europäische Erkenntnisse, und dies, obwohl die Jesuiten bis 1713, als der Papst dagegen einschritt, dem Ahnenkult und anderen chinesischen Traditionen sehr weit entgegenkamen. Eine gewisse Wirkung erzielten sie nur bei der nichtchinesischen Oberschicht der Mandschus. Dieser geringe Erfolg kontrastiert auffällig mit der Entwicklung in Japan, wo sich bereits um 1575, 25 Jahre nach dem Eintreffen des Missionars Francisco Xavier, 150 000 Menschen zum Christentum bekehrt hatten; hier fühlte der Staat sich schließlich genötigt, der weiteren Ausbreitung des fremden Glaubens mit Gewalt entgegenzutreten.

Wie anders reagierte umgekehrt das offene Europa auf China. Der Bericht des ersten großen jesuitischen Wegbereiters in China, Matteo Riccis (1552–1610), stieß bei den Europäern auf allergrößtes Interesse. Die chinesische Philosophie beeinflußte ganz wesentlich die Leibnizsche Monadenlehre. Voltaire ersetzte unter dem Eindruck der chinesischen Zivilisation das überkommene christliche durch ein moderneres Geschichtsbild, in dem Asien eine entscheidende Rolle zufällt. – Im 18. Jh. kam es in Europa sogar zu einer regelrechten China-Mode. Goethe meinte, daß »sogar der Chinese malet mit ängstlicher Hand Werthern und Lotte auf Glas«. In Wirklichkeit waren jedoch nicht die Chinesen die Urheber dieser »Chinoiserie«, sondern geschäftstüchtige Europäer, die sich die europäische Vorliebe für China zunutze zu machen verstanden.

Diesen Erfolg erzielten die Chinesen, obwohl sie ihn in keiner Weise angestrebt hatten. Die chinesischen Missionare, die nach dem Wunsch des Philosophen Leibniz nach Europa kommen sollten, um hier Ziel und Praxis der »natürlichen Theologie«, d. h. des Konfuzianismus, darzulegen, machten sich nie auf den Weg. China war es als einem nicht-offenen Land völlig gleichgültig, ob der Konfuzianismus in Europa bekannt war oder nicht.

Charakteristischen Ausdruck fand die chinesische Selbstbezogenheit auch in der Überzeugung, daß China der einzige Staat auf Erden sei. Als Großbritannien China 1793

---

[10] Zu diesen Expeditionen E. O. Reischauer/J. K. Fairbank, East Asia, The Great Tradition, S. 321 ff.
[11] Jean Poirier in: Ethnologie Générale, Paris 1968, S. 10.

die Aufnahme diplomatischer Beziehungen vorschlug, antwortete der chinesische Kaiser, daß eine solche Bitte allem Brauch seiner Dynastie widerspreche und nicht in Erwägung gezogen werden könne. Bis 1877 hatte China keine diplomatischen Vertretungen im Ausland, und selbst ein Außenministerium errichtete es erst auf westlichen Druck.

Anpassungsfähige Gesellschaften sind dagegen in *allen* Fällen offen. Im folgenden wird dies anhand von Athen, China (T'ang-Zeit), Florenz und Frankreich dargelegt werden. Es kommt für die Offenheit allein auf den Zeitraum an, während dessen sich die Gesellschaft anpaßt. Wenn die folgenden Beispiele auch Perioden entnommen sind, die der Anpassung vorangehen oder ihr nachfolgen, so rechtfertigt sich dies dadurch, daß die Offenheit einer Gesellschaft, solange nicht besondere Umstände vorliegen, sich nur langsam wandelt.

Offenheit, wie sie geschildert werden wird, findet sich mehr oder weniger ausgeprägt auch bei vielen Gesellschaften, die sich kulturell nicht auszeichnen. Entscheidend ist aber, daß Gesellschaften, die diese Offenheit nicht haben, auch nicht in der Lage sind, sich anzupassen und große Kulturblüten hervorzubringen.

Die Offenheit anpassungsfähiger Gesellschaften

Athen

Athens Offenheit war groß, wesentlich größer als die etwa Spartas (nach dem 7./6. Jh.), im 5. Jh. auch größer als die aller anderen griechischen Stadtstaaten. Diese Einstellung läßt sich bis zurück zum Ende des 7. Jh. mit historischen Tatsachen belegen.

Fremde konnten sich in dieser Stadt frühzeitig ohne Einschränkungen niederlassen und taten dies auch in großer Zahl. In diesem Sinne läßt Thukydides Perikles in der Rede auf die gefallenen Athener sagen: »Wir öffnen unsre Stadt der Welt, und niemals schließen wir durch Fremdenrecht Ausländer von irgendeiner Möglichkeit zu lernen oder zu beobachten aus, auch wenn die Augen eines Fremden aus unserer Großzügigkeit zuweilen Nutzen ziehen mögen.«

Die Metöken, d.h. die in der Stadt dauernd ansässigen Fremden, die einen besonderen Rechtsstatus besaßen, waren eine spezifisch athenische Erscheinung[12]. Sie machten etwa ein Drittel der Gesamtbevölkerung aus[13]. Auch viele bedeutende Persönlichkeiten kamen für dauernd nach Athen. Schon vor den Perserkriegen arbeiteten hier zum Beispiel die Künstler Archermos von Chios, Aristion von Paros, Bion aus Milet und Gorgias, ein Spartaner. Im 5. Jh. kamen nach Athen der Philosoph Protagoras aus Abdera, der Maler Zeuxis aus Herakleia in Lukanien und der Maler Polygnot von Thasos. Auch die Philosophen Prodikos und Thrasymachos lebten dauernd in dieser Stadt. Sie wurden sozial von der athenischen Gesellschaft voll anerkannt. Der Tragiker Ion von Chios war ein Freund Kimons und Sophokles', zu dem auch Herodot ein näheres Verhältnis hatte. Der Bildhauer Agorakritos von Paros wurde der Lieblingsschüler des Phidias. Phädon kam

---

[12] Hierzu Hommel in: Pauly-Wissowa, Real-Encyclopädie der klassischen Altertumswissenschaft, 15. Bd., Stuttgart 1934, Sp. 1414 ff.

[13] Vgl. Heinz Bellen in: Der kleine Pauly, hrsg. von K. Ziegler, 3. Bd., Stuttgart 1969, Sp. 1277.

als Sklave in ein athenisches Freudenhaus, Kebes kaufte ihn frei; darauf fand er Zugang sogar zum sokratischen Kreis, und Platon benannte nach ihm den Dialog, in dem er die letzten Stunden des Sokrates schildert. Zu dem engeren Umgang des Perikles gehörten der Philosoph Anaxagoras von Klazomenä, den er in vielen wichtigen Dingen um Rat bat, der Städteplaner Hippodamos aus Milet, Herodot aus Halikarnass und der Philosoph Zenon aus Elea. Protagoras war ein Freund des Euripides und des Perikles. Dieser vertraute ihm die Erziehung seiner Söhne an und beauftragte ihn 443 mit der Ausarbeitung des Grundgesetzes für die Kolonie Thurioi.

Herodot war Historiker und – in unserem heutigen Sprachgebrauch – eine Art Reiseschriftsteller. Er war weit in der Welt herumgekommen und hatte die Sitten fremder Völker beobachtet. In Vorträgen, die er bei griechischen Festen hielt, berichtete er über seine Erfahrungen. Vor allem in Athen, wo er 445 eintraf, fand er aufgeschlossene Zuhörer, so daß diese Stadt zeitweilig seine Wahlheimat wurde. Sie gab ihm die Anregung zu seinem großen Geschichtswerk, zu dessen Mittelpunkt er sie seinerseits machte. Das lebhafte Echo, das er bei den Athenern fand, illustriert das große Interesse, das sie fremden Ländern allgemein entgegenbrachten. Von jener Überheblichkeit gegenüber den »Barbaren«, die die Hellenen in späterer Zeit zeigten und die ein Desinteresse an allem Fremden einschloß, war damals noch nichts zu merken. – Wenn Athen zur »Schule Griechenlands« wurde, so hatte hieran auch diese Offenheit wesentlichen Anteil.

Es ist auch bemerkenswert und bezeichnend, daß die Athener seit alters die Fremden sogar zu den Gnadengaben der Göttinnen von Eleusis zuließen. Auch die großen religiösen Feste wie die städtischen Dionysien und die Panathenäen hatten fast internationalen Charakter, so stark war der Zustrom der Fremden.

Die Athener betrieben auch bereits eine Art von auswärtiger Kulturpolitik. Als sie 449 mit Persien Frieden geschlossen hatten, schlug Perikles den anderen griechischen Staaten vor, Vertreter zu einem panhellenischen Kongreß nach Athen zu entsenden, der über den Wiederaufbau der griechischen Nationalheiligtümer beraten solle. – Dieselbe Politik verfolgte Athen bei der Gründung der Kolonie Thurioi. Auf die Bitte der Sybariten, ihnen bei dem Wiederaufbau ihrer Stadt zu helfen, die Kroton um die Jahrhundertwende zerstört hatte, ging es weit über ihren Wunsch hinaus. Es legte nicht, wie es der griechischen Tradition entsprochen hätte, eine spezifisch athenische Kolonie an, sondern forderte alle Griechen auf, an der Neugründung mitzuwirken. Eine athenische Kommission leitete das panhellenische Unternehmen nach den damals modernsten Erkenntnissen, und Griechen aus aller Welt, darunter so bedeutende Männer wie Hippodamos, Protagoras, Herodot, Empedokles und Lysias, beteiligten sich an der Planung und Gründung der Stadt, die nach einer nahegelegenen Quelle Thurioi benannt wurde.

Die Offenheit Athens zeigte sich auch auf wirtschaftlichem Gebiet. Athen war wie Korinth, Ägina und Megara (mit dem Hafen Nisäa) durch seine zentrale Lage zu einem großen Handelsplatz vorherbestimmt. Nachdem es hinter den genannten Städten zunächst zurückgeblieben war, überholte es diese um die Mitte des 6. Jh. Im folgenden Jahrhundert wurde sein Hafen, der Piräus – nicht nur dank seiner Lage, die nicht besser war als die der erwähnten Konkurrenten – zu dem größten Warenmarkt und Umschlagplatz der griechischen Welt, »einer permanenten Messe vergleichbar«, wie man treffend gesagt hat, einem »Umschlagplatz für alle überhaupt zur Ausfuhr gelangenden Produkte des gesamten Mittelmeeres, einschließlich des Pontus«[14].

Der auswärtige Handel Athens nahm eine ähnliche Entwicklung. Weitgestreute Funde attischer Münzen[15] und Vasen[16] zeigen, welche Bedeutung der attische Seehandel bereits um die Mitte des 6. Jh. erlangt hatte. In dem folgenden halben Jahrhundert bereiteten die keramischen Produkte der Athener den anderen Erzeugern immer stärkere Konkurrenz[17]. Bereits zu jener Zeit verkauften sie Vasen nach Spanien, Frankreich, Phönizien, Innerkleinasien, Ägypten, dem südlichen Balkan und die Anliegergebiete des Schwarzen Meeres. Etrurien war ein besonders wichtiger Markt. Über ein Jahrhundert hatten die Etrusker korinthische Gefäße bevorzugt. Nun trat, wie wir von Grabfunden wissen, attische Keramik an ihre Stelle[18]. Im 5. Jh. konnte Athen seine Stellung noch festigen. Es verdrängte alle anderen Keramikexporteure von den Märkten eines Gebietes, das von Gallien bis zum Iran und von Afrika bis zur Krim reichte. Nur Großgriechenland tat mit seinen Erzeugnissen dem attischen Monopol noch einen gewissen Abbruch. Auch im Export von Olivenöl hatten die Athener seit den Zeiten Solons eine starke Stellung.

In erster Linie mag dieser Erfolg auf die Qualität der attischen Produkte zurückzuführen sein. Vasenmalerei z. B. war immerhin derjenige künstlerische Bereich, in dem die Athener zuerst Bedeutendes geleistet hatten. Daß sie diese Ware in so großer Menge absetzen konnten, war aber auch auf ihre kaufmännische Tüchtigkeit zurückzuführen, die in dieser Form ohne große Weltoffenheit nicht vorstellbar ist, zumal der internationale Handel damals mit außerordentlichen Risiken und Schwierigkeiten verbunden war. Daran ändert auch nichts der Umstand, daß Exporteure und Seeleute, die aus Ionien kamen, das selbst sehr frühzeitig eine große Offenheit gezeigt hatte, im athenischen Ausfuhrhandel noch lange eine wichtige Mittlerrolle spielten.

Am eindrucksvollsten äußerte sich die Offenheit Athens in seinem panhellenischen Führungsanspruch. Der athenische Wille zur Expansion – für einen gesunden Staat in der damaligen Welt gleichsam ein natürlicher Zug – zeigte sich bereits vor der persischen Gefahr. Am Ende des 7. Jh. v. Chr. eroberten die Athener Salamis. Wenig später, um 600, gründeten sie gegen den Widerstand Mytilenes in Sigeion in der Troas eine Ackerbaukolonie und sicherten sich dadurch einen ersten Seestützpunkt, der auf dem asiatischen Ufer des Hellespont, der heutigen Dardanellen, besonders günstig gelegen war.

Um die Mitte des 6. Jh. betrieb Athen eine geradezu »imperialistisch-maritime Politik« (Hasebroek). Es eroberte das inzwischen wieder an Megara verlorengegangene Salamis zurück und gründete dort eine Militär- oder Eroberungskolonie (Kleruchie). Diese Form

---

[14] So Wachsmuth, zitiert nach Johannes Hasebroek, Staat und Handel im alten Griechenland, Tübingen 1928, S. 98.
[15] Unter den Städten mit weitreichendem Streugebiet ihres Münzgeldes steht Athen um diese Zeit – hinter Ägina – bereits an zweiter Stelle. Vgl. Fritz M. Heichelheim, Wirtschaftsgeschichte des Altertums I, Leiden 1938, S. 297.
[16] B. L. Bailey, Journal of Hellenic Studies (1940); Karte 4 auf S. 67 zeigt die geographische Verteilung der Funde attischer Vasen.
[17] Hierzu und zum folgenden vgl. F. M. Heichelheim, a. a. O., S. 324.
[18] Gisela M. A. Richter in: Enciclopedia Universale dell' Arte, Bd. II, Venedig 1958, Sp. 153.

der Kolonisation war für Athen charakteristisch. Das wesentliche Merkmal der Militärkolonie war, daß die Kolonisatoren das Bürgerrecht ihrer Mutterstadt behielten, so daß die Kolonie eine Garnison auf fremden Gebiet darstellte, wohingegen die sonst üblichen Ackerbaukolonien selbständige, ihren Mutterstädten nur noch durch Pietät verbundene Gemeinwesen waren. Während die anderen Griechen fast nur Ackerbaukolonien anlegten, haben die Athener mit den Kleruchien das sonst nur gegenüber den Barbaren anerkannte Eroberungsrecht skrupellos auf griechische Gebiete ausgedehnt[19]. Dies gilt insbesondere auch für die Kolonien, die Athen im 5. Jh. gründete.

Peisistratos gewann für Athen auch Rhaikelos am Thermäischen Golf (im Nordwesten der Chalkidike) und vermochte sich am Berg Pangäus in der Nähe der Mündung des Strymon festzusetzen[20]. Darüber hinaus bezog er Naxos in den Einflußbereich Athens ein. Mit seiner Billigung begründete ferner der ältere Miltiades eine Militärkolonie in der thrakischen Chersonesos. Die ägäischen Inseln Lemnos und Imbros, die den Dardanellen vorgelagert sind und deshalb wie die thrakische Chersonesos besondere strategische Bedeutung hatten, kolonisierten die Athener zwischen 510 und 505[21]. 506 legten sie nach der Unterwerfung von Chalkis auf Euböa schließlich auch auf dieser Insel eine Militärkolonie an. Damit waren die Grundlagen für die spätere athenische Seeherrschaft gelegt.

Die Perserkriege bremsten den Expansionsdrang Athens nur zeitweilig. Den delisch-attischen Seebund, den es 477 mit den ägäischen Inseln und den ionischen Städten Kleinasiens zur Verteidigung gegen Persien auf dem Fuße der Gleichberechtigung begründete, formte es innerhalb weniger Jahrzehnte in ein Herrschaftsinstrument um, das vor allem seinen eigenen Interessen diente. Seine Bundesgenossen sahen sich auf die Stufe von Untertanen hinabgedrückt. Aus ihren ursprünglich freiwilligen Beitragszahlungen wurden Tribute, die Athen mit Gewalt eintrieb und für seine Prachtbauten verwandte. Die Bundeskasse verlegte es 454 von Delos in die eigene Stadt. Es bestimmte, ohne die Bundesgenossen zu befragen, über Krieg und Frieden und zwang sie, entgegen dem ursprünglichen Zweck des Bündnisses, sogar in Kriege gegen andere griechische Staaten.

Die Bundesgenossen waren auch gehalten, athenische Garnisonen bei sich aufzunehmen. In ihre inneren Angelegenheiten mischte sich Athen ebenfalls. Die ionische Stadt Erythrä wurde seit etwa 453 genötigt, seinen Stadtrat nach Regeln, die Athen festlegte, und unter Mitwirkung athenischer Beamter wählen zu lassen. Sogar das Gerichtswesen blieb von dieser herrischen Haltung Athens nicht unberührt. So mußte Chalkis ab 446 alle Fälle, die die Todesstrafe oder den Verlust der bürgerlichen Rechte nach sich ziehen konnten, nach Athen überweisen. – Verbündete, die sich widersetzten, wurden mit Gewalt zur Ordnung gerufen. Die attischen Meister unterwarfen so bereits um 470 Naxos und errichteten auf der Insel eine Kleruchie. Thasos erlitt einige Jahre später dasselbe Schicksal. Andere Staaten wurden zum Eintritt in den »Bund« gezwungen.

---

[19] Vgl. Schulthess in: Pauly-Wissowa, 21. Halbband, Stuttgart 1921, Sp. 815.

[20] Hierzu F. E. Adcock in: The Cambridge Ancient History, Bd. IV, The Persian Empire and the West, Cambridge 1926, S. 64; J. Hasebroek, Griechische Wirtschafts- und Sozialgeschichte bis zur Perserzeit, Tübingen 1931, S. 226.

[21] Viktor Ehrenberg, Early Athenian Colonies, in seinem Buch: Aspects of the Ancient World, Oxford 1946, S. 116 ff.

443 teilte Athen das Reich in fünf Provinzen ein: Ionien, Thrakien, Karien, den Hellespont und die Inseln. Es brachte damit auch organisatorisch zum Ausdruck, daß die Bundesgenossen, auf den Status von Untertanen abgesunken waren[22].
Die Athener herrschten schließlich über etwa die Hälfte aller Griechen. Aristophanes ironisierte in der Komödie »Die Ritter« das athenische Volk als den »Monarchen Griechenlands« und den »König der Hellenen«.

China

Auch die Chinesen waren bis zur Mittleren T'ang-Zeit sehr weltoffen. China hatte damals bereits über vierzig Millionen Einwohner. Da die Offenheit einer Gesellschaft mit ihrer Größe tendenziell abnimmt, sind die Tatsachen um so bemerkenswerter.

Deutlich zeigte sich die chinesische Offenheit etwa in der Rezeption des Buddhismus, die im 4. Jh. stattfand. Bereits 381 sollen neun Zehntel der Bevölkerung Nordwestchinas Anhänger dieser Religion gewesen sein[23]. Die Empfänglichkeit der Chinesen für den buddhistischen Glauben ist auch deshalb so erstaunlich, weil er dem chinesischen – oder jedenfalls dem späteren chinesischen – Denken so sehr entgegengesetzt ist.

Am eindrucksvollsten sichtbar wurde die Offenheit des China der Frühen und Mittleren T'ang-Zeit in der Hauptstadt Tsch'ang-an. Die Ausländer drängten sich hier buchstäblich. Die Angehörigen der offiziellen Missionen, die regelmäßig aus allen Teilen Asiens kamen, zählten nach Tausenden, und noch zahlreicher waren die Kaufleute, Soldaten, Mönche und Jongleure, die von Tsch'ang-an, der größten und prächtigsten Metropole, die es zu jener Zeit überhaupt gab, angezogen wurden und in ihr Aufnahme fanden. Ihre fremdländische Bevölkerung war so zahlreich, daß die nahöstlichen Religionen dominierten. 638 wurde hier auch eine nestorianische Kirche gebaut[24]. Die Gesamtzahl der ausländischen Studenten, die sich in Tsch'ang-an befanden und insbesondere aus Japan, Korea und Tibet kamen[25], belief sich auf 8000[26]. Auch in Kanton hielten sich sehr viele Fremde auf. Hier und in anderen südchinesischen Häfen hatten sich um das Jahr 690 Tausende von arabischen Kaufleuten niedergelassen[27]. Die chinesische Kleinplastik jener Zeit stellt die fremden Besucher dar: Auch Inder, Iranier, Juden, Türken, Syrer und Tartaren sind darunter; jede Völkerschaft ist durch ihre besondere Kleidung und ihre ethnischen Eigenheiten charakterisiert.

Umgekehrt gingen die Chinesen, ganz im Gegensatz zu späteren Zeiten, damals auch selbst gern ins Ausland. Chinesische Gelehrte und Künstler besuchten als Lehrer Japan, chinesische Kaufleute reisten nach Indien und nach Persien[28]. Der berühmteste chinesische Reisende ist der Pilgermönch Hsüan-tsang, der sich von 629 bis 645 in Indien auf-

---

[22] Ed. Meyer, Geschichte des Altertums, Bd. IV Teil 1, S. 692.
[23] Reischauer/Fairbank, a.a.O., S. 147.
[24] René Grousset, Histoire de la Chine, Paris 1942, S. 172.
[25] Alfred Forke, Geschichte der mittelalterlichen chinesischen Philosophie, Hamburg 1934, S. 238.
[26] William Hung, Tu Fu, China's Greatest Poet, Cambridge/Mass. 1952, S. 26.
[27] Forke, a.a.O., S. 284.
[28] Forke, a.a.O., S. 284.

hielt und dort auch buddhistische Sutren sammelte. Für die sieben Buddha-Statuen aus Gold, Silber und Sandelholz, die er von seiner Reise mitbrachte, wurde ein besonderer Tempel gebaut. Sein »Bericht über die westlichen Gebiete«, den er 646 abschloß, stellt eine umfassende physische, politische und wirtschaftliche Beschreibung Mittelasiens und Indiens im 7. Jh. dar. Er befaßt sich sogar mit den Sprachen – einschließlich eines Abrisses der Grammatik des Sanskrit – den Religionen, Philosophien und Sitten der Völker, die er besucht hatte, bis hin zu einem Überblick über das indische Kastenwesen[29]. – Es gab damals auch Chinesen, die türkisch lernten, und den Interessenten stand sogar ein türkisch-chinesisches Wörterbuch zur Verfügung[30]. Li Ch'eng-ch'ien, der Sohn Kaiser T'ai Tsungs, ahmte in allem türkische Sitten nach, sprach lieber türkisch als chinesisch und kleidete sich wie ein türkischer Khan.

Die Offenheit der Chinesen zeigte sich auch auf anderen Gebieten. Im 7. Jh. übernahmen sie von Turfan den Weinbau. Dem indischen Beispiel folgten sie, als sie während der T'ang-Zeit begannen, Rohrzucker herzustellen[31].

Diese offene Einstellung der Chinesen änderte sich erst mit dem Auslaufen der Kulturblüte, also erst in der zweiten Hälfte der T'ang-Zeit.

Auch bei den Chinesen war politische Expansivität ein Bestandteil der Offenheit. China war keineswegs immer die friedliche und saturierte Macht gewesen, als die es die Europäer seit dem 16. Jh. kennenlernten. In der Han-Zeit (206 v. Chr. bis 220 n. Chr.) waren die Chinesen sogar so expansiv gewesen, daß sie – wenn man von der jeweiligen Hauptstadt ausgeht – weiter auf fremdes Gebiet vorgedrungen waren als die Römer, und dies, obwohl sie größere natürliche Hindernisse dabei zu überwinden hatten. Zu einer denkwürdigen Begegnung der Truppen beider Mächte war es übrigens 36 v. Chr. in dem Gebiet des heutigen Buchara gekommen.

Unter der Sui-Dynastie zeigten die Chinesen ein ähnlich starkes Expansionsstreben. Die Soldaten Kaiser Yang Tis stießen bis nach Südvietnam und Formosa vor. Palembang auf Sumatra wurde zu Tributzahlungen gezwungen. 609 besiegten die Chinesen eine tibetanische Armee. – T'ai Tsung unterwarf zunächst die Ost-, dann die Westtürken und erkämpfte die Herrschaft über die Pamir-Region. Die Truppen Chinas drangen bis zum Kaspischen Meer vor. Seine Suzeränität reichte schließlich bis zum Oxustal in Westturkestan und erfaßte auch Tibet. Der politische Einfluß Chinas machte sich trotz der großen natürlichen Hindernisse selbst in Indien geltend. Nach dem Tode T'ai Tsungs wurde Vietnam chinesisches Militärprotektorat (679). Um diese Zeit konnte China auch Korea in seine Einflußsphäre einbeziehen. Damit ist allerdings auch bereits der Wendepunkt erreicht. Um diese Zeit ließ das Interesse Chinas an Korea, das für fast ein Jahrhundert so intensiv gewesen war, entscheidend nach.

Florenz

Besonders offen gegenüber der menschlichen Umwelt war Florenz. Der große wirtschaftliche Aufschwung, den diese von Natur wenig begünstigte Stadt in der ersten

---

[29] Zu Hsüan-tsang vgl. Grousset, a. a. O., S. 170 f.
[30] Schafer, a. a. O., S. 28.
[31] Grousset, a. a. O., Anm. auf S. 172.

Hälfte des 14. Jh. nahm, war vor allem ein Erfolg der extrovertierten florentinischen Bankiers und Kaufleute, also erst in zweiter Linie auf die ebenso tüchtige florentinische Industrie zurückzuführen. Es waren die Finanzleute gewesen, die die Verbindungen zu allen wichtigen europäischen Plätzen geschaffen hatten. Ihnen waren die Kaufleute mit ihrer außerordentlich gründlichen Kenntnis der internationalen Märkte gefolgt. Sie hatten sich zunächst in Nordfrankreich festgesetzt; der florentinische Wohlstand beruhte hauptsächlich auf dem Handel mit diesem. Von dort gingen sie nach dem protestantischen Flandern und nach England. Sie waren aber auch an allen anderen wichtigen Handelsplätzen der damals bekannten Welt anzutreffen[32], bis hin nach Persien, Indien und sogar China. Selbst Genua und Venedig besaßen nicht so zahlreiche Bürger, die ganze Abschnitte ihres Lebens in entlegenen Ländern verbrachten. Das »andare per lo mondo«, wie man das Leben in der Ferne nannte, wurde seit dem ausgehenden 13. Jh. für die überwiegende Zahl der begüterten Florentiner feststehender Brauch. Florenz war der erste Fall – welches Zeichen für die Weltoffenheit seiner Bürger! – in dem eine Stadt zu einem Mittelpunkt des Welthandels heranwuchs, ohne weder am Meer zu liegen noch ein besonders wichtiger Verkehrsknotenpunkt zu sein[33].

Die Weltläufigkeit der Florentiner führte dazu, daß viele Fürsten sie als Diplomaten verwandten. Unter den Botschaftern, die Bonifaz VIII. im Jahre 1300 ihre Huldigung darbrachten, waren nicht weniger als zwölf Florentiner; sogar die Botschafter Frankreichs und Englands kamen aus der Arnostadt. Der Papst konnte sich eines bewundernden Ausrufs nicht enthalten: »Ihr seid das fünfte Element.«

Ein charakteristisches Beispiel für das wissenschaftliche Interesse der Florentiner an fremden Ländern ist Amerigo Vespucci, nach dem dann Amerika benannt worden ist. Dieser Forscher erkundete die Küsten Brasiliens bis zum Rio de la Plata und weiter nach Süden; seine Reisen bewiesen, daß Kolumbus nicht, wie er selbst angenommen hatte, ostasiatische Inseln, sondern einen neuen unbekannten Kontinent entdeckt hatte. Vespuccis Briefe wurden in ganz Europa berühmt.

Auch nahm die Stadt mit großer Aufgeschlossenheit Fremde in ihren Mauern auf. Giovanni Villani (gest. 1348) berichtet in seiner Chronik, daß in Florenz, einer Stadt von 90 000 Einwohnern, gewöhnlich 1500 Fremde weilten. 1348 kam das ökumenische Konzil, das über die Wiedervereinigung der griechischen mit der römischen Kirche zu beraten hatte, in der engen Atmosphäre von Ferrara nicht weiter. Der Bischof der Stadt wehrte sich gegen die »Verunreinigung« seiner Kirche durch die Messe nach griechischem Ritus. Die Geistlichen und Gelehrten, die an dem Konzil teilnahmen, waren schlecht untergebracht. Als schließlich dem Papst die Mittel ausgingen und er nicht wußte, wie er weiter für den Unterhalt der Griechen aufkommen solle, bot Cosimo de' Medici unter der Bedingung, daß das Konzil seine Sitzungen in Florenz fortsetze, freie Unterbringung der Delegationen und ein monatliches Darlehen von 1500 Gulden an. Am 15. Februar 1439 zog Kaiser Johannes Paläologus mit der griechischen Delegation in Florenz ein. Das

---

[32] F. Schevill, History of Florence, S. 299.
[33] Robert Davidsohn, Geschichte von Florenz, Bd. IV, Die Frühzeit der florentinischen Kultur, Teil 2, Gewerbe, Zünfte, Wollhandel und Bankwesen, Berlin 1925, S. 178 f.

Konzil fand in dieser weltoffenen Stadt innerhalb weniger Monate einen erfolgreichen Abschluß.

Als die Türken 1453 Konstantinopel eroberten, kam mehr als ein byzantinischer Gelehrter in Erinnerung an die florentinische Gastfreundschaft nach Italien. Einige ließen sich in Florenz nieder und spielten bei der Wiederentdeckung des griechischen Altertums eine wichtige Rolle.

Auch Florenz war ein expansiver Staat. Seit dem 13. Jh. war es darauf bedacht, sich die gesamte Toskana zu unterwerfen. Im Verfolg dieser Politik bezwang es bald alle kleineren Nachbarn. Bezeichnend ist, daß alle Bevölkerungsschichten diese expansive Linie unterstützten. »Von den armseligen Bettlern und Tagelöhnern bis hinauf zu den großen Handelsfürsten waren die Bewohner der Arno-Stadt leidenschaftliche Patrioten und wie *ein* Mann der offensiven Politik in der Toskana verpflichtet[34] . . .« Auch das relativ demokratische Regime der Handwerker und kleinen Kaufleute, das von 1343 bis 1382 herrschte, setzte sie trotz seiner größeren Selbstbezogenheit fort. Dies zeigt ganz klar auch der Krieg gegen Pisa, den die Florentiner 1362 provozierten. 1384 bemächtigte es sich endgültig Arezzos, eines wichtigen Platzes im oberen Arno-Tal. Kaum hatten die Florentiner die schweren Jahre der Bedrängnis durch Mailand überstanden, so zogen sie auch schon wieder gegen die alte Rivalin Pisa zu Felde.

Auch außerhalb Italiens waren die Florentiner expansiv. Besonders bemerkenswert ist die Familie Acciaiuoli, die Mittelgriechenland unter ihre Herrschaft brachte. Neri Acciaiuoli eroberte 1385 von Korinth aus das Herzogtum Athen, zu dem außer Attika auch Böotien gehörte. Seine Erben waren hier bis zur Mitte des folgenden Jahrhunderts, als die Türken in Erscheinung traten, Herzöge.

Frankreich

Frankreichs Offenheit im 16. und 17. Jh. war ebenfalls beträchtlich, wenn auch nicht deutlich größer als die anderer europäischer Länder der damaligen Zeit. Es soll ja aber auch gar nicht behauptet werden, daß offene Gesellschaften eine Ausnahme darstellten. Wie bereits betont, kommt es lediglich darauf an, daß anpassungsfähige Gesellschaften immer offen sind und daß wenigstens *manche* der nicht-anpassungsfähigen Gesellschaften diese Offenheit nicht haben.

Im 16. Jh. zeigten die Franzosen ein neues Interesse für fremde Länder. Dies geht auch aus den zahlreichen Reiseschilderungen der damaligen Zeit hervor, von denen nur einige hervorgehoben werden sollen[35]. Die »Singularités de la France antarctique« André Thevets (1556) weckten die Neugierde der Franzosen für die Besonderheiten der amerikanischen Eingeborenen. Jean de Lérys »Histoire d'un voyage fait en terre de Brésil« (1578) brachte es – was in jener Zeit noch bemerkenswerter war als heute – zu acht Auflagen. Schon Rabelais hatte sich in seinem »Pantagruel« das neue Interesse für ferne Regionen zunutze gemacht. In dem 4. Buch des Romans (1548/52) schilderte er eine überseeische

---

[34] Schevill, a. a. O., S. 262.
[35] Die folgenden Ausführungen nach Henri Blet, Histoire de la colonisation française, Bd. I, Grenoble 1946, S. 68 f.

Expedition. Hinter dem Lotsen, der bei Rabelais den Namen Jamet Brayer trägt, verbirgt sich vielleicht Jacques Cartier, der auf der Suche nach der Nordwestpassage 1534–36 bis in die Gegend von Quebec vorgedrungen war und über diese Reise einen Bericht veröffentlicht hatte. – Michel Hurault (gest. 1592) schließlich lenkte mit seinem »Discours sur l'état présent de la France« die Aufmerksamkeit der Franzosen auf die Reichtümer der beiden Amerika.

Montaigne (1533–1592) beschäftigte sich als einer der ersten mit ethnologischen Problemen. Er richtete sich sogar ein kleines völkerkundliches Museum ein. In Rouen führte er als erster eine Befragung von »Wilden« durch. Er konzentrierte sich dabei auf ihre Sitten und ihre Reaktionen auf die neue und für sie so fremdartige Umgebung[36].

Im 17. Jh. nahm das französische Interesse an fremden Ländern noch zu. Zwischen 1600 und 1660 wurden in Frankreich 450 Werke publiziert, die sich mit Asien, Amerika oder Afrika befaßten[37], darunter auch Jean Mocquets »Reisen in Afrika, Amerika, Asien, Ost- und Westindien« (1617).

1663 stellte Chapelain fest, Reiseschilderungen seien nunmehr beliebter als Romane. Das Interesse für diese literarische Gattung hielt auch danach unvermindert an. Der schon erwähnte François Bernier (1620–1688) besuchte Ägypten, Persien und Indien, wo er sich zwölf Jahre, acht davon als Leibarzt des Kaisers, aufhielt. Einen ersten Bericht über Indien veröffentlichte er 1670. Er beschrieb Gegenden, die kein Europäer vor ihm gesehen hatte. Georg Forster hielt ihn für einen der besten Historiker Indiens. Jean-Baptiste Tavernier (1605–1686) bereiste die Türkei, Persien und Indien, letzteres bis zur Grenze nach China; auch Celebes, Sumatra und Batavia besuchte er. Seine Beschreibungen enthalten zahlreiche genaue historische, geographische, wirtschaftliche und gesellschaftliche Angaben. Mit seinem Werk »Voyages en Turquie, en Perse et aux Indes« trug er wesentlich zu der Orientmode der französischen Literatur vor und nach der Wende zum 18. Jh. bei[38]. Es ist schließlich der berühmte Reisende Jean Chardin (1643–1712) zu erwähnen, ein Kaufmann, der fließend türkisch, persisch und arabisch sprach und sechs Jahre lang im Dienste des Schahs stand. Sein Buch »Voyage en Orient«, eine genaue und detaillierte Beschreibung Persiens, stieß auf lebhaftes Interesse. – Französische Missionare drangen in ferne Länder vor, nach Madagaskar, Algerien, Kanada und in den Nahen Osten. Andere ließen sich in Konstantinopel nieder. Der Jesuitenpater Alexandre de Rhodes verfaßte eine wertvolle Beschreibung Annams.

Die französische Literatur bemächtigte sich fremdländischer Stoffe. Racines Tragödie »Bajazet«, selbst nicht ohne Vorbild in der französischen Literatur der vorangegangenen Jahrzehnte, brachte die türkischen Stücke bis hin zu Voltaires Zaïre in Mode. Die Fabeln, die La Fontaine in den siebziger Jahren schrieb, zehren wesentlich auch von der Lektüre von Reisebeschreibungen[39]. Selbst der Hof entwickelte einen Geschmack für exotische

---

[36] Poirier, a.a.O., S. 17.
[37] Blet, a.a.O., S. 116.
[38] Dictionnaire des littératures, Hrsg. Philippe van Tieghem, Paris 1968, S. 3844.
[39] Vgl. hierzu Antoine Adam, Histoire de la littérature française au XVII siècle, Bd. IV, L'apogée du siècle, Paris 1958, S. 62.

Dinge. Der Bruder des Königs trat 1662 in einem Ballet als persischer Prinz auf. 1667 trug Ludwig XIV. im Karneval ein Kostüm, das halb persisch, halb chinesisch war. Im breiten Publikum erwachte kurz nach 1660 eine Vorliebe für alles Chinesische.

Die Offenheit der Franzosen äußerte sich auch im staatlichen Bereich. Seit dem 16. Jh. interessierte sich die französische Regierung für territoriale Erwerbungen in Übersee. Bereits Franz I. und Heinrich IV. waren bestrebt, Kolonien zu erwerben. Planmäßig verfolgten Richelieu und Colbert dasselbe Ziel. Unter ihnen wurde die Kolonialpolitik zum festen und dauernden Bestandteil der allgemeinen Politik Frankreichs. Ersterer gründete die Compagnie de l'Orient, die der zur Kolonisierung Madagaskars bestimmt war, letzterer die Compagnie des Indes Occidentales (1664). Die ersten Erwerbungen in Westafrika (Senegambien) fielen noch in die Zeit Richelieus (1637). Saint-Louis, die spätere Hauptstadt des Senegal, wurde 1659 gegründet. In Südamerika annektierten die Franzosen einen Teil von Guayana. Starke Aktivität entfalteten sie auf den Antillen und in Kanada, der Nouvelle-France. Hier hatte bereits 1603 Champlain eine Niederlassung gegründet, aus der sich später Quebec entwickelte. 1663 entsandte Frankreich einen Vizekönig nach Kanada. Seit dem Ende des 17. Jh. gehörte Frankreich auch Louisiana.

Bezeichnend für die Offenheit besonders anpassungsfähiger Gesellschaften, die auch über die notwendigen materiellen Mittel verfügen, ist die Schöpfung von *Flotten*. Themistokles schuf die athenische Flotte. Florenz begann nach der Annektion von Pisa mit dem Bau einer staatlichen Kriegs- und Handelsflotte, was ein außerordentlich kühnes Unternehmen darstellte[40]. Richelieu widmete der Marine größeres Interesse als der Armee. Er machte sich selbst zum Generalintendanten für Schiffahrt und intensivierte den Schiffsbau; im Atlantik und im Mittelmeer stellte er je ein Geschwader auf. Allein im Jahre 1636 wurden für das Atlantikgeschwader 40 größere Schiffe, für das Mittelmeergeschwader 22 Galeeren gebaut. Auf Richelieu gehen auch die großen Marinebasen in Toulon und Brest zurück.

Der charakteristische Repräsentant französischer Offenheit ist Ludwig XIV. mit seiner außenpolitischen Leidenschaft[41], seinem übertriebenen Ehrgeiz gegenüber anderen Fürsten Europas und seinem ungezügelten Expansionswillen. Dieser Monarch dachte und handelte dabei, soviel auch durch die Eigenart seiner Persönlichkeit bedingt sein mochte, ganz im Sinne seiner Minister, seines Hofes und des französischen Volkes.

Ludwigs XIV. Geltungssucht und sein Bestreben, von Europa anerkannt zu werden, äußerten sich frühzeitig in spektakulären Ideen. Unter den sechzig verdienten Persönlichkeiten, denen er 1662/63 Pensionen aussetzte, befanden sich auch fünfzehn Ausländer, wie die Altphilologen Heinsius und Vossius, der Physiker Christian Huygens und der florentinische Mathematiker Viviani; sie waren außerordentlich überrascht, als sie von dieser unerwarteten Großzügigkeit vernahmen[42]. Ludwig XIV. verfeinerte auch die Instrumente der Außenpolitik, der Diplomatie, Propaganda und Spionage. Die französi-

---

[40] H. Baron, The Crisis of the Early Italian Renaissance, S. 458.
[41] Eberhard Weis in: Handbuch der europäischen Geschichte, hrsg. von Theodor Schieder, Bd. IV, Stuttgart 1968, S. 202.
[42] Will und Ariel Durant, The Age of Louis XIV, New York 1963, S. 129.

sche Diplomatie wurde für alle Staaten Europas vorbildlich. Auch an materiellen Mitteln wurde nicht gespart. Zahlreiche europäische Souveräne beeinflußte er mit erklecklichen Subventionen. Bisweilen äußerte sich seine »politique de magnificence« (Ernest Lavisse) auch weniger friedlich. Einen von ihm provozierten Krieg gegen Spanien benützte er 1668 dazu, um Lille und zehn andere niederländische Grenzplätze an sich zu reißen. 1672 überfiel er das kleine Holland, dessen unglaublicher Reichtum den Neid der Franzosen erweckt hatte. Dieser Krieg dauerte bis 1678. In der folgenden »Friedenszeit« annektierte er unter nichtigen Vorwänden alte deutsche Gebiete, wie Straßburg. 1688 begann er seinen dritten Eroberungskrieg. Die Furcht vor dem französischen Expansionsstreben vereinigte nunmehr ganz Europa zum Kampf gegen Frankreich. Erst diese Erfahrung führte die Franzosen in den letzten Jahren des Jahrhunderts zu einer gewissen Mäßigung.

I.3. Offenheit als rationale Einstellung

In einer zweiten Spielart ist Offenheit rationale Einstellung, Toleranz, geistige Freiheit und Ungebundenheit.

Athen

Offenheit in diesem Sinne zeichnete nicht nur die Athener, sondern auch die meisten anderen Griechen aus. Sie äußerte sich in der ungebundenen Kühnheit[43], mit der sie auf alle Dinge zugingen. Sie kannten – von den Spartanern als wesentlicher Ausnahme abgesehen – niemals soziale und kulturelle Erstarrungserscheinungen. So befanden sich auch ihre künstlerischen und ästhetischen Anschauungen in ständigem Fluß. Sie besaßen auch nie ein theologisches System oder unwandelbare religiöse Dogmen, die ihre weitere geistige Entwicklung eingeengt hätten. Dies ist um so bemerkenswerter, als sie lange Zeit – die Athener bis ins 5. Jh. – sehr gläubig waren.

Die Athener waren selbst an griechischen Maßstäben gemessen noch einmal besonders offen. Bemerkenswert sind die Aufgeschlossenheit, mit der sie in der attischen Staatsreligion alle religiösen Strömungen aufnahmen, und die Toleranz, die sie sogar gegenüber nicht-griechischen Kulturen bewiesen. So verehrten sie selbst die thrakische Kriegsgöttin Bendis, den phönizischen Gott Adonis und den thrako-phrygischen Gott Sabazios. Den Metöken stellten sie die Ausübung ihrer eigenen Kulte frei.

Entsprechend dieser völligen Unbefangenheit waren die Athener auch sehr rational eingestellt. Solons Reformen zu Beginn des 6. Jh. waren ein erfolgreicher Versuch, die politischen und sozialen Probleme des Gemeinwesens, die zu jener Zeit zu starken Spannungen geführt hatten, durch Maßnahmen, die der Situation genau angemessen waren, zu lösen. Dieser Staatsmann schuf den ersten modernen Staat des griechischen Mutterlandes. Mit seiner Schöpfung begann die Geschichte der Staatsidee in Europa[44]. Er stan-

---

[43] So Michael Rostovtzeff, Geschichte der Alten Welt, Bd. I, Wiesbaden 1941, S. 250.
[44] Hermann Bengtson, Griechische Geschichte, Von den Anfängen bis in die römische Kaiserzeit, München 1965, S. 123.

dardisierte auch das attische Münz- und Maßsystem[45], so wie anderthalb Jahrhunderte später das perikleische Athen das Münzwesen des attischen Reichs vereinheitlichte. Die vereinsrechtlichen Bestimmungen, die er erließ, waren so sachgerecht, daß sie noch im modernen europäischen Recht fortleben[46].

Rationale Offenheit bestimmen auch die demokratischen Tendenzen des damaligen Athen. Kleisthenes führte am Ende des 6. Jh. die Gedanken der Verfassung Solons weiter. Er verwirklichte die rechtliche und politische Gleichheit der Vollfreien. Alle Unterschiede zwischen den Bürgern, die auf Abstammung und Wohnsitz zurückgingen, wurden beseitigt[47].

Den höchsten Ausdruck fand die rationale Offenheit der Athener in Sokrates und Thukydides. Sokrates ist der große Frager, der der Überzeugung ist, die Wahrheit durch seine »Hebammenkunst« zu Tage fördern zu können; Thukydides der unerbittliche Realist, der sich den zeitgeschichtlichen Ereignissen mit der kritisch diagnostizierenden Behutsamkeit eines Arztes nähert und mit großer Unvoreingenommenheit versucht, den Standpunkt beider Seiten zu verstehen und die innere Notwendigkeit ihres Handelns zu begreifen.

China

Auch die Chinesen der frühen T'ang-Zeit waren in diesem Sinn ungebunden und offen. Mit welcher Bereitwilligkeit sie im 4. Jh. den Buddhismus annahmen, wurde bereits erwähnt. In der ersten Hälfte des 6. Jh. rezipierten sie auch die Zen-Spielart dieser Religion. Taoismus und Konfuzianismus, die überlieferten Religionen, waren für sie kein Hindernis, sich zu dem neuen Glauben zu bekennen. Dieselbe Unbefangenheit zeigten die Chinesen gegenüber anderen Religionen. Im 6. Jh. begann auch die Religion Zarathustras in China vorzudringen. Im 7. und 8. Jh. folgte der Islam. Das nestorianische und das manichäische Christentum hatten ebenfalls Erfolg[48]. Auch im weltlichen Bereich gibt es Vorgänge, die die damalige Offenheit der Chinesen klar zeigen. Die Botschafter des Kalifen von Bagdad wurden 713 vom chinesischen Kaiser empfangen, obwohl sie sich, wie die Chinesen wußten, aus religiösen Gründen außerstande sehen würden, den Kotau zu vollziehen. In späterer Zeit hätte sich kein chinesischer Kaiser mehr zu einer solchen Konzession bereit gefunden.

Mit der geistigen Freiheit verbanden die Chinesen rationale Einstellung. In die Zeit der Sui-Kaiser fallen wie schon erwähnt die Anfänge des Neu-Konfuzianismus. Die frühe T'ang-Zeit entwickelte ein geniales Maßsystem: Die Maße für die einzelnen Waren wurden so berechnet, daß sich die Grundeinheiten nach ihrem Wert ungefähr entsprachen.

Florenz

Die Ungebundenheit und rationale Einstellung der Florentiner kommen in der Haltung zum Ausdruck, die Florenz zu einer Stadt des dauernden politischen Wandels gemacht

---

[45] Rostovtzeff, a. a. O., S. 239.
[46] Bengtson, a. a. O., S. 121 f.
[47] Ed. Meyer, Geschichte des Altertums, Bd. III, S. 746.
[48] Reischauer/Fairbank, a. a. O., S. 176 f.

hat. Sie formen den Staat zu einem bewußt gestalteten Kunstwerk und experimentierten dauernd mit der Verfassung. Dante hat in ätzenden Versen seine Vaterstadt verspottet, die im Oktober ausgeklügelte Verfassungsbestimmungen einführt, welche Mitte November nicht mehr erleben. Er vergleicht die Stadt mit einer Kranken, die unaufhörlich ihre Lage wechselt, um ihren Schmerzen zu entgehen:

»Athen und Sparta, höchster Bildung Kreise,
Sie die Gesetze gaben einer Welt,
Voraus nur deuteten auf dich sie leise,
Denn du hast noch viel klüg're aufgestellt,
So fein, daß nicht bis zu Novembers Mitten,
Das, was du im Oktober spannest, hält.
Denk' nur zurück, wie oft Gesetz und Sitten,
Wie Münzen, Ämter wechselten, sogar
Des Staates Glieder, denk', was alle litten!
Betracht' dich selbst, dann scheinst du dir fürwahr
Wie 'n Kranker, der stets wechselt seine Lage,
Im Bett sich dreht und wälzt, der Ruhe baar,
Und so zu lindern hofft die inn're Plage.«
(Übers. von Sophie Hasenclever)

Auch die Unbefangenheit, mit der die Florentiner ihrer Umwelt entgegentraten, war einzigartig. Die Vorschriften der Zünfte waren sehr streng, sie erstickten aber nie die individuelle Freiheit und Privatinitiative[49]. Ficino, obwohl kirchentreuer Priester, konnte anregen, daß Auszüge aus Platon in den Kirchen vorgetragen würden. Toscanelli erhielt die Erlaubnis, in der Kathedrale von Florenz einen Gnomon zu bauen, um den Höhenstand der Sonne zu messen. Cosimo de' Medici nahm die Widmung von Becadellis Hermaphroditus entgegen, obwohl das Werk des Sizilianers die gleichgeschlechtliche Liebe pries und außerordentlich obszön war[50]. Donatello stellte König David zum ersten Mal nackt dar, und kein Florentiner nahm daran Anstoß.

Für die rationale Einstellung der Florentiner gibt es eindrucksvolle Beweise. Der moderne Kapitalismus hat seine Ursprünge auch in Florenz. Florentinische Kaufleute waren maßgeblich an der Entwicklung der doppelten Buchführung beteiligt. Sehr frühzeitig zeigte man hier Interesse an statistischen Erhebungen. Um 1235 erfanden die Florentiner den Silbergulden (Silbersolidus), eine Münze, die den zwölffachen Wert eines Silberpfennigs hatte, und 1252 den Goldgulden (Florin), der zwanzig Silbergulden entsprach. Nirgendwo hatte es bis dahin für diese Einheiten besondere Münzen gegeben, ihre Einführung stellte eine unerhörte Neuerung dar. Wie groß das praktische Bedürfnis war, dem diese Münzen entgegenkamen, zeigen die weite Verbreitung, die sie sofort fanden,

---
[49] Schevill, a. a. O., S. 308.
[50] Robert Davidsohn, a. a. O., Teil 3, Kirchliches und geistiges Leben, Kunst, öffentliches und häusliches Dasein, Berlin 1927, S. 320.

die Geschwindigkeit, mit der diese Idee nachgeahmt wurde, und der Ruhm, den sie der Stadt einbrachte. Die moderne Kursivschrift, dieses rationale Instrument aller, deren Zeit kostbar ist, kommt aus dem Florenz des beginnenden 15. Jh. Poggio hatte sie entwickelt. Auch war es ein Florentiner, und zwar Brunelleschi, der den Wecker erfand. Ferner sind die Florentiner in der Malerei die Entdecker der mathematischen Perspektive, dieses eminenten Ausdrucks ordnender Rationalität.

Der rationale florentinische Geist kommt auch in dem ungeheuren Tatsachenbedürfnis zum Ausdruck, wie es die Florentiner von dem Chronisten Giovanni Villani bis zu Leonardo da Vinci beseelt hat. Es ist schließlich auf Machiavelli hinzuweisen, den größten Vertreter der Idee der Staatsräson, dieses eigentlich rationalistischen Konzepts, das davon ausgeht, daß es für jeden Staat in jeder Lage eine und nur eine ideale Linie des Handelns gebe.

Frankreich

Bei der Offenheit der Franzosen überwog das rationale Element. Ihre rationale Einstellung machte sich insbesondere seit der ersten Hälfte des 17. Jh. mit Nachdruck bemerkbar. Descartes entwickelte für das wissenschaftliche Erkennen eine ganz neue Methode. Er überprüfte alle überkommenen Ansichten darauf, ob sie auf bloßem Glauben beruhen oder ob sie mit der Vernunft in Einklang stehen. Dieser Geist des exakten und kritischen Denkens, der cartesianische Geist, herrschte in Frankreich für den Rest des Jahrhunderts. – »Aimez donc la raison«, rief Boileau aus. – Für La Rochefoucauld ist die geistige Klarheit – neben dem Ehrgefühl – die wichtigste Eigenschaft des »honnête homme« überhaupt[51].

Auch im praktischen Leben gelangte die Vernunft zur Herrschaft. 1672 verbot der König den Gerichten die Einleitung von Hexenprozessen. Noch im Jahre 1609 waren allein im Bezirk des Parlaments von Bordeaux 600 Personen wegen Hexerei verurteilt und in ihrer Mehrzahl verbrannt worden[52]. – Auch große Theologen des damaligen Frankreichs waren Cartesianer. P. Nicole schrieb mit A. Arnauld die scharfsinnige Logik von Port-Royal, »La logique ou l'art de penser«. Sogar Bossuet und Fénelon neigten dem Cartesianismus zu. Zeitweilig war er geradezu *die* Modephilosophie. Am Ende des Jahrhunderts legte Pierre Bayle die Grundlagen für die französische Aufklärung. Mit dem Glauben an die Vernunft ging eine ziemlich große geistige Freiheit Hand in Hand

II. Integration

II.1. Begriff und Bedeutung

Offenheit allein gewährleistet die Anpassungsfähigkeit einer Gesellschaft noch nicht. Alles spricht dafür, daß Florenz am Ende des 15. Jh. eine ähnlich große Offenheit besaß wie

---

[51] Adam, a. a. O., S. 103.
[52] Voltaire, Le siècle de Louis XIV. in: Œuvres historiques, Paris 1957, S. 1000.

ein- oder zweihundert Jahre zuvor. Dennoch hatte es die Fähigkeit, äußeren Bedrohungen wirksam zu begegnen, verloren. Es war nicht einmal mehr in der Lage, mit solchen Gefahren fertig zu werden, die es ohne eine nennenswerte Veränderung der gesellschaftlichen Struktur zu bewältigen vermocht hätte.

Der wesentliche Unterschied zwischen anpassungsfähigen Gesellschaften und jenen nicht-anpassungsfähigen Gesellschaften, die offen sind, liegt darin, daß erstere die Offenheit mit einem ganz bestimmten Maß von Integration verbinden. Zweites Erfordernis der Fähigkeit zur Selbstbehauptung ist daher, daß die Gesellschaft eine beträchtliche Macht über ihre Angehörigen ausübt. Diese äußert sich als hierarchische Gliederung der Gesellschaft, als Religiosität und als Gemeinsinn. Es gibt allerdings auch Gesellschaften, die zwar integriert sind, vor allem aber das letztere Element nicht kennen, nämlich Gesellschaften mit erstarrten Strukturen. Solchen Gesellschaften fehlt aber, wie die Geschichte zeigt, die Offenheit; sie sind daher schon aus diesem Grunde auch nicht anpassungsfähig. Die Integration anpassungsfähiger Gesellschaften hat somit auch einen ganz bestimmten Charakter.

II.2. Hierarchische Gliederung der Gesellschaft

Hierarchische Gliederung der Gesellschaft bedeutet, daß gewisse ihrer Angehörigen eine privilegierte Stellung haben, die meist aus der Zugehörigkeit zu einer bestimmten Familie folgt und die insbesondere auch Teilnahme an der politischen Führung der Gesellschaft einschließt. Die große Zahl der Gesellschaftsangehörigen ordnet sich ihnen freiwillig unter. Ihren Rechten stehen Pflichten gegenüber; die Privilegien werden in der Regel nicht mißbraucht; man kann die Existenz letzterer sogar als im langfristigen Interesse der Gesellschaft liegend ansehen, wenn sie auch über das kurzfristig Notwendige meist beträchtlich hinausgehen.

Athen

Die attische Gesellschaft war bis in die letzten Jahrzehnte des 5. Jh. in diesem Sinne hierarchisch gegliedert. Die nivellierenden Institutionen, die sich seit Themistokles entwickelten, dürfen hierüber so wenig hinwegtäuschen wie das gleichartige Phänomen, das sich fast zwei Jahrtausende später in Florenz zeigte, über einen ähnlichen Zustand in jener Stadt. Denn in die einflußreichen Staatsämter gelangten trotz allem so gut wie ausschließlich Angehörige des Adels. Dies gilt insbesondere auch für die Zeiten unmittelbar vor, während und nach der Anpassung Athens. Aristokraten waren Peisistratos und seine Söhne, die ihm als Tyrannen nachfolgten. Die Mutter des Peisistratos war mit Solon verwandt. Der Reformator Kleisthenes gehörte dem vornehmsten attischen Geschlecht, den Alkmäoniden, an. Miltiades stammte aus der alten Familie der Philaiden. Themistokles war Lykomide, kam also ebenfalls aus einem bedeutenden altattischen Adelsgeschlecht. Kimon, der von dem Sturz des Themistokles (471) bis zu seinem eigenen (461) den Ton im Staate angab, war der Sohn des Miltiades. Auch sein Gegner und Nachfolger Ephialtes stammte wahrscheinlich aus vornehmem Haus. Perikles wiederum kam aus dem Geschlecht der Buzygen. Sein Vater war Xanthippus, der Sieger von Mykale. Seine Mutter Agariste war eine Nichte des Kleisthenes. Bezeichnend ist die moralische Autorität, die dieser Politiker genoß; sie war so groß, daß der Historiker Thukydides sagen konnte, es habe sich bei dem perikleischen Athen nur dem Namen nach um eine Demokratie, in Wahrheit aber um die Herrschaft des ersten Mannes gehandelt. Der ältere Thukydides, der Rivale des Perikles, kam ebenfalls aus einem edlen Geschlecht und heiratete eine Tochter Kimons. Dieses einheitliche Bild begann sich erst in den zwanziger Jahren des 5. Jh. zu ändern; damals gelang es dem Gerber Kleon als erstem Gewerbetreibenden zum führenden Staatsmann aufzusteigen. Aber auch dann war noch ein Alkibiades möglich, der aus der Familie der Eumolpiden, dem vornehmsten eleusinischen Priestergeschlecht, kam und dessen Mutter dazu eine Alkmäonidin war, deren Vater wiederum als der reichste Athener galt.

Man kann diese starke Stellung der vornehmen Familien nicht, wie es zuweilen geschieht, nur damit erklären, daß die anderen Schichten der attischen Gesellschaft bis zur Einführung der Diäten seit der Mitte des 5. Jh. im allgemeinen nicht in der Lage waren, unbezahlte Staatsämter anzunehmen.

China

Auch das China der Sui- und Frühen T'ang-Zeit war hierarchisch gegliedert. Unter den Chou war China von einer militärischen Aristokratie beherrscht worden. Die Tsch'in- und Han-Dynastien hatten diesen Adel vernichtet. In der Zeit der Sechs Dynastien (222–589) bildete sich jedoch eine neue aristokratische Oberschicht mit großem Einfluß heraus. Ihre Macht wurde auch nicht durch die Bodenreform der Sui und T'ang gebrochen, da die Landzuweisungen an die Bauern aus solchen Ländereien vorgenommen werden konnten, die neu erschlossen worden oder im Verlauf von Kriegen verödet waren[53].

Die gewaltigen Bauten, die Yang Ti ausführen ließ, konnten nur von einer stark integrierten Gesellschaft verwirklicht werden. Hierzu haben wir eine Parallele in der altägyptischen Geschichte. Die Kulturblüte des Alten Reiches fällt etwa in die Jahre von 2450 bis 2320, also in die Epoche der 5. und 6. Dynastie. Unmittelbar vor dieser Zeit errichtete die 4. Dynastie die großen Pyramiden.

> Der Aufwand für diese Bauten, die keinerlei materielle Funktion hatten, war gewaltig. Dies gilt insbesondere für die drei Pyramiden von Gise. Die größte, die Cheopspyramide, hat eine Höhe von 147 Metern, ihr Mauerwerk einen Inhalt von 2,5 Millionen Kubikmetern. Alle großen Moscheen und die große Stadtmauer Kairos sind mit den Decksteinen dieser Pyramiden gebaut, und trotzdem wurde ihr äußerer Umriß kaum beeinträchtigt. An der Cheopspyramide bauten 100 000 Arbeiter zwanzig Jahre lang je drei Monate im Jahr. Man ist heute mit gutem Grund der Ansicht, daß nicht Sklaven, die mit der Peitsche angetrieben wurden, die Arbeiten ausführten, sondern Bauern, die freiwillig, d. h. in unserem Zusammenhang: vielleicht unter moralischem Druck, in ihrer überwiegenden Mehrheit aber nicht infolge bloßen physischen Zwanges, mitwirkten. Die Herrscher der kulturell sonst höherstehenden 5. Dynastie waren dagegen nicht mehr

---

[53] Zur Entwicklung der Aristokratie vgl. Reischauer/Fairbank, a. a. O., S. 160f., 186.

in der Lage, so große Pyramiden errichten zu lassen. Vergleichsweise sind ihre Pyramiden klein und schlecht gebaut. Auch in der Folgezeit kam es nicht mehr zu großartigen Pyramidenbauten[54]. Das ist charakteristisch: Die Integration hatte sich – wie im Verlauf jeder großen Kulturblüte – gelockert. »Freiwillige« Leistungen dieses Ausmaßes konnte die Gesellschaft nicht mehr durchsetzen. Es ist allerdings hinzuzufügen, daß die Epoche der Kulturblüte schon nach ihrer ganzen geistigen Haltung zu menschlichen Maßen neigt und Monumentalbauten wie den Pyramiden ganz allgemein ablehnend gegenübersteht.

Es ist kein Zufall, daß sich dieselbe Erscheinung vor der Kulturblüte des Neuen Reiches wiederholte. Auch die beiden Obelisken der Königin Hatschepsut stellen eine außerordentliche physische Leistung dar. Sie sind annähernd 30 Meter hoch, haben einen Rauminhalt von etwa 135 Kubikmetern und ein Gewicht von 350 Tonnen. Sie wurden in sieben Monaten aus Granitfelsen gehauen, von den Steinbrüchen bei Assuan auf dem Nil nach Theben transportiert und dort aufgestellt. Das können nur Arbeiter von einer einzigartigen Disziplin fertiggebracht haben. Die vier berühmten Obelisken Thutmosis'III., die heute in Rom, London, New York und Istanbul stehen, sind in ihren Ausmaßen, obwohl nur wenig später geschaffen, damit auch nicht entfernt zu vergleichen. Und doch wurde die Aufstellung eines dieser kleineren, ca. 20 Meter hohen Obelisken vor St. Peter in Rom, die 1586 erfolgte und 900 Arbeiter erforderte, von den Zeitgenossen als ein Unternehmen gefeiert, das durch alle Jahrhunderte berühmt sein werde. Der Papst betrachtete es als das größte und schwierigste Werk, das der menschliche Geist erdenken könne; er ließ Medaillen aus diesem Anlaß prägen und die auswärtigen Mächte davon unterrichten.

Übrigens haben wir auch in der chinesischen Geschichte selbst noch andere Beispiele für gigantische Arbeiten, die kurz vor einer Kulturblüte durchgeführt wurden und nur von einer hochdisziplinierten und zugleich wohlhabenden Gesellschaft vollbracht werden konnten. Die Chinesische Mauer, das größte Bauwerk der Erde, entstand gegen Ende des dritten vorchristlichen Jahrhunderts, also kurz vor der Han-Kulturblüte, mithin in einer kulturgeschichtlich vergleichbaren Zeit wie die erwähnten Fälle.

Florenz

Auch die florentinische Gesellschaft des 14. Jh. war hierarchisch gegliedert. Diese Stadt herrschte über die Untertanenstädte Prato, Arezzo, Pistoia und Volterra, deren kumulative Bevölkerungszahl die ihrige um das Mehrfache übertraf, die aber dennoch keinerlei Anteil an der Regierung des Staates hatten. In Florenz selbst gab es auf der untersten Stufe die Tagelöhner, die ohne alle politischen Rechte waren und sich auch nicht in Gewerkschaften oder anderen Vereinigungen zusammenschließen durften. Als Ciuto Brandini, ein Wollkämmer, 1345 versuchte, die Arbeiter seiner Sparte gewerkschaftlich zu organisieren, wurde er mitten in der Nacht aus dem Bett geholt, vor den Capitano del Popolo gebracht und sofort gehängt. Auch ein Versammlungsrecht hatten sie nicht. Wenn sie sich in einem Gebäude trafen, war dieses nach florentinischem Recht dem Erdboden gleichzumachen. Über den Tagelöhnern standen die in 72 Gewerkschaften zusammengeschlossenen Arbeiter.

---

[54] Zu den Ausführungen über den Pyramidenbau vgl. K. Mendelsohn, Gedanken zum Pyramidenbau, Neue Zürcher Zeitung vom 28.12.1972.

Die meisten der florentinischen Tagelöhner und Arbeiter waren zugewandert. Die florentinische Gesamtbevölkerung belief sich in jenem Jahrhundert auf ungefähr 120 000 Einwohner (einschließlich der zugewanderten 30 000 Tagelöhner): Schätzungsweise 14 500 davon waren Männer im Alter von 25 oder mehr Jahren. Nur 5000 besaßen aber die vollen politischen Rechte eines Bürgers[55]. Denn hierfür erforderlich war seit dem ausgehenden 13. Jh. Zugehörigkeit zu einer der 21 Zünfte. – Auch zwischen den einzelnen Zünften gab es noch einmal bedeutende Unterschiede. Die sieben »Größeren Zünfte« (»arti maggiori«) hatten einen viel stärkeren Einfluß als die vierzehn »Kleineren Zünfte« (»arti minori«). Unter den Größeren Zünften waren die mächtigsten wiederum die beiden Wollzünfte (»Calimala« und »Lana«), die Zunft der Bankiers (»Cambio«) und die des Seidenhandels (»Por Santa Maria«). In den Kleineren Zünften waren vor allem die Ladenbesitzer und Handwerker organisiert.

Die Unterschiede in der gesellschaftlichen Hierarchie spiegelten sich in der Besetzung der Regierung des Stadtstaates wider. Die acht Mitglieder der Signoria wurden seit 1328 durch Los bestimmt. Das Gewicht dieses Staatsorgans war aber schon deshalb nicht sehr groß, weil ihre Mitglieder jeweils nur zwei Monate im Amt waren. Ferner konnte selbst ein raffiniert ausgeklügeltes System, das jede Manipulation der Auslosung unmöglich machen sollte, nicht verhindern, daß die Kaufmannsaristokratie nicht doch Einfluß auf die Besetzung der Ämter nahm[56]. Selbst in den Jahrzehnten nach 1343, als die Kleineren Zünfte das Übergewicht hatten, war der Einfluß der großen Kaufleute so stark, daß sie eine Art Nebenregierung ausübten. Um die Mitte des 14. Jh. konnte der Jurist Bartolo von Sassoferrato Florenz neben Venedig als Beispiel einer oligarchischen Verfassung nennen. Beide Städte wurden, wie er sagt, von »wenigen reichen guten Männern« regiert[57]. Das wichtigste Instrument ihrer Herrschaft war die »Parte Guelfa«, die Partei der Welfen. Diese stellte eine festgefügte private Organisation dar, die einen starken Rückhalt in den sozial führenden Schichten hatte und in ihren Auffassungen mit den reichen Kaufleuten übereinstimmte. Äußere Tribute ihrer Macht waren ein ihr gehöriges großes Verwaltungsgebäude und ein sehr beträchtliches Vermögen. Als Vorkämpferin gegen den Ghibellinismus, der auch noch im 14. Jh., als er in der äußeren Politik der Stadt schon wegen des Niedergangs des Kaisertums keine Rolle mehr spielte, vom gesamten florentinischen Volk verabscheut wurde, besaß sie hervorragende Bedeutung. Der Chronist Stefani geht bis zu der Feststellung: »Chi era signore della parte era signore di Firenze«[58]. Durch ein Gesetz von 1347 wurde es nun den Ghibellinen untersagt, staatliche Ämter zu bekleiden. Ein weiteres Gesetz verlieh der Parte Guelfa 1358 das Recht, in eigener Zuständigkeit zu entscheiden, wer als Ghibelline zu betrachten sei. Sie hatte es von da an über viele Jahre in der Hand, Gegner der Kaufmannsoligarchie durch eine »ammoni-

---

[55] So Chamberlin, The Count of Virtue, S. 47; Schevill, a. a. O., nimmt eine Zahl von 5000 bis 6000 an.
[56] Schevill, a. a. O., S. 209.
[57] Nach Davidsohn, a. a. O., Teil 1, Innere Antriebe, äußere Einwirkungen und politische Kultur, Berlin 1922, S. 55.
[58] Schevill, a. a. O., S. 270 Anm. 11.

zione« von der Regierung auszuschließen. Wer sich widersetzte, hatte mit der Todesstrafe zu rechnen. Erst 1378 wurde ihr dieses Recht wieder entzogen.

Innerhalb der Kaufmannsaristokratie hatten wiederum einzelne besonders hervorragende Familien entscheidenden Einfluß. Sie stellten die Berufspolitiker, die – auch hier ähnlich wie im alten Athen – keinen offiziellen Status hatten und die sich vor allem mit der Außenpolitik befaßten. Sie übten ihren Einfluß über eine Reihe von verfassungsmäßig vorgesehenen Räten aus, deren formlosester die jeweils nach Bedarf einberufene »Pratica« war, mittels derer die führenden Bürger konsultiert wurden, worauf sie, wenn wichtige Fragen anstanden, nach der Verfassungswirklichkeit einen Anspruch hatten. Giovanni Cavalcanti schildert eine solche Pratica, die über militärische Schutzmaßnahmen gegen das Expansionsstreben Filippo Marias von Mailand zu entscheiden hatte. Niccolo da Uzzano, eines der führenden Mitglieder der herrschenden Gruppe, war während der langwährenden Verlesung von Urkunden und der anschließenden Debatte anwesend, versank nach der Eröffnung der Sitzung aber bald in tiefen Schlaf, aus dem er schließlich nur mit Mühe geweckt werden konnte, um sich darauf – immer noch benommen – sehr kurz für militärische Vorsichtsmaßnahmen auszusprechen. Diese Stellungnahme bedeutete das Ende der Diskussion. Dem Votum Uzzanos schloß sich die Versammlung einstimmig und ohne weitere Diskussion an. Der Historiker stellt abschließend fest, daß man Florenz damals mehr bei Abendessen und an den Schreibtischen als im Palast der Signoria regiert habe und viele zu Ämtern, aber nur wenige zur Regierung berufen gewesen seien. – Eine andere maßgebende Familie waren bis 1434 die Albizzi. Von da an besaßen die Medici mehr Einfluß als alle anderen Geschlechter.

Frankreich

Auch die französische Gesellschaft der ersten Hälfte des 17. Jh. besaß eine ausgeprägte hierarchische Gliederung. An ihrer Spitze stand der König, dem fast absoluter Gehorsam geschuldet wurde. Noch Ludwig XIV. glaubte an seine eigene Gottähnlichkeit; und seine und seines Vaters Stellung hatte in der Tat etwas Derartiges. Ihre Macht verwirklichte weitgehend die Definition, die ein Franzose des 16. Jh., Jean Bodin, von der Souveränität gegeben hatte: »Summa in cives ac subditos legibusque soluta potestas«. Neben dem König sind alle unbedeutend: »Les grands même y sont petits«, sagte La Bruyère.

Die gesamte königliche Familie hatte an dieser erhabenen Position mehr oder weniger teil. Als in den ersten Regierungsjahren Ludwigs XIV. dessen Cousine, »La Grande Mademoiselle«, Lauzun heiraten wollte, hatte dies zur Folge, daß der Bräutigam, obwohl selbst Graf und Günstling des Königs, zunächst einmal für zehn Jahre auf die Festung Pignerol gebracht und später nur zu harten Bedingungen wieder freigelassen wurde. Auch der Adel, und insbesondere der Hochadel, hatte eine sehr herausgehobene Stellung. Der alte Geblütsadel, die »noblesse d'épée«, beanspruchte wiederum eine Sonderstellung gegenüber dem neuen Amtsadel, der »noblesse de robe«, was er auf der Versammlung der Generalstände 1614 sehr deutlich zum Ausdruck brachte. Ludwig XIII. stand diesem Anspruch positiv gegenüber. 1640 wurden alle nach 1610 erfolgten Nobilitierungen wieder rückgängig gemacht[59]. Auch die Geistlichkeit hatte eine privilegierte Stellung. Lastesel der Gesellschaft waren die breite Masse der städtischen Bevölkerung und die Bauern. Diese hatten, da Adel und Klerus von Steuern voll befreit waren, für die Ausgaben des Staates aufzukommen. Diese Verhältnisse begannen sich in der zweiten Hälfte des 17. Jh. zu ändern. Aber noch Bossuet begründete die bestehende soziale Ordnung mit göttlichem Recht[60].

II.3. RELIGIOSITÄT

Religiosität und Integration

Gott ist, wie Durkheim sagte, Symbol für die Allmacht der Gesellschaft. Der verhältnismäßig hohe Grad an Integration, den anpassungsfähige Gesellschaften besitzen, kommt daher auch in einer ziemlich starken Religiosität ihrer Angehörigen zum Ausdruck. Die altägyptische Religion verlangte folgerichtig auch den Dienst am Staat, Staatsdienst war zugleich Religion. Es handelt sich dabei um eine Religiosität, die sich durchaus mit der rationalen Einstellung, ohne die Offenheit und damit auch Anpassungsfähigkeit nicht denkbar ist, verträgt. Am überzeugendsten vereinigte diese beiden scheinbar widersprüchlichen geistigen Haltungen Pascal, der meinte, daß ein Mensch dreierlei sein müsse: Mathematiker, Skeptiker und gläubiger Christ.

Athen

Das Volk von Athen war von alters her sehr religiös. Hier bildeten sich schon zur Zeit Solons religiöse Privatvereine, die »Orgia«, deren Zweck die Verehrung der Götter und Heroen war. Im 7. und 6. Jh. ging eine Welle dunkler Frömmigkeit über Attika, die in entschiedenem Gegensatz stand zu der heiteren und klaren Götterwelt Homers und der rationalistischen Philosophie, die Ionien im 6. Jh. hervorbrachte. Man hat das 6. Jh. geradezu als »saeculum mysticum« bezeichnet[61]. Die orphische Offenbarungsreligion trat mit ihrem orgiastischen Kultus außer in Sizilien und Unteritalien auch in Attika auf. Besonders wichtig für Attika waren die Mysterienkulte des Dionysos und der Demeter. Ihre Anhänger glaubten an Sühne, Erlösung und die Gottähnlichkeit der Gläubigen. In Eleusis lag die wichtigste Kultstätte dieser Göttin überhaupt. Seitdem die Athener um 650 den eleusinischen Priesterstaat erobert hatten, hielten sie sie in höchsten Ehren. Ihr Kult wurde auch staatlich gefördert. Jeden September feierte Athen neun Tage lang die Großen Mysterien. Ein zahlreicher Festzug begab sich dann von der Stadt nach dem etwa 20 Kilometer entfernten Eleusis, um hier der Wiederkehr der Persephone und ihrer Vereinigung mit Demeter, ihrer Mutter, zu gedenken.

---

[59] André Bourde in: Handbuch der europäischen Geschichte, Hrsg. Theodor Schieder, Bd. III, Stuttgart 1971, S. 806.
[60] Sainte-Beuve, Port-Royal, Bd. I,[Paris] 1953, S. 104.
[61] Vgl. Schmid-Stählin, Geschichte der griechischen Literatur, I. Teil 2. Bd., München 1934, S. 27.

Auch Dionysos hatte wichtige Kultstätten in Attika, und zwar vor allem in den Dörfern Ikaria und Eleutheriä. Peisistratos hat ihm wahrscheinlich am Südfuß der Burg einen Tempel gebaut und die großen städtischen Dionysien, die alljährlich im April gefeiert wurden, begründet oder wenigstens neugestaltet. Zur Verherrlichung des Gottes fügte der Tyrann den altüblichen Dithyramben das »Drama« an, d. h. er ließ eine Handlung nicht durch Unbeteiligte wie den Chor oder den vortragenden Dichter, sondern durch die Personen der Handlung selbst, also durch Schauspieler darstellen. Er wurde damit zum Schöpfer der attischen Tragödie. Ohne aktive Mitwirkung attischer Künstler hätte Pisistratus dies nicht verwirklichen können.

Wie sehr sich die altattische Religiosität von der späteren aufgeklärten Haltung des 4. Jh. unterschied, zeigt der Umstand, daß Aristoteles und andere in ihrer technisierten Welt den Sinn für den religiösen Urspung der Tragödie völlig verloren hatten[62]. Die orphische Offenbarungsreligion sprach vor allem auch die unteren Volksschichten an. Daneben wurden die poetischen Adelsgötter Homers im Laufe des 6. Jh. ebenfalls zu Volksgöttern und Apollon Patroos zum Gott des ganzen athenischen Volkes[63]. Diese Volksreligiosität erinnert in manchem an gewisse religiöse Erscheinungen im Japan des 19. Jh., z. B. an das machtvolle Aufkommen der Tenrikyo-Sekte mit ihrem neuen, weder dem Shintoismus noch dem Buddhismus zuzuordnenden Glauben.

Von den Panathenäen und dem Theseus-Mythos wird noch die Rede sein. – Nach ihrer eigenen Meinung waren die Athener auch noch im 5. Jh. die frömmsten aller Hellenen[64].

China

Mit welchem Elan sich China im 4. Jh. der buddhistischen Religion zuwandte, wurde schon mehrfach hervorgehoben. Der Mahayana-Buddhismus entwickelte sich im wesentlichen in diesem Land. Der Buddhismus war, wenn wir von den taoistischen Sekten absehen, die erste organisierte Religion in China[65]. Die Skulptur der Wei-Dynastie in Yün-kang und Lung-men war ausgesprochen mystisch-religiös und läßt sich insofern mit der romanischen Kunst vergleichen; sie strebte nicht danach, die Schönheit des Körpers darzustellen, ihr Ziel war vielmehr, geistige Wahrheiten wiederzugeben[66]. Der Buddhismus spielte auch noch unter Kao-tsung (650–683) und vor allem unter der Kaiserin Wu (683–705), die sich beide durch frommen Eifer auszeichneten[67], eine sehr wichtige Rolle. Auch der taoistische Kult gewann im 7. Jh. ständig an Boden. 620 wurde der erste Kaiser der T'ang-Dynastie dahin informiert, daß er sich als einen Abkömmling Laotses betrachten solle, da dessen Familienname, wie man aufgrund einer Legende glaubte, ebenfalls Li (Pflaume) gewesen sei. 666 erhielt Laotse den offiziellen Titel »Mystischer Kaiser«.

---

[62] Schmid-Stählin, a. a. O., S. 43.
[63] Hasebroek, Griechische Wirtschafts- und Sozialgeschichte, S. 238.
[64] Paul Stengel, Die griechischen Kultusaltertümer, München 1920³, S. 220.
[65] Reischauer/Fairbank, a. a. O., S. 145.
[66] Grousset, a. a. O., S. 140.
[67] Vgl. Reischauer/Fairbank, a. a. O., S. 170; Daisy Lion-Goldschmidt, Jean-Claude Moreau-Gobard, Chinesische Kunst – Bronze, Jade, Skulptur, Keramik, Würzburg 1960, S. 273.

Florenz

Die Florentiner anerkannten die Grundlagen der christlichen Religion als gesicherte Wahrheiten, die Gnadenspenden der Kirche als geheiligtes Gut. Dante war trotz seiner lebhaften Kritik an sündigen Päpsten ein gläubiger Christ; ebenso Boccaccio, der trotz aller Spottsucht bekannte, die gnadenreiche Gottesgebärerin immer treu verehrt zu haben, und von dem in seinem späteren Leben sogar die Kunde umlaufen konnte, er habe sich in ein Kartäuserkloster zurückgezogen[68]. Charakteristisch ist auch die religiöse Einstellung, die die Zünfte beseelte[69]. Es gibt kaum frappierende Zeugnisse für die Religiosität der Florentiner. Die anderen Europäer der damaligen Zeit waren zu gläubig, als daß sie sie bei den Florentinern des Aufhebens für wert befunden hätten, und den Florentinern selbst war sie dafür zu sehr eine Selbstverständlichkeit.

Frankreich

Für die französische Renaissance war ein gewisser Paganismus charakteristisch, wobei dahingestellt bleiben kann, ob es sich dabei nur um eine Oberflächenerscheinung, die vor allem die Humanisten betraf, handelte, oder ob er in tiefere Schichten der Gesellschaft hinabreichte. Wie immer es sich damit verhalten mag, diese Einstellung änderte sich mit dem Ende des 16. Jh. Ab 1580 wurden auch die Humanisten wieder gläubig; in dem letzten Jahrzehnt des Jahrhunderts kam es in Frankreich zu einem regelrechten »mystischen Einbruch«. Franz von Sales, selbst ein Savoyarde, besuchte 1602 Paris und hinterließ dort einen starken Eindruck. Als Anhängerinnen gewann er insbesondere Jeanne de Rabutin-Chantal, die den Visitationsorden begründete, der bald überall in Frankreich Fuß faßte, und – noch wichtiger – Madame Acarie. Diese führte in Frankreich 1605 den Orden der Karmeliterinnen ein, der sich sehr rasch durchsetzte. Als sie 1644 starb, hatte er im Land 55 Häuser. – Die Jesuiten, seit 1603 in Frankreich wieder zugelassen, brachten um dieselbe Zeit ein reiches kasuistisches Schrifttum hervor und belebten den Molinismus von neuem. Ihre Lehre von der »wirksamen Gnade« spielte nachmals in der theologischen Diskussion eine wichtige Rolle. Ihr Einfluß auf das Erziehungswesen war denkbar groß. Descartes, der Große Condé und Bossuet waren Jesuitenschüler.

Mit nichts befaßten sich die gebildeten Kreise jener Zeit schließlich ausgiebiger als mit theologischen Problemen[70]. Um 1640 war das religiöse und theologische Interesse der Franzosen so groß, daß man in den französischen Buchhandlungen fast nur noch moraltheologische Untersuchungen sah[71]. Entsprechend dieser Einstellung hat die französische Prosaliteratur des 17. Jh. weitgehend religiösen Charakter[72]. Es gibt in dieser Entwicklung zwei denkwürdige Jahre. 1608 wird die siebzehnjährige Äbtissin des Frauenklosters Port-Royal, Angélique, so sagt die Tradition, der göttlichen Gnade teilhaftig. Sie

---

[68] Davidsohn, a.a.O., Teil 3, S. 2f.
[69] Schevill a.a.O., S. 308.
[70] Carl J. Burckhardt, Richelieu, Der Aufstieg zur Macht, München 1935, S. 262.
[71] Dies berichtet Arnauld; vgl. Fortunat Strowski, Pascal et son temps, Paris 1907, S. 255.
[72] Philippe van Tieghem in: Histoire des Littératures, Bd. III, Littératures françaises, connexes et marginales, Paris 1958, S. 437.

reformiert das alte Zisterzienser-Kloster, in dem die Nonnen bis dahin ein ziemlich freies Leben geführt hatten. Im Interesse der Disziplin verweigert die anhängliche und bislang gehorsame Tochter schließlich sogar ihrem Vater, dem Wohltäter des Klosters, den Zutritt zu dem Gebäude; dies geschah am 25. September 1609, einem Tag, der als »Journée du Guichet« in die religiöse Geschichte Frankreichs eingegangen ist. Der geistige und religiöse Einfluß des reformierten Klosters war ungeheuer. Es löste eine Erneuerungsbewegung aus, die auch andere Klöster erfaßte. Zahlreiche bedeutende Männer und Frauen traten mit ihm in enge Beziehung. Insbesondere ist seine Verbindung mit Pascal bekannt, der in der Einsiedelei bei »Port-Royal des Champs« die letzten sieben Jahre seines Lebens verbrachte und hier die »Provinciales« sowie die »Pensées« schrieb. Racine war Zögling der Schule von Port-Royal und stand dem Kloster nach zeitweiliger Entfremdung in den späteren Jahrzehnten seines Lebens wieder sehr nahe. Auch Lancelot, Arnauld, Nicole, Madame de Longueville, Philippe de Champaigne, Boileau und Madame de Sévigné gehörten zum Kreis von Port-Royal oder brachten ihm starke Sympathien entgegen.

Das zweite Jahr, das für die religiöse Entwicklung Frankreichs besonders bemerkenswert ist, war 1611. Damals trafen sich Pierre de Bérulle, Vinzenz von Paul und Adrien Bourdoise, um gemeinsam zu meditieren und zu beten. Alle drei spielten in der religiösen Erneuerung, die sich anbahnte, eine wichtige Rolle. Bérulle gründete in demselben Jahr die französische Kongregation der Oratorianer, in der sich Priester und Laienbrüder, ohne Gelübde abzulegen, mit dem Ziel zusammenschlossen, ein heiliges Leben zu führen und die neuen religiösen Ideen zu verbreiten. Ähnlich wie Franz von Sales kämpfte auch Bérulle für eine verinnerlichte Frömmigkeit. Dem einfachen Mann widmete er sich ebenso wie den Großen der Welt. Auch in der Politik erlangte er beträchtlichen Einfluß und wurde ein einflußreicher Ratgeber Maria Medicis. – Vinzenz von Paul begründete die neuzeitliche katholische Caritas. Die späteren Vinzenzvereine orientieren sich an seinem Vorbild. Er stiftete die Orden der Lazaristen und Barmherzigen Schwestern. Ludwig XIII., der selbst sehr gläubig war, den Kult des Heiligen Ludwig erneuerte und 1638 sein Königreich der Jungfrau Maria weihte, unterstützte ihn. – Bourdoise schließlich sammelte junge, vor der Ordination stehende Geistliche um sich und begründete damit die Gemeinschaft der Priester von Saint-Nicolas-du-Chardonnet (1618). Eines seiner Ziele war, die Disziplin des Klerus wiederherzustellen; zu diesem Zweck faßte er die Pfarrpriester in einer Lebensgemeinschaft zusammen. In demselben Geist wurden auch andere Seminare gegründet, die einen wesentlichen Anteil an der religiösen Erneuerung und theologischen Forschung hatten: St. Jean Eudes, ein Anhänger der Verehrung von Sacré Coeur de Jésus, richtete in der Normandie Unterrichtsstätten für Geistliche ein, Jean Jacques Olier begründete das einflußreiche Seminar von Saint-Sulpice (1642). Diese Seminare waren eine neuartige Erscheinung.

In demselben Jahr 1611 begannen auch Jean Duvergier de Hauranne und Jansenius ihr gemeinsames Studium der Werke Augustins. Duvergier wurde 1620 Abt des Klosters Saint-Cyran und der geistliche Berater Mutter Angéliques und ihres Klosters. Dieser tiefreligiöse Mensch lenkte Jansenius' Aufmerksamkeit auf das Problem der Gnade. Antoine Le Maître und andere begaben sich unter seinem Einfluß als Einsiedler nach Port-Royal, so daß der über diese Tendenz besorgte Richelieu ihn schließlich in Vincennes festsetzen ließ⁷³. – In den Provinzen wurden Evangelisationsgesellschaften tätig. Die bekannteste war die 1627 gegründete Gesellschaft der Sakramentarier (Compagnie du Saint Sacrament), die lehrend und karitativ eine breite und tiefgehende Wirkung erzielte. Vor allem in dieser Gesellschaft entfalteten sich die »Devoten«.

Dies sind nur einige Hinweise auf das religiöse Leben, das in Frankreich in der ersten Hälfte des 17. Jh. aufblühte. Es ist im Rahmen dieses Buches nicht möglich, seiner Fülle, Originalität und Tiefe wirklich gerecht zu werden. – Auch danach blieben die Franzosen noch geraume Zeit mehr oder weniger gläubige Christen. Deutlich begann sich dieser Zustand erst während der Regierungszeit Ludwigs XIV. zu ändern.

II.4. GEMEINSINN

Bedeutung

Wie bereits zu Eingang dieses Abschnitts gesagt wurde, ist es für die Gewährleistung der Anpassungsfähigkeit einer Gesellschaft nicht ausreichend, daß sie hierarchisch gegliedert und religiös ist. Es muß vielmehr ein drittes Merkmal der Integration dazukommen, nämlich Gemeinsinn, der sich in der Bereitschaft, für die Gemeinschaft Opfer zu bringen, in gelebtem Patriotismus äußert. Hierin unterscheiden sich anpassungsfähige Gemeinwesen von manchen Gesellschaften mit erstarrten Strukturen, die zwar – wie China im letzten Jahrtausend – ebenfalls integriert, nicht aber anpassungsfähig sind. Die wesentliche Differenz zwischen diesen beiden Spielarten von Integration geht aus einem Vergleich hervor, den J. Howard Gwyther 1900 zwischen Japan und China gezogen hat: »Die Chinesen geben nichts auf China als eine politische Einheit, als eine Abstraktion, als ein Ideal, für das sie notfalls sterben würden; dennoch sind sie untrennbar jedem Detail ihrer altüberkommenen Zivilisation verhaftet. Die Japaner sind intensive Nationalisten im abstrakten Sinne, obwohl sie in Abständen von einem Jahrtausend zweimal alles Nationale über Bord geworfen haben. In der Tat, Vaterlandsliebe kann als ihr einziges bleibendes Ideal bezeichnet werden. Es gibt keinen Chinesen, der sich nicht der äußeren Zeichen seiner Rasse rühmen würde. Es gibt keinen Japaner, der nicht erfreut wäre, als Europäer zu gelten, um die Europäer auf ihrem eigenen Grund zu schlagen⁷⁴«. Die verschiedenen Wertordnungen, die aus den Chinesen eine nicht-anpassungsfähige und aus den Japanern eine anpassungsfähige Gesellschaft machten, sind hier zutreffend erkannt.

Das Postulat einer Werthierarchie, an deren Spitze die Gemeinschaft steht, als Voraussetzung für die Anpassungsfähigkeit führt zum Erfordernis der Offenheit zurück. Denn

---

[73] Darüber Strowski, a. a. O., S. 225.
[74] Zitiert nach Basil H. Chamberlain, Things Japanese, London 1902, S. 260.

integrierte Gesellschaften, deren oberster Wert die Gemeinschaft ist, sind, wenn man von Sonderfällen wie Sparta absieht[75], immer offen.

Athen

Für die athenische Gesellschaft war die Gemeinschaft der oberste Wert. Die Athener waren stolzer auf ihr Vaterland und liebten es mehr als die anderen Griechen. Typisch für den attischen Patriotismus ist die Ansicht, die auf das Ende des 6. Jh. zurückgeht, daß die eleusinischen Mysterien und Athen die Wiege der Kultur seien. Große Vaterlandsliebe und starke Religiosität gingen in Athen ununterscheidbar ineinander über. So wurden zu Beginn der städtischen Dionysien die Kranzverleihungen des Volkes an verdiente Männer verkündet und der Festversammlung die erwachsenen Söhne der für das Vaterland gefallenen Bürger vorgestellt. – Der erweiterte Theseus-Zyklus, der am Ende des 6. Jh. entstand, ist ebenfalls Ausdruck des athenischen Patriotismus. Theseus war der attische Nationalheros. Nach der Sage hatte er als König von Athen Attika politisch geeinigt. Er galt als der Stifter der Panathenäen und anderer attischer Feste. Die Perserkriege brachten einen Höhepunkt seines Kults. Nach der Legende erschien er als Retter in der Schlacht von Marathon. Kimon ließ 475 seine Gebeine feierlich von der Insel Skyros nach Athen überführen. Ihm wurde der achte Tag eines jeden Monats geweiht. Die Sage machte ihn im Laufe des Jahrhunderts immer mehr zum Begründer aller wichtigen Institutionen und insbesondere auch der athenischen Demokratie. Als solcher tritt er uns in den Hiketiden und Herakliden des Euripides ebenso wie in dem sophokleischen Ödipus entgegen.

Die Göttin der Burg war für die Athener die Göttin schlechthin; sie verkörperte den Staat und seine sittlichen Ideale. Nach ihr ist die Stadt benannt. Das hauptsächlichste patriotische und religiöse Fest Athens fand zu ihren Ehren statt. Die Großen Panathenäen, die alle vier Jahre gefeiert wurden, verherrlichten als Reichsfest in großartiger Weise Macht und Glanz Athens. Ein großer Festzug, der sich außerhalb der Stadt sammelte, zog die Akropolis hinauf und brachte der Göttin den Peplos, ein Gewand, dar. Zug und Opferhandlung waren der Gipfelpunkt des staatsbürgerlichen Lebens überhaupt.

Groß war der Anteil, den die athenischen Bürger an den Geschicken ihres Staates nahmen. Von jedem einzelnen wurde erwartet, daß er sich aktiv für das Gemeinwesen einsetze. Nach einem Gesetz Solons gingen nach inneren Auseinandersetzungen nicht diejenigen ihrer bürgerlichen Rechte verlustig, die sich der unterlegenen Seite angeschlossen hatten, sondern jene, die überhaupt nicht Partei ergriffen hatten[76]. Noch Perikles beton-

---

[75] Sparta hatte sich an die äußere Bedrohung während des Zweiten Messenischen Krieges großartig angepaßt. Dann kam es zwischen den Kräften, von denen die äußere Bedrohung ausging, und dem bedrohten Sparta selbst zu einem historisch selten verwirklichten Gleichgewicht insofern, als Sparta weder die Bedrohung überwand noch ihr Opfer wurde, sondern mit ihr auf die Dauer leben mußte und dies auch fertig brachte. Der Zustand der völligen Anpassung fixierte sich mit Folgen, die sonst vor allem bei der allmählichen spezifischen Anpassung primitiver Gesellschaften an die natürliche Umgebung zu beobachten sind. Der Gemeinsinn, Voraussetzung der Anpassung und durch diese noch einmal aktiviert, blieb in seiner Höchstform erhalten.

[76] Vgl. Thalheim in Pauly-Wissowa, 2. Bd., Stuttgart 1896, Sp. 2103.

te: »Denn einzig bei uns heißt einer, der daran (d. h. an den staatlichen Angelegenheiten) gar keinen Anteil nimmt, nicht ein stiller Bürger, sondern ein schlechter.«

Es war dieser Geist, der die Athener, wie Platon mehrfach betont, siegreich aus den Perserkriegen hervorgehen ließ. Zur Wahrung ihrer Unabhängigkeit wären sie damals auch bereit gewesen, ihr Staatsgebiet ganz aufzugeben und sich eine andere Heimat zu suchen. Ein Buleut, der 479 den Athenern zur Annahme eines Friedensangebotes der Perser riet, das Athen sogar eine territoriale Vergrößerung gebracht hätte, wurde von dem Volk, das jeden Gedanken an eine Abhängigkeit von den Persern verabscheute, gesteinigt. Alle Schichten des athenischen Volkes, auch die Reichen, waren gleichermaßen zu materiellen Opfern für ihren Staat bereit. Bis 482 wurden die Überschüsse aus den Pachteinnahmen von den Laurischen Silbergruben unter die Bürger verteilt. Angesichts der persischen Gefahr beschloß die Volksversammlung, sie für den Bau der Flotte zu verwenden. Die für die Erhaltung der Schiffe erforderlichen Beträge brachten die Vermögenden reihum freiwillig auf. Die Athener zeigten also zu jener Zeit eine ganz andere Einstellung als später im 4. Jh.

Derselbe Sinn läßt sich bis zur Mitte des 5. Jh. beobachten. In dem Jahrzehnt, das 460 begann, kämpften die Athener gegen die Perser in Ägypten, gegen die Korinther, Spartaner und Ägineten. Denkwürdig ist die Schlacht von Tanagra (456), in der die Halbwüchsigen und Alten gegen die Spartaner antraten. Kimon, der 461 verbannt worden war, weil er sich einem Krieg gegen Sparta widersetzt hatte, erschien mit seinen Anhängern auf dem Schlachtfeld, um den Staat zu verteidigen, dessen innere Entwicklung er ablehnte. Der Bürgersinn war noch eine lebendige Macht[77]. Dem älteren Thukydides, der Kimon in der Führung der Konservativen nachfolgte, und seinen Freunden gilt das schöne Wort des Aristoteles, daß »alle darin übereinstimmen, daß sie nicht nur vornehme Herren waren, sondern auch Staatsmänner, welche die gesamte Polis so behandelten, wie ein Edelmann sein Erbgut«.

Im Rückblick auf die Zeit von 476 bis 431 hob Demosthenes hervor, wenn auch sicher idealisierend, so doch den wesentlichen Kern treffend, daß es den Griechen damals nur um das Gemeinwohl zu tun gewesen sei: »Denn nicht in der Absicht, ihr Privatvermögen zu bereichern, verwalteten sie die Staatsangelegenheiten, sondern jeder war nur darauf bedacht, die Macht des Staates zu vergrößern«[78]. Und Plutarch sagte über Perikles: »Er machte aus seiner Stadt die größte . . . und hatte größere Macht als viele Könige und Tyrannen, aber er vermehrte sein Vermögen nicht um eine einzige Drachme.« Einen entscheidenden Wandel brachte erst die Zeit des Peloponnesischen Krieges. Auch die »Intellektuellen« waren damals patriotisch gesinnt. Die Eumeniden, das letzte Drama des Äschylos, enden mit einem Versöhnungsfest, das in allen Punkten an die Panathenäen erinnert. Zum Schluß läßt Äschylos Athena die Stadt, das attische Gerichtswesen, die attische Kriegstüchtigkeit und die attische Redekunst preisen. Ebenso beendet auch Sophokles seine dramatische Laufbahn mit einem Lob auf Athen.

---

[77] Ed. Meyer, Geschichte des Altertums, Bd. IV Teil 1, S. 757; C. M. Bowra, Periclean Athens, London 1971, S. 176.

[78] Nach Adolf Schmidt, Das Perikleische Zeitalter, Jena 1877, S. 12 f.

Beide »glaubten« an Athen. In seiner selbstverfaßten Grabinschrift hält Äschylos nicht seine Dichtkunst für erwähnenswert, wohl aber seine Teilnahme an der Schlacht von Marathon:

> Äschylos, den Athener, Euphorions Sohn, der auf Gelas
> Kornreichen Fluren erlag, birgt dieser mahnende Stein.
> Reden können vom Ruhme des Tapferen Marathons Haine,
> Kennt der im wallenden Haar, kennt auch der Medier ihn wohl.

Und Sophokles spricht von den Gesetzen, »die hoch im Äther einherschreiten, der Himmel allein ist ihr Vater, und keine sterbliche Menschennatur hat sie gezeugt, und nie kann Vergessen sie in den Schlaf wiegen; groß ist Gott in ihnen, und nie werden sie alt«.

Noch Sokrates, der 469 geboren wurde, war von einem ähnlichen Geist beseelt. Zum Tode verurteilt weigerte er sich, aus dem Gefängnis zu fliehen, da man dem Staat und seinen Gesetzen auch dort gehorchen müsse, wo er ungerecht sei; in dieser Überzeugung lehnte er die Angebote seiner Freunde, ihm bei der Flucht zu helfen, ab und leerte mit Gleichmut den Schierlingsbecher.

China

Bis in die erste Hälfte des 8. Jh. gab es auch in China bemerkenswerte Beispiele großen Gemeinsinns. Ming Huang widmete sich in der ersten Hälfte seiner Herrscherzeit mit allen Kräften seinen Aufgaben als Kaiser. Korruption im öffentlichen Leben war bis dahin selten. Wir wissen von einem Staatsminister, der in einem Tempel lebte, um die Kosten für ein Haus zu sparen. Ein anderer Minister starb so arm, daß sein Diener sich als Sklave verkaufen mußte, um die Kosten der Beerdigung bestreiten zu können. Da die Bezahlung der Beamten unter den T'ang nicht schlecht war, bleibt nur der Schluß, daß sie entweder auf die ihnen zustehenden Bezüge verzichteten oder ihr Einkommen an andere weitergaben[79].

Noch der Dichter Tu Fu zeichnete sich durch Treue zur Regierung und entschiedene Gegnerschaft gegen jede Illoyalität aus. Der alles beherrschende Wunsch seines Lebens war, seinem Vaterland als Staatsmann zu dienen. Was ihn am meisten bewegte, waren die guten und schlechten Seiten der Regierungspraxis, das Wohlergehen und die Leiden des Volkes, Krieg und Frieden. Als er in den letzten drei Jahren seines Lebens die Hoffnung, am Kaiserhof wirken zu können, verloren hatte, beschwor er in Gedichten seine Freunde, gute Beamte und treue Untertanen zu sein[80].

Florenz

Die Florentiner stellten wie die Athener ihr Staatswesen über alles. In der Weihinschrift ihres Volkspalastes behaupteten sie 1255 – sicherlich ohne falsche Bescheidenheit – ihnen gehöre das Meer wie das feste Land, ja der gesamte Erdkreis. Und Dante spottet, Florenz möge stolz sein, da es über Meer und Land seine Fittiche rege, und von seinem Namen

---

[79] Hung, a. a. O., S. 42.
[80] Hung, a. a. O., S. 51.

selbst die Hölle widerhalle[81]. Die Liebe zur Heimat führte die zahlreichen Florentiner, die in die Fremde gingen, meist wieder nach Hause zurück und hielt die Mehrzahl davon ab, ihre besondere Art preiszugeben. Auch im Ausland bekannten sie sich zu ihrer Abstammung und, wenn sie dort starben, wurde ihr florentinischer Ursprung auf dem Grabstein vermerkt[82].

Bezeichnend ist die gewaltige Heimatliebe Dantes:

> »Überdies war ihm jeder Stein der Heimat teuer, deren Vergangenheit schien ihm geheiligt . . . Florenz war die Sehnsucht seines irrenden Daseins, wohl oft der Traum seiner Nächte. Noch gegen Ende des Lebens hoffte er, einst im Battistero, in dem er die Taufe empfangen, als Lohn für das Gedicht, zu dem Erde und Himmel ihm den Stoff gewährt, den Kranz des Poeten zu empfangen, wenn sein Werk die Grausamkeit der Feinde entwaffnet hätte[83].«

Die Historiker waren stets von der Opferbereitschaft der Florentiner beeindruckt. Von den führenden Kaufleuten bis hinab zu den untersten Schichten der florentinischen Gesellschaft waren alle leidenschaftliche Patrioten[84]. Der Gemeinsinn zeigte sich insbesondere auch in den Ratsversammlungen[85]. Die Schlacht von Campaldino (1289), an der Dante teilgenommen hatte, war eine der letzten in Italien gewesen, die von Bürgersoldaten geschlagen worden war. In der Folge konnten die Florentiner ihren großen Patriotismus nur noch friedlich unter Beweis stellen. Dies taten sie mit großer Entschiedenheit. Seit dem Beginn des 14. Jh. waren sie bemüht, jedes große Unternehmen, das in Italien oder einem anderen christlichen Land durchgeführt wurde, mit einer entsprechenden eigenen Initiative zu beantworten. Frühzeitig äußerte sich ihr Ehrgeiz, das »neue Rom« zu sein. Santa Croce in Florenz entspricht in ihren Dimensionen derart genau der Peterskirche, daß es sich dabei kaum um einen Zufall handeln kann. Der Dom Santa Maria del Fiore hatte die Bestimmung, in *einem* Gebäude die gesamte Architektur der Christenheit zusammenzufassen und zu übertreffen[86].

Florenz war für seine Bewohner »Fiorenza santa«. Als heilige Stadt stellte sie noch Botticellis »Geburt Christi« (1500) dar. Die Beamten, die von 1375 bis 1378 den Krieg der Stadt gegen den Papst lenkten, wurden »i Otto Santi« – »die Acht Heiligen« – genannt. – Die Florentiner glaubten, dazu ausersehen zu sein, eine allgemeine geistige Erneuerung herbeizuführen. 1343 vertrieben sie den Herzog von Athen, der sich zum Tyrannen aufgeworfen hatte. Alle Gruppen der Bevölkerung handelten dabei in e i n e m Geiste. Dies bestärkte die Florentiner in ihrem Glauben, zur Verteidigung der Freiheit Italiens beru-

---

[81] Nach Davidsohn, a. a. O., Teil 2, S. 255 f.
[82] Zur Heimatliebe der Florentiner Davidsohn, a. a. O., Teil 2, S. 179.
[83] Davidsohn, a. a. O., Teil 3, S. 190.
[84] Schevill, a. a. O., S. 262.
[85] Baron, a. a. O., S. 458.
[86] André Chastel, Art et humanisme à Florence au temps de Laurent le Magnifique, Etudes sur la Renaissance et l'humanisme platonicien, Paris 1959, S. 181.

fen zu sein[87]. Am Ende der siebziger Jahre des 14. Jh. kam es zu einer regelrechten Flut patriotischer Poesie.

Der Ruhm wurde in Florenz nicht wie in anderen italienischen Stadtstaaten als eine bloße Angelegenheit des Individuums verstanden, sondern immer auf die Gemeinschaft bezogen. Filippo Villani, der als einer der ersten Biographien weltlichen Charakters schrieb, schilderte um 1400 das Leben von Florentinern, die durch ihre vereinten Bemühungen der Stadt Ruhm gebracht hatten. Es war ein alter Streit, ob individuelle Größe nur in einem bedeutenden Staat möglich oder ob sie umgekehrt von der Stellung des Vaterlandes unabhängig sei. Salutati und Bruni vertraten den ersteren Standpunkt. Gemeinsinn kommt auch in den Ansichten anderer florentinischer Humanisten zum Ausdruck. Alberti verstand die Baukunst als staatsbürgerliche Betätigung. Auch deshalb maß er der Stadtplanung besondere Bedeutung zu. Die Fassade eines Hauses ist nach seiner Ansicht wichtiger als das Innere, da sie das Ansehen der Gemeinde mitbestimme.

Auch war der Gruppenegoismus in Florenz viel weniger ausgeprägt, als dies in anderen Gesellschaften oft der Fall ist. Die Zünfte verfolgten ihre Interessen nicht in kurzsichtiger Weise und nicht auf Kosten des Gemeinwohls. Sie übten eine strenge Kontrolle über Preise und Qualität der Waren ihrer Mitglieder aus. Für gemeinnützige Vorhaben setzten sie gewaltige Mittel ein. Die mächtigste der Zünfte, die Arte di Calimala, sorgte für die Erhaltung und Ausschmückung des Baptisteriums und der Kirche San Miniato al Monte. Seit 1331 trug die andere Wollzunft, die Arte di Lana, für den Fortgang des Dombaus Sorge; es war auch diese Zunft, die 1420 Brunelleschi mit der Ausführung der berühmten Kuppel beauftragte. Derselbe Künstler war bereits zuvor von der Zunft des Seidenhandels (Por Santa Maria) dazu bestimmt worden, das architektonisch berühmte Findelhaus (»Ospedale degli Innocenti«) zu errichten. Die Zünfte nahmen auch zahlreiche andere öffentliche Aufgaben wahr.

In dem Krieg gegen Giangalaezzo bewiesen die Florentiner besondere Opferbereitschaft. Zu seiner Finanzierung brachten sie außerordentliche Mittel auf. Sie unterstützten die Feinde Mailands mit gewaltigen Subsidien auch dann noch, als die eigenen Reserven sich erschöpft hatten und auch der Handel, von dem die Kaufmannsrepublik lebte, zum Erliegen gekommen war.

Einmalig waren die Ausdauer und die Hartnäckigkeit, mit der die Florentiner bis zuletzt fortfuhren, für ihre Freiheit zu kämpfen. Sonst war es Giangaleazzo stets gelungen, die Widerstandskraft seiner Opfer durch innere Spaltung der Bürgerschaft zu untergraben. Auch bei Florenz hoffte er, auf diese Weise zum Ziel zu kommen. Dies war vermutlich sogar der entscheidende Grund, warum er nach dem Fall Bolognas Florenz nicht unverzüglich einzunehmen versuchte. Auch in dieser Stadt waren breite Schichten von Unzufriedenheit erfaßt. Sie ging aber niemals so weit – und hierin liegt der wesentliche Unterschied zu Stadtstaaten wie Siena, Perugia, Pisa und Bologna –, daß sie eine effektive und zweckgerechte Politik verhindert hätte oder daß sich die Bevölkerung gespalten und

---

[87] Hans Baron, Politische Einheit und Mannigfaltigkeit in der italienischen Renaissance und in der Geschichte der Neuzeit (1942) (aus der englischen Sprache übersetzt in: »Zu Begriff und Problem der Renaissance«, hrsg. von August Buck, Darmstadt 1969, S. 180 ff.) S. 197.

in ihren Anstrengungen nachgelassen hätte. So konnten die maßgebenden Staatsmänner auch in den verzweifelten Tagen nach Casalecchio gegenüber dem mailändischen Usurpator fest bleiben. Wie einst in Athen waren die Kräfte der »Vernunft« nicht so stark, daß die zum weiteren Widerstand Entschlossenen gezwungen worden wären, sich in das scheinbar Unvermeidliche zu schicken.

Als 1414 der König von Neapel Florenz bedrohte, bewiesen die Florentiner erneut ihren Gemeinsinn. Ein einflußreicher Angehöriger der Oligarchie, Gino Capponi, erklärte sogar, es sei besser, unter der Herrschaft der Ciompi zu leben als unter der Tyrannei des Königs. In weniger integrierten Gesellschaften pflegen Angehörige der Oberschicht im allgemeinen nicht derartig selbstlos patriotische Auffassungen zu haben. Niccolò da Uzzano sagte seinen Landsleuten: »Für den Schutz unserer Freiheit müssen wir alles auf uns nehmen«. Wenn man will, eine Selbstverständlichkeit; nur darf man nicht übersehen, daß im damaligen Florenz im Gegensatz zu anderen Zeiten auch danach gehandelt wurde und daß es sogar Gesellschaften gibt, in denen die verantwortlichen Männer solche Gemeinplätze schon gar nicht aussprechen dürfen.

Denselben eindrucksvollen Gemeinsinn bewiesen die Florentiner, als Mailand 1423 unter Verletzung früherer Zusagen seine expansionistische Politik wieder aufgriff. Florenz war erneut bedroht. Es hätte den auf kurze Sicht bequemen, längerfristig für die Unabhängigkeit des Gemeinwesens jedoch gefährlichen Weg eines Friedens um jeden Preis verfolgen können. Tatsächlich traten Giovanni de' Medici und Agnolo Pandolfini auch für eine solche Politik ein. Ihre Haltung stieß aber auf fast einmütige Ablehnung. Florenz mobilisierte seine Mittel und erklärte Mailand, nachdem sich Filippo Maria, der Sohn Giangaleazzos, auch Imolas bemächtigt hatte, abermals den Krieg.

Die herrschende Geldaristokratie erkannte auch sonst die politischen Notwendigkeiten und handelte nach ihrer Einsicht, auch wenn es große Opfer für sie selbst bedeutete. Es war die regierende Junta – und insbesondere Rinaldo degli Albizzi und Niccolò da Uzzano –, die 1427, als der neue Krieg gegen Mailand die Finanzen der Stadt erschöpft hatte, die direkte Besteuerung der Einkommen durchsetzte, das sozial gerechteste System, das es damals in Europa gab[88]. Später nahm die führende Familie der Medici Steuererhöhungen willig in Kauf, obwohl sie davon mehr als alle anderen getroffen wurde. Zuweilen ergriffen ihre Vertreter sogar selbst die Initiative. Nach Einführung einer progressiven Einkommensteuer zahlte Lorenzo, der als mächtigster Mann im Staat die neue Regelung hätte verhindern können, zwei Drittel seiner Einkünfte an den Fiskus. Darüber hinaus nahmen die Medici noch freiwillige Leistungen auf sich. Cosimo der Ältere gab doppelt so viel für gemeinnützige Zwecke und insbesondere für öffentliche Bauten aus, als er seinen Erben hinterließ.

Frankreich

Große Opferbereitschaft auch bei den Franzosen: Richelieu hätte seine gegen Habsburg gerichtete Politik nicht ohne die Mitwirkung der breiten Schichten des französischen Volkes durchführen können. Insbesondere hatten unter ihm die Bürger und Bau-

---

[88] Schevill, a. a. O., S. 345.

ern ständig drückendere Lasten zu tragen. Wohl kam es zu vereinzelten Aufständen, wenn die Verzweiflung zu groß wurde. Insgesamt wurde die schwere Bürde aber mit einer Geduld getragen, die bei Berücksichtigung des gallischen Temperaments erstaunlich ist. Der König war, wenn man von den Großen des Staates absieht, für seine Untertanen absolute Autorität. Richelieu erinnerte sich zeit seines Lebens an die Äußerung eines Vertreters des Dritten Standes vor den Generalständen, als sie 1614 letztmalig getagt hatten: »Sire, alle Provinzen des Königreichs Eurer Majestät sind unauflösbar mit der Krone verbunden, um einen einzigen Körper unter der Herrschaft des gleichen Souveräns zu bilden. Alle Untertanen Eurer Majestät werden durch einen gleichen Gehorsam zusammengehalten«[89]. Selbst die Anführer der Fronde haben zu keiner Zeit die Monarchie als solche, ja kaum das absolutistische Regime in Frage gestellt[90]. Noch Bossuet vertrat in seiner »Politik nach den Lehren der Heiligen Schrift« die Ansicht, daß der König der Statthalter und das Bild Gottes auf Erden, seine Majestät Abglanz der göttlichen sei; der ganze Staat, der Wille des gesamten Volkes sei in ihm beschlossen, nur wer dem König diene, diene dem Staat[91].

III. Der Ursprung der Fähigkeit zur Selbstbehauptung

III.1. Zum Ursprung und Verlust der Fähigkeit zur Selbstbehauptung

Mit diesen Ausführungen über die Fähigkeit zur Selbstbehauptung ist allerdings noch nicht die Frage beantwortet, warum manche Gesellschaften anpassungsfähig sind und andere nicht. Hier werden die anpassungsfähigen Gesellschaften als der Normalfall betrachtet; eine Gesellschaft ist demnach solange anpassungsfähig, als nicht besondere Umstände eingreifen, die dem entgegenwirken.

Worin können die Faktoren bestehen, die zum Verlust der Anpassungsfähigkeit führen? Untersucht man die historischen Fälle anpassungsunfähiger Gesellschaften, so beobachtet man vor allem drei Spielarten: Einmal Gesellschaften mit erstarrten Strukturen, sodann solche, die eine bedeutende Kulturblüte hervorgebracht haben, und schließlich Gesellschaften, die von anderen Gesellschaften, die zwar eine überlegene Zivilisation haben, sich sonst aber im Niedergang befinden, längere Zeit intensiv beeinflußt wurden. Die einzelnen Fälle können sich in der konkreten Wirklichkeit überschneiden. Insbesondere vermögen unter besonderen Bedingungen auch Kulturblüten zu sozialen Erstarrungserscheinungen zu führen. Allerdings handelt es sich bei den Gesellschaften mit erstarrten Strukturen vorwiegend um weniger entwickelte Gesellschaften, deren Schicksal sich bereits vollzogen hat, bevor sie eine Kulturblüte hervorbringen konnten.

---

[89] Carl J. Burckhardt, Richelieu, Großmachtpolitik und Tod des Kardinals, München 1966, S. 206.
[90] André Bourde, a. a. O., S. 833.
[91] Egon Friedell, Kulturgeschichte der Neuzeit, Die Krisis der europäischen Seele von der Schwarzen Pest bis zum Ersten Weltkrieg, München [1960], S. 503.

Der enge Zusammenhang zwischen Kulturblüte und Verlust der Anpassungsfähigkeit führt dazu, daß man diesen nicht untersuchen kann, ohne zuvor eine Vorstellung über das Wesen und die Wirkung der Kulturblüte gewonnen zu haben. Hier sind daher nur einige allgemeine Hinweise möglich. Anpassungsfähige Gesellschaften sind im allgemeinen »junge« und »gesunde« Gesellschaften. Positiv bedeutet dies »Unverdorbenheit«, wie sie am deutlichsten vielleicht in der altattischen Art zum Ausdruck kommt, deren reinste Verkörperung wiederum Äschylos war und der noch Aristophanes nachtrauerte; negativ ist mit »jung« und »gesund« impliziert, daß diese Gesellschaften in aller Regel keine alte und glanzvolle Geschichte haben und ihre materiellen Mittel nicht allzu sehr über das für die Befriedigung einfacher Bedürfnisse Notwendige hinausgehen. Athen war vor dem Kampf mit den Persern nicht besonders hervorgetreten. Es hatte kaum Kriege geführt und keine Kulturblüte gehabt. Thukydides hebt hervor, wie ländlich und bäuerlich eingestellt seine Bevölkerung zu Beginn des 5. Jh. noch war.

Gesellschaften, die erst durch widrige Verhältnisse gezwungen werden, ihre angestammte Heimat aufzugeben und sich in erst noch zu erobernden neuen Siedlungsgebieten niederzulassen, sind aus naheliegenden Gründen weniger »wohlhabend«, »jünger« und »unverdorbener«, also anpassungsfähiger; sobald sie einmal den notwendigen Anpassungsspielraum erlangt haben, hängt es vor allem von ihrer äußeren Geschichte ab, ob sie eine große Kulturblüte hervorbringen. So ist es auch nicht erstaunlich, daß alle universellen Entwicklungsstadien durch Wanderungsbewegungen eingeleitet wurden: Die primären Hochkulturen durch das Vordringen der Hornviehzüchter um 4000 v. Chr., die sekundären Hochkulturen durch den Einbruch der Reitervölker, die moderne europäische »faustische« Kultur durch die germanische Völkerwanderung.

Der Umstand, daß insbesondere auch solche Gesellschaften große Kulturblüten hervorbringen, die erst seit einigen Jahrhunderten auf ihrem Geist ansässig sind, hat Toynbee zu seinem Begriff der »Herausforderung durch Neuland« geführt. Wie aus dem Gesagten hervorgeht, ist ein unmittelbarer Zusammenhang zwischen Inbesitznahme von Neuland und kultureller Produktivität jedoch unwahrscheinlich.

Auch eine große Kulturblüte schließt nicht in allen Fällen die Bewahrung oder Wiedergewinnung der Anpassungsfähigkeit aus. Eine Gesellschaft pflegt ihre Fähigkeit zur Selbstbehauptung dann nicht zu verlieren, wenn sie nach der Überwindung der äußeren Bedrohung nicht zu lange aufatmen kann, wenn die äußere Lage bald wieder kritisch wird, was in aller Regel einer mehr als nur vorübergehenden entscheidenden Lockerung der Integration im Wege steht. In diesem Sinne wirkten auf Florenz nach der Kulturblüte des 13. Jh. die fortdauernde Rivalität mit den anderen italienischen Stadtstaaten und insbesondere die Zuspitzung der außenpolitischen Lage in den vierziger Jahren des 14. Jh.

III.2. Zur Wiedergewinnung der Fähigkeit zur Selbstbehauptung

Die Geschichte zeigt ferner, daß Gesellschaften die verlorene Fähigkeit zur Selbstbehauptung unter bestimmten Umständen nach einer gewissen Zeit, die sich meist nach

Jahrhunderten bemißt, wiedergewinnen können, wenn außerordentliche Nöte und Leiden sie zu größerer Integration zurückführen. Ein Beispiel ist China. Das Reich der Han desintegrierte zu Beginn des 3. Jh. In mehreren Wellen überfluteten die Barbaren Nordchina. Vier Fünftel der chinesischen Gesellschaft gerieten unter tartarische Herrschaft. Nach mehreren Jahrhunderten aber ging sie »verjüngt« aus den Wirren hervor. Die Eroberer und die Chinesen verschmolzen miteinander und veränderten dabei ihr Wesen. Eine große Zahl bedeutender Politiker und Schriftsteller der T'ang-Zeit waren teilweise barbarischen Ursprungs, so Tu Fu, Yüan Chên und Po Chü-i. Die Barbaren beeinflußten aber nicht nur die biologische Substanz, sondern bewirkten auch eine Veränderung der gesellschaftlichen Struktur des unterworfenen Volkes. Die übergroße Verfeinerung der Chinesen ging im Norden verloren. Die Kehrseite war die Sinifikation der Eindringlinge, die vor allem Hsiao Wen Ti (471–499) ganz bewußt förderte. Im Verfolg dieser Politik verlegte er seine Hauptstadt nach Lo-yang, eine der traditionellen chinesischen Kapitalen. Als Sprache ließ er am Hof nur noch chinesisch zu. Der Adel der T'o-pa mußte von den Chinesen Kleidung, Sitten und sogar Namensbezeichnungen übernehmen. Heiraten zwischen Angehörigen der beiden Völker wurden unterstützt. – Vielleicht hatten die Hyksos, die im 18. Jh. das degenerierte Ägypten des späten Mittleren Reiches unterwarfen und über ein Jahrhundert lang beherrschten, hier eine ähnliche Wirkung und ermöglichten dadurch die Kulturblüte des Neuen Reiches, die im 15. Jh. begann.

Äußere Katastrophen wirkten auch auf das Florenz des 14. Jh. stabilisierend: Das Arno-Hochwasser von 1333, das so verheerend war, daß es als zweite Sintflut und Zeichen göttlichen Zornes über die Verderbtheit der Florentiner aufgefaßt wurde[92], die fühlbaren wirtschaftlichen Rückschläge der vierziger Jahre jenes Jahrhunderts und vor allem die Pest, der allein 1348 fast die Hälfte der Bevölkerung der Toskana zum Opfer fiel.

So gesehen hatte Toynbee, als er von der »Herausforderung der Schläge« sprach, eine zutreffende Vorstellung. Allerdings hat er hier wie auch bei dem Stimulus, den er »Anreiz des Druckes« nennt und der nicht unähnlich dem in diesem Buch verwendeten Begriff äußere Bedrohung ist, weniger, als dies hier geschieht, konkrete Zusammenhänge zwischen bestimmten Vorgängen der äußeren Geschichte und zeitlich fest umrissenen kulturellen Leistungen gewisser – meist in Staaten organisierter – sozialer Einheiten im Auge; er arbeitet vielmehr mit eher generellen Parallelitäten zwischen äußerer Lage und allgemeinem hohen kulturellen Niveau. Auch können die Herausforderung der Schläge und die des Drucks in ihrer Wirkung nicht ohne weiteres in Parallele gesetzt werden. Die letztere kann eine anpassungsfähige Gesellschaft unmittelbar zu einer Kulturblüte führen; erstere ist vor allem geeignet, einer nicht-anpassungsfähigen Gesellschaft die Fähigkeit zu Kulturblüten wiederzugeben; sie steht zu einer etwa folgenden Kulturblüte daher in einem weniger direkten Verhältnis.

---

[92] Davidsohn, a.a.O., Teil 3, S. 319.

III. Kapitel

DER ANPASSUNGSSPIELRAUM

I. Moralischer und materieller Anpassungsspielraum

Für die Anpassung und damit auch für die Kulturblüte ist über die Anpassungsfähigkeit hinaus Anpassungsspielraum erforderlich. Denn eine Gesellschaft kann ihre Reserven nur dann in höherem Maße zusammenfassen, wenn sie ihre potentiellen Energien nicht schon vorher aufs äußerste konzentriert hat. Es ist insofern zwischen moralischem und materiellem Anpassungsspielraum zu unterscheiden.

Das spätere Sparta ist ein Beispiel für eine Gesellschaft ohne moralischen Anpassungsspielraum. Es erscheint als ausgeschlossen, daß dieser Staat seine Kräfte nach dem Zweiten Messenischen Krieg noch weiter hätte steigern können. Seine Bürger hatten sich schon zuvor völlig in seinen Dienst gestellt. Wie war es dazu gekommen? Die Spartaner waren ursprünglich ein anpassungsfähiges Volk. Seine Offenheit war sehr groß. Hervorragende Griechen anderer Städte wurden hier gastfreundlich aufgenommen. Der Musiker Terpandros von Lesbos und Alkman, der Lyriker aus Sardes, weilten im 7. Jh. in der Stadt. Archäologische Funde zeigen, daß Sparta bis ins 6. Jh. an dem kulturellen Leben der Griechen regen Anteil nahm. Noch der neue Tempel der Artemis Orthia (um 600 v. Chr.) und der Thron des Apollon von Amyklai zeigen äußere Einflüsse.

An die Bedrohung durch die Messenier paßten sich die Spartaner denn auch in vollkommener Weise an. In einem großen Krieg gegen Messenien hatten sie etwa zwischen 735 und 715 einen beträchtlichen Teil dieses Staates unterworfen. Seine Angehörigen wurden gleichsam auf die Stufe von Staatssklaven, die an die Scholle gebunden und abgabepflichtig waren, hinabgedrückt. Am Ende des 7. Jh. erhoben sie sich jedoch gegen die Spartaner. Jetzt, im Zweiten Messenischen Krieg, kam es zu der großen Kraftanspannung der spartanischen Gesellschaft, zu der sie gerade deshalb in der Lage war, weil sie nicht übermäßig stark integriert war, mithin über ausreichenden moralischen Anpassungsspielraum verfügte. Der Krieg bedeutete für sie ein Kampf auf Leben und Tod. Mehrmals stand sie am Rande einer völligen Niederlage. Die Messenier wurden von gewissen Griechen der Peloponnes tatkräftig unterstützt, insbesondere von den Argivern unter König Pheidon. Die verzweifelte Lage, in die die Spartaner damals gerieten, kommt in den Kriegsliedern des Dichters Tyrtaios zum Ausdruck.

Kriegstechnisch begegneten die Spartaner der Bedrohung durch den Übergang von der Taktik des Einzelkampfes zu der geschlossenen Phalanx der Hopliten. Die Gleichheit auf dem Schlachtfeld, die die Phalanx mit sich brachte, machte die gleichzeitige Einführung der staatsbürgerlichen Gleichheit unausweichlich. Hier liegt ein wesentlicher Aspekt der

Anpassung. Das Amt der Ephoren, der eigentlichen Herrscher, wie auch der Rat, wurde von nun an durch Wahl, an der das gesamte Volk teilnahm, besetzt. Jeder, der den notwendigen Beitrag entrichten konnte, nahm seit jener Zeit an den gemeinsamen Mahlzeiten als Gleicher unter Gleichen teil. Die gesamte Erziehung wurde ausschließlich auf militärische Notwendigkeiten ausgerichtet. Im Alter von sieben Jahren verließen die spartanischen Jungen das Elternhaus und wurden einer militärischen Gemeinschaft eingegliedert. Junge Spartiaten leiteten die harte Erziehung. – Die Krieger führten ein ausgeprägtes Gemeinschaftsleben. Für Ehe und Familie war kaum Platz, soweit sie über die bloße Erzeugung von Nachwuchs hinausgingen. Der einzelne Spartiate widmete sich ganz dem militärischen Training. Kein anderer griechischer Staat hatte ein stehendes Heer, keiner eine so disziplinierte und geschulte Streitmacht. Die ständige militärische Bereitschaft wurde zur dauernden Lebensform.

Dem entsprachen die sittlichen Normen. Unbedingte Pflichterfüllung und völlige Unterordnung unter den Vorgesetzten standen am oberen Ende der Wertskala. Materielle Güter hatten ihre Bedeutung verloren. Sein Landlos konnte der Spartiate vermachen, aber nicht verkaufen. Handel und Gewerbe waren ihm verschlossen. Gold- und Silbermünzen wurden verboten. An ihrer Stelle benützte man Eisengeld.

Auch kulturelle Werte mußten zurücktreten. Die Spartaner gaben ihr früheres Interesse für das geistige Leben der anderen Griechen auf. Sie verloren überhaupt ihre Offenheit. Landfremde waren in Sparta nicht mehr erwünscht. Ausländische Besucher wurden häufig ausgewiesen. Derselbe Wille zur Absonderung führte auch zur wirtschaftlichen Autarkie. Handel mit dem Ausland wurde verpönt; das spartanische Eisengeld hatte hier ohnedies keine Geltung. Wie hätte eine solche Gesellschaft, die von ihren Bürgern schon das Äußerste verlangte, diese angesichts einer neuen Gefahr noch mehr in Anspruch nehmen können?

Gewiß ist Sparta ein extremer Fall. Seine Anpassung an die menschliche Umwelt ging so weit, daß sie ihm seine Offenheit und schon deshalb die Anpassungsfähigkeit kostete. Dieser hätte jedoch auch seine außerordentlich starke Integration im Wege gestanden. Athen, China, Florenz und Frankreich nahmen ihre Bürger in der Zeit, die der äußeren Bedrohung vorherging, lange nicht in demselben Maße in Ansprch. Ihre Sozialstruktur wies eher Zeichen einer gewissen Lockerung auf.

Die folgende Darstellung ist die Ergänzung zu den Ausführungen, die im zweiten Abschnitt dieses Kapitels über die positiven Elemente der Integration dieser Gesellschaften gemacht wurden.

II. Der moralische Anpassungsspielraum Athens, Chinas, Florenz' und Frankreichs

Die Integration der *athenischen* Gesellschaft lockerte sich seit dem ausgehenden 7. Jh. Bis dahin hatten die großen Adelsgeschlechter, die Alkmäoniden, Medontiden, Eteobutaden, Lykomiden, Philaiden und andere mehr, geherrscht. Als der junge Olympionike Kylon gegen 630 sich zum Tyrannen von Athen machen wollte, scheiterte er vor allem daran, daß die attischen Kleinbauern sich trotz aller sozialen Mißstände mit Entschiedenheit auf die Seite des Adels stellten. Die Reformen, die eine Generation später unvermeidbar geworden waren und die dementsprechend Solon 594/593 durchführte, zeigen, daß sich dies bereits damals geändert hatte. Die privilegierte Stellung des Adels war bereits zu jener Zeit erschüttert. Die Klasseneinteilung, die Solon an der bestehenden Wehrverfassung ausrichtete, bedeutete einen grundsätzlichen Bruch mit den überkommenen Prinzipien des Adelstaates: Nicht mehr Herkunft und Familie, sondern Grundbesitz wurde für die jeweiligen politischen Rechte des einzelnen Bürgers und die Besetzung der Ämter maßgebend[1].

Im Laufe des 6. Jh. fand eine weitere soziale Nivellierung statt. Die Tyrannis, die Pisistratos 561 errichten konnte, ist ein sicheres Zeichen dafür, daß die alten natürlich gewachsenen Institutionen die Stabilität der Gesellschaft nicht mehr gewährleisten vermochten, da sich deren Normen geändert hatten. Peisistratos' Sohn Hippias, der 528 die Nachfolge antrat, konnte sich nur durch repressive Maßnahmen halten und mußte die Bürger entwaffnen. 510 wurde er gestürzt. Nunmehr erlangten die Demokraten die Macht und leiteten weitreichende Reformen ein. Sparta versuchte im Zusammenspiel mit Isagoras und dem attischen Adel diese Entwicklung rückgängig zu machen. Es intervenierte unter König Kleomenes mit Waffengewalt und legte die Regierung in die Hände von dreihundert Adligen. Die Zeiten für ein derartiges Regime waren jedoch endgültig vorbei. Der Rat setzte sich zur Wehr und die gesamte Bürgerschaft unterstützte ihn mit Nachdruck. Die Athener zwangen die spartanischen Truppen, die sich in der Akropolis festgesetzt hatten, binnen kurzem zum Abzug.

Die Reformen des Kleisthenes am Ende des 6. Jh. zeigen deutlich, welche soziale Entwicklung stattgefunden hatte. Seine Verfassung stützte sich auf die breiten Massen des Mittelstandes, der zuerst zur Zeit Solons hervorgetreten war und unter Pisistratos wirtschaftlich an Bedeutung gewonnen hatte[2]. Sie verwirklichte die rechtliche Gleichheit der Bürger.

Hieran ändert auch nichts der bereits erwähnte Umstand, daß die athenische Gesellschaft noch eine – wenn auch in den Institutionen nur schwach ausgedrückte – hierarchische Gliederung besaß: Noch für nahezu ein Jahrhundert sah das Volk in den Repräsentanten der großen Adelsgeschlechter die berufenen Leiter des Staates.

Die moralischen Reserven Athens sind vorstehend dadurch verdeutlicht worden, daß die Lockerung der Integration als Vorgang geschildert wurde. Worauf es hier wie auch sonst wesentlich ankommt, ist jedoch der Zustand, der am Vorabend des Beginns der Anpassung, die meist eine Sistierung oder Rückgängigmachung dieses Prozesses bedeutet, erreicht war. Es gilt insofern dasselbe wie für die Fähigkeit zur Selbstbehauptung.

Auch *China* war seit dem 6. Jh. nicht mehr allzu stark integriert. Wie ausgeführt wurde, hatten zwar die barbarischen Eroberer die Kräfte der nordchinesischen Gesellschaft

---

[1] H. Bengtson, Griechische Geschichte, S. 121.
[2] Vgl. Ed. Meyer, Geschichte des Altertums, Bd. III., S. 747.

regeneriert. Gleichzeitig waren sie dabei jedoch selbst sinifiziert und verweichlicht worden. Das Ergebnis war ein mittlerer Grad gesellschaftlicher Integration. Daß der Zusammenhalt der chinesischen Gesellschaft um 600 nicht mehr allzu stark war, zeigt auch das Schicksal Kaisers Yang Ti. Dieser Monarch saß nicht mehr so fest auf seinem Thron, daß seine Stellung die mehrfachen Niederlagen gegen die Koreaner und Osttürken hätte überdauern können. Er mußte nach Südchina fliehen, wo er 618 ermordet wurde. Sein Sturz, der gleichzeitig das Ende der Sui- und den Beginn der T'ang-Dynastie bedeutete, mag sich allerdings auch daraus verstehen, daß die großen Familien gegen ein Regime rebellierten, das ihre wirtschaftliche Macht zu beschränken versuchte[3]. Für den vorliegenden Zusammenhang macht dies jedoch keinen Unterschied.

Florenz brachte bereits am Ende des 13. Jh. eine bedeutende Kulturblüte hervor, deren Hauptvertreter Giotto und Dante waren. Es erreichte im 13. Jh. auch bereits einen großen materiellen Wohlstand. Ferner hatte es schon in einem frühen Stadium seiner Entwicklung eine ziemlich sichere außenpolitische Stellung erlangt. Diese Faktoren trugen dazu bei, daß sich die Integration der Gesellschaft schon frühzeitig lockerte. Die Florentiner selbst beklagten seit dem Ende des 13. Jh. die Sittenverderbnis, die eingetreten war. Chiaro Davanzati verfaßte ein Rügelied, in dem er den moralischen Verfall seiner Vaterstadt anprangerte. Es heißt hier:

»O süßes, heitres Florentiner Land,
Du Quell des Mutes und des Wohlgefallens,
Du Blüte aller Blüten, o Florenz!
Dein Stamm ist römisch und von Gott dein Wissen!
Fiorenza, schmerzvoll ist's, daran zu denken,
Wie groß und frei Du ehedem gewesen!
Jetzt bist du voll von Mißgunst und von Neid,
Von Habsucht, Trägheit und von Schwelgerei.
Wer von den Bürgern noch Gedanken hat,
Der wendet sie allein auf Wucherkunst,
Und Gottesfurcht ist deinem Volke fremd.
Die Kleinen, Großen wie der Mittelstand
bekunden nie, was wirklich sie bewegt. –
Gott möge dich, Florenz, in seiner Gnade,
Zurück zu bessrem, wahrem Leben führen.«

Ähnlich äußerten sich der Chronist Dino Compagni und der Dichter Matteo Frescobaldi, um von Dante ganz zu schweigen. Wie solle die Stadt, fragte Matteo, den äußeren Feinden widerstehen, wenn sie innerhalb der Mauern voll verbrecherischer Menschen sei, sie, die einst so viele tugendhafte Bürger gehabt habe. Jetzt wisse man selbst bei den Sarazenen, wie Fiorenza zur Dirne geworden sei, wie Hochmut und Schwelgerei sie beherrsche[4].

---

[3] E. O. Reischauer/J. K. Fairbank, East Asia, The Great Tradition, S. 160f.

[4] Zum Sittenverfall in Florenz vgl. R. Davidsohn, Geschichte von Florenz, Bd. IV Teil 3, S. 185f.

Ehebruch und außereheliche Liebe waren an der Tagesordnung. Der gleichgeschlechtliche Verkehr erreichte eine in Europa einzigartige Häufigkeit. In Deutschland sprach man von »Florenzern«, wenn man Homosexuelle, von »Florenzen«, wenn man den gleichgeschlechtlichen Verkehr meinte. Im Laufe des 14. Jh. scheinen die schlimmsten Auswüchse jedoch wieder verschwunden zu sein. Jedenfalls wurden die Klagen der Florentiner selbst weniger dringend. Auch Ausländer äußerten sich über Florenz wieder mit größerer Achtung. Benvenuto von Imola schrieb gegen Ende des 14. Jh., daß das Laster der Homosexualität nachgelassen habe. Man wird aber als sicher annehmen können, daß die Florentiner auch jetzt von der Gesellschaft nicht gerade übermäßig eingeengt wurden.

Für eine frühzeitige Lockerung einer allzu starken Integration des florentinischen Gemeinwesens sprechen auch andere Erscheinungen. 1282 rissen die Kaufmannszünfte die Macht im Staate an sich. 1293 wurde der Adel durch die »Ordnungen der Gerechtigkeit« (Ordinamenta Justitiae), das berühmteste Dokument der florentinischen Verfassungsgeschichte, zu Bürgern minderen Rechts degradiert. Sie konnten von da an weder in die Regierung gewählt werden noch andere Staatsämter bekleiden.

Trotz der hierarchischen Gliederung der florentinischen Gesellschaft bleibt die Tatsache bestehen, daß im 14. Jh. jeder Florentiner, der einer Zunft angehörte, die höchsten Regierungsämter bekleiden konnte. Die Bürger verkehrten miteinander auf dem Fuße völliger Gleichheit. Von 1343 bis 1382 herrschte in Florenz sogar ein ziemlich demokratisches Regime der Handwerker und Ladeninhaber. Die dauernden Experimente der Florentiner mit ihrer Verfassung sind nicht nur ein Indiz für ihre rationale Einstellung, sondern auch für eine gewisse Bindungslosigkeit. Trotz drakonischer Maßnahmen kam es immer wieder zu Unruhen. Am bekanntesten ist der Aufstand der Ciompi, die im Sommer des Jahres 1378 die Stadt plünderten, die Regierung zum Rücktritt zwangen und die Macht an sich rissen. Erst danach und nur unter dem Eindruck der mailändischen Gefahr stabilisierte sich die innenpolitische Situation.

Auch in *Frankreich* läßt sich seit der Wende zum 17. Jh. eine Lockerung der Integration beobachten. Um 1620 war diese Entwicklung schon ziemlich weit fortgeschritten. In dem folgenden Jahrzehnt entstand eine ganze Literatur, die die Sinnenfreude als Selbstzweck hinstellte und völlige Gedankenfreiheit forderte. Glänzende Autoren wie Théophile de Viau und Charles Sorel waren die Protagonisten dieser neuen Weltanschauung[5]. Wir haben die religiöse Erneuerungsbewegung erwähnt. Es gab jedoch schon frühzeitig auch gegenläufige Tendenzen. Pater Mersenne, ein Freund Descartes, schätzte um 1623, daß es in Paris 50 000 Atheisten gebe. Bezeichnend ist, daß damals die ›libertins‹, Freidenker, die Lehre und Moral des Christentums ablehnten, aufzutreten begannen und bald hervorragende Männer zu den Ihren zählten.

Die Lockerung der sozialen Kohäsion manifestierte sich auch in dem schwindenden Gemeinsinn des französischen Hochadels. Nach dem Tode Heinrichs IV. erpreßten die Großen des Landes die Krone. Auch Richelieu wurde – trotz aller Energie, mit der er durchgriff – ihrer niemals völlig Herr. Der Herzog von Montmorency, Gouverneur der

---

[5] Vgl. zu dieser Entwicklung A. Bourde in: Schieder, Handbuch der europäischen Geschichte, Bd. 3, S. 810.

Languedoc, führte 1632 den bewaffneten Widerstand der Stände gegen die Krone an. Selbst Gaston von Orléans, der Bruder des Königs, blieb zeit seines Lebens unbotmäßig. Wie später der Große Condé und andere hochgestellte Persönlichkeiten scheute er auch nicht davor zurück, mit dem äußeren Feind zu paktieren. 1641 begann der Graf von Soissons, ein Prinz von Geblüt, einen bewaffneten Aufstand; er verbündete sich mit den Spaniern, die nach Frankreich eindrangen und den Franzosen bei La Marfée eine Niederlage zufügten. Ein Jahr später zettelte Cinq-Mars, der Vorfahr Talleyrands, eine Verschwörung an, um Richelieu zu beseitigen. Auch er wirkte mit dem Erbfeind Spanien zusammen. Die Art, wie der Adel die nationalen Interessen ignorierte, vielleicht auch seine Unfähigkeit, sie überhaupt zu erkennen, war bei diesen Gelegenheiten ebenso ausgeprägt wie bereits im Jahre 1636, als er völlig versagt hatte und zuerst aus dem vom Feind bedrohten Paris geflohen war.

Das Bürgertum, das vor allem Trägerin der Anpassung und der Kulturblüte war, mochte etwas mehr Disziplin als der hohe Adel zeigen. Jedoch gab es auch in dieser Schicht soziale Lockerungserscheinungen. Zwischen 1623 und 1647 verfloß tatsächlich kein Jahr, in dem es nicht in irgendeiner französischen Stadt soziale Unruhen gegeben hätte. Ebenso beteiligten sich an der Fronde neben Paris auch Städte wie Bordeaux, Aix-en-Provence und Marseille.

Das Ergebnis, auf das es bei diesen Betrachtungen über den moralischen Anpassungsspielraum ankommt, besteht darin, daß keine dieser vier Gesellschaften zu Beginn des Anpassungsprozesses, den sie dann durchliefen, so integriert war, daß sie von ihren Angehörigen nicht noch größere Opfer für die Gemeinschaft hätte verlangen können.

III. Der materielle Anpassungsspielraum Athens, Chinas, Florenz' und Frankreichs

Der materielle Anpassungsspielraum stellt die eigentliche »materialistische Basis«, wenn nicht der Geschichte überhaupt, so doch aller höheren Kultur dar. Sein Ausmaß hängt von den materiellen Reserven der Gesellschaft ab. Sind sie durch geringe zivilisatorische Entwicklung oder aus anderen Gründen so unzureichend, daß die Gesellschaft am Rande des Existenzminimums lebt, so besitzt sie nicht die für die Anpassung notwendigen materiellen Voraussetzungen. Der materielle Anpassungsspielraum kann auch durch äußeren Druck vermindert werden. Das bedeutet, daß solche Gesellschaften, die als Antwort auf eine äußere Bedrohung ihre physischen Kräfte bereits bis zum letzten konzentriert haben, ebenfalls nicht in der Lage sind, neuen auswärtigen Gefahren durch Anpassung zu begegnen. Im folgenden soll für Athen, China, Florenz und Frankreich dargelegt werden, wie wohlhabend diese Gesellschaften bereits zu der Zeit waren, als sie sich an die äußere Bedrohung anzupassen begannen.

In *Athen* hatten seit Solon Warenerzeugung und Produktion einen bedeutenden Aufschwung genommen. Unter Pisistratos prosperierte die Stadt derart, daß man die Epoche später mit dem goldenen Zeitalter des Kronos verglich[6]. In den folgenden Jahrzehnten, die frei waren von Naturkatastrophen, äußeren Angriffen und inneren Unruhen, nahm die Wohlhabenheit noch weiter zu. Die große Flottenrüstung gegen die Perser wäre ohne bedeutende materielle Reserven nicht möglich gewesen.

Was *China* anbelangt, so wissen wir aus historischen Quellen, daß dieser Staat bei dem Regierungsantritt Yang Tis ein wohlgeordnetes Land in günstigen wirtschaftlichen Verhältnissen war. »In den Jahren seiner Regierung«, sagt das Sui schu von seinem Vorgänger Wen Ti, »wuchs die Bevölkerung, die Magazine und Schatzkammern in der Hauptstadt und in den Provinzen waren überall wohlgefüllt . . .«[7]. An dem Bau der Paläste in Loy-ang sollen zwei Millionen Menschen mitgewirkt haben[8].

Florenz erlangte frühzeitig einen beträchtlichen Wohlstand. Seine Bürger waren als Bankiers, Kaufleute und Industrieunternehmer außerordentlich erfolgreich. Der Florin, den die Stadt 1252 prägte, war nach den Augustales Friedrichs II. die erste Goldmünze, die es seit dem Ende des Römischen Reiches gab. Politisches Glück und finanzielle Tüchtigkeit machten die florentinischen Bankiers, die wie alle ihre Landsleute eingefleischte Gegner des Kaisers waren, nach 1260 zu fast ausschließlichen Nutznießern des äußerst einträglichen Geschäfts mit dem Papst. Achtzig Bankhäuser gab es in der Stadt. Hier wurden allgemein anerkannte Wechselkurse für sämtliche wichtigen europäischen Währungen festgesetzt. – Aus den wertvollen Geschäftsverbindungen der Bankiers zogen die Kaufleute großen Nutzen. Sie vor allem waren es, die von der Belebung des europäischen Handels zu Beginn des 14. Jh. profitierten.

Eng verbunden mit dem kommerziellen Erfolg war wiederum der industrielle Aufschwung der Stadt. Die Florentiner besaßen neue Verfahren, Stoffe zu färben. Sie kauften englische Wolle, damals die unerreicht beste Qualität, und verarbeiteten sie zu einem Tuch, das ohne Konkurrenz war. Bereits um 1300 hatte die florentinische Textilindustrie kapitalistische Produktionsverhältnisse erreicht. 1338 produzierte die Stadt achtmal mehr Tuch, als sie einführte[9]. In der ersten Hälfte des 14. Jh. lebten 30 000 der etwa 120 000 Einwohner Florenz', also etwa ein Viertel der Gesamtbevölkerung, von der Erzeugung von Wollstoffen. Nur Venedig war damals in Europa noch wohlhabender. In den vierziger Jahren jenes Jahrhunderts erlitt die Stadt dann allerdings schwere Rückschläge. Der englische König erfüllte seine sehr beträchtlichen Zahlungsverpflichtungen gegenüber den Bardi und Peruzzi nicht. Der Bankrott dieser Häuser und die bald nachfolgende Zahlungsunfähigkeit der Stadt selbst, die ihre Mittel im Kriege gegen Lucca vollends erschöpft hatte, zog den Ruin vieler anderer Kaufleute und Unternehmer nach sich. Der Schwarze Tod traf Florenz um die Mitte des 14. Jh. härter als andere europä-

---

[6] Martin P. Nilsson, Geschichte der griechischen Religion, 1. Bd., Die Religion Griechenlands bis auf die griechische Weltherrschaft, München 1955, S. 666.
[7] Zitiert nach O. Franke, Geschichte des chinesischen Reiches, II. Bd., S. 321.
[8] Franke, a. a. O., S. 323.
[9] E. Hassinger, Das Werden des neuzeitlichen Europa, S. 53.

ische Städte, dezimierte die Bevölkerung und trieb dadurch auch die Löhne, Produktionskosten und Preise in die Höhe. Trotz allem handelte es sich dabei aber nur um vorübergehende Schwierigkeiten. Es ist bemerkenswert, wie rasch die florentinische Tüchtigkeit mit allen Widrigkeiten fertig wurde. Um 1400 war das Einkommen der florentinischen Regierung größer als das staatliche Budget des elisabethanischen Englands zu seinen besten Zeiten. Dies macht deutlich, über welchen materiellen Anpassungsspielraum die Stadt verfügte.

Im Falle *Frankreichs* ist das Bild nicht so eindeutig. Die Prosperität, die Europa seit der Mitte des 15. Jh. genossen hatte, schwand um die Wende zum 17. Jh. allgemein. In der ersten Hälfte dieses Jahrhunderts hatte ganz Europa mit wirtschaftlichen Schwierigkeiten zu kämpfen[10]. Auch Frankreich blieb von dieser allgemeinen Verschlechterung der wirtschaftlichen Lage nicht verschont. Zusätzlich litt es unter Mißernten und Hungersnöten, die von Epidemien begleitet waren, insbesondere in den Jahren 1629/30[11]. Von 1630 bis 1632 war die Sterblichkeitsrate besonders hoch. Es ist aber auch zu berücksichtigen, daß Frankreich seit jeher über beträchtliche Reserven verfügte und keinesfalls am Rande des Existenzminimums lebte. Zwar ging es den Bauern schlecht, der Mittelstand, der die Anpassung trug, war jedoch keineswegs arm. Die bedeutendsten Repräsentanten der späteren Kulturblüte kamen aus wohlhabenden Verhältnissen. Die Familien Pascals und Molières waren gutsituiert. Pascals Vater konnte sich ganz der Ausbildung seiner Kinder widmen. Auch der Vater Molières, der Tapezierer und Dekorateur Jean Poquelin, ließ sich eine sorgfältige Erziehung seines Sohnes angelegen sein. Racine wuchs zwar als mittellose Waise auf, fand aber einen wohlhabenden Gönner. Madame de Sévigné war reich. La Bruyère erbte ein Vermögen, das er erst später wieder verlor. Die Aufzählung ließe sich fortsetzen. – Auch Paris selbst war eine wohlhabende Stadt und sollte bald mehr als 400 000 Einwohner haben.

IV. Verhältnis zwischen Anpassungsfähigkeit und Anpassungsspielraum

Anpassungsfähigkeit und Anpassungsspielraum stehen in einem ganz bestimmten Verhältnis zueinander. Große Anpassungsfähigkeit bedeutet eher geringen Anpassungsspielraum und umgekehrt. Je wohlhabender eine Gesellschaft und je größer damit ihr materieller Anpassungsspielraum wird, desto stärker setzt ein Prozeß ein, der ihre Anpassungsfähigkeit beeinträchtigt. Die Integration der Gesellschaft beginnt sich zu lockern, falls dem nicht äußerer Druck oder andere Faktoren entgegenwirken. »Les peuples«, sagte Richelieu treffend, »deviennent ingouvernables avec l'aisance«. Insofern zeigen die

---

[10] J. P. Cooper in: The New Cambridge Modern History, Bd. IV, S. 68 ff.
[11] Bourde, a. a. O., S. 806.

Gesellschaften in ihrer Entwicklung allerdings nicht unbeträchtliche Unterschiede. So ist Japan ein Sonderfall. Sein Wohlstand nahm seit dem Ende des 17. Jh. ständig zu und erreichte ein bedeutendes Niveau. Trotz dieser beachtlichen Vergrößerung des materiellen Anpassungsspielraumes war es im 19. Jh., als es von den westlichen Industrienationen in ähnlicher Weise wie China bedroht wurde, noch außerordentlich anpassungsfähig. Interessant ist in diesem Zusammenhang, daß die maßgebende soziale Schicht, die Samurai, von der Zunahme des Wohlstands kaum profitiert hatte.

Nach dem Gesagten treffen bedeutende Anpassungsfähigkeit und großer Anpassungsspielraum in der Entwicklung einer Gesellschaft regelmäßig nur innerhalb eines ganz bestimmten Abschnittes zusammen. In einem frühen Entwicklungsstadium ist sie zwar nach ihrer Struktur in der Lage, Bedrohungen von außen zu begegnen. Ihre moralischen und materiellen Reserven pflegen es ihr in dieser Zeit jedoch nicht zu erlauben, sich in einem wesentlichen Ausmaß anzupassen. In einem späteren Abschnitt verfügt die Gesellschaft in der Regel zwar über ausreichende Reserven, sie hat jedoch die Fähigkeit sich anzupassen verloren. Dazwischen liegt der Entwicklungsabschnitt, in dem sie sich in einem wesentlichen Ausmaß anpassen und eine große Kulturblüte hervorbringen kann. Dieses günstige Zwischenstadium kann längere Zeit dauern, sofern die Gesellschaft nicht zersetzenden äußeren Einflüssen unterliegt und falls auch keine autonomen inneren Faktoren auf weitere Lockerung des sozialen Zusammenhalts hinwirken: Vor allem können auch von den großen Kulturblüten selbst oder besser gesagt von den Impulsen, die ihnen zugrundeliegen, auflösende Einflüsse ausgehen, die die Anpassungsfähigkeit und damit auch die Fähigkeit zu weiteren Kulturblüten mindern. Von der Möglichkeit der Regeneration war bereits die Rede.

Für den Abschnitt, in dem die Gesellschaften Kulturblüten hervorbringen können, gilt: Je weiter die Entwicklung der Gesellschaft fortgeschritten ist, einer desto höheren Kulturblüte ist sie – wegen des größeren Anpassungsspielraums – fähig, sofern die Anpassungsfähigkeit der Gesellschaft gerade noch gewährleistet ist, die äußere Bedrohung also gerade noch zu einer Anpassung zu führen vermag. Falls die Anpassungsfähigkeit bereits vermindert ist, kann der großen Persönlichkeit eine Schlüsselrolle zufallen. Bereits dies macht es verständlich, daß Gesellschaften, die große Kulturblüten haben, niemals übermäßig integriert, vielmehr oft schon dem Punkte nahe sind, an dem der sichtbare Verfall einsetzt.

Mit den Voraussetzungen Anpassungsfähigkeit und Anpassungsspielraum machen wir die Kulturblüte von der Entwicklung der gesellschaftlichen Integration abhängig und berücksichtigen Umstände, die manche Geschichtsphilosophen zu Organismus- und Kreislauftheorien geführt haben. Derartige Lehren gibt es in ziemlicher Zahl. So nahm Spengler an, daß Kulturen Organismen seien, die geboren werden, erblühen und sterben, daß jede Kultur die Altersstufen eines einzelnen Menschen durchlaufe, ihre Kindheit, ihre Jugend, ihre Männlichkeit und ihr Greisentum habe[12]. Diese seine Grundkonzeption war alles andere als originell. Schon der Historiker Varro teilte die Geschichte Roms,

---

[12] O. Spengler, Untergang des Abendlandes, Bd. I, S. 139, 142 f.

indem er sie mit der Trojas verband, in Kindheit, Jugend, Mannesalter und Greisentum ein, Wachstumsepochen, die nach seiner Ansicht jeweils 440 Jahre dauerten. Daß er mit der Prognose des Untergangs Roms fast recht behielt, beruht natürlich auf reinem Zufall.

Auch Machiavelli vertrat eine Kreislauftheorie. Dieser Geschichtsphilosoph ging von der Beobachtung aus, daß sich die Gesellschaften in dauernder Bewegung befinden; sie steigen auf oder ab. Befinden sie sich im Niedergang, so erreichen sie ihm zufolge schließlich einen Tiefpunkt; sind sie an diesem angekommen, so steigen sie wieder auf. Ein Zustand bringt dabei jeweils einen ganz bestimmten anderen hervor, »virtù« (Mannhaftigkeit) die Ruhe (»qiete«), diese Muße und Müßiggang; letztere verursachen sodann soziale Auflösung (»disordine«), die ihrerseits den Verfall (»rovina«) erzeugt. Aus dem Verfall schließlich entspringen wieder soziale Ordnung, »virtù«, Ruhm und gute Fortuna, womit sich das Rad von neuem zu drehen beginnt. Machiavelli hat zutreffend die Gefahren des Erfolgs erkannt. Im übrigen sind seine Auffassungen sehr vereinfachend und mechanistisch, insbesondere die These, daß ein Zustand jeweils einen ganz bestimmten anderen hervorbringe und daß von dem Tiefpunkt aus zwangsläufig ein Wiederaufstieg einsetzen müsse. Seine Annahme, daß eine Gesellschaft, die einen Höhepunkt erreicht habe, ganz fallen und dann wieder zu neuer Höhe aufsteigen müsse, ist der yin-yang-Theorie der traditionellen chinesischen Geschichtsschreibung verwandt.

Ob man die Zivilisationskreise als Ganzes nimmt oder nur einzelne ihnen zugehörige Gesellschaften betrachtet, tatsächlich haben sie vielfach eine Entwicklung, die sich auf metaphorischer Ebene mit dem Lebensgang eines organischen Wesens vergleichen läßt. Sie durchmessen eine Bahn, auf deren erstem Abschnitt mangels Anpassungsspielraums Kulturblüten nicht möglich sind. In einer zweiten Periode kann die Gesellschaft große kulturelle Leistungen hervorbringen. In einer sich daran anschließenden letzten Phase wird die Gesellschaft anpassungs*un*fähig und verliert damit auch die Fähigkeit zu Kulturblüten. In jedem Fall verbleiben aber wesentliche Unterschiede zu dem Ablauf des Lebens organischer Wesen. Die drei Abschnitte in der Entwicklung einer Gesellschaft können zeitlich sehr differieren. Insbesondere ist es die Regel, daß die zweite Phase vergleichsweise außerordentlich kurz, die erste und insbesondere die dritte lang sind. Auch gibt es Fälle, die völlig anders verlaufen. Manche Gesellschaften verharren dauernd in dem ersten Abschnitt; bevor sie sich entfalten können, erstarren ihre Strukturen, wofür uns als ein wichtiger Grund zu große spezifische Anpassung an die natürliche Umwelt entgegentritt, wie sie z. B. bei den Eskimos oder bei manchen in extrem trockenen Gebieten lebenden Gesellschaften zu beobachten ist. Auch haben Gesellschaften, die sich in der dritten Phase befinden, wie gesagt, die Möglichkeit der Regeneration, was ja schon Machiavelli hervorhob. Beschreiben wir die Bahn der Gesellschaften als einen Gang von einem Zustand starker Integration zu einem solchen, in dem sich ihre Integration gelockert hat – und in besonderen Fällen zur Erstarrung und Verlust der Offenheit –, begreifen wir ferner die Hochformen kultureller Kreativität, soweit sie auftreten, nur als ein Randphänomen dieser Entwicklung, das sich in einer besonders intensiven Phase, die in der erforderlichen Dynamik nur durch Ereignisse der äußeren Geschichte herbeigeführt werden kann, zeigt, und erkennen wir die Möglichkeit der Regeneration, so kommen wir dem Kern der Sache näher.

Wahre Einsicht zeigt die Kreislauftheorie Ibn Khaldûns (1332–1406). Dieser große arabische Historiker hat insbesondere begriffen, welch große kulturelle Rolle der Integration der Gesellschaft zukommt. Eine ganz ähnliche Bedeutung, wie für unser Modell die Anpassungsfähigkeit, besitzt für Ibn Khaldûn die »asabiyyah«, das Gruppen- oder Gemeinschaftsgefühl. Sie gibt der Gesellschaft, wie er ganz zutreffend annimmt, die Fähigkeit, sich zu verteidigen, und Überlegenheit über andere Gesellschaften[13]. Er erkannte auch den Zusammenhang, in der das Gemeinschaftsgefühl mit der Religion steht[14]. Ibn Khaldûn ging bei seinen Betrachtungen von Nomaden aus. Er sagt, es komme vor, daß ein Stamm eine so starke »asabiyyah« habe, daß er nicht nur ein Gebiet erobere, sondern hier auch seßhaft werde. »Asabiyyah« bringe dann die Kultur hervor. Umgekehrt sei es aber letztere, die die »asabiyyah« wieder zerstöre, was den Verfall der Gesellschaft nach sich ziehe.

Ibn Khaldûn weist damit ganz klar auf den Zusammenhang zwischen sozialer und kultureller Geschichte hin. Den weiteren Zusammenhang, in dem die soziale und kulturelle mit der äußeren Geschichte steht, deutet er allerdings nur vage an: Somit anders als Toynbee, der einen Begriff von den Wechselbeziehungen zwischen äußerer und kultureller Geschichte hatte, dafür aber völlig das Bindeglied der sozialen Geschichte vernachlässigte.

---

[13] Ibn Khaldûn, The Muqaddimah, New York 1958, Bd. I, S. 263, 313, 374, 381, Bd. II, S. 238.
[14] Ibn Khaldûn, a. a. O., Bd. I, S. 319 ff.

IV. Kapitel

ÜBERWINDUNG DER ÄUSSEREN BEDROHUNG UND FREISETZUNG GESELLSCHAFTLICHER ENERGIEN

I. Die Überwindung der äußeren Bedrohung

Äußere Bedrohung und Anpassung der Gesellschaft sind, wie wir gesehen haben, wesentliche Voraussetzungen für eine Kulturblüte. Die Anpassung ihrerseits ist, wie ebenfalls ausgeführt, nicht ohne die Fähigkeit zur Selbstbehauptung und Anpassungsspielraum denkbar. Aber auch damit sind noch nicht alle Bedingungen erwähnt, die für die Entstehung einer Kulturblüte wesentlich sind. In der Geschichte sind nämlich auch Gesellschaften zu beobachten, die zwar einer äußeren Bedrohung über eine Anpassung erfolgreich begegneten, trotzdem aber keine Kulturblüte hervorbrachten.

Ein Beispiel ist wiederum Sparta. Es wurde gezeigt, wie vollkommen sich diese Gesellschaft an die Bedrohung, die die Messenier für sie darstellten, zur Zeit des Zweiten Messenischen Krieges anpaßte. Dennoch brachte sie in der Folgezeit keine Kulturblüte hervor. Der entscheidende Grund für diese Entwicklung ist darin zu sehen, daß Sparta trotz aller Anstrengungen die Bedrohung nicht überwand, vielmehr in dauernder und unmittelbarer Gefahr für seine Existenz weiterleben mußte. Die Zahl der Spartiaten belief sich auf ganze 25 000; sie herrschten über eine numerisch zwanzigmal so starke Masse von Untertanen, die ihnen feindlich gegenüberstand[1]. Dazu nahm etwa seit dem Ende des 7. Jh. ihre eigene Bevölkerung ab[2]. Sie hatten jederzeit mit dem Ausbruch eines neuen Kampfes auf Leben und Tod zu rechnen, zu dem es 464 tatsächlich auch kam. Auch hatte Sparta auf der Peloponnes gefährliche Rivalen, wie Argos, deren Intervention es im Kriegsfall befürchten mußte. Es war also nicht in der Lage, die aufs äußerste konzentrierten Kräfte wieder freizusetzen. Die Folge war eine bedrückende geistige Sterilität dieser einst kreativen Gesellschaft.

Das Besondere an der Entwicklung Athens und anderer Gesellschaften, die eine große Kulturblüte hatten, liegt darin, daß sie die äußere Bedrohung soweit überwanden, daß ihre Existenz für wenigstens eine oder zwei Generationen nicht mehr ernstlich bedroht war. So vermochten sie – wie sie mit einigem Grund glauben konnten – in ihren Anstrengungen nachzulassen und Kräfte, die sie bis dahin gebunden hatten, zum individuellen Vorteil ihrer Angehörigen freizusetzen. – Wenn von Überwindung der äußeren Bedrohung die Rede ist, so ist dies relativ gemeint. Es kommt vor allem darauf an, daß der äußere Druck entscheidend nachläßt.

---

[1] M. Rostovtzeff, Geschichte der Alten Welt, Bd. I, S. 220.
[2] H. Bengtson, Griechische Geschichte, S. 92.

In nahezu vollkommener Weise gelang es *Athen,* die äußere Gefahr zu bewältigen, die die Perser für das Gemeinwesen bedeutet hatten. Der Stadtstaat schlug sie mit Hilfe seiner griechischen Verbündeten entscheidend bei Salamis und ein Jahr später bei Plataä. An demselben Tag, an dem die Schlacht von Salamis stattfand, unterlagen am Himeras-Fluß die Karthager, die mit den Persern verbündet waren, den sizilianischen Griechen. Diese Siege bedeuteten für Athen bereits die eigentliche Beseitigung der Bedrohung. In den folgenden Jahren wurde seine Stellung immer stärker. Ein gewaltiges und in der griechischen Welt einzigartiges Machtinstrument schuf sich Athen in dem attischen Seebund, den es 478 gründete und der 425 mehrere hundert Stadtstaaten umfaßte. Der Doppelsieg, den Kimon in der ersten Hälfte der sechziger Jahre an der Mündung des Eurymedon (Südküste Kleinasiens) über die Perser errang, setzte deren Seeherrschaft in den Gewässern zwischen Zypern und Kleinasien ein Ende und machte die Ägäis zu einem athenischen Meer.

Seit 451 ruhten die Waffen zwischen Sparta und Athen. 449 schloß Athen auch mit Persien Frieden. Es folgten jene bis 431 währenden ruhigen Jahre, die so entscheidend für die Entfaltung der athenischen Kreativität wurden. Zur Sicherheit Athens in dieser Epoche trug auch eine wesentliche Verbesserung der Befestigung der Stadt bei. Bis 478 wäre es nicht in der Lage gewesen, sich gegen ein starkes Landheer zu verteidigen. Dann gab es sich und der Hafenstadt Piräus wehrhafte Mauern. 445 vollendete es nach jahrzehntelanger Arbeit die Langen Mauern, die die Stadt über eine Entfernung von etwa zehn Kilometern mit ihrem Hafen verbanden. Hinter diesen Anlagen fand die ganze Bevölkerung Attikas Platz. Es entfiel für die Zukunft die Notwendigkeit, im Ernstfall die nichtwehrfähigen Menschen nach Salamis und anderen Plätzen zu evakuieren. Athen, das die Seeherrschaft besaß, konnte auch nicht mehr ausgehungert werden. Die bis zu den Perserkriegen im Spiel der Kräfte relativ unbedeutende Stadt war zu einer uneinnehmbaren Festung geworden, der um so mehr Bedeutung zukam, als sie wie erwähnt gleichzeitig der mächtige Vorort eines Reiches war, das in sich mehr als 16 Millionen Menschen vereinigte. Es gibt in der Weltgeschichte kaum einen zweiten Staat, der erst so bedroht war wie Athen, die Bedrohung dann gegen jede »vernünftige« Erwartung so vollständig überwand und fast aus dem Nichts zu so großer Macht aufstieg.

Auch *China* gelang es, die äußeren Gefahren zeitweilig völlig zu überwinden. T'ai Tsungs Erfolge gegenüber den Türken und der Tod Songtsen Gampos' wurden bereits erwähnt. Koguryŏs, das so lange hartnäckigen Widerstand geleistet hatte, wurden die Chinesen endlich Herr. 660 entsandten sie eine Flotte, die mit Hilfe Sillas, eines der beiden südlichen Königreiche in Korea, das andere, Paekche, zerstörte. Silla und China vernichteten 668 sodann mit vereinten Kräften Koguryŏ, das sieben Jahrhunderte lang ein blühender Staat gewesen war.

Florenz überwand die Bedrohung, die Mailand für seine Unabhängigkeit darstellte, durch unnachgiebige Hartnäckigkeit, welcher der plötzliche und unerwartete Tod Giangaleazzos am 3. September 1402 zu Hilfe kam. Bis sich Florenz völlig sicher fühlen konnte, vergingen allerdings noch einige Jahrzehnte, die eigentlich aussichtslose Lage hatte es jedoch bereits damals endgültig überwunden.

1406 verbesserte Florenz seine strategische Position durch die Einverleibung der alten

Rivalin Pisa. Es hatte nunmehr einen direkten Zugang zur See, den es anderthalb Jahrzehnte später durch den Kauf Livornos noch verbessern konnte. 1408 drohte eine neue Gefahr, diesmal von Neapel, dessen König Ladislaus, dem Beispiel Giangaleazzos folgend, nunmehr seinerseits Italien unter seiner Herrschaft zu einigen versuchte. Ende jenes Jahres huldigten ihm die Stadt Rom und ihre Territorien; ganz Umbrien einschließlich Perugias und Assisis konnte er in seinen Machtbereich einbeziehen. Im folgenden Jahr zwang er Papst Gregor XII., ihm formell die Verwaltung des Kirchenstaates zu übertragen; er setzte sich in den Besitz Cortonas und erreichte damit den Süden der Toskana. Ein Bündnis zwischen Florenz und Siena gebot seinem weiteren Vordringen zunächst Einhalt. 1414 starb er. Wie im Falle Giangaleazzos bedeutete sein Tod das Ende der unmittelbaren Bedrohung. Dieses Ereignis brachte, wie ein Florentiner jener Zeit schrieb, »Florenz und anderen unabhängigen Städten Italiens Befreiung von Furcht und Argwohn«[3].

Ab 1420 zeigte sich die mailändische Gefahr erneut. Herzog Filippo Maria nahm die expansionistische Politik seines Vaters wieder auf. Er bemächtigte sich nicht nur Parmas, Piacenzas und Genuas, sondern setzte sich entgegen feierlichen Zusicherungen auch in den Besitz der Städte Forlì und Imola. 1423 kam es zum Krieg. Daß Florenz in den beiden folgenden Jahren von seinen Feinden nicht überrannt wurde, verdankte es allein der unerwarteten Intervention Venedigs, das nach dem Tode des Dogen Tommaso Mocenigo (1423) seine langjährige Politik der Neutralität plötzlich geändert hatte. Für mehr als zwei Jahrzehnte verband es sich mit der Schwesterrepublik im Kampf gegen Mailand, bis 1447 mit dem Tode Filippo Marias, der keine Nachkommen hinterließ, das mailändische Imperium wie bereits einmal nach 1402 auseinanderfiel. Zum Herren Mailands machte sich mit florentinischer Unterstützung nunmehr Francesco Sforza (1450). Damit hörte die lombardische Metropole auf, für Florenz eine Bedrohung darzustellen. Die beiden Städte schlossen sich sogar gegen Venedig und Neapel zusammen.

Die Machtverteilung, die der Friede von Lodi 1454 brachte, bestimmte die italienische Politik der folgenden Jahrzehnte. Mailand und Florenz auf der einen und Venedig und Neapel auf der anderen Seite hielten sich gegenseitig etwa die Waage. Die verbliebenen Kleinstaaten vermochten sich nur noch dadurch zu behaupten, daß sie sich an einen der größeren Staaten anlehnten. Sie waren für sich jedoch nicht stark genug, um irgendeiner der möglichen Bündniskombinationen ein Übergewicht zu verschaffen. In gewisser Weise war hier in dem engeren italienischen Rahmen das spätere europäische Staatensystem bereits vorweggenommen. Das Gleichgewicht, das sich so gebildet hatte, wurde von Cosimo und später Lorenzo bewußt gepflegt. Was an Auseinandersetzungen verblieb, wurde zwar auch unter Einsatz von Militär, aber mit nur geringen Blutverlusten geführt. Federigo da Montefeltro, der Herr von Urbino, hatte als persönliches Emblem ein Schwert mit einem Olivenzweig. Diese Kombination charakterisiert die italienischen Kriege der zweiten Hälfte des 15. Jh. Sie bestanden vor allem aus Märschen, Gegenmärschen, Manövern und dem Blasen von Trompeten. Einer von Federigos Kriegszügen, von Pius II. nicht nur als Sieg, sondern als »die gerechte Rache Gottes« gepriesen, hatte

---

[3] D. Buoninsegni, zitiert nach Cecilia M. Ady in: Cambridge Medieval History, Bd. VIII, S. 202.

als einziges Ergebnis die Erbeutung von 20000 Hühnern. Der florentinische Apotheker Landucci schrieb 1478: »Das Gebot für unsere italienischen Soldaten scheint zu sein: ›Ihr plündert hier, und wir wollen dort plündern; wir haben es nicht nötig, einander zu nahe zu kommen‹.«[4]

Dazu kamen glückliche außeritalienische Umstände. Das burgundische Problem und die Gefahren, die Europa aus dem Osten drohten, bewirkten, daß sich bis zum Einfall der Franzosen im Jahre 1494 keine fremde Macht mehr in die inneritalienischen Angelegenheiten einmischte. Italien lag für einige Jahrzehnte im Windschatten der europäischen Politik[5]; es genoß Frieden und Ordnung. Dies kam selbstverständlich auch Florenz zugute.

Auch *Frankreich* überwand die Bedrohung, die von Spanien und Österreich ausging, völlig. Es gelang der überlegenen Diplomatie Richelieus – gestützt auf ein innerlich bereits gestärktes Frankreich – den habsburgischen Ring zu sprengen. Frühzeitig brachte er es fertig, die wichtigsten Plätze im Elsaß an Frankreich zu bringen und Spanien zum Verzicht auf das Veltlin und Graubünden zu veranlassen. Durch den Friedensvertrag von Cherasco (1631), wurde für Mantua der französische Kandidat, der Herzog von Nevers, anerkannt und die Feste Pinerolo, die den Alpenübergang von Frankreich nach Italien beherrschte, den Franzosen zugesprochen. Dies schwächte die Stellung Spaniens in Italien und machte seinen Plan einer durchgehenden Landverbindung nach den Niederlanden zunichte.

Beim Tode Richelieus (1642) beherrschte Frankreich das Roussillon und fast ganz Katalonien, Lothringen und das Elsaß, die Alpenübergänge und Turin. Im Norden hatte es Arras, Hesdin, Bapaume sowie Landrecies dazugewonnen. Allerdings blieb das Tal der Oise, der große Zugangsweg nach Paris, dem spanischen Feind noch offen.

Zwei große Begegnungen waren es vor allem, die die schon geschwächte Macht Spaniens vollends brachen. In der Seeschlacht im Kanal, die 1639 in der Nähe von Dover ausgetragen wurde, vernichteten die Holländer die spanische Flotte. Vier Jahre später schlug das französische Heer bei Rocroi die »unbesiegbare« spanische Infanterie, in der nur reinblütige Spanier dienten. Spanien verlor fast alle Offiziere und die Mehrzahl der Soldaten. Die Schlagkraft seiner Truppen erlitt eine irreparable Einbuße, ihr Name verlor sein unvergleichliches Prestige. Rocroi war auch ein Sieg über das Haus Habsburg in seiner Gesamtheit. Die spanische Infanterie war gleichsam die alte Garde der österreichischen Habsburger gewesen.

Spanien war nicht in der Lage, die in dieser Schlacht erlittenen Verluste wieder auszugleichen. Dazu kamen innere Entwicklungen, die den Staat schwächten. Portugal hatte sich 1640 von der spanischen Krone getrennt, die Auswanderung zehrte an dem Mark der Nation, der wirtschaftliche Niedergang war unaufhaltsam. Der erschöpfte Adel war immer weniger willens, dem König militärisch zu dienen.

---

[4] Zitiert nach V. Cronin, The Florentine Renaissance, S. 83.

[5] Hierzu Josef Engel in: Handbuch der europäischen Geschichte, hrsg. von Th. Schieder, Bd. III, S. 214.

1648 faßten die Spanier noch einmal alle verfügbaren Kräfte zusammen. Bei Lens begegneten sich im August die beiden Heere. Die Franzosen siegten erneut. Was Rocroi von den spanischen Regimentern übrig gelassen hatte, fiel oder geriet in Gefangenschaft. Die Folge dieser Schlacht war, daß das Deutsche Reich aus dem Dreißigjährigen Krieg ausschied. Der Westfälische Frieden bedeutete die Trennung der beiden habsburgischen Mächte. Frankreich hatte fortan nur noch gegen Spanien zu kämpfen. 1658 mußte sich Kaiser Leopold I. in seiner Wahlkapitulation sogar verpflichten, mit diesem Staat kein neues Bündnis zu schließen. Frankreich ging als der eigentliche Sieger aus dem Krieg hervor. Es erhielt die habsburgischen Besitzungen im Elsaß; auch gewann es Breisach hinzu. Die lothringischen Bistümer Metz, Toul und Verdun verblieben der französischen Krone endgültig, gingen dem Reich also verloren.

Der Pyrenäenfriede bedeutete 1659 einen weiteren Machtzuwachs für Frankreich. Spanien wurde hinter die Pyrenäen zurückgedrängt. Im Norden minderten territoriale Gewinne die dauernde Gefahr, der Paris bis dahin militärisch ausgesetzt gewesen war. Spaniens Verbündeter, der Herzog von Lothringen, mußte den Franzosen eine Heerstraße von Metz ins Elsaß zugestehen. Die Friedensschlüsse von Kopenhagen und Oliva (1660) wirkten sich ebenfalls zugunsten Frankreichs aus.

Frankreich war nunmehr der führende Staat in Europa; es war an die Stelle Spaniens getreten. Seine Bevölkerung hatte sich von 16 auf 20 Millionen vermehrt, während die der anderen europäischen Staaten abgenommen hatte. Dazu kam, daß die Reformen Richelieus jetzt begannen, ihre vollen Früchte zu tragen. Frankreichs neue Macht erhielt dadurch besonderes Gewicht, daß Spanien wie angedeutet sich seit Jahrzehnten im Niedergang befand und Deutschland durch den Dreißigjährigen Krieg außerordentlich geschwächt war.

II. Die Freisetzung gesellschaftlicher Energien

II.1. Bedeutung

Entscheidend für die Entstehung und Höhe der Kulturblüte ist nun, daß die Überwindung der äußeren Bedrohung dazu führt, daß die Gesellschaft Kräfte zugunsten ihrer Angehörigen freisetzt. Diese Freisetzung hat zwei Aspekte, einen materiellen und einen moralischen. Die Freisetzung materieller Kräfte bedeutet, daß die materiellen Energien, die die Gesellschaft bis dahin zu ihrer Selbstbehauptung gebunden hatte, jetzt immer mehr der inneren Entwicklung zugute kommen können und der einzelne besser gestellt wird. Historisch war es bei den großen Gesellschaften allerdings regelmäßig so, daß von der Verbesserung vor allem eine zahlenmäßig geringe, wenn auch kulturell entscheidende Oberschicht profitierte; in kleineren Gesellschaften brachte sie dagegen eher für alle Gesellschaftsangehörigen ein materiell unbeschwerteres Leben und reichlichere Muße mit sich.

Die Freisetzung materieller Kräfte kann – und wird oft – weitgehend dadurch ersetzt oder überlagert werden, daß der Wohlstand der Gesellschaft unabhängig von der sozialen Entwicklung durch einen auf autonome Ursachen zurückgehenden Wirtschaftsaufschwung, durch die Ausbeutung fremder Gesellschaften oder aus anderen Gründen steigt.

Die Freisetzung moralischer Energien führt dazu, daß die Gesellschaft ihre Angehörigen weniger als zuvor in Anspruch nimmt; sie besteht also in einer Lockerung der Integration. Sie ist es vor allem, die zu der einmaligen Entladung schöpferischer Energien führt, die die Kulturblüte ausmacht. Die Freisetzung moralischer Kräfte ist daher der eigentlich wesentliche Aspekt des Freisetzungsprozesses. Scheitern kann die Freisetzung gesellschaftlicher Kräfte vor allem daran, daß die Gesellschaft ihre Reserven bei der Überwindung der äußeren Bedrohung erschöpft hat. So durchlief Bayern unter Maximilian I. einen Anpassungsprozeß, der es auf die Gefahr, die dann mit dem Dreißigjährigen Krieg Wirklichkeit wurde, vorbereitete. Doch die furchtbaren Wunden, die ihm dieser Krieg schlug, brachten es um die Früchte seiner großen Anstrengung. Wie hart Bayern getroffen wurde, ersieht man daraus, daß es die Hälfte seiner Bevölkerung verlor[6]. Zwar gab es andere Regionen in Deutschland, die noch größere Menschenverluste erlitten, wie Mecklenburg, Pommern, Hessen, die Pfalz und auch Württemberg, das später einen so hervorragenden Anteil an der deutschen Kulturblüte des 18. Jh. hatte. Ein wesentlicher Unterschied in der Entwicklung Bayerns und der Württembergs liegt jedoch gerade darin, daß letzteres in den entscheidenden Anpassungsprozeß erst *nach* dem Dreißigjährigen Krieg eintrat. Allerdings muß man bei der so andersartigen Entwicklung Bayerns auch die Wirkung der Gegenreformation und andere Faktoren in Rechnung stellen.

Dem Fall, daß die Kräfte der Gesellschaft durch die Überwindung der äußeren Bedrohung verbraucht werden, steht die andere Möglichkeit nahe, daß die äußere Bedrohung nicht wirklich überwunden wird. Hiervon war bereits die Rede. Im folgenden soll die Freisetzung materieller und moralischer Kräfte anhand unserer Beispiele konkret erläutert werden.

II.2. Die Freisetzung materieller Energien

Die *Athener* erreichten im fünften Jahrhundert einen außerordentlichen Wohlstand. Die Zahl der Sklaven in Attika betrug am Vorabend des Peloponnesischen Krieges 110 000[7]. Auf drei Vollbürger kamen damit zwei Sklaven[8]. Handel und Industrie brachten Athen damals größere Gewinne als je zuvor. Den Seehandel beherrschte es völlig. Zudem zog die Stadt große materielle Vorteile aus seiner Stellung an der Spitze des attischen Seebun-

---

[6] Hierzu und zum folgenden F. C. Spooner in: The New Cambridge Modern History, Bd. IV, S. 77.
[7] Ed. Meyer glaubt sogar »leicht« eine Zahl von 150 000 annehmen zu können (Geschichte des Altertums, Bd. IV Teil 1, S. 705.
[8] The Oxford Classical Dictionary, Oxford 1970, S. 862.

des. Nachdem die Bundeskasse 454 nach Athen verbracht worden war, verwendeten die Athener die Bundesgelder für ihre Prachtbauten, die sie auf der Akropolis, in der Unterstadt und in Eleusis errichteten. Der Parthenon, die Propyläen und andere Gebäude wurden weitgehend mit diesen Mitteln finanziert. Perikles verfolgte dabei auch das erklärte Ziel, der arbeitenden Bevölkerung neue Verdienstmöglichkeiten zu eröffnen. Er kurbelte die Wirtschaft also durch Steigerung der staatlichen Ausgaben künstlich an. Als der Peloponnesische Krieg ausbrach, befanden sich im Schatz der Athena nur 6000 Talente. – Aus dem attischen Seebund zogen die Athener auch indirekt Vorteil. Der Gerichtszwang führte dazu, daß ständig zahlreiche Bündner, die auch mit Bestechungsgeldern nicht kargten, nach Athen kamen und dort eine gewisse Zeit verweilten.

Alles spricht dafür, daß es auch den ärmeren Schichten der Bevölkerung immer besser ging. Sie zogen großen Vorteil aus den Landverteilungen in den Kleruchien. Der Richtersold, den Perikles begründet hatte, machte einen mittleren Tagelohn aus. Dazu kamen öffentliche Speisungen und Getreideverteilungen. 449 wurde das Theorikon, das Schaugeld, eingeführt, das den armen Bürgern die Teilnahme an den öffentlichen Festen möglich machte. Der Lebensunterhalt Arbeitsunfähiger wurde aus der Staatskasse bestritten[9]. Athen entwickelte sich zu einem Wohlfahrtsstaat. Der unbekannte Autor des Pamphlets »Vom Staate der Athener«, der um 424 schrieb, schätzt die Zahl der Bürger, die vom Staat alljährlich Einnahmen bezogen, auf mehr als 20 000. Auch verfügten die Athener über viel Muße. Sie waren stolz darauf, mehr Feste als die übrigen Hellenen zu haben. Jeder sechste Tag soll ein Feiertag gewesen sein, das sind doppelt so viel, als sie irgendeine andere griechische Stadt hatte.

Dies alles setzte einen beträchtlichen und weitverbreiteten Wohlstand voraus. Tatsächlich ging es zu keiner Zeit im Altertum einem so hohen Anteil der Bevölkerung materiell so gut wie im perikleischen Athen. Selbst der Arbeitssklave hatte hier ein besseres Auskommen als der qualifizierte Arbeiter und der freie untere »Beamte« des gesamten späteren Altertums[10].

Die Freisetzung materieller Reserven ist ein relatives Phänomen insofern, als die verfügbaren Mittel an den Bedürfnissen gemessen werden müssen und letztere, soweit sie über ein knapp bemessenes Existenzminimum hinausgehen, nicht ein für allemal feststehen, sondern ganz wesentlich von der Gesellschaft bestimmt und bisweilen von ihr künstlich gesteigert werden. Veblen hat das Phänomen der »conspicuous consumption« in der amerikanischen Gesellschaft beschrieben, eine Erscheinung, die durch gesellschaftliche Normen wenigstens mitbedingt ist, und die, soweit sie vorwiegend auf allgemeinmenschliche Schwächen zurückgehen sollte, jedenfalls nur dort möglich ist, wo sie nicht durch entgegenstehende gesellschaftliche Normen gebremst wird. Tatsächlich pflegen Gesellschaften am Beginn von Kulturblüten materiell vergleichsweise noch anspruchslos zu sein. Noch Sokrates konnte, ohne seinem Ansehen zu schaden, barfuß gehen, sich ärmlich kleiden und sehr bescheiden leben. Während der ersten Jahrzehnte der

---

[9] Zu diesen Angaben vgl. Julius Beloch, Die attische Politik seit Perikles, Leipzig 1884, S. 11.
[10] Bengtson, Griechische Geschichte, S. 197f.

Kulturblüte kann das einzelne Individuum somit ungehinderter und das heißt auch schöpferischer über seine Mittel verfügen als in späteren Zeiten. Die Freisetzung materieller Reserven hat während der Kulturblüte daher eine verhältnismäßig starke Wirkung.

Der äußere und innere Friede, eine ausgezeichnete Verwaltung, Fortschritte im Akkerbau, die Agrarreform und die riesigen Investitionen, die die Sui- und ersten T'ang-Kaiser vornahmen, trugen mit zu der großen Prosperität bei, die das *chinesische* Reich am Ende des 7. und in der ersten Hälfte des 8. Jh. genoß. Der 688 vollendete Tempel Ming T'ang war von einer Pracht, wie man sie bis dahin nicht für möglich gehalten hatte. Güter waren reichlich vorhanden und die Preise niedrig. Alle hatten genug zu leben, und viele waren wohlhabend. Der Prozeß der Verstädterung war verhältnismäßig weit fortgeschritten. Obwohl die Steuern niedrig waren, hatte der Staat hohe Einkünfte. Sie beliefen sich jährlich auf über zwei Milliarden Kupfermünzen, fast zwanzig Millionen hu Korn, nahezu 600 Millionen Quadratfuß Seidengewebe, gegen 15 Millionen Unzen Florettseide und über 500 Millionen Fuß Flachstuch. Die Regierung verfügte damals über wesentlich größere Mittel als selbst zur Zeit der Han-Dynastie. Während T'ai Tsung das Reich noch mit der geringen Zahl von 730 Beamten regiert hatte, beschäftigte Ming Huang 17 686 reguläre Beamte und dazu noch 57 416 Beamte mit einfacherem Status. Der Hof entfaltete eine unerhörte Pracht. 725 sollen sich in den kaiserlichen Stallungen 430 000 Pferde befunden haben[11]. 731 wurden, was ebenfalls den steigenden Wohlstand zeigt, Münzen als Zahlungsmittel offiziell anerkannt, während bis dahin Taftstücke der übliche Wertmesser gewesen waren[12]. »Ich erinnere mich«, sagt Tu Fu in einem nach 760 geschriebenen Gedicht, «Daß in den prächtigen Jahrzehnten vor einem Vierteljahrhundert, Selbst kleine Bezirke oft zehntausend Haushalte umfaßten, Und der üppige Reis fett war und der gewöhnliche Reis weiß, Und wie sie sowohl die öffentlichen als auch die privaten Speicher füllten! Keine Panther und Tiger schritten auf den Straßen des Kaiserreiches; Weitziehende Reisende sorgten sich niemals, ob der Tag glückverheißend war oder nicht. Die feinen Gewebe von Ch'i und Lu konnte man auf langen Reihen von Kaufmannskarren sehen; Die Männer pflügten die Felder; die Frauen pflegten die Seidenwürmer; alle waren glücklich bei der Arbeit. Unser Glänzender Kaiser hielt sich in seinem Palast auf, um sich guter Musik zu erfreuen, Während die gesamte Welt in fester Freundschaft war. Damals hatten die Menschen über ein Jahrhundert lang keine Berichte von Notständen; Sie hatten das beste Recht und praktizierten die beste Etikette. Wer hatte jemals von einer Seidenrolle, die zehntausend Münzen kostete, gehört, Oder davon, daß sie ihre Höfe wegen Blutvergießens verließen . . .[13]?«

Florenz hatte im Kampf gegen Giangaleazzo die letzten Reserven eingesetzt. Nach seinem Tod erfolgte die langwierige Belagerung der Stadt Pisa. Der Staat stand dem Bankrott nahe. Die plötzliche Befreiung von dem starken äußeren Druck führte dann aber zur Überraschung vieler zu einer Art Boomstimmung. Die Grundstückspreise stiegen. Nach

---

[11] W. Hung, Tu Fu, S. 43 ff.
[12] Schafer, The Golden Peaches of Samarkand, S. 8 f.
[13] Nach Hung, a. a. O., S. 203.

einer Schätzung Gregorio Datis, der 1407/08 schrieb, war das Vermögen der Florentiner zu jener Zeit bereits um ein Viertel gewachsen[14]. Viele von ihnen führten ein luxuriöses Leben. Die Tätigkeit ihrer Banken erstreckte sich auf die gesamte zivilisierte Welt. Von 1430 bis 1480 waren die Medici das größte Bank- und Handelshaus Europas. Umfang und Güte der einheimischen Textilproduktion sicherten die Überlegenheit der Florentiner im internationalen Wollhandel. Der neugewonnene Zugang zur See verstärkte ihre Stellung im überseeischen Geschäft.

Zwei Umstände beeindruckten die griechischen Delegierten, die dem Konzil von Florenz beiwohnten, besonders, die Härte, mit der die Florentiner arbeiteten, und der Luxus der Kleidung, die sie an Feiertagen anlegten[15]. Die Kriege von 1423 bis 1454 stellten noch einmal große Ansprüche an die Mittel der Florentiner[16]. Danach nahm ihr Wohlstand so zu, daß in der zweiten Jahrhunderthälfte nur die Venezianer noch mit ihnen wetteifern konnten. Zahlreiche Florentiner waren finanziell völlig unabhängig. Seinen höchsten Wohlstand erlangte Florenz um 1480/90. Die Prosperität fand ihren Ausdruck auch in prächtigen Festen[17]. Die Bevölkerung vermehrte sich damals in einer Weise, daß Lorenzo 1488 den Papst bitten mußte, in den Klostergärten außerhalb der Stadtmauern neue Häuser bauen zu dürfen.

Auch in *Frankreich* haben wir vor und während der Kulturblüte einen ausgeprägten materiellen Aufschwung. Trotz der Mißernten von 1660 und 1662 erlebte es in den ersten Jahrzehnten der Herrschaft Ludwigs XIV. einen Wohlstand wie nie zuvor.

II.3. Die Freisetzung moralischer Energien

Wir kommen nun zu der Freisetzung moralischer Kräfte, die sich vor allem als soziale Nivellierung, Rückgang der Religiosität und Nachlassen des Gemeinsinns äußert. Sie bedeutet eine gewisse Emanzipation des Individuums von der Gesellschaft und geht daher in ihrem Verlauf häufig in politisch-sozialen Verfall über.

Einebnung hierarchischer Strukturen

Seit der Mitte des 5. Jh. begannen sich die hierarchischen Strukturen der athenischen Gesellschaft fühlbar einzuebnen. Die Zeit, in der der Adel die führende Stellung innegehabt hatte, näherte sich ihrem Ende. Ein wesentlicher institutioneller Schritt in dieser Richtung waren die Reformen des Ephialtes. Er entmachtete 462 den Areopag, den alten Adelsrat, und nahm ihm alle politischen Rechte; nur die Blutgerichtsbarkeit und gewisse Aufsichtsrechte in sakralen Angelegenheiten wurden ihm belassen. Damit waren die letzten Spuren einer Regierung, die das souveräne Volk bevormundete, beseitigt[18]. Durch

---

[14] H. Baron, The Crisis of the Early Italian Renaissance, S. 364f.
[15] Cronin, a. a. O., S. 34.
[16] Nicolai Rubinstein, The Government of Florence under the Medici, Oxford 1966, S. 88.
[17] A. Chastel, Art et Humanisme à Florence au temps de Laurent le Magnifique, S. 183.
[18] Ed. Meyer, a. a. O., S. 540.

die Geldentschädigung für die Inhaber aller durch das Los besetzten Staatsstellen wurde es auch minderbemittelten Bürgern möglich, diese Posten zu bekleiden. Mit dem Richtersold eröffnete man auch den ärmeren Schichten das Amt des Geschworenen. Die Volksgerichte wurden geradezu eine Domäne der einfachen Athener; mit der Zeit bildete sich eine Art Richterproletariat heraus, das die Spottlust der Komödie herausforderte[19]. Diese Entwicklung zeigt deutlich, welche soziale Nivellierung eingetreten war. Der Verfasser der Schrift »Vom Staate der Athener« erklärte ironisch, daß die attische Demokratie ihren Zweck, den Adel zugrundezurichten, aufs beste erreicht habe. Für diesen konservativen Zeitkritiker und Euripides hatten die Aristokraten keine wesentliche gesellschaftliche Funktion mehr. Beide Autoren kennen nur noch den Unterschied zwischen arm und reich. Aber auch dieser Gegensatz verlor an sozialer Bedeutung. Euripides läßt in seinen Dramen immer mehr die bedürftigen Leute hervortreten. Am Ende des 5. Jh. hatte in der Praxis wahrscheinlich auch die unterste Klasse der freien Bürger, die Theten, deren Selbstbewußtsein durch den Sieg von Salamis, den Massenwohlstand und die vorangegangene institutionelle Entwicklung schon ungemein gestiegen war, Zugang zu allen Staatsämtern[20].

Im 4. Jh. spielen dann nur noch drei Angehörige alter Adelsgeschlechter im öffentlichen Leben Athens eine Rolle, Konon, Timotheos und Lykurgos. Der Prozeß war abgeschlossen.

Eine ähnliche Entwicklung fand im *China* der frühen T'ang statt. Die großen Adelsfamilien verloren im Laufe des 7. Jh. an Bedeutung. Sie gingen in der viel breiteren Schicht des »Landadels« auf. Die Beamten, auch die hohen, wurden immer ausschließlicher aufgrund von Examina eingestellt, die objektiv durchgeführt wurden und an denen grundsätzlich jeder teilnehmen konnte. Die so ausgewählten Staatsdiener erlangten in der chinesischen Gesellschaft den entscheidenden Einfluß[21]. Besonders am Ende des 7. Jh. unter der Kaiserin Wu wurden die Prüfungen sehr sachlich durchgeführt. Während ihrer Herrscherzeit verzeichneten die Beamten einen großen Machtzuwachs[22]. Dies bedeutet, daß sich in China ein prinzipiell egalitäres Konzept durchgesetzt hatte.

Auch in *Florenz* ist im 15. Jh. eine soziale Nivellierung zu beobachten. Die Medici stützten ihre Macht nicht mehr auf die kaufmännische Oligarchie, die noch in den ersten Jahrzehnten des Jahrhunderts maßgebend gewesen war, sondern auf die Kleinbürger[23]. Der Große Rat, der 1494 eingerichtet wurde, umfaßte 3000 Mitglieder, und dies in einer Stadt von etwa 100 000 Einwohnern[24].

Auch in *Frankreich* ebneten sich während der Kulturblüte die hierarchischen Strukturen ein. Ludwig XIV. konnte es sich erlauben, Persönlichkeiten, die nach den bisherigen Maßstäben sozial wenig oder nichts bedeutet hatten, mit den höchsten Staatsämtern zu

---

[19] Julius Beloch, Die attische Politik seit Perikles, Leipzig 1884, S. 9.
[20] Oxford Classical Dictionary, S. 1063.
[21] E. O. Reischauer/J. K. Fairbank, East Asia, The Great Tradition, S. 186.
[22] Reischauer/Fairbank, a. a. O., S. 190.
[23] Arnold Hauser, Sozialgeschichte der Kunst und Literatur, München 1967, S. 300.
[24] F. Schevill, History of Florence, S. 439.

betrauen. Er nahm alle Minister aus dem Bürgerstand[25] und adelte 6000 Bürgerliche[26]. Saint-Simon nannte ihn verächtlich einen »roi des commis«. Den hohen Adel überhäufte er zwar mit äußeren Ehren, nahm ihm aber jeden realen Einfluß und drückte ihn auf rein zeremonielle Funktionen hinab. Ein bemerkenswertes Symptom für die weitgehende Einebnung der überkommenen hierarchischen Strukturen ist auch die neue Stellung der Frau. Die Frauen der höheren Gesellschaftsschichten erlangten gegenüber ihren Ehemännern eine praktisch völlig selbständige Position.

Rückgang der Religiosität

Die Lockerung der Integration während der Kulturblüte zeigt sich auch in einem Rückgang der Religiosität.

In *Athen* ersieht man diese Entwicklung deutlich aus dem Schaffen der drei großen Tragiker. Äschylos ist noch von einem festen Glauben an die Götter durchdrungen. Ihre Größe findet er geradezu überwältigend. Sie sind für ihn tatsächlich so, wie sie die Überlieferung schildert. Die sittliche Weltordnung hält er für unverbrüchlich und das Schicksal für unentrinnbar. Bewußt versucht er eine Theodizee, die auf der anderen Seite ein Indiz dafür ist, daß der überkommene religiöse Glaube schon für seine Zeitgenossen nicht mehr ganz selbstverständlich war. Tatsächlich begann noch während seines Lebens der religiöse Umbruch. Er selbst hat ihn in den Eumeniden und im Prometheus in mythischer Form geschildert.

Sophokles war ebenfalls gläubig. In seinen Glauben mischt sich aber nicht mehr wie Äschylos Grauen. Auch für ihn ist die sittliche Weltordnung Gesetz und Glaubenssatz. Während Äschylos zuweilen noch die Götter selbst auftreten ließ, bewegt sich die Tragödie des Sophokles ganz im menschlichen Bereich; die Götter haben bei ihm ihr gewaltiges überirdisches Wesen verloren, so wie sie sich im Parthenonfries, dessen Entstehung in seine Blütezeit fällt, nach der Art sterblicher Wesen miteinander unterhalten und den Festzug der Panathenäen betrachten. Er zeigt auch schon eine gewisse pessimistische Resignation: »Nichts als Schatten und Traumbilder sind die Menschen«. Hinsichtlich seiner religiösen Überzeugung spricht er zwar noch aus: »Ich behaupte, daß dies und überhaupt alles, was die Menschen trifft, das Werk der Götter ist.« Er fügt aber bereits hinzu: »Wer diese Ansicht nicht bekennen will, der mag bei seinem Sinn bleiben und ich bei dem meinen.«

Bei dem nur 16 Jahre jüngeren Euripides ist diese Entwicklung noch weiter fortgeschritten. Während Sophokles noch an die Sage glaubte und nur versuchte, ihren Inhalt menschlich begreiflich zu machen, stand ihr Euripides, obwohl auch er sie als Stoff verwandte, vom religiösen Standpunkt ablehnend gegenüber. Er ist voller Skeptizismus und betont: »Wenn Götter Böses tun, sind's keine Götter.« In manchen Dramen leugnet er sie geradezu: »Und da sagt man, daß im Himmel Götter sind? Sie sind nicht, nein, wenn nicht die Menschen töricht den alten Fabeln Glauben schenken wollen.«

---

[25] Eberhard Weis in: Schieder, Handbuch der europäischen Geschichte, Bd. IV, S. 180.
[26] C. Burckhardt, Richelieu, Der Aufstieg zur Macht, S. 266.

Die in den letzten Jahrzehnten des Jahrhunderts aufkommende rationalistische Haltung tötete die Tragödie endültig. Sophokles und Euripides hatten keine Nachfolger. Der Historiker Thukydides, der um jene Zeit schrieb, selbst Atheist und Vernunftmensch, schildert, wie die Athener um 430 begannen, Gottesfurcht zu verlernen und religiöses Brauchtum zu verachten.

Die Gesellschaft macht während der Kulturblüte einen eigentlichen Umbruch in allen Bereichen, auch im religiösen, durch. Manche Gesellschaftsangehörige stehen an der Spitze dieser Entwicklung, wie in Athen Alkibiades, dessen Orgien, bei denen alles Heilige verspottet wurde, um 416 der Komödiendichter Eupolis in den »Bapten« darstellte; andere, konservativer Eingestellte oder weniger Empfängliche, bleiben zurück. In Athen unternahmen ab etwa 430 konservative Kreise alles, um die Religiosität zu fördern. Je mehr der alte Glaube schwand, desto stärker wurde er von ihnen gestützt. Sophokles führte kraft seines Priesteramtes 420 den Asklepioskult ein. Um dieselbe Zeit gelangte das penteterische Hephästos-Fest zur Aufnahme. Verfallene und halbvergessene Heiligtümer wurden neu eingefriedet und die Anerkennung der eleusinischen Göttinnen Demeter und Persephone als panhellenische Gottheiten angestrebt[27]. – So geschieht es leicht, daß sich die Anschauungen der Gesellschaftsangehörigen im Verlaufe von Kulturblüten auseinanderentwickeln. Die moralische Geschlossenheit der Gesellschaft geht verloren. Dies kann zu einem allgemeinen *sozialen Malaise* führen.

Kaum, daß die athenische Kulturblüte ihren Gipfelpunkt erreicht hatte, provozierte die Unsicherheit der Gesellschaft Repressionsmaßnahmen, wie sie in Athen bis dahin unbekannt gewesen waren. Das Gesetz des Diopeithes legte um 430 fest, daß diejenigen, die an die Götter nicht glaubten oder Lehren über überirdische Dinge verbreiteten, gerichtlich belangt werden sollten. Auf dieses Gesetz stützten sich Diopeithes und Kleon, als sie den Philosophen Anaxagoras anklagten und ihm auch seine Behauptung, die Sonne sei eine Feuermasse, zum Vorwurf machten. Als Diagoras in den »vom Turm stürzenden Reden« die Existenz der Götter leugnete, wurde er für das ganze Reichsgebiet geächtet. Protagoras wurde 415 wegen seiner agnostischen Schrift über die Götter zur Rechenschaft gezogen. Das Werk selbst verbrannte man auf dem Markt. Der greise Philosoph mußte fliehen. Alkibiades warf man vor, in seinem Haus die Mysterien von Eleusis profaniert zu haben.

Sokrates beschuldigte man auch, nicht an die Götter zu glauben, an die der Staat glaube, sondern neue dämonische Wesen einzuführen. Die Richter verurteilten ihn zum Tode. Ihre Verblendung zeigt der Umstand, daß der Philosoph im Grunde seines Wesens gläubig und fromm war. Noch wenige Jahrzehnte zuvor hätte es an dem sozialen Mißtrauen gefehlt, ohne welches ein solches Gerichtsverfahren nicht denkbar ist. Denn solche Vorgänge bringen nicht etwa die starke Religiosität einer in sich geschlossenen Gesellschaft zum Ausdruck. Als die Athener tatsächlich noch religiöser waren, hatten die

---

[27] Vgl. dazu Eduard Meyer, Geschichte des Altertums, Bd. IV Teil 2, Der Ausgang der griechischen Geschichte, Darmstadt 1956⁴, S. 200.

»neumodischen« Sätze über die Natur von Sonne und Mond bei ihnen nur staunendes Befremden ausgelöst. Erst als sich die Integration der Gesellschaft stärker gelockert hatte, riefen sie moralische Entrüstung hervor[28].

In *China* kam es seit dem Beginn des 8. Jh. zu einem Rückgang der zuvor beträchtlichen Religiosität. Der Einfluß des Buddhismus ließ entscheidend nach. Die Kunst wurde weltlich[29].

Anders als die Historiker des 19. Jh. glaubten, war das *Florenz* des fortgeschrittenen 15. Jh. noch religiös. Selbst die meisten seiner Intellektuellen waren bis in die zweite Hälfte des 15. Jh. im eigentlichen Sinne des Wortes gläubig. In ihrer Mehrzahl waren sie auch noch unter Lorenzo Angehörige frommer Vereinigungen, die sich um die Erneuerung der Kirche bemühten. Noch gegen Ende des Jahrhunderts besaß keine andere italienische Stadt so viele religiöse Bruderschaften, die für die Kranken und Armen sorgten. Marsilio Ficino, der philosophische Hauptvertreter der florentinischen Renaissance, war gläubiger katholischer Priester, der häufig die Kanzel bestieg und die Harmonie zwischen platonischer Philosophie und christlichem Glauben nachzuweisen versuchte. Nach seiner Ansicht ist Philosophie von Religion überhaupt nicht zu trennen: Philosophie muß religiös und Religion philosophisch sein. Es spricht manches dafür, daß auch seine platonische »Akademie« eine Art Laienbruderschaft war[30]. Die religiöse und prinzipiell kirchentreue Einstellung der Humanisten des 15. Jh. erlaubte es den Päpsten auch, sie als Sekretäre zu beschäftigen, so Poggio, der trotz seiner berüchtigten Spottsucht ein dogmengläubiger Christ war.

Trotz allem ist aber unverkennbar, daß im Verlaufe des 15. Jh. die Religiosität der Florentiner nachließ und die Verweltlichung des Lebens immer mehr zunahm. Alberti hob in seinen Schriften nur noch die menschliche und gesellschaftliche Funktion der Kunst, nicht mehr ihre religiöse hervor. Die italienischen Humanisten säkularisierten die Geschichtsschreibung vollständig und ließen in ihrem Geschichtsbild für die göttliche Vorsehung keinen Platz mehr; sie erörterten die kirchliche Geschichtsauffassung nicht einmal mehr[31]. Es traten auch prominente Männer auf, die wie der erwähnte Poggio – ganz ähnlich wie während der französischen Kulturblüte Kardinal Retz und Molière – in religiösen Dingen ein zweifelhaftes Licht nicht scheuen. Luigi Pulci, der Verfasser des Morgante, war als Dichter amoralisch. Die Kirche verweigerte ihm als Ungläubigem 1484 sogar ein christliches Begräbnis, wie es später auch Molière widerfuhr, nachts begraben werden zu müssen, um einen Platz in geweihter Erde zu erhalten. Dennoch wird versichert, daß Pulci im tiefsten Inneren gläubig gewesen sei. Und in der Tat zeigen weite Teile seiner Dichtung ein echt religiöses Empfinden. Auch Leonardo gibt Rätsel auf. Vasari schrieb in der ersten Auflage der Lebensbeschreibung dieses Künstlers, er sei von einer so ketzerischen Geistesverfassung gewesen, daß er keine Religion gehabt habe. Vielleicht

---

[28] Hierzu Ed. Meyer, a.a.O., S.136.
[29] Reischauer/Fairbank, a.a.O., S. 187.
[30] Paul O. Kristeller, Lay Religious Traditions and Florentine Platonism, in: Studies in Renaissance Thoughts and Letters, Rom 1956, S. 99 ff.
[31] Eduard Fueter, Geschichte der neueren Historiographie, Berlin 1911, S. 12.

habe er es vorgezogen, Philosoph anstatt Christ zu sein. Vieles spricht dafür, daß Vasari recht hatte. Dennoch war Leonardo kein Materialist oder Atheist. Er sah Geist in der Materie und glaubte an die Unsterblichkeit der Seele. Zuweilen sprach er auch von der »Gottheit«. »Kraft« definierte er als eine »geistige Fähigkeit«.

Die Religiosität ließ dann allerdings rasch weiter nach. Um die Mitte des 16. Jh. ist der einzige florentinische Künstler, dessen Gemälde noch von religiösen Ideen inspiriert sind, Michelangelo. Savonarola war ein Protest gegen ein Jahrhundert des Umbruchs, der Neuerungen und der schwindenden Religiosität. Er selbst stammte aus einer paduanischen Familie. Sein Auftreten in Florenz führte zu Erscheinungen, die zeigen, wie unsicher die florentinische Gesellschaft in Angelegenheiten des Glaubens geworden war. Während seines zweiten Aufenthaltes in Florenz (ab 1490) gewann er mit seinen Appellen zur Buße einen außerordentlich großen Einfluß, der nach dem Tode Lorenzos noch stieg. Schließlich wurde er der entscheidende Mann im Staate und brachte die Florentiner sogar dazu, aus ihrem geliebten Karneval ein Fest der Reue zu machen. 1497 verbrannten die Florentiner am Faschingsdienstag Kunstwerke von enormem Wert. Man könnte hierin einen Beweis für die unverminderte Religiosität des florentinischen Volkes sehen, wenn nicht ein Jahr später derselbe Savonarola auf dem Scheiterhaufen geendet hätte, ohne daß sich eine Hand für ihn rührte. Sein Aufstieg zeigt nur die zeitweilige Reaktion eines Teils des florentinischen Volkes auf den Rückgang der Religiosität. Sein Ende beweist, daß ein anderer Teil der florentinischen Gesellschaft für alles andere als religiöse Einkehr war. Auch hier haben wir also eine starke Polarisierung der Anschauungen. Auf der einen Seite standen die Anhänger Savonarolas, mehr den demokratischen »progressiven« Kreisen zugehörig; sie wurden von der Gegenpartei als »frateschi«, als »piagnoni« (Heultanten) oder auch als »masticapaternoster« (Vaterunserkauer) bezeichnet. Die Gegner des Mönches kamen vorwiegend aus der konservativen Schicht; sie erhielten den bezeichnenden Spitznamen »arrabbiati«, die »Tollwütigen«.

In *Frankreich* war die Religiosität in einem früheren Entwicklungsstadium als in Athen und Florenz zurückgegangen. Ein sicheres Indiz dafür ist auch das Verebben der religiösen Reformbewegung um 1640/50[32]. – Dem englischen Philosophen Locke, der 1679 Frankreich bereiste, fiel auf, daß die Fastenzeit in keiner Weise beachtet wurde; das Benehmen in den Kirchen fand er beklagenswert schlecht. Ähnliche Beobachtungen gab Marana in seinem »Türkischen Spion« (1684 ff.) wieder. Stark übertreibend, nicht aber ohne einen gewissen Kern Wahrheit schrieb 1699 Liselotte von der Pfalz über den Glauben, »der nun hir im lande dermaßen erloschen ist, daß man schir keinen jungen Menschen mehr sieht, so nicht athée sein will . . .«

Dem Rückgang der Religiosität entspricht das gleichzeitige Vordringen des Rationalismus. Literarische Marksteine dieser Entwicklung sind Malebranches Abhandlung »Über die Suche nach der Wahrheit« (1674/75), die »Kritische Geschichte des Alten Testaments« Richard Simons (1678), ferner Fontenelles »Gespräche über die Vielheit der Welten« (1686), dessen »Geschichte der Orakel« (1687) und »Gedanken über den Kometen« (1682) sowie schließlich das »Historisch-kritische Wörterbuch« (1695–1697) von

---

[32] A. Bourde, in Schieder, Handbuch der europäischen Geschichte, Bd. III, S. 817.

Pierre Bayle. Malebranche räumt überall da, wo ein Konflikt zwischen Glauben und Vernunft droht, letzterer den Vorrang ein. Die Freiheit Gottes schwindet in seinem System zu einem Nichts. Nicht Descartes, sondern erst er war es, mit dem die rationalistische Bewegung begann[33]. – Richard Simon betrachtet den Text der Bibel nach rein rationalen Maßstäben. Er ordnet die Theologie der Bibelkritik unter. Seine Arbeit ruft eine ganze Richtung der Bibelauslegung ins Leben[34]. Fontenelle greift den Wunderglauben an. Er popularisiert wissenschaftliche Erkenntnisse über die Sonne, den Mond und andere Himmelskörper, Entdeckungen, die Kopernikus, Kepler, Newton und andere gemacht hatten. Bayle wendet in seinem Wörterbuch neue kritische Methoden an. Überlieferte Anschauungen untersucht er auf ihren Wahrheitsgehalt. Es ist sein Ziel, religiösen Wundern natürliche Erklärungen zu geben, sie also der Vernunft verständlich zu machen. Er ist Skeptiker, Rationalist und Atheist[35]. Am Ende des 17. Jh. herrschen in Frankreich die Schüler Descartes[36]. An die Stelle der religiösen Bindungen ist das individuelle Gewissen getreten. Die Entwicklung führt direkt zu Voltaire, den Enzyklopädisten und den Materialisten des 18. Jh.

Der Rückgang der Religiosität läßt sich natürlich bei allen Konfessionen beobachten, auch bei den Hugenotten. Dies machte es zur Zeit der Aufhebung des Edikts von Nantes möglich, sie in ihrer Mehrzahl friedlich zu bekehren, zumal die Konvertiten mit Ämtern, Steuerprivilegien und geldlichen Vergünstigungen, die aus einem eigens dafür geschaffenen »Bekehrungsfonds« kamen, belohnt wurden. Die vielen anderen, die das Martyrium oder die Flucht aus Frankreich dem Wechsel der Religion vorzogen, sind kein Gegenbeweis gegen die These von dem grundsätzlichen Nachlassen der Religiosität; sie zeigen nur, daß, wie die französische Gesellschaft allgemein, so auch die Hugenotten in sich gespalten waren und einen starken »konservativen« Flügel aufwiesen. Die plötzlich auftretende Intoleranz gegen die Hugenotten ist ja überhaupt typisch für die Unsicherheit, zu der die Lockerung der Integration auch in dieser Gesellschaft geführt hatte; sie ist sozialgeschichtlich eine den Religionsprozessen der Athener und den florentinischen Reaktionen auf Savonarola durchaus vergleichbare Erscheinung.

Diese Annahme wird durch zwei Beobachtungen bestätigt. Einmal waren auch so hervorragende und humane Persönlichkeiten wie Bossuet, Madame de Sévigné, La Fontaine, La Bruyère, Arnauld und Nicole für die Wiederherstellung der Glaubenseinheit, trotz aller Härten, die die Bekehrungskampagne bedeutete. Zum anderen fällt die Unterdrückung der protestantischen Religion zeitlich ziemlich genau zusammen mit anderen Repressionsmaßnahmen, wie sie für Gesellschaften, deren Integration sich plötzlich stärker zu lockern beginnt und die deshalb von einer gewissen Unruhe ergriffen werden, bezeichnend sind. So wurde 1683 die Zensur ganz wesentlich verstärkt. Hiervon wird noch zu sprechen sein. Die sog. religiöse Partei gewann auch sonst immer mehr Einfluß auf die

---

[33] A. Adam in: Histoire des littératures, Bd. III, Littératures françaises, connexes et marginales, Hrsg. Raymond Queneau, Paris 1958, S. 528.
[34] Paul Hazard, Die Krise des europäischen Geistes, Hamburg 1939, S. 233.
[35] Hazard, a. a. O., S. 194.
[36] Hazard, a. a. O., S. 162.

Staatsgeschäfte. Colbert hatte die »Devoten« so wenig wie möglich herangezogen und ihren Einfluß zurückzudämmen versucht. Nach seinem Tode (1683) behandelte sie jedoch Louvois, der nunmehr maßgebend war, mit Schonung. Als auch er gestorben war (1691), gelang es ihr, für ein Jahrzehnt die Macht an sich zu ziehen. Wahrscheinlich spielen auch bei dieser Entwicklung rein personelle Faktoren eine viel geringere Rolle, als man auf den ersten Blick anzunehmen geneigt ist. »Wenn Gott uns nicht hilft«, schreibt Abbé du Bos 1696, »wird man bald die Hälfte der Städte in Klöster verwandeln und die Hälfte der Bibliotheken in religiöse Literatur«. Zu jener Zeit begannen die Kanzelredner auch, sich gegen Theater und Romanliteratur zu wenden. Holländische Zeitungen meldeten bereits die bevorstehende Schließung der Pariser Theater[37]. Der einst so offene Bossuet bezog zu jener Zeit eine Position herrischer Unbeweglichkeit[38].

Nachlassen des Gemeinsinns

Das Nachlassen des Gemeinsinns ist das dritte wesentliche Indiz für die Freisetzung moralischer Energien. In *Athen* begann sich die breite Masse seit der Mitte des 5. Jh. immer schamloser auf Kosten des Gemeinwesens zu bereichern. Die gesamte Staatsverwaltung wurde in steigendem Maße auf den kurzsichtig verstandenen rein materiellen Vorteil der großen Zahl abgestellt. Mit dem Theorikon war der Staatsschatz ursprünglich jährlich mit nur zwei Talenten belastet worden. Es wurde dann erhöht und kam schließlich sogar den Wohlhabenden zugute. Im 4. Jh. endlich wurden alle Überschüsse der Staatskasse für Schaugelder verwandt. Demades nannte sie den Kitt der Demokratie! Um sich die Gunst des Volkes zu sichern, waren die Demagogen an ihrer ständigen Erhöhung interessiert. Die athenische Finanzpolitik wurde darauf ausgerichtet, möglichst große Ersparnisse zu diesem Zweck zu machen. Auf anderweitig notwendige Ausgaben wurde dabei keine Rücksicht genommen. Insbesondere wurde auch die militärische Bereitschaft vernachlässigt.

Eine ähnliche Entwicklung nahmen die Richterdiäten. Viele strebten ein Richteramt nur ihretwegen an. Die Richterstellen wurden entsprechend vermehrt. Es gab 200, 500 und schließlich 1000 Richter. Während die Diäten zunächst nur *einen* Tagelohn ersetzen sollten, trat Kleon mit Erfolg für ihre Erhöhung auf das zwei- und dreifache ein. Auch befürwortete er, daß die Mitglieder des Großen Rates und alle Teilnehmer an der Volksversammlung ebenfalls Diäten erhielten, eine Regelung, die zu Beginn des 4. Jh. verwirklicht wurde.

Das Ergebnis mit allen seinen Konsequenzen zeigte sich im folgenden Jahrhundert. In seiner gegen 390 entstandenen Komödie »Plutos« schildert Aristophanes den Zukunftsstaat, in dem alles Privateigentum Gemeinschaftsbesitz wird und in welchem die Hauptsorge des Mannes ist, täglich rechtzeitig zu dem auf öffentliche Kosten bereiteten Festessen zu kommen. Demosthenes machte den Athenern schwerste Vorwürfe, daß sie über ihren Festen den Feind vergaßen und für die Panathenäen und Dionysien mehr Geld auf-

---

[37] Antoine Adam, Histoire de la littérature française au XVIIe siècle, Bd. V, La fin de l'école classique 1680–1715, Paris 1962, S. 8.

[38] Adam, a. a. O., S. 111, 113.

wendeten als für die Ausrüstung der Schiffe. Um die Mitte des 4. Jh. faßte das Volk sogar den Beschluß, jeden, der den Antrag stelle, daß die Schaugelder für militärische Zwecke verwandt werden sollten, mit dem Tode zu bestrafen. Gleichzeitig ließ die öffentliche Moral auf anderen Gebieten bedenklich nach. Zu einem eigentlichen Krebsschaden entwickelten sich die Sykophanten, die von öffentlichen Anklagen lebten; Unschuldige erpreßten sie, indem sie ihnen mit Strafprozessen drohten. Von den Gerichten, die mit Hunderten unbemittelter Bürger besetzt waren, deren Diäten aus der Erhebung von Geldstrafen und der Konfiskation von Vermögen verurteilter Bürger bestritten wurden, war keine Gerechtigkeit zu erwarten. Sie handelten nur allzu oft nach dem Vers des Aristophanes: »Ihr bringt euch selbst ums Brot, ihr Richter, wenn ihr den Angeklagten nicht verurteilt.« Die Schädlichkeit der Sykophanten war allgemein anerkannt. Die Volksversammlung erhielt das Recht, jedes Jahr drei Sykophanten, die es besonders schlimm getrieben hatten, den Gerichten zur Aburteilung zu überweisen. Die Institution selbst aber wurde nicht beseitigt, obwohl dies durch die Einrichtung einer öffentlichen Anklagebehörde leicht möglich gewesen wäre. Könnte es ein bedenklicheres Indiz für den Verfall der staatsbürgerlichen Gesinnung im damaligen Athen geben?

Die Anliegen der Gemeinschaft wurden immer mehr hinter den persönlichen Interessen zurückgestellt. In Athen hatte die Architektur stets den öffentlichen Interessen gedient. Die Bürger hatten ihre Häuser bewußt bescheiden gehalten, um sie gegenüber den öffentlichen Bauten nicht zu sehr hervortreten zu lassen. Sie handelten so, wie die Gesellschaft dies von ihnen erwartete. Seit 440/430 entwickelte sich auch insoweit eine neue Einstellung, die sich unter anderem darin äußerte, daß Alkibiades ungeachtet des Skandals, mit dem er rechnen mußte und den er tatsächlich auch erregte, die Ausgestaltung seines Hauses einem berühmten Künstler anvertraute.

Auch auf politischem Gebiet kam es frühzeitig zu einer Polarisierung der Ansichten, zu jenem sozialen Malaise, von dem bereits die Rede war. Es hatte mehrere Aspekte. Schon 440 versuchte die orthodoxe Priesterpartei, die Freiheit der Komödie, die man immer, selbst im religiösen Bereich, respektiert hatte, zu unterdrücken und ein Verbot des persönlichen Komödienspotts durchzusetzen. Aristophanes wurde strafrechtlich belangt, weil er in den »Babyloniern« (426) den Demagogen Kleon lächerlich gemacht hatte. – Die ältere Generation geriet in Gegensatz zu der radikalen Jugend, die Euripides in den Phönizierinnen und im Kyklops karikierte. – Gegenüber der breiten Masse organisierten sich die Oligarchen in einer Art Klubs, »Hetairiai« genannt, deren Mitglieder sich auch vor den Geschworenengerichten und bei Wahlen gegenseitig unterstützten. Dem herrschenden demokratischen Regime waren sie feindlich gesinnt. Sie verhalfen den »Vierhundert« und den »Dreißig Tyrannen« zur Macht, deren achtmonatige Schreckensherrschaft 404 etwa 1500 Athenern das Leben kostete[39].

Die bis zur Mitte des 5. Jh. so toleranten Athener begannen in den 30er Jahren jenes Jh. plötzlich reine Gesinnungsverbrechen zu kennen; so wurden Aspasia, die Frau des Perikles, und der Philosoph Anaxagoras wie einst schon Themistokles – dieser aber im Sinne

---

[39] Ed. Meyer, Geschichte des Altertums, V. Bd., Das Perserreich und die Griechen, Der Ausgang der griechischen Geschichte 404–350 v. Chr., Darmstadt 1958[4], S. 34.

hochverräterischer Beziehungen – des »Medismus« angeklagt. Eine Gesellschaft, deren Integration noch nicht beeinträchtigt ist, bewirkt die »richtige« Gesinnung nicht durch Strafgesetze; sie hat dafür wirkungsvollere Mittel.

Das weitverbreitete Malaise kommt auch in der Schrift »Vom Staate der Athener« zum Ausdruck, die die Mißstände der athenischen Demokratie anprangert, welche, wie sie sagt, eine »Ponerokratie«, also eine Herrschaft der Schlechten, sei. Aristophanes übt in den »Rittern« zur selben Zeit ganz ähnliche Kritik: Kleon schildert er als Sklaven des Herrn Demos, den er durch Schmeichelei, Aneignung fremden Verdienstes und Brutalität von sich einnimmt. Ein Orakel läßt der Dichter sagen, daß der skrupellose Demagoge durch einen noch skrupelloseren aus dem Sattel gehoben werde. Dieser findet sich in der Person eines Blutwurstverkäufers . . . – Dieses Unbehagen an Staat und Gesellschaft – und gerade dies ist charakteristisch – erklärt sich zureichend weder aus der schwierigen äußeren Situation noch aus einer besonders schlechten materiellen Lage. Die neue Haltung gegenüber der Gesellschaft bedeutet ein entschiedenes Zunehmen von Gleichgültigkeit und Egoismus gegenüber der Gemeinschaft. Sie geht aber bei vielen Gesellschaftsangehörigen – und gerade das ist wiederum für diese Entwicklungsphase charakteristisch – darüber hinaus, bis zu einer direkten Feindseligkeit gegen die Gemeinschaft.

423 brachten Aristophanes' »Wolken« die Unzufriedenheit mit den herrschenden Zuständen auf die prägnante Formel, Athen sei »nicht mehr in Ordnung«. In den »Vögeln« entwickelte derselbe Dichter 414 das Märchenmotiv der Flucht in das Vogelreich; sie zeigen die Staatsmüdigkeit weiter Kreise Athens ebenso wie der »Monotropos« des Phrynichos, der im selben Jahr aufgeführt wurde. Es ist die Zeit des sizilianischen Unternehmens, das mit einem einzigartig charakteristischen Vorgang begonnen hatte.

415 wurden am Vorabend des Auslaufens der Flotte des Alkibiades fast alle Hermen, die in großer Zahl auf den Straßen und Plätzen Athens aufgestellt waren, verstümmelt. Die Urheber dieser Untat wurden nie sicher ermittelt. Für die damalige Stimmung der Athener ist jedoch charakteristisch, daß man Alkibiades der Tat bezichtigte und den Hermenfrevel als einen Anschlag auf die bestehende Staatsordnung hinstellte. Wie sehr der Parteisinn das Gefühl für das Gemeinwohl bereits beeinträchtigt hatte, zeigt der weitere Gang der Ereignisse. Die Gegner des Alkibiades brachten es mit ihren leichtfertigen und unbewiesenen Beschuldigungen fertig, daß er von der Spitze der athenischen Flotte, die inzwischen schon ausgelaufen war und in ihrer Sicherheit von seiner Führung abhing, abberufen wurde. Die Folge war, daß das Vorhaben kläglich scheiterte und die überlebenden Athener erbärmlich in den Steinbrüchen von Syrakus verendeten. Alkibiades seinerseits handelte nicht besser. In Messana, wohin er flüchtete, verriet er die Namen der Parteigänger Athens, die von ihren Gegnern sofort umgebracht wurden. Den Spartanern gab er wertvolle Ratschläge, die für den weiteren Verlauf des Krieges entscheidend wurden. Dieser Angehörige des vornehmsten athenischen Adelsgeschlechts, der eben noch der führende Mann in seiner Heimatstadt war, verrät sie im nächsten Augenblick in schamloser Weise. Themistokles war nach den Perserkriegen ebenfalls ungerecht behandelt worden. Er wurde verbannt und mußte später von seinem Exil fliehen, um nicht an die Athener ausgeliefert zu werden. Er suchte bei den Persern Schutz. Es wäre jedoch undenkbar gewesen, daß er sich wie Alkibiades verhalten hätte. – In diesen Zusammenhang

gehört auch der Arginusenprozeß. Die bei den Arginusen siegreichen Feldherren wurden zum Tode verurteilt, weil sie die Gefallenen nicht aus dem Meer geborgen und bestattet hatten, obwohl sie wegen eines Sturms hierzu gar nicht in der Lage gewesen waren (406).

Es mag sein, daß es sich bei diesen Vorgängen um extreme Erscheinungen handelt, während es hier vor allem auf das Typische ankommt. Oft läßt sich jedoch die Entwicklung des Typischen gerade an solchen Randerscheinungen am besten demonstrieren. – Welcher Wandel in weniger als hundert Jahren! Welche Entwicklung von Perikles' Leichenrede mit ihrem Lob der Stadt Athen über Euripides, der die Stadt noch liebt und für eine gemäßigte Demokratie plädiert, den ihr politisches Treiben aber schließlich abstößt, und Thukydides, der die Geschichte seiner Heimatstadt bereits ohne innere Anteilnahme zu schreiben scheint, zu den Gesetzen Platons, die nur noch Abneigung gegen Athen erkennen lassen! Äschylos und Sophokles hatten noch Staatsämter innegehabt und sich für den Staat aktiv eingesetzt. Euripides und Sokrates hielten sich von der Politik fern, Platon schließlich betrachtete den Staatsdienst im damaligen Athen trotz seiner entgegengesetzten persönlichen Neigungen nicht mehr als akzeptabel. Er ist gegen Demokratie und tritt für »Ordnung« ein; er verleugnet die Traditionen Athens und preist den spartanischen Staat.

Auch in *China* ließ der Gemeinsinn während der Kulturblüte nach. Der Staat verlor an Ansehen. Die ersten Anfänge dieses Prozesses lassen sich sehr weit zurückdatieren. 664 sandte der Feldherr, der die chinesischen Truppen in Korea befehligte, eine bezeichnende Denkschrift an den Kaiser. Hier heißt es unter anderem: ». . . Wenn in jenen Tagen (nämlich unter T'ai Tsung) ein Soldat im Kampf getötet wurde, sandte der Thron seiner Familie einen Beileidsbrief und verlieh ihm postum einen Rang, welchen sein Sohn erbte. Alle diejenigen, die im Kriege T'ai Tsungs nach Korea gingen, wurden auf diese Weise belohnt, aber seit dem fünften Jahr der Hsien Ching-Periode (660) wurden jene, die in den Krieg zogen und fielen, nicht einmal mehr erwähnt. Um die Toten kümmerte man sich nicht mehr. Bei jeder Aushebung kauften sich die Reichen und Mächtigen los, und nur die Armen wurden Soldat, selbst wenn sie schwach und alt waren. Nach der Eroberung von Paekche und der Belagerung von Pyong Yang erhielten die Soldaten für ihre Dienste alle Belohnungen und Beförderungen. Aber als sie heimkehrten, wurden sie . . . wie Verbrecher behandelt, von den Beamten verfolgt, um ihre Belohnung gebracht und dessen, was sie erhalten hatten, beraubt . . .[40]«

Die Macht der Gesellschaft über das Individuum ließ ganz allgemein nach. In der Literatur bestand seit etwa 700 die Tendenz, in dem Streben nach Freiheit alle Fesseln der Konvention zu sprengen. Sie zeigte sich zuerst im Süden, griff auf den Norden über, verfügte um die Mitte des Jahrhunderts bereits über eine ansehnliche Anhängerschaft und siegte allgemein um 800. Es entwickelte sich eine entsprechende Lebensphilosophie, die einen Protest gegen die überkommenen Normen und Sitten darstellte. Tu Fu etwa reflektiert sie in dem Gedicht »Acht Unsterbliche des Trinkens«[41].

---

[40] Charles P. Fitzgerald, The Empress Wu, Melbourne 1968, S. 67.
[41] Zu diesem Umbruch Ch'ēn Shou Yi, Chinese Literature A Historical Introduction, New York 1961, S. 236f.

Die Gesellschaft wurde an den bisherigen Maßstäben gemessen außerordentlich liberal. Auch der Buddhismus hörte auf, autoritär zu sein. Der südchinesische Mönch Hui Nēng (gest. 713) leitete eine Reformbewegung ein, die alles, was sich wie Texte oder Riten zwischen den Wahrheitssuchenden und die Erleuchtung stellt, ablehnte. Auch jede Disziplin und selbst eine allmähliche Initiation wurde für die angestrebte unmittelbare Erleuchtung als hemmend betrachtet. Andererseits gab es noch nicht die späteren starren Vorschriften des puritanischen Konfuzianismus. Es war also eine Zeit besonderer geistig-moralischer Freiheit. Für den damaligen Zustand ist charakteristisch, daß eine so unkonventionelle Erscheinung wie der Dichter und Beamte Ho Chih-chang (659–744) allgemeine Anerkennung finden konnte[42]. – Im staatlich-institutionellen Bereich gab es ähnliche Tendenzen. In der ersten Hälfte des Jahrhunderts kamen die Frondienste, mit deren Hilfe vor allem das Steuergetreide auf dem großen Kanal vom Süden zur Hauptstadt transportiert worden war, außer Übung. 722 wurde die Miliz durch eine Berufsarmee ersetzt, die trotz aller Vergünstigungen, die die Soldaten erhielten, immer größere Schwierigkeiten hatte, geeigneten Nachwuchs zu rekrutieren[43].

Seit den dreißiger Jahren des 8. Jh. zeigen sich auf politischem Gebiet klare Verfallserscheinungen. Die Auswahl der erfolgreichen Examenskandidaten, dieser für die Integrität und Qualität der chinesischen Verwaltung so entscheidende Prozeß, scheint seit jener Zeit nicht mehr so objektiv wie zuvor erfolgt zu sein. So bestand Tu Fu 736 das Examen nicht, obwohl er ein Mann von seltener Intelligenz und Bildung war. Bei einem späteren Versuch fiel er zwar nicht durch, erhielt aber trotzdem keine angemessene Position. Das steigende Unvermögen der Regierung, hervorragenden Männern die ihnen zukommenden Stellungen zu geben, führte zu einer Abwanderung der Talente in entlegene Provinzen, wo sie in den Dienst der Militärgewaltigen traten[44]. Auch der große Dichter Li Po, ebenfalls ein gescheiterter Examenskandidat, der zeitweilig am Kaiserhof gelebt und die Gunst Ming Huangs genossen hatte, mußte Intrigen weichen.

736 wurde Li Lin-fu Premierminister und erlangte damit ein Amt, das er fast 20 Jahre lang innehatte. Dieser Mann war ein gewissenloser Schmeichler und unbarmherziger Opportunist, der viele Unschuldige umbringen ließ. Sein Aufstieg ist ein weiteres Indiz für den Verfall, der sich im öffentlichen Leben angebahnt hatte.

737 tötete der Kaiser, bis dahin ein tüchtiger und gemäßigter Herrscher, drei seiner Söhne, darunter den Kronprinzen. Acht Jahre später machte er Yang Kuei-fei, eine Frau eines anderen Sohnes, zu seiner Geliebten. Der Anhang dieser Konkubine spielte am Hof eine immer größere Rolle; ihr Vetter, der erwähnte Li Lin-fu, wurde schließlich allmächtig. In dieser Atmosphäre bereitete sich die Verschwörung des An Lu-shan vor. Diejenigen, die den Kaiser vor seinen hochverräterischen Plänen warnten, lieferte er An Lu-shan sogar zur Bestrafung aus. Mit dieser Entwicklung ging ein wachsendes soziales Unbehagen Hand in Hand. Sehr deutlich kommt es in den pessimistischen Gedichten Tu Fus aus den vierziger und fünfziger Jahren zum Ausdruck, wie etwa in den Liedern von dem

---

[42] Zu Hui Nēng und Ho Chih-chang vgl. Ch'ēn, a.a.O., S. 237f.
[43] Reischauer/Fairbank, a.a.O., S. 189.
[44] W. Hung, a.a.O., S. 82.

»Streitwagen« und der »Schönheit«. Sie zeigen, wie brüchig das Gewebe der chinesischen Gesellschaft bereits damals geworden war, Jahre bevor das äußere Unheil über sie hereinbrach.

Wie sehr der Gemeinsinn nachgelassen hatte, zeigt schließlich auch der Aufstand An Lu-shans und Shih Ssu-mings selbst, der von 755 bis 763 dauerte. Wie die chinesischen Historiker über die Vorgeschichte dieser gewaltigen Rebellion berichten, hatte sich der Kaiser unter dem Einfluß Yang Kuei-feis leichtfertigen Vergnügungen hingegeben. Das Paar ließ sich von dem Charme eines jungen Generals barbarischer Herkunft, eben An Lu-shans, einnehmen. Yang Kuei-fei adoptierte ihn sogar und machte ihn, wie beharrliche Gerüchte wissen wollten, zu ihrem Liebhaber. An Lu-shan, der fast 200 000 Mann befehligte, rivalisierte mit dem Vetter Yang Kuei-feis um die maßgebende Stellung im Staat und erhob sich – ermutigt auch von einflußreichen reinblütigen Chinesen in Hopei – gegen den Kaiser. Er eroberte die beiden Hauptstädte Lo-yang und Tsch'ang-an. Der Souverän mußte nach Szetschuan fliehen und unter dem Druck seiner Soldaten Yang Kuei-fei hinrichten lassen. Aus Kummer dankte er ab. Sein Nachfolger Su-tsung gewann den Thron nur mit Hilfe arabischer Truppen zurück.

Dieser Aufstand erschütterte die chinesische Gesellschaft bis in ihre Fundamente. Die Desintegrationstendenzen, die ihn mit ausgelöst hatten, wurden durch ihn noch verstärkt. In der zweiten Hälfte des 8. Jh. erlangten die Befehlshaber regionaler Militäreinheiten immer größere Selbständigkeit, Generale verwandelten ihre Bezirke in Satrapien, und einigen gelang es sogar, ihre Stellung zu vererben. Zuweilen lehnten sie sich offen gegen die Zentralregierung auf. Am gefährlichsten für die Einheit des Reiches wurde ein Aufstand in Nordostchina, der 781 ausbrach und erst nach fünf Jahren niedergeschlagen wurde. Auch am Hofe selbst wuchsen die Spannungen, einmal innerhalb der Regierung selbst, sodann aber auch zwischen dieser und den Eunuchen, die zeitenweise sogar die hauptstädtischen Truppen kommandierten und den jeweiligen Kaiser zu einer bloßen Marionette zu degradieren vermochten. Verglichen mit der frühen T'ang-Zeit hatte China nur noch eine schwache Zentralregierung[45]. Die Institutionen spiegelten den Zustand der Gesellschaft wider.

Wie gesagt wurde, entwickeln sich die sozialen Auffassungen der Gesellschaftsangehörigen von einem gewissen Stadium der Kulturblüte an auseinander. So motiviert einzelne von ihnen noch längere Zeit Patriotismus, während andere – die Mehrzahl – den Sinn für das Gemeinwohl zu verlieren beginnen. Für manche bedeutende Persönlichkeit ist jetzt charakteristisch, daß sie zwar weiterhin mit starker Liebe an ihrer Heimat hängt, die Realitäten des öffentlichen Lebens jedoch derart abstoßend sind, daß sich ihr im Grundsatz eine politische Aktivität verbietet, wie wir dies schon bei Platon gesehen haben. Im China des 7. Jh. war Li Pi ein solcher Mann. Er war in seiner frühen Jugend der Spielkamerad Su-tsungs gewesen und hatte sich dann wegen der widrigen politischen Verhältnisse als Einsiedler zurückgezogen. Als Su-tsung 756 während der Rebellion An Lu-shans unter schwierigsten Umständen seinem Vater als Kaiser nachfolgte, stellte er sich ihm zur Verfügung und wurde sein engster ziviler und militärischer Ratgeber. Selbst in jener Zeit ver-

---

[45] Reischauer/Fairbank, a. a. O., S. 192.

tauschte er nur widerstrebend sein weißes Eremitengewand gegen die purpurne Kleidung eines hohen Mandarins und tat es überhaupt nur gegen die Zusage, daß er sich nach dem Ende des Krieges wieder zurückziehen dürfe. Wenn der Aufstand An Lu-shans niedergeschlagen werden konnte, so war dies wesentlich sein Verdienst. Sowie sich die Verhältnisse etwas konsolidiert hatten und Tsch'ang-an zurückerobert worden war, verwirklichte er seinen Wunsch und ging als Einsiedler in die Hêng-Berge zurück. Li Pi hat in der chinesischen Geschichte einen berühmten Vorgänger, Fan Li, der seinem Fürsten im fünften vorchristlichen Jahrhundert half, den Fürsten Wu zu besiegen, sodann jeden Lohn für seine außerordentlichen Leistungen ablehnte und, so berichten die chinesischen Historiker, mit einem leichten Wagen davonfuhr, um niemals wieder zurückzukehren. Auch dieser Vorgang ist bezeichnend; denn Fan Li lebte in einer kulturgeschichtlich vergleichbaren Zeit.

Welches soziales Malaise die chinesische Gesellschaft im Verlauf der Kulturblüte ergriffen hatte, zeigen eindrucksvoll die Thesen Han Yüs. Dieser Zeitkritiker beklagte, daß man jetzt die seit jeher bestehende soziale Ordnung über den Haufen werfen wolle, indem man das traditionelle Verhältnis des Untertanen zum Fürsten, des Vaters zum Sohne zu zerstören versuche. Bezeichnend ist auch, daß er als Gegenmittel Repressionsmaßnahmen vorschlug. Er empfahl Unterdrückung der Irrlehren und Rückkehr zum konfuzianischen Altertum: »Ohne Eindämmung keine Entwicklung, ohne Hemmung keinen Fortschritt. Man veranlasse die Leute, daß sie leben wie andere Menschen, man vernichte ihre Bücher durch Feuer, man mache ihre Häuser (d. h. die Tempel und Klöster der Anhänger Buddhas und Laotses) zu Wohngebäuden, man leite sie, indem man die Vernunftnorm der alten Könige ins rechte Licht setzt . . .«[46] Anhaltend große Sorge um das Gemeinwohl und nachlassende Religiosität sind hier eine merkwürdige Verbindung eingegangen. In dem Wechselspiel dieser Tendenzen ist auch der sozialpsychologische Ursprung der einige Jahrzehnte später beginnenden Buddhistenverfolgungen zu suchen.

Der damalige Verfall Chinas zeigt sich auch darin, daß es die Fähigkeit verlor, sich nach außen zu verteidigen. Der äußerlich sichtbare Wendepunkt ist die Niederlage am Flusse Talas (751). In dieser weltgeschichtlich entscheidenden Schlacht schlugen arabische Truppen die Chinesen vernichtend. China verlor Turkestan, das islamisiert wurde. In demselben Jahr wurde ein chinesisches Heer im Süden von den Soldaten des Königreichs Nan-chao besiegt, das auf der direkten Route nach Birma und Indien lag. 763 drangen die Tibetaner tief nach China ein. Selbst den Nomaden war China seit dieser Zeit immer weniger gewachsen.

Auch in *Florenz* läßt der Gemeinsinn im letzten Drittel des 15. Jh. fühlbar nach. In dem ersten Dialog der Kamaldulenser Streitgespräche, die um 1475 entstanden, stellte Landino das Ideal des frühen florentinischen Humanismus, ein aktives Leben im Dienst der Gemeinschaft zu führen, in Frage und konfrontierte es mit den kontemplativen Neigungen des Platonismus, der in der Folge immer stärker wurde. Die Florentiner behandelten ihre Stadt immer ausschließlicher als eine bloße Quelle finanzieller Vorteile. Selbst notwendige militärische Ausgaben wurden von Anleihen reicher Bürger, die sich hohe

---

[46] Nach Wilhelm Grube, Geschichte der chinesischen Literatur, Leipzig 1902, S. 303.

Zinsen zahlen ließen, abhängig[47]. Die Sitten begannen sich zu lockern. Lorenzo wurde beschuldigt, die Jugend zu verderben. Die moralische Zügellosigkeit der Bevölkerung war einer der Ansatzpunkte Savonarolas.

1494 brach König Karl VIII. von Frankreich in Italien ein. Die Florentiner, die noch zwei Generationen zuvor zu jedem Opfer für ihr Gemeinwesen bereit gewesen waren, hatten jetzt nicht mehr den Willen, ihre Freiheit zu verteidigen. Die Franzosen waren außerordentlich erstaunt, als ihnen die Florentiner nicht nur ihre Stadt öffneten und sie wie Verbündete empfingen, sondern ihnen auch feste Plätze von großer Bedeutung, darunter Pisa und Livorno, auslieferten und schließlich sogar eine Kontribution in Höhe von 125 000 Dukaten zahlten. Während sich Mailand, der Papst und Venedig bald zusammenschlossen, um Karl aus Italien zu vertreiben, schaute Florenz untätig zu. An der Schlacht von Fornovo nahm es nicht teil. Kein Wunder, daß Botticelli seiner »Geburt Christi« 1500 eine melancholische Inschrift gab, die die politische und moralische Zerrüttung seiner Vaterstadt beklagte. 1505 war es so weit gekommen, daß sich die florentinische Infanterie weigerte, Pisa durch eine 80 Meter breite Bresche in der Stadtmauer zu stürmen, da sie den Kampf mit den 200 Spaniern, die sich in der Stadt befanden, scheute[48].

Noch kläglicher verhielten sich die Florentiner, als sie 1512 Prato gegen die Spanier verteidigten. Mit ein wenig Beharrungsvermögen hätten die toskanischen Verteidiger alles gut überstanden, da die Belagerer nur für zwei Tage Lebensmittel besaßen. Die Spanier wagten es, durch eine schmale Bresche, die selbst nur über Leitern zu erreichen war und leicht zu halten gewesen wäre, zum Sturm anzusetzen. Die Verteidiger ergriffen die Flucht, obwohl sie wußten, welches Schicksal sie selbst und die Bewohner der Stadt erwartete. In einer halben Stunde hatten die Spanier die Stadt erobert[49].

Machiavelli war ein glühender Chauvinist. Er sagte von sich selbst: »Ich liebe mein Vaterland mehr als meine Seele.« Sein »Fürst« ist überhaupt nur zu verstehen, wenn man dies im Auge hat. Es handelt sich hierbei jedoch nicht um den natürlichen Gemeinsinn, wie ihn Florenz zuvor gekannt hatte. Wir haben es hier vielmehr ebenfalls mit einer Äußerung jenes Malaises zu tun, das die Gesellschaft gerade wegen des Schwindens des Gemeinsinns erfaßt hatte. Machiavelli ist insofern auf politischem Gebiet für die soziale Entwicklung, was Savonarola, der die Reaktion auf das Schwinden des Glaubens verkörperte, für sie auf religiösem Gebiet bedeutet. Übrigens ist für die Geistesverfassung, die sich damals bei den Florentinern herausgebildet hatte, bezeichnend, daß Machiavelli, der das Kriegswesen Roms so gründlich studiert hatte, um daraus Nutzen für die Praxis seiner Zeit zu ziehen, den wesentlichen Punkt der römischen Heeresverfassung nicht erkannte, die eiserne Disziplin. Er sagte sogar ausdrücklich, daß man nicht zulassen dürfe, daß die Autorität der Hauptleute bei der Truppe feste Wurzeln fasse[50].

---

[47] L. F. Marks, The Financial Oligarchy in Florence under Lorenzo, in: Italian Renaissance Studies, Hrsg. E. F. Jacob, London 1960, S. 146.
[48] Vincent Cronin, The Flowering of the Renaissance, London 1969, S. 122 f.
[49] H. Delbrück, Geschichte der Kriegskunst, IV. Teil, S. 123 f.
[50] Dazu Delbrück, a. a. O., S. 124.

Wie tief die öffentliche Moral zu Beginn des 16. Jh. gesunken war, zeigt das Menschenbild desselben Denkers[51]. Die Menschen sind nach seiner Ansicht politisch vorwiegend minderwertig. Sie werden von hemmungslosem Ehrgeiz beherrscht, wollen die eigene Macht steigern und die der anderen verringern. Dieser Ehrgeiz nimmt ihnen die Möglichkeit, vernünftig zu handeln, und macht sie damit für eine zureichende politische Ordnung untauglich. Diesen Zustand bezeichnet er als »corruzione« (Verderbtheit). In unhistorischer Verallgemeinerung hält sie Machiavelli für eine Eigenschaft, die alle Menschen besitzen. Andererseits weiß er allerdings auch, daß es Völker gab, die nicht an diesem Mangel krankten, sondern sich im Gegenteil durch »virtù«, d. h. durch rational gesteuerte politische Energie, durch die Fähigkeit, eine politische Ordnung zu errichten und zu erhalten, hervortaten. Bezeichnenderweise ist er der Meinung, daß sie dem Italien seiner Zeit, also auch Florenz, völlig fehle: ». . . Es gibt Grund, die eigenen Zeiten zu tadeln und die anderen zu loben. Denn in jenen gibt es genügend, was sie wunderbar macht, in diesen gibt es nichts, was einen Ausgleich für ihre Bedeutungslosigkeit, Schande und Schmach bietet, diesen Zeiten, in denen weder der Religion noch den Gesetzen noch dem militärischen Schutz der Heimat gebührende Beachtung gewidmet wird, die vielmehr durch Schändlichkeiten jeder Art befleckt sind« (Einl. z. 2. Buch der Discorsi).

In *Frankreich* entwickelten sich die Dinge ähnlich. Bereits La Rochefoucauld, der um 1660 schrieb, läßt eine erschreckende Auffassung vom Menschen erkennen. Das Leitmotiv seiner Maximen ist: »Nos vertus ne sont le plus souvent que des vices déguisés.« In Eigenliebe und Selbstsucht sieht er die Hauptantriebskräfte des Menschen. – La Fontaines Fabeldichtung schildert den erbarmungslosen Existenzkampf. Hinter seinen Erzählungen verbirgt sich eine Gesellschaft, die in ihrem sittlichen Fundament bereits erschüttert ist[52]. Keine zwei Jahrzehnte später war der moralische Niedergang schon sehr weit fortgeschritten. Die Empörung der Kanzelredner und die Scherze der Komödie zeigen gleichermaßen, daß die Emanzipation der Frau gegen 1690 nahezu vollständig war. Primi Visconti stellte damals fest, daß die Ehefrauen von ihren Männern tatsächlich getrennt lebten. Von der alten französischen Austerität war nichts mehr zu merken. Das Glücksspiel, der Alkoholgenuß und außereheliche Beziehungen spielten eine größere Rolle als je zuvor.

Wie tief die Moral innerhalb kurzer Zeit gesunken war, hatte bereits am Ende der siebziger Jahre die sog. Giftmordaffäre gezeigt.

Henriette-Anne, die Schwägerin des Königs, war 1670 unter schrecklichen Schmerzen gestorben. Daubray, der Chef der Pariser Polizei, wurde von seiner Frau vergiftet. Danach starb ein anderer hoher Polizeibeamter unter ungeklärten Umständen. Die Marquise von Brinvilliers vergiftete ihren Vater und ihre beiden Brüder. Ihr Ehemann entging nur knapp einem weiteren Mordversuch. Außerdem hatte sie mehrere Sieche, die sie scheinbar aus Mitgefühl, in Wirklichkeit aber, um ihre Giftstoffe auszuprobieren, im Krankenhaus besucht hatte, umgebracht. La Reynie, der Nachfolger Daubrays, hegte

---

[51] Vgl. zum folgenden E. Hassinger, Das Werden des neuzeitlichen Europa, S. 61.
[52] Hierzu auch Antoine Adam, Histoire de la littérature française au XVIIe siècle, Bd. II, L'Epoque de Pascal, Paris 1962, S. 18ff.

den begründeten Verdacht, daß die Welle der Giftmorde bedrohlich zunehme. Die Ermittlungen, die er einleitete, zeitigten bestürzende Ergebnisse. Die Affäre nahm im Verlauf der Untersuchungen immer größere Ausmaße an, ihre Verzweigungen erwiesen sich als immer komplizierter, immer mehr Personen aller Gesellschaftsschichten wurden in die Angelegenheit verwickelt. Die Sache kam schließlich vor den König. Er und seine Berater hatten Anlaß zu glauben, daß das Parlament weder willens noch fähig sei, das Übel an der Wurzel zu bekämpfen. 1677 wurde ein Sondergericht, die »chambre ardente«, eingesetzt. Ihre Untersuchungen ergaben Spuren, die zu angesehenen Familien, höchstem Adel und sogar bis in die unmittelbare Umgebung des Königs führten. Selbst Madame de Montespan, die Maitresse des Königs, geriet in Verdacht. La Reynie, der sich durch Intelligenz und Integrität gleichermaßen auszeichnete, sagte verzweifelt: »Menschliches Leben steht zum Verkauf als eine Sache täglichen Handelns. Mord ist das einzige Heilmittel, wenn eine Familie in Schwierigkeiten kommt.« Es war eine Zeit, in der die Leute nur noch von Giftmorden sprachen. Colbert, nach dem König der wichtigste Mann im Staat, machte sich die Mühe, das gesamte Beweismaterial selbst durchzusehen. Der Staatsrat erörterte den Fall unter dem Vorsitz des Königs fast vier Tage ohne Unterbrechung. Der König schlug gegen den Rat La Reynies die Angelegenheit schließlich nieder. Selbst wenn nur ein Teil der Beschuldigungen wahr gewesen sein sollte, werfen sie ein bedenkliches Licht auf den moralischen Zustand der damaligen französischen Gesellschaft. Soweit sie aber nicht zutreffend waren: Welch ein soziales Unbehagen, welch gegenseitiges Mißtrauen! Tatsächlich läßt sich dieselbe geistige Verfassung im Frankreich des späten 17. Jh. auch sonst feststellen. Auch die Anschauungen der Gesellschaftsangehörigen hatten sich auseinanderentwickelt. Bereits um 1680 ist die Veränderung, die eingetreten war, voll sichtbar. Es gab nun zwei verschiedene Frankreich, zwei Arten von Geist, zwei verschiedene Weisen, das Leben zu begreifen[53]. An dem eben noch so fröhlichen und offenen Hof Ludwigs XIV. herrschten plötzlich Mißtrauen, Furcht vor Spionen und Angst vor Indiskretionen. Liselotte von der Pfalz schrieb 1685: »Der König endert (sich) in allem so erschrecklich, daß ich ihn nicht mehr kenne . . .«

Eine Zensur gab es schon immer in Frankreich. 1662 war Marigny belangt worden, weil er in einem Sonett den König mit Tiberius und Nero verglichen hatte. Mehrere Personen warf man in dieser Sache in die Bastille[54]. In demselben Jahr wurde der 23jährige Pariser Advokat Claude Petit wegen seiner respektlosen Verse grausam hingerichtet[55]. Auch der Tartuffe Molières konnte trotz der moralischen Unterstützung des Königs erst nach jahrelangen Schwierigkeiten aufgeführt werden. Zu Beginn der achtziger Jahre wurden die Regelungen jedoch noch wesentlich verschärft. Im August 1683 erging ein Edikt, das den Druck, die Einfuhr und den Verkauf von Büchern einschneidend und mit vielfältigen Folgen neu regelte. Die »Gazette« hatte in den siebziger Jahren trotz des Krieges, den Frankreich damals führte, zahlreiche Artikel enthalten, die sich sehr frei

---

[53] A. Adam, Histoire des littératures, Bd. III, S. 525.
[54] Antoine Adam, Histoire de la littérature française au XVIIe siècle, Bd. III, L'apogée du siècle, Paris 1962, S. 44.
[55] Adam, a. a. O., S. 45.

über König und Hof ausließen. Auch Beiträge ausländischer Korrespondenten waren gedruckt worden. Ab 1683 hörte das alles auf. Die Zeitung wurde eintöniger und kürzer. Artikel, die sich mit dem Hof befaßten, wurden nicht mehr gebracht, wenn man von Angaben zeremoniellen und protokollarischen Inhalts absieht. Am Ende des Jahrhunderts erschien sie vier oder fünf Jahre überhaupt nicht mehr. Selbst die Buchbinder und -vergolder wurden unter staatliche Kontrolle gestellt. Die Strafen, mit denen man Verstöße gegen die Zensurbestimmungen ahndete, waren hart. Dennoch erwies sich das Edikt als unzureichend. Es wurde 1701 durch ein neues ersetzt.

Das alles war mit einem Rückgang des Gemeinsinns verbunden. Es bildete sich jene Geistesverfassung heraus, ohne die die französische Revolution nicht denkbar gewesen wäre. Das Königshaus, die Verkörperung von Staat und Gesellschaft, verlor rasch an Prestige. Als Ludwig XIV. starb, jubelten seine Untertanen. Der Pöbel beschimpfte seinen Leichenzug und scheute auch nicht davor zurück, mit Steinen nach dem Sarg zu werfen. In der Provinz wurden sogar Dankgottesdienste gehalten. Um die Mitte des 18. Jh. wurde die Person des Königs geradezu ein Gegenstand des Abscheus.

Der Verfall der internationalen Moral

Der Standard der öffentlichen Moral pflegt während der Kulturblüte auch im Verhältnis zu anderen Völkern zu sinken. Die Athener hatten einst die stammesfremden Perser mit Achtung behandelt. Im Peloponnesischen Krieg begannen sie selbst gegen Griechen ein barbarisches Kriegsrecht anzuwenden[56]. In furchtbarer und sinnloser Weise äußerte sich ihr Machtanspruch in der Vernichtung des friedlichen und im Spiel der Kräfte mit seinen 500 Einwohnern völlig bedeutungslosen melischen Gemeinwesens, weil es sich geweigert hatte, dem attischen Seebund beizutreten. Auch Mytilene wurde auf das grausamste behandelt. Thukydides sagte nun: »Für einen Herrscher oder Staat ist nichts unvernünftig, was ihm zuträglich ist«. – Volterra rebellierte gegen die florentinische Herrschaft und wurde von den Truppen Lorenzos wieder unterworfen; es erlitt ein furchtbares Schicksal[57]. Machiavelli formulierte so: »Wo es sich um das Heil des Vaterlandes überhaupt handelt, darf kein Erwägen sein, ob etwas gerecht oder ungerecht, mild oder grausam, löblich oder schimpflich ist, sondern jede andere Rücksicht wegschiebend muß man durchaus dem Entschluß folgen, der ihm das Leben rettet und die Freiheit erhält« (Discorsi III 41). – Nicht anders kam es in Frankreich. Im Sinne des Wortes von Kardinal Retz, daß ein Unternehmen durch seinen Erfolg gerechtfertigt werde, verwüsteten die Franzosen bewußt die Pfalz und andere rheinische Gebiete, eines der dunkelsten Kapitel der europäischen Kriegsgeschichte.

---

[56] Ed. Meyer, a. a. O., Bd. IV Teil 2, S. 134f.
[57] Schevill, a. a. O., S. 379.

V. Kapitel

KREATIVITÄT, GEISTIGER UMBRUCH UND BEWUSSTSEINSERWEITERUNG

I. Athen im 5. und 4. Jh. v. Chr.

I.1. Die Tragödie von Äschylos bis Euripides

Der athenische Stadtstaat war sehr klein. Man schätzt, daß sich seine Bevölkerung im Jahre 480 ohne die in der Stadt ständig wohnhaften Fremden und Sklaven auf 140 000 Personen belief. Im Jahre 431 war sie auf 172 000 Köpfe angewachsen, betrug also auch dann weniger als drei Prozent der Bevölkerung der heutigen Schweiz. Wer die besondere Leistung der athenischen Kulturblüte hinreichend würdigen will, muß ferner berücksichtigen, daß die Mehrzahl ihrer großen Schöpfungen innerhalb weniger Jahrzehnte entstanden und daß vor Äschylos und nach Menander die Athener zur griechischen Kultur wenig Außergewöhnliches beizusteuern hatten. Die ersten großen Werke der Athener entstanden in den Jahrzehnten nach den Perserkriegen. Es soll zunächst von der Literatur die Rede sein.

Vor Äschylos besaß Athen keinen hervorragenden Dichter. Dieser Künstler wurde zum »Vater der Tragödie«. Er gab dem alten »Bocksgesang« den zweiten Schauspieler, was den Dialog erst ermöglichte und machte aus ihm eine Handlung mit innerer Einheit. Damit schuf er das Drama im eigentlichen Sinne des Wortes. Die äußere Darbietung des Dramas organisierte er in einer Weise, wie sie auch später üblich blieb. – Seine »Perser«, erstmalig 472 aufgeführt, erheben sich in die Bereiche des allgemeinmenschlich Bedeutsamen. Sie sind ein patriotisches Preislied auf die Heimat Athen, geben aber auch dem Feinde die schuldige Ehre. Im Traum der Königin erscheinen Europa und Asien als gleich große und gleich schöne Schwestern. – Im »Gefesselten Prometheus« und in den »Sieben gegen Theben« tritt uns der einsame Kämpfer entgegen, der – von niemand unterstützt – dennoch unverzagt durchhält. 458, als Äschylos bereits ein Alter von 66 Jahren erreicht hatte, führte er sein gewaltigstes Werk auf, die »Orestie«. Von dem ersten Drama dieser Trilogie, dem »Agamemnon«, sagte Goethe, daß er es »von jeher abgöttisch verehrt« habe, daß es »das Kunstwerk der Kunstwerke« sei: ». . . das Gewebe dieses Urteppichs: Vergangenheit, Gegenwart und Zukunft sind so glücklich in eins verschlungen, daß man selbst zum Seher, das heißt: Gott ähnlich wird, und das ist doch am Ende der Triumph aller Poesie im Größten und im Kleinsten«.

Großartig und bilderreich, wenn auch bisweilen gewaltsam und dunkel ist die Sprache dieses Dichters. In den Eumeniden läßt er Athene seine attische Heimat grüßen:

>»Was rätst du, sing ich nun als Segen deinem Land?‹
Was immer edlen Sieges Frucht zum Ziele hat;
Und dies: daß von der Erd und aus der Meerflut Tau,
Vom Himmel her sich hebend, wehnder Winde Hauch,
Atmend im Sonnenglanz, hinstreiche übers Land;
Daß Frucht der Erde wie des Viehs, im Überfluß
Die Stadt zu segnen, nie ermatte mit der Zeit
Und Menschensamens Blüte wohl behütet sei.«
(Übers. v. O. Werner)

Äschylos' Genius war es, der als erster die Fragilität des menschlichen Daseins bewußt erfaßte:

>»Kein Sterblicher wandelt durchs Leben,
Den Schuld nicht noch Schicksal versehren.«

Eine ähnliche tragische Daseinssicht hat kein Künstler vor ihm ausgedrückt. Er brach damit zu einer völlig neuen seelisch-geistigen Welt durch.

Der zweite große Dramatiker Athens war Sophokles. Dieser Künstler vollendete die Bühnentechnik. Auch erfand er den gemalten Hintergrund. Der Sieg, den er gleich bei seinem ersten Auftreten (468) über Äschylos davontrug, war ein Triumph der neuen Dichtweise[1]. Was Aristoteles in seiner Theorie der Tragödie über die drei Einheiten des Theaters, die Peripetie der Handlung, die Schürzung des Knotens und die Reinigung durch Furcht und Schrecken vorträgt, hat er vorwiegend aus den Tragödien des Sophokles und insbesondere dessen »König Ödipus« abgeleitet. Die Dramen dieses Dichters sind von einer außerordentlichen inneren Geschlossenheit und einzigartig auch als Gesamtkunstwerke. Wie Shakespeare verfügte er über alle poetischen Ausdrucksmittel, von zartester Lyrik und feierlichem Dialog bis zu munterem Scherz und treffendem Witz. Platen sagte:

>»Was nur ein Menschenbusen hofft und leidet,
Du sprachst es aus mit deinen tausend Zungen.«

Seine Dramen sind auch philosophisch tief.

442 brachte Sophokles seine in Aufbau und Charakterzeichnung vollkommenste Tragödie[2], die Antigone, auf die Bühne. In diesem Drama behandelte er Grundfragen des Seins. Er zeigt, wie gleichberechtigte sittliche Mächte aufeinanderstoßen und ihre Protagonisten sich gegenseitig vernichten. Hegel veranschaulichte an diesem Stück den tragischen Bau der Welt; immer wieder zog er es heran, um seine Auffassung von der Selbstverwirklichung des Geistes zu erläutern[3]. Großartig kommen die religiösen Auffassungen des Dichters in den Ödipus-Tragödien zum Ausdruck. »König Ödipus« ist sein größtes Werk, das kunstvolle Drama »Ödipus auf Kolonos« leuchtet durch seine Natur- und Heimatliebe noch heute.

---

[1] Ed. Meyer, Geschichte des Altertums, Bd. IV Teil 1, S. 826.
[2] Schmid-Stählin, Geschichte der griechischen Literatur, I. Teil 2. Bd., S. 358.
[3] Heinrich Weinstock, Sophokles, Wuppertal 1948³, S. 130f.

Äschylos und Sophokles konnten der Dichtkunst nur einen Teil ihrer Zeit widmen. Sie mußten ihre Familie ernähren; sie hatten bürgerliche Pflichten zu erfüllen, staatliche Ämter zu bekleiden und Militärdienst zu leisten. Trotzdem schrieb Äschylos neunzig und Sophokles einhundertdreiundzwanzig Stücke[4]. Auch Euripides verfaßte achtundachtzig Dramen. Eine derartige Fruchtbarkeit zeigten erst wieder die spanischen Dramatiker des Siglo de Oro.

Euripides' Dramen zeichnen sich durch Vielfalt der Erfindung und Reichtum des Gedankens aus. Er entdeckte die Welt der Triebe, die Macht des Herzens über den Verstand. Seine »Medea«, die ihre Kinder umbringt, um ihre Frauenehre an ihrem Gatten zu rächen, läßt er sagen:

»Was ich an Schlechtem tun will, ich begreif' es zwar,
Allein des Dranges Glut ist stärker als mein Grübeln.«

Im Hippolyt stellt er organische Krankheit als Folge seelischer Leiden dar. Er war auch ein Meister der Stichomythie. Von höchster Gestaltungskraft sind seine letzten Dramen. Im Hinblick auf »Ion« sagte Goethe: »Haben denn alle Nationen seit ihm einen Dramatiker gehabt, der nur wert wäre, ihm die Pantoffeln zu reichen?« Die »Bakchen« sind ein ungemein reiches und vielgestaltiges Werk, das die Interpreten bis auf den heutigen Tag beschäftigt. In noch höherem Grade als seine anderen Werke sind sie psychologisch so scharfsichtig, daß sie durchaus modern erscheinen.

I.2. GEISTIGER UMBRUCH UND BEWUSSTSEINSERWEITERUNG

Das Drama machte während der athenischen Kulturblüte eine unerhört schnelle Entwicklung durch. Dies gilt für die Bühnentechnik – z. B. für die Zahl der Schauspieler und die Rolle des Chors – noch mehr aber für den Inhalt des Schauspiels. Dieser Prozeß begann bereits mit Äschylos, der die Tragödie völlig veränderte, indem er die Heldensage für die Bühne erschloß. Er beschleunigte sich mit Sophokles und Euripides. Für Äschylos war bis ins Alter der Mythos als solcher die Hauptsache[5]. Erst mit der Orestie suchte er in der Götter- und Heldensage die ewigen Probleme des menschlichen Lebens. Seine beiden Nachfolger setzten den Mythos ganz allgemein ins Menschliche um.

Äschylos bildete die mythische Welt teils fort, teils baute er sie neu. Sophokles dagegen gestaltete den Mythos nicht mehr, er akzeptierte ihn vielmehr so, wie er ihn vorgefunden hatte. Euripides schließlich formte die Sage nach seinem Gutdünken um. Während Sophokles noch ihre Erhabenheit wahrte, zog Euripides sie seinerseits im Laufe seines Lebens immer mehr in die Niedrigkeit des Alltags hinab und benützte sie auch, um aktuelle Fragen zu erörtern, wie die Emanzipation der Frauen, die Demokratie, die Erziehung, den Krieg, die Ehe und die doppelte Moral. Er parodierte, relativierte und zerstörte ihn.

---

[4] Gilbert Murray, Euripides und seine Zeit, Darmstadt 1969², S. 56.
[5] Zur Entwicklung des Mythos bei Äschylos, Sophokles und Euripides vgl. Weinstock, a. a. O., S. 305 ff.

Aus Heldenethos machte er Bürgerpsychologie. Das Tragische ist bei ihm nur noch eine psychologische oder höchstens eine ethische Kategorie[6].

Es handelt sich bei den Dichtungen dieser drei Dramatiker um wesensverschiedene Welten, »von denen die eine es mit den Mächten, die andere mit den Kräften, die dritte mit den Trieben zu tun hat«[7]. Sophokles noch war Idealist. Seine Menschen haben keine konkrete Wirklichkeit. Euripides war Pessimist und Rationalist. Er versucht die Menschen so darzustellen, wie sie wirklich sind[8]. Aristophanes läßt ihn in den »Fröschen« zur Vernunft als seiner Göttin beten. Vielleicht kommt die Schnelle der Entwicklung in keinem einzelnen Zeugnis so deutlich zum Ausdruck, wie in seinen »Bakchen«, die höchste Gestaltungskraft ebenso wie zersetzenden Geist zeigen und archaische Motive mit einer negativ modernistischen Einstellung vereinigen. Der künstlerische Fortschritt war so stürmisch, daß mit Euripides die Tragödie starb und man diesen Dichter als den »Mörder des griechischen Geistes« bezeichnen konnte.

Die Entdeckung des Tragischen und die folgende rasche Entwicklung der Tragödie bedeuteten eine ungeheure *Erweiterung des Bewußtseins,* eine *geistige Revolution.* Starker geistiger Umbruch pflegt für Kulturblüten überhaupt charakteristisch zu sein, und zwar ist er um so ausgeprägter, je bedeutender die Kulturblüte ist. Dies ist wichtig für ihr Verständnis.

I.3. Die Literatur von Aristophanes bis Menander

Mit dem späten Äschylos, mit Sophokles und schließlich Euripides hatte die Tragödie ihren Gipfel erreicht. Der Zenit der Komödie fällt in die Jahre nach 430. Ihr Hauptvertreter war Aristhopanes. Seine Stücke sind voll von Phantasie und dichterischer Kraft. Sein größtes Werk, die »Vögel«, die Komödie »par excellence«, wie man sie genannt hat, brachte er 414 auf die Bühne.

Von dem historischen und philosophischen Schrifttum der Athener, das für unsere Betrachtung eine besondere Kategorie bildet, von Thukydides, Xenophon und Platon, wird noch die Rede sein. Als die letzten großen Figuren der athenischen Literaturgeschichte bleiben zu erwähnen Demosthenes (gest. 322), der gewaltigste Redner der antiken Welt, der seinen Höhepunkt mit der »Rede über den Kranz« erreichte (330), und der Komödiendichter Menander (gest. ca. 290), der in Athen einen literarisch gleichwertigen Nachfolger nicht mehr hatte.

I.4. Die Architektur

Die architektonischen Leistungen der Athener waren nicht geringer als ihre literarischen. Schon bald nach den Perserkriegen begannen sie ihre Stadt mit einer Fülle von Bauten zu

---

[6] Weinstock, a. a. O., S. 308.
[7] Weinstock, a. a. O., S. 305 ff.
[8] Ed. Meyer, a. a. O., S. 830.

schmücken, deren Schönheit und technische Vollendung ebenso beeindrucken wie die Schnelligkeit, mit der sie entstanden.

Von 447 bis 438 wurde der Parthenon errichtet, der Festtempel der Landesgöttin Athene, der zur Begehung der großen panathenäischen Nationalfeiern und zur Aufnahme des Staatsschatzes bestimmt war. Im Gesamtentwurf ebenso vollkommen wie im Detail, ist er das bedeutendste Bauwerk, das die Antike geschaffen hat. Hier wie bei anderen Kunstwerken ist das Außerordentliche nur unzureichend mit Worten zu beschreiben; voll zugänglich ist es nur dem unmittelbaren sinnlichen Eindruck. Die folgenden Angaben mögen, wenn nicht die künstlerische, so vielleicht doch die technische Leistung des Baumeisters dieses Tempels, Iktinos', deutlich machen.

Sämtliche Maße des Parthenon sind auf das immer wiederkehrende Verhältnis von vier zu neun harmonisiert. Keine vertikale oder horizontale Linie des Tempels ist völlig gerade. Jede Säule verdickt sich leicht von der Basis bis zur Mitte und verjüngt sich dann nach oben hin. Diese Schwellung oder »Entasis« beträgt mit eindreiviertel Zentimetern nur ein Sechshundertstel der Höhe der Säule und hat damit zu dieser ein ähnliches Verhältnis wie die Stichhöhe im Stylobat (sechs Zentimeter an der Front und elf Zentimeter an der Langseite) zu dessen Maßen. Die Entasis macht die Säule lebendiger und elastischer. Sie nimmt dem Auge die Neigung, dem Säulenschaft nur nach oben zu folgen, und bewirkt, daß es ebenso leicht nach unten wie hinauf gleitet. Die Abnahme des Umfangs der Säule nach oben läßt sie höher erscheinen, als sie tatsächlich ist, da wir so daran gewohnt sind, daß Gegenstände mit zunehmendem Abstand kleiner werden, daß unser Auge die Abnahme diesem Umstand und nicht der wirklichen Ursache zuschreibt. Dieses Prinzip der Höhenschwellung war schon in der zweiten Hälfte des 6. Jh. entwickelt worden, aber erst die perikleische Zeit entwickelte und benützte es als Stilmittel[9]. Am Parthenon wurde es mit einer nie wieder erreichten Wirkung angewandt, um in der späteren Antike wieder völlig vergessen zu werden. Die Entasis trägt auch dazu bei, den Eindruck der Belastung, den eine gleichförmige Säule gibt, zu verringern. Gleichzeitig macht die Abnahme des Umfangs der Säule zum Architrav hin die Abstände zwischen den Säulen nach oben größer, was den Bau leichter und seine Proportionen eleganter erscheinen läßt. Hierin liegt das Geheimnis, warum der Parthenon ein vollkommenes Gleichgewicht zwischen tragenden Kräften und ruhenden Lasten zu verwirklichen scheint.

Ferner sind fast alle vertikalen Glieder des Parthenon auch im Gebälk, nach innen geneigt, die Säulen um sieben Zentimeter und die Ecksäulen diagonal sogar um zehn Zentimeter. Dies verleiht dem Tempel eine leicht pyramidale Form und läßt ihn damit jenen Eindruck von Ruhe und Kraft vermitteln, der von der Pyramide mehr als von jeder anderen Bauform ausgeht. Einzigartig ist, wie sehr der Parthenon als ein Erzeugnis der Natur wirkt. Dies ist gerade auch das Ergebnis der erwähnten und zahlreicher anderer bewußt hervorgebrachter Unregelmäßigkeiten, die oft so fein sind, daß sie selbst mit modernen Meßtechniken kaum festzustellen sind. Es sollen nur die wichtigsten erwähnt werden. Einzelne vertikale Bauglieder sind, wie gesagt wurde, nach innen geneigt, andere nach außen. Das bemerkenswerteste Beispiel ist die Abakus-Stirn, die um ein Hundertvierzig-

---

[9] A. Schmidt, Das Perikleische Zeitalter, S. 132.

stel nach außen hervortritt, was etwa anderthalb Millimetern entspricht. Auch das Kranzgesims lehnt sich vor, und selbst Antenstirn und Türwandungen sind kurviert. Sogar die horizontalen Linien sind nur scheinbar gerade. Stylobat und Architrav sind in Wirklichkeit gegen die Mitte nach außen und nach oben gekrümmt, und zwar gerade in dem Maße, das notwendig ist, um sie dem Betrachter gerade erscheinen zu lassen. Die Krümmung ist auch auf Fries, Geison und Giebel übertragen.

Die Säulenabstände schwanken bis zu etwa viereinhalb Zentimeter. Anders als sonst üblich befindet sich beim Parthenon auch keine Triglyphe genau über der Achse der entsprechenden Säule. Die Metopen haben nicht eine quadratische Form, sondern sind vielmehr so gestaltet, daß sie lediglich von unten diese Gestalt zu haben scheinen. Die Ecksäulen sind um 4,3 Zentimeter stärker als die übrigen Säulen, womit der Baumeister der optischen Täuschung entgegenwirkt, daß sie schlanker seien. Selbst die Kanneluren sind unregelmäßig gearbeitet. Sie vertiefen sich gegen das obere Ende. – Daß diese und andere Unregelmäßigkeiten nicht unabsichtlich entstanden sind, geht auch daraus hervor, daß die Ungenauigkeit bei der Anlage des Gesamtgebäudes weniger als ein Zentimeter beträgt.

Von großer Originalität ist auch das Innere des Parthenon. Geradezu revolutionär ist die Raumaufteilung. Iktinos erschloß das Innere des Tempels, indem er die bis dahin ziemlich enge Cella, wie sie noch die Tempel von Ägina, Olympia und Pästum aufweisen, vergrößerte. Die Cella des Parthenon besitzt eine Breite von neunzehn Metern. Ein völliger Bruch mit der Vergangenheit war auch, daß er im Innern eines dorischen Tempels die eleganteren ionischen Säulen benützte. In der folgenden Zeit wurde diese Kombination der beiden Stile zur Regel. – Der dorische Tempel ist die schwierigste aller architektonischen Formen. Iktinos brachte sie zur Vollendung. Um seine große Leistung gebührend würdigen zu können, muß man auch berücksichtigen, daß er bei der Anlage des Parthenon durch die Maße des Unterbaus des älteren Parthenontempels und durch bestimmte Anweisungen des Oberarchitekten Phidias gebunden war. – Eine ähnlich bedeutende Leistung des Iktinos war der Weihetempel von Eleusis. Er schuf hier den ersten monumentalen Saal der griechischen Architektur; auch dieses Bauwerk zeigt große Geschlossenheit, einheitliche und geniale Verwendung der Stilelemente sowie funktionale Gestaltung des Raums. Entsprechendes läßt sich von dem Apollo-Tempel zu Bassä sagen, der im Entwurf wahrscheinlich ebenfalls auf Iktinos zurückgeht.

Von 437 bis 432 entstanden die Propyläen des Mnesikles, das monumentale Eingangstor zur Akropolis und ihre gewaltige Fassade. Die Art, wie der Baumeister den Vorbau der Propyläen mit vier seitlichen Flügelbauten zu einem Ganzen zusammenschloß, war völlig neu[10]. Die architektonische Gestaltung und insbesondere den Rhythmus der Massen paßte er in bemerkenswerter Weise an das unebene Terrain des Burgfelsens, die ihm vorgelagerten Bastionen und die Zweckbestimmung des Gebäudes an. Seine Erfindung war es auch, mit Blickachsen, Asymmetrien und perspektivischen Verkürzungen die Architektur ganz auf den Betrachter auszurichten, eine Errungenschaft, die besonders bei

---

[10] Karl Schefold, Die Griechen und ihre Nachbarn (Propyläen Kunstgeschichte Bd. I), Berlin 1967, S. 254.

den hellenistischen und römischen Platzanlagen Schule machte[11]. Eine weitere kunstvolle Besonderheit der Propyläen ist, daß Mnesikles ihre Proportionen in mannigfacher Weise den Maßen des Parthenon anglich. Die Breite des westlichen Vestibüls entspricht etwa der Länge der großen Cella und seine Tiefe etwa derjenigen der westlichen Cella des Parthenon. Es gelang ihm auch eine besonders elegante Kombination der dorischen mit der leichteren ionischen Säulenordnung, wobei die eigentliche Funktion beider gewahrt blieb.

Das dritte Gebäude, das die Athener auf der Akropolis – und zwar zwischen 421 und 407 – errichteten, war das Erechtheion, das die eigentliche Wohnung der Landesgöttin Athene war, der Tempel, in dem sie ihren Opferdienst hatte. Seine vielseitige kultische Tradition bedingte, daß bestimmte Teile des Gebäudes dem Poseidon, andere dem alten Landeshelden Erechtheus geweiht waren. Diese Überlieferung und das unebene Terrain machten eine komplexe Form notwendig. Das Resultat war eine phantasiereiche Kombination von drei Baukörpern auf zwei verschiedenen Ebenen. – Nicht weniger bemerkenswert sind die künstlerische Eleganz und handwerkliche Vollendung dieses Tempels. Er hat vier verschiedene Ordnungen. Die nördliche und östliche Vorhalle besitzen ionische Säulen von unvergleichlicher Schönheit. Es waren diese Säulen, nicht die des Parthenon, die den späteren Baustil bestimmten.

I.5. Revolution in Skulptur und Malerei

Wir haben festgestellt, daß die Literatur und Architektur Athens während der Kulturblüte einen gründlichen Umbruch erfuhr. Als noch revolutionärer erwiesen sich die Athener in Skulptur und Malerei. Die künstlerische Art zu sehen wurde binnen kurzem eine vollständig andere. Bis zum Beginn der athenischen Kulturblüte hatten alle Bildwerke eine zentrale Achse, die zwei symmetrische und damit spiegelbildliche Hälften teilte. Dies gibt der älteren Skulptur eine gewisse Pfeilerhaftigkeit, eine bauwerksartige Starre. Die archaischen Figuren sind in ihren Details, wie Gesichtszügen, Kleidung, Muskeln, auf *eine* Ansicht, die Vorderansicht, berechnet, und zwar unabhängig davon, ob sie im Profil oder en face gebildet sind. Diese Skulpturen sind im Grunde nichts anderes als plastisch ausgeführte Flächenbilder. Sie kennen keine Verkürzung. Es herrscht also das Prinzip der Frontalität. Selbst der Diskobolos des Myron, der um 450 entstand, hat sich trotz aller Bewegung noch nicht völlig von dieser Sehweise gelöst.

Für die neue Kunst ist der Sinn für die dritte Dimension, die räumliche Tiefe, charakteristisch. Ihre große Errungenschaft ist der »Kontrapost«, wie die Renaissance die Erscheinung später bezeichnete. Das Wesentliche dieser bildnerischen Erfindung besteht darin, daß der Schwerpunkt des Körpers zwar wie bei den archaischen Skulpturen in diesem selbst liegt, sein Gewicht aber nicht mehr wie bisher auf beide Beine gleichmäßig verteilt ist, sondern nunmehr auf einem – schräg gestellten – Bein ruht. Das Becken ist dabei nach der Seite des freien Beines gesenkt, das im Knie leicht angewinkelt ist. Der Brust-

---

[11] Schefold, a.a.O., S. 257.

korb wird nicht mehr vertikal wiedergegeben, sondern bildet zusammen mit dem Becken jene Krümmung, die Rodin mit einer Ziehharmonika verglichen hat. Weiter ist der Kopf leicht seitwärts geneigt, und zwar wiederum in der entgegengesetzten Richtung. Der Umriß der Figur bewegt sich so in Kontrasten noch oben und fällt auf der anderen Seite in harmonischem Fluß wieder ab. Im Profil nimmt sie das Standbein leicht zurück und lehnt den Oberkörper etwas nach hinten, so daß sich eine lange Kurve ergibt, die von den Füßen bis zum Nacken reicht. Das Licht fällt so auf den Brustkorb und auf den vorstehenden Teil des Beckens; das Standbein verbleibt dagegen im Halbschatten.

Der Kontrapost vermehrte die plastischen Möglichkeiten der bildenden Kunst. Auch erlaubte er dem Bildhauer eine Vielfalt von Situationen darzustellen, von der gelösten Figur bis zu Haltungen, die größere Spannung ausdrücken[12]. Damit wurde es dem bildenden Künstler möglich, die Fülle des seelischen Lebens wiederzugeben. Es ist – hier ganz so wie bei der Tragödie – als ob die Athener die Welt, die bisher den Menschen von außen zu umgeben schien, nunmehr plötzlich in ihrem Inneren entdeckt hätten[13]. Sicher waren auch nicht-athenische Künstler an dieser Entwicklung entscheidend beteiligt. Es ist sogar so, daß die Theorie des Kontraposts zuerst nicht von einem athenischen Künstler, sondern von einem Argiver, nämlich Polyklet, dargelegt wurde, wobei zu berücksichtigen ist, daß Argos zu der damaligen Zeit für eine Kulturblüte ähnlich gute äußere und innere Bedingungen wie Athen besaß. Allerdings ist Polyklet in seiner Heimatstadt eine Einzelerscheinung geblieben. – Auch in der Malerei fand eine revolutionäre Entwicklung statt. Der athenische Maler Apollodor führte die »skiagraphia« ein, die Kunst also, durch Farbabstufungen plastische Eindrücke zu erzielen. Als erster Künstler malte er perspektivisch. Es ist anzunehmen, daß er seinen Höhepunkt um 430 hatte. Auf Vasen kommen Farbabstufungen seit etwa derselben Zeit vor.

Der bedeutendste Künstler jener Zeit war der Bildhauer Phidias. Dieser Meister vereinigte eine imponierende Auffassung des Ganzen mit größter Sorgfalt in der Ausführung des Details. Für den großen Tempel von Olympia schuf er ein über 12 Meter hohes Zeus-Bild, das größte und berühmteste Goldelfenbeinbild der Antike. Von diesem Werk wurde gesagt, wer es gesehen habe, könne in seinem Leben nie mehr ganz unglücklich sein. Seine bedeutendste Skulptur, die Athena Parthenos, wurde 438 im Parthenon errichtet. Unter seiner Leitung und wesentlichen Beteiligung entstand in den Jahren 438 bis 432 der Parthenonfries, der Gipfelpunkt der attischen Plastik und der griechischen überhaupt. Dieses Kunstwerk verherrlicht die Verbundenheit Athens mit seinen Göttern. Durch Schönheit, Kraft des Ausdrucks und makellose technische Ausführung zeichnet es sich gleichermaßen aus. Hervorragend ist die Modellierung der Körper und Gewänder. Durch Schattieren und plastisches Formen erreichten die Bildhauer eine solche Tiefenwirkung, daß sich Reiter und Pferde hintereinander zu bewegen scheinen, obwohl alle sich in demselben geringen Ausmaß (5,5 Zentimeter) von dem Hintergrund abheben. Inhaltlich gewinnt in dem Relief eine neue Auffassung von Göttern und Menschen, von

---

[12] Zu den Ausführungen über den Kontrapost vgl. The Oxford Companion to Art (Hrsg. Harold Osborne), Oxford 1970, S. 277f.
[13] Ernst Buschor, Die Plastik der Griechen, Berlin 1936³, S. 52.

Staat und Gemeinschaft ihren Ausdruck[14]. Die Menschen sind als heiter und in sich ruhend dargestellt; sie sind voller Harmonie und mit sich und mit der Welt eins. Das Ganze gibt einen einmalig großen Eindruck.

Im 4. Jh. brachte Athen noch einen letzten großen Bildhauer hervor. Praxiteles war der erste, der die Schönheit des unbekleideten weiblichen Körpers dem Auge sichtbar machte und der klassischen männlichen Figur gegenüberstellte. Heroisch-mythische Gestalten formte er wie bei dem Apollo Sauroktonos ins Spielerisch-Graziöse um. Die Proportionen und Haltungen seiner Skulpturen entsprechen nicht mehr hochklassischen Normen. Sie sind weicher und besitzen einen eigenartigen Schmelz. In der Oberflächenbehandlung des Marmors zeigte der Bildhauer eine bis dahin unbekannte Vollendung. Man hat gesagt, er habe aus Marmor Fleisch gemacht, während die Künstler des 5. Jh. aus Fleisch Marmor gemacht hätten (B. Rowland). Die Periode seines Schaffens reichte wahrscheinlich von 370 bis 330. Sein Hauptwerk, die Aphrodite von Knidos, entstand um 340. Sie illustriert sehr deutlich seine Tendenz, Götter als menschliche Wesen darzustellen.

I.6. Umbruch in Philosophie und Geschichtsschreibung

Dem künstlerischen Umbruch folgte der philosophische und historiographische. Sokrates verkörpert eine Revolution im Reich des Denkens[15]. Er stellte explizit und methodisch die Frage nach dem, was später als Begriff bezeichnet wurde, d. h. nach den gemeinsamen Merkmalen von Dingen, und erkannte als erster die Notwendigkeit, bei philosophischen und wissenschaftlichen Erörterungen genau definierte Begriffe zu verwenden. Klar sah er, daß nichts beurteilt werden könne, was nicht auf seinen allgemeinen Begriff zurückgeführt werde. Deshalb forderte er, daß jedes Wissen von zweckmäßigen und klaren Begriffen ausgehe. Damit ist er der Urheber der Begriffsphilosophie. Methodologisch forderte Sokrates weiter eine allseitige Beobachtung, eine dialektische Prüfung, eine planmäßige und bewußte Untersuchung der Gegenstände. Die nach ihm benannte Methode besteht darin, durch fortgesetztes Fragen immer schärfer umrissene Definitionen, aber auch das Eingeständnis von Widersprüchen infolge ungenügender Begriffsbestimmungen hervorzulocken. Er war auch der erste, der mit Induktionsschlüssen arbeitete. Aristoteles stützte sich bei der Erörterung des Syllogismus auf seine Ideen. – Auf das wahre Wissen, dem Wissen vom Wesen der Dinge, nach dem Sokrates strebte, führte er letztendlich auch alle sittlichen Anforderungen zurück. Dadurch wurde er zum Schöpfer einer selbständigen Ethik: Es genügte ihm nicht, daß die Menschen das Rechte tun; nach seiner Überzeugung sollen sie auch wissen, warum sie es tun. – Mit Sokrates begann so eine völlig neue Epoche des Denkens. Der tiefe Einschnitt, den er geistesgeschichtlich bedeutet, kommt in der Unterscheidung zwischen »vorsokratischer«, »sokratischer« und »nachsokratischer« Philosophie zum Ausdruck.

---

[14] Buschor, a. a. O., S. 57.
[15] Vgl. zu den folgenden Ausführungen über Sokrates Ed. Zeller, Die Philosophie der Griechen in ihrer geschichtlichen Entwicklung, II. Teil 1. Abt., Leipzig 1922⁵, S. 105 ff.

Der größte Schüler des Sokrates war Platon, ein ungemein vielseitiger und fruchtbarer Philosoph, der sich mit allen Fragen des Seins, der Ethik und der Gesellschaft befaßte. Er ist der einzigartige Meister des philosophischen Dialogs, der oft nachgeahmt, nie wieder aber erreicht wurde. Sein »Gastmahl«, das dem Eros gewidmet ist, und sein »Phaidon«, der sich mit der Unsterblichkeit der Seele befaßt, sind auch künstlerisch vollendet. Seine Ideenlehre ist von einer solchen Tiefe und Schönheit, daß sie auf die Philosophen zweier Jahrtausende maßgebenden Einfluß ausübte. Überhaupt zeigt den Rang Platons nichts besser als seine Nachwirkung, die so groß war, daß A. N. Whitehead betonte, die ganze europäische Philosophie bestehe nur aus Fußnoten zu diesem Philosophen, und daß Karl Popper sagen konnte, daß das westliche Denken stets entweder platonisch oder antiplatonisch, aber kaum je nicht-platonisch gewesen sei.

Man ist versucht, auch Aristoteles der athenischen Kulturblüte zuzurechnen, so wie man gerne geneigt sein wird, Raffael der florentinischen und Rousseau der französischen zuzusprechen. Zwar entstammte er einer griechischen Familie, die in dem thrazischen Stagira ansässig war; er studierte jedoch seit seiner frühen Jugend an Platons Akademie – angeblich sogar zwanzig Jahre lang – und eröffnete dann später in Athen seine eigene Schule, an der er die letzten zwölf Jahre seines Lebens ein umfassendes System wissenschaftlicher Philosophie lehrte. Sachlich steht er ganz in der athenischen Tradition, so sehr er diese auch seinem persönlichen Charakter und den Erfordernissen der Zeit entsprechend fortentwickelte. Da Aristoteles in der dritten Phase der athenischen Kulturblüte auftritt, in der die austauschbaren wissenschaftlichen Leistungen die Stelle der individuell gebunden künstlerischen Schöpfungen und der ebenfalls persönlich gefärbten metaphysisch orientierten Philosophien und Geisteswissenschaften eingenommen haben, kommt der Frage, ob er der athenischen Kulturblüte zuzurechnen ist oder nicht, allerdings keine große Bedeutung zu. In der Phase, in der Aristoteles erscheint, ist die Ausstrahlung einer Kulturblüte bereits allgemein sehr groß.

Auf dem Gebiet der Geschichtsschreibung war Thukydides nicht weniger revolutionär als Sokrates und Platon in der Philosophie. Gegenüber der historischen Überlieferung entwickelte er eine kritische Einstellung, die auch allen späteren wissenschaftlichen Anforderungen genügte. Er war der erste Historiker, der zwischen Geschichtsschreibung und epischer Erzählung unterschied, die Ereignisse rein aus der Eigenart der beteiligten Staatsmänner und Staaten erklärte und weder auf die Götter zurückgriff noch die Geschehnisse sonst metaphysisch überhöhte[16]. In merkwürdig moderner Art bemühte er sich, das Wesen der einzelnen Staaten und die politisch wirksamen Kräfte zu erfassen, so für Athen in der Leichenrede des Perikles. Auch begründete er eine Typologie geschichtlicher Vorgänge[17]. Ohne von einem psychologischen Gleichgewicht zwischen den Staaten zu sprechen, kannte er es bereits der Sache nach. Die Faktoren, die es begründen oder gefährden, stellte er in dialogischer Form dar. Am berühmtesten ist das Gespräch zwischen den Athenern und Meliern. In diesem Dialog, dem ältesten, den wir in griechischer Prosa besitzen, behandelte er die Bedeutung des Rechts für die zwischenstaatlichen Be-

---

[16] Wilhelm Nestle, Griechische Geistesgeschichte von Homer bis Lukian, Stuttgart 1944, S. 242.
[17] Nestle, a. a. O., S. 247.

ziehungen. Er kommt zu dem Schluß, daß es nur zwischen zwei ähnlich mächtigen, nicht jedoch zwischen einem starken und einem schwachen Staat von Bedeutung ist. Hier führe nur eine für beide Teile nützliche Regelung zu stabilen Verhältnissen. Falls ein Staat stark sei und der andere schwach, »tun die Überlegenen, was in ihrer Macht steht, und die Schwachen geben nach«. – Thukydides ist völlig eigenständig; mit seinem kritischen Sinn, seinen Methoden und wesentlichen Ideen ist er ohne Vorgänger. Er war der erste echte Historiker und zugleich der größte überhaupt.

In Xenophon, dem Autor des Tatsachenberichts »Anabasis«, der den Rückzug der »Zehntausend« durch Kleinasien nach dem Tode des Kyros in der Schlacht bei Kunaxa (401) schildert, hat Athen wenig später einen weiteren hervorragenden, wenn auch entfernt nicht ebenso bedeutenden Historiker. Er zeichnet sich durch eine solche Sachlichkeit aus, daß Caesar ihn sich bei der Abfassung seiner Kommentarien zum Vorbild nahm.

Es wurde die völlig neue Sehweise hervorgehoben, die die klassische Kunst der Athener bedeutet. Es wurde ferner auf den Umbruch hingewiesen, den Sokrates und Platon in der Philosophie und Thukydides und Xenophon in der Geschichtsschreibung herbeiführten. Es ist also auch insofern eine geistige Revolution zu beobachten, von der bereits gesagt wurde, daß sie für jede große Kulturblüte ganz allgemein charakteristisch ist.

I.7. Mathematik und Naturwissenschaften

Auf dem Gebiet der Mathematik und der Naturwissenschaften waren die Leistungen der Athener weniger glanzvoll – auch hier ist von Aristoteles abzusehen. Wenn man den Sonderfall Platon beiseite läßt, bleiben tatsächlich nur zweitrangige Namen, der Astronom Meton, der seine bedeutendste Zeit um 430 hatte, Theätet und Speusippos. Theätet (414–369), zu seiner Zeit der führende griechische Mathematiker, soll sich um die Erforschung der Kegelschnitte verdient gemacht haben. Platons Neffe Speusippos, der ihm als Haupt der Akademie nachfolgte, widmete sich vor allem der Naturgeschichte.

II. Die Frühe und Mittlere T'ang-Zeit

II.1. Die Lyrik

Die chinesische Kultur ist dem Europäer nicht ohne weiteres zugänglich. Dies gilt wegen Sprache und Schrift insbesondere auch für die Lyrik, die bedeutendste Leistung der T'ang-Zeit. Das Verständnis jener Epoche wird weiter dadurch erschwert, daß von der bildenden Kunst und vor allem von der Malerei nur wenig erhalten ist. Deshalb und mit Rücksicht darauf, daß auch hervorragende Chinesen einem weiteren Kreis von Gebildeten im Westen kaum bekannt sind, werden im folgenden nur die wichtigsten Namen der T'ang-Dichter erwähnt, deren wir über Tausend kennen, und der T'ang-Maler, von denen etwa 220 namentlich überliefert sind. Wie groß auch rein quantitativ betrachtet die Produktivität der T'ang-Zeit war, zeigt etwa die 1703 auf kaiserlichen Befehl herausgegebene Sammlung der T'ang-Poesie, die gegen 50 000 Gedichte enthält. Die Schönheit der Lyrik der T'ang-Zeit wurde von den Chinesen später nie wieder erreicht.

Es war in der zweiten Hälfte des 7. Jh. gewesen, daß der dichterische Genius des chinesischen Volkes plötzlich aufleuchtete. Shên Chüan-ch'i (650–ca. 713) und Sung Chihwên (ca. 660–712) entwickelten um die gleiche Zeit die neuen Formen, die für alle späteren Lyriker maßgebend blieben. Charakteristisch für die neue Dichtung sind die phonetische und visuelle Parallelstruktur und eine ganz bestimmte Abfolge der Worttöne[18].

Zum Verständnis dieser besonderen Form der Lyrik, der »lü shih« oder »Regeldichtung«, ist es erforderlich, weiter auszuholen. Die chinesischen Gedichte sind wie die unsrigen gereimt, sie kennen jedoch nicht ein Versmaß im westlichen Sinne. Das hängt mit den Besonderheiten der chinesischen Sprache zusammen, die nur einsilbige Wörter besitzt, womit der Silbenakzent von selbst ausscheidet. Dafür hat jedes chinesische Wort aber einen mit ihm untrennbar verbundenen Wortton. Es gibt vier Töne dieser Art, und zwar zwei ebene Töne, die ohne Hebung oder Senkung der Stimme gesprochen werden und sich nur durch die Höhe der Tonlage unterscheiden, und drei ungleiche Töne, die steigend, fallend oder »eingehend«, d. h. gleichsam abgebrochen, gesprochen werden.

In der T'ang-Zeit herrschen die fünf- und siebenfüßigen Verse vor bei zwei, vier, acht oder einer anderen Zahl von Verspaaren. Nur die geraden Verse reimen sich. Die Zahl der möglichen Rhythmen ist sehr beschränkt. Zu dem rhythmischen Element kommt in der chinesischen Lyrik durch die erwähnten Modulationen oder Worttöne jedoch noch das melodische. Für ihre Verwendung haben die Chinesen ganz bestimmte Regeln entwickelt. Beim siebenfüßigen Vers etwa haben die Töne der geraden Silben (also der zweiten, vierten usw.) so miteinander abzuwechseln, daß die zweite und die sechste einen ebenen Ton haben und auf die vierte Silbe ein ungleicher Ton entfällt, oder umgekehrt. Ferner müssen der erste und achte, der zweite und dritte, der vierte und fünfte sowie der sechste und siebte Vers in der Tonfolge übereinstimmen. Bei fünffüßigen Versen gelten andere, ebenfalls sehr strenge Regeln.

Weitere Feinheiten kommen hinzu: Je zwei aufeinanderfolgende Verse stehen in einem ganz bestimmten gegenseitigen Verhältnis des Sinns, einem Parallelismus der Bilder oder Ideen, der gleichlaufend oder antithetisch sein kann. Wir geben ein Beispiel für den gleichlaufenden Parallelismus:

> Gleichklang herrscht im Tongetriebe,
> Gleiche Kräfte ziehn sich an,
> Also zieht auch mich die Liebe
> Stets zu dem geliebten Mann.
> Wie die Schatten nie verlassen

---

[18] Zu den folgenden allgemeinen Angaben über die chinesische Lyrik vgl. Grube, Geschichte der chinesischen Literatur, S. 262ff.

>Jenen Körper, der sie schuf,
Kann den Teuren ich nicht lassen,
Folge freudig seinem Ruf.

Dasselbe Gedicht gibt auch ein Beispiel für antithetischen Parallelismus:

>Wenn mein Herr zu Hause weilet,
Sitze ich auf seinem Schoß,
und wenn er von dannen eilet,
Läßt er meine Hand kaum los.

Ferner verlangt diese Lyrik einen syntaktischen Parallelismus: Jedem Substantiv, Adjektiv, Verb oder anderen Worttyp muß im zweiten Vers dieselbe Wortkategorie an derselben Stelle entsprechen, so wie in dem folgenden Vers:

>Der lichte Mond scheint durch die Fichten,
Ein klarer Quell fließt über das Gestein.

Inhaltlich hat der Poet sein Gedicht in vier Teile zu gliedern: Einleitung, Entwicklung, Übergang und Schluß, wie etwa in dem Gedicht Li Pos:

>»Zu meiner Lagerstätte scheint licht der Mond herein,
(Einleitung)
Bedeckt mit fahlem Glanz wie kalter Reif den Rain,
(Entwicklung)
Ich heb' das Haupt und blicke empor zum lichten Mond,
(Übergang)
Drauf laß ich's wieder sinken und denk der Heimat mein.«
(Schluß)

Im chinesischen Sprachbewußtsein sind Laut- und Schriftsymbol zu der akustisch-visuellen Gesamteinheit des Wortbildes verschmolzen. Das lyrische Gedicht spricht daher als Kunstwerk das Auge ebenso an wie das Ohr. »Genieße Wang Weis Gedichte«, sagte Su Tung-po, »und du wirst in den Gedichten seine Bilder sehen – Betrachte Wang Weis Bilder, und du wirst in den Bildern seine Gedichte finden«[19]. – Man sieht, welche außerordentlichen Anforderungen die T'ang-Lyrik an den Dichter stellt und welch vielfältige Möglichkeiten des Ausdrucks sie bietet. Auch höchste Übersetzungskunst kann von ihrem Reichtum nur einen unzureichenden Eindruck vermitteln.

In der Shēng T'ang, der »Fülle der T'ang-Zeit«, wie die Chinesen die Blütezeit der T'ang-Periode nennen, lebten die bedeutendsten chinesischen Dichter. Die größten Namen sind Li Po, Tu Fu, Wang Wei und Po Chü-i. Viele, und insbesondere westliche Kenner, halten Li Po (701–762) für den hervorragendsten chinesischen Dichter. Seine eigentliche Stärke liegt in Stimmungsbildern. Ein notwendig schwaches, da nur in Übersetzung anführbares, Beispiel:

---

[19] O. Franke, Geschichte des chinesischen Reiches, II. Bd., S. 587.

>»Ich denke Dein auf ewig,
Ich denke Dein, wo ich auch bin.
Der Grille herbstlich Lied
Tönt von des goldnen Brunnen Rand.
Es rieselt feiner Reif
Und dringt durch Matten und Gewand.
Einsamer Lampe Schein
Wird trüb und will verlöschen bald.
Ich heb den Vorhang auf,
Schau in den Mond so leer und kalt.
Die schöne goldne Zeit,
Wie ist sie fern und wolkenweit!
Am Himmel hängt die Nacht
In hoher, blauer Dunkelheit.
Das grüne Meer sich dehnt
In seiner Wellen Einsamkeit.
So weit ist, ach, der Weg!
Der Seele Flügel werden schwer.
In Traumes Wirren müht
Die Seele sich durch Berg und Meer . . .
Ich denke Dein auf ewig,
Und traurig ist mir Herz und Sinn.«[20]

Berühmt geworden ist Li Po auch durch seine Trinklieder, die zuweilen einen köstlichen Humor zeigen:

>»Blumenduft und eine Kanne Wein:
Niemand da, der mir beim Trinken hilft?
Nun, so trink ich denn dem Monde zu
Und der Dritte seist, mein Schatten Du.
Fällt dem Mond das Trinken freilich schwer,
Äfft der Schatten auch nur alles nach,
Immerhin: Komm her, Du guter Mond,
Komm, Du Schatten, treu und altgewohnt,
Sing ich, wackelt mit dem Kopf der Mond.
Tanz ich, zackt der Schatten hin und her.
Sind wir wach, genießen wir gemeinsam,
Kommt der Rausch, geht jeder heimwärts einsam.
Doch ins Jenseits ziehn wir im Verein:
Bei der Milchstraß sei das Stelldichein.«[21]

In seinem »Lied von der Erde« hat Gustav Mahler dem Dichter ein unvergängliches musikalisches Denkmal gesetzt.

---

[20] Richard Wilhelm, Die chinesische Literatur, Wildpark-Potsdam 1926, S. 145.
[21] Wilhelm, a. a. O., S. 146.

Von manchen Li Po als ebenbürtig oder sogar überlegen angesehen wird Tu Fu (712–770). Tu Fu schlägt Töne an wie kein chinesischer Dichter vor ihm. Er vermag die erhabensten Gefühle auszudrücken. Seinem Temperament nach ist er ernster als Li Po, auch steht er mehr auf dem Boden der Wirklichkeit. An der Politik nahm er regen Anteil und schilderte in ergreifender Weise die Nöte des Volkes:

»Die alte Frau liegt an des Weges Rand und schluchzt;
Das Jahr ist spät; die Kleider sind so dünn.
Er weiß es wohl: jetzt kommt der lange Abschied,
Auf den ein Wiedersehen nimmer folgt.
Und während dem, da zittert sie vor Kälte,
Und zitternd wünscht sie ihm noch gute Tage
Und spricht, er solle stets sich richtig pflegen.«[22]

Im Ausdruck ist Tu Fu treffsicher und dabei vielfältig. Die Feinheit seiner literarischen Anspielungen steht in bemerkenswertem Gegensatz zu dem revolutionären Mut, mit dem er in seinen Dichtungen Ausdrücke der Umgangssprache verwandte. Ein anderes Beispiel seiner Kunst:

»Die Sonne sinkt. Schön ist's im Kahn zu treiben,
Ein leichter Windhauch regt die Welle sacht.
Der Lotos duftet, Bambus säumt die Ufer,
Und Kühle winkt uns aus des Haines Nacht.
Die Freunde mischen Eis zum kühlen Tranke,
Die Mädchen wählen Lotoswurzeln aus;
Da hebt sich eine Wolke schwarz zu Häupten –
Rasch noch ein Lied! Der Regen treibt nach Haus.
Der Regen kommt, durchnäßt die Teppichmatten,
Ein Windstoß trifft des leichten Kahnes Bug,
Der armen Schönen rote Röcke klatschen,
Und trüb zerfließt der Schminke holder Trug.
Das Schiff legt an, das Tau die Weiden rüttelt,
Der Vorhang flatternd peitscht der Wogen Gischt.
Beim Heimweg fühlt erschauernd man ein Frösteln,
Als wenn der Herbst sich in den Sommer mischt'.«[23]

Diesen beiden Dichtern stellen einige Literarhistoriker Po Chü-i (772–846) gleich.

II.2. DIE PROSA

Die chinesische Kulturblüte ist der athenischen in ihrem Ablauf auch insofern vergleichbar, als die Prosa in einer ganz ähnlichen Phase einen bedeutenden Aufschwung nahm.

---

[22] Wilhelm, a.a.O., S. 148.
[23] Wilhelm, a.a.O., S. 150.

Der wichtigste Name in diesem Zusammenhang ist Han Yü (768–824), Gelehrter, Politiker und Meister des Essays. Die Überlieferung schätzt seine Werke so hoch ein, daß sie vom Leser fordert, er solle seine Hände in Rosenwasser waschen, bevor er sie berühre. Mit Han Yü erreichte eine stilistische Revolution ihren Höhepunkt, die in der ersten Hälfte des 8. Jh. begonnen hatte. Bis in die T'ang-Zeit benützten die chinesischen Schriftsteller das »p'ien-wên«, ein manieriertes Chinesisch. Han Yü gab der Reaktion gegen die überfeinerte Schriftsprache System und setzte mit seinem Prestige ein einfaches und energisches Chinesisch durch.

II.3. DIE MALEREI

Auch die Landschaftsmalerei, Chinas bedeutendster Beitrag zur bildenden Kunst überhaupt, wurde in der T'ang-Zeit zur höchsten Vollendung gebracht. Als Mittlerin zwischen dem Menschen und dem Unendlichen hat sie für den Chinesen den gleichen Rang wie Lyrik und Kalligraphie. Ihre wesentlichsten Merkmale sind Stimmungsreichtum und metaphysische Tiefe[24]. Die hervorragendsten Meister waren Li Ssu-hsün (ca. 650–725/719), der Begründer der sog. südlichen Schule, dessen Sohn Li Chao-tao und der bereits erwähnte Wang Wei (699–759). Letzterer ist der Tradition zufolge der Schöpfer des einfarbigen Landschaftsmalens mit Tusche. Chinesische Kritiker sind allgemein der Ansicht, daß jeder dieser drei Maler ein großer Neuerer war. Diese Meinung ist bei westlichen Kennern nicht unbestritten[25], hat jedoch, wenn man die allgemein revolutionäre Dynamik der Kulturblüte bedenkt, eine gewisse Wahrscheinlichkeit für sich.

Der größte Maler Chinas und des Fernen Ostens überhaupt ist Wu Tao-tzu (ca. 700–760). Wu verfügte über eine seltene natürliche Begabung. Er beherrschte jedes Motiv und jedes Thema, Menschen, Tiere und Landschaften. Alle Techniken standen ihm zu Gebote: Er malte auf Seide, Papier und al fresco. Seine Zeitgenossen beeindruckte er durch seine ungeheure Energie und seinen Einfallsreichtum. Er soll als erster den rhythmisch abgestuften kalligraphischen Pinselstrich benützt haben. In den beiden Hauptstädten Tsch'ang-an und Lo-yang malte er die großen Tempel aus. Eines seiner Fresken, das über 1000 Figuren enthielt, besaß in China dieselbe Berühmtheit wie bei uns die Mona Lisa. Seine Buddhas sollen »die Geheimnisse von Tod und Leben ergründet« haben.

II.4. DIE INTELLEKTUELLE REVOLUTION

Auch die T'ang-Kulturblüte war, wie die Ausführungen über die Entwicklung der chinesischen Lyrik, Prosa und Malerei im 7. und 8. Jh. zeigen, von einer intellektuellen Revo-

---

[24] Franke, a. a. O., S. 587.
[25] Laurence Sickman / Alexander Soper, The Art and Architecture of China, Harmondsworth / Mx. 1960², S. 90f.

lution begleitet. Auf anderen Gebieten des chinesischen Geisteslebens fand damals ebenfalls eine Umwälzung statt. Die Anfänge des Neukonfuzianismus fallen in jene Zeit. Die stilistische Neuorientierung der Prosaisten, die erwähnt wurde, war nur *ein* Aspekt einer viel umfassenderen Bewegung, die allgemein auf größere Freiheit und die Beseitigung überlieferter Konventionen gerichtet war[26]. Das »Shih-t'ung« (»Über Geschichte«) des Liu Chih-chi (661–721), das auf die Nachwelt einen so großen Einfluß ausgeübt hat und mit dem manche die chinesische Geschichtswissenschaft überhaupt beginnen lassen, bedeutet für die chinesische Historiographie einen tiefen Einschnitt. Die neuen Methoden, die es anwendet, die bis dahin unbekannte kritische Sichtung des Materials und die Ablehnung von Legenden zeigen, daß sich das historische Bewußtsein bedeutend erweitert hatte. Auch die Klassiker wurden jetzt nicht mehr blind angenommen, sondern vielmehr kritisch untersucht, eine Richtung, die später ihre Fortsetzung in ähnlichen Bestrebungen der Sung-Zeit fand[27].

III. Die florentinische Renaissance

III.1. Vielseitigkeit der Repräsentanten von Kulturblüten

Ein Charakteristikum von Kulturblüten ist das Auftreten vielseitiger Persönlichkeiten. Sophokles war nicht nur ein genialer Dramatiker, sondern wurde auch als Ringkämpfer und Musiker preisgekrönt. Als Ballspieler und als Harfenkünstler trat er öffentlich auf. Nach der Schlacht von Salamis war er es gewesen, der die Jünglinge Athens bei dem Siegestanz angeführt hatte. Zu allem fiel er auch durch seine Schönheit auf. – Sokrates war so reich veranlagt und menschlich so groß, daß er auf die Zeitgenossen, die ihn näher kennenlernten, einen unauslöschlichen Eindruck machte. – Platon zeigte bereits als Jüngling höchste Begabung für Musik, Mathematik, Rhetorik und Dichtkunst. An den Isthmischen Spielen nahm er als Ringkämpfer teil. Als Soldat focht er in drei Schlachten und wurde für seine Tapferkeit ausgezeichnet. Er schwankte zwischen dem Beruf des Dichters und einer Laufbahn als Politiker, um dann schließlich als philosophischer Lehrer unsterblich zu werden.

Wang Wei war so vielseitig, daß er für die Chinesen das Ideal des Künstlers schlechthin verwirklicht. Er war ein großer Poet, der eine neue dichterische Richtung begründete. In Kalligraphie, Malerei und Musik war er bahnbrechend. – Chēng Ch'ien, ein Zeitgenosse und Freund Tu Fus, war ein ausgezeichneter Kenner der Geographie, Astronomie, Arz-

---

[26] Ch'ēn, Chinese Literature, S. 236 ff., 286 f.
[27] Zum Shih-t'ung und seiner historiographischen Bedeutung Eugen Feifel, Geschichte der chinesischen Literatur, Darmstadt 1959³, S. 172 f.

neikunde und Militärgeschichte; in allen diesen Wissenschaften schrieb er eingehende Untersuchungen. Auch als Maler, Kalligraph und Dichter erlangte er Ruhm[28].

Bevor Pascal zu dem großen Denker und Schriftsteller wurde, leistete er Bahnbrechendes auf dem Gebiet der Mathematik und der Naturwissenschaften: Im Alter von sechzehn Jahren schrieb er eine Abhandlung über die Kegelschnitte, mit neunzehn entwickelte er die erste Rechenmaschine. Ferner entdeckte er das Gesetz der kommunizierenden Röhren, war maßgeblich an den ersten Messungen des atmosphärischen Drucks beteiligt und begründete die Wahrscheinlichkeitsrechnung. Dies alles und noch andere hervorragende Leistungen in einem Leben von nur 39 Jahren.

III.2. Der »uomo universale«

Zum Inbegriff schöpferischer Kraft ist der Renaissancemensch geworden. Vielseitige Menschen gab es bereits im Mittelalter, der »uomo universale« jedoch, der alle oder nahezu alle menschlichen Fertigkeiten beherrscht, Bedeutendes leistet und sich darüber hinaus auch noch durch Menschlichkeit auszeichnet, erscheint im nach-antiken Europa erst während der florentinischen Kulturblüte. – Die große Zahl bedeutender Männer, die Florenz im 15. Jh. hervorbrachte, ist es um so erstaunlicher, als die Stadt, wie bereits erwähnt, damals nur etwa 100 000 Einwohner besaß[26].

Einer der genialsten Vertreter der Renaissance war Leon Battista Alberti (1404–1472). Er hatte Latein, Griechisch und die beiden Rechte studiert. Als zwanzigjähriger Student verfaßte er eine lateinische Komödie, den »Philodoxeos«, der sprachlich und inhaltlich so gelungen war, daß er ihn während einiger Jahre mit Erfolg als eine von ihm wiederentdeckte Dichtung des Römers Lepidus ausgeben konnte. Er schrieb Balladen, Sextinen, Eklogen, Elegien und Sonette. In der Musik war er Autodidakt, und doch wurden seine Kompositionen selbst von den Meistern des Fachs bewundert. Auch die Mathematik und Physik kannte er gründlich. Daneben beherrschte er alle praktischen Fertigkeiten, selbst solche handwerklicher Art. Sein umfassendes Wissen legte er in zahlreichen Werken nieder. Seine Abhandlung über die Malerei (1436) enthält die erste theoretische Erörterung der Perspektive. Er schrieb auch über Pferdezucht, das Amt des Richters, das »Hauswesen« und zahlreiche andere Probleme. Auch war er einer der führenden Architekten seiner Zeit; seine Fassaden übten einen nachhaltigen und bleibenden Einfluß aus, so die Fassade von S. Maria Novella. Der Palazzo Rucellai, der nach seinen Plänen gebaut wurde, bietet die hervorragendste Palastfassade des 15. Jh. Auch für den Malatesta-Tempel fertigte er die Entwürfe. Mit seinem Traktat »Über die Baukunst« brachte er den antiken Autor Vitruv mit solchem Erfolg auf den Stand seiner Zeit, daß er die Architektur bis auf

---

[28] W. Hung, Tu Fu, S. 66.
[29] F. Siehe oben Kap. IV Anm. 24. Vgl. aber auch V. Cronin, The Florentine Renaissance, S. 320, dem zufolge Nicolai Rubinstein für das Jahr 1434 sogar nur wenig mehr als 50 000 Einwohner annimmt; ähnlich schätzt E. W. Buchholz in: Raum und Bevölkerung in der Weltgeschichte (Bevölkerungs-Ploetz), Bd. 2, Würzburg 1955, S. 50, für das Jahr 1470 die Bevölkerung auf 40 000 bis 54 000 Personen.

den heutigen Tag beeinflußt. Er fertigte auch als erster eine maßstabsgerechte Karte von Rom und erfand ferner einen vielbewunderten Schaukasten, der gleichzeitig als Planetarium diente. Körperlich stand er keinem nach. So konnte er mit geschlossenen Beinen einem erwachsenen Mann über die Schulter springen. Ans Wunderbare aber grenzt, daß er auch historische Ereignisse, darunter eine blutige Krise des Hauses Este, richtig vorausgesagt haben soll.

Ein typischer »uomo universale« war auch Lorenzo de' Medici. Lorenzo Magnifico, wie er von den Zeitgenossen genannt wurde, war von imponierender körperlicher Kraft und Geschicklichkeit; eine ganze Reihe von Sportarten betrieb er mit Erfolg. Als er neunzehn Jahre alt war, veranstaltete er ein Turnier und gewann den ersten Preis. Als Dichter tat er sich ebenfalls hervor. Zu seinen Liedern begleitete er sich selbst auf der Leier. Wahrscheinlich spielte er auch Orgel. Als Architekt war er theoretisch und praktisch geschult. Filippo Redditi schrieb: »Sowohl bei öffentlichen als auch bei privaten Bauten machen wir alle Gebrauch von seinen Einfällen und den Proportionen, die er entwickelt hat; denn er hat die Theorie der Baukunst mit den besten Ergebnissen der Geometrie bereichert und so vervollkommnet, daß er keinen geringen Platz unter den berühmten Geometern unseres Zeitalters einnimmt«[30]. An Architektenwettbewerben beteiligte er sich ebenfalls. Von seinem großartigen Mäzenatentum wird noch die Rede sein. Auch als Unternehmer war er tüchtig. Er leitete die größte europäische Bank und bewirtschaftete vier Güter. Hier führte er erfolgreiche landwirtschaftliche Versuche durch, stellte die Versorgung von Florenz mit Käse sicher und machte die Stadt so von den früheren Lieferungen aus der Lombardei unabhängig. – Schließlich war Lorenzo auch ein erfolgreicher Staatsmann, der seine Heimatstadt 22 Jahre lang mit hervorragendem Ergebnis regierte.

III.3. Versatilität der florentinischen Künstler

Auch die Künstler der florentinischen Kulturblüte waren im allgemeinen sehr vielseitig. In den meisten Ateliers wurde die Gesamtheit der Künste gepflegt. Verrocchio, der Lehrer Lorenzo di Credis, Peruginos und Leonardos, beherrschte die Malerei, die Bildhauerkunst, den Erzguß und die Technik des Holzschnitts. Natürlich meisterte auch Michelangelo, wenn er sich selbst auch nur als Bildhauer betrachtete, alle künstlerischen Techniken. Ghiberti begann als Goldschmied. Er arbeitete auch als Maler. Sein großes Werk aber sind die Bronzetüren des Baptisteriums von Florenz, die ihn mehrere Jahrzehnte lang beschäftigten.

Filippo Brunelleschi war ebenfalls in der Goldschmiedekunst ausgebildet. Er arbeitete aber auch als Bronzegießer und Maler. Ferner schrieb er Gedichte. Mit etwa vierzig Jahren wandte er sich der Architektur zu und machte in dieser Kunst seinen Namen unsterblich. Er überwand den gotischen Stil und führte klassische Baumuster ein. Um einen auf ein gemeinsames Maß begründeten Zusammenklang zu erzielen, verwendete er einfache, der antiken Architektur entnommene Grundelemente. Die alte Sakristei von S. Lorenzo,

---

[30] Zitiert nach Cronin, a. a. O., S. 244.

die er 1420 begann, und S. Lorenzo selbst (1421) brachen mit der Kirchenbautradition von drei Jahrhunderten. Das quadratische gotische Raumschema, wie es die Spanische Kapelle in S. Maria Novella zeigt, ist hier entschlossen rationalisiert. Die Bauglieder sind genauestens aufeinander abgestimmt; selbst das Beiwerk ist in den Gesamtentwurf integriert. Der Mensch ist zum Maßstab gemacht[31]. – Im Bereich des Technischen war er ein radikaler Neuerer. Die Kuppel des Domes von Florenz hat einen Durchmesser von 42 Metern. Brunelleschi konzipierte sie als doppelte Schale und baute sie ohne Außenstützen. Etwas Derartiges hatte seit der Antike niemand mehr fertig gebracht. – Als Theoretiker schließlich revolutionierte er das künstlerische Sehen. Er entwickelte die mathematischen Gesetze der Perspektive, die sein Freund Masaccio erstmalig 1427 bei der Ausführung seines Frescos »Dreifaltigkeit« in S. Maria Novella anwandte.

Masaccio (1401–1428) brach mit der Kunstauffassung des Mittelalters völlig. Dieses hatte nicht danach gestrebt, die Natur nachzuahmen, auch Giotto nicht. Gemein mit Masaccio hat Giotto nur die monumentale Größe der Auffassung und die seelische Eindringlichkeit der Kunst. Nicht er, sondern Masaccio war der erste, der die Dinge so darstellte, wie sie sich dem Auge darbieten. Vor allem hat Masaccio als erster mit Hilfe der Linearperspektive die Tiefe des Raumes wiedergegeben. Giotto noch hatte sich mit der kraftvollen Entfaltung kubisch massiver Formen begnügt[32]; seine Darstellungen erscheinen neben denen Masaccios flach. Jener mittelalterliche Künstler kannte bereits Licht und Schatten, aber erst Masaccio wies ihnen in seinen Gemälden vorrangige Bedeutung zu und gelangte zu einheitlicher Lichtführung. Erst seine Malerei erzielte eine illusionistische Wirkung. Im Gegensatz zu Giottos Figuren stehen seine Menschen, wie Vasari treffend gesagt hat, fest auf den Füßen. Sie haben auch ganz klar charakterisierte Individualitäten. In diesen beiden Punkten ging er ebenfalls entschieden über Giotto hinaus[33]. Zusammen mit Donatello schuf Masaccio einen neuen bis heute gültigen Kanon des menschlichen Körpers[34].

Donatello seinerseits war die bedeutendste Künstlerpersönlichkeit der italienischen Frührenaissance. Bei ihm äußerte sich der neue Geist am vielseitigsten. Auch er wandte frühzeitig die Regeln der Perspektive an. Sein David, der wahrscheinlich um 1440 entstand, ist die erste große Bronzefigur seit der Antike, die den menschlichen Körper unbekleidet wiedergibt. Mit dem Gattamelata, den er 1447 im Auftrag Paduas schuf, ahmte er bewußt das antike Reiterdenkmal Mark Aurels nach. Sein Salome-Relief in Siena gilt als die »beste Erzählung des Jahrhunderts«[35].

Der vielseitigste aller Künstler der florentinischen Renaissance und ihr größter Vertreter überhaupt war Leonardo da Vinci. Von ihm kommen die beiden bedeutendsten Gemälde, die die Menscheit besitzt, das »Abendmahl« und die »Mona Lisa«. Er war vollkommen sicher in der Wiedergabe des Details und trotzdem großartig in der Behandlung

---

[31] André Chastel, Die Kunst Italiens, Teil I, Darmstadt 1961, S. 245f.
[32] Chastel, a. a. O., S. 188.
[33] Heinrich Wölfflin, Die klassische Kunst, Basel 1948[8], S. 16ff.
[34] Bernard Berenson, Italian Painters of the Renaissance, London 1959[5], S. 107f.
[35] Wölfflin, a. a. O., S. 19.

des Ganzen. Er erschloß dem Auge die Welt in ihrem vollen unerschöpflichen Reichtum. In seiner Kunst sind alle Errungenschaften des florentinischen Quattrocento vereinigt. Mit der neuen Maltechnik des »sfumato« verwirklichte er die Einheit der farblichen Werte; er löste die Konturen und die plastischen Massen auf und schuf so eine poetischere Welt[36]. – Seiner Zeichnung »Die Jungfrau, das Kind und die Heilige Anna« kommt keine andere gleich. Als Bildhauer und als Architekt war er ebenfalls bedeutend. – Das Tonmodell, das Leonardo für die Reiterstatue Franceso Sforzas angefertigt hatte und das, bevor sie gegossen werden konnte, von den Feinden seines Auftraggebers zerstört wurde, galt mit »seinen genau berechneten Kontrastwirkungen« (André Chastel) als der Gipfelpunkt der bildenden Kunst. Ferner ragte Leonardo auch auf dem Gebiet der Musik hervor.

Als Ingenieur, Festungsinspizient und kriegstechnischer Ratgeber entfaltete er eine bedeutende Wirksamkeit. Unter anderem beschäftigte er sich mit Flugmaschinen. Auch in der Kartographie leistete er bahnbrechende Arbeit. Hervorragend war er als Wissenschaftler. Alexander von Humboldt hielt ihn für den bedeutendsten Physiker des 15. Jh. und William Hunter für den größten Anatom seiner Zeit. Seine umfänglichen Notizen erstrecken sich auf fast alle Gebiete des Wissens. Es würde den Rahmen dieser Untersuchung sprengen, die unzähligen Ideen, die sein überaus fruchtbarer Geist hervorbrachte, einzeln auch nur zu erwähnen. – Seine Gedanken über die Natur zeichnen sich durch philosophische Tiefe aus. Er besaß bereits einen zureichenden Begriff von dem Wesen der Naturgesetze. – Als wahrhafter »uomo universale« war er auch außerordentlich kräftig und konnte ein Hufeisen mit bloßen Händen auseinanderbiegen. Seine Umgebung beeindruckte er durch die Schönheit seiner Gesichtszüge und seines Körpers.

III.4. Die Revolution in den historischen und politischen Wissenschaften

Brunelleschi und Masaccio führten in Architektur und Malerei eine Umwälzung herbei. Die italienische Kunst war bis zum Beginn des 15. Jh. noch nahezu mittelalterlich. Dann kam es wie dargelegt zu jenem schroffen Bruch, der radikaler war als alle Entwicklungen innerhalb der Renaissance. Auch auf historiographischem Gebiet machten sich während der florentinischen Kulturblüte bald revolutionäre Auffassungen geltend. Die erste Generation, die hier grundlegend Neues brachte, wird vor allem von Gregorio Dati, Leonardo Bruni und Poggio Bracciolini vertreten. Bereits ihre Gedanken stehen in scharfem Gegensatz zum Trecento und insbesondere dem Humanismus Petrarcas. Gregorio Dati leitete zu Beginn des 15. Jh. mit seiner Schilderung der mailändisch-florentinischen Auseinandersetzung eine neue Art der Geschichtsbetrachtung ein und analysierte die maßgebenden politischen, sozialen und wirtschaftlichen Faktoren mit einer Schärfe und einem Verständnis, wie dies niemand vor ihm getan hatte. Er erörterte als erster systematisch geschichtliche Ursachen und Folgen. Trotz gewisser Mängel bereitete seine Darstellung den Boden für den Humanismus Brunis und den Realismus Machiavellis.

---

[36] Chastel, a.a.O., S. 339, 341.

Auch die florentinische Geschichte, die Leonardo Bruni um dieselbe Zeit verfaßte, hebt sich scharf von den mittelalterlichen Chroniken ab. Sie stützt sich auf ein breites Quellenmaterial, ist bewußt kritisch und konzentriert sich auf das Wesentliche. Legenden, Wunder und Vorsehung spielen für ihn keine Rolle mehr. Seine Darstellung der Geschichte des alten Florenz hält auch den Ansprüchen der neueren Geschichtsforschung stand[37]. Man hat ihn zu Recht als den ersten modernen Historiker bezeichnet[38]. – Die Geschichte der Stadt Florenz wurde in gleichem Geiste ergänzt und fortgesetzt von Poggio für die Zeit von 1350 bis 1454 und von Giovanni Cavalcanti für die Jahre von 1423 bis 1440. Auf Cavalcanti konnte später ein so bedeutender Historiker wie Machiavelli in seiner florentinischen Geschichte[39] zurückgreifen. Manches schrieb er wörtlich ab. Cavalcanti sah bereits deutlich den Zusammenhang zwischen Politik und Wirtschaft, zwischen Außen- und Innenpolitik. – Die Entfaltung eines kritischen Sinnes für die geschichtlichen Geschehnisse und das Aufkommen eines ausgeprägten Interesses für die Vergangenheit zeigen eine radikale Bewußtseinserweiterung an. Sie war der erste Schritt, der zu den modernen Geisteswissenschaften führte.

Eine noch gründlichere, man könnte sagen die eigentliche Revolution vollzog sich dann zu Beginn des folgenden Jahrhunderts. Machiavelli begründete mit seinem »Fürsten«, den er wahrscheinlich 1513 schrieb, die moderne Wissenschaft von der Politik. Im 15. Kapitel seines Werks entwickelte er das bahnbrechende methodische Prinzip des reinen Empirismus[40]. Er griff für seine Thesen nicht wie die Autoren des Mittelalters auf allgemeine Grundsätze zurück, sondern versuchte, sie auf Tatsachen zu stützen, womit er als erster der Sache nach bewußt die induktive Methode anwandte. Sein »Fürst« markiert so einen »Wendepunkt der europäischen Geistesgeschichte« (Friedrich Meinecke). Völlig neu war auch, daß Machiavelli nach dem Verhältnis zwischen politischer Zweckmäßigkeit und Moral fragte. Damit wurde er zum Begründer der Lehre von der Staatsräson[41]. – Er ist schließlich auch ein militärischer Klassiker, der eine »Renaissance der Kriegskunst« einleitete[42]. In mancher Hinsicht war er ein Prophet. So hatte er bereits die Vision des Volksheeres.

Giorgio Vasari aus Arezzo (1511–1574) begründete die Kunstgeschichte. 1550 publizierte er seine »Lebensbeschreibungen der hervorragenden Baumeister, Maler und Bildhauer Italiens«. Er geht auf die Eigenart der einzelnen Künstler ein und benützt sie zur Erklärung ihrer Werke. Der Begriff der historischen Entwicklung wurde erst durch ihn in die Kunstgeschichte eingeführt. Er beschreibt den »progresso della rinascita«, der mit

---

[37] Nicolai Rubinstein, The Beginning of Political Thought in Florence, in: Journal Warburg Institute, V (1942) S. 225.

[38] B. L. Ullman, Leonardo Bruni and Humanistic Historiography, in: Medievalia et Humanistica, 1946, 4. Faszikel, S. 61.

[39] Es handelt sich um das 4. Buch.

[40] Friedrich Meinecke, Die Idee der Staatsräson, München 1957, S. 45.

[41] Meinecke, a. a. O., S. 49.

[42] H. Delbrück, Geschichte der Kriegskunst im Rahmen der politischen Geschichte, IV. Teil, S. 117.

Cimabue und Giotto begann, den Masaccio und Brunelleschi fortsetzten und der von Leonardo und Michelangelo vollendet wurde. Seine Darstellung genoß bis in 19. Jh. kanonische Geltung[43]. Burckhardt bezeichnete sein Werk als »unvergleichlich wichtig«.

III.5. Naturwissenschaften und Mathematik

Wir kommen nun zu den Naturwissenschaften und der Mathematik. Auch hier bewirkten die Florentiner eine geistige Revolution. Toscanelli schuf die theoretischen Grundlagen für die Entdeckungsreisen des Genuesen Kolumbus. Leonardo bewies mit seinen unzähligen anatomischen, botanischen, zoologischen, geologischen, hydrologischen, ärologischen, optischen und technischen Zeichnungen ein völlig neues wissenschaftliches Sehvermögen, wie es das Mittelalter nicht gekannt hatte, und begründete auch die moderne wissenschaftliche Demonstrationszeichnung. Für seine anatomischen Darstellungen zerlegte er dreißig Leichen, wie es für die geänderte Einstellung zur Wirklichkeit überhaupt charakteristisch ist, daß die florentinischen Künstler zur Ausbildung seit der Mitte des 15. Jh. regelmäßig sezierten.

Schon vor der florentinischen Kulturblüte kam der Mathematik eine wichtige kulturelle Rolle zu. Jetzt jedoch erhielt sie eine völlig neue Stellung und wurde zu einer eigenständigen Macht. Denker wie Leonardo und Galilei hatten hierbei einen entscheidenden Anteil. »Wer die große Gewißheit der Mathematik verachtet«, sagte Leonardo, »nährt seinen Geist mit Verwirrung . . .« Galilei ist die zentrale Figur für den Übergang vom antik-mittelalterlichen zum klassischen naturwissenschaftlichen Denken. Auch für ihn ist die Mathematik das alleingültige Kriterium des Wissens, an dem alles zu messen ist. Niemand wandte vor ihm diese Wissenschaft in der Weise an, wie er es zur Erläuterung der Fallgesetze und der parabolischen Flugbahn tat[44]. Er formulierte die Methode der modernen Naturwissenschaft endgültig[45]. – Dieser Methode liegt eine ganz neue Auffassung von Wissen und Welt zugrunde. Nicht mehr Theologie und Metaphysik kommt der erste Platz zu, wie im Mittelalter, sondern der mathematischen Physik. Die Wahrheit sucht man nicht mehr in der Bibel, den Kirchenvätern und den antiken Klassikern, sondern in der Natur. Das Mittel der Wahrheitsfindung ist nicht mehr der Textvergleich, sondern die mathematische Methode[46].

---

[43] Zu den Angaben über Vasari vgl. Josef Engel in: Schieder, Handbuch der europäischen Geschichte, Bd. III, S. 51 f., 57.
[44] Ernst Cassirer, Einige Bemerkungen zur Frage der Eigenständigkeit der Renaissance, in: Wege der Forschung, Bd. CCIV, Zu Begriff und Problem der Renaissance, hrsg. von A. Buck, Darmstadt 1969, S. 215.
[45] E. J. Dijksterhuis, Die Mechanisierung des Weltbildes, Berlin 1956, S. 377.
[46] Cassirer, a. a. O., S. 212 ff.

IV. Frankreich von Ludwig XIV. bis zur französischen Revolution

IV.1. Die Literatur von Pascal bis Bossuet

Die Franzosen entwickelten Produktivität und Vielseitigkeit vor allem in den Jahren und Jahrzehnten nach 1655. Pascal ist der hervorragendste Prosaist und bedeutendste Denker, den Frankreich hervorgebracht hat. Auf einzigartige Weise vereinigte er »esprit de finesse« und »esprit de géometrie«. In der neueren Zeit war er der überzeugendste Verteidiger des christlichen Glaubens. In seinen »Lettres provinciales«, die er gegen die Jesuiten richtete, wandte er als erster den gesunden Menschenverstand auf theologische Probleme an. In Fragen der Moral machte er mit der Scholastik Schluß, eine Leistung, wie sie mehr als zwanzig Jahre vor ihm Descartes für die Metaphysik vollbracht hatte[47].

Pascals »Pensées« wurden erst nach seinem Tod veröffentlicht. Mit ihnen erlangte der französische Geist eine außerordentliche Kraft und Tiefe. Niemand vor oder nach ihm hat das Paradoxe der menschlichen Existenz schärfer zum Ausdruck gebracht. »Der Mensch ist ein Schilfrohr«, sagt er, »das schwächste der Natur; aber er ist ein denkendes Schilfrohr. Es ist nicht nötig, daß sich das ganze Weltall gegen ihn waffne, um ihn zu zermalmen. Ein Hauch, ein Wassertropfen reicht aus, um ihn zu töten. Aber wenn das Weltall ihn zermalmte, so wäre der Mensch noch edler als das, was ihn tötet; denn er weiß, daß er stirbt und kennt die Überlegenheit, die das Weltall über ihn hat, das Weltall aber weiß nichts davon«. – Die Pensées bewirkten in der christlichen Apologetik einen Umsturz: Die Beweise für die christliche Wahrheit wurden von nun an nicht mehr der Metaphysik, sondern der Geschichte und Psychologie entnommen[48]. Eine Revolution bedeutete Pascal auch für das psychologische Denken. Alle großen europäischen Psychologen, von Nietzsche bis Proust, von Stendhal bis Dostojewski, von Kafka bis Malraux und Camus entwickeln, variieren und verfeinern lediglich seine Einsichten.

Ab 1662 brachte Molière seine großen Komödien auf die Bühne. Auf »Die Schule der Frauen« folgten der »Tartuffe« (Aufführung der ersten drei Akte 1664), »Der Misanthrop« (1666), »Der Geizige« (1668), »Der Bürger als Edelmann« (1670) und der »Eingebildete Kranke« (1673). Mit diesen Stücken schuf er die moderne französische Komödie. Er verband scharfe Beobachtung der menschlichen Natur mit der Fähigkeit, sie von der komischen Seite her darzustellen. Seine bedeutendsten Stücke sind von philosophischer Tiefe. Goethe nannte ihn »so groß, daß man immer von neuem erstaunt, wenn man ihn wieder liest«.

Von 1667 bis 1677 schrieb Racine seine sieben größten Dramen: Andromache, Britannikus, Bérénice, Bajazet, Mithridates, Iphigenie und schließlich Phädra, die nach Ansicht vieler sein eigentliches Meisterwerk darstellt. Mit ihm erreichte die klassische Bühnendichtung Frankreichs ihren Höhepunkt. Sein Name ist nahezu zum Symbol für das Genie

---

[47] Sainte-Beuve, Port Royal, II. Bd., [Paris] 1954, S. 246 ff.
[48] Hierzu und zum folgenden vgl. Walter Nigg, Eine Pascal-Biographie, in: Neue Zürcher Zeitung vom 28. Juli 1961.

Frankreichs geworden. In seiner Dichtung verschmelzen griechischer Geist und moderne Empfindsamkeit. Er verfügte über eine ungewöhnliche dichterische Ausdruckskraft. Mit wenigen Worten verstand er großartige Bilder zu malen:

». . . Excité d'un désir curieux,
Cette nuit je l'ai vue arriver en ces lieux,
Triste, levant au ciel ses yeux mouillés de larmes,
Qui brillaient au travers des flambeaux et des armes;
Belle, sans ornements, dans le simple appareil
D'une beauté qu'on vient d'arracher au sommeil.
Que veux-tu? Je ne sais si cette négligence,
Les ombres, les flambeaux, les cris et le silence,
Et le farouche aspect de ses fiers ravisseurs
relevaient de ses yeux les timides douceurs.«

Er erschloß neue Rhythmen und Klänge. Ein Vers wie: »Il me semble déjà que ces murs, que ces voûtes . . .« gibt das drückende Schweigen, das Halbdunkel und die lastenden Massen eines alten Palastes lautmalerisch vollkommen wieder. – Auch im Formalen ist Racine unübertroffen.

Die Maximen La Rochefoucaulds, die erstmalig 1664 erschienen, sind eines der großen Werke der französischen Literatur. Sie geben ein umfassendes Bild vom Menschen und den Motiven, die sein Handeln bestimmen[49], sie untersuchen die vielfältigen Wege, die er einschlägt, um sich über sich selbst zu täuschen. Ihr Verfasser ist damit ein Vorläufer der Tiefenpsychologie. Auch führte er die Form des Aphorismus in die französische Literatur ein. – La Fontaine ist der Schöpfer der Fabel als selbständiger literarischer Gattung. Bereits seine erste Sammlung (1668) zeigt ihn als Meister aller denkbaren Ausdrucksmöglichkeiten. Niemand versteht es besser als er, die Sprache einzelner Personen und Tiere mit ihrem Charakter in Einklang zu bringen. Wenn er eine Katze sprechen läßt, so hat ihr Ton etwas Samtenes und Liebkosendes. Er kennt alle Klänge, benützt alle Rhythmen; je nach der Art des Tieres oder der Situation, in der es sich befindet, ist er von epischer Würde oder familiärer Vertraulichkeit, ironisch oder gefühlvoll, von unpersönlichem Abstand oder voller Mitgefühl. In einer zweiten Fabelsammlung befaßt er sich mit den vielfältigen Lebensäußerungen des französischen Volkes[50].

1671 begann Madame de Sévigné die berühmte Korrespondenz mit ihrer Tochter. In ihren Briefen tritt uns die Epoche unmittelbarer entgegen, als sie ein Historiker je schildern könnte. Sie verwendet bereits sehr moderne impressionistische Stilmittel. Die Ankunft einer Gruppe von Menschen auf Schloß Grignan in der Provence, wo ihre Tochter lebte, beschreibt sie wie folgt: »Des aventuriers, des épées, des chapeaux, du bel air, des gens faits à peindre, une idée de guerre, de roman, d'embarquement, d'aventures, de chaînes, de fers, d'esclaves, de servitudes, de captivité.« Ganz ähnlich gibt sie ihre Eindrücke von der Vermählung der Tochter des Kriegsministers Louvois wieder: »Que vous dirai-je? Magnificence, illustration, toute la France, habits rabattus et rebrochés d'or,

---

[49] Adam, Histoire de la littérature française au XVIIe siècle, Bd. IV. S. 92.
[50] Adam, a. a. O., S. 44 f.

pierreries, brasiers de feu et de fleurs, embarras de carrosses, cris de la rue, flambeaux allumés, reculements et gens roués.« Madame de Sévigné schrieb bereits wie Voltaire in seinen besten Zeiten, und nicht einmal er wird die Spontaneität und Zartheit ihres Stils wieder erreichen[51].

Boileau zeichnete sich als Dichter durch Kraft des Ausdrucks und als Kritiker durch eindringendes Urteil aus. Sein bedeutendstes Werk, »Die Dichtkunst«, erschien 1674. Er faßte in ihm die Regeln des dichterischen Schaffens zusammen und begründete damit in Frankreich die literarische Kritik. Auf diesem Gebiet brachte er es zu einer in jenem Lande nie wieder erreichten Meisterschaft.

Kardinal Retz, der während der Fronde eine wichtige Rolle im regierungsfeindlichen Lager gespielt hatte, verfaßte von 1673 bis 1676 seine Memoiren, die literarisch hervorragend, gleichzeitig aber auch ein bedeutendes Meisterwerk der politischen Philosophie sind. Retz war neben Pascal der erste, der erkannte, daß es in der Politik nur bedingt rational zugehe, daß Berechnung in ihr nur eine sehr begrenzte Bedeutung habe. Im Gegensatz zu seinen Zeitgenossen begriff er den traditionalistischen Charakter der französischen Monarchie; sie beruht, wie er sagte, »auf dem religiösen und heiligen Schweigen, mit dem man die königliche Gewalt und ihre Grenzen umgibt.« Sein Scharfblick gab ihm eine für seine Epoche außergewöhnlich tiefe Einsicht in den Charakter der Fronde. Während die anderen zeitgenössischen Beobachter sie auf bloße Intrigen der maßgebenden Männer zurückführten, wurde sie von ihm als eine soziale Bewegung erkannt, in der das Volk von Paris die Hauptrolle spielte. Der Sache nach hatte er auch bereits eine Vorstellung von dem Prinzip der Gewaltenteilung. Sein psychologisches Fingerspitzengefühl kann sich mit der Menschenkenntnis La Rochefoucaulds messen. Auch Wahrheitsliebe und Fähigkeit zur Selbstkritik sind bei ihm ungewöhnlich entwickelt. Als Stilist reicht er an Pascal heran. Seine Charakterporträts sind unübertroffen; einzigartig ist er auch in der Kunst der Antithese.

Madame de Lafayette verdanken wir die »Prinzessin von Clèves«, den ersten psychologischen Roman (1678). – Bossuet, der bedeutendste französische Kanzelredner, hielt 1669 und 1670 die Grabreden auf Henriette-Marie, die Witwe Karls I. von England, und Henriette-Anne von England, ihre Tochter und die Schwägerin des Königs. Sie sind als die beiden hervorragendsten Predigten französischer Sprache anerkannt. – In wenigen Jahren hatte Frankreich damit literarische Werke von einer solchen Zahl und Bedeutung hervorgebracht, wie sie diese Nation nie zuvor und nie wieder geschaffen hat.

IV.2. Architektur und Malerei

Auch in der Architektur und Malerei wurde in jener Zeit Bedeutendes geleistet. Le Vau baute »Vaux-le-Vicomte« (1657–1661), eines der schönsten Schlösser des 17. Jh., das sogar den Neid Ludwigs XIV. erregte. Im Gegensatz zu dem vorhergehenden Stil ist es frei von italienischen Einflüssen. Dieser Architekt errichtete ferner das »Hotel Lambert«, das

---

[51] Adam, a. a. O., S. 157.

»Collège des Quatre Nations« und als letztes und größtes Werk, die Gartenfront des Versailler Schlosses.

1662 malte Philippe de Champaigne, der einstmalige Porträtist Richelieus, seine beiden großen Gemälde: »Exvoto von 1662« und »Mater Arnauld«.

Claude Perrault errichtete von 1667 bis 1678 die Kolonnade des Louvre, die an Würde und Klarheit alles Frühere und Spätere in der französischen Architektur übertrifft[52]. Hardouin-Mansart entwarf die Pläne für Schloß und Kapelle von Versailles, den Invalidendom (ab 1671) und die Place Vendôme. Lebruns hervorragendste Werke sind das – 1752 zerstörte und im 19. Jh. im Schloß Herrenchiemsee wiedererstandene – Große Treppenhaus (1671–1678) und die Spiegelgalerie (1679–1684) im Versailler Schloß. Der eigentliche Schöpfer und zugleich unübertroffene Meister des französischen Gartens ist Le Nôtre. Die Anlagen von Vaux-le-Vicomte, Clagny, Versailles, Fontainebleau, Chantilly, Mendon, Saint-Cloud, den Tuilerien in Paris und Saint-Germain sind sein Werk.

IV.3. Der neue kritische Geist

Etwa ab 1670/1680 zeigte sich auch in Frankreich eine neue kritische Einstellung. »Mehr als dreißig Jahre treibe ich nun Philosophie und war von einigen Dingen sehr fest überzeugt, und plötzlich beginne ich sie anzuzweifeln ...«, sagte der Philosoph François Bernier 1678[53]. Die hervorragendsten Repräsentanten des neuen Geistes sind die Philosophen Malebranche und Bayle, der Bibelkritiker Richard Simon sowie der Schriftsteller Fontenelle. Es kam in Frankreich zu einem allgemeinen philosophisch-geisteswissenschaftlichen Aufschwung. Am Ende des Jahrhunderts fand La Rochefoucauld einen Nachfolger in La Bruyère. Dieser Moralist verfaßte eine Sammlung von Charakterbeschreibungen, die er in verschiedenen jeweils erweiterten Fassungen zwischen 1688 und 1696 erscheinen ließ. Er überprüfte und demonstrierte die psychologischen Thesen Montaignes, Pascals und La Rochefoucaulds sozusagen am Objekt. Gleichzeitig gibt er ein überaus lebendiges Bild der damaligen französischen Gesellschaft. Durch die Präzision seiner Aussagen und seinen treffenden knappen Stil wurde La Bruyère der Vater des sozial- und zeitkritischen Essays als selbständiger Gattung.

IV.4. Soziologie und Geschichtsschreibung

In jenen Jahrzehnten zeigte sich auch ein neues Verhältnis zu Geschichte und Gesellschaft. Kardinal Retz und sein Werk wurden bereits erwähnt. Trotz aller traditionellen Gebundenheit, die unverkennbar ist, stellt Bossuets »Discours sur l'histoire universelle« (1681) den Beginn der modernen Geschichtsphilosophie dar. Er zeigte als erster Sinn für

---

[52] E. von Cranach-Sichert in: Allgemeines Lexikon der bildenden Künstler von der Antike bis zur Gegenwart, hrsg. von Hans Vollmer, 26. Bd., Leipzig 1932, S. 430 ff.
[53] Zitiert nach Hazard, Die Krise des europäischen Geistes, S. 151.

den kausalen Zusammenhang alles geschichtlichen Geschehens[54]. Montesquieu dachte systematisch über die soziale Wirklichkeit nach und wurde so zum Begründer der soziologischen Wissenschaft[55]. Die »Lettres persanes« (1721), in denen er zwei fiktive Perser die Eindrücke, die sie in Europa sammelten, wiedergeben läßt, weisen den Autor als einen Mitbegründer der kritischen Demographie aus. Die gesellschaftlichen Auffassungen, auf denen sein Werk »De l'esprit des lois« beruht, sind in mancher Hinsicht moderner als die Soziologie Comtes. Die Geschichte bot sich Montesquieu dar als eine scheinbar chaotische Vielfalt von Sitten, Gewohnheiten, Ideen und Gesetzen; er versuchte das Ordnungsprinzip, das dieser Wirklichkeit zugrunde liegt, zu ergründen. Dabei ging er über die Politik des Aristoteles entschieden hinaus. Der griechische Denker hatte eine Typologie der Regierungsformen geschaffen. Montesquieu stellte nun die weitere Frage nach dem Zusammenhang zwischen Regierungsform und sozialer Struktur.

Voltaires eigentliche geistesgeschichtliche Bedeutung liegt auf historiographischem Gebiet; er schrieb als erster Historiker in einer modernen Art. Völlig neu war, daß er die Zivilisation als eine Totalität auffaßte, in die sich die politischen, kulturellen und sozialen Kräfte einfügen. In der »Geschichte Karls XII.« (1731), der »Geschichte Rußlands unter Peter dem Großen« (1759) und vor allem in dem »Zeitalter Ludwigs XIV.« (1751) untersuchte er alle Erscheinungsformen des menschlichen Lebens. Mit dem letzteren Werk verfolgte er das Ziel, »den Geist, die Sitten und Gepflogenheiten der wichtigsten Völker aufgrund von Tatsachen darzustellen, die allgemein bekannt sein müßten«. Dementsprechend brach er vollständig mit der annalistischen Gliederung und teilte den Stoff nach Sachgebieten (Außenpolitik, Finanzwirtschaft, Kunst, Religion usw.) ein.

Voltaires Arbeit führte zu einer universalen Erweiterung des geschichtlichen Horizonts. In seinem »Essai sur les moeurs et l'esprit des nations« (1756) löste er sich aus dem Bann des überlieferten Stoffes. Den Aufbau der geschichtlichen Welt vollzog er souverän nach seinen unabhängig gewonnenen Einsichten. Er zertrümmerte die Schranke, die die konventionelle Geschichtsschreibung zwischen den christlichen und nichtchristlichen Völkern aufgerichtet hatte. Indem er China den Platz zuwies, den bis dahin im Bewußtsein der Geschichtsphilosophen Israel innehatte, entwickelte er eine bis dahin unbekannte Raum- und Zeitauffassung. Sein Bestreben war, ein neues universales Kulturideal durch eine originelle Deutung der Weltgeschichte zu begründen. Er gab allen kommenden Generationen die Überzeugung mit, daß jedes neue große Ideal einer weltgeschichtlichen Begründung bedürfe. Der Kampf der Ideologien wurde hinfort mit historischen Argumenten geführt. Die geschichtliche Welt wurde damit für die Probleme der Gegenwart aktualisiert. Dies ist die Tat Voltaires[56].

---

[54] Friedrich Meinecke, Die Entstehung des Historismus, München 1965[4], S. 84.
[55] Zu den folgenden Ausführungen über Montesquieu vgl. Raymond Aron, Les étapes de la pensée sociologique, Paris 1967, S. 27 f., 31 ff.
[56] Zu der historiographischen Bedeutung Voltaires vgl. Meinecke, a. a. O., S. 83 ff.; Laffont in: Kindlers Literatur Lexikon, Darmstadt 1973, Sp. 8707 f.; F. Schalk in: Historisches Wörterbuch der Philosophie, Bd. I, Basel 1971, Sp. 627.

IV.5. Mathematik und Naturwissenschaften

Schließlich leisteten die Franzosen im 18. Jh. sehr Bedeutendes auf dem Gebiet der Mathematik und der Naturwissenschaften. Réaumur, der Erfinder des nach ihm benannten Thermometers, legte die Ergebnisse seiner Insekten-Forschungen in den »Mémoires pour servir à l'histoire des insectes« (1736–1742) nieder. Buffons große Naturgeschichte erschien von 1749 bis 1804 in 44 Bänden. Er war ein Wegbereiter Lamarcks und Darwins und äußerte als erster den fruchtbaren Gedanken von den geologischen Perioden. Als Mathematiker hervorragend war d'Alembert. Lavoisier, der Entdecker des Sauerstoffs und der Zusammensetzung der Luft, ist der Begründer der modernen Chemie. Bahnbrechend wurde er durch die Einführung der Methode quantitativer Analysen. Er ist der letzte bedeutende Vertreter der französischen Kulturblüte.

SOZIALER PROZESS UND KULTURBLÜTE IM SCHEMATISCHEN ÜBERBLICK

	Athen	T'ang-China	Florenz	Frankreich
Äußere Bedrohung	Perser 510–480	Osttürken Tibet Koguryŏ 600–630/660	1. Neapel, Kirchenstaat, Mailand und Venedig von der Mitte des 14. bis zur Mitte des 15. Jh. 2. Giangaleazzo Visconti von Mailand 1385–1402	Einkreisung durch Spanien seit ca. 1600 und verstärkt seit ca. 1620, eine Gefahr, die bis zur Mitte des 17. Jh. währte
Anpassung (erfordert Fähigkeit zur Selbstbehauptung, die ihrerseits große Offenheit und ein bestimmtes Maß an Integration, außerdem moralische und materielle Reserven voraussetzt)	*Zweckgerechte umfassende Transformation des gesamten gesellschaftlichen Normensystems* Demokratisierung (Bestimmung der Archonten durch das Los, Amt des Leitenden Strategen, Scherbengericht)	Wiedererstarken konfuzianischer Traditionen Bildung machtvoller zentralisierter Institutionen	Oligarchie der führenden Familien Staatsbürgerlicher Humanismus	Zentralisation der Institutionen Stärkung der Autorität des Staates
Überwindung der Bedrohung	Sieg in der Seeschlacht von Salamis (480) Att. Seebund (seit 477) Friedensvertrag mit Persien (449) Vollendung der Langen Mauern (445)	Sieg Kaisers T'ai Tsungs über die Osttürken (630) Tod Songtsen Gampos' (649) Vernichtung des westtürkischen Reiches (657) und Koguryŏs (668)	Tod Giangaleazzos (1402) Friede von Lodi (1454)	Siege der Franzosen bei Rocroi (1643) und Lens (1648) Westfälischer Friede (1648) Pyrenäenfriede (1659)
Rückanpassung, im Verlauf in Freisetzung gesellschaftlicher Energien übergehend	*Lockerung der Integration: Einebnung hierarchischer Strukturen, Rückgang der Religiosität und des Gemeinsinns* Ab 480 Adel verliert seine faktische Vorrangstellung Mit Kleon, dem Nachfolger des Perikles, kommt in den 20er Jahren des 5. Jh. erstmals ein Gewerbetreibender an die Spitze des Staates	Beginnend 630, endgültig ab 660/670 Der hohe Adel geht im 7. Jh. im Landadel auf Entscheidendes Kriterium für die Besetzung der Staatsstellen werden die Beamtenexamen	Ab 1402 und erneut ab 1454 Unter der Signoria der Medici wächst der Einfluß der Kleinbürger	Ab 1640/1650 Immer größere Rolle des Bürgertums, insbesondere unter Ludwig XIV.
Beginn der Kulturblüte	Orestie des Äschylos (458) Diskuswerfer Myrons (um 450)	Im letzten Viertel des 7. Jh. Herausbildung der endgültigen Formen der chinesischen Lyrik: Shên Chüan-ch'i (650– ca. 713) und Sung Chih-wên (ca. 660–712)	Brunelleschis S. Lorenzo (1421) »Dreifaltigkeit« von Masaccio in S. Maria Novella (1427)	Pascals »Pensées« (ab 1654) und »Lettres provinciales« (1656/57) Le Vaux Schloß Vaux-le-Vicomte (1657–1661)

SCHEMATISCHER ÜBERBLICK

Gleichgewicht zwischen Individuum und Gesellschaft Zeit großer sozialer Harmonie	440–435 Zenit des Perikleischen Zeitalters	712–730 Erste Hälfte der Regierungszeit Kaiser Ming Huangs	1480–1490 Lorenzo der Prächtige	Die Jahre vor und nach 1670 Etwa das fünfte bis fünfzehnte Jahr der Regierungszeit Ludwigs XIV.
Gipfelpunkt der Kulturblüte	Phidias Parthenon (447–438) Antigone (442) und König Ödipus (kurz nach 430) des Sophokles Propyläen des Mnesikles (437–432) Apollodor (um 430)	730–760 Lyriker und Maler Wang Wei Maler Wu Tao-tzu Lyriker Li Po und Tu Fu	Leonardos Abendmahl (1495–1498) und Mona Lisa (1503–1506) Pietà (1501) und David (1501–1504) Michelangelos	La Rochefoucaulds Maximen (1664) Molières Tartuffe (1664) und Misanthrope (1666) Kolonnade des Louvre Claude Perraults (1666–1678) Andromache Racines (1667) Fabeln La Fontaines (1668)
Beginn offenen sozialen Verfalls Gesellschaftliches Malaise Polarisierung (»Progressive« und »Konservative«)	Ab 435/430 Auf religiösem Gebiet gipfelnd in dem Prozeß gegen Sokrates (399)	Ab 730/735 Willkürregiment des Premier Li Lin-fu Ming Huang, bis dahin ein wohlmeinender Kaiser, beginnt seine Pflichten gröblich zu vernachlässigen Aufstand An Lu-shans (755–763)	Ab 1490 Savonarolas 2. Aufenthalt in Florenz (ab 1490) und schließlicher Feuertod (1498)	Etwa ab 1675 »Affaire des poisons« (1677) Verschärfung der Zensur (1683) Vertreibung der Hugenotten (1685)
Sozialkritik Beginn und Höhepunkt der 2., philosophisch-geisteswissenschaftlichen Phase	Aristophanes: Vögel (414) und Plutos (388) Sokrates Thukydides Platon	Tu Fu: Lieder vom »Streitwagen« und der »Schönheit« (um 750) Han Yü	Machiavelli: »Der Fürst« (1513) Discorsi (1519)	2. Fabelsammlung La Fontaines (1678/79) Kardinal Retz: Memoiren (1673–1676) Montesquieu: Esprit des lois (1748) Voltaire: Siècle de Louis XIV. (1751)
Übergang von klassischen zu manieristischen Ausdrucksformen	Ab 390 manieristische Phase des »Reichen Stils«	Im Laufe des 9. Jh.s Aufgabe der einfachen und strengen Formen der Frühen und Mittleren T'ang-Zeit	Um 1520 Übergang zum Manierismus (1518: Pontormos Sacra Conversazione in S. Michele Visdomini)	Nach 1700 Anfänge des Rokoko Um 1720 Ende der Klassik in der Literatur
Höhepunkt der 3., naturwissenschaftlichen Phase	(Aristoteles)	Erfindungen der Porzellangewinnung und des Buchdrucks im 9. Jh.	Galilei (1564–1642)	Lavoisier (1743–1794): Entdeckung des Gesetzes von der Erhaltung der Materie

VI. Kapitel

IDEE UND WIRKLICHKEIT

I. Das Modell

I.1. Die Ursprünge der Kulturblüte

Die Parallelitäten in der Entstehung und dem Verlauf von Kulturblüten sind zahlreich; sie ergeben zusammen ein Modell, mit dem die Wirklichkeit freilich niemals völlig übereinstimmt. Es ist weiter oben zwischen außergesellschaftlichen Bedingungen und innergesellschaftlichen Voraussetzungen der Kulturblüte unterschieden worden. Zu den äußeren Bedingungen gehört eine schwere *Bedrohung* der Gesellschaft durch einen gefährlichen Feind. Charakteristisch, wenn auch nicht unbedingt wesentlich ist, daß die äußere Bedrohung schließlich in einer großen Krise gipfelt, die mit mutiger Entschlossenheit erfolgreich durchstanden wird. Auf diese Krise nimmt bei typischem Verlauf die äußere Sicherheit der Gesellschaft stetig zu, bis die Bedrohung spätestens nach ein oder zwei Generationen hinreichend überwunden ist. Die *Überwindung* muß wenigstens zeitweilig einen anscheinend endgültigen Charakter haben. Eine erneute wesentliche Bedrohung darf sich während dieser Zeit nicht mehr zeigen. Bleibt die äußere Lage oder wird sie innerhalb kurzer Zeit wieder prekär, so nimmt die Vorsorge für die weitere Selbstbehauptung die Kräfte der Gesellschaft, auch wenn es zu erneuten kriegerischen Auseinandersetzungen nicht kommt, leicht in einem Maße in Anspruch, das einem kulturellen Aufschwung entgegensteht.

Die innergesellschaftlichen Voraussetzungen der Kulturblüte sind unter dem Begriff *»Fähigkeit zur Selbstbehauptung«* oder *»Anpassungsfähigkeit«* zusammengefaßt worden. Idealtypisch erfolgt die Überwindung der Bedrohung durch die Konzentration aller gesellschaftlichen Kräfte, die nur über eine zweckgerechte Änderung des gesellschaftlichen Normensystems, d. h. eine »außenpolitische Anpassung«, möglich ist. Hierzu sind nur »anpassungsfähige« Gesellschaften in der Lage. Wesentliche Elemente der Anpassungsfähigkeit sind *Offenheit* und *Integration* der Gesellschaft. Einzelheiten sind weiter oben dargelegt worden.

Wird eine anpassungsfähige Gesellschaft durch eine andere Macht schwer bedroht, so führt dies nach unserem Modell grundsätzlich zu einer *Anpassung*. Das Ausmaß der Anpassung hängt einmal von der Dauer der Bedrohung ab. Sie ist nicht von einem Tag auf den anderen möglich. Dies bedeutet, daß die Gefahr der Gesellschaft längere Zeit klar vor Augen stehen muß. Optimal ist eine Bedrohung, die während ein oder zwei Generationen langsam zunimmt, bevor sie sich krisenhaft zuspitzt.

Ist die Bedrohung nur kurze Zeit wirksam, so kann sie nur einen »Dünkirchen-Effekt« haben, also nur zu einer Anspannung der schon vorhandenen Kräfte, nicht aber zu einer Mobilisierung brachliegender Reserven der Gesellschaften führen, die wegen der Änderung der gesellschaftlichen Normen und Institutionen notwendig beträchtliche Zeit in Anspruch nimmt. Die Anpassung ist andererseits um so ausgeprägter, je mehr ihre Richtung der bisherigen gesellschaftlichen Entwicklung entspricht oder, anders ausgedrückt, je mehr die Gesellschaft mit der Anpassung ihre seitherige Entwicklung in dem Sinne fortzusetzen vermag, daß sie damit auch ihre Kräfte für außenpolitische Notwendigkeiten zusammenfaßt, so wie die Athener durch den weiteren Ausbau der demokratischen Verfassung und die Florentiner durch eine Vertiefung ihrer staatsbürgerlich-humanistischen Bestrebungen die Widerstandsfähigkeit und Schlagkraft der Gesellschaft steigerten.

Die Anpassung kann ferner nur dann stattfinden, wenn die Gesellschaft über ausreichenden *Anpassungsspielraum*, also über hinlängliche moralische und materielle Reserven verfügt. Eine Gesellschaft etwa, die so integriert ist, daß sie schon alle Kräfte ihrer Angehörigen absorbiert, kann diese, auch wenn es für ihr Überleben unerläßlich wäre, nicht in noch höherem Grade in Anspruch nehmen, somit keine Anpassung durchführen. Mit anderen Worten heißt dies, eine Gesellschaft, die sich anpassen will, darf nicht zu fest integriert sein und muß über einen gewissen Wohlstand verfügen.

Die Überwindung der äußeren Bedrohung hat, wenn die genannten Voraussetzungen gegeben sind, die *Freisetzung* gesellschaftlicher Kräfte zur Folge, sofern die Gesellschaft – und damit kommen wir zu weiteren wesentlichen Punkten des Modells – ihre Kräfte bei der Überwindung der Bedrohung oder danach nicht erschöpft hat und sofern sie nicht zu stark integriert ist, wobei sich letzterer Punkt wiederum mit dem Erfordernis eines ausreichenden moralischen Anpassungsspielraumes deckt.

I.2. Die Entfaltung der Kulturblüte

Beginn und Phasen

Große schöpferische Leistungen, eine deutliche Bewußtseinserweiterung und Umbruch auf künstlerischem und geistigem Gebiet treten mit dem Beginn von Kulturblüten so unvermittelt auf, daß man deren Anfänge meist ziemlich genau bestimmen kann.

Die Betrachtung der Kulturblüten ergibt ferner, daß auch sie sich in einem ganz bestimmten Rhythmus entwickeln. Eine erste Phase zeichnet sich durch besondere künstlerische Gestaltungskraft aus. Mit Rücksicht auf die Art, Höhe und Dichte der Leistungen ihres Gipfelpunktes kann man diesen besonders kreativen Abschnitt auch als die *»eigentliche Kulturblüte«* bezeichnen. Die zweite Phase hat vor allem philosophisch-geisteswissenschaftlichen Charakter. Die dialektische Vernunft, Pascals »esprit de finesse«, tritt jetzt in ihr Recht. Die Beobachtung dieser Entwicklung hat Hegel zu der verallgemeinernden und überspitzten Feststellung veranlaßt, daß Philosophie post festum komme: »Die Eule der Minerva beginnt erst mit der einbrechenden Dämmerung ihren Flug.« In einer dritten Phase, die vorwiegend mathematisch, naturwissenschaftlich und technisch orientiert ist und die vor allem in den Kategorien der formalen Logik oder, um wieder den Begriff Pascals zu gebrauchen, des »esprit de géometrie« denkt, verliert die Kulturblüte an Impetus. Sie zehrt jetzt zuweilen bereits stärker von der Anregung, die von ihren bisherigen Schöpfungen ausgeht, als daß sie noch aufgrund der eigenständigen Impulse, die die Kulturblüte ursprünglich hervorriefen, schöpferisch ist.

Die einzelnen Phasen können sich zeitlich überschneiden. Das gilt insbesondere für die erste und zweite Phase. Dieses Überlappen erklärt sich auch daraus, daß infolge der stürmischen sozialen Entwicklung, die während der Kulturblüte stattfindet, das Verhältnis des Individuums zur Gesellschaft sich bei den einzelnen Gesellschaftsangehörigen zeitlich sehr unterschiedlich entwickelt. Einzelne Repräsentanten der Kulturblüte können eine Doppelstellung haben. Platon war nicht nur Philosoph, sondern auch Künstler. Es ist auch möglich, daß sich die einzelnen Phasen nicht unmittelbar aneinander anschließen; das gilt vor allem für die zweite und dritte Phase. Athen kann als Beispiel insoweit kaum herangezogen werden, da die dritte Phase seiner Kulturblüte nicht voll ausgebildet war; es fehlt ihm im dritten Jahrhundert ein Wissenschaftler von der Größe Galileis oder Newtons.

Kulturblüten kommen auch keineswegs aus dem Nichts. In der Regel gehen ihnen einige Generationen verstärkter kultureller Aktivität voraus, eine Vorbereitungszeit, die, wenn auch noch keine höchste Kreativität, noch keine geistige Revolution und noch keinen Umbruch im Werte- und Normensystem, so doch bereits eine deutliche Steigerung der schöpferischen Kräfte zeigt. Insbesondere in der Generation, die unmittelbar vor der Kulturblüte liegt, nehmen Dichte und Höhe der kulturellen Leistungen gewöhnlich bereits wesentlich zu. Wie die florentinische und die französische Kulturblüte beweisen, sind diese Vorläufer praktisch nicht immer ohne weiteres von den Auswirkungen vorangegangener Kulturblüten oder kulturblütenähnlicher Erscheinungen zu trennen. – Kulturblüten pflegen auch nicht abrupt zu enden, sondern allmählich auszulaufen.

Zusammenhang zwischen kultureller und sozialer Entwicklung

Wie gezeigt wurde, ist die Freisetzung gesellschaftlicher Kräfte Vorbedingung für jede Kulturblüte. Die Lockerung der Integration ist daher eine notwendige Begleiterscheinung aller kulturellen Hochformen. Wichtig für das Verständnis der Kulturblüte ist die Kenntnis des genauen Zusammenhangs zwischen kultureller und sozialer Entwicklung; von besonderem Interesse insofern ist auch, in welches kulturelle Entwicklungsstadium der Beginn der gesellschaftlichen Zersetzungserscheinungen fällt.

In Athen machten sich Desintegrationserscheinungen etwa ab 435 geltend, also kurz nachdem die Kulturblüte ihren Gipfel erreicht hatte und noch bevor der Peloponnesische Krieg ausbrach. In China zeigten sie sich schon im vierten Jahrzehnt des 8. Jh. Dieses und noch mehr die beiden folgenden Jahrzehnte gehörten zu den schöpferischsten der T'ang-Zeit. Noch deutlicher haben wir eine Verzögerung – erst Beginn der sozialen Zersetzungserscheinungen und dann erst Gipfel der Kulturblüte – in Florenz: Die Lockerung des sozialen Gefüges ist offenbar seit etwa 1490; erst nach dieser Zeit, etwa um 1500, erreichen die Florentiner ihre höchste Kreativität. In Frankreich ist die Entwicklung –

wegen der Überlagerung zweier Kulturblüten – weniger klar. Die Integration ist hier bereits zu Beginn der Kulturblüte ziemlich gelockert. Ein neuer Lockerungsschub erfolgt erst nach 1680, also erst nach dem Gipfelpunkt der Kulturblüte.

Allen diesen Kulturblüten gemeinsam ist also, daß die ersten sozialen Zersetzungserscheinungen zeitlich dem Gipfel der Kulturblüte recht nahe sind. Wir haben somit die eigenartige Erscheinung, daß fortgeschrittene kulturelle Blüte und gesellschaftlicher Niedergang zusammentreffen. Dem Beginn der zweiten Phase der Kulturblüte geht stets eine gewisse politisch-soziale Zersetzung voraus.

Die Entwicklung der Gesellschaft wirkt in dieser Phase doppelt auf das Bewußtsein ihrer Angehörigen: Positiv bedeutet die Lockerung gesellschaftlicher Bindungen, daß Erkenntnisnormen, die dem Erfassen der Wahrheit im Wege standen, wegfallen oder wenigstens in ihrer Wirkung schwächer werden. Es wird nun ein rationaleres Verständnis der Wirklichkeit möglich. Gleichzeitig kommt es aber in eben dieser Phase bei einem erheblichen Teil gerade der geistig führenden Schicht zu zerstörerischem Haß gegen die Gesellschaft, der sich der Erkenntnis von Mensch und Gesellschaft leicht wieder in den Weg stellt[1].

Durch die Fortbildung der Erkenntnisnormen ergibt sich die Chance, daß die Gesellschaft das, was sie während der ersten Phase der Kulturblüte dem Bewußtsein künstlerisch erschlossen hat, nunmehr auch philosophisch und wissenschaftlich erfaßt[2]. Geschichtsschreibung und Gesellschaftsbetrachtung in wissenschaftlichem Geiste werden jetzt möglich, da der einzelne von der Gesellschaft genügend Abstand gewonnen hat und sie nun als ein wissenschaftliches Objekt wie andere Gegenstände zu behandeln vermag. Ferner kann in der zweiten Phase der Kulturblüte, in der die religiösen Überzeugungen und andere von der Gesellschaft determinierte Vorstellungen ihrer Angehörigen bereits weit weniger verbindlich geworden sind und auch ihr Halt über die Individuen allgemein zurückgegangen ist, wissenschaftliche Philosophie entstehen. Ein neues geschichtliches, philosophisches und soziologisches Verständnis wird daneben auch dadurch gefördert,

---

[1] Im Rahmen der deutschen Kulturblüte ist Marx ein hervorragendes Beispiel für beide Tendenzen: Intellekt, kulturgeschichtliche Konstellation, soziale Ursprünge – auch insofern befand sich Marx in einer ähnlichen Situation wie Freud – gaben ihm eine einzigartige Ausgangslage und führten ihn auch zu gewissen gesellschaftswissenschaftlichen Einsichten, vor allem zu Ansätzen einer Soziologie des Wissens. Im wesentlichen behielt revolutionärer Wille jedoch die Oberhand über mögliche bessere Erkenntnis. Schon manche seiner – unbewiesenen und unbeweisbaren – Grundannahmen sind nicht frei von Perversität, so die Thesen, daß das Entscheidende in Geschichte und Gesellschaft der Klassenkampf sei und daß der Staat seiner eigentlichen Natur nach ein Instrument der Unterdrückung darstelle.

Hegel war noch der Philosoph der Harmonie. Die soziale Entwicklung spaltete seine Schüler in Rechts- und Linkshegelianer. Marx' Haß gegen die Gesellschaft ließ ihn fordern, daß die Philosophie die Welt verändere, und suggerierte ihm den Gedanken von der Identität von Philosophie und Revolution.

[2] In diesem Sinne, aber zu weitgehend und zu allgemein, sagt Dilthey im Hinblick auf die deutsche Kulturblüte: »Und nun sind die Systeme von Schelling, Hegel und Schleiermacher nur logisch und metaphysisch begründete Durchführungen dieser von Lessing, Schiller und Goethe ausgebildeten Lebens- und Weltansicht« (Die dichterische und philosophische Bewegung in Deutschland 1770–1800, Gesammelte Schriften, V.Bd., Stuttgart 1957, S. 12.).

daß Gesellschaften, die Kulturblüten hervorbringen, wie gesagt schon sehr frühzeitig nicht nur im Innern Verfallserscheinungen zu zeigen pflegen – der Sündenfall kommt vor der Erkenntnis –, sondern sehr oft auch äußere Katastrophen erleben. Die Hinfälligkeit und Vergänglichkeit aller menschlichen Dinge werden selten so deutlich, wie in dem ebenso plötzlich und unerwartet einsetzenden wie rasch fortschreitenden Niedergang dieser auf ihrer Höhe nach außen hin so mächtigen und im Inneren so glanzvollen Gesellschaften. Der schnelle Wechsel von Größe und Stärke zu Schwäche und Erbärmlichkeit muß zu einem soziologischen Denken anregen, zu dem die Angehörigen der Gesellschaft vor der Kulturblüte und zunächst auch während dieser selbst keinen Anlaß hatten.

Die stürmische Entwicklung der Gesellschaft und der Gesamtheit ihrer Erkenntnisnormen zu Beginn der zweiten Phase der Kulturblüte machen es auch verständlich, daß Philosophien des Werdens sich insbesondere in jener Phase entwickeln: Heraklit, Vertreter der ionischen Kulturblüte, erkannte die Welt als »ein ewig lebendiges Feuer, erglimmend nach Maßen und verlöschend nach Maßen«, eine Anschauung, der die Eleaten Großgriechenlands, die sich sozial noch nicht so weit entwickelt hatten, wenig später ihre Philosophie des Seins gegenüberstellten. In der zweiten Phase der deutschen Kulturblüte wurde Hegel zum Philosophen des Werdens par excellence, während noch Kant Dialektik als »Logik des Scheins« bezeichnet hatte.

Zur Zeit des Höhepunkts der zweiten Phase der Kulturblüte pflegen die streng klassischen in manieristische oder zum mindesten in weniger klassische Kunstformen überzugehen. Dies ist der künstlerische Ausdruck für die Emanzipation des Individuums von der Gesellschaft.

Von dem Preis für den Zugang zur Kulturblüte war die Rede: Die Selbstbehauptung gegen den äußeren Feind, den – zuweilen wenig aussichtsreichen – Einsatz der eigenen Existenz, das rückhaltlose Opfer für die Gemeinschaft. Wie man sieht, fordert die Kulturblüte in ihrem Verlauf einen noch viel größeren, wenn auch ganz anderen Tribut von der Gesellschaft, die dem neuen Anspruch nur mit einsichts- und entsagungsvoller Vernunft, die man nur von wenigen erwarten kann, zu begegnen vermöchte: Die gewachsenen gesellschaftlichen Strukturen lockern sich während der Kulturblüte bis zur Auflösung, die Gesellschaft erschöpft sich moralisch. Die Dekadenz der Angehörigen alter Kulturen ist oft gerade die nahezu unvermeidliche Kehrseite ihrer einstmals großen kulturellen Leistungen.

II. Modell und historische Wirklichkeit

Die idealtypischen Voraussetzungen und der idealtypische Verlauf von Kulturblüten wurden dargelegt. Inwieweit entspricht nun die Wirklichkeit diesem Modell? Es sind vor allem die Zufälligkeiten der äußeren Geschichte, die darauf hinwirken, daß es in der Wirklichkeit nie rein verwirklicht ist. Bedrohungen sind oft zu schwach oder dauern nicht genügend lange an, um zu einer Anpassung zu führen. Störend kann ferner wirken, daß die äußere Bedrohung auch nach dem Abschluß der Anpassung anhält, und es deshalb nicht zu einer Freisetzung gesellschaftlicher Reserven kommt. Häufig ist auch, daß äußere Bedrohungen nur stufenweise auftreten und in demselben Rhythmus überwunden werden. Eine einmalige große Anspannung aller Kräfte zur Überwindung der äußeren Gefahren ist dann nicht erforderlich. In diesem Falle verlaufen die jeweiligen Kulturblüten – oder kulturblütenähnlichen Erscheinungen – schwächer, und ihr zeitlicher Aufbau ist dann leicht so, daß eine Kulturblüte die andere überlagert und eine typische Struktur nicht mehr zu erkennen ist.

Entstellt wird das idealtypische Modell in der Wirklichkeit oft aber auch durch unvollkommene innergesellschaftliche Voraussetzungen: Wenn die äußere Bedrohung auftritt, hat sich die Integration häufig bereits weitgehend gelockert. Dies muß auf die Fähigkeit der Gesellschaft, sich anzupassen, nachteilige Auswirkungen haben und damit ihre Chance, eine große Kulturblüte hervorzubringen, mindern. Umgekehrt kann die Integration aber auch so stark sein, daß entweder eine Anpassung mangels Anpassungsspielraums oder – nach erfolgter Anpassung – die Freisetzung gesellschaftlicher Reserven nicht möglich ist. Auf den Fall Japan, an den man hierbei denken könnte, wird am Schluß dieses Kapitels eingegangen.

Es gibt ferner Katalysatoren, die die Kulturblüte fördern, umgekehrt aber auch prozeßhemmende Faktoren, die ihrer Entfaltung abträglich sind. Von der Bedeutung des Krieges und der möglichen Rolle der großen Persönlichkeit wird noch die Rede sein.

Institutionen können sich nach der einen oder der anderen Seite auswirken. Sie haben ein doppeltes Interesse: In der *Zeit der Anpassung* sind sie wichtig, damit die gesellschaftlichen Reserven maximal erfaßt werden. Kleine Staaten – wie Athen oder Florenz – können ihre vollen Kräfte nur konzentrieren, wenn sie alle staatsbürgerlichen Energien umfassend erschließen. Für den institutionellen Bereich bedeutet dies, daß für solche Gesellschaften eine optimale Anpassung auch in der Einführung verhältnismäßig demokratischer Institutionen besteht, die eine gewisse Gleichberechtigung vorsehen. Große Staaten – wie China und Frankreich – werden dagegen angesichts der ganz anderen territorialen und demographischen Dimensionen ihrer Gemeinwesen fast zwangsläufig bemüht sein, die Macht des Staates dadurch zu vermehren, daß sie den staatlichen Apparat und insbesondere die Zentralregierung stärken. Immerhin gab es jedoch auch im China der frühen T'ang mit dem konfuzianischen Ideal der »vita activa« Ansätze zu einer Art von staatsbürgerlichem Humanismus. – In der Vergangenheit galten allerdings andere Maßstäbe. Die moderne Technik tendiert dazu, Staaten in dem erwähnten Sinne kleiner zu machen. Das Israel Davids mit seinen anderthalb Millionen Einwohnern ist in diesem Zusammenhang eher den großen Gesellschaften zuzurechnen.

Während der *Zeit der kulturellen Blüte* sind Institutionen geeignet, den Desintegrations-, d. h. aber auch den Freisetzungsprozeß zu beschleunigen oder zu hemmen. Im ersteren Fall wird die Kulturblüte intensiviert, dafür aber verkürzt, bei der letzteren Spielart haben wir die umgekehrte Wirkung. Prozeßhemmend wirken vor allem autoritäre Regierungsformen. Die Freisetzung gesellschaftlicher Kräfte äußert sich als Lockerung der Integration. Es kommt daher wie gesagt während der Kulturblüte leicht zu Phänomenen, die als soziale Zersetzung erscheinen. Autoritäre Regierungen pflegen in solche

Entwicklungen einzugreifen, indem sie die Meinungsfreiheit und innergesellschaftliche Kommunikation einzuschränken versuchen. So waren die Maßnahmen, mit denen die französische Regierung in den Jahrzehnten nach 1680 auf das Geistesleben und den freien Fluß der Ideen einwirkte, ein Palliativ, das eine stürmische soziale Entwicklung und damit aber auch die Kulturblüte entscheidend dämpfte. Je autoritärer die Institutionen und je mächtiger die Stellung der Regierung, desto eher ist sie in der Lage, auf diese Weise die Entwicklung zu manipulieren. In gewissen Fällen kann sie dabei so weit gehen, daß es zu einer mehr oder weniger weitgehenden Erstarrung kommt, wie im späteren China oder in Spanien seit Beginn des 17. Jh.

Umgekehrt wirken insbesondere freiheitliche Regierungsformen prozeßbeschleunigend. In Demokratien haben einzelne Persönlichkeiten kaum die Möglichkeit, den freien Gedankenaustausch einzuschränken. In demokratischen Gesellschaften, deren Integration sich fühlbar gelockert hat, kann sich ein Politiker dem Willen der Massen nur schwer entgegenstellen. Im Gegenteil pflegen Politiker jenes opportunistischen Schlages, die in derartigen Gemeinwesen am meisten prosperieren, die Masse noch mit demagogischen Mitteln zu umwerben und sich mit unverantwortlichen Versprechungen gegenseitig zu überbieten, eine Politik, die tendenziell auf eine weitere Lockerung der Integration hinwirkt. Auch können und wollen Demokratien gewöhnlich dem Import von Ideen keine Hindernisse bereiten. So spielten in Athen fremde Gedanken für die Entwicklung der Kulturblüte eine wichtige Rolle. Nach 450 beschleunigten ionische Einflüsse die Lockerung der Integration dieser Gesellschaft.

In erster Linie werden die Institutionen einer Gesellschaft durch ihr Werte- und Normensystem bestimmt. Auch werden in der Regel außenpolitische Notwendigkeiten auf sie entscheidenden Einfluß haben. Zuweilen sind sie jedoch auch durch solche Umstände beeinflußt, die wir in unserem Zusammenhang als Zufälligkeiten werten müssen, wie z. B. bestimmte persönlich-individuelle Einwirkungen. Desungeachtet können sie aber auch dann – schon wegen des Beharrungsvermögens, das Institutionen innezuwohnen pflegt – von einigem Bestand sein und den Gang der Kulturblüte beeinflussen. In anderen Gesellschaften werden die Institutionen entscheidend durch die natürliche Umgebung bestimmt. So haben wir die orientalischen Bewässerungskulturen, die »hydraulischen Gesellschaften«, welche sich in regenarmen Trockenzonen, die jedoch erschließbare Wasserreserven besitzen, entwickelt und behauptet haben. Der »orientalische Despotismus« (Karl A. Wittfogel) solcher Gesellschaften wirkt auf eine Stabilisierung sozialer Prozesse hin und steht damit auch der ungehemmten Entfaltung kultureller Energien entgegen.

III. Die historische Ausbildung der athenischen, T'ang-, florentinischen und französischen Kulturblüte

Betrachtet man den tatsächlichen Verlauf der äußeren Geschichte, die den vier Kulturblüten vorausging, so bestehen die augenfälligsten Übereinstimmungen in der Krise, in der die Bedrohung für die Existenz schließlich gipfelte, und in der großen äußeren Sicherheit, in deren Genuß sie schließlich gelangten. Dementsprechend ist bei ihnen allen – nach Überwindung der Bedrohung – eine starke Freisetzung gesellschaftlicher Kräfte zu konstatieren, zumal auch die hierfür erforderlichen sozialen Voraussetzungen gleichmäßig gegeben waren. Die übrigen äußeren und inneren idealtypischen Voraussetzungen für eine Kulturblüte erfüllten diese Gesellschaften dagegen in sehr unterschiedlichem Grade.

Athen

Athen war mit seinen Schöpfungen am vollkommensten, vielseitigsten und radikalsten. Seine Bürger leisteten in der dramatischen und bildenden Kunst, in Geschichtsschreibung und Philosophie einmalig Bedeutendes. Kontrapost, sokratische Methode, philosophische Begriffsbildung und wissenschaftliche Geschichtsschreibung stellen eigentliche geistige Revolutionen dar. Die Schnelligkeit, mit der sich die athenische Kulturblüte entfaltete, war zudem sehr groß. Das alles rechtfertigt die Annahme, daß die Voraussetzungen dieser Kulturblüte im Sinne des idealtypischen Modells besonders rein sind.

Betrachten wir zunächst die äußeren Bedingungen. Die Bedrohung, die Persien für Athen darstellte, war außerordentlich groß. Ein Widerstand des kleinen Athen gegen die übermächtige persische Militärmaschine, gegen die selbst so große Staaten wie Lydien, das babylonische Reich und Ägypten nichts auszurichten vermocht hatten, erschien völlig aussichtslos. Die Athener kämpften um ihre Existenz. Sie hatten Persien schwer herausgefordert und mußten mit einem ähnlich schrecklichen Schicksal rechnen, wie es Milet erlitten hatte. Ein persischer Sieg hätte, so wie die Dinge sich zuletzt entwickelt hatten, die Vernichtung der Stadt und den Tod oder die Versklavung ihrer Bewohner bedeutet.

So gefährlich wie die Bedrohung, so groß und unerwartet war der Triumph. Athen und seine Verbündeten schlugen den Angriff der Perser zurück und vernichteten die feindliche Streitmacht, die gegen sie ausgezogen war, völlig. Das persische Reich stellte nie wieder eine Gefahr für Griechenland dar. Zwar verdankten die Athener den Erfolg nicht nur der eigenen Kraft; auch die Spartaner und andere Griechen hatten einen wesentlichen Anteil daran. Die Siege und insbesondere der Sieg von Salamis wären aber andererseits ohne die Athener nicht möglich gewesen. Insbesondere in moralischer Hinsicht waren die Athener das entscheidende Element des Widerstandes.

Von äußeren Bedrohungen waren die Athener auch nach der Zeit der Perserkriege niemals völlig frei. Unmittelbar nach dem Sieg zerfielen die Griechen unter sich, und die Stadt mußte von nun an auf einen spartanischen Angriff gefaßt sein. Immerhin handelte es sich bei den Spartanern aber um art- und sprachverwandte Griechen, deren Machtbasis zudem zu schmal war, als daß sie die Existenz Athens wirklich hätten bedrohen können. Auch durften die Athener nach Errichtung der Langen Mauern ihre Stadt für uneinnehmbar halten, zumal sie die unangefochtene Seeherrschaft besaßen. Vor allem aber übte Athen nunmehr eine gefestigte Hegemonie über ein ausgedehntes und kraftvolles Reich aus und hatte damit eine solche Position erlangt, daß eine besonders starke Freisetzung gesellschaftlicher Kräfte möglich wurde. Betrachtet man die innergesellschaftlichen Voraussetzungen dieser Kulturblüte, so fällt zunächst auf, daß die Athener bis zum Vorabend des Peloponnesischen Krieges sozial ein in höchstem Maße gesundes Volk waren.

Man spricht mit gutem Grund von der »altattischen Unverdorbenheit«. Als Indiz nicht ohne Bedeutung in diesem Zusammenhang ist, daß Athen bis ins 5. Jh. kulturell nie besonders hervorgetreten ist. Opferbereitschaft und Hingabe an die Sache waren für sie selbstverständlich, die Gemeinschaft der oberste Wert. Die Integration drückte sich auch in der allgemeinen und als etwas Natürliches aufgefaßten Religiosität aus. Gleichzeitig war die Kohäsion der Gesellschaft jedoch nicht mehr übermäßig stark. Tatsächlich kann man davon ausgehen, daß die Auseinandersetzung mit Persien in einen Abschnitt der athenischen Sozialgeschichte fiel, der für die Vorbereitung einer Kulturblüte besonders günstig war.

Aus dem, was über die äußere Bedrohung und soziale Verfassung Athens gesagt wurde, folgt bereits, daß auch die athenische Anpassung ausgeprägt war. Dasselbe gilt für die Freisetzung gesellschaftlicher Energien, und zwar besonders auf moralischem Gebiet. Athen schritt von stärkerer Integration zu größerer Lockerung des gesellschaftlichen Zusammenhalts als China, Florenz und Frankreich in vergleichbaren Zeiträumen. Es entwickelte sich von einem Staat, in dem der alte Geburtsadel die entscheidende Rolle spielte, sehr rasch zu einer Pöbeldemokratie, in der verantwortungslose Emporkömmlinge, ohne sich um das Gemeinwohl zu kümmern, der Masse nach dem Munde redeten. Der Abstand der jüngeren von der älteren Generation wurde in Athen im letzten Viertel des 5. Jh. sehr groß. Die Zügellosigkeit der Jugend nahm bis dahin unbekannte Ausmaße an. Ihr typischer Repräsentant war Alkibiades, der, wie man sich vor Augen halten muß, noch ein Schüler des Sokrates gewesen war.

In vielen Gesellschaften führen die Institutionen ein gewisses Eigenleben, das so weit gehen kann, daß sie nicht nur hinter der gesellschaftlichen Entwicklung zurückbleiben, sondern diese sogar hemmen. Im Athen des 5. Jh. war es nicht so. Die Demokratisierung der Institutionen eilte der tatsächlichen Entwicklung der Gesellschaft sogar voraus. Für die Freisetzung moralischer Energien stellten sie kein Hindernis dar.

Wie sehr sich die Integration Athens in der zweiten Hälfte des 5. Jh. lockerte, zeigen auch die Verwirrung und Unsicherheit, die für sein soziales Leben charakteristisch wurden. Ein Indiz sind die Religionsprozesse, die bereits erörtert wurden. Solche Verfahren waren in der Antike etwas sehr Seltenes. Es ist bemerkenswert, daß fast alle Prozesse dieser Art, von denen wir aus dem Altertum wissen, in Athen und zwar in den letzten drei Jahrzehnten des 5. Jh. durchgeführt wurden. Erst im 1. Jh. n. Chr. kam es mit den Christenverfolgungen unter Nero wieder zu einer kulturgeschichtlich vergleichbaren Erscheinung, wenn auch formal die Christen nicht belangt wurden, weil man ihren Glauben für falsch gehalten hätte, sondern weil sie sich weigerten, an den staatlichen Kulten teilzunehmen[3].

Die Freisetzung moralischer Energien begann etwa eine Generation nach den Siegen über die Perser, also etwa zu der Zeit, als die Auseinandersetzungen mit diesem Volk abgeschlossen waren und eine neue Bedrohung endgültig als ausgeschlossen erschien. Sie setzte dann mit einem Mal und mit ganzer Macht ein. Nach 450 wurde sie durch den zer-

---

[3] Vgl. hierzu auch Bruno Snell, Die Entdeckung des Geistes, Studien zur Entstehung des griechischen Geistes bei den Griechen, Hamburg 1955[3], S. 45, 47 f.

setzenden Einfluß der Sophisten noch gefördert. Zu der Lockerung des sozialen Zusammenhalts trug ab 430 auch der Peloponnesische Krieg bei. – Die Freisetzung materieller Reserven wurde unterstützt durch einen ausgeprägten Wirtschaftsaufschwung und die beträchtlichen Tributzahlungen der »Bündner«.

Demgegenüber standen aber große materielle Einbußen, die zu einer vorzeitigen Erschöpfung seiner Kräfte führten. Insoweit wird Athen dem idealtypischen Modell weniger gerecht als Florenz und Frankreich. Die Beeinträchtigung der biologischen Substanz war für Athen schon fast tödlich. Die eigentliche Auseinandersetzung mit Persien hatte es zwar nicht sehr schwer getroffen. In der Schlacht von Marathon waren nicht mehr als 192 Athener gefallen. Auch Salamis und Platää waren für Athen nicht sehr verlustreich. Katastrophal war jedoch das Jahrzehnt, das 460 begann. Athen hatte sich damals an vielen Plätzen militärisch engagiert. Es ist eine Inschrift aus dem Jahre 458 erhalten, die uns die Namen der Angehörigen eines der zehn Stämme Athens nennt, die auf Zypern, in Ägypten, in Phönizien, bei Halieis in der Argolis, auf Ägina und bei Megara gefallen waren. In Ägypten vernichteten die Perser 454 ein ganzes athenisches Expeditionsheer.

Sodann schwächte der Peloponnesische Krieg Athen ganz außerordentlich. Die gesamte attische Landbevölkerung mußte hinter den Mauern der Stadt Zuflucht nehmen. Hier traf sie 429 die furchtbare Pest. Die Zahl der Bürger nahm von 172 000 im Jahre 431 auf 116 000 im Jahre 425 und auf 90 000 im Jahre 400 ab[4]. In diesen Zahlen sind die Verluste, die der Krieg an Menschenleben unmittelbar verursachte, ebenfalls enthalten. Er traf die Männer in der Vollkraft der Jahre am stärksten, so daß sich gleichzeitig auch die Bevölkerungsstruktur verschlechterte. Dazu waren in jenen Jahrzehnten die rein materiellen Verluste ungeheuer. Geregelter Ackerbau war in Attika seit 431 nicht mehr möglich. In 11 von 28 Kriegsjahren vernichteten die Spartaner die Ernte und brannten die wertvollen Kulturen der langsam wachsenden und daher schwer ersetzbaren Ölbäume nieder, das Rückgrat der attischen Wirtschaft. Im Dekeleischen Krieg (414–404) liefen 20 000 Sklaven zum Feind über. »Einst zur Friedenszeit besaß unsere Familie ein Vermögen von 80 Talenten; das alles ist im Kriege zur Rettung des Staates geopfert worden«, läßt der Redner Lysias einen vornehmen Athener sagen. Nikeratos, dessen Vater Nikias einen Besitz gehabt hatte, der auf hundert Talente geschätzt worden war, hinterließ im Jahre 404 nur vierzehn Talente. Kallias, der mit einem Vermögen von etwa zweihundert Talenten als der reichste Athener gegolten hatte, besaß einen Enkel gleichen Namens, der im 4. Jh. fast bedürftig war[5]. Die trostlose Lage der athenischen Finanzen, die die »Ekklesiazusen« des Aristophanes (392) voraussetzen, hat es damals tatsächlich gegeben.

Phasen der athenischen Kulturblüte

Wir kommen nun zu dem Ablauf der athenischen Kulturblüte. Ein kultureller Aufschwung zeigte sich bereits deutlich im 6. Jh. Die Entwicklung der attischen Literatur, die ihren Höhepunkt im 5. Jh. fand, begann schon zur Zeit Solons. Äschylos' älteste Dramen wurden noch vor den Perserkriegen aufgeführt. Ebenso reicht die Entwicklung

---

[4] Vgl. Oxford Classical Dictionary, S. 862.
[5] J. Beloch, Die attische Politik seit Perikles, S. 6.

der Komödie ziemlich weit zurück. Auch in der bildenden Kunst setzte der Aufschwung lange vor der Kulturblüte selbst ein. Der Vasenmaler Exekias (um 540) zeichnete sich durch hervorragendes Kompositionsvermögen und psychologischen Scharfblick aus; er war einer der größten Künstler aller Zeiten. Der Übergang zur Frühklassik erfolgte bereits zwischen 510 und 480.

Nach den Perserkriegen nahm die Kreativität der athenischen Bevölkerung noch einmal zu, jedoch ohne daß diese Zeit bereits das Niveau einer eigentlichen Kulturblüte erlangt hätte. Immerhin sehen diese Jahrzehnte die »Perser« des Äschylos, die Wandmalereien des Mikon, bedeutende Darstellungen auf Vasen wie die des sog. Niobidenmalers und hervorragend Bauwerke, vor allem das Hephaisteion (Theseion) und die Stoa Poikilé.

Die erste – die künstlerische – Phase der athenischen Kulturblüte begann etwa 460/455 und endete im wesentlichen um 410; ihren Höhepunkt hatte sie in den Jahren zwischen 445 und 430, die das Perikleische Zeitalter ausmachen. Ihr Beginn ist auch durch das ziemlich rasche Aufkommen klassischer Kunstformen, die an die Stelle der Frühklassik traten, und durch ein neues Bewußtsein, wie es sich vor allem in der Tragödie und der Skulptur (Kontrapost) zeigte, gekennzeichnet. Sophokles hatte seine reifste Entfaltung in den Jahrzehnten, die auf die Antigone (442) folgten. Ab 430/420 kam es zu einem allmählichen Rückgang der künstlerischen Kreativität. Das ausgehende 5. Jh. sah das Ende der Tragödie. Trotz aller Größe des späten Euripides läßt auch seine Gestaltungskraft damals nach. Sein »Orest« (408) ist flüchtig gearbeitet und zeigt mit dem deus ex machina einen Rückgang des Formwillens[6]. Bereits Aristoteles stellte fest, daß Euripides in der dramatischen Technik Äschylos und Sophokles nachstehe. Seine Dramen besitzen auch nicht mehr dieselbe innere Einheit. Ihr Aufbau läßt oft zu wünschen übrig. An die Stelle der Exposition, die in die Handlung verschmolzen ist, setzt er den pädagogischen Prolog, der unorganisch vor dem Stück steht. Die Schilderung der Handlung vereinfacht er allzu oft dadurch, daß er einen Boten berichten läßt. Den Chor fügt er nicht mehr in die Handlung ein. Euripides und Sophokles starben 406; sie blieben ohne Nachfolger. Die Notlage, in die die attische Tragödie dadurch geriet, gab Aristophanes den Stoff zu seinen »Fröschen«.

Die Komödie hatte ihre große Zeit damals ebenfalls bereits hinter sich. Obwohl Aristophanes, als er die »Frösche« auf die Bühne brachte (405), im besten Mannesalter stand und noch etwa zwanzig Jahre lebte, schrieb auch er keine großen Stücke mehr; selbst rein quantitativ gesehen hatte seine Schöpferkraft nachgelassen. – Innerhalb ganz kurzer Zeit war ein entscheidender Wandel eingetreten. Er wurde äußerlich dadurch besiegt, daß die Athener bei ihren Festspielen ab 386 regelmäßig Tragödien *verstorbener* Dichter aufführten. Auch in den bildenden Künsten versiegte die Schöpferkraft der Athener am Ende des 5. Jh. Nicht nur wurden keine Bauten mehr errichtet, die sich mit dem 407 vollendeten Erechtheion auch nur in etwa hätten messen können; auch die Qualität der technischen Ausführung ließ sehr rasch nach. Während bis zum Ende des 5. Jh. die bedeuten-

---

[6] Den deus ex machina hatte Euripides auch schon in früheren Stücken benützt, nicht jedoch, um wie im Orest den Knoten zu durchhauen.

den attischen Bauwerke in allen Einzelheiten von einer außerordentlichen Feinheit gewesen waren, machte sich damals eine beginnende Vergröberung bemerkbar. Bezeichnend etwa ist, wie die Entasis nunmehr allgemein übertrieben wurde.

Die zweite, die historisch-philosophische Phase der athenischen Kulturblüte wird von Sokrates, Xenophon, Thukydides und Platon repräsentiert; sie dauerte etwa von 420 bis 350. Sokrates und Thukydides hatten ihre größte Zeit in den beiden letzten Jahrzehnten des 5. Jh. Das Todesjahr beider ist 399. Mit ihnen verlagerten sich die kulturellen Interessen der Athener von der Kunst zur Philosophie, Geschichtsschreibung und zu sozialen Problemen. Dieser Wechsel läßt sich auch bei dem späteren Euripides und bei Aristophanes beobachten. Euripides waren Philosophie und Psychologie schließlich die Hauptanliegen. Für die Rügekomödie des Aristophanes stand die Gesellschaftskritik im Vordergrund. Seine letzten Komödien sind sozialkritisch; die »Ekklesiazusen« befassen sich mit dem Zukunftsstaat, »Plutos« mit der gerechten Verteilung des Reichtums. – Platon war der erste bedeutende Soziologe. Er dachte in systematischer Weise über den sozialen Wandel und über die Möglichkeiten nach, einer im Verfall begriffenen Gesellschaft wieder zu Stabilität zu verhelfen.

Die erste und zweite Phase der athenischen Kulturblüte waren nicht nur außerordentlich reich, sondern erreichten auch sehr frühzeitig und dicht hintereinander ihre Höhepunkte. Dies zeigt die große originäre Dynamik, die dieser Kulturblüte innewohnte und die auf die starke Anpassung und relativ plötzliche und weitgehende Freisetzung gesellschaftlicher Reserven, aber auch auf die Katalysatoren, von denen die Rede war, zurückzuführen ist. Demgegenüber ist das Ende dieser beiden Phasen im 4. Jh. sehr viel weniger glanzvoll. Nach Platon und Xenophon brachte Athen nur noch Praxiteles, Demosthenes und Menander hervor. Die Kulturblüte fällt also bereits kurze Zeit, nachdem sie ihren Gipfelpunkt erreicht hatte, stark ab. Ganz entsprechend ist auch die dritte Phase der athenischen Kulturblüte schwach ausgeprägt. Sie wird vor allem von Platon, der auch ein starkes Interesse für mathematische Fragen hatte, und seinen Schülern Theätet und Speusippos repräsentiert.

Die athenische Kulturblüte fand etwa in den Jahren zwischen 330 und 320 v. Chr., also ungefähr zu Beginn der 5. Generation ihren, Abschluß. Daß die Kreativität um diese Zeit nachließ, ist evident. Bereits um die Mitte des Jahrhunderts hatten die eigenständigen Impulse der athenischen Kulturblüte so weit nachgelassen, daß die Anregung, die ihre Schöpfungen auf andere Gesellschaften entfalteten, stärker wurde als jene. Dies bezeugen Aristoteles und die Bildhauer Skopas und Lysipp sowie der Maler Zeuxis, der durch »die von Apollodor geöffnete Tür eintrat und seine Kunst stahl«. Der einzige große Vertreter der griechischen Spätklassik war in Athen Praxiteles. An der Malerei der Alexanderzeit, dem Gipfelpunkt dieser Kunstgattung in der Antike, hatte Athen mit keinem großen Künstler mehr Anteil. Menander am Ende des Jahrhunderts war nur noch ein Einzelfall. Zu seiner Zeit waren es bereits vorwiegend Nicht-Attiker, die mit den in Attika entwickelten literarischen Formen und Ideen weiterarbeiteten. Mit dem Beginn des folgenden Jahrhunderts traten die Athener endgültig von dem Schauplatz schriftstellerischer und anderer geistiger Produktion ab. Epikur hatte zwar einen athenischen Vater, stammte aber aus Samos; Theophrast, der Nachfolger des Aristoteles als Haupt der peripatetischen Schule, kam von der Insel Lesbos. – Ist die Annahme verfehlt, daß sich in diesem abrupten und kläglichen Ausgang der so groß begonnenen athenischen Kulturblüte vor allem die Schwächung, die der Stadtstaat durch den Peloponnesischen Krieg erlitten hatte, bemerkbar macht?

T'ang-China

Die Kreativität der T'ang-Zeit war auf einzelnen Gebieten sehr stark, insgesamt aber – vor allem wegen der schwachen zweiten und dritten Phase – nicht so vielseitig entwickelt wie bei manchen anderen Kulturblüten. Auch waren die Bewußtseinserweiterung und der seelisch-geistige Umbruch hier viel weniger ausgeprägt. Man kann daher die Hypothese voranstellen, daß hier auch die Voraussetzungen des idealtypischen Modells nicht so vollkommen wie etwa im Falle Athens verwirklicht sind.

Soweit die schlechte historische Überlieferung zu urteilen erlaubt, war die Bedrohung, der sich China am Ende des 6. und in der ersten Hälfte des 7. Jh. gegenüber sah, nicht übermäßig ausgeprägt. Dafür aber hatte die chinesische Gesellschaft eine entwickelte Fähigkeit zur Selbstbehauptung. Sie war, wie ihre hierarchische Gliederung, die Religiosität und der Gemeinsinn ihrer Angehörigen zeigen, ziemlich stark integriert. Die Integration war aber auf der anderen Seite auch wiederum nicht zu groß. Diese beiden Seiten der Integration zeigt das Examenssystem, das einerseits die großen Familien entmachtet, andererseits aber auch nicht der breiten Masse verstärkten Einfluß gegeben hatte: Die Notwendigkeit einer gründlichen klassischen Bildung, ohne die man das Beamtenexamen nicht bestehen konnte, begünstigte die Angehörigen von Beamtenfamilien. Außerdem besaßen Söhne von Beamten, die einen bestimmten Rang erreicht hatten, gewisse Privilegien. Wer einen Vater vorweisen konnte, der mindestens die 17. Stufe der Beamtenlaufbahn erreicht hatte, wurde zum Staatsdienst ohne vorherige Prüfung zugelassen[7].

Es wurde soeben gesagt, daß die Bedrohung Chinas wohl nicht übermäßig ausgeprägt war. Es ist hinzuzufügen, daß sie dafür um so vollkommener überwunden wurde. Für etwa ein Jahrhundert war China ein Staat, dessen überragende Stellung garantierte, daß ihm kein anderes Volk gefährlich wurde. Seine Kulturblüte konnte – ein glücklicher Ausnahmefall – während der beiden ersten Generationen ungestört ablaufen, wenn wir von gewissen Schwierigkeiten absehen, die Tibet von 670 bis 692 und wieder 721 bereitete[8]. Der langen Friedensperiode, die China zugute kam, entsprach eine insoweit ungehemmte Freisetzung gesellschaftlicher Kräfte. Diese äußerte sich etwa darin, daß die soziale Nivellierung im China des 7. Jh. in einem gewissen Sinne weiter ging als in Florenz und Frankreich zu vergleichbaren Zeiten.

Dagegen gab es andere Faktoren, die einer starken Freisetzung gesellschaftlicher Kräfte entgegenstanden und schließlich zu einem weniger lebhaften Verlauf dieser Kulturblüte führten. China verfügte insbesondere über straffe zentralistische Institutionen. Solche machte schon die Weite des Staatsgebietes erforderlich, auf dem sich wie so oft in der chinesischen Geschichte sonst lokale militärische Satrapen ihre eigenen Machtbereiche ge-

---

[7] W. Hung, Tu Fu, S. 33.
[8] Hierzu R. Grousset, Histoire de la Chine, S. 175, 178.

schaffen und gegen die Zentralgewalt behauptet hätten. Ferner war China eine »hydraulische Gesellschaft«. Seine Wirtschaft baute auf einem komplizierten und aufwendigen System von Bewässerungsanlagen auf, die nur ein Staat mit machtvollen Institutionen unterhalten konnte. Demokratische Einrichtungen, die der verantwortungslos zersetzenden Demagogie in kritischen Zeiten so leicht Vorschub leisten, gab es in diesem Staat nicht. Die zahlreiche mächtige, an konservativen Vorbildern erzogene Beamtenschaft wirkte stabilisierend. Die Macht des Kaisers blieb außerordentlich groß. Zudem gab es im Falle Chinas keine äußeren Einflüsse, die desintegrierend gewirkt hätten, dies im Gegensatz zu Athen und Florenz, in gewisser Weise aber auch zu Frankreich. Noch ein anderer Punkt ist wichtig. Sicherlich können Theater und Presse nicht aus eigener Kraft Tendenzen zur gesellschaftlichen Desintegration erzeugen; sie vermögen aber Strömungen, die in dieser Richtung bereits vorhanden sind, zu verstärken. In China fehlten sie damals im westlichen Sinne.

Während die chinesische Gesellschaft, wie gesagt, in den beiden ersten Generationen der T'ang-Kulturblüte von äußeren und inneren Störungen ziemlich verschont blieb und seine Reserven in jener Zeit nicht beeinträchtigt wurden, traf es der Aderlaß, den es auf ihrem Höhepunkt erlitt, um so furchtbarer. Die Volkszählung von 742 – die also noch in die Zeit vor dem Aufstand An Lu-shans fällt – wies fast 49 Millionen Einwohner aus; 764 wurden nur noch 17 Millionen gezählt: Über 30 Millionen waren umgekommen, befanden sich auf der Flucht oder konnten von den Behörden aus ähnlichen Gründen nicht erfaßt werden[9].

Phasen der T'ang-Kulturblüte

Auch in China bereitete sich die Kulturblüte in einer längeren Entwicklung vor. Die Anfänge fallen noch ins 5. Jh., die Zeit der Könige der mongolischen Dynastie der Nördlichen Wei (386–534). Vor allem die Lyrik, die dann unter den T'ang einen so bedeutenden Aufschwung nehmen sollte, begann sich bereits zu jener Zeit – zunächst als Volks-, dann als Kunstdichtung – zu entfalten. Auch der neue Prosa-Stil, dem später Han Yü zu allgemeiner und dauernder Geltung verhalf, zeigte sich sehr frühzeitig, in seinen Anfängen schon im 6. Jh.

Der erste nordchinesische Schriftsteller von Rang war Yen Chih-t'ui (529–591), der Nachwelt bekannt durch eine Sammlung von Essays, die unter der Bezeichnung »Chia Hsün« (»Familienbelehrung«) bekannt geworden sind[10]. Zwei andere bedeutende Prosaisten waren Yang Hsien-chih (Blütezeit zwischen 530 und 550) und Li Tao-yüan (Blütezeit um 526). Ersterer verfaßte ein »Verzeichnis der buddhistischen Tempel in Loyang«, letzterer den berühmten »Kommentar zum Wasserbuch«, der eine sorgfältige und vielseitige künstlerische Beschreibung von 1252 chinesischen Wasserwegen gibt. Auch das zeitgeschichtlich interessante Werk Yangs ist wesentlich gehaltvoller als sein Titel vermuten lassen könnte[11].

---

[9] Hung, a. a. O., S. 202.
[10] Ch'ēn, Chinese Literature, S. 206.
[11] Zu diesen beiden Werken Ch'ēn, a. a. O., S. 208 ff.

Seit der Mitte des 5. Jh. nahm in Nordchina auch die bildende Kunst einen bemerkenswerten Aufschwung. Damals hatte die chinesische Skulptur ihre große Epoche[12]. Erwähnenswert sind vor allem der Buddha des Felsentempels von Yün-kang in Nord-Shansi (Ende 5. Jh) und das Flachrelief der Kaiserin mit ihrem Gefolge in dem Felsentempel von Lung-men nahe Lo-yang (um 522). Das Grabmal T'ai Tsungs (gest. 649) in Chao-ling (Shensi) ist durch seine Pferdereliefs berühmt; die Pferde des Kaisers, der selbst ein großer Reiter war, sind in allen Gangarten anatomisch richtig wiedergegeben; jene Tiere, die von feindlichen Pfeilen getroffen sind, bringen ihren Schmerz in der Haltung deutlich zum Ausdruck. Auch die Wächterfiguren von Lung-men (672–676) gehören in diesen Zusammenhang. Deutlich ist die materielle Verbindung zur Kulturblüte bei der glasierten Kleinplastik aus Ton, die Pferde, Kamele, Tänzerinnen, Reitknechte, Polospieler usw. darstellte, die als Grabbeigabe dienten; sie erlangte ihr höchstes künstlerisches Niveau im 8. Jh., auch schon vorher kam ihr ein beachtlicher Rang zu. Ferner besaß Nordchina schon vor der Kulturblüte bedeutende Maler. Am Hofe T'ai Tsungs und Kao Tsungs lebte der berühmte Künstler Yen Li-pên, auf den auch die Entwürfe für die eben erwähnten Pferdereliefs zurückgehen sollen.

Auch auf philosophischem Gebiet gab es schon frühzeitig bedeutende Leistungen. Hsüan-tsang, der Pilgermönch, der weiter oben erwähnt wurde, ist einer der tiefsten Philosophen die es je gab. Er vermittelte China in schöpferischer Weise die indische Philosophie[13]. Ihren Gipfelpunkt erreichte die Kulturblüte der T'ang-Zeit mit dem fast gleichzeitigen Auftreten des großen Viergestirns Wang Wei (geb. 699), Wu Tao-tzu (geb. ca. 700), Li Po (geb. 701) und Tu Fu (geb. 712). Wir können den Gipfelpunkt der ersten Phase dieser Kulturblüte etwa in das vierte, fünfte und sechste Jahrzehnt des 8. Jh. legen. Ihr Beginn ist jedoch früher anzusetzen, und zwar auf die Zeit der endgültigen Ausbildung der T'ang-Lyrik, also etwa auf die Jahre um 680, was ungefähr mit dem Beginn der offiziellen Regierungszeit der bekannten Kaiserin Wu zusammenfällt.

Der furchtbare Rückschlag, den der Aufstand An Lu-shans für China bedeutete, machte sich mit Verzögerung auch für die Kulturblüte bemerkbar. Er führte zu einem deutlichen Knick in ihrem Verlauf. Wahrscheinlich wurde sogar die gesamte weitere Geschichte Chinas von diesem einen Jahrzehnt stark beeinflußt. Die erste Phase der Kulturblüte wurde durch die Rebellion in zwei Abschnitte zerlegt, deren zweiter – von geringerer Bedeutung als der erste – zwischen 810 und 820 begann.

Die großen Protagonisten waren nunmehr der Literat Han Yü sowie die Dichter Po Chü-i und Yüan Chên (779–831). In den bildenden Künsten wurde in dieser Zeit nichts Überragendes mehr hervorgebracht. Insbesondere hatte die Blüte der T'ang-Plastik – und damit der chinesischen Plastik überhaupt – bereits um die Mitte des 8. Jh. geendet[14]. Anders als bei Athen, auf dessen Kulturblüte sich der Peloponnesische Krieg voll erst in der dritten Phase auswirkte, zeigte der chinesische Bürgerkrieg entschiedene Folgen bereits in der zweiten Phase der Kulturblüte, die nur sehr schwach ausgeprägt war. Es bleibe

---

[12] E. O. Reischauer/J. K. Fairbank, East Asia, The Great Tradition, S. 178.
[13] Grousset, a. a. O., S. 169 ff.
[14] D. Lion-Goldschmidt/J.-C. Moreau-Gobard, Chinesische Kunst, S. 215.

dahingestellt, ob dies auch darauf zurückzuführen ist, daß die Katastrophe China bereits auf dem Höhepunkt seiner Kulturblüte traf. Möglicherweise wirkte bei diesem Ablauf auch die allgemein geringere Dynamik der chinesischen Kulturblüte mit.

Der Hauptvertreter der zweiten Phase ist der eben erwähnte Han Yü, der insofern eine Doppelstellung einnimmt. In seinen Schriften lassen sich Rudimente einer Art Gesellschaftswissenschaft feststellen. Er unterscheidet für die Vergangenheit drei soziale Klassen, für die Gegenwart sechs. Das gesamte Kulturleben führt er auf den Dualismus von Herrschern und Beherrschten zurück; das Bindeglied zwischen diesen beiden Polen sieht er in den Beamten als den ausführenden Organen des fürstlichen Willens[15]. Er hat bereits Einsicht in das Verhältnis von Kultur und Zivilisation zu gesellschaftlicher Integration und besitzt ein instinktiv richtiges Gefühl für gesellschaftliche Zusammenhänge.

Die dritte Phase der T'ang-Kulturblüte, die sich vor allem durch technische Leistungen auszeichnete, zog sich lang hin. Im 9. Jh. entdeckten die Chinesen das Verfahren der Porzellan-Erzeugung und erfanden den Buchdruck. Das älteste gedruckte Buch, das sich erhalten hat, ist chinesisch und stammt aus dem Jahr 868. Technisch noch schöpferischer war die Sung-Dynastie ab 960. Nach der Meinung bedeutender Kenner lassen sich fast alle großen wissenschaftlichen und technologischen Leistungen der Chinesen auf die Sung-Zeit zurückführen. Im 10. Jh. wurde wohl zum erstenmal Papiergeld verwendet. Wenig später entwickelten die Chinesen auch hochseetaugliche Schiffe, entdeckten das Schießpulver und züchteten Baumwolle. Pi Sheng erfand 1041 den Buchdruck mit beweglichen Lettern. 1122 wurde der Kompaß zum ersten Mal für navigatorische Zwecke benützt.

Florenz

Die Stadt Florenz kämpfte mit Giangaleazzo nicht eigentlich um ihre Existenz. Sie hätte auch unter dem mailändischen Tyrannen weiterleben können, wie es andere oberitalienische Städte taten. Nur hätte sie dabei auf ihre Freiheit verzichten müssen, die den meisten ihrer Bürger allerdings so viel wie das Leben oder noch mehr wert war. Für ihre Erhaltung waren sie bereit, Hunger und Pest zu ertragen und jedes materielle Opfer zu bringen; mit bewunderungswürdigem Bürgersinn gingen sie bis an die Grenze des Möglichen. – Die Befreiung aus dieser Gefahr war ebenso unerwartet wie vollständig. Es war allerdings nur bedingt die eigene Kraft der Florentiner, die triumphierte. Der Zufall in der Gestalt des Todes spielte die entscheidende Rolle. Er rettete die Florentiner aber nur, weil sie zuvor seltene Ausdauer und Zuversicht gezeigt hatten. – Die zweite – weniger entscheidende – Phase der äußeren Bedrohung überwanden sie mit dem Frieden von Lodi (1454). Nach dieser Zeit gab es für ihre Sicherheit während mehrerer Jahrzehnte keine Probleme mehr.

Die inneren Voraussetzungen, die Florenz für eine Kulturblüte mitbrachte, waren nach allem, was wir wissen, sehr gut. Dies gilt insbesondere auch für die gesellschaftliche Integration, die genügend stark für die Anpassung, andererseits aber nicht so groß war,

---

[15] Vgl. W. Grube, Geschichte der chinesischen Literatur, S. 302 f.

daß sie der späteren Freisetzung moralischer Kräfte entgegengestanden hätte. Daß die florentinische Gesellschaft am Ende des 14. Jh. noch in diesem Maße integriert war, ist aus mehreren Gründen bemerkenswert. Einmal zeigten die meisten anderen italienischen Stadtstaaten damals schon ziemlich deutliche Zeichen beginnender Desintegration. Sodann hatte Florenz bereits um 1300 eine Kulturblüte von beträchtlicher Bedeutung gehabt, die in ihrem Ablauf allerdings in einem ziemlich frühen Stadium koupiert worden war. Cimabue, Dante, Giotto und Arnolfo di Cambio waren ihre Hauptvertreter. Auf sie ging auch jener frühentwickelte »wunderbare florentinische Geist« zurück, der wie Burckhardt sagte, scharf räsionierend und künstlerisch zugleich war. Der bleibende Desintegrationseffekt, der mit dieser Kulturblüte einherging, war nicht so groß, wie man dies an sich erwarten sollte, wohl vor allem deshalb nicht, weil im Gefolge der Katastrophen, die die Florentiner im 14. Jh. trafen, eine gewisse gesellschaftliche Regeneration stattfand. Aus einem dritten Grunde könnte man annehmen, daß die florentinische Gesellschaft zur Zeit der mailändischen Bedrohung weniger integriert war, als es tatsächlich der historischen Wirklichkeit entspricht. Die schnelle industrielle Entwicklung hatte schon im 14. Jh. nicht nur zu Wohlstand geführt, sondern auch etwa 30 000 Lohnarbeiter in die Stadt gebracht, die mit repressiven Mitteln in einer inferioren Stellung gehalten wurden. Jedoch auch dieses Proletariat scheint sich sehr rasch mit den Lebensinteressen der Republik, wie sie von den eingesessenen Bürgern verstanden wurden, identifiziert zu haben.

Florenz hatte in der Auseinandersetzung mit Mailand auch noch in den Jahren nach 1423 schwere Opfer zu bringen. Von einer Erschöpfung seiner Kräfte kann aber zu keinem Zeitpunkt die Rede sein. Verluste an Menschenleben hatte es ohnedies kaum zu beklagen, da die Florentiner seit dem Ende des 13. Jh. ihre Kriege nicht mehr selber ausfochten und auch in dem Kampf gegen Giangaleazzo entsprechend den damaligen italienischen Gepflogenheiten Söldner für sich kämpfen ließen. Es ist richtig, daß Hunger und Pest im Jahre 1400 gewisse Opfer forderten; diese Verluste standen jedoch in keinem Verhältnis zu den ungeheuren Einbußen an Menschenleben, die Florenz in der Mitte des 14. Jh. durch den Schwarzen Tod erlitten hatte. Diese Schonung der biologischen Substanz der florentinischen Gesellschaft nimmt sich außerordentlich günstig im Vergleich mit den sehr großen Blutopfern aus, die Athen in den sechziger Jahren des 5. Jh., also gerade zu Beginn seiner Kulturblüte, und dann wieder während des Peloponnesischen Krieges, das heißt bereits kurz nach Erreichen des Gipfelpunkts der Kulturblüte, zu erbringen gehabt hatte. Auch in China hatten sich die Verhältnisse nicht so günstig entwickelt. – Materiell dagegen waren auch die Florentiner getroffen worden, wenn auch wiederum nicht so hart wie die Athener; auch überwanden sie die Verluste sehr rasch.

Phasen der florentinischen Kulturblüte

Eine vorbereitende Phase der florentinischen Renaissance tritt wegen der früheren Kulturblüte zur Zeit Dantes nicht klar hervor. Man könnte ihr Orcagna, den Meister des Tabernakels von Or San Michele und des Flügelaltars in der Capella Strozzi (S. Maria Novella) sowie Nanni di Banco mit seinen »Vier gekrönten Heiligen« (Or San Michele) zurechnen.

Der Beginn der florentinischen Kulturblüte läßt sich auf etwa 1425 ansetzen. Um diese Zeit führte Brunelleschi den Renaissance-Stil in die Architektur ein, Donatello schuf die ersten Renaissance-Skulpturen und Masaccio begann in der Malerei die Gesetze der Perspektive anzuwenden. In dieselbe Zeit fällt auch der Höhepunkt des Schaffens so bedeutender Künstler wie Ghiberti, dessen Türen am Baptisterium Michelangelo der Pforten des Paradieses für würdig erklärte, Luca della Robbia, Fra Angelico und Fra Filippo Lippi. Es ist nicht ganz ausgeschlossen, daß auch der David Donatellos in der Zeit um 1430 geschaffen wurde. 1436 vollendete Brunelleschi nach 16jähriger Arbeit die Kuppel des Domes von Florenz.

Ihren künstlerischen Gipfel erreichte die florentinische Kulturblüte gleichwohl erst zwischen 1480 und 1510, also erst in der dritten Generation. Die älteste überkommene vollständige Ausgabe des »Morgante Maggiore«, des satirischen Ritterepos von Luigi Pulci, stammt aus dem Jahre 1483. Verrocchio übertraf mit der Reiterstatue des Colleoni, an der er von 1485 bis zu seinem Tode im Jahre 1488 arbeitete, alles seit der Antike auf diesem Gebiet Geleistete, selbst den Gattamelata des Donatello. Sandro Botticelli erreichte um 1480 seine volle Reife. Um 1478 malte er die Allegorie des »Frühlings«, in das Jahr 1480 fällt sein populärstes Gemälde, die »Geburt der Venus«. In den folgenden zehn Jahren hatte er seine fruchtbarste Zeit; sie sahen die Entstehung so bedeutender Werke wie die »Sacre Conversazione« und »Pallas Athene bändigt den Kentauren«. Seine Kunst vergeistigte sich in dieser Epoche immer mehr. Danach ließ seine Schaffenskraft nach. Seine letzte große Schöpfung ist die »Geburt Christi«, die um 1500 entstand. Mit dem Bau des Palazzo Strozzi, des glänzendsten Beispiels florentinischer Palastkunst, begann Benedetto da Maiano 1489, Cronaca vollendete ihn 1507. Domenico Ghirlandaio schuf sein Hauptwerk, die Fresken in S. Maria Novella, zwischen 1485 und 1490. Von 1495 bis 1498 malte Leonardo das »Abendmahl« und von 1503 bis 1506 die »Mona Lisa«, seine beiden berühmtesten Gemälde. Michelangelo schließlich vollendete sein erstes großes Werk, die »Pietà«, im Jahre 1501. Der monumentale »David« entstand zwischen 1501 und 1504. Diese Entwicklung der florentinischen Kulturblüte unterscheidet sich grundsätzlich von der athenischen, die ihren Gipfel bereits in der ersten Generation erreichte. Wahrscheinlich hängt dieser andersartige Verlauf weniger mit ihrer geringeren Intensität als damit zusammen, daß die Freisetzung gesellschaftlicher Reserven in Florenz – anders als in Athen – nicht mit einem Mal erfolgte, sondern stufenweise, und zwar entsprechend dem Rhythmus der Überwindung der äußeren Bedrohung, die erst um die Mitte des 15. Jh. endgültig beseitigt wurde.

Die Überwindung der mailändischen Bedrohung im Jahre 1402 induzierte die Kulturblüte, die um 1425 begann; Lodi und die ruhigen Jahrzehnte, die diesem Friedensschluß folgten, führten ab 1480 zu dem eigentlichen Gipfel der florentinischen Kulturblüte. In Athen erfolgte die Freisetzung gesellschaftlicher Reserven dagegen in einem Schub. Dieser Umstand und die Erschöpfung der Kräfte durch den Peloponnesischen Krieg führten dazu, daß es bereits das zweite und dritte Jahrzehnt, also fast noch die Anfänge der Kulturblüte waren, die die erstaunlichsten Leistungen brachten. Tatsächlich ist die erste Generation der athenischen Kulturblüte die glanzvollste, während schon die zweite und noch mehr die folgenden dahinter zurückblieben. Platon war zu seiner Zeit fast schon eine Ausnahmeerscheinung. Er gibt uns einen Begriff, was Athen noch hätte vollbringen können, wenn seine Geschichte nach 431 glücklicher verlaufen wäre. Auch die schwache Ausprägung der wissenschaftlichen Phase der athenischen Kulturblüte ist als eine Folge der Erschöpfung der Gesellschaft anzusehen.

Nach 1510 erfolgte ein rascher Abstieg. Leonardo lebte noch bis 1519, brachte aber keine überragenden Werke mehr hervor. Michelangelo war der einzige große Künstler, dessen Schaffenskraft auch noch in dieser Phase – bis in die vierziger Jahre des 16. Jh. – ungebrochen anhielt. Als gewaltige Einzelerscheinung ragte er in eine kulturell sonst viel weniger produktive Zeit hinüber. Pontormo war der letzte hervorragende Vertreter der florentinischen Renaissance.

Eine Besonderheit der florentinischen Kulturblüte liegt darin, daß Florenz bereits im Rahmen der Anpassung und während ihrer ersten Phase – also nicht, wie es sonst geschieht, erst während der zweiten Phase – historiographisch Hochbedeutsames leistete, ein neues geschichtliches Weltbild hervorbrachte und auch die Methode der Geschichtsschreibung revolutionierte. Direkte Äußerungen der Anpassung und der Kreativität der Kulturblüte gehen insoweit untrennbar ineinander über; man könnte den Beginn der zweiten Phase daher noch vor die erste zurückdatieren, würde dem Wesen der Sache damit allerdings nicht gerecht, zumal Dati, Bruni, Poggio und Cavalcanti noch in einer bestimmten Beziehung zu dem Zeitalter Dantes stehen mögen. Man läßt die zweite Phase der florentinischen Kulturblüte besser um 1510 beginnen, da um diese Zeit erst der eigentlich entscheidende Aufschwung des geisteswissenschaftlichen Denkens einsetzte. Die folgende Periode ist die Zeit der Historiker Machiavelli, Guicciardini, Varchi und Vasari. Letzterer war als Kunsthistoriker größer denn als Maler, entgegen seiner Neigung und trotz aller technischen Perfektion, die er als solcher erreichte.

Entsprechende Erscheinungen in anderen Kulturblüten berechtigen dazu, Galilei (1564–1642) als ein Produkt derselben florentinischen Kulturblüte, die in der ersten Hälfte des 15. Jh. ihren Anfang genommen hatte, zu betrachten. Er verkörpert ihre dritte Phase.

Frankreich

Die französische Kulturblüte war nicht so reich wie die athenische oder auch nur die florentinische. Weltgeschichtlich gesehen haben ersten Rang eigentlich nur Pascal und Molière. In der Musik und den bildenden Künsten vollbrachte Frankreich damals überhaupt keine Leistungen, die man als ganz überragend bezeichnen könnte. Auch brach die erste Phase der Kulturblüte nach kurzer Zeit brüsk ab. Dies alles ist um so auffallender, als man die große natürliche Begabung des französischen Volkes zu berücksichtigen hat. Auch der geistige Umbruch und die Bewußtseinserweiterung, die mit der französischen Kulturblüte einhergingen, sind relativ schwach. Auf der anderen Seite wurde Frankreich aber auch den Voraussetzungen, wie sie für die Kulturblüte idealtypisch sind, in geringerem Maße gerecht als andere Gesellschaften, die kulturell sehr produktiv waren.

Werfen wir zunächst einen Blick auf die äußeren Bedingungen der französischen Kulturblüte. Die Bedrohung, der sich Frankreich in der ersten Hälfte des 17. Jh. gegenübersah, war nicht besonders stark. Die Spanier stellten in keinem Zeitpunkt die Existenz des französischen Volkes oder auch nur seine besondere Lebensform in Frage, zumal sie demselben Kulturkreis angehörten und dieselbe Religion hatten. Spanien war wesentlich weniger volkreich als Frankreich und daher zur Absorption der französischen Nation schon deshalb nicht in der Lage. Auch entsprach es nicht dem Wesen der Auseinandersetzungen der Staaten des damaligen Europa, sich gegenseitig zu vernichten. Alles, was Frankreich zu befürchten hatte, war, von den Habsburgern immer stärker umklammert zu werden, in eine machtmäßig inferiore Position und eine gewisse Abhängigkeit von den als hochfahrend geltenden Spaniern zu geraten, einzelne Territorien zu verlieren und daran gehindert zu werden, jene stolze Politik zu betreiben, die dann Ludwig XIV. führte. – Auch gelang es Frankreich nicht, mit der Herausforderung in besonders bemerkenswerter Weise fertig zu werden. Die Überwindung erfolgte weder schlagartig, noch war sie materiell sehr beeindruckend oder von längerer Dauer. Es gibt in der Vorgeschichte der französischen Kulturblüte nichts, was sich mit dem Sieg von Salamis oder dem Tod Giangaleazzos vergleichen ließe. Der Triumph von Rocroi fand selbst am französischen Hof nur ein geteiltes Echo. Frankreich wurde auch nur allmählich von dem äußeren Druck, der auf ihm lastete, befreit. Ein guter Teil des Erfolgs ging nicht auf kriegerische Taten, sondern auf die geniale Bündnispolitik Richelieus zurück. Entscheidend waren auch die großen Friedensschlüsse, die erst nach Jahrzehnten des Kampfes Wirklichkeit wurden und deren Bedeutung den Franzosen jener Zeit nicht so sinnenfällig war wie eine siegreiche Entscheidungsschlacht oder der Tod eines furchtbaren Gegners. Auch hatte die französische Vormachtstellung immer ihre unverkennbaren Grenzen, wie bereits 1672 sehr deutlich der Krieg gegen Holland zeigte. Ferner war die äußere Sicherheit Frankreichs nur während weniger Jahrzehnte wirklich gesichert. Deutschland gewann seit etwa 1680 neue Macht. Mit Wilhelm von Oranien gelangte 1688 ein ebenso entschlossener wie fähiger Gegner Frankreichs auf den englischen Thron. Im Spanischen Erbfolgekrieg hatte Frankreich schließlich die allergrößte Mühe, sich zu behaupten. Das Prinzip des europäischen Gleichgewichts hatte sich durchgesetzt. Hier wie in anderen Fällen stand die Struktur des europäischen Staatensystems einer länger als nur zeitweilig andauernden Freisetzung gesellschaftlicher Kräfte entschieden im Wege. Auch die Anpassungsfähigkeit Frankreichs entsprach nicht idealen Voraussetzungen. Die Integration war verhältnismäßig gering. Hieran konnte sogar die Anpassung selbst, die in anderen Fällen zu einer verstärkten Integration geführt hatte, nicht allzu viel ändern, wie u. a. die Vorgänge der Fronde zeigen. Der französische Hochadel wendete sich zweimal gegen die Regierung, um seine Sonderinteressen mit Gewalt durchzusetzen. Der Große Condé kämpfte damals mit der Waffe in der Hand gegen seinen Souverän. Die Königinmutter und Regentin wurde mit dem minderjährigen Ludwig XIV. gezwungen, aus der Hauptstadt zu fliehen. An der verhältnismäßig geringen Integration, die man hieraus ersieht, wird auch dadurch nichts geändert, daß es sich bei der Fronde, wie mancher Historiker wohl zu Recht annehmen, um eine »konservative Revolution« handelte. Wenn Frankreich schon seinerzeit ein schwer zu regierendes Land war, so hängt dies eben mit der relativ geringen Integrationsstufe der damaligen französischen Gesellschaft zusammen.

Ein frühzeitig einsetzender moralischer Verfallsprozeß und die zurückgehende Religiosität lassen die Entwicklung der Integration in demselben Licht erscheinen. Die französische Religiosität war schon seit Beginn des 17. Jh. nicht mehr so groß, daß die Religion auch nur ihren Anhängern etwas Selbstverständliches gewesen wäre. Selbst ein Pascal hatte nicht mehr den gleichsam natürlich gewachsenen Glauben eines Äschylos oder Sophokles. Hiervon wird noch zu sprechen sein.

Diese geringe Integration ist auch darauf zurückzuführen, daß Frankreich bereits in den dreißiger und vierziger Jahren des 17. Jh. einen Prozeß durchlaufen hatte, der zu einer gewissen Kulturblüte führte. Besonders bedeutend war das Jahrzehnt von 1635 bis 1645. 1637 ließ Descartes seinen »Discours de la méthode« drucken. Die vier großen Tragödien Corneilles, nämlich »Der Cid«, »Horace«, »Cinna« und »Polyeucte« wurden 1636 und in den folgenden sechs Jahren aufgeführt; danach ließ die Schaffenskraft Corneilles nach. 1635 baute Mansart das »Hôtel de la Vrillère«; sein berühmtestes Werk errichtete dieser Architekt in den Jahren 1642 bis 1646 mit dem »Château des maisons«. Auch Poussin erreichte in jenem Jahrzehnt und zwar 1638 mit den »Hirten von Arkadien« – den Gipfelpunkt seines Schaffens. – Wenn trotz der geminderten Anpassungsfähigkeit Frankreichs eine Anpassung stattfand, so war dies der übermenschlichen Willenskraft Richelieus zu verdanken, ihres großen Organisators. Sie verlief im Sinne unseres Modells insofern durchaus typisch.

Die Freisetzung moralischer Kräfte setzte frühzeitig ein; vor allem aber war sie sehr beträchtlich. Dies drückte sich in der Schnelligkeit der gesellschaftlichen Entwicklung aus. Das Frankreich Ludwigs XIII. war einfach, auster, stoisch. Unter Ludwig XIV. nahm die Nation einen ganz anderen Charakter an. Frankreich war nun innerlich gelöst und gab sich den Freuden des Daseins hin. Eine eigentliche Revolution fand insofern um 1660 statt. Die Mentalität der Franzosen wandelte sich damals mit einer Geschwindigkeit, die die Historiker erstaunt. Bereits in jener Zeit, vor irgendeinem Eingriff Ludwigs XIV., repräsentierten Schriftsteller wie Thomas Corneille und Quinault einen neuen Menschenschlag. Um 1685 haben wir sodann die »Krise des europäischen Geistes«[16], die in ihrem Kern eine Krise des französischen Geistes war.

Nicht so günstig für die Kulturblüte verlief die Freisetzung materieller Energien. 1660 bis 1662, also bereits bei Beginn der Kulturblüte, gab es schwere Mißernten. Von 1670 an ging die französische Bevölkerung zahlenmäßig zurück[17]. Die Kriege, die Ludwig XIV. seit 1672 führte, hatten eine immer stärkere Beanspruchung der staatlichen Mittel zur Folge und trugen dazu bei, die Kräfte der französischen Gesellschaft zu erschöpfen. Der König tätigte trotz der Warnungen Colberts immense Ausgaben, die Steuern wurden außerordentlich drückend, die Eintreibungspraxis rücksichtslos gehandhabt. Hunger und Not waren die Konsequenz. Die religiöse Intoleranz tat ein übriges. Zahlreiche hugenottische Unternehmer brachten ihr Kapital ins Ausland. Mehrere Hunderttausende ihrer Glaubensgenossen, die meisten davon Handwerker, verließen das Land. In der Champagne und in Flandern nahm die Tuchproduktion ab. Das gesamte Seidengewerbe litt schwer. Die Hutmacherei in der Normandie ging sogar ganz ein.

---

[16] Das ist der Titel des Werkes, welches der Historiker Paul Hazard dieser Epoche des Umbruchs gewidmet hat (vgl. oben Anm. 34 zu Kap. IV).
[17] Hans Hausherr, Wirtschaftsgeschichte der Neuzeit vom Ende des 14. bis zur Höhe des 19. Jh., Weimar 1955², S. 258.

Phasen der französischen Kulturblüte

Wie bei Florenz, so tritt auch bei Frankreich eine vorbereitende Phase der Kulturblüte nicht klar hervor, da diese Gesellschaft, wie erwähnt, bereits zwischen 1635 und 1645 eine gewisse Kulturblüte hatte. Die wahrhaft glanzvolle Zeit der französischen Kultur, das »Große Zeitalter«, begann mit Pascals »Gedanken über die Religion«, die er wahrscheinlich 1654 in Angriff genommen hatte, und mit seinen »Lettres provinciales«, die 1656 und 1657 entstanden. Es ist erstaunlich, wie um jene Zeit die schöpferische Kraft der Franzosen geradezu schlagartig zunahm. La Rochefoucauld, 1613 geboren, war bis in das fünfte Jahrzehnt seines Lebens literarisch überhaupt nicht tätig. Dann – im Alter von 43 Jahren – begann er seine Memoiren zu schreiben. Die Maximen, denen er seinen Nachruhm verdankt, fing er 1658 an, als er bereits ein Alter von 45 Jahren erreicht hatte. Man wird sagen, hier handle es sich um einen Aristokraten, der sich in seiner Jugend in den Salons bewegt, den Damen den Hof gemacht und mit dem Degen in der Hand Abenteuer gesucht hatte, um eine Persönlichkeit also, die erst in einem reiferen Alter die Zeit und Besinnlichkeit fand, um ein Werk wie die »Maximen« zu schreiben. Jedoch auch der Maler Philippe de Champaigne, ein älterer Zeitgenosse La Rochefoucaulds, gelangte erst nach 1660 in den Besitz seiner vollen schöpferischen Kraft, als er bereits 60 Jahre überschritten hatte. Ähnlich Le Nôtre: Dieser wurde 1613 geboren, seine eigentlichen Meisterwerke sind die Gärten von Vaux-le-Vicomte und Versailles. Es gibt ferner die eindrucksvollen Beispiele Molière und Racine. Ersterer wurde 1622 geboren. Obwohl er frühzeitig als Schauspieler aufgetreten war, seine eigene Theatertruppe gebildet und Stücke für die Bühne geschrieben hatte, führte er sein erstes großes Werk, »Die lächerlichen Preziösen«, erst 1659, also erst im Alter von 37 Jahren, auf. Dies ist um so bemerkenswerter, als seine weiteren bedeutenden Werke dann Schlag auf Schlag folgten.

In demselben Sinne, wenn auch altersmäßig umgekehrt, entwickelte sich Racine. Dieser Dichter war 17 Jahre jünger als Molière; dennoch folgte er ihm mit seinem ersten namhaften Bühnenwerk – und nach Ansicht bedeutender Kenner seinem größten überhaupt – der »Andromache«, in einem Abstand von nur acht Jahren nach. Es wurde 1667 aufgeführt, als der Dichter erst 28 Jahre zählte. – Ähnlich ist das Verhältnis der Entwicklung La Fontaines und Boileaus zur Kulturblüte. La Fontaine wurde 1621 geboren und publizierte seine erste Fabelsammlung 1668. Boileau war 15 Jahre jünger; er war La Fontaine mit seinem Erstling, den Satiren, bereits 1666 vorangegangen. – Auffallend ist auch, daß nach einer Unterbrechung von sieben Jahren 1658 Corneille wieder zur Feder griff, obwohl er inzwischen das für damalige Verhältnisse beträchtliche Alter von 52 Jahren erreicht hatte. Ferner entwickelte auch der 1619 geborene Maler Lebrun seinen besonderen Stil erst in den fünfziger Jahren. Sein Meisterwerk, »Die Familie des Darius vor Alexander«, fällt in das Jahr 1660.

Ebenso erstaunlich ist umgekehrt in den siebziger Jahren der plötzliche Rückgang der künstlerischen Kreativität. Molière starb 1673. Racines Schöpferkraft ließ nach seiner Phädra, als er erst 38 Jahre, das heißt ein Alter erreicht hatte, in dem Molière noch kaum begonnen hatte, entscheidend nach. Boileau zog sich 1685, im Alter von 49 Jahren, nach Auteuil, wo er ein Haus besaß, zurück. Er lebte noch bis 1711; seine bedeutendsten Leistungen lagen aber hinter ihm. La Fontaines schöpferischste Zeit dauerte bis 1674. Selbst

Madame de Sévigné schrieb nach 1691 nur noch wenige Briefe, was allerdings auch damit zusammenhing, daß sie in jenem Jahr zu ihrer Tochter in die Provence gezogen war. Bereits La Bruyère erreichte – am Ende des Jahrhunderts – nicht mehr das frühere Niveau der Kulturblüte.

Bei Berücksichtigung dessen, was weiter oben über die Leistungen der französischen Kulturblüte auf historiographischem, philosophischem und naturwissenschaftlichem Gebiet gesagt wurde, kann man die drei folgenden Phasen unterscheiden. Die erste, die künstlerische, dauerte etwa von 1655 bis 1680/1700. Ihr Gipfelpunkt fällt in die Jahre 1660 bis 1670. Die zweite, die philosophisch-geisteswissenschaftliche Phase reichte von 1680/1730 bis etwa 1760 und die dritte, naturwissenschaftliche, etwa von 1730 bis 1790. – Im 19. Jh. kam es in Frankreich zu neuen schöpferischen Leistungen. Abgrenzungsschwierigkeiten ergeben sich insofern jedoch höchstens auf naturwissenschaftlichem Gebiet.

Daß die französische Kulturblüte in ihrer ersten Phase so auffallend kurz ist und nach den siebziger Jahren für mehr als ein halbes Jahrhundert nur wenig Überragendes hervorbrachte, ist auf die allgemein geringeren Impulse zurückzuführen, die sie induziert hatten, und auf die Erschöpfung, die die Kriege Ludwigs XIV. und die Vertreibung der Hugenotten bald nach sich zogen. Wahrscheinlich spielt auch eine Rolle, daß Frankreich infolge frühzeitig gelockerter Integration zu einer optimalen Anpassung nicht mehr in der Lage gewesen war.

Ferner fällt auf, daß die zweite Phase sehr früh einsetzte. Große Kritiker, wie insbesondere Boileau, Richard Simon, Fontenelle und Bayle, traten frühzeitig auf. La Fontaine kam mit seiner zweiten Fabelsammlung zu Urteilen, die schon die politische Literatur des 18. Jh. ankündigen. Die Ruhmsucht, in der Montesquieu den »Geist« der französischen Monarchie sah, wurde bereits von ihm als charakteristische Untugend seiner Landsleute erkannt. Ebenso verurteilte er schon die ungesunde Betriebsamkeit des modernen Menschen[18]. Der späte La Fontaine hatte also in der französischen Kulturblüte dieselbe Position wie in der athenischen Aristophanes in den Jahrzehnten nach 400 und eine ähnliche wie Tu Fu, der die sozialen und politischen Verhältnisse seiner Zeit so scharf beobachtete, daß seine Gedichte eine wichtige historische Quelle darstellen und die Chinesen ihn als Historikerpoeten bezeichnen[19]. Trotz dieses frühen Beginns der zweiten Phase erreicht diese ihren Gipfelpunkt mit Voltaire und Montesquieu allerdings erst wesentlich später. Wenn wir ferner berücksichtigen, daß Frankreich bereits in den dreißiger Jahren des 17. Jh. eine Kulturblüte hatte, so wird klar, daß sich hier verschiedene kulturelle Impulse überlagert haben, eine Erscheinung, die wir ähnlich bei Florenz beobachten konnten, wenn dort bereits zu Beginn des 15. Jh. bedeutende Historiker wie Bruni und Dati auftraten. Pascal mag in diesem Sinne ein Zwitterprodukt sein.

---

[18] A. Adam, Histoire de la littérature française au XVIIe siècle, Bd. IV, S. 49 ff.

[19] Hung, a. a. O., S. 6.

IV. Der Sonderfall Japan

Es ist nicht die Absicht dieses Buches zu erklären, warum gewisse Gesellschaften in bestimmten Phasen ihrer Entwicklung *keine* Kulturblüten hervorgebracht haben. Dennoch ist die Geschichte Japans in der zweiten Hälfte des 19. Jh. so bemerkenswert, daß kurz darauf eingegangen werden soll. Äußere und innere Bedingungen für eine bedeutende Kulturblüte scheinen hier nämlich geradezu vollkommen vorhanden gewesen zu sein, ohne daß diese Gesellschaft dann in der Folgezeit tatsächlich eine besondere kulturelle Produktivität entfaltet hätte.

Japan wurde um die Mitte des 19. Jh. von den großen Mächten der westlichen Zivilisation aufgefordert, seine Häfen für ihren Handel zu öffnen. Es lief damit das Risiko, dasselbe Schicksal wie China zu erleiden. Vergleichen wir die Bedrohung, der sich Japan damals gegenübersah, mit der Herausforderung, die Athen zu bewältigen gehabt hatte, so fällt vor allem zweierlei auf. Im Falle Japans war sie in einer Hinsicht schwächer. Dieser Staat wurde nicht in seiner Existenz gefährdet. Was ihm drohte, waren die gewaltsame Öffnung seiner Häfen und seines Landes, die Nötigung zur Einräumung von Handelsprivilegien sowie der Zwang, die Niederlassung von Ausländern zu dulden, fremdartige geistige Einflüsse möglicherweise bis zum Verlust der nationalen Identität hinzunehmen und vielleicht auch territoriale Verstümmelungen zu erleiden. Dieser Herausforderung konnte Japan jedoch andererseits nur durch eine wahrhaft radikale Anpassung, eine gründliche Veränderung aller gesellschaftlichen Normen, kurz gesagt, durch seine »Verwestlichung« begegnen. Insofern war die Bedrohung, mit der es sich auseinanderzusetzen hatte, viel stärker als im Falle Athens, das seine Eigenart trotz Anpassung zu behalten vermochte.

Im Gegensatz zum späten China war Japan ein anpassungsfähiger Staat. Es war von einer erstaunlichen Offenheit. Dies ist etwa daraus ersichtlich, daß es bereits im 16. Jh. eine gewisse Verwestlichung gezeigt hatte. Westliche Techniken (Feuerwaffen, Uhrmacherkunst, Schiffsbau) und europäische Wissenschaften (vor allem Mathematik, Astronomie, Medizin) hatten in Japan schon zu jener Zeit einen überraschend schnellen Erfolg. »Rangaku«, »holländische Gelehrsamkeit«, trat bereits zu jener Zeit in Konkurrenz mit »kokugaku«, »nationaler Gelehrsamkeit«. Dieser gleichsam natürliche Hang zur Verwestlichung wurde dann allerdings dadurch künstlich gebremst, daß die japanische Regierung zu Beginn des 17. Jh. das Land von der Außenwelt abschloß und das Christentum zu verfolgen begann.

In dem Maße, wie im 18. und 19. Jh. diese Abschnürung gelockert wurde, kam die Verwestlichung wieder in Gang[20]. Es ist sehr charakteristisch, daß die Dolmetscher in Nagasaki, die sich bis zum Beginn des 19. Jh. nur für das Holländische interessiert hatten, nach den ersten Übergriffen der Briten und Russen auch die Sprachen dieser Nationen lernten. Zu dem bayerischen Arzt Siebold, der sich von 1823 bis 1826 in Nagasaki aufhielt, strömten aus allen Teilen Japans Interessenten, um sich über die großen Länder der

---

[20] Hierzu Roger Bersihand, Geschichte Japans, deutsche Ausgabe, Stuttgart 1963, S. 272f.

Erde unterrichten zu lassen. Der letzte der von Kaiser Meiji 1868 propagierten »Fünf Schwüre« lautete: »Es möge ein jeder in der Welt Wissen suchen und damit zur Festigung der kaiserlichen Herrschaft beitragen.«

Auch das zweite Merkmal der Anpassungsfähigkeit, eine beträchtliche Integration, war im Falle Japans gegeben. Die japanische Gesellschaft war streng hierarchisch gegliedert. Das Buch, das Takatoki Ogasawara 1632 über Etikette veröffentlicht hatte und das in Japan bis auf den heutigen Tag ein Standardwerk über Fragen des guten Benehmens darstellt, gibt für jede Handlung drei verschiedene Verhaltensformen an, je nachdem ob sie sich auf eine höher-, gleich- oder niedrigergestellte Person bezieht. Charakteristisch war auch die japanische Auffassung von Treue, die Shogūn, Daimyō, Samurai und in einem gewissen Sinne selbst die Bauern miteinander verband. Auch die konfuzianische Ethik wurde in einem ganz spezifischen Sinne verstanden. Im Gegensatz zu den Chinesen betonten die Japaner den feudalen Charakter der idealen Gesellschaft und die Gegenseitigkeit der sozialen Pflichten. Das klassische Beispiel für die strenge hierarchische Gliederung der japanischen Gesellschaft ist Sakura Sōgorō, ein Dorfschulze, der es im 17. Jh. gewagt hatte, beim Shogūn unmittelbar gegen die Mißhandlung von Bauern durch einen Daimyō zu protestieren. Der Beschwerde wurde stattgegeben, aber das Vergehen, sich direkt an den Shogūn gewandt zu haben, mußten Sōgorō, seine Frau und seine Kinder mit dem Tode büßen.

Die Japaner waren auch sehr religiös. Seit dem Ende des 16. Jh. gab es eine Renaissance des Shintoismus, dieser eigentlich japanischen Religion. Im 19. Jh. mögen die führenden Schichten der japanischen Gesellschaft durchaus weltlich eingestellt gewesen sein[21]; erstaunlich ist jedoch der Aufschwung, den die Volksreligiosität in derselben Zeit nahm. Auf die Tenrikyo-Sekte wurde bereits hingewiesen. – Auch der Gemeinsinn der Japaner war außerordentlich. Die Daimyō von Tosa, Samutsa, Choshū und Hizen verzichteten, um die notwendigen Reformen zu erleichtern, 1869 mit bemerkenswerter Einsicht und Selbstlosigkeit freiwillig auf ihre Rechte, ihre Titel und ihren Besitz, das bedeutete praktisch auf neun Zehntel ihrer Einkünfte und alle anderen Vorteile, die ihnen bis dahin zugekommen waren. Fast alle großen Clans folgten diesem Beispiel. Es ist schwierig, in der Geschichte einen vergleichbaren Vorgang auszumachen. Überhaupt ist charakteristisch, daß die Reformbewegung im wesentlichen von den Daimyō und Samurai, auf deren Kosten sie gerade erfolgte, vorangetragen wurde. Sie dauerte mehrere Jahrzehnte und war außerordentlich weitgehend, stieß aber kaum auf organisierten Widerstand. Der Schöpfer der modernen japanischen Armee, Marschall Yamagata, erzog die Soldaten bewußt zur Verehrung von Kaiser und Vaterland, wobei der Kaiser natürlich nur Symbol für die Gemeinschaft war. Die japanische Kaisersymbolik war charakteristischerweise eine ganz andere als die chinesische. – Japan verfügte auch über einen ausreichenden Anpassungsspielraum. Bereits in der »Genroku« genannten Ära (1688–1704) hatte es einen beträchtlichen Wohlstand erreicht, der in den folgenden anderthalb Jahrhunderten noch zunahm.

Wohl nie hat eine Gesellschaft auf eine außenpolitische Bedrohung mit einer so gründlichen und umfassenden Anpassung geantwortet. Alle Bereiche des Lebens wurden so

---

[21] Vgl. Reischauer/Fairbank, a. a. O., S. 268.

fundamental reformiert, daß nur wenige wesentliche Normen und Institutionen unverändert blieben. 1871 wurden die Han (Clans) und damit das sieben Jahrhunderte alte Feudalsystem abgeschafft. Es wurde eine zentralisierte Verwaltung eingerichtet, der Landbesitz der Samurai und der Tempel enteignet und die allgemeine Schulpflicht eingeführt. Weitere wichtige Schritte waren: Die weitgehende Beseitigung der Standesunterschiede, die Eröffnung der Kaiserlichen Münze, die Einführung von Post und Telegraphie, der Beginn des Baus von Eisenbahnen (1872), die Begründung der allgemeinen Wehrpflicht, die Umstellung auf den europäischen Kalender, die Einführung europäischer Kleidung für Beamte sowie die Beendigung der Christenverfolgungen (1873). 1876 wurde den Samurai das Recht des Schwerttragens genommen und die Folter abgeschafft. Eine Verfassung nach preußischem Vorbild wurde 1889 verkündet. Zwischen 1880 und 1900 führten die Japaner eine grundlegende Reform des Zivil- und Strafrechts durch. Diese Reform war die Vorbedingung für die Revision der ungleichen Verträge. Mit ihrem Abschluß hatte Japan die institutionelle Anpassung abgeschlossen. – Im nicht-institutionellen Bereich war die Änderung des Normensystems weniger greifbar, jedoch ebenso gründlich. Sie machte aus dem mittelalterlichen Japan innerhalb weniger Jahrzehnte eine moderne Industrie- und Militärmacht, die in der Lage war, Rußland 1904/05 zu Wasser und zu Lande zu schlagen.

Man verkennt die japanische Anpassung völlig, wenn man glaubt, daß es sich bei ihr um Reformen gehandelt habe, die von oben herab dekretiert worden seien. Vielmehr zeichnet gerade sie sich durch große Spontaneität aus. Charakteristisch ist die Rolle der privaten Universitäten. Die KEIŌ-Universität in Tokio geht auf eine 1858 privat gegründete Fremdsprachenschule zurück. Auch die bedeutende Universität Waseda verdankt ihr Entstehen 1882 privater Initiative. Die Bücher Fukuzawas über den Westen hatten einen enormen Erfolg. Sein Werk »Die Ermutigung des Lernens« (»Gakumon no susume«) erreichte eine Auflage von mehr als 700 000 Exemplaren. Oder anders ausgedrückt: Die japanische Anpassung war weniger organisiert als bei anderen Gesellschaften. Sie vollzog sich aus der Gesellschaft heraus, die sich fast wie *ein* Mann bewegte.

Dennoch hatte Japan keine Kulturblüte. Es kam in seinem Falle auch nicht zur Freisetzung gesellschaftlicher Kräfte, nicht zu der Lockerung der gesellschaftlichen Integration, die jede große Kulturblüte begleitet. Wie ist dies zu erklären? Hatten biologische Faktoren einen Einfluß? Generell ist die biologische Substanz einer Gesellschaft für ihre Entwicklung sicher von Bedeutung; sie im Einzelfall zur Erklärung von historischen Erscheinungen heranzuziehen, wird aber fast immer mißlich sein.

Ein wesentlicher Grund für das Ausbleiben einer japanischen Kulturblüte liegt wahrscheinlich darin, daß Japan die außenpolitische Bedrohung nie in einem Maße überwand, das es ihm erlaubt hätte, in seinen Anstrengungen nachzulassen. Der Sieg, den es 1905 über Rußland errang, war ein großer moralischer Erfolg, bedeutete aber kaum eine Vermehrung seiner Macht. Sein Territorium und Einflußbereich wurden nicht wesentlich vergrößert; die Kräfte des russischen Gegners und potentieller anderer Feinde nicht entscheidend getroffen. Bis auf den heutigen Tag kann Japan einen angemessenen Platz in der Staatenwelt nur bei Anspannung aller Kräfte behaupten. – Es ist möglich, daß der Freisetzung gesellschaftlicher Reserven auch eine zu starke Integration der japanischen

Gesellschaft entgegenstand; von dieser zeugt gerade die Spontaneität der japanischen Anpassung.

Vielleicht hatte aber auch die moderne Technik einen großen, wenn auch im einzelnen auf alle Fälle schwer abschätzbaren Einfluß. Es könnte sein, daß sie ihrer Tendenz nach die Integration einer Gesellschaft auf einem ganz bestimmten Niveau stabilisiert und damit einer Freisetzung moralischer Energien entgegenstand.

VII. Kapitel

HÖHE UND DYNAMIK DER KULTURBLÜTE

I. Die Freisetzung gesellschaftlicher Energien

Im allgemeinen wird eine Kulturblüte um so höher sein, je vollkommener die Voraussetzungen des idealtypischen Modells verwirklicht sind. Denn es sind die außer- und innergesellschaftlichen Bedingungen, wie sie beschrieben worden sind, welche die Triebkräfte, die die Kulturblüte hervorbringen, erzeugen.

Die Dynamik der Kulturblüte speist sich aus drei Quellen: Der Freisetzung von moralischen und materiellen Energien, dem Umbruch im gesellschaftlichen Normensystem sowie bestimmten sozialpsychologischen Umständen. Es soll zunächst von der Freisetzung gesellschaftlicher Energien die Rede sein.

Eine Überwindung der äußeren Gefahr, die für die Gesellschaftsangehörigen endgültigen Charakter zu haben scheint, führt, wie gezeigt worden ist, in der Regel zur Freisetzung von Kräften, die bis dahin die Gesellschaft in Anspruch genommen hatte, um sich nach außen behaupten zu können. Die Gesellschaftsangehörigen erhalten damit für die Entfaltung ihrer schöpferischen Fähigkeiten gesellschaftliche und materielle Voraussetzungen, wie sie es zuvor nicht gab und wie sie auch nicht wiederkehren werden. Hier liegt der Ursprung der geradezu übermenschlichen Schöpferkraft, die die großen Repräsentanten der Kulturblüten auszeichnet. Daß zwischen der Freisetzung gesellschaftlicher Reserven und der Kulturblüte ein enger Zusammenhang besteht, zeigt deutlich das regelmäßige zeitliche Zusammentreffen des Höhepunktes der Kulturblüte mit einem merklichen Hervortreten politisch-sozialen Verfalls. Diese Beziehung erscheint noch eindeutiger, wenn wir berücksichtigen, daß der Freisetzungsprozeß, bevor er sich in Desintegrationserscheinungen äußert, notwendig bereits ein bis zwei Generationen läuft. Je mehr die Gesellschaft bei der Anpassung über das Ziel hinausgeschossen ist, desto mehr tendiert sie dazu, nun auch bei der Freisetzung ihrer Energien des guten zuviel zu tun. Die verfügbaren materiellen Mittel mögen wie im Falle Athens durch glückliche äußere Umstände noch vergrößert werden.

Die Kräfte, die zum Vorteil der Individuen frei werden, gehen einer kulturell schöpferischen Tätigkeit in dieser Phase noch nicht durch Eigensucht und materialistisches Streben, durch Reibungen zwischen Gruppen, die innerhalb der Gesellschaft rivalisieren oder durch vergleichbare Erscheinungen verloren. Die Integration hat zwar nachgelassen, und die Gesellschaft beansprucht nicht mehr in demselben Maße wie bisher die Kräfte ihrer einzelnen Angehörigen, die deshalb stärker als zuvor auf künstlerischem und geistigem Gebiet tätig werden können. Auf der anderen Seite ist die Gesellschaft aber immer noch in beträchtlichem Maße integriert. Der einzelne fühlt sich noch als Angehöriger einer Gemeinschaft, der er innerlich stark verbunden ist. Die Freisetzung gesellschaftlicher Energien hat die Lockerung der gesellschaftlichen Integration zeitweise gleichsam überholt.

Die Freisetzung gesellschaftlicher Energien bedeutet auch eine gewisse Befreiung von dem Zwang gesellschaftlicher Normen, d. h. von einem Teil des Druckes, den die Gesellschaft auf ihre Angehörigen ausübt. Sie gibt den Gesellschaftsangehörigen also die Möglichkeit zu unkonventionelleren Verhaltensweisen. Damit verleiht sie der individuellen Spontaneität und Schöpferkraft größeren Spielraum, der freilich wegen der Offenheit, die die Gesellschaft schon während der Anpassung auszeichnet, von vornherein nicht sehr eingeschränkt war. Die Freisetzung gesellschaftlicher Energien schließt auch eine Befreiung der Triebe, eine teilweise Emanzipation des Unbewußten ein, deren Bedeutung für die Kreativität Freud hervorgehoben hat.

Die Integration der Gesellschaft weist also zeitweilig ein Mittelmaß auf. Am besten kommt dieser mittlere Zustand in der Entwicklung der Religiosität zum Ausdruck: In Gesellschaften, die dem Gipfelpunkt einer großen Kulturblüte nahe sind, hat die Religion ihren alles absorbierenden Einfluß verloren. Ihre Angehörigen haben gegenüber dem Glauben eine gewisse geistige Freiheit erlangt. Andererseits hat er aber keineswegs völlig seinen Halt über sie eingebüßt. Sie sind noch durchaus religiös, oft auch im engen Sinne dieses Wortes.

Ein bis zwei Generationen nach der glücklichen Überwindung der Bedrohung kann die Entwicklung damit eine einzigartige Phase erreichen: Der einzelne Gesellschaftsangehörige ist jetzt bereits in einer materiell besseren Lage, er verfügt über größere Mittel und mehr Muße. Von der Gesellschaft wird er nicht mehr in demselben Grade wie bisher in Anspruch genommen, seine individuellen Fähigkeiten kann er frei entfalten. Andererseits aber verliert er seine Kräfte noch nicht in unschöpferischem Egoismus und bloßem Genußstreben, wozu er in späteren Entwicklungsphasen neigt[1]; er kann und will seine Energien noch schöpferisch einsetzen. Von der sozialpsychologischen Bedeutung dieser Bedingungen wird noch zu sprechen sein.

Die Kulturblüte wird im allgemeinen um so höher sein, je größer die Energien sind, die die Gesellschaft freigesetzt hat. Die Stärke der Freisetzung ist ihrerseits aber wiederum abhängig von der Intensität der vorangegangenen Anpassung, das heißt – innergesellschaftlich gesehen – vor allem von der Anpassungsfähigkeit und dem Anpassungsspielraum der Gesellschaft. Diese beiden Größen – um hier und im folgenden bereits Gesagtes

---

[1] Auch weil zu großer Wohlstand der Entfaltung der Kreativität nur bedingt zuträglich ist. Gibbon sagt in seiner Autobiographie: »Yet I may believe, and even assert, that in circumstances more indigent or more wealthy, I should never have accomplished the task, or acquired the fame of an historian; that my spirit would have been broken by poverty and contempt, and that my industry might habe been relaxed in the labour and luxury of a superfluous fortune.« – In einem ähnlichen Sinne äußerte sich Goethe über die Schwierigkeiten, die einem durch seine Herkunft vielfach begünstigten Genie wie Byron erwachsen: Ein gewisser mittlerer Zustand sei dem Talent bei weitem zuträglicher, »weshalb wir denn auch alle großen Künstler und Poeten in den mittleren Ständen finden«.

zu variieren – verhalten sich aber gegenläufig: Je größer der Anpassungsspielraum, desto geringer die Anpassungsfähigkeit, und umgekehrt. In einer frühen gesellschaftlichen Entwicklungsphase wird die Anpassungsfähigkeit groß sein und der Anpassungsspielraum gering; je weiter die Gesellschaft voranschreitet, desto mehr wird dieser zwar wachsen, jene aber abnehmen. Daraus ergibt sich: Eine Kulturblüte kann einmal nur in bestimmten Phasen der gesellschaftlichen Entwicklung induziert werden; zum zweiten wird es selbst innerhalb des Abschnitts, in dem eine Anpassung möglich ist, für die Höhe einer späteren Kulturblüte entscheidend auf den genauen Zeitraum, in welchem die äußere Bedrohung und ihre Überwindung erfolgen, ankommen. Am günstigsten erscheint dasjenige Stadium, in dem die äußere Bedrohung gerade noch zu einer Anpassung führen kann, in dem die Anpassungsfähigkeit der Gesellschaft also noch vollständig oder nahezu vollständig gewährleistet ist. Es ist möglich, daß in dieser Phase die Integration der Gesellschaft bereits gelockert ist. Zuweilen kann die Anpassung dann nur noch durch eine große Persönlichkeit organisiert und durchgesetzt werden.

Alles, was die Offenheit und Integration einer Gesellschaft mindert, verringert von einem bestimmten gesellschaftlichen Entwicklungsstadium an auch ihre Fähigkeit, Kulturblüten zu erzeugen. Es sind nun aber insbesondere jene Prozesse, die die Kulturblüten hervortreiben, die auch die Integration einer Gesellschaft lockern, zuweilen sogar in außerordentlichem Maße. Es ist somit nicht erstaunlich, daß Athen, kulturell die produktivste aller bekannten Gesellschaften überhaupt, vor seiner großen Zeit keine andere Kulturblüte hervorgebracht hatte, ja auf dem Gebiet des Geistigen sogar ein ausgesprochener Emporkömmling war. Die kreative Epoche der Han-Dynastie lag lange Zeit vor der T'ang-Kulturblüte. Die chinesische Gesellschaft hatte sich, wie wir gesehen haben, in den Jahrhunderten, die dazwischen lagen, regeneriert. Anders verlief, wie ebenfalls ausgeführt wurde, die Entwicklung in Florenz und Frankreich, die nicht allzu lange vor ihrer großen Blüte bereits einen kulturblütenähnlichen Gipfel gehabt hatten.

Die Kulturblüte wird, wie schon gesagt, um so bedeutender, je mehr Kräfte die Gesellschaft freisetzt, das heißt aber auch, je mehr Kräfte sie zuvor für die Überwindung der Bedrohung zu konzentrieren vermochte und tatsächlich auch konzentriert hat. Eine Gesellschaft faßt aber im Wege der Anpassung um so mehr Kräfte zusammen, je stärker sie die Energien *aller* Schichten der Gesellschaft in Anspruch nimmt. So ist es kein Zufall, daß die beiden Gesellschaften, die die höchsten Kulturblüten hatten, Athen und Florenz, eine verhältnismäßig demokratische Verfassung besaßen. Andererseits hatten jene autoritär gelenkten Gesellschaften, die in historischer Zeit hohe Kulturblüten hervorbrachten, ein so großes Eigengewicht, daß sie mit ihren Kräften verschwenderischer umgehen konnten und sie zur Anpassung und Überwindung der Bedrohung nicht die Mitwirkung jedes einzelnen benötigten; darüber hinaus stellte für sie die bloße Stärkung der Zentralgewalt sogar den besten Weg zu einer optimalen Konzentration der gesellschaftlichen Kräfte dar.

Freiheitliche Institutionen begünstigen auch einen starken Freisetzungsprozeß. Wie an anderer Stelle ausgeführt wurde, wirken autoritäre Institutionen auf diesen Vorgang und damit auch auf die Entfaltung einer potentiellen Kulturblüte eher hemmend ein. Gesellschaften mit freiheitlichen Institutionen sind aber auch deshalb bevorzugt, weil große individuelle Freiheit schon als solche geeignet ist, besonders Befähigten vorteilhaftere Entfaltungsmöglichkeiten zu bieten.

Kleinere Gesellschaften sind aber auch aus anderen Gründen berufen, höhere Kulturblüten hervorzubringen. Wichtige Elemente der Anpassungsfähigkeit sind nämlich, wie wir wissen, Offenheit und Gemeinsinn. Je geringer das Eigengewicht einer Gesellschaft ist, desto offener wird sie sein. Das läßt sich in vielfältiger Hinsicht nachweisen. Außenpolitisch ergibt es sich auch daraus, daß die Lage kleinerer Gesellschaften unter sonst gleichen Bedingungen meist prekärer ist als die Position größerer Länder. Auch werden die Angehörigen kleinerer Gesellschaften unter sonst gleichen Umständen mehr Gemeinsinn haben. Je überschaubarer ein Gemeinwesen ist, desto größer wird das Gefühl der Verbundenheit zwischen den einzelnen Bürgern sein. Dem Individuum stehen in einer solchen Gesellschaft auch eine äußere Bedrohung und der Sinn persönlicher Opfer viel klarer vor Augen als Bürgern großer Staaten, für welche die Kräfterelationen oft schwerer zu überblicken und die spezifischen Gefahren meist nicht so einfach zu erkennen sind und denen auch der eigene Einsatz von geringerer Bedeutung erscheinen muß. Auch unter diesen Aspekten haben also kleinere Gesellschaften, wenn sie die äußere Bedrohung überleben und ihre Kräfte dabei nicht erschöpfen, als solche bessere Chancen, bedeutende Kulturblüten hervorzubringen.

Einmal mehr ist festzustellen, daß bedeutende Kulturblüten im Leben der Gesellschaften notwendig ein seltenes und gleichsam marginales Phänomen sind: Je geringer das Eigengewicht einer Gesellschaft, desto größer ist an sich ihre Chance, eine hervorragende Kulturblüte hervorzubringen, desto größer aber auch die Gefahr, daß sie der äußeren Bedrohung, die der Kulturblüte notwendig vorausgeht, erliegt oder daß sie ihre Kräfte bei der Überwindung der Bedrohung erschöpft.

II. Der Umbruch im gesellschaftlichen Normensystem

Der Umbruch im gesellschaftlichen Normensystem, der die Kulturblüte begleitet, ist ein frappierendes Phänomen. Die Freisetzung gesellschaftlicher Energien bedeutet ihrer eigentlichen Natur nach eine grundlegende Veränderung wesentlicher Normen. Entscheidend für diesen Wandel ist, wie dargelegt wurde, daß sich die Probleme, mit denen die Gesellschaft konfrontiert ist, durch die neue Macht, die sie nach außen entfaltet, und die bisher nicht gekannte Sicherheit gegenüber früher völlig verändert haben. Dies muß sich bei einer ohnehin nicht mehr allzusehr integrierten Gesellschaft nach ein oder zwei Generationen mehr oder weniger zwangsläufig auch im Normensystem ausdrücken, was den Umbruch, der zuerst durch die Anpassung eingeleitet wurde, verstärkt und vollendet. Wenn dieser Prozeß einmal in Gang gesetzt ist, entfaltet er, weil alle Normen in innerer Beziehung zueinander stehen, autonome Dynamik.

Der Umbruch im Normensystem erklärt nicht nur die zahlreichen Neuerungen auf geistigem Gebiet, die jede Kulturblüte auszeichnen, sondern trägt auch dazu bei, die aufs höchste gesteigerte schöpferische Kraft, die für kulturell aufblühende Gesellschaften charakteristisch ist, verständlich zu machen. Er bedeutet nämlich wie gesagt auch eine weitgehende Befreiung des Individuums von überkommenen gesellschaftlichen Normen, einschließlich der Erkenntnisnormen, die den Gesichtskreis der Angehörigen aller – auch der offenen – Gesellschaften einengen. Anders ausgedrückt, je mehr sich eine Gesellschaft dem Gipfelpunkt der Kulturblüte nähert, desto weniger »regelt« sie das Verhalten und Erkennen ihrer Angehörigen. Bisherige Fesseln fallen. Die Gesellschaftsangehörigen werden freier, ihr Verhalten und Erkennen rationaler und spontaner.

Mit dem Umbruch im Normensystem geraten auch die sozialen Strukturen in Fluß, die hierarchischen Unterschiede werden eingeebnet. Die bisher maßgebenden Schichten, aus deren Reihen die großen Repräsentanten der Kulturblüte vorzugsweise hervorgehen, verlieren viel von ihrem bisherigen privilegierten Status. Sich sozial zu behaupten verlangt von ihnen jetzt größere Anstrengung als zuvor. Auch dies wirkt auf eine Steigerung der Kreativität hin, ganz ebenso wie umgekehrt der Umstand, daß die sozial weniger günstig gestellten Schichten nunmehr bessere Chancen haben, durch persönliche Leistungen aufzusteigen, deren Angehörige anzuspornen geeignet ist.

Die Höhe der Kulturblüte hängt also auch von der Stärke des Umbruchs im Normensystem ab, damit aber auch insofern wiederum von dem Ausmaß der Anpassung und der Intensität der Freisetzung gesellschaftlicher Reserven.

III. Hochstimmung, Selbstvertrauen und Harmonie

III.1. Die besondere sozialpsychologische Atmosphäre der Kulturblüte

Eine dritte wesentliche Antriebskraft der Kulturblüte ist die besondere sozialpsychologische Atmosphäre, die sich herausbildet, nachdem die Gesellschaft die äußere Gefahr überwunden hat. Charakteristisch für die Zeit der Kulturblüte sind Hochstimmung, Selbstvertrauen und innergesellschaftliche Harmonie. Sie sind unter sonst gleichen Umständen um so ausgeprägter, je größer der äußere Erfolg der Gesellschaft war. Daher haben auch insoweit kleinere Gesellschaften eine bessere Chance, eine bedeutende Kulturblüte hervorzubringen, als größere Gemeinwesen, vorausgesetzt natürlich immer, daß sie sich überhaupt durchzusetzen vermögen.

Wenn weiter oben von der Lockerung der Integration die Rede war, die während der Kulturblüte eintritt, so hatten wir es dabei mit einem Phänomen zu tun, das vor allem in einer Änderung von Werten und Normen der Gesellschaft besteht. Die spezifischen sozialpsychologischen Faktoren um die es sich hier handelt, sind ein allgemeineres Phänomen; sie sind Erscheinungen, die nur zum Teil unmittelbar strukturell bedingt sind, im übrigen aber lediglich im Rahmen des gesellschaftlichen Normensystems oder sogar ganz unabhängig von diesem auftreten. Sie entwickeln sich auch zeitlich nicht in Gleichklang mit den gesellschaftlichen Normen. Die Hochstimmung pflegt sofort nach der Überwindung der äußeren Gefahr aufzutreten und ist in jener Zeit oft am stärksten. Das Phänomen der innergesellschaftlichen Harmonie liegt in seiner vollen Stärke dem eigentlichen Gipfel der Kulturblüte näher, geht aber der Phase, in der die Lockerung der Integration deutlich hervortritt, ebenfalls voran.

III.2. Hochstimmung

Die Wirkung der erwähnten sozialpsychologischen Faktoren läßt sich konkret belegen. Die Befreiung der Gesellschaft aus schwerer äußerer Bedrängnis, die Bewährung der eigenen Kraft und die greifbar bewiesene Überlegenheit der eigenen Sache führen zu Hochstimmung. Der nationale Erfolg hat beflügelnde Wirkung selbst auf jene, die dem Patriotischen sonst weniger aufgeschlossen sind[2].

Nach dem Sieg über die Perser bemächtigte sich der *Athener* eine ungemeine Euphorie. Den triumphalen Erfolg, den sie entgegen jeder vernünftigen Erwartung errungen hatten, betrachteten sie als eines jener Wunder, wie sie bis dahin nur die Heroen der Vorzeit vollbracht hatten. Dieses Hochgefühl, das eigentlich erst zur Zeit des Peloponnesischen Krieges nachließ, trug die athenische Kulturblüte. Es kommt in der Plastik ebenso zum Ausdruck wie in der Philosophie und der historisch-politischen Literatur. Sophokles verlieh ihr in dem berühmten Chorlied der Antigone Ausdruck: »Vieles ist ungeheuer, nichts aber ungeheurer als der Mensch . . .«

Die Athener jener Zeit waren Optimisten. Hiergegen spricht auch nicht der Umstand, daß sich die attische Tragödie eben damals voll entfaltete. Die Entdeckung des Tragischen bedeutete zunächst nur ein vertieftes Verständnis der menschlichen Existenz und der Welt überhaupt, war also charakteristischer Ausdruck der Bewußtseinserweiterung, die jede große Kulturblüte auszeichnet. Es war sodann aber gerade der Optimismus jener Epoche, der den Athenern den Mut gab, der Wahrheit, die sie entdeckt hatten, ins Gesicht zu schauen. In diesem Sinne sagt Nietzsche, daß die Tragödie gerade der Beweis dafür sei, daß die Griechen keine Pessimisten waren. Es ist außerordentlich bezeichnend, daß auf dem Gipfel der athenischen Kulturblüte Sophokles, wie Hölderlin sagte, ein »freudiger Tragiker« war:

---

[2] So sprach Goethe von »der glücklichen Zeit nach dem Befreiungskriege«, als er bei der Hervorbringung des Westöstlichen Divans besonders produktiv gewesen sei.

»Viele versuchten umsonst, das Freudigste freudig zu sagen,
Hier spricht endlich es mir, hier in der Trauer sich aus.«

Ähnlich treten in *China* bei Tu Fu trotz seinem Empfinden für das Tragische der menschlichen Existenz immer wieder jene Heiterkeit und positive Einstellung zur Welt hervor, die ihn auch das Eremitendasein ablehnen ließen.

Auch in *Florenz* führte der Triumph über die mailändische Gefahr und die alte Rivalin Pisa zu Hochstimmung und Optimismus. Es kam zu einer grenzenlosen Zuversicht in ein beginnendes Zeitalter des Friedens[3]. Überall wurde ein neuer Ton der Freude hörbar. Leonardo Bruni veröffentlichte 1404 sein begeistertes »Lob der Stadt Florenz«. Die florentinische Kunst des Quattrocento war – wie die italienische jener Zeit überhaupt – nach ihrem Wesen zwar realistisch, aber von einem freudigen Realismus. Ihren reinsten Ausdruck fand diese Stimmung in Donatellos David.

Nicht anders war es in der Philosophie. Alberti war von einem außerordentlichen Optimismus beseelt. Er hegte die Überzeugung, daß der Mensch, sofern er nur wolle, auch die höchsten und edelsten Ziele erreichen könne. Ähnlich sah Poggio »Adel« ausschließlich in der aktiven persönlichen virtù. Durchaus optimistisch war auch der bedeutendste florentinische Denker jenes Jahrhunderts, Marsilio Ficino. Nach seiner Ansicht besitzt die menschliche Seele eine bemerkenswerte Fähigkeit zum Glück. Die zentralen Begriffe seiner Philosophie sind Schönheit, Liebe und Freude. Die Welt stellt nach seiner Lehre ein harmonisch geordnetes Reich von Stufen dar, die in dem vollkommenen, über alle Gegensätze erhabenen Einen ihre Spitze haben, auf das die unteren alle hingeordnet sind[4]. Schönheit ist für ihn die wichtigste Eigenschaft der Welt; Liebe definiert er als Drang nach Schönheit. Wir haben in Ficino jenen Glauben an eine gewisse prästabilierte Harmonie der Welt, der für den Gipfel von Kulturblüten so charakteristisch ist und gegen den sich dann erst die Vertreter späterer Phasen der Kulturblüte wenden, wie etwa in Frankreich Voltaire.

Poggio bahnte den Weg für die Wiederbelebung des Humors, den das ganze Mittelalter nicht gekannt hatte. Er gab eine Sammlung von Witzen heraus. Der Sinn für Humor ist allgemein bezeichnend für Kulturblüten. Heiter und gelöst erzählt Sophokles in seinen »Spürhunden«, wie der kleine Hermes dem älteren Bruder Apollon die Rinder stiehlt. Sokrates schildete seinen Richtern, wie er von dem Gotte der Stadt beigegeben sei wie einem edlen, aber trägen Rosse, das des Sporns bedürfe. Voller Humor waren auch die Dichter Li Po und Tu Fu.

Bezeichnend für die Hochstimmung der Kulturblüte ist auch ihre Fähigkeit zur Begeisterung. Wie der *Enthusiasmus* die Kreativität zu steigern vermag, hat Madame de Staël beschrieben, wobei sie vor allem die Vertreter des deutschen Idealismus im Auge hatte:

---

[3] Hans Baron, A Struggle for Liberty in the Renaissance, in: The American National Review, Bd. 58, 1952/53, S. 547.
[4] Vgl. Friedrich Überwegs Grundriß der Geschichte der Philosophie, III. Teil, Die Philosophie der Neuzeit bis zum Ende des XVIII. Jahrhunderts, hrsg. von Max Frischeisen-Köhler und Willy Moog, Graz 1953, S. 19.

»Der Enthusiasmus leiht dem Unsichtbaren Leben und dem, was nicht unmittelbar auf unser Wohlsein abzielt, Interesse. Es gibt also kein Gefühl, welches zur Auffindung abstrakter Wahrheiten mehr geeignet wäre. Auch werden diese in Deutschland mit bemerkenswerter Liebe und rechtschaffenem Eifer behandelt.

Diejenigen Philosophen, welche der Enthusiasmus begeistert, sind vielleicht von allen die, welche bei ihren Arbeiten am genauesten und geduldigsten verfahren, und zu gleicher Zeit die, die am wenigsten glänzen wollen. Um ihrer selbst willen lieben sie die Wissenschaft und rechnen sich für nichts, sobald von dem Gegenstand ihrer Verehrung die Rede ist . . .«

Der Enthusiasmus der Kulturblüten steht in scharfem Gegensatz zu der gleichgültigen und blasierten Einstellung kultureller Spätzeiten. Für Sokrates war ein ausgesprochener sittlicher Enthusiasmus bezeichnend. – Außerordentlich groß war die Begeisterung auch des breiten athenischen Volkes für das Drama. Seit der Mitte des 5. Jh. traten allein an den staatlichen Festen weit über 1000, vielleicht sogar über 2000 Männer und Jungen als Sänger und Tänzer in den Chören auf. Dazu kamen die Schauspieler, die sehr beträchtliche Zahl der Statisten sowie die indirekt als Maskenbildner, Kostümschneider, Dekorateure oder in ähnlicher Eigenschaft Beteiligten. Die Aufführungen fanden vor 30 000 Zuschauern statt, wobei zu berücksichtigen ist, daß die Frauen von den Vorstellungen ausgeschlossen waren, daß die Aufführung einer Tetralogie sieben bis acht Stunden dauerte und daß während der großen Dionysien an drei Tagen hintereinander gespielt wurde. Auch der einfache Athener hatte eine genaue Kenntnis der Dramen. Komödien wie die »Frösche« des Aristophanes strotzen geradezu von literarischen Anspielungen und Parodien, die nur der Kundige verstehen kann. Tatsächlich hat nie wieder ein Volk, das so weitverzweigte und gewichtige außenpolitische Interessen besaß, die Kunst derart in den Mittelpunkt seines Lebens gestellt[5].

Die *Florentiner* entwickelten eine wahre Begeisterung für die Antike; sie suchten mit einer Leidenschaft nach antiken Manuskripten, die oftmals ans Unwahrscheinliche grenzt. Dem Umzug, den sie nach dem Sieg über Pisa durch die Straßen der Arno-Stadt veranstalteten, wurde das in der unterlegenen Stadt erbeutete Exemplar der Institutionen Justinians im Triumph vorangetragen. Als Giovanni Aurispa 1423 und Francesco Filelfo 1426 mit bis dahin unbekannten Manuskripten aus Griechenland zurückkehrten, wurde ihnen ein überschwänglicher Empfang zuteil. Ähnlich erging es anderen, die die Stadt mit Handschriften bereicherten.

Niccolò de' Niccoli verschuldete sich, um Manuskripte zu kaufen; Andreolo de Ochis war bereit, sein Heim, seine Frau und sein Leben zu opfern, um seine Bibliothek zu vergrößern; Poggio litt seelisch, wenn er sah, wie Geld für andere Zwecke als Bücher ausgegeben wurde; Polizian zufolge wünschte Lorenzo, daß es ihm möglich sei, sein gesamtes Vermögen in Manuskripten anzulegen und selbst sein Mobiliar dafür zu verpfänden. Natürlich wurde auch das Studium der antiken Literatur mit einem außerordentlichen Interesse betrieben.

Was an *Frankreich* auffällt, ist die Begeisterung für die Literatur. Jeder, der zählen wollte, widmete sich ihr. Der Hofadel war durch und durch korrumpiert, dennoch hatte

---

[5] Vgl. Ed. Meyer Geschichte des Altertums, Bd. IV Teil 1, S. 743 ff.

er ernsthafte geistige Interessen. Der Marschall von Gramont, der Nachwelt durch seine Memoiren bekannt, war ein Liebhaber nicht nur der Frauen, sondern auch der Musik und der Wissenschaften. Der Herzog von Montausier übersetzte Persius, verkehrte mit Chapelain und förderte Huet. Die Marquise von Montespan, die Maitresse des Königs, ermutigte Quinault, Racine und Boileau. Ihr Bruder, der Herzog von Vivonne, war nach den Worten von Madame de Sévigné seelisch ebenso verfault wie körperlich; am Hof fiel er jedoch auch durch seinen Geist und sein literarisches Urteilsvermögen auf. Der Graf von Fiesque schätzte Marot, Chapelle und La Fontaine. Er war ein guter Kenner der antiken Dichter. Der Chevalier de Nantouillet wurde als Kritiker selbst von einem Saint-Simon bewundert. Er nahm sich auch Boileaus an. Der Herzog von Créquy war ein umfassender Geist. Der intellektuell bedeutendste Vertreter des Hofadels war aber der Große Condé; Molière, Racine und Boileau gewährte er Schutz. Am eindrucksvollsten kommt der Geist der sechziger Jahre jedoch darin zum Ausdruck, daß sich damals selbst der nicht sehr gebildete König im Schreiben von Versen versuchte, so wie auch Ming Huang 733 einen selbstverfaßten Kommentar zu dem »Kanon der Tugend« Laotses veröffentlichte und dafür sorgte, daß alle Schulen ihn benützten.

Der Enthusiasmus der Kulturblüte zeigt sich auch als *Hingabe an die Sache* und Streben nach Vollkommenheit. In Kulturblüten werden die Dinge mehr als zu jeder anderen Zeit um ihrer selbst willen getan. Alberti schrieb nur deshalb Sonette, weil ihm diese Versform besonders schwer fiel. Leonardo arbeitete drei Jahre an der Mona Lisa und betrachtete das Gemälde trotzdem noch als unvollendet. Niedergeschlagen wandte sich dieses große Genie oft von seinen, wie er meinte, so unvollkommenen Gemälden ab. Gründlichkeit war es auch, die Leonardo seine Abneigung gegen die Freskomalerei eingab. – Die Originalentwürfe der Gedichte Po Chü-is weisen so zahlreiche Verbesserungen auf, daß die endgültigen Fassungen mit ihnen kaum mehr eine Ähnlichkeit besitzen[6]. Michelangelo war immer mit sich selbst unzufrieden. Um keine Zeit zu verlieren, zog er wochenlang seine Stiefel nicht aus, so daß man sie ihm schließlich herunterschneiden mußte. Die Anatomie studierte er zwölf Jahre lang. Die Maler nannte er faul. Wieviel Ähnlichkeit mit diesem Künstler und Po Chü-i hatte nicht Beethoven, der mehr Mühe auf seine Werke verwandte als jeder andere Komponist vor oder nach ihm. – Winckelmann feilte an seinem Essay »Der Torso des Herkules« drei Monate. Ein französischer Autor hatte ein Jahrhundert zuvor an einem Kondolenzbrief sogar drei Jahre gearbeitet. Auch La Fontaine verwandte auf seine scheinbar so mühelosen Fabeln außerordentlich zeitraubende Kleinarbeit.

Während die Hingabe an die Sache länger vorzuhalten pflegt, tendiert aus Gründen, die an anderer Stelle dargelegt wurden, die Hochstimmung im übrigen dazu, spätestens unmittelbar nach dem Höhepunkt der Kulturblüte in ihr Gegenteil umzuschlagen. Auf die als Künstler harmonisch gestimmten und heiter wirkenden Olympier folgen mit geringfügigem zeitlichen Abstand die eher ruhelosen und finsteren Titanen: Auf Sophokles Euripides, auf Li Po sein jüngerer Zeitgenosse Tu Fu, auf Leonardo Michelangelo, auf Goethe und Mozart Beethoven.

---

[6] Arthur D. Waley, Life and Time of Po Chü-i 772–846 A. D., London 1949, S. 217.

III.3. Selbstvertrauen

Ein anderer für Kulturblüten charakteristischer sozialpsychologischer Zug, der der Kreativität förderlich ist, besteht in ihrem Selbstvertrauen, das sich von der Hochstimmung nicht immer ohne weiteres abgrenzen läßt.

Die *Athener* hatten ein ausgeprägtes Empfinden ihrer besonderen Stellung. Der Dichter sang:

> »Des Erechtheus Enkel sind seit uralter Zeit gesegnet,
> sind Nachkommen glücklicher Götter.
> Von heiligem, niemals verwüstetem Lande ernten
> sie herrlichste Weisheit, wandeln ewig,
> voll Anmut, durch reinste Himmelsluft . . .«

Die Medea des Euripides, die dieses Chorlied enthält, wurde 431 aufgeführt. Ein Jahr später gab Perikles in der »Leichenrede« dem athenischen Selbstbewußtsein klassischen Ausdruck:

> »Zusammenfassend sage ich, daß unsre Stadt insgesamt die Schule von Hellas sei, und daß der einzelne Mensch, wie mich dünkt, bei uns wohl am vielseitigsten und voll Anmut und leichtem Scherz in seiner Person wohl alles Notwendige vereine. Daß dies nicht Prunk mit Worten für den Augenblick ist, sondern die Wahrheit der Dinge, das zeigt gerade die Macht unsres Staates, die wir mit diesen Eigenschaften erworben haben . . . Und mit sichtbaren Zeichen üben wir wahrlich keine unbezeugte Macht, den Heutigen und den Künftigen zur Bewunderung, und brauchen keinen Homer mehr als Sänger unsres Lobes noch wer sonst mit schönen Worten für den Augenblick entzückt . . . Zu jedem Meer und Land erzwangen wir uns durch unsern Wagemut den Zugang, und überall leben mit unsern Gründungen Denkmäler unsres Wirkens im Bösen wie im Guten auf alle Zeit.«

(Übersetzung von G. B. Landmann)

Zuweilen äußerte sich das athenische Selbstbewußtsein auch als eine Arroganz, die von Fremden übel vermerkt wurde. Der Komödiendichter Lysippos benützte die krasse Formel:

> »Wer Athen nicht gesehen hat, ist ein Stock; wer es gesehen hat und nicht von ihm gefesselt ist, ein Esel; wer sich dort wohl fühlt und wieder fortgeht, ein Lastvieh«[7].

China hatte von jeher ein ausgeprägtes Selbstbewußtsein. Zuversichtlich nannte es sich schon vor der Tang-Zeit »Chung-kuo«, das »Reich der Mitte«.

Die *Florentiner* betrachteten die gewaltige Kuppel, die Brunelleschi dem Dom gegeben hatte, als Beweis ihrer Überlegenheit. Leonardo Bruni erklärte, daß Florenz die sauberste und gepflegteste Stadt sei, die es je gegeben habe; er erwähnt in diesem Zusammenhang ausdrücklich auch Athen und Rom[8]. Um die Mitte des 15. Jh. begannen die Florentiner sich auf eine Stufe mit den Alten zu stellen. 1452 schrieb Giannozzo Manetti eine Abhandlung »De dignitate et excellentia hominis«, in der er die Ansicht vertrat, daß die flo-

---

[7] Nach Schmid-Stählin, Geschichte der griechischen Literatur, I. Teil 4. Bd., München 1946, S. 99.

[8] Zu diesen Angaben und dem florentinischen Selbstbewußtsein allgemein vgl. A. Chastel, Art et Humanisme à Florence au temps de Laurent le Magnifique, S. 181 f.

rentinischen Bauten in keiner Weise den römischen Tempeln oder den ägyptischen Pyramiden nachständen. In demselben Sinne meinte Benedetto Accolti, der Kanzler der Stadt, in seiner Schrift »De praestantia virorum sui aevi«, daß die Florentiner die Leistungen der Griechen und Römer erreicht oder sogar übertroffen hätten[9]. Dem ersten Buch, das in Florenz gedruckt wurde, stellte Bernardo Cennini, ein Goldschmied, der das neue Verfahren hier eingeführt hatte, den stolzen Satz voran: »Für die Intelligenz eines Florentiners ist nichts zu schwierig«[10].

Ein ähnliches Selbstbewußtsein entwickelte das *Frankreich* Ludwigs XIV. In den Augen des Abbé Paul Tallemant ist das Zeitalter dieses Königs »eine der großen und wunderbaren Epochen der Geschichte«. Die spätere These, die dann auch Voltaire aufgriff, nämlich daß Frankreich die Erbin Athens und Roms sei, daß Ludwig XIV. Alexander und Augustus nachfolge, hat ihren Ursprung in jener Zeit[11].

Die Steigerung des Selbstbewußtseins äußert sich naturgemäß auch im Verhältnis zu anderen Staaten. Nicht nur die Athener erhoben einen Führungsanspruch. Ganz ähnlich war Ludwig XIV. der Ansicht, daß die Könige von Frankreich »sich rühmen können, daß es heute in der Welt ohne Ausnahme kein besseres Haus als das ihre gebe und keine so alte Monarchie, keine größere Macht und keine vollständigere Autorität«[12]. In der Geschichte der Diplomatie berühmt sind die Schwierigkeiten, die dieser König ständig wegen protokollarischer Subtilitäten machte. So wollte er keinen Botschafter an den Wiener Hof entsenden, weil die deutschen Habsburger dem spanischen Botschafter den Ehrenvorrang vor dem französischen einräumten. Colbert betonte: »Frankreich fordert, daß alle anderen Nationen ihr den Vorrang zur See ebenso wie an den Höfen der Könige einräumen.« Mit Spanien, dem Papst, den Niederlanden, Genua und anderen Staaten, die diese Prätentionen ignorierten, kam es zu schweren Auseinandersetzungen.

III.4 INNERGESELLSCHAFTLICHE HARMONIE

Gleichgewicht zwischen Individuum und Gesellschaft

Um die Zeit des eigentlichen Höhepunktes der Kulturblüte kommt es zu jener besonderen sozialpsychologischen Atmosphäre, die man als hochgradige innergesellschaftliche Harmonie bezeichnen kann. Wie bereits weiter oben angedeutet, führt der äußere Erfolg der Gesellschaft mit seinen Konsequenzen für die innergesellschaftliche Struktur schon vorher zu einer einzigartigen Durchgangsphase in der gesellschaftlichen Entwicklung, in der sich zwischen Individuum und Gesellschaft eine Art Gleichgewicht herausbildet: Die Lockerung der Integration führt zu Individualismus, der aber noch durch Gemeinsinn gebunden ist. Die Gesellschaft absorbiert das Individuum nicht mehr, letzteres rebelliert noch nicht gegen sie. Der Wert des Bestehenden wird auch von geistig veranlagten Men-

---

[9] V. Cronin, The Florentine Renaissance, S. 245.
[10] Cronin, a. a. O., S. 115.
[11] A. Adam, Histoire de la littérature française au XVIIe siècle, Bd. III, S. 5.
[12] P. Goubert, Louis XIV et vingt millions de Français, S. 52.

schen anerkannt. Sophokles »glaubte« an den athenischen Staat. Kritik an Gesellschaft, Staat und seinen Institutionen gilt noch nicht als lobenswerter Selbstzweck. Ein Äschylos, ein Shakespeare, ein Pascal, ein Molière, ein Goethe denkt nicht entfernt daran, für die Übel und Widersprüche, an denen der Mensch leidet, die Gesellschaft verantwortlich zu machen. Für diese historisch so wesentlichen Epochen gilt auch nicht die Theorie, daß die Gesellschaft ihrem Wesen nach Konflikt sei. Zwischen den Gesellschaftsangehörigen herrscht Vertrauen. Die Gesellschaft als Ganzes steht dem einzelnen ihrer Angehörigen noch näher als die eigene Klasse oder Gruppe. Die beiden Naturen des Menschen, die soziale und die individualistische, harmonieren miteinander und kommen beide zu ihrem Recht.

So ist auch der florentinische Individualismus des 15. Jh. etwas ganz anderes als die Schrankenlosigkeit, die sich zur selben Zeit im übrigen Italien und im 16. Jh. auch in Florenz zeigte. Das Bemerkenswerte ist, daß während der Kulturblüte des 15. Jh. der Florentiner zwar zum autonomen Individuum wurde, seinen Bürgersinn dabei jedoch nicht einbüßte. Im restlichen Italien der damaligen Zeit und auch im späteren Florenz kannte der Individualismus keine sozialen Hemmungen mehr. Mit Recht betont dies die neuere Forschung gegenüber Burckhardt, der insofern nicht genügend differenzierte[13]. – Daß die Angehörigen von Gesellschaften, die große Kulturblüten hervorbringen, mit der Gesellschaft und insoweit auch mit sich selbst in Harmonie stehen, soll nicht heißen, daß sie auch individuell besonders harmonisch veranlagte Menschen sein müßten. Bei den hervorragenden Repräsentanten der Kulturblüten scheint tatsächlich oft sogar eher das Gegenteil der Fall zu sein.

Kurz vor oder auf dem Gipfel der Kulturblüte haben wir dann während etwa eines Jahrzehnts eine außerordentliche gesellschaftliche Harmonie, die die zeitgebundene besondere Struktur der Gesellschaft zur Grundlage hat, sich aber nicht allein aus dieser erklären läßt. Auf künstlerischem Gebiet kommt die Stimmung, die nun herrscht, vielleicht am besten in dem Gelösten und Schwebenden des Parthenonfrieses zum Ausdruck. Am greifbarsten manifestiert sie sich aber auf sozialem und politischem Gebiet. Um 440 begannen die »halkyonischen Tage« *Athens,* eine Zeit innerer Ruhe und Eintracht, die etwa ein Jahrfünft andauerte. Daß der alte Zwist in jenem Jahrzehnt nahezu völlig aufhörte, muß um so erstaunlicher erscheinen, wenn man an die harten Auseinandersetzungen der vorhergegangenen Zeiten – noch 443 war der ältere Thukydides, der Führer der oligarchischen Partei, des Landes verwiesen worden – und der folgenden Epoche denkt und wenn man berücksichtigt, daß die sichere äußere Lage innere Auseinandersetzungen in jenen Jahren eher begünstigt hätte.

In *China* war es nicht anders. Bereits während der letzten fünf Jahre der Regierungszeit der Kaiserin Wu herrschte an ihrem Hofe eine heitere und ungezwungene Atmosphäre, die scharf mit dem Regiment des Schreckens, das sie lange Jahre ausgeübt hatte, kontrastiert. Während der ersten Hälfte der Regierungszeit ihres Nachfolgers Ming Huang war die chinesische Gesellschaft ohne innere Konflikte. Wer auf Reisen unterwegs war, fand

---

[13] Vgl. Cronin, a. a. O., S. 189.

überall entlang den Straßen gastliche Aufnahme. Wegelagerer waren unbekannt, Verbrechen überhaupt selten. 730 gab es im gesamten Kaiserreich nur 24 Hinrichtungen.

Es war hier also ganz ähnlich wie in der indischen Gesellschaft zur Zeit des Höhepunktes der Gupta-Kulturblüte. Fa-shien, ein buddhistischer Mönch aus China, der 399 nach Indien gezogen und 414 zurückgekehrt war, hatte als Pilger in Westchina fast sein Leben verloren. In Indien fühlte er sich dagegen vollkommen sicher und bereiste das ganze Land, ohne belästigt oder bestohlen zu werden. Voll Bewunderung schildert er Glück und Wohlstand des indischen Volkes zu jener Zeit: »Das Volk ist zahlreich und glücklich; es braucht die Haushalte nicht eintragen zu lassen und sich keinen Beamten und ihren Gesetzen zu fügen; nur diejenigen, die die Felder des Königs bebauen, müssen einen Teil ihres Einkommens abliefern. Wer gehen will, der geht; wer bleiben will, der bleibt. Der König regiert ohne Enthauptungen oder körperliche Strafen. Verbrecher werden einfach mit Geldbußen bestraft; ... selbst im Falle wiederholter versuchter ruchloser Rebellion wird ihnen nur die rechte Hand abgehauen ... Im ganzen Land tötet niemand ein lebendes Geschöpf ...«[14]

In *Florenz* begann 1480 ein Jahrzehnt, das in seiner Stimmung dem perikleischen Zeitalter vergleichbar ist. In keiner anderen italienischen Stadt waren die öffentlichen Verhältnisse damals so geordnet wie in diesem Gemeinwesen. Philippus Redditus, ein Beobachter jener Zeit, schrieb bewundernd, nirgendwo im sonstigen Italien führten die Menschen ein so tadelfreies Leben. Hier gebe es keine Raubüberfälle, keine nächtlichen Unruhen, keine Mordtaten. Tag und Nacht könne jeder seinen Geschäften in völliger Sicherheit nachgehen. Spione und Spitzel seien unbekannt. Man lasse nicht zu, daß einzelne Denunzianten die Sicherheit der großen Mehrheit in Frage stellten. Denn es sei eine Maxime Lorenzos, daß es besser sei, allen zu vertrauen als nur einigen wenigen[15].

Die innenpolitische Situation des damaligen Florenz stand ebenfalls in ausgeprägtem Gegensatz zu früheren und späteren Zeiten. Während es bis zum Beginn des 15. Jh. zwischen den führenden Familien sehr harte Auseinandersetzungen gegeben hatte, rief Lorenzo nunmehr die alten Feinde der Medici, die Albizzi und die Strozzi, großzügig aus dem Exil zurück. Auch die Pazzi, die 1478 noch an dem Anschlag gegen sein Leben beteiligt gewesen waren, behandelte er mit unerhörter Großmut. – Die allgemeine Zufriedenheit brachte Ghirlandaio zum Ausdruck. Sein Leben Johannes des Täufers in S. Maria Novella datierte er, wie folgt: »Im Jahre 1490, in welchem diese außerordentlich schöne Stadt, die berühmt für ihre Siege, Künste und Bauwerke ist, in dem Genuß von großem Wohlstand, Frieden und Gesundheit war.« Zwei Jahre später sagte Ficino von Florenz, daß es nun »die Stadt des Goldenen Zeitalters« sei[16].

In *Frankreich* gab es seit 1660 wenigstens Ansätze zu einer ähnlichen sozialpsychologischen Verfassung. Bemerkenswert ist, daß auch hier die Zahl der Verbrechen zurückging. Selbst auf religiösem Gebiet kam es damals zu einer gewissen Harmonie[17], was um so bemerkenswerter ist, als etwa zwei Jahrzehnte später bereits die Hugenottenverfolgungen begannen.

---

[14] Nach William J. Durant, Das Vermächtnis des Ostens, Bern 1946, S. 494.
[15] Nach William Roscoe, The Life of Lorenzo de' Medici, 1865⁸, S. 233.
[16] Beide Zitate nach Cronin, a. a. O., S. 266.
[17] John B. Wolf, Louis XIV, London 1968, S. 470.

Die Harmonie des Gipfelpunkts der Kulturblüte endet sehr frühzeitig und oft auch abrupt mit dem Aufkommen des Malaises, von dem die Rede war, während die gesteigerte Kreativität der Kulturblüte noch lange anhalten oder, wie im Falle der Florentiner, zunächst sogar noch wachsen kann.

Moralische Autorität des staatlichen Führers

Eine der eigenartigsten Erscheinungen in diesen Zeiten gesellschaftlicher Harmonie ist die ungemeine moralische Autorität, die der hauptsächlichste politische Repräsentant der Gesellschaft genießt. Ein einzelner wird als unangefochtener Führer des Gemeinswesens anerkannt, und zwar auch dort, wo die Verfassung des Staates eine solche Stellung nicht vorsieht oder wo sie sogar ihrem Geiste widerspricht. Diese Persönlichkeit besitzt eine so machtvolle politische Position, daß sich diese auch nicht aus einem – im übrigen ohnedies nicht mehr gegebenen – großen gesellschaftlichen Zusammenhalt, also nicht strukturell erklären läßt. Es handelt sich vielmehr auch hier um eine rein sozialpsychologische Erscheinung, die mit der gleichzeitigen Tendenz zur Lockerung der Integration entschieden kontrastiert. Dieses Phänomen ist erstaunlich; in anderen Zeiten haben die führenden Männer um ihre Stellung fast immer hart zu kämpfen. Dies gilt sogar für jene Perioden, in denen die Gesellschaft von außen bedroht wird und die Allmacht des führenden Mannes für das Wohl der Gesellschaft viel wesentlicher als während der Kulturblüte sein könnte.

Von 445 bis 430 v. Chr. besaß in Athen *Perikles* eine unangefochtene Stellung. Jahr für Jahr wurde er zum Leitenden Strategen wiedergewählt. Als solcher hatte er auch Sitz und Stimme im Rat. Seine juristische Verantwortlichkeit war durch die ständige Wiederwahl praktisch suspendiert. Auch den meisten Baukommissionen, denen im damaligen Athen besondere politische und kulturelle Bedeutung zukam, gehörte er an. Sein Einfluß ging über seine institutionell begründete Position jedoch noch weit hinaus. Er beherrschte die Massen und lenkte sie nach seinem Willen. Er konnte es sich auch leisten, sie heftig zu kritisieren. Alle Fäden der Innen- und Außenpolitik hielt er in seiner Hand. Die Opposition war völlig zersprengt. »Ihm haben«, so sagte der Dichter Telekleides, »die Athener übergeben die Tribute der Städte und diese selbst, sie zu binden und zu lösen, die steinernen Mauern, die einen zu bauen, die anderen niederzureißen, Verträge, Macht, Herrschaft, Friede, Reichtum und Wohlstand«[18].

Auch Kaiser *Ming Huang* hatte eine besondere Position. Von seinen chinesischen Untertanen wurde er wie selten ein Fürst geliebt. So ging er trotz aller Irrtümer, die er in der zweiten Hälfte seiner Regierungszeit beging, als ein großmütiger, freundlicher und fröhlicher Souverän in die Geschichte ein. Sein postumer Name, unter dem er der Nachwelt vor allem bekannt ist und der auch in diesem Buch benützt wird, bedeutet »Glänzender Kaiser«.

In Florenz erlangten 1434 die *Medici* die Macht. Von jenem Zeitpunkt bis zum Jahre 1494 herrschte in dieser Stadt jeweils nur *ein* Mann, ohne daß seine Stellung institutionell in der Verfassung verankert gewesen wäre. Cosimo, der erste in der Reihe dieser Führer, war in offizieller Position insgesamt nur sechs Monate und zwar als »gonfaloniere de giu-

---

[18] Nach Ed. Meyer, a. a. O., S. 695.

stizia« tätig; vier Monate davon entfallen dazu auf die Zeit vor 1434. Der maßgebende Einfluß, den er auf die Staatsgeschäfte erlangte, ist somit vor allem sozialpsychologisch zu erklären. Sein Sohn Piero übernahm 1464 seine Stellung. Nach dessen Tod (1469) beschlossen 700 Bürger einstimmig, die Medici in »reputazione« und »grandeza« zu erhalten. Sie baten Lorenzo, im Staat an die Stelle seines Großvaters und Vaters zu treten. Er erlangte bald eine derartige moralische Autorität, daß er praktisch die auswärtige Politik des Stadtstaates selbständig leitete und auch auf die inneren Geschehnisse einen starken Einfluß ausüben konnte. Als es 1478 zu einem Anschlag auf Stellung und Leben Lorenzos kam, dem sein jüngerer Bruder Giuliano zum Opfer fiel, zeigte sich, wie sehr auch das einfache florentinische Volk an den Medici hing. Es widersetzte sich spontan dem Staatsstreich und erstickte die Revolte im Keim, wobei es die Losung der Medici »vivano le palle« als Kampfruf benützte. Die Verschwörer hängte es auf der Stelle. – Bis zu seinem Tode blieb Lorenzo in Florenz von bestimmendem Einfluß, obwohl auch er staatliche Ämter nur gelegentlich bekleidete. Als er 1492 starb, erfüllte sein Tod die Florentiner mit großer Trauer. In Italien war, wie Machiavelli sagte, nie jemand gestorben, dessen Tod in seiner Heimat so beklagt wurde. Zufall oder nicht, nach dieser Zeit ging der Einfluß der Medici sehr bald entscheidend zurück.

Ludwig XIV. genoß ein größeres Prestige als jeder andere französische Monarch vor oder nach ihm. Sein Nimbus war am stärksten in den ersten Jahrzehnten seiner Herrschaft. Bis 1653 hatte die zweite Fronde gedauert. Ganz zu Beginn seines Königtums waren die Stimmen, die Kritik an seiner Person übten, noch recht zahlreich. Um die Mitte der sechziger Jahre trat in der Stimmung der Franzosen jedoch ein plötzlicher Umschwung ein. Alle Schichten des französischen Volkes bewundern und verehren ihn nunmehr gleichmäßig. Aubery und Charles Sorel erheben ihn zu einem neuen Augustus. Madame de Sévigné spricht dem König ihre Bewunderung dafür aus, daß er »vollkommen glücklich« sei. Die Literaten verherrlichen ihn in übertriebener Weise als siegreichen Helden, als Eroberer Burgunds und Flanderns, als Bezwinger des Rheins. Sie preisen ihn auch als Beschützer der Literatur und der Künste. La Monnoye stellte ihn 1671 sogar einer Gottheit gleich. Drei Jahre später feierte Huet »diese großen und wunderbaren Eigenschaften«, die in der Person des Königs zum ersten Mal vereinigt seien. Auch der erste Beamte des Staates, Colbert, erfreute sich eines außerordentlichen Ansehens. Für Molière war er der »große Colbert«, dessen »erschöpfte Gelehrte« die materielle Basis für die französische Vorherrschaft in Europa legten. Racine sprach in dem Vorwort zu seiner Berénicé von der »Bewunderung ganz Frankreichs für diesen Scharfsinn, dem nichts entgeht, für diesen weiten Geist, welcher so viele große Dinge auf einmal unternimmt und ausführt, für diese Seele, welche nichts erstaunt und nichts erschöpft«.

Gleichartiges Denken und Fühlen der Gesellschaftsangehörigen

Die innergesellschaftliche Harmonie drückt sich auch darin aus, daß die Gesellschaftsangehörigen gleichartig denken und fühlen. Sie sind sich darüber, was wertvoll und bedeutend ist, weitgehend einig. Im Gegensatz zu Zeiten des Verfalls besitzen sie einheitliche Maßstäbe. Dies gilt vor allem für die Anfänge und den Höhepunkt der Kulturblüte. Da außerdem – hiervon wird noch die Rede sein – die Schöpfungen der Kulturblüte leicht zugänglich sind, hat die Gesellschaft keine Schwierigkeiten, das wahre Genie mit Sicherheit zu erkennen und seine Leistungen großzügig gelten zu lassen. Die Öffentlichkeit nimmt die bedeutendsten Schöpfungen der Zeitgenossen sofort begeistert auf. Sophokles fand bei den Athenern rasch Verehrung. Nie hatte es ein Perikles nötig, sich in seinen Reden auf das Niveau der breiten Massen hinabzugeben.

Für Li Po gab sich selbst der Kaiser dazu her, nach Diktat Gedichte aufzuzeichnen. Auch bei den breiten Schichten des chinesischen Volkes erlangte dieser Poet ungeheure Popularität. Die Balladen Wang Weis waren bereits zu seinen Lebzeiten außerordentlich weit verbreitet. Auch Po Chü-i stieß bei seinen Zeitgenossen sehr bald auf große Anerkennung. Tuan Ch'êng-shih berichtet von einem Straßenarbeiter, den er um die Mitte des 9. Jh. in Chiang-ling beobachtete und dessen Körper mit eintätowierten Gedichten Po Chü-is vollkommen bedeckt war[19].

Das erste Beispiel für die Verherrlichung einer einzelnen Künstlerpersönlichkeit, die das neuere Europa kennt, ist Brunelleschi. Der Autor des »Lebens Brunelleschis«, der nicht sicher bekannt ist, sah in ihm den heroischen Schöpfer einer neuen künstlerischen Zivilisationsepoche[20]. – Das Volk von Florenz strömte in Scharen in das Kloster SS. Annunziata, um dort Leonardos Karton für die Heilige Anna Selbdritt zu bewundern, so wie in China einst die ganze Bevölkerung Tsch'ang-ans gekommen war, um zuzuschauen, wie Wu Tao-tzu im Hsing-shan-Tempel an einigen Figuren die letzten Pinselstriche anbrachte.

Boileau setzte sich als Kritiker von Anfang an für Molière und Racine ein. Er nahm, ein bemerkenswerter Fall, das Urteil der Nachwelt vorweg. La Fontaines Fabeln hatten einen solchen Erfolg, daß noch in ihrem Erscheinungsjahr eine Neuauflage erforderlich wurde. Das Genie Bossuets wurde sofort voll erkannt. Spätere Behauptungen, daß seine Zeitgenossen ihm andere Kanzelredner vorgezogen hätten, sind unrichtig. Auf weniger repräsentativen Gebieten der Kulturblüte führen dieselben psychologischen Impulse allerdings auch dazu, daß die wirkliche Leistung zuweilen überschätzt wird. Lorenzo wurde von seinen Zeitgenossen als Dichter noch über Dante und Petrarca gestellt. Noch höher stuften sie die Dichtungen Polizianos ein.

Das hier Gesagte gilt, wie noch einmal wiederholt sei, vor allem für die Anfänge und den Höhepunkt der Kulturblüte. Äschylos hatte zunächst noch um seine Anerkennung zu kämpfen. Euripides wurde in seiner Bedeutung nicht mehr voll erkannt. Menander mußte hinter dem Sizilianer Philemon zurückstehen. Einem Michelangelo wurden auch 1530 in seiner Vaterstadt unbedeutende Künstler vorgezogen. Er hatte also ein ganz ähnliches Schicksal wie innerhalb der niederländischen Kulturblüte Rembrandt nach 1640.

Auch ist das Phänomen in manchen Kulturblüten weniger ausgeprägt. So etwa in Frankreich: Die Großen förderten hier vielfach auch kleine Dichterlinge. Ausgerechnet den Schriftsteller Chapelain machte Colbert zu einer Art von Literaturpapst, der 1663 über die vom König ausgesetzten Pensionen zu entscheiden hatte[21]. Selbst ein Racine

---

[19] Waley, a.a.O., S. 161.
[20] Claudio Varese, Prosatori Volgari del Quattrocento, Mailand 1955, S. 543.
[21] Henri Gaillard de Champris, Les écrivains classiques, Paris 1960, S. 271.

hätte sich ohne die Hilfe Boileaus vielleicht nicht durchgesetzt [22]. Noch 1677 – damals brachte er seine Phädra auf die Bühne – sah er sich einer Koalition der Großen gegenüber, die Pradon und dessen Konkurrenzstück unterstützten. Boileau seinerseits hatte es ebenfalls nicht leicht. Die Akademie nahm ihn erst 1684 und auch dann nur der Weisung des Königs folgend auf. Die Mehrzahl der »Unsterblichen« stand ihm auch dann noch feindlich gegenüber.

Die Freisetzung gesellschaftlich gebundener Kräfte, die gemeinsamen Maßstäbe und die allgemeine Anerkennung des Wertvollen führen während der Kulturblüte zu einer *Stimmung des einträchtigen Wettbewerbs*, die die Kreativität der Gesellschaftsangehörigen aufs höchste steigert. Frustrationen und Gefühle der Unzufriedenheit, die die schöpferischen Kräfte hemmen, gibt es in dieser Zeit und insbesondere auf dem Gipfel der Kulturblüte viel weniger als sonst.

In besonders bemerkenswerter Weise äußert sich dieses Klima der Stimulation in der Übereinstimmung zwischen den vorzüglichsten geistigen und politischen Repräsentanten der Kulturblüte, ferner in dem *Mäzenatentum*, das für große Kulturblüten so charakteristisch ist. – In *Athen* ruhten, wie Wieland sagte, die Staatsmänner im Schoße des Musen und Grazien aus. Die Staatsgewalt und die Künstler waren eines Sinnes. Perikles und Phidias arbeiteten aufs engste zusammen. Der Staatsmann setzte in der Volksversammlung die Annahme der Entwürfe des Künstlers durch. Er war Mittelpunkt jenes geistig bedeutsamen Kreises, von dem bereits die Rede war. Auch Sophokles und Euripides ermutigte er. – Die reichen athenischen Bürger waren zu außerordentlichen finanziellen Opfern für die künstlerischen Vorhaben der Gemeinschaft bereit. Der Redner Lysias berichtet von einem Bürger, der in den neun Jahren von 410 bis 402 nicht weniger als 10 Talente und 3600 Drachmen, d. h. mehr als das Vierfache von dem, wozu er gesetzlich verpflichtet gewesen wäre, für öffentliche Zwecke ausgab. Ein großer Teil davon war für die Einübung und Ausrüstung von Chören bestimmt, die ausschließlich durch freiwillige Leistungen, »Liturgien«, finanziert wurden[23].

Die Kaiser der Frühen *T'ang-Zeit* waren für Kunst, Literatur und Wissenschaft sehr aufgeschlossen. T'ai Tsung hatte bereits als Prinz die »Halle der Literatur« begründet, in die er achtzehn Gelehrte einberief. Yen Li-pên, der bedeutende Hofmaler, bekleidete zahlreiche hohe Ämter und wurde 668 sogar zu einem der beiden Staatsminister ernannt. Kaiserin Wu setzte diese Tradition fort. Zu Beginn des 8. Jh. war die Förderung der Literatur am Kaiserhof zur Selbstverständlichkeit geworden[24]. Ming Huang und seine Minister trafen sich, um miteinander zu dichten.

Dieser Kaiser war einer der großen Mäzene der Weltgeschichte. Er gründete neue Schulen und ließ außer den üblichen jährlichen Prüfungen besondere Examina abhalten, um verborgene Talente zu entdecken. Einige Literaten schickten dem Kaiser auch einfach ihre Arbeiten; wenn dieser sie bemerkenswert fand, ließ er die Verfasser, wie etwa Tu Fu, prüfen und eventuell versuchsweise beschäftigen. Wenn er von einem außergewöhnli-

---

[22] Gaillard de Champris, a. a. O., S. 272.
[23] Zu diesen Angaben Ed. Meyer, a. a. O., S. 742 f.
[24] Ch'ēn, Chinese Literature, S. 230.

chen Mann hörte, gab er ihm zuweilen auch ohne Prüfung ein Amt, so Li Po, der 742 an den Kaiserhof gekommen war. Die Freundschaft zwischen Kaiser und Dichter wurde bereits berührt. Ming Huang soll ihn sogar einmal eigenhändig bei Tisch bedient haben. – Die kaiserliche Bibliothek, die der Urgroßvater Ming Huangs begründet hatte, war später vernachlässigt worden. Ming Huang sorgte dafür, daß die Sammlungen neugeordnet und in großem Maßstab ergänzt wurden. Auch zwei wesentliche literarische Einrichtungen begründete er, die »Dschi-hsien Yüan« (»Akademie der Talente«), die sich vor allem mit der Redaktion und Kompilation von Büchern befaßte und deren leitende Beamte dem Kaiser vorzulesen und mit ihm zu diskutieren pflegten, und die »Han-lin Yüan« (»Akademie der Wissenschaften«), in der die besten Prosaisten und Dichter zusammengeschlossen waren. Häufig ließ der Kaiser gesellschaftliche Veranstaltungen abhalten, die den besonderen Zweck hatten, daß Gedichte zum Gedenken an das Ereignis verfaßt wurden. Diese besondere Literaturgattung erreichte unter ihm ihren eigentlichen Höhepunkt. Auch die bildenden Künste förderte er in ungewöhnlichem Maße. Er beschäftigte einige der hervorragendsten Maler, vor allem Wang Wei, Wu Tao-tzu und den Pferdemaler Han Kan. Vielversprechende Jungen und Mädchen nahm er, selbst ein talentierter Musiker, in den Palast auf und ließ sie in Gesang und Instrumentalmusik unterrichten. Er überwachte persönlich den Aufbau von Orchestern, die die traditionelle mit zentralasiatischer Musik kombinierten, begründete die dramatische Musik und schrieb selbst den Text für etwa vierzig dramatische Gesänge. Auch komponierte er Musik und ließ Li Po Verse dazu schreiben.

Dasselbe Verständnis für ihre großen geistigen und künstlerischen Repräsentanten zeigten die *Florentiner*. Ghiberti wurde von der Stadt großzügig belohnt. Poggio, dem Humanisten, wurde nach seinem Tode jene Statue vor dem Dom errichtet, die dann später merkwürdigerweise mit einer Apostelfigur verwechselt wurde. Leonardo Bruni und seinen Kindern gewährte Florenz für sein historisches Werk über die Stadt Steuerfreiheit. Landino, der nicht nur schriftstellerisch tätig gewesen war, sondern auch kritische Ausgaben von Horaz, Vergil sowie Plinius dem Älteren herausgegeben und Dante erläutert hatte, wurde von Florenz mit einem prächtigen Haus beschenkt.

Dem Mittelalter war der Typ des großen Mäzens fremd gewesen. Selbstverständlich ist das Mäzenatentum immer auch eine Frage der materiellen Mittel, und schon insoweit konnte das Mittelalter mit der neuen Zeit nicht konkurrieren. Dies ist aber nicht der entscheidende Grund. Was im Mittelalter eine selbstlose Förderung von Künsten und Wissenschaften im Prinzip unmöglich machte, war die Einstellung der Gesellschaft: Bis ins 15. Jh. wurden Ausgaben, die nicht wirtschaftlichen oder religiösen Zwecken dienten, allgemein verurteilt. Dies änderte sich erst mit der florentinischen Kulturblüte. Eine besondere Stellung nahmen dabei die Medici ein[25]. Es ist im Rahmen dieses Buches nicht möglich, ihr Mäzenatentum im einzelnen zu schildern; einige Hinweise müssen genügen. Cosimo und sein Sohn Piero gaben als Förderer der Künste und Steuerzahler in siebenunddreißig Jahren die unglaubliche Summe von über 660 000 Gulden aus. Cosimo trug großzügig zu der Errichtung von San Marco, San Lorenzo und der Badia in Fiesole bei.

---

[25] Nähere Angaben finden sich bei Cronin, a. a. O., S. 176 ff.

Seinen städtischen Palast und sein Landhaus ließ er von Michelozzo errichten. In schwierigen Zeiten war er es, der immer wieder dafür sorgte, daß Donatello Aufträge erhielt. Auf seine Bestellung hin schuf dieser Künstler den berühmten David, die erste bedeutende weltliche Statue in der Geschichte der florentinischen Kunst. Im Alter setzte er ihm eine Pension aus, das erste Beispiel dieser Art, das wir aus der Kunstgeschichte kennen. Seinem eigenen Wunsch entsprechend wurde Donatello an der Seite Cosimos bestattet. Andere Freunde, die Cosimo beschützte und förderte, waren Fra Filippo und Brunelleschi. Es war vor allem seine Großzügigkeit, die es dem Kunsthandwerker im 15. Jh. ermöglichte, sich zum Künstler im heutigen Sinne des Wortes zu entwickeln.

Auch die Humanisten förderte Cosimo. Marsilio Ficino, den er angeregt hatte, Platon zu übersetzen und zu erklären, gab er ein regelmäßiges Einkommen; auch beschenkte er ihn mit einem Haus in Careggi. Ambrogio Traversari, den General der Kamaldulenser, bewog er Diogenes Laërtius in die lateinische Sprache zu übersetzen. Er begründete auch die Bibliothek von San Marco, gab seine Bücher Lehrern und Studenten frei und wurde zum Patron der Bibliophilen und Kopisten. Zu seinem Kreis gehörte auch der Humanist Niccolò de' Niccoli, dem er unbeschränkten Kredit einräumte, damit er sich ganz seiner Sammlertätigkeit widmen konnte. Die achthundert Manuskripte Niccolòs fanden ihren Weg schließlich in die Bibliothek der Medici. Das Ergebnis dieser großartigen Sammeltätigkeit wurde nach dem Tode Lorenzos in der nach ihm benannten Laurenzianischen Bibliothek vereinigt, die 1495 über 1039 Bände, darunter 460 griechische Manuskripte, verfügte.

Lorenzo besaß nicht mehr dieselben ungeheuren finanziellen Mittel wie ehedem sein Großvater. Mehr als durch materielle Leistungen wirkte jener Mediceer daher durch bloße Anregungen. Die kulturelle Rolle der Medici nahm dabei an Bedeutung aber eher noch zu. Lorenzos Verdienst war es auch, daß 1472 in Pisa die Universität wieder eröffnet wurde, die seit zwei Jahrhunderten ihre Tätigkeit eingestellt hatte. Der sog. Platonischen Akademie gab Lorenzo neue Impulse. Dieser Kreis vereinigte in zwangloser Weise Verehrer Platons. Er war 1462 entstanden. Seine Seele war Ficino. Ihre Zusammenkünfte waren vor allem der Lektüre und Erörterung platonischer Dialoge gewidmet. Lorenzo, der zum Schutzherrn der Platonischen Akademie bestimmt wurde, erweckte die antike Sitte, sich am 7. November, dem angeblichen Geburts- und Todestag Platons, zu einem Gedächtnismahl zusammenzufinden, zu neuem Leben. In der Einleitung zu Platons Symposion schildert Ficino eine derartige Feier. Lorenzo lud neun Mitglieder der Akademie in seine Villa zu Careggi ein. Nach einem Imbiß wurden die sieben Reden aus Platons Gastmahl vorgelesen und sodann erörtert. Landino benützte die Gespräche als Grundlage für seine fiktiven »Disputationes Camaldulenses«.

Auch um die bildenden Künste erwarb sich Lorenzo bedeutende Verdienste. Untrennbar ist sein Name mit der Geschichte des jungen Michelangelo verbunden. 1488 hatte er eine »Schule« gegründet, um jungen Talenten die Chance zu bieten, nicht nur die Kunst zu studieren, sondern auch ihre allgemeine Bildung zu vertiefen. Das war eine völlig neue Idee. Michelangelo wurde im Alter von 14 Jahren in die Schule und das Haus Lorenzos aufgenommen. Hier lebte der Heranwachsende in ständiger Berührung mit den Gelehrten und Künstlern der Platonischen Akademie. Im Garten von San Marco, nach dem die »Schule« benannt ist, hatte er Gelegenheit, die von den Medici gesammelten antiken Skulpturen zu studieren. Lorenzo zahlte ihm zu allem ein so reichliches Gehalt, daß er davon seinen Vater unterstützen konnte. Bis zum Tode Lorenzos fand er so eine Heimat und Bleibe.

Auch *Ludwig XIV.*, der Große Condé, Foucquet und andere ihrer Zeitgenossen ließen sich die Förderung von Literatur, Künsten und Wissenschaften in besonderem Maße angelegen sein.

IV. Tradition und Umgebung

IV.1. Die Bedeutung der geistigen Überlieferung

Goethe gab auf die Frage, »wann und wo ein klassischer Nationalautor entsteht«, folgende Antwort:

> »Wenn er in der Geschichte seiner Nation große Begebenheiten und ihre Folgen in einer glücklichen bedeutenden Einheit vorfindet; wenn er in den Gesinnungen seiner Landsleute Größe, in ihren Empfindungen Tiefe und in ihren Handlungen Stärke und Konsequenz nicht vermißt; wenn er selbst vom Nationalgeiste durchdrungen, durch ein einwohnendes Genie sich fähig fühlt, mit dem Vergangenen wie mit der Gegenwart zu sympathisieren; wenn er seine Nation auf einem Grade von Kultur findet, so daß ihm seine eigene Bildung leicht wird; wenn er viele Materialien gesammelt, vollkommene oder unvollkommene Versuche seiner Vorgänger vor sich sieht und so viele äußere und innere Umstände zusammentreffen, daß er kein schweres Lehrgeld zu zahlen braucht, daß er in den besten Jahren seines Lebens ein großes Werk zu übersehen, zu ordnen und in *einem* Sinne auszuführen fähig ist.«

Diese Bemerkungen, die in gewisser Weise für alle großen schöpferischen Leistungen gelten, sind im wesentlichen völlig zutreffend. Worauf es an dieser Stelle ankommt, ist die Rolle der Tradition, die Goethe besonders hervorhebt: Je reicher die geistige Überlieferung, mag sie nun von außen wirken oder der eigenen Vergangenheit angehören, desto besser die Chance zu überragenden Schöpfungen. Dies gilt natürlich nur, wenn auch die sonstigen Voraussetzungen für eine umfassende Steigerung der gesellschaftlichen Kreativität gegeben sind, zu denen auch die Fähigkeit der Gesellschaft, sich nach außen zu behaupten, gehört. Hierin liegt das eigentliche Problem: Denn je höher das kulturelle Niveau einer Gesellschaft und je reicher die geistige Tradition, von der sie zehren kann, desto geringer ist in aller Regel ihre Fähigkeit, äußeren Bedrohungen erfolgreich zu begegnen. Daraus folgt der große Vorzug, den innerhalb von Kulturkreisen die »Spätkommer« besitzen: Sie haben einerseits noch die Fähigkeit zur Selbstbehauptung, andererseits sind sie in der Lage, auf reiche kulturelle Anregungen, die aus dem Kulturkreis kommen, zurückzugreifen.

Was damit gemeint ist, zeigt besonders deutlich *Athen*. Die Griechen gehörten *einem* Zivilisationskreis an. Sie fühlten sich als *eine* Nation. Sie hatten Sprache und Dichtung, Religion und Heiligtümer, Kampf- und Festspiele miteinander gemeinsam. Sie besaßen auch ein entschiedenes Zusammengehörigkeitsgefühl, so daß sie andere Hellenen nie als Ausländer betrachteten und umgekehrt die »Barbaren« durchgängig als wesensfremd empfanden. Vor allem aber besaßen sie auch gemeinsame geistige Traditionen und standen miteinander in einem regen geistigen Austausch. – Bis zum 5. Jh. nahm Athen im griechischen Kulturkreis keine besondere Stellung ein. Geistig war diese Stadt eher unbedeutend. Hervorragendes leistete sie nur auf dem Gebiet der Vasenmalerei. Tatsächlich war Athen die späte Frucht einer zivilisatorisch reichen Welt, die sich im Niedergang befand, bevor es seinen Höhepunkt erreichte. Milet, Ephesos, Samos, Korinth, Sparta, Theben, Sybaris und andere, sie alle hatten, bevor Athen seinen schwindelerregenden Aufstieg antrat, ihre größte Zeit bereits hinter sich.

Der griechische Kulturkreis hatte also schon vor der Kulturblüte Athens eine lange und sehr reiche Entwicklung hinter sich. Man kann im wesentlichen zwei Abschnitte unterscheiden:

Einmal die kulturelle Glanzzeit, die die Achaier im 16. Jh. v. Chr. und – nach der Vernichtung des kretischen Knossos – vor allem im 14. Jh. hatten. Der Mittelpunkt dieser Kultur war Mykene.

Sodann den kulturellen Gipfel, den die Ionier mit Homer und den ihm folgenden Lyrikern im 8. Jh. erreichten. Der Ursprung dieser Kulturblüte und ihr erster Abschnitt liegen im historischen Dunkel. Am greifbarsten haben wir sie in dem geistigen Glanz der ionischen Städte des 6. und des beginnenden 5. Jh., der freilich nur der letzte Widerschein einer größeren Zeit ist. Einigermaßen zureichend kennen wir also erst die philosophische und wissenschaftliche Phase dieser Kulturblüte. – Am eindrucksvollsten sind die Leistungen Milets. Der berühmteste Sohn dieser Stadt, Thales, wurde um 640 geboren. Er war in der griechischen Geschichte der erste Mathematiker und Astronom und begründete die Physik als Wissenschaft. Er legte auch den Grund zu der späteren Geometrie des Euklid. Die Sonnenfinsternis vom 28. Mai 585 vermochte er aufgrund seiner astronomischen Kenntnisse richtig vorauszusagen. Auch mit kosmogonischen Fragen beschäftigte er sich eingehend. Sein bedeutendster Schüler war Anaximander, der das Universum als erster als ein geordnetes Ganzes, das bestimmten Gesetzen unterworfen ist, verstand. Indem dieser Philosoph die Bahnen von Sonne und Mond als große Kreise auffaßte, die unter der Erde durchlaufen, revolutionierte er die Astronomie. Er benützte auch als erster Grieche den Gnomon und zeichnete die erste Weltkarte. Sehr modern war seine Theorie, daß Menschen und Tiere durch Evolution entstanden seien[26]. Ein anderer bedeutender Philosoph, den Milet in jener Epoche hervorbrachte, war Anaximenes, seinerseits ein Schüler Anaximanders. Er nahm Luft als die Urqualität der Welt an, was einen bedeutenden Fortschritt in der Erfassung der Wirklichkeit darstellte. In Milet wurden auch die griechische Prosa und Geschichtsschreibung geboren. In erster Linie zu nennen ist der hervorragende Geograph Hekatäos. Er vermittelte wie andere bedeutende Ionier den

---

[26] The Oxford Classical Dictionary, S. 62.

Griechen das Wissen der alten Zivilisationen des Orients, insbesondere Babyloniens und Ägyptens. Als der griechisch-persische Krieg in der ersten Hälfte des 5. Jh. den geistigen Austausch mit dem Orient stark behinderte, hatten die Griechen bereits wichtige Kenntnisse übernommen. Hekatäos war auch der erste systematische Kritiker der griechischen Mythen.

Eine andere hervorragende ionische Stadt war Ephesos, ihr geistig bedeutendster Bürger Heraklit, der Philosoph des Werdens (geb. um 530). Er spielt in jenem Prozeß, der für die frühe griechische Geistesgeschichte so charakteristisch ist und den Bruno Snell als die »Entdeckung des Geistes« bezeichnet hat, eine wichtige Rolle. Als erster Grieche kannte er Geist und Seele in dem Sinne, wie wir diese Begriffe verwenden[27]. Homer sprach von der »Seele« noch wie von einem Körperorgan. Erst Heraklit schreibt der Seele Eigenschaften zu, die sich prinzipiell von denen des Körpers unterscheiden und die zu bezeichnen Homer nicht einmal die Begriffe gehabt hätte. Die sprachlichen Voraussetzungen hatte erst die Lyrik in der Zeit zwischen Homer und Heraklit geschaffen, z. B. die Auffassung, daß die Seele »tief« sein kann. Neu bei Heraklit ist ferner, daß für ihn Geist etwas ist, an dem das ganze Universum teilhat. Homer hätte auch dies schon sprachlich gar nicht zum Ausdruck bringen können. – Heraklit bemühte sich auch, die Sprache der Natur zu verstehen. In einem gewissen Sinne hatte er bereits eine Vorstellung von den Naturgesetzen. Er versuchte das Urprinzip der Welt nicht wie Anaximander in der äußeren Ordnung zu finden, sondern in den Tiefen, welche der philosophische Geist in sich selbst entdeckt, aber nicht ergründen kann, da er sie selbst vertieft.

Als drittes wichtiges geistiges Zentrum der ionischen Kultur soll Samos erwähnt werden, das seine bedeutendste Zeit ebenfalls im 6. Jh. hatte. Samos war die Heimat wichtiger Architekten, Bildhauer, Graveure, Moralisten und Dichter. Theodoros war ein Universalgenie. Ihm wird die Erfindung der Wasserwaage, des Anschlagwinkels und der Drehbank zugeschrieben. Er tat sich auch als Edelstein- und Holzschnitzer, als Goldschmied, Steinschleifer sowie als Architekt hervor. Mit Rhoikos soll er das Modellieren in Ton sowie den Bronze- und Eisenhohlguß erfunden oder jedenfalls in Griechenland eingeführt haben. Wie groß die technischen Fertigkeiten waren, die die Ingenieure der Insel besaßen, zeigt der Bau eines Trinkwassertunnels, der auf einer Strecke von mehr als 1000 Metern durch einen Berg führen sollte. Von beiden Seiten des Berges wurden Stollen vorangetrieben; sie verfehlten sich nur um etwa fünf Meter, die Abweichung betrug also weniger als ein halbes Prozent.

Der größte Sohn der Insel war Pythagoras, der um 580 geboren wurde. Er entdeckte die irrationalen Zahlen und erkannte auch die zahlenmäßigen Verhältnisse, die die Tonhöhe bestimmen. Wahrscheinlich fand er auch den nach ihm benannten Lehrsatz. Seine Schüler in dem westgriechischen Kroton wußten, wie anzunehmen ist, bereits um 500, daß die Erde die Form einer Kugel besitzt. Sie scheinen auch die Unterscheidung zwischen geraden und ungeraden, teilbaren und unteilbaren Zahlen entwickelt zu haben. Mit ihrer Theorie der Flächenzahlen begründeten sie eine geometrische Algebra.

---

[27] Hierzu und zum folgenden B. Snell, Die Entdeckung des Geistes, S. 35 ff.

Auch die Dorier Kleinasiens hatten im 5. Jh. bereits ein hohes kulturelles Niveau. Herodot kam aus Halikarnass, Hippokrates von der Insel Kos. Dieser Zeitgenosse des Sokrates begründete die wissenschaftliche Medizin. Er begriff den menschlichen Körper als einen einheitlichen Organismus, dessen Teile in gegenseitiger Abhängigkeit stehen und der daher nur in seiner Gesamtheit verständlich sei. Diese realistische Methode des Hippokrates erwies sich sogar für den Fortschritt der Geisteswissenschaften von großer Bedeutung. Sein Einfluß auf Thukydides ist unverkennbar. Noch Platon hielt große Stücke auf ihn. Das hohes Ethos, das ihn bestimmte, zeigt der nach ihm benannte Eid.

Im westgriechischen Bereich war vor allem die Eleatische Schule von großer Bedeutung. Von Xenophanes aus dem ionischen Kolophon gegründet, hatte sie ihren größten Vertreter in Parmenides, der 450 etwa 65 Jahre alt gewesen sein soll. Dieser Philosoph befaßte sich als erster mit dem Problem des Seins und mit methodischen Grundfragen der Philosophie. Er war es, der den Satz vom Widerspruch formulierte und die Methode des Demonstrationsbeweises begründete. In der Sache unterschied er bereits zwischen Philosophie und Wissenschaft[28]. Die idealistische Philosophie, die er vertrat, fand in Platon ihren Höhepunkt.

Als seefahrende Nation hatten die Athener besonders vielfältige und intensive Kontakte mit den anderen Griechen, zumal Attika nach geographischer Lage und ethnischer Abstammung seiner Bewohner wie keine zweite hellenische Landschaft vorherbestimmt war, zum Brennpunkt geistiger Einflüsse aus der übrigen griechischen Welt zu werden. Es lag in der Mitte des griechischen Siedlungsgebietes, etwa gleich weit entfernt von der ägäischen Nordküste, dem Hellespont, dem Dodekanes, der Insel Kreta und den Ionischen Inseln. Die Halbinsel Attika gehörte ferner in einem Maße wie keine andere griechische Landschaft den beiden Haupträumen an, die von Griechen bewohnt waren, nämlich dem Festland und dem Uferbereich der Ägäis. Nach ihrer ethnischen Herkunft waren die Bewohner Attikas schließlich Ionier, aber Ionier, die im dorischen Siedlungsgebiet ansässig waren und die unter ihren Stammesgenossen den Doriern am nächsten standen. In manchem waren sie schließlich »dorischer« als etwa die Korinther und andere Dorier. Sie waren es auch, die den dorischen Baustil vollendeten[29]. – Hierzu kam, daß Athen als Mutterstadt aller ionischen Kolonien galt. Dies hatte zur Folge, daß zahlreiche ionische Philosophen und Wissenschaftler nach dem Zusammenbruch des ionischen Aufstandes Zuflucht in Athen suchten, zumal dieses während des Kampfes gegen die Perser der einzige Halt der ionischen Städte gewesen war. Jetzt wurde diese Stadt, wie einer der ionischen Emigranten sagte, »der Herd, auf dem das Feuer von Hellas brannte«. – Der ionische Philosoph Anaxagoras aus dem ionischen Klazomenä, ein umfassender Geist, der auch naturwissenschaftliche Interessen hatte, lebte über 30 Jahre in Athen. Er erklärte als erster das Licht des Mondes und die Ursache der Mondfinsternis richtig. Über die Natur und Größe der Sonne hatte er bereits recht moderne Vorstellungen. Auch wies er die Realität der Luft experimentell nach. Der hervorragendste der Sophisten, Protagoras aus

---

[28] The Oxford Classical Dictionary, S. 782.

[29] Zu der spezifischen Lage Attikas allgemein Fritz Schachermeyer, Die frühe Klassik der Griechen, Stuttgart 1966, S. 59 f.

Abdera, verbrachte ebenfalls viele Jahre in Athen. Von ihm und den anderen Sophisten, von denen nicht einer Athener war, gingen für das attische Denken mannigfache Anregungen aus.

Dies sind einige philosophische und wissenschaftliche Höhepunkte des frühen Griechenlandes, die zeigen, welche Macht und Reife der griechische Geist bereits vor der großen Zeit Athens erlangt hatte. Aber auch im künstlerischen Bereich konnten die Athener auf eine reiche Überlieferung zurückgreifen. Das gilt insbesondere für die Lyrik, die wie angedeutet auch wichtige neue Ausdrucksmöglichkeiten vermittelte.

Das *China* der T'ang-Zeit zehrte vor allem von den reichen Traditionen des alten China und von den geistigen Schöpfungen, die Südchina im 4., 5. und 6. Jh. hervorgebracht hatte. Die große chinesische Überlieferung geht vor allem auf die Zeit zurück, die mit den Namen der Philosophen Konfuzius und Laotse verbunden ist. Diese Zeit, das 6. vorchristliche Jahrhundert, liegt für uns in historischem Halbdunkel. Eine neue große, wenn auch nicht in gleichem Maße bedeutende Periode der chinesischen Geistesgeschichte, die ebenfalls die spätere chinesische Entwicklung beeinflußte, war die Han-Zeit (206 v. Chr. bis 222 n. Chr.). Diese geistige Tradition wäre nicht hervorzuheben, wenn das China der T'ang-Dynastie noch dasselbe wie zur Zeit des Konfuzius oder der Han gewesen wäre. Tatsächlich war das aber nur sehr bedingt der Fall. Hiervon war bereits die Rede. Auch der chinesische Süden befruchtete das nördliche China. Er war nicht wie dieses im 4. Jh. von den Barbaren erobert worden. Die Kontinuität der Überlieferung wurde hier nie unterbrochen. Als die Mongolen zu Beginn des 4. Jh. in das nördliche China eindrangen, flüchteten die führenden Familien von dort in den Süden, um sich im Yangtse-Tal niederzulassen. Die oberen Schichten der Gesellschaft Südchinas besaßen in der Folgezeit eine höhere Bildung, seine Bevölkerung war nunmehr ganz generell geistig beweglicher, begabter und weicher als die des Nordens. Es war also Südchina, das die chinesische Zivilisation über die Jahrhunderte der »Sechs Dynastien« hinwegrettete. Die spätere orthodox-konfuzianische Geschichtsschreibung, die dem mehr taoistisch eingestellten Süden abgeneigt war, hat dies bisweilen verdunkelt. Einige der größten Vertreter der chinesischen Kultur lebten in jener Zeit im südlichen China. Wang Shi-chih (321–379) ist der hervorragendste chinesische Kalligraph, bedeutend auch durch kürzere Prosaschriften und durch seine Briefkunst, die er als selbständige literarische Gattung erst schuf. Sein Vorwort zu einer Gedichtsammlung erlangte weitere Verbreitung als jedes andere Stück mittelalterlicher chinesischer Prosa[30]. T'ao Ch'ien (365–427) war ein bedeutender Prosaist, Dichter und Komponist. Seine schmucklosen autobiographischen Stücke sind noch heute in China außerordentlich populär[31]. Ku K'ai-chih, der seine Blütezeit um 400 hatte, war der erste große Repräsentant jener Malerei, durch die sich dann die T'ang-Zeit so auszeichnete.

Kulturell besonders brillant war das halbe Jahrhundert der Liang-Dynastie (502–557). Kaiser Wu Ti war ein Schirmherr sämtlicher Künste und Wissenschaften. Sein Sohn,

---

[30] Ch'ēn, a.a.O., S. 215.
[31] Ch'ēn, a.a.O., S. 215f.

Kronprinz Siao T'ung, der postum den Beinamen »Ruhmvoller und Erkenntnisreicher Thronfolger« erhielt, war als Mäzen noch bedeutender[32]. Auch literarisch war diese Zeit glänzend. Damals wirkten hervorragende Literaturkritiker: Liu Hsieh mit seinem »Wên Hsin Tiao Lung«, dem »Geschnitzten Drachen des literarischen Verstandes«, und Chung Jung. Yü Hsin (513–581) verlieh dem »fu«, einer Art Essay, neuen Glanz. Vorangegangen war ihm bereits Chiang Yen (444–505), der eine Entwicklung, die schon in der letzten Zeit der Han-Dynastie begonnen hatte, weitergeführt und den »fu« kürzer, unmittelbarer und lyrischer gestaltet hatte. Sein berühmter Essay »Pieh Fu«, »Vom Abschied«, zeigt die neuen Charakteristika dieser Gattung in ausgeprägter Weise. Seine endgültige Gestalt gab dem modernen »fu« nun Yü Hsin; kennzeichnend für die neue Form sind die Parallelstruktur des »p'ien wên« und der Endreim. Diese Spielart wurde daher auch »lü fu« oder Regel-fu genannt. Yü Hsins Meisterwerk ist »Ai Chiang Nan«, »Klage über das südliche Gebiet«. Der Schriftsteller übte unmittelbaren Einfluß auf die Dichter der T'ang-Zeit aus. Obwohl er aus dem Süden stammte, verbrachte er einen großen Teil seines Lebens und insbesondere die Zeit seiner künstlerischen Reife im Norden, erst als Diplomat und dann als Literat, den man so schätzte, daß man ihn von der Rückkehr in seine Heimat abhielt. Er vermochte die literarische Entwicklung also an Ort und Stelle zu beeinflussen. Auch viele andere hervorragende Schriftsteller in Nordchina waren Südchinesen. Bei dem oben erwähnten Yen Chih-t'ui ist schwer zu sagen, ob er Nord- eher als Südchina zuzurechnen ist[33]. Allgemein bestand bei den nördlichen Schriftstellern die Tendenz, südliche Vorbilder nachzuahmen.

589 wurde der Süden mit dem Norden wiedervereinigt. Keinerlei politische Barrieren standen dem Einfluß des kulturell überlegenen Südens nun noch entgegen, zumal alle Kaiser und der gesamte Adel der Sui-Dynastie von der geistigen Superiorität des Südens überzeugt waren. Der Einfluß des Südens wurde für die Höhe der T'ang-Kulturblüte wesentlich mitbestimmend.

Die Kulturblüte der T'ang wurde aber auch von der indischen Gupta-Kultur außerordentlich beeinflußt, teils direkt, teils auf dem Umweg über den Süden. Der Pilgermönch Hsüan-tsang erschloß durch seine immense Übersetzungsarbeit den Chinesen die indische Gedankenwelt. Wie revolutionär für die Chinesen die indischen Ideen waren, ersieht man am besten daraus, daß er für die Übertragung nahezu ein neues Chinesisch schaffen mußte[34]. Auch die indische Bildhauerkunst hatte eine große Wirkung auf die Chinesen. Es waren Gupta-Skulpturen, die die chinesische Kunst in der Sui- und zu Beginn der T'ang-Zeit in eine neue Richtung lenkten. Die plastische Darstellung des Körpers erlangte wieder eine Bedeutung, die sie lange Zeit nicht gehabt hatte[35]. Indische Mathematik, Medizin und Astronomie durchdrangen das chinesische Geistesleben[36].

---

[32] Hierzu O. Franke, Geschichte des chinesischen Reiches, II. Bd., S. 257 ff.
[33] Ch'ēn, a. a. O., S. 206.
[34] R. Grousset, Histoire de la Chine, S. 170.
[35] Grousset, a. a. O., S. 172.
[36] E. Schafer, The Golden Peaches of Samarkand, S. 8.

Wie Athen im griechischen Kulturkreis, so gehörte innerhalb Italiens *Florenz* zu den Spätkommern. In dem Maße, wie die Macht des mittelalterlichen Kaiserreiches verfiel, bildete sich in Italien eine große Zahl mehr oder weniger unabhängiger republikanischer Stadtstaaten. Wie Venedig und Genua besaßen sie oft frühzeitig großen Glanz und bedeutende Macht, während Florenz lange Zeit im Hintergrund blieb. Die kleine Seerepublik Amalfi nahm im 10. und 11. Jh. einen großartigen Aufschwung. Die »tabula amalphitana«, eine Seerechtskodifikation, wurde bis ins 16. Jh. im gesamten Bereich des Mittelmeeres als maßgebend betrachtet. Von den Arabern übernahmen die Amalfitaner den Kompaß. Flavio Gioja soll ihn auch weiterentwickelt haben. – Die Mediziner Salernos erwarben sich bereits um die Mitte des 11. Jh. Ruhm. Hier fand zuerst in Europa die fortgeschrittene Medizin der Araber Eingang. Hier übersetzte Konstantin von Karthago ihre Schriften ins Lateinische und erweckte dadurch die ärztliche Wissenschaft in Europa zu neuem Leben. Der Ruf der Stadt verbreitete sich im 11. Jh. über ganz Europa. Selbst Könige wie Wilhelm der Eroberer unternahmen die weite Reise, um in Salerno ihre Beschwerden behandeln zu lassen.

Bologna hatte als erste Stadt Europas eine Universität, die um 1100 von Irnerius gegründete Rechtsschule, an der bis zur Mitte des 13. Jh. zahlreiche berühmte Juristen, die Glossatoren, lehrten. Ihre Arbeit wird von manchen Historikern als »die glänzendste geistige Leistung des mittelalterlichen Europa« angesehen[37]. »Bononia docet« wurde zur festen Redewendung. Die Universität hatte aber auch auf dem Gebiet der Rhetorik und anderer Freier Künste einen bedeutenden Ruf. Dies gilt insbesondere für das frühe 13. Jh., als Buoncompagno hier die Redekunst lehrte. Auch zur italienischen Dichtung trug Bologna frühzeitig entscheidendes bei. Guido Guinizelli war der Begründer des »dolce stil nuovo«. Dante pries ihn als erlauchten Sänger des italienischen Volgare-Dialekts. – Padua war die erste italienische Stadt, die 1164 den kaiserlichen Stadthalter davonjagte. Seit 1222 besaß sie eine Universität. Hier führte Pietro d'Abana in der zweiten Hälfte des 13. Jh. den Averroismus ein. Von da an war die Stadt ein Zentrum der aristotelischen Philosophie. Marsilio von Padua, der Verfasser des »Defensor pacis« und Verfechter aufgeklärter politischer Ideen wie der Volkssouveränität, wurde um 1280 in der Stadt geboren. Hier gab es auch erste Ansätze zu einer Überwindung der peripatetischen Philosophie. Padua wurde so zur Wegbereiterin für die Gedankengänge Galileis, der an seiner Universität lange Jahre lehrte.

Wichtig war auch das in Umbrien gelegene Assisi. Von hier nahm die mystisch-religiöse Erneuerungsbewegung Franz von Assisis zu Beginn des 13. Jh. ihren Ausgang. Sein Auftreten bedeutete das endgültige Erwachen einer italienischen Geistigkeit. Er trat für Einfachheit und Natürlichkeit ein. Seine Ideen beeinflußten vor allem auch die Toskana[38]. Später erlangten die Malerwerkstatt und Bauhütte Assisis große Bedeutung. Cimabue und Giotto empfingen nicht nur in Rom, sondern auch hier entscheidende Anre-

---

[37] So John E. Sandys, A History of Classical Scholarship, Bd. I, From the Sixth Century B.C to the End of the Middle Ages, New York 1967³, S. 605.

[38] A. Chastel, Die Kunst Italiens, Teil I, S. 147f.

gungen[39]. Wenige Kirchenbauten übten auf die italienische Architektur einen so starken Einfluß aus wie S. Francesco in Assisi[40]. Und selbst innerhalb der Toskana lagen zunächst andere Städte vor Florenz. Frühzeitig erstrahlte der Glanz Pisas, das sein Hafen gegenüber den anderen toskanischen Städten begünstigte. Seine große Zeit begann im 11. Jh. und dauerte an, bis es 1284 in der Seeschlacht von Meloria von Genua geschlagen wurde. Lange war es neben dieser Stadt und Venedig die führende Seemacht Italiens. Sardinien und Korsika waren ihm untertan. Zu Beginn des 12. Jh. brachte Leonardo von Pisa (Leonardo Fibonacci) das arabische Zahlensystem nach Europa. Die Präzision seines »Liber abaci«, eines Werkes, das er mit 23 Jahren verfaßt hatte, und die Eleganz, mit der er am Hofe des Staufers Friedrich II. Preisaufgaben zu lösen wußte, versetzen noch heute die Mathematiker in Erstaunen. In Pisa lehrte von 1339 bis 1342 Bartolo von Sassoferrato, ein Begründer der modernen Rechtswissenschaft und der größte Jurist, den Italien hervorgebracht hat. Auch künstlerisch war Pisa lange Zeit führend und von großem Einfluß. Die pisanische Romanik ist die schönste Italiens. Bereits 1063 hatte die Stadt mit dem Bau seines berühmten Doms begonnen, der etwas völlig Neues darstellte und zusammen mit dem Baptisterium (begonnen 1153), dem Schiefen Turm (begonnen 1173) und dem Campo Santo (begonnen 1278) eine unvergleichliche szenische Einheit bildet[41]. Auch zur Skulptur und insbesondere der Kunst der Kanzeln leisteten pisanische Künstler einen bedeutenden Beitrag. Einzigartig ist die große Kanzel, die Niccolò Pisano 1260 im Baptisterium von Pisa schuf und mit der eine ganz neue Ära der Bildhauerkunst eingeleitet wurde[42]. Der Bildhauer Arnolfo di Cambio, ein Zeitgenosse Dantes, war sein Schüler. Nach dessen Tod im Jahre 1302 beherrschten wieder unbestritten die pisanischen Meister die Bildhauerkunst der Toskana. Noch 1330 ließen sich die Florentiner die erste Bronzetür des Baptisteriums von einem Künstler aus Pisa, Andrea Pisano, gießen.

Auch Lucca und Siena besaßen kulturell zunächst größere Bedeutung als Florenz. Bevor die gotische Baukunst ihren Weg nach Siena und Florenz fand, war sie in Pisa und Lucca heimisch. Neben Florenz war es sodann Siena, wo sie völlig an die italienischen Bedürfnisse adaptiert wurde[43]. Noch Arnolfo di Cambio hatte seine Laufbahn in Siena und Bologna begonnen. Als die florentinische Malerei zwischen 1350 und 1375 in eine Krise geriet, hatte Siena die künstlerische Vorherrschaft in der Toskana. Bis tief ins 15. Jh. hinein haben die Sienesen Duccio und Simone Martini einen starken Einfluß auf die florentinische Malerei ausgeübt[44]. Noch Fra Angelico war der Schüler eines Sienesen, nämlich Lorenzo Monacos.

Es wurden damit nur einige Gemeinwesen genannt, die in ihrer kulturellen Entwicklung Florenz voraus waren, und lediglich wenige wichtige Quellen erwähnt, aus denen die Florentiner geistige und künstlerische Anregungen schöpften. Im wesentlichen

---

[39] Chastel, a. a. O., S. 185.
[40] Chastel, a. a. O., S. 163.
[41] Chastel, a. a. O., S. 119.
[42] Chastel, a. a. O., S. 123, 154.
[43] Chastel, a. a. O., S. 165.
[44] Chastel, a. a. O., S. 161 f.

wurde dabei nicht über die zweite Hälfte des 13. Jh. hinausgegangen. Zu dieser Zeit nahm nämlich auch Florenz einen beträchtlichen Aufschwung und gab, wenigstens zu gewissen Zeiten, mehr als es empfing.

Die Wiederentdeckung des klassischen Altertums erfolgte gerade rechtzeitig, um die florentinische Kulturblüte zu befruchten. Auf Betreiben Salutatis lehrte der Grieche Emmanuel Chrysolaris von 1396 bis 1400 in Florenz die griechische Sprache, die in Europa seit Jahrhunderten so gut wie unbekannt gewesen war. Bei seinem Weggang ließ er eine griechische Grammatik zurück. Die griechische Sprache hielt ihren Einzug nach Europa über Florenz. Zu der Wiederentdeckung des Altertums gehörte auch, daß die antike Literatur der Vergessenheit entrissen wurde. Bis um 1400 kannte man von den klassischen Schriftstellern nicht viel mehr als Vergil und Ovid. Um 1410 wurde das Werk, das Vitruv im ersten vorchristlichen Jahrhundert über die Architektur geschrieben hatte, wiedergefunden. Poggio entdeckte 1416 im Kloster Sankt Gallen die Bücher Quintilians über die Redekunst. Diese beiden Autoren unterrichteten die Florentiner umfassend über das römische Bildungs- und Erziehungswesen. Andere große literarische Entdeckungen folgten. Unter den Manuskripten, die Giovanni Aurispa 1423 von Konstantinopel mitbrachte, befanden sich die Werke von Äschylos, Sophokles und Platon, die bis dahin unbekannt gewesen waren. 1427 fand Francesco Filelfo in derselben Stadt Texte von Herodot, Thukydides, Xenophon, Homer, Hesiod, Pindar und Euripides[45]. Der geistige Horizont der Florentiner erweiterte sich in kürzester Zeit ins Unermeßliche. – 1439 brachte das Konzil, das die Wiedervereinigung der beiden Kirchen herbeiführen sollte, zahlreiche griechische Gelehrte in die Stadt. Gemistos Plethon hielt seine berühmten Vorlesungen über Platon. Argyropoulos weilte von 1456 bis 1471 in Florenz, gab als erster im neueren Europa einen Überblick über die griechische Philosophie von den Vorsokratikern an und machte seine Zuhörer insbesondere mit den Ideen von Sokrates, Platon und Aristoteles bekannt.

Selbst die Baukunst wurde von der Wiederentdeckung des Altertums beeinflußt. Bevor Brunelleschi den florentinischen Dom überwölbte, grub er in Rom antike Gebäude aus und vermaß sie systematisch mit seinem Freunde Donatello. So gelangte er zu den Einsichten, die es ihm ermöglichten, die berühmte Kuppel ohne Stützgerüst zu bauen.

Innerhalb des europäischen Kulturkreises kam auch *Frankreichs* Kulturblüte spät. Sie konnte vor allem von den Leistungen Italiens, Englands, Spaniens sowie der deutschen und flandrischen Städte zehren.

IV.2. Gibt es eine Herausforderung durch die natürliche Umgebung

Über den Vorteil, innerhalb eines Kulturkreises zu den »Spätentwicklern« zu gehören, kann es somit kaum einen Zweifel geben. Welche Gemeinwesen aber gehören zu diesen

---

[45] John E. Sandys, A History of Classical Scholarship, Bd. II, From the Revival of Learning to the End of the Eighteenth Century (in Italy, France, England, and the Netherlands), New York 1967³, S. 37.

Spätkommern? Allgemein gesagt sind es solche Gesellschaften, deren Entwicklung durch widrige äußere Umstände verzögert oder deren zivilisatorisches Niveau durch gewaltsame Einwirkung von außen stark beeinträchtigt wurde. Der wichtigere Fall sind widrige physische Verhältnisse. Hierher gehören Athen und Florenz, die materiell und zivilisatorisch hinter den anderen Gesellschaften ihres Kulturkreises zurückgeblieben waren, weil sie mit einer schwierigen Umgebung fertig werden mußten.

Attika ist ein armes Land. Wenn die übrigen ägäischen Küstengebiete – verglichen mit ihrem Hinterland – an sich schon hart sind, so ist die attische Halbinsel noch einmal besonders karg. Ursprünglich umfaßte sie auch Wald und Ackerland. Erosion hatte aber frühzeitig dazu geführt, daß sie nur noch über einen teils ungewöhnlich leichten, teils steinigen Boden verfügte, der Getreidebau und Viehzucht nicht mehr zuließ. Seine Bewohner konnten nur dadurch überleben, daß sie sich auf den Anbau der anspruchslosen Olive beschränkten, Keramik herstellten, Silberbergbau, Handelsschiffahrt und internationalen Handel betrieben. Auch die Toskana ist verglichen mit ihrer Umgebung wenig einladend. Der größte Teil dieser Landschaft ist sandig und steinig. Die Berge sind steil, die Täler tiefeingeschnitten, die Winter kalt. Obwohl im Tal des Arno Weizen und Mais gedeihen und einzelne Hänge auch für den Anbau von Wein und Oliven geeignet sind, kam Florenz nicht ohne die Einfuhr von Lebensmitteln und Rohstoffen aus. Die Wolle, die es zu hochwertigen Textilien verarbeitete, mußte es einführen.

Athen und Florenz ist gemeinsam, daß sich infolge einer schwierigen Umgebung ihre materiellen Reserven langsamer entwickelten, gleichzeitig sich aber auch ihre Integration mit Verzögerung und nur allmählich lockerte. Sie waren nicht nur kulturell, sondern auch gesellschaftlich Spätentwickler. Sie waren schließlich letzte Reste einer einstmals heilen Welt, ringsum von sozialem Verfall umgeben. Langsamere Entfaltung des Anpassungsspielraums bewirkte bei ihnen, daß sie die Fähigkeit zu Kulturblüten erst später als andere Gesellschaften des Kulturkreises erlangten; die mit der allmählicheren Erweiterung des Anpassungsspielraumes verbundene spätere Lockerung der Integration bedingte gleichzeitig, daß sie diese Fähigkeit aber auch länger behielten, was ihnen erlaubte, höchsten Nutzen aus der großen zivilisatorischen Reife des restlichen Kulturkreises zu ziehen und so ihre Kulturblüte von einem höheren kulturellen Niveau aus hervorzubringen, eine Beobachtung, die dazu beiträgt, die Einmaligkeit ihrer Leistungen verständlicher zu machen.

Die Feststellung, daß Gesellschaften, die sich mit einer harten Umgebung auseinanderzusetzen haben, kulturell besonders fruchtbar sind, führte Toynbee dazu, einen direkten Zusammenhang zwischen harter Umgebung und kultureller Entwicklung anzunehmen. Er schuf den spezifischen Begriff »Anreiz der harten Länder«. Toynbee hat die Zusammenhänge jedoch schwerlich richtig gesehen. Gerade die Fälle Athen und Florenz geben Grund zu der Annahme, daß eine harte natürliche Umgebung auf die Entfaltung hoher Kreativität zunächst eher retardierend wirkt. Das ist auch eine naheliegende Annahme. Denn je mehr sich eine Gesellschaft auf den Existenzkampf konzentrieren muß, je geringer ihr Wohlstand ist, desto weniger kann sie sich den Luxus verfeinerter Kultur leisten. Wenn eine harte natürliche Umgebung im Endergebnis schließlich doch zu hoher Kultur beitragen kann, so nur auf indirekte Weise, und zwar derart, daß sie geeignet ist, den Zeitraum, in dem eine Gesellschaft nach ihrer Struktur einer Kulturblüte fähig ist, hinauszuzögern und ihr auf diese Weise besonders günstige Startbedingungen zu geben. Es sind im übrigen ganz ähnliche Gründe, die die Süd-Nord-Bewegung der Kultur, diesen Haupteinwand gegen Toynbees Annahme, erklären, so z. B. auch die Tatsache, daß Frankreich und andere Länder nördlich der Alpen ihre größte Kulturblüte erst nach den italienischen Stadtstaaten und auch erst nach Spanien hatten.

Nicht beantwortet ist damit freilich die Frage, inwieweit eine harte physische Umgebung daneben auch direkt kulturfördernd wirkt; sie könnte das, indem sie etwa auf einen besonders erfinderischen und begabten Menschentyp hinwirkt, sei es biologisch durch natürliche Auslese, sei es gesellschaftlich durch ein besonderes Werte- und Normensystem, wobei die beiden Komponenten übrigens nicht scharf voneinander zu trennen sind; so wirken z. B. auch die Normen einer Gesellschaft, indem sie bestimmte Menschentypen bevorzugen und andere benachteiligen, zwar nur marginal, potentiell aber doch mit großem Effekt auf eine ganz bestimmte Auslese hin. Die Athener galten schon im 6. vorchristlichen Jahrhundert als besonders schlau. Die Toskaner haben bis auf den heutigen Tag denselben Ruf. Es handelt sich hierbei um Erscheinungen, die eben wegen der unauflöslichen Verquickung biologischer und gesellschaftlicher Faktoren und mangels greifbarer raum-zeitlicher Zusammenhänge einer wissenschaftlichen Analyse nicht zugänglich sind.

Bei China liegen die Dinge etwas anders. Nordchina stand ursprünglich Südchina in seiner zivilisatorischen Entwicklung nicht nach, wurde jedoch durch die Barbareneinfälle stark zurückgeworfen. Hiervon ist die Rede gewesen. Die Wirkung war im Endergebnis dieselbe. Allgemein gesagt: Ähnlich wie eine karge physische Umgebung können harte Schläge wirken, die die Gesellschaft von außen empfängt.

VIII. Kapitel

DIE URSPRÜNGE DES AUGUSTEISCHEN ZEITALTERS, DER ABBASIDISCHEN KULTURBLÜTE UND DER GOETHEZEIT

I. Das Augusteische Zeitalter

Es wurde bisher davon ausgegangen, daß Gesellschaften, die Kulturblüten hervorbringen, in einem Staat organisiert sind. Wenn dies sicher auch der Regelfall ist, so ist es jedoch nicht notwendig so. Die niederländische Kulturblüte erwuchs aus dem Unabhängigkeitskrieg einer Provinz der spanischen Monarchie gegen die Zentralgewalt, so wie die glanzvolle Zeit Neubabyloniens auf den erfolgreichen Freiheitskampf des mesopotamischen Landes gegen den assyrischen Oberherrn und dessen völlige Vernichtung folgte. Ähnlich sind die Ursprünge der großen Kulturblüte, durch die sich Rom um die Zeitenwende auszeichnete.

Die erste Phase dieser glanzvollen Periode ist als Augusteisches Zeitalter in die Geschichte eingegangen. Ihre bewunderungswürdigsten Leistungen liegen auf literarischem Gebiet. Eine Reihe der größten Dichtungen der Weltliteratur entstand damals. Man kann den 87 v. Chr. geborenen Catull mit seinen unklassischen Formen als Vorläufer dieser Kulturblüte und als ihre eigentlichen Repräsentanten Vergil, Horaz, Tibull, Properz sowie Ovid erwähnen. Livius schrieb in jener Zeit sein Werk über die Geschichte Roms, das mehr der künstlerischen als der wissenschaftlichen Geschichtsschreibung zuzurechnen ist. Aber auch in der Baukunst und Malerei leistete das Augusteische Zeitalter sehr Bemerkenswertes. Die zweite Phase dieser Kulturblüte war demgegenüber weniger bedeutend. Ihr hervorragendster Vertreter ist Tacitus; vielleicht sind ihr auch Seneca und Lucan, die aus einer in Corduba heimischen römischen Ritterfamilie stammten, sowie Quintilian aus dem ebenfalls spanischen Calagurris zuzurechnen. Noch schwächer ausgebildet war die dritte Phase; sie ist praktisch von den kulturellen Leistungen anderer Völker, die in den ersten nachchristlichen Jahrhunderten im römischen Reich vereinigt waren, nicht abzugrenzen.

Auffallend ist, daß diese zweite römische Kulturblüte von ganz anderen Bevölkerungsgruppen des römischen Staates getragen wurde als ihre Vorgängerin, deren wichtigste Repräsentanten Lucrez, Cicero, Sallust und Caesar gewesen waren. Letztere hatte ihre Wurzeln in den römischen Kerngebieten, deren Bewohner schon vor 150 v. Chr. die römische Vollbürgerschaft besaßen: So kam Sallust aus der uralten Sabinerstadt Amiternum, die seit 241 im Genuß des römischen Bürgerrechts war, und Cicero stammte aus dem Tal der Liris, das zum Gebiet der Volsker gehörte, denen derselbe Status etwa 180 v. Chr. verliehen worden war.

Umgekehrt kamen die großen Repräsentanten des Augusteischen Zeitalters in keinem Fall aus dem römischen Kernland. Der Rückgang der Produktivität des eigentlichen Roms in jener Epoche ist um so bemerkenswerter, als gerade damals ein entscheidender Wandel in der Einstellung der Römer gegenüber kulturellen Werten eingetreten war. Noch in der vorangegangenen Generation hatte man schriftstellerische Tätigkeit als eine Beschäftigung angesehen, die einem echten Mann schlecht anstehe. Cato hatte die Dichter als Bummler bezeichnet. Cicero wurde es verdacht, daß er sich durch Wissenschaft und Philosophie von öffentlichen Aufgaben ablenken ließ. Noch Sallust hielt eine Rechtfertigung für seine historisch-literarische Tätigkeit für erforderlich. Unter der Monarchie, die die Meinungsfreiheit einschränkte, wurde die Politik nun zu einem gefährlichen Beruf; man empfand sie als Last, und viele wandten sich dauernd der Literatur zu.

Die zweite römische Kulturblüte weist noch ein weiteres erwähnenswertes Merkmal auf, das sie von der ersten deutlich abhebt und für den flüchtigen Blick eine Anomalie darstellt. Sie entstand in einer Zeit, zu der die Macht Roms seit nahezu zwei Jahrhunderten auf keinen ernsthaften auswärtigen Gegner mehr gestoßen war. Sie scheint also ein klarer Gegenbeweis gegen die These zu sein, daß jede Kulturblüte ihren Ursprung in der äußeren Geschichte einer Gesellschaft habe. Das doppelte Problem, das sich hier stellt, löst sich jedoch ziemlich einfach, wenn man annimmt, daß die beiden genannten Besonderheiten sich gegenseitig bedingen, wenn man also für die Entstehung der zweiten römischen Kulturblüte das damalige Rom nicht als eine Einheit betrachtet, sondern von jenen Gebieten ausgeht, die die großen Repräsentanten der Kulturblüte hervorbrachten, d. h. wenn man die augusteische Blütezeit als ein Produkt nicht des eigentlichen Roms, sondern der Italiker ansieht, die im Bundesgenossenkrieg von 91 bis 87 v. Chr. Rom die Gleichberechtigung abgetrotzt hatten, selber kämpfend oder doch wenigstens mit den kriegführenden Völkerschaften sympathisierend. Bei einer solchen Betrachtungsweise wird rasch evident, daß auch die Ursprünge des Augusteischen Zeitalters dem hier entwickelten idealtypischen Modell entsprechen.

Die italischen Bundesgenossen der Römer, die »socii Italici«, waren ursprünglich freie Gemeinden gewesen, die sich auch durch Sprache, Sitte und Recht von den Römern unterschieden. Als der führenden Kommune standen Rom die Leitung des Kriegswesens und die Oberaufsicht über die gesamte Verwaltung zu. Im Laufe des 2. Jh. v. Chr. wurde die ursprüngliche Autonomie der Italiker allmählich eingeschränkt. Die römischen Herren übten ihre Macht immer mehr in einer Weise aus, die fast ebenso schlimm war, wie wenn sie die Bundesgenossen geradezu für rechtlose Untertanen erklärt hätten[1]. Mit besonderer Erbitterung erfuhren die Bundesgenossen den Mißbrauch des schrankenlosen römischen Imperiums. Die Willkür der zahllosen römischen Beamten, die die Oberaufsicht führten, war bisweilen unerträglich. In Teanum Sidicinum, einer angesehenen Bundesstadt in Campanien, hatte ein Konsul den Bürgermeister öffentlich auspeitschen lassen, weil die Gemeindebeamten seiner Frau, die im Männerbad baden wollte, die Badenden nicht schnell genug ausgewiesen hatten und weil ihr das Bad nicht sauber genug gewesen war. Ähnliches ereignete sich anderswo.

---

[1] Vgl. hierzu und zum folgenden Theodor Mommsen, Römische Geschichte, II. Bd., Berlin 1933[14], S. 219 ff.

Die Bundesgenossen wurden auch in ungerechter Weise zum Kriegsdienst herangezogen. Regelmäßig wurden auf einen Bürger zwei Bundesgenossen ausgehoben, obwohl 400 000 Römern nur etwa 500 000 bis 600 000 Bundesgenossen gegenüberstanden. Als Soldaten wurden sie vorzugsweise zu den schwereren Diensten herangezogen. Indem man auf sie – anders als auf die Bürger – das ungemilderte alte römische Kriegsrecht anwendete, machte man sie auch insofern zu Soldaten zweiter Klasse.

Ein einstmals tragbares Abhängigkeitsverhältnis verwandelte sich so in drückende Knechtschaft. Auch die Sonderstellung der Latiner empfanden die Italiker mit Ressentiment. Dazu kam, daß im 2. Jh. v. Chr. im gesamten Italien eine Verschlechterung der wirtschaftlichen Verhältnisse eingetreten war, die die unteren Schichten der Italiker besonders hart traf. Angriffe auf das Recht der Bundesgenossen, in die Hauptstadt überzusiedeln, verschärften die Misere noch. 126 und 122 v. Chr. wurden durch Beschlüsse des römischen Volks und Senats sämtliche Nichtbürger aus Rom ausgewiesen. Zu offener Empörung kam es erstmals im Jahre 125; die Stadt Fregellae, die vor allen anderen die Sache der Italiker vertrat, erhob sich, wurde bezwungen und vernichtet. Die Erbitterung wuchs weiter, auch infolge der Ausschreitungen, die nach dem Scheitern der gracchischen Revolutionsversuche Platz griffen. Einige Jahrzehnte später gab die Ermordung des Volkstribunen Marcus Livius Drusus, der sich für die Gleichstellung der Italiker besonders eingesetzt hatte, das Zeichen zum allgemeinen Aufstand (91 v. Chr.). In dem Krieg, der nun ausbrach, geriet Rom in größte Schwierigkeiten. Es erlitt neunzig Niederlagen und mußte, um sich zu behaupten, vierzehn Legionen aufbieten. Das sieggewohnte Rom wurde nun von denselben Italikern, die einst nicht der aufsteigenden Stadt zu widerstehen vermocht hatten, aus seiner jetzigen Vormachtstellung an den Rand des Abgrunds gedrängt.

Der Umfang der Insurrektion läßt sich – das gilt insbesondere für ihren Beginn – nur in allgemeinen Umrissen angeben[2]. Bei ihrer Vorbereitung hatten die Paeligner, die nachmals auch am erbittertsten kämpften, eine zentrale Stellung. Ihrer wurden die Römer erst Herr, als ihnen ein Erdbeben mit vulkanischen Begleiterscheinungen zu Hilfe kam. Im Samnium, wo sich die Unversöhnlichsten gesammelt hatten, dauerte der Krieg noch 87 v. Chr. an. Das Gebiet wurde von Sulla völlig verwüstet. In ihm lag Sulmo, der spätere Geburtsort Ovids. Das süditalienische Venusia, wo 65 v. Chr. Horaz das Licht der Welt erblicken sollte, gehörte zu den Städten, die den Römern den hartnäckigsten Widerstand entgegensetzten.

Es versteht sich, daß die Erfolge der Insurgenten nur unter Anspannung aller verfügbaren Kräfte, mittels einer aufs höchste gesteigerten Disziplin und einer umfassenden Organisation der Gesellschaft, kurz gesagt einer »Anpassung«, möglich waren. Die Veränderungen in der Struktur der Gesellschaft, die in den Jahrzehnten vor dem Krieg stattfanden, sind naturgemäß kaum zu belegen. Es ist aber überliefert, daß alte Geheimbünde bei der Vorbereitung des Kampfes eine wichtige Rolle spielten. Zu Beginn des eigentlichen Aufstands begründeten die beteiligten Italiker eine Föderation, deren Verfassung sich eng an die römische anlehnte. Corfinium, die an der strategisch wichtigen, Rom mit der Adria

---

[2] Mommsen, a. a. O., S. 240.

verbindenden Via Valeriana gelegene Stadt der Päligner, wurde zur Gegenkapitale bestimmt und erhielt den Namen »Italia«. Dort plante man eine geräumige Großstadt mit allen erforderlichen Einrichtungen. Die Angehörigen der aufständischen Gemeinden erhielten – auch hierin folgte man dem römischen Vorbild – das Bürgerrecht dieser Stadt. Ebenso übernahmen die Italiker die Institutionen des Senats, der Konsuln und der Prätoren. Neben Lateinisch wurde Oskisch, die Sprache der Samniten, Amtssprache. Auch ein eigenes Münzwesen wurde begründet. Die in beiden Amtssprachen geprägten Münzen zeigten den italischen Stier, wie er die römische Wölfin auf die Hörner nimmt[3].

Den italischen Verbündeten gelang es, ihre Ziele weitgehend durchzusetzen. Zum ersten Mal seit 300 Jahren mußte Rom sich den Frieden diktieren lassen. Durch die lex Julia (90 v. Chr.), die lex Plautia Papiria (89 v. Chr.) und die lex Pompeia (ebenfalls 89 v. Chr.) verlieh es den Italikern das volle Bürgerrecht und damit die Gleichberechtigung, was das Ende ihrer einseitigen Abhängigkeit bedeutete. Auch die transpadanische Region konnte ihre Stellung verbessern. Die Landschaft zwischen dem Po und den Alpen erhielt das bundesgenössische Recht, was gleichsam eine Anwartschaft auf das Bürgerrecht bedeutete.

Durch einen ähnlichen Erfolg wurden die Niederländer später zur Nation. Einem entsprechenden Prozeß der Nationwerdung standen bei den Italikern verschiedene Umstände entgegen: Ihr Erfolg war kein so vollständiger; Rom mit seiner zivilisatorischen Überlegenheit und seiner zentralen Lage strahlte weiter aus; die Italiker waren kulturell und sprachlich in sich auch zu vielfältig, um ohne weiteres zu einem einheitlichen Gebilde, das sich von Römern und Latinern abhob, zu verschmelzen.

Die augusteische Kulturblüte ging also von einer Mehrzahl von Gesellschaften aus, die höchstens in der Epoche, in der sie die äußere Bedrohung überwanden, einen Staat bildeten, während der entscheidenden Zeit der Anpassung aber in mehreren Staaten organisiert waren, sofern der Begriff des Staates auf diese Gebilde überhaupt anwendbar ist. Insoweit hat sie in ihrem Ursprung eine gewisse Ähnlichkeit mit der deutschen Kulturblüte. Man kann aber auch von der institutionellen Gesamtheit ausgehen, die Rom und die von ihm beherrschten Bundesgenossen bildeten, und sie zusammen als *einen* Staat betrachten. Wenn man diese mehr materielle und daher wohl vorzuziehende Betrachtungsweise als Ausgangspunkt nimmt, kann man sagen, daß die augusteische Kulturblüte auf die erfolgreiche Auseinandersetzung einer unterdrückten Mehrheit, nämlich der Italiker, mit der im Staat dominierenden Minderheit zurückgeht. Was die Verlagerung der Ursprungsregion von Kulturblüten innerhalb eines staatlichen Gebildes anbelangt, so verhalten sich die beiden römischen Kulturblüten ähnlich zueinander wie in Ägypten die Kulturblüten des Alten und des Mittleren Reiches. Auch sie wurden nicht von der Gesamtheit, sondern nur von Teilen des Staatsvolkes hervorgebracht, und zwar erstere von der Bevölkerung des Gaus Memphis, letztere dagegen von der Bevölkerung des Gaus Theben.

---

[3] Hierzu und zum folgenden E. Vetter in: Pauly-Wissowa, 36. Halbband 1. Drittel, Stuttgart 1942, Sp. 2256, und Mommsen, a. a. O., S. 238.

II. Die abbasidische Kulturblüte

Die Hauptvertreter der abbasidischen Kulturblüte, deren sprachliches Medium das Arabische war, kamen nicht, wie man annehmen könnte, aus den Reihen der Araber, die im 7. Jh. ein weitausgreifendes Imperium gegründet hatten, sondern waren vor allem Perser und daneben auch Angehörige anderer östlicher Völker, die um die Mitte des 8. Jh. die arabisch-syrische Vorherrschaft gebrochen hatten. Als wesentliche Repräsentanten dieser Kulturblüte sind zu nennen:

– Ibn al-Muqaffa (720/25–757), ein zum Islam konvertierter Perser, schrieb das Buch von Kalīla und Dimma, eine Neufassung der ursprünglich indischen Fabeln von Bidpai, die durch ihre sprachliche und stilistische Reinheit zu den bedeutendsten Werken der arabischen Literatur zählt.

– Abū Nuwās, der 762 als Sohn einer persischen Wollwäscherin geboren wurde, ist der hervorragendste Dichter der abbasidischen Epoche und einer der bedeutendsten der arabischen Sprache überhaupt.

– al-Jāhiz (776–869) war der gewaltigste Geist der arabischen Welt des 9. Jh. und vielleicht der größte arabische Prosaschriftsteller schlechthin. Es gibt Kenner der arabischen Literatur, die nach ihm das 9. Jh. benennen (Pellat). Er ist der Meister des »adab«, jener literarischen Gattung, die in anekdotischem Stil und essayistischer Form unter Rückgriff auf Dichtung und Sprichwortschatz Früharabiens den »adīb«, den arabischen Gentleman, unterhalten und bilden will, wobei der Autor nur insofern hervortritt, als er Dokumente auswählt, darbietet und kommentiert. In seinen fast 200 Werken glänzt al-Jāhiz durch Witz, Beobachtungsgabe und stilistische Eleganz. Er war einer der ersten aus dem arabischen Kulturkreis, die tiefer in die aristotelische Philosophie eindrangen. Sein »Buch der Tiere« gibt einen umfassenden Überblick über die belebte Schöpfung und versucht, Wissenschaft und Religion dabei gleichermaßen gerecht zu werden. al-Jāhiz zeigt auch bereits Ansätze zu einer Gesellschaftskritik. Er war der erste, der das Treiben der verschiedenen Klassen der Gesellschaft beschrieb[4]; auch befaßte er sich mit den Mängeln der sozialen und wirtschaftlichen Organisation in den großen Städten[5]. Ferner begann er schon eine Evolutionstheorie, Tierpsychologie und Klimalehre zu entwickeln, wie sie erst das 19. Jh. fortbildete.

Seine ethnische Zugehörigkeit ist nicht klar. Er wurde geboren und wuchs auf in Basra, dessen Bewohner zum großen Teil Perser waren. Wahrscheinlich war er abessinischen Ursprungs[6]. Fest steht jedenfalls, daß er ein »mawla«, ein Schutzbefohlener war, also nicht aus einer arabischen Familie stammte, die immer frei gewesen war.

– Sibawaihi (ca. 760–ca. 800), persischer Abstammung, gab die erste zusammenfassende Darstellung der arabischen Grammatik. Sein Werk bildet die Grundlage für die Arbeit aller späteren arabischen Grammatiker. Wie der Koran wird es von den Arabern schlicht als al-Kitāb, »das Buch«, bezeichnet.

– Ibn Qutayba (828–889), einer der großen sunnitischen Polygraphen des 9. Jh., sowohl Theologe wie auch Humanist, gehörte wahrscheinlich einer arabisierten Familie persischer Volkszugehörigkeit aus Khorasan an.

---

[4] Gaston Wiet, Introduction à la littérature arabe, Paris 1966, S. 97.
[5] Wiet, a. a. O., S. 107.
[6] So Charles Pellat in: The Encyclopedia of Islam, Bd. II, Leiden/London 1965, S. 385.

– al-Balādhurī (gest. 892), der Verfasser des ersten großen arabischen Geschichtswerks, des Kitāb Futūhi al-Buldān, einer wertvollen Zusammenfassung der Geschichte der arabischen Eroberung, war ebenfalls persischen Ursprungs.

– al-Tabarī (838–923), stammte aus Āmul in der persischen Provinz Tabaristān. Von universaler Gelehrsamkeit, wurde er berühmt insbesondere durch seine – auch methodisch neuartige – Weltgeschichte. Von vielen wird er als der bedeutendste arabische Historiker angesehen.

– al-Rāzī (um 864–925) kam aus dem in der Nähe von Teheran gelegenen Rajj. Er ist der größte Arzt des Islam. Außer zahlreichen Monographien verfaßte er mehrere wichtige Handbücher, die die bedeutendsten waren, die das Mittelalter auf dem Gebiet der Medizin kannte. Nach seiner wissenschaftlichen Leistung und seinem hohen Ethos ist er mit Hippokrates zu vergleichen. Auch war er ein bahnbrechender Physiker: U. a. entdeckte er das Vakuum. Als Philosoph, Theologe, Mathematiker, Astronom und Alchemist ragte er ebenfalls hervor. Sein »Kitāb al-Asrār« – »das Buch der Geheimnisse« – erlangte bei den europäischen Alchemisten den Rang eines Standardwerkes. Auch als Musiktheoretiker war er von Bedeutung.

– al-Tauhīdī (922/32–1023), auch er persischer Herkunft, gehört mit al-Muqaffa, al-Jāhiz und al-Qutayba zu den hervorragendsten Vertretern des »adab«. Er ist wahrscheinlich der größte arabische Prosaist des 10. Jh.[7]. Seine Werke werden in arabischen Schulen noch heute als Lehrbücher benützt.

– al-Muqaddasī (ca. 946–nach 1000) ist einer der größten, wenn nicht *der* größte der arabischen Geographen, sein Werk das originellste, das sie hervorgebracht haben. Mütterlicherseits stammte er aus Biyār in Qūmis, Persien.

– al-Bīrūnī, Iranier aus der Gegend südlich des Aralsees (973–nach 1050), war als Astronom, Mathematiker, Geograph und Historiker einer der größten Gelehrten aller Zeiten.

– Ibn Sīnā (980–1037), im Westen unter dem Namen Avicenna bekannt geworden, war nicht nur ein großer Philosoph, sondern auch der »Fürst der Ärzte«. Sein »Kanon« ist in der Geschichte der Medizin einzigartig: Alle Ergebnisse der theoretischen und praktischen Medizin sind in diesem Werk verarbeitet. An Kraft der Systembildung und der darstellerischen Brillanz sucht er seinesgleichen. Neben al-Bīrūnī war er der größte Denker und Wissenschaftler des 11. Jh. Er kam aus Afshana in der Nähe von Buchara, das bis 892 Sitz eines Emirats innerhalb der persischen Provinz Khorasan gewesen war. Die Muttersprache Avicennas war persisch.

– al-Tha'ālibī (981–1038), einer der fruchtbarsten Schöngeister der arabischen Literatur des 11. Jh., war ebenfalls Perser; er stammte aus Nisābūr.

– al-Ghazzālī lebte von 1058 bis 1111 und kam aus einem Dorf nahe Tūs in der persischen Provinz Khorasan. Er gilt als der größte Theologe des Islam. Vielleicht kann man auch ihn noch der abbasidischen Kulturblüte zurechnen.

Wenn die Ursprünge dieser Kulturblüte den Wurzeln anderer kulturell sehr produktiver Zeiten vergleichbar sind, ist ihre Vorgeschichte bei den Persern, in schwächerem Maße auch bei anderen östlichen Völkern, die wie die Mesopotamier in den vierziger Jahren des 7. Jh. von den Arabern unterworfen worden waren, zu suchen. Man wird sie in den historischen Vorgängen der 2. Hälfte des 7. Jh. und der 1. Hälfte des 8. Jh. auch unschwer erkennen.

---

[7] Wiet, a.a.O., S.169.

Die arabische Eroberung hatte die Besiegten auf einen inferioren Status hinabgedrückt. In der Theorie zwar erwarben die Angehörigen der unterworfenen Völker, sofern sie sich zum Islam bekehrten, die volle Gleichberechtigung. Praktisch war es jedoch so, daß sie im Gegensatz zu den Arabern Steuern zu zahlen hatten und von den rassebewußten Wüstensöhnen mit Geringschätzung behandelt wurden. Vor allem aber mußten sich die Konvertiten unter den Schutz eines der arabischen Stämme, die sich in ihrem Gebiet niedergelassen hatten, stellen; als Schutzbefohlene (»mawālī«) standen sie sozial unter den freigeborenen arabischen Muslims. Bald entwickelten sich insbesondere bei jenen Persern, die zum Islam übergetreten waren, starke Ressentiments gegen die Araber und die Herrschaft der omajjadischen Kalifen. Auch das syrische Übergewicht, symbolisiert durch den Sitz des Kalifen in Damaskus, stieß auf wachsende Erbitterung. Wir haben es insofern mit einer Fortsetzung der alten persisch-byzantinischen Rivalität zu tun[8].

Die Perser begannen zunächst moralischen Widerstand zu leisten, und zwar vor allem auf religiösem Gebiet. Am Ende des 7. Jh. bildeten sich im östlichen Teil des arabischen Reiches heterodoxe islamische Sekten, die sämtlich religiöse mit politischen Bestrebungen vereinigten und vor allem unter den persischen und mesopotamischen Muslims Anhänger fanden. Sie warfen den omajjadischen Kalifen Gottlosigkeit und übertriebenen Luxus vor. Sie verkündeten, es sei notwendig, den Koran strikt zu beobachten, zur Sunna des Propheten zurückzukehren und den ursprünglichen Islam wiederherzustellen. Der Wille, die Familie des Propheten wieder in ihre alten Rechte einzusetzen, entwickelte sich insbesondere unter den Persern. Dazu kam eine sozial-reformerische Komponente. Die Bewegung versprach den Schwachen Hilfe gegen ihre Unterdrücker. Sie erstrebte die Aufhebung von Privilegien. Aus dem Koran und der Sunna folgerte man, daß alle Muslims dieselben Rechte haben müßten und auch die Anhänger nicht-islamischer Religionen gerecht zu behandeln seien.[9] Institutionell bildete sich in einer späteren Phase – ganz ähnlich wie unter den Italikern vor dem Bundesgenossenkrieg – eine geheime Organisation, die mit großer Durchschlagskraft den Aufstand gegen die Omajjaden vorbereitete.

Der aktive offene Widerstand begann im Jahre 716. Damals erhob der Abbaside Muhammad ibnʿAlī, das Oberhaupt des hashemitischen Clans, Anspruch auf das Kalifat und sandte die ersten Sendboten in die persischen Provinzen. In den vierziger Jahren intensivierten sich die Vorbereitungen für den Kampf gegen das herrschende Regime. Der berühmte Freigelassene Abu Muslim, wahrscheinlich ein Mann persischer Herkunft, war der wichtigste der Organisatoren. 30 Jahre war er umhergezogen, um die Insurrektion vorzubereiten[10]. Er gebot über siebzig Apostel, die durch ihre Boten den »Ruf zum Buche Gottes und zum Hause des Propheten« in die kleinsten Dörfer trugen[11]. 745/6

---

[8] Gaston Wiet in: Histoire Universelle, Bd. II, De l'Islam à la Réforme, Hrsg. René Grousset und Emile G. Léonard, Paris 1957, S. 75.
[9] Laura Veccia Vaglieri in: The Cambridge History of Islam, Bd. I., The Central Islamic Lands, hrsg. von P. M. Holt u. a., Cambridge 1970, S. 101 f.; Stephan und Nandy Ronart, Concise Encyclopedia of Arabic Civilization, The Arab East, Djambatan-Amsterdam 1959, S. 355 f.
[10] B. Lewis, in: The Cambridge Medieval History, Bd. IV, The Byzantine Empire, Teil 1, Byzantium and Its Neighbours, Hrsg. J. M. Hussey, Cambridge 1966, S. 638.
[11] August Müller, Der Islam in Morgen- und Abendland, Bd. I, Berlin 1885, S. 454.

wurde er vom Imam Ibrahim b. Muhammad nach Khorasan geschickt, um dort den Aufstand zu entfachen. Am 15. Juni 747 entrollte er in Merw das schwarze Banner der Abbasiden. Die Organisation des Aufstands und die moralische Vorbereitung der Bevölkerung waren so gut, daß die Rebellenarmee Qahtabas, als sie gleich zu Beginn des Krieges Merw und ganz Khorasan einnahm, einen starken Rückhalt im Lande fand.[12]

Der Kampf wurde bald erfolgreich abgeschlossen, die Dynastie der Omajjaden 750 gestürzt. An ihre Stelle traten die Abbasiden. Äußerliche Zeichen des persischen Triumphes waren: Die Verwaltung des Staates wurde nach persischem und byzantinischem Vorbild neu organisiert und das persische Hofzeremoniell eingeführt. Die Auffassung des »adīb«, die nun herrschend wurde, entstammte weitgehend der persischen Ideenwelt[13]. An der Spitze der Regierung stand von nun ein Wesir; diese Institution und wahrscheinlich auch ihre Bezeichnung waren ebenfalls persischen Ursprungs. Die politische Führung ging an die Perser über; das iranische Haus der Barmekiden bekleidete fast ein halbes Jahrhundert lang die höchsten Staatsämter. Schließlich wurde auch die Hauptstadt von Damaskus nach Bagdad, also in die Nähe der alten persischen Hauptstadt Ktesiphon, deren Ruinen als Steinbruch für die neuen Bauten dienten, verlegt. Auf künstlerischem Gebiet traten an die Stelle der bisherigen hellenistischen Einflüsse aus Syrien die sassanidischen Traditionen Persiens. Die neue Kunst fand in Samarra am Tigris, seit 836 die Hauptstadt des arabischen Reiches, ihren Ausdruck und ist nach diesem Ort benannt. Der Palast Balkuwara ahmte den parthischen von Ktesiphon nach.

Die abbasidische Kulturblüte ist damit in ihren Ursprüngen dem Augusteischen Zeitalter auffallend ähnlich. Auch sie ist nur verständlich, wenn man sie als Ergebnis einer innerstaatlichen Auseinandersetzung, nämlich des Kampfes der persischen Emanzipationsbewegung, auffaßt. Daß an der abbasidischen Revolution auch andere Völker, wie vor allem die jemenitischen Araber, teilhatten und daß auch die Iraker durch sie vermehrten Einfluß gewannen[14], ändert nichts an diesem Umstand.

III. Die Goethezeit

III.1. Die Kreativität der deutschen Kulturblüte

Die deutsche Kulturblüte des 18. und 19. Jh. ist ein einmaliges Phänomen. Es gab andere Kulturblüten, die wie die athenische, in ihrer ersten Phase vielseitiger waren. Die Deutschen brachten in der vergleichbaren Periode nur in der Musik Höchstes auf breiter Basis

---

[12] D. Sourdel, The Cambridge History of Islam, Bd. I, S. 106.
[13] Stephan und Nandy Ronart, Lexikon der arabischen Welt, Zürich 1972, S. 63.
[14] Sourdel, a. a. O., S. 108.

hervor. Bereits die Dichtung bleibt dahinter zurück. Den Rang Goethes begründet weniger sein dichterisches Genie als die sonst in der Geschichte auf diese Weise nicht verwirklichte Einheit von Künstler, Schriftsteller und universellem Menschen. Die bildenden Künste der Goethezeit haben – ganz im Gegensatz zu Athen – keinen einzigen wahrhaft hervorragenden Vertreter. Aber bereits die zweite Phase der deutschen Kulturblüte kann sich mit jeder anderen vergleichbaren Epoche messen. Winckelmann, Kant, Lessing, Wilhelm von Humboldt, Hegel, Friedrich Schlegel, Clausewitz, Ranke, Marx, Dilthey, Nietzsche und Freud sind Namen, die von einem unerhörten Reichtum zeugen. Die Bewußtseinserweiterung, die sie bewirkten, war ungeheuer. Seit Athen hatte keine andere Kulturblüte die gesamte Fülle der Tatsachen einer so großartigen Zusammenfassung und Deutung unterworfen[15].

Winckelmann begründete die moderne Archäologie. Seine Geschichte der Kunst des Altertums war das erste Werk, das die Entwicklung der Kunst in ihrem Zusammenhang mit der Entfaltung des politischen Lebens und der Kultur überhaupt sah[16]. Kant bedeutete für die Erkenntnistheorie die bekannte kopernikanische Wendung. Lessing war im deutschen Sprachraum der erste große Literaturkritiker. Friedrich Schlegel erkannte in ihm einen jener revolutionären Geister, »die überall, wohin sie sich im Gebiet der Meinungen auch wenden, gleich einem scharfen Scheidungsmittel die heftigsten Gärungen und gewaltigsten Erschütterungen allgemein verbreiten«. Sein »Laokoon«, eine kritische Untersuchung über die Grenzen der Malerei und Poesie, beeinflußte auch Goethes künstlerisches Schaffen. Goethe selbst leistete ebenfalls Hervorragendes auf dem Gebiet der Kunst- und Literaturkritik; ein Sainte-Beuve hielt ihn sogar für den »größten Kritiker aller Zeiten«. – Eine der bedeutendsten Leistungen der deutschen Kulturblüte ist die Entwicklung eines neuen historischen Bewußtseins. Winckelmann wurde bereits erwähnt. Die Ideen, die Herder in dem »Journal einer Reise im Jahre 1769« niederschrieb, sind das früheste Dokument eines neuen historischen Lebensgefühls[17]. Durch neue Wege bei der Erforschung und Kritik der Quellen wurde Ranke zum Vater der modernen Geschichtswissenschaft. Dilthey gab der historischen Wissenschaft die tiefste, auch methodisch richtungweisende, Deutung. Friedrich Schlegel beschäftigt die Literaturwissenschaft bis heute. Er begründete die Hermeneutik, die Lehre vom Verstehen. Die Theorien der Ironie und des Mythos gehen ebenfalls auf ihn zurück. Wilhelm von Humboldt schuf die Grundlagen der modernen Linguistik. Hegel formulierte als erster die allgemeinen Gesetze der Dialektik. Bewegung und Entwicklung begriff er als Übergang quantitativer Veränderungen in neue qualitative Zustände, als Entstehung und Überwindung von Widersprüchen und als Negation der Negation. Der Widerspruch ist für ihn »die Wurzel aller Bewegung und Lebendigkeit; nur insofern etwas in sich selbst einen Wider-

---

[15] W. Dilthey, Die dichterische und philosophische Bewegung in Deutschland 1770–1800, Gesammelte Schriften, V. Bd., S. 14.

[16] John E. Sandys, A History of Classical Scholarship, Bd. III, The Eighteenth Century in Germany, and the Nineteenth Century in Europe and the United States of America, New York 1967³, S. 23.

[17] Friedrich Meinecke, Die Entstehung des Historismus, München 1965⁴, S. 74.

spruch hat, bewegt es sich, hat Trieb und Tätigkeit«. – So wie einst die Italiener, Engländer, Niederländer und Franzosen nacheinander, jeweils in der zweiten Phase ihrer Kulturblüte, auf dem Gebiet der klassischen Gelehrsamkeit die Führung übernommen hatten, so setzten sich nun im 19. Jh. in dieser Wissenschaft die Deutschen an die Spitze. – Clausewitz entwickelte in seinem Werk über den Krieg die allgemeingültigen Grundgesetze der Kriegführung. – Die Ideen von Marx, Nietzsche und Freud zu verarbeiten ist noch die Gegenwart beschäftigt.

Die dritte Phase der deutschen Kulturblüte stellte alle vergleichbaren Perioden früherer kultureller Glanzzeiten in den Schatten. Durch die Universalität seines Denkens und den Umfang seines Wissens erlangte Alexander von Humboldt als Naturforscher Weltruhm. Gauß, Planck, Einstein, Heisenberg und andere schufen die Grundlagen der modernen Mathematik und Physik. Auch auf dem Gebiet der übrigen Naturwissenschaften und der Medizin wurde Außerordentliches geleistet.

Dieser Reichtum der zweiten und dritten Phase mag freilich nicht nur aus den starken Impulsen, die der deutschen Kulturblüte allgemein zugrundelagen, sondern auch aus den Vorteilen, die Deutschland als »Spätkommer« innerhalb des europäischen Kulturkreises zufielen, zu erklären sein.»Jedes Volk hat seinen Tag in der Geschichte, doch der Tag der Deutschen ist die Ernte der ganzen Zeit.« Aber von einer reichen Überlieferung hatten ja einst auch Athen, Florenz und andere gezehrt.

III.2. Grundlagen der deutschen Kulturblüte

Bedrohung und Anpassung Deutschlands vor dem Dreißigjährigen Krieg

Woher bezog die deutsche Kulturblüte ihre Impulse? Ihre Vorgeschichte geht bis in die Mitte des 16. Jh. zurück. Damals begann das Reich an Macht einzubüßen. Die Sicherheit der Deutschen wurde auch dadurch beeinträchtigt, daß die kaiserliche Zentralgewalt infolge der konfessionellen Entzweiung stark an Autorität verlor und der Reichstag in seiner Wirksamkeit schließlich gelähmt wurde. Die Spaltung des Reichs in feindlich sich gegenüberstehende lutherische, katholische und reformierte Territorien führte zu einem durch die Jahrzehnte zunehmenden Gefühl der Bedrohtheit, das sich sozialpsychologisch auch in einer starken Steigerung des Hexenwahns in den beiden letzten Jahrzehnten des 16. und den beiden ersten Jahrzehnten des 17. Jh.[18] ausdrückte. Das Jahr 1608 bildet einen tiefen Einschnitt in der deutschen Geschichte. Damals traten sich zwei kriegsbereit organisierte konfessionelle Blöcke gegenüber, die katholische Liga und die protestantische Union, deren Antagonismus wesentlich zum Ausbruch des Dreißigjährigen Krieges beitrug.

Der Friede des Reiches und die Lebenskraft seiner Verfassung wurden also in einem Jahrzehnte währenden Prozeß ausgehöhlt[19]. Auf die wachsende Gefahr reagierten die

---

[18] Moriz Ritter, Deutsche Geschichte im Zeitalter der Gegenreformation und des Dreißigjährigen Krieges (1555–1648), II. Bd (1586–1618), Darmstadt 1962², S. 480.

[19] Ritter, a. a. O., S. 235.

deutschen Territorien mit einer langsamen Anpassung. Für diesen Vorgang lassen sich bis zum Dreißigjährigen Krieg, wenn wir von dem Bayern Maximilians I. absehen, kaum bestimmte Schwerpunkte feststellen. Überall, selbst in den kleinen Territorien, erweiterte der Staat sein traditionelles Aufgabengebiet und griff immer stärker in das Leben der Untertanen ein. Das administrative Instrumentarium wurde verbessert und der Behördenapparat ausgebaut. Die Mitbestimmung der Landstände wurde in den meisten Territorien auf ein Minimum reduziert oder ganz aufgehoben. Auch die Städte wurden unter eine wirksamere Kontrolle gebracht. Diese Entwicklung vollzog sich selbst in den Fürstbistümern. Symbolisch war die erste Amtshandlung des Salzburger Erzbischofs Wolfdietrich von Raitenau: Er hob die bis dahin gemeinsame Mittagstafel des Erzbischofs mit Adel und Hofstaat auf und änderte seinen Titel »Fürstlich« zu »Hochfürstlich«[20]. Diese Entwicklung bedeutete nicht nur eine Änderung der Institutionen, sondern war auch, wie es für eine Anpassung charakteristisch ist, Ausdruck einer Veränderung der gesellschaftlichen Normen.

Trotz dieser Bestrebungen, bessere Sicherheit durch größere Macht zu erlangen, waren Deutschland und seine Territorien bei Ausbruch des Dreißigjährigen Krieges noch sehr wenig auf die Erfordernisse des europäischen Staatslebens ausgerichtet. Die Gesellschaft zeichnete sich zwar durch starken inneren Zusammenhalt aus, besaß aber gemessen an den außenpolitischen Notwendigkeiten völlig unzureichende Strukturen, ein Defizit an Anpassung, das sich eben in jener inneren Entzweiung ausdrückte, die die deutschen Protestanten, die vier Fünftel der Reichsbevölkerung ausmachten, den Schwedenkönig – trotz aller Leiden, die sein Heer auch für sie bedeutete – als Befreier begrüßen ließ; ein Defizit an Anpassung, das für den Kaiser gerade die Unersetzlichkeit Wallensteins bedingte, das es aber auch diesem großen Organisator unmöglich machte, dem schwedischen Heer ein gleichwertiges kaiserliches Instrument gegenüberzustellen, und die schließlich auch diesen kühnen und tatkräftigen Mann zwang, sich mit einer Ausnahme – der Schlacht an der Dessauer Brücke – durchweg defensiv zu verhalten; das gleiche Defizit an Anpassung schließlich, an dem auch Frankreich bis auf Richelieu gekrankt hatte.

Die innerdeutschen Spannungen kulminierten in den blutigen Auseinandersetzungen des Dreißigjährigen Krieges, der schließlich zu einer europäischen Konflagration auf deutschem Boden ausartete und dem Reich furchtbare Wunden schlug. Von sechzehn Millionen Deutschen überlebten ihn nur sieben.

Bedrohung Deutschlands nach dem Dreißigjährigen Krieg

Die unsichere Lage, in der sich die Deutschen befanden, dauerte auch nach dem Ende dieses Krieges an. Die schrecklichen Ereignisse konnten sich jederzeit wiederholen. Zwar waren die inneren deutschen Gegensätze wegen der nun erreichten Entkonfessionalisierung der Politik jetzt weniger gefährlich als zuvor; um so drohender blieb aber die äußere Situation; dies gilt insbesondere für die protestantischen Territorien.

---

[20] Ernst W. Zeeden in: Gebhardt, Handbuch der deutschen Geschichte, Hrsg. H. Grundmann, Bd. II, Stuttgart 1970, S. 195 f.

Die Schweden, die im Dreißigjährigen Krieg bis in die Gegend von Wien vorgedrungen waren, blieben im Besitze Vorpommerns, Stettins, Bremens und Verdens. Sie stellten für den deutschen Norden und insbesondere Brandenburg-Preußen eine ständige Bedrohung dar. Jederzeit konnten sie, wie sie es 1675 auch tatsächlich unternahmen, nach Brandenburg einfallen. – Frankreich ging aus dem Krieg als stärkste europäische Macht hervor; es erwies sich für die Deutschen als ein immer gefährlicherer und unruhigerer Nachbar. Sein König schien den Ehrgeiz zu haben, eine europäische Universalmonarchie zu begründen. Die Deutschen mußten machtlos zusehen, wie er mitten im Frieden Straßburg und andere alte deutsche Territorien an sich riß. Von der Kanalküste bis nach Freiburg legte er entlang der niederländischen und deutschen Grenze Festungen an. Das weit vorgeschobene Mont Royal bei Trarbach an der Mosel war Zwingburg und Ausfallspforte nach Deutschland zugleich. Im Pfälzischen Erbfolgekrieg brandschatzten seine Armeen weite Gebiete beiderseits des Rheins. Zahlreiche Städte, wie Bingen, Oppenheim, Worms, Speyer, Mannheim und Heidelberg, wurden mutwillig zerstört.

Auch der Osten blieb eine Quelle ständig neuer Gefahren, so Polen, Ungarn und vor allem die Türkei. Diese hatte sich zwar seit dem Ende des 16. Jh. politisch im Niedergang befunden, ab 1656 stellte jedoch der Großwesir Köprülü die Macht des Staates wieder her. Die Eroberungspolitik wurde erneut aufgenommen. 1663 fielen die Türken in Ungarn ein. Im Frieden von Vasvar (1664) mußte Österreich den vom Sultan in Siebenbürgern eingesetzten Fürsten anerkennen. Ungarn blieb, auch soweit der Kaiser hier tatsächlich die Herrschaft ausübte, ein unsicherer Besitz. Seinen absolutistischen und gegenreformatorischen Bestrebungen leisteten die Stände dieses Landes hartnäckigen Widerstand. 1678 kam es zu dem gefährlichen Aufstand Emmerich Tökölys; der Sultan griff ein und bot zur Eroberung Wiens 200 000 Mann auf, denen der Kaiser nur 65 000 Soldaten entgegenstellen konnte. Der Hof mußte nach Passau fliehen. In dem preisgegebenen Land kam es zu Szenen der Verzweiflung und Erbitterung[21].

Anpassung Deutschlands nach dem Dreißigjährigen Krieg
Das Reich

Die Anpassung der Deutschen an die weiterhin und gesteigert gefährliche äußere Lage vollzog sich einmal im Rahmen des gesamten Reiches. Sie äußerte sich allerdings trotz aller Anläufe kaum in einer Änderung seiner Institutionen, also etwa der Wehrverfassung. Nicht einmal die souveräne Handlungsfähigkeit der Territorien wurde eingeschränkt; das Reich führte denn praktisch auch kaum eine eigene Außenpolitik. Die Anpassung des deutschen Volkes in seiner Gesamtheit bestand vielmehr in einem moralischen Prozeß: Die Deutschen begriffen sich immer mehr als eine Schicksalsgemeinschaft.

Überzeugte deutsche Patrioten hatte es schon immer gegeben. Ein Beispiel aus der Zeit des Dreißigjährigen Krieges ist Hans Georg von Arnim. Von Herkunft Brandenburger war ihm in all den wichtigen Stellungen, die er im Dienste des schwedischen Königs, Wallensteins und des Kurfürsten von Sachsen bekleidete, das Schicksal Deutschlands als einer Ganzheit immer ein Herzensanliegen gewesen. Männer wie er waren aber immer eher

---

[21] Vgl. Max Braubach in: Gebhardt, Handbuch der deutschen Geschichte, Bd. II, S. 275f.

eine Ausnahme geblieben. Die Einmischung ausländischer Mächte in innerdeutsche Angelegenheiten während des Dreißigjährigen Krieges und danach stärkte nun den Zusammengehörigkeitssinn aller Deutschen ganz wesentlich; sie entwickelten ein bis dahin unbekanntes Nationalgefühl[22]. Insbesondere löste das rücksichtslose Vorgehen der Franzosen in Lothringen, im Elsaß, in Trier und dann auch in der Pfalz in ganz Deutschland eine Welle der Empörung aus; es kam zu einer breiten von der Volksstimmung getragenen publizistischen Bewegung gegen Frankreich, die auch die Politik der Höfe beeinflußte[23]. Die Flugschriftenliteratur, die zu einem guten Teil die Funktionen der heutigen Presse wahrnahm, war seit dem Dreißigjährigen Krieg ins Uferlose angeschwollen. Die antifranzösischen Gefühle, die sie zum Ausdruck brachte, die Ressentiments gegen den gefährlichen Feind, die sie widerspiegelt[24] und die tatsächlich auch immer tiefer im deutschen Volk wurzelten, sind ein sicheres Indiz für das Fortschreiten des Anpassungsprozesses.

Bezeichnend war auch, wie sich die deutschen Fürsten in den letzten Jahrzehnten des 17. Jh. untereinander annäherten. Friedrich Wilhelm schickte 1686 8000 Brandenburger in den Türkenkrieg. Mit den Österreichern kämpften auch Braunschweiger, Hessen, Franken und Schwaben. In demselben Jahr versprach der Große Kurfürst dem Kaiser in einer geheimen Defensivallianz Unterstützung im Falle weiterer französischer Gewalttaten. Noch symptomatischer ist die Augsburger Allianz, die ebenfalls 1686 geschlossen wurde und den Kaiser, Bayern, Franken und einige der oberrheinischen Kreisstände gegen Frankreich verband. Sogar der Mainzer Kurfürst Anselm Franz von Ingelheim schwenkte damals in die gemeinsame antifranzösische Front ein. In seltener Einmütigkeit beschloß der Reichstag 1688 die Kriegserklärung an Frankreich. Es geschah, was man seit langem nicht mehr erlebt hatte: Es begann ein Krieg gegen Frankreich, in dem kein deutscher Reichsfürst auf der Seite des Feindes stand. Leibniz sagte damals, Deutschland sei nie einiger gewesen. Man sieht, welche Änderung innerhalb von zwei Jahrzehnten eingetreten war. Die fügsamen deutschen Gefolgsleute Frankreichs, die es zur Zeit des Rheinbundes, des Devolutionskrieges und des Einfalls nach Holland noch gegeben hatte, waren verschwunden.

Trotz allem bot der Gedanke an das Reich den vaterländisch Gesinnten wenig Trost. Macht und Mittel, Deutschland aus seinem elenden Zustand herauszuhelfen, lagen letzten Endes bei den Territorialstaaten. Ihre schönsten Erfolge waren immer mehr dazu angetan, die Begeisterung aller Deutschen, gleich welchen Stammes, zu erwecken. Feldherrn, die Großes im Kampf gegen die äußeren Feinde leisteten, wurden zu Kristallisationspunkten patriotischer Gesinnung, ein Vorgang, der das Zusammengehörigkeitsgefühl der Deutschen und die sozialpsychologische Realität einer Einheit, die über das Reich als Institution hinausging, beweist. Es war in einem elsässischen Lied, daß nach

---

[22] E. Weis in: Schieder, Handbuch der europäischen Geschichte, Bd. IV, S. 203.
[23] Braubach, a. a. O., S. 265.
[24] Hierzu Bernhard Erdmannsdörffer, Deutsche Geschichte vom Westfälischen Frieden bis zum Regierungsantritt Friedrichs des Großen 1648–1740, I. Bd., Meersburg–Naunhof–Leipzig 1932, I. Bd., S. 553 f.

Fehrbellin Friedrich Wilhelm zuerst als »Großer Kurfürst« gefeiert wurde. Markgraf Ludwig Wilhelm von Baden, der 1691 bei Slankamen die Türken schlug, wurde als »Türkenlouis« in ganz Deutschland berühmt. Prinz Eugens Siege über die Türken haben das deutsche Selbstbewußtsein sehr gestärkt. Er wurde zum Nationalhelden. Das Lied »Prinz Eugen, der edle Ritter«, entstand unmittelbar nach dem Sieg, den 1717 bei Belgrad bayerische und andere deutsche Truppen miterkämpft hatten.

In dem Maße, in dem Brandenburg-Preußen aufstieg, identifizierten sich viele Deutsche mit diesem Staat. An dem Siebenjährigen Krieg nahmen innerlich alle teil. Die Siege Friedrichs des Großen über die Franzosen und die Reichsarmee – ein Instrument der Habsburger – weckten die nationale Begeisterung. Die »fritzische« Gesinnung, von der Goethe sprach, war wesentlich auch deutsche Gesinnung.

Die Territorien

Der wichtigere Teil der Anpassung vollzog sich aber im Rahmen der Territorien, insbesondere deshalb, weil nur sie die Möglichkeit besaßen, die Institutionen so zu gestalten, daß die Kräfte der Gesellschaft optimal zusammengefaßt wurden. Die Selbstbehauptung nach außen erforderte eine Steigerung der Schlagkraft der Gesellschaft. In fast allen Territorien vermehrte die jeweilige Zentralgewalt zu diesem Zweck ihre Macht, zog immer mehr Aufgaben an sich, verloren die Stände an Einfluß. Es besteht ein charakteristischer Zusammenhang zwischen antiständischer Bewegung und allen Ansätzen zu einer Verbesserung der Wehrverfassung. Die Stände begegneten sämtlichen Versuchen, ein stehendes Heer unter Waffen zu halten, mit tiefem Argwohn und traditioneller Opposition; das Steuerbewilligungsrecht gab ihnen die Möglichkeit, alle Reformen zu hemmen. 1670 beschloß der Reichstag zu Regensburg, in dem vor allem auch die Landesherren vertreten waren, ein Gutachten, das besagte, daß die Landstände verpflichtet seien, nicht nur uneingeschränkt für alle Festungen und Garnisonen des Landes den notwendigen Unterhalt zu gewähren, sondern auch dem Landesherrn die Mittel zur »Handhabung und Erfüllung der dem westfälischen Friedensinstrument nicht zuwiderlaufenden Bündnisse« zu bewilligen »und folgendlich alles, was an sie und so oft es begehrt wird, gehorsamlich und unweigerlich darzugeben«. Dieser revolutionäre Beschluß bedeutete »die reichsgesetzliche Aufhebung des gesamten Steuerbewilligungsrechts der Landstände«. Zwar verweigerte ihm der Kaiser die zu seiner Gültigkeit erforderliche Bestätigung; er konnte die Entwicklung der Dinge dadurch jedoch nicht aufhalten. Kurz danach schlossen die Kurfürsten von Köln, Bayern und Brandenburg, der Pfalzgraf von Neuburg sowie der Herzog von Mecklenburg-Schwerin ein zeitlich unbegrenztes Verteidigungsbündnis, das sie zu gegenseitiger Unterstützung gegen alle Versuche ihrer Landstände und Untertanen verpflichtete, sich den an sie gestellten militärischen Anforderungen gewaltsam zu widersetzen. Als Maß dieser Anforderungen wird eben jener Reichstagsbeschluß, dem der Kaiser die Bestätigung verweigert hatte, erwähnt. Man setzte sich in offenen Widerspruch zu der kaiserlichen Entscheidung. Man sieht sehr deutlich, welches Eigenmoment die antiständische Bewegung in den Territorien gewonnen hatte und welche tiefere Notwendigkeit sie besaß. Auch die Bürger wurden diszipliniert; sie zeigten ein immer stärkeres obrigkeitliches Denken, das sich ohne außenpolitische Zwänge in dieser Form ebenfalls nicht herausgebildet hätte. Institutionelle Schwerpunkte der Anpassung waren die Errichtung stehender Heere, die Einführung einer einheitlichen Verwaltung, die Begründung eines integren, wohlgeschulten Berufsbeamtentums und durchgreifende Schulreformen.

Im übrigen war die Entwicklung in den einzelnen Territorien unterschiedlich. Am ausgeprägtesten war die Anpassung in Brandenburg-Preußen. Dieses Land war vom Dreißigjährigen Krieg besonders schwer getroffen worden. Die Einnahmen der Kurmark, die vor dem Krieg 260 000 Taler betragen hatten, waren 1640 auf 35 000 zurückgegangen. Die Bevölkerung war dezimiert. Die Zahl der Einwohner der Stadt Frankfurt an der Oder z. B. sank zwischen 1625 und 1645 von etwa 12 000 auf ungefähr 3500. Das Gebiet des Staates befand sich zwischen den feindlichen Mächten in einer sehr gefährdeten Lage. Auch war es stark zersplittert. Die Mark Brandenburg selbst machte etwa nur ein Drittel des gesamten staatlichen Territoriums aus. Im Westen besaßen die Hohenzollern Cleve, Mark und Ravensberg. Es handelte sich dabei um Gebiete von großer politischer und militärischer Wichtigkeit. Hier am Niederrhein stießen die Interessen der Spanier, Franzosen, Niederländer, Engländer und Österreicher aufeinander; diese Region war einer der Brennpunkte der großen europäischen Politik. Ähnlich exponiert war der östliche Landesteil Preußen. In diesem Herzogtum kreuzten sich die politischen und wirtschaftlichen Bestrebungen der Polen, Schweden, Dänen, Russen und anderer Mächte. Seine Häfen waren von entscheidender Bedeutung für die Herrschaft über die umkämpfte Ostsee.

Kurfürst Friedrich Wilhelm steigerte die Macht und Wehrbarkeit seines Staates mehr als jeder andere deutsche Souverän seiner Zeit. Er beschränkte den politischen Einfluß der Stände in Fragen, die das Staatsganze betrafen. Schon 1644 begann er mit der Errichtung eines stehenden Heeres. Der kurmärkische Landtagsrezeß von 1653 bewilligte ihm die Heeressteuer für sechs Jahre. Die erste feste Grundlage für den »miles perpetuus« war damit gelegt. Dieser Landtag war der letzte allgemeine in der Kurmark. Auch die Verwaltung wurde von Grund auf neu organisiert, Sonderzweige wie das Militär- und Finanzwesen mit dem Ziel ausgegliedert, eine sinnvolle Arbeitsteilung zu verwirklichen.

Es handelte sich bei der Einschränkung der alten landständischen Gerechtsame, die in den Territorien, aus denen sich der Staat Friedrich Wilhelms zusammensetzte, seit alters besonders ausgeprägt war, um eine Änderung der gesellschaftlichen Normen, die die ganze Gesellschaft betraf und die auch einen komplimentären Aspekt hat, nämlich die Bestätigung der Leibeigenschaft und aller sonstigen Privilegien der Ritterschaft gegenüber den Bürgern und Bauern. Als typischer Anpassungsprozeß war sie im wesentlichen von bloßem physischen Zwang unabhängig. Charakteristisch vielmehr ist, daß Friedrich Wilhelm seine Ziele vor allem durch Überredung zu erreichen wußte. Der Landtag von 1653 zeichnete sich durch besonders schwierige Verhandlungen aus. Sechsmal wurde er im Laufe eines Jahres vertagt und neu einberufen. Der Landtagsabschied von 1663 ordnete in Preußen für den Fall von Konflikten zwischen Landesherrn und Ständen sogar eine von beiden Teilen zu ernennende Schiedsrichterinstanz an[25]. Zwar ließ Friedrich Wilhelm in Königsberg den widersetzlichen Schöppenmeister Roth arretieren und durch ein Sondergericht zu lebenslänglicher Freiheitsstrafe verurteilen; jedoch wäre Roth wahr-

---

[25] Erdmannsdörffer, a. a. O., S. 398.

scheinlich wieder freigekommen, wenn er nur seinen Stolz überwunden und die Gnade seines Fürsten angerufen hätte. Außer den Städten und der Kirche opponierte in Preußen auch der Adel. Daß ein Kalckstein im November 1672 enthauptet wurde, blieb jedoch ein einmaliger Fall; auch hatte sich dieser Mann landesverräterischer Beziehungen schuldig gemacht.

1675 schlugen die Truppen Friedrich Wilhelms bei Fehrbellin die gefürchteten Schweden, obwohl diese doppelt so stark waren. Dies war ein Erfolg der neuen Disziplin und Organisation. Beim Tode Friedrich Wilhelms 1686 war der Staat nicht nur ansehnlich erweitert, sondern hatte auch ein festes politisches Gefüge gewonnen. Ein alles dem höchsten Zweck unterordnendes Staatsgefühl belebte ihn. In seinem letzten Testament hatte Friedrich Wilhelm angeordnet, daß seine Söhne aus der zweiten Ehe mit kleineren Territorien und Ämtern ausgestattet würden. Wie sehr sich die Einstellung zum Staat bereits geändert hatte, ersieht man daraus, daß diese Verfügungen nicht ausgeführt wurden[26].

Ihre Fortsetzung fand die Anpassung unter Friedrich Wilhelm I., dem innenpolitisch größten König Preußens. Dieser Souverän erzog sein Volk zu Pflichttreue und Einfachheit, Unbestechlichkeit und Ordnungsliebe. Die Verwaltung reorganisierte er nach klaren Prinzipien. Mit dem Generaldirektorium schuf er 1723 ein umfassendes Finanz-, Wirtschafts- und Kriegsministerium. Die persönliche Verantwortlichkeit der Beamten, vom höchsten bis zum einfachsten, wurde auf das schärfste betont. Die Mitglieder des Generaldirektoriums, die sich zu einer Sitzung um eine Stunde verspäteten, verfielen ungeachtet ihrer hohen Stellung einer Ordnungsstrafe von 100 Dukaten, wer ohne zureichende Entschuldigung ganz ausblieb, verlor das Gehalt für sechs Monate, im Wiederholungsfall unterlag er der Kassation. Das Staatsbeamtentum vereinheitlichte man: Kriegskommissariate und Domänenkammern wurden in den einzelnen Provinzen nur noch mit Landesfremden besetzt. Dem Finanzwesen widmete der König seine besondere Aufmerksamkeit. Die von ihm 1714 eingerichtete, nachmals berühmte Generalrechenkammer hatte das Finanzgebaren aller staatlichen Stellen zu prüfen. Wie den Typ des tüchtigen preußischen Beamten, so schuf Friedrich Wilhelm I. auch ein Offizierskorps eigener Prägung. Der Armee, deren Schlagkraft allein die Sicherheit des Staates gewährleisten konnte, widmete er überhaupt seine besondere Aufmerksamkeit. Die Kantonsordnung von 1733 enthielt bereits Anklänge an die allgemeine Wehrpflicht. Unter Friedrich dem Großen erwies sich die preußische Armee dann als die beste der damaligen Zeit.

Wir kommen nun zu *Sachsen* und *Thüringen,* die neben Württemberg und Böhmen im Dreißigjährigen Krieg am furchtbarsten gelitten hatten[27] und später zusammen mit jenem südwestdeutschen Territorium am meisten zur geistigen Kultur Deutschlands beitrugen. Sachsen und Thüringen bilden eine gewisse Einheit. Bis 1485 waren sie staatlich unter den Wettinern geeinigt und wiesen daher ähnliche Strukturen auf. Geographisch sind sie einander zugeneigt; ihre in der Geschichte immer wieder zu beobachtende Verbundenheit ist von der Natur vorgebildet. Die ganze Region besitzt ähnliche historische Erfahrungen. Die sog. Sächsischen Herzogtümer standen sich durch die familiären Bande, die die Erne-

---

[26] Braubach, a. a. O., S. 280.
[27] Ritter, a. a. O., III. Bd. (Geschichte des Dreißigjährigen Krieges), S. 614.

stiner einten, gegenseitig besonders nahe. Charakteristisch für die Entwicklung dieses Gebiets ist Sachsen-Gotha während der Regierungszeit Ernst des Frommen. Dieser Herzog war führend auf dem Gebiet des Volksschulwesens. Er begründete die allgemeine Schulpflicht und eilte damit seiner Zeit weit voraus. Die in seinem Auftrag ausgearbeitete Schulordnung »Ein Special- und sonderbarer Bericht, wie die Knaben und Mägdlein kurz und nützlich unterrichtet werden können und sollen« diente später den meisten deutschen Ländern zum Vorbild. Auch eine Reihe deutschsprachiger Schulbücher wurde auf seine Weisung ausgearbeitet. Es war in Sachsen-Gotha, daß in Deutschland zuerst Naturkunde und andere Realien in den Schulunterricht eingeführt wurden. Das Gymnasium in Gotha hatte einen solchen Ruf, daß es auch Schüler aus Dänemark, Ungarn, Schweden und Polen anzog.

Die Bevölkerung wurde einer sehr strengen Disziplin unterworfen. Staatliche und kirchliche Stellen arbeiteten dabei eng zusammen. Zur Kontrolle von Lebenswandel und Abendmahlgenuß der Untertanen wurden Seelenregister angelegt. Rügegerichte sorgten für die Aufrechterhaltung von Zucht und Ordnung. Besondere Disziplinarinspektoren achteten auf die äußere Zucht des Klerus[28]. – Auch auf dem Gebiete des Rechts und der Wohlfahrt vollbrachte Herzog Ernst große Leistungen. Er verbesserte das Gerichtswesen und wirkte darauf hin, daß Prozesse verhindert und, wo dies nicht möglich war, schnell erledigt wurden. Die Sicherheit der Person und des Eigentums stellte er wieder her. – Die Verwaltungsorganisation und die neue Pflichtauffassung des gothaischen Berufsbeamtentums wurden in ganz Deutschland vorbildlich[29]. Veit Ludwig von Seckendorfs »Teutscher Fürstenstaat« beruht völlig auf der Anschauung der Verwaltung des gothaischen Landes unter Herzog Ernst; es wurde zum allgemeingültigen politischen Lehrbuch für das gesamte protestantische Deutschland und genoß bis in die zweite Hälfte des 18. Jh. ein fast kanonisches Ansehen[30].

Die antiständische Bewegung, so charakteristisch für den gesamten Prozeß, läßt sich selbst in *Württemberg*, in dem die Stände seit dem Tübinger Vertrag von 1514 eine besonders starke Stellung hatten, beobachten. Der Landtag von 1686 war für mehr als ein halbes Jahrhundert der letzte, der mit einem regelrechten Abschied schließen konnte. Herzog Eberhard Ludwig (1693–1733) beschränkte das Recht der Stände zur Steuerbewilligung. Nach dem Spanischen Erbfolgekrieg wurde der der Landschaft verpflichtete Geheime Rat durch ein rein herzogliches Konferenzministerium ausgeschaltet. Die Verwaltung wurde modernisiert. Karl Alexander (1733–1737) versuchte, ein stehendes Heer in Höhe von drei Prozent der Landesbevölkerung aufzustellen. Karl Eugen (1737–1793) fuhr fort, die Staatsgewalt zu stärken. Im militärischen Bereich folgte er dem preußischen Vorbild[31]. Erst mit dem Erbvergleich von 1770 kamen wieder die Gegenbestrebungen zur Geltung.

---

[28] Zu Herzog Ernst dem Frommen vgl. Beck in: Allgemeine Deutsche Biographie, 6. Bd., Leipzig 1877, S. 302 ff.
[29] Gerhard Oestreich in: Schieder, Handbuch der europäischen Geschichte, Bd. IV, S. 389 f.
[30] Erdmannsdörffer, a. a. O., S. 418.
[31] P. Stälin in: Allgemeine Deutsche Biographie, 15. Bd., Leipzig 1882, S. 378.

Auch in den *geistlichen Fürstentümern* ging die Entwicklung zum Absolutismus. Der Westfälische Friede hatte die Autorität der Bischöfe wiederhergestellt. Bald kam es zu Zwistigkeiten zwischen den Bischöfen und den Domkapiteln. Der Papst entschied zugunsten der geistlichen Fürsten und untersagte alle Wahlkapitulationen, ein Verbot, das der Kaiser bestätigte.

Die Offenheit des damaligen Deutschland

Es würde den Rahmen dieser Darstellung sprengen, im einzelnen auf die Anpassungsfähigkeit des damaligen Deutschland einzugehen, es sei jedoch auf die erstaunliche Offenheit hingewiesen, die die Deutschen in dem 17. und dem beginnenden 18. Jh. auszeichnete. Auch kleine Territorien begannen sich damals für ferne Länder zu interessieren und zuweilen auch überseeische Projekte einzuleiten. Noch während des Dreißigjährigen Krieges hatte Herzog Friedrich von Holstein-Gottorp Gesandtschaften nach Rußland und Persien geschickt, die zu Handelsverbindungen führen sollten[32]. Herzog Ernst der Fromme bemühte sich, mit dem Königreich Abessinien in Verbindung zu kommen. Mit dem Zaren Alexei tauschte er Botschaften aus. Die evangelische Gemeinde in der deutschen Vorstadt von Moskau war Gegenstand seiner eifrigsten Fürsorge[33]. Kurfürst Friedrich Wilhelm von Brandenburg verfolgte das Projekt einer deutschen Handelskompanie. Er schuf eine brandenburgische Flotte und gründete 1682 die Afrikanische Handelskompanie, die an der Goldküste bald Kolonien erwarb und wehrhafte Forts errichtete. Es gab sogar Ansätze zu einer bayerischen Kolonialpolitik[34]. Auch auf dem Gebiet der Diplomatie zeichnete sich das damalige Deutschland durch eine außerordentliche Aktivität aus.

Die Überwindung der Bedrohung

Der Gefahren, die wie geschildert von allen Seiten drohten, wurde Deutschland erst nach längeren Kämpfen Herr. Bei manchen Territorien ließ der Druck eher nach als bei anderen. Für alle ist die Befreiung aus der kritischen Lage eng verknüpft mit dem Aufstieg Österreichs und Brandenburg-Preußens zu europäischer Geltung.

Entscheidend für die Überwindung der türkischen Gefahr war die Schlacht am Kahlenberg im Jahre 1683. Die Armee der Kaiserlichen und ihrer Verbündeten behielt hier über das zahlenmäßig dreifach überlegene Heer der Türken die Oberhand. Im Gegenstoß nahmen deutsche Truppen Ofen und drei Jahre später sogar Belgrad. Das Königreich Ungarn wurde 1683 neugegründet, die Habsburger wurden auch hier erbliche Monarchen und erweiterten ihr Gebiet ins Unabsehbare. Dies bedeutete eine ganz entschiedene Verbesserung der Lage Österreichs und damit des Reiches. »In früheren Zeiten«, so bemerkt Ranke einmal, »wurden alle Kriege in Ungarn von deutschen Heeren geführt, und man sagte, alle dortigen Flüsse seien mit deutschem Blut gefärbt . . .«. Jetzt hatte sich die Situation dahin gewandelt, daß die Ungarn den Kern der österreichischen Heere stellten.

---

[32] Erdmannsdörffer, a. a. O., S. 421.
[33] Erdmannsdörffer, a. a. O., S. 418 f.
[34] Dazu Erdmannsdörffer, a. a. O., S. 425 ff.

Auch Siebenbürgen vermochten die Habsburger in ihren Herrschaftsbereich miteinzubeziehen.

Es soll hier nicht auf die einzelnen Phasen des weiteren Kampfes eingegangen werden: Die Früchte seiner »Heldenzeit« erlangte Österreich mit dem Frieden von Passarowitz (1718); er brachte ihm den Banat, das nördliche Serbien mit Belgrad und die Kleine Walachei. Dies bedeutete, daß der Kaiserstaat im Südosten nunmehr weit über die Grenzen Ungarns hinausreichte.

Auch die Gefahr, die von Frankreich ausging, wurde geringer. Gegen die Aggressivität dieses Staates bildete sich in Europa eine wachsende Opposition. Durch die Verfolgung der Hugenotten machten sich die Franzosen dazu überall die Evangelischen zu erbitterten Feinden. Die Reunionen und der Pfälzische Erbfolgekrieg einigten die Deutschen in einem bis dahin nicht gekannten Maße. 1688 wurde Wilhelm von Oranien englischer König. Die beiden Seemächte, der Kaiser, zahlreiche Reichsfürsten und Spanien standen nun dem Frankreich Ludwigs XIV. geschlossen gegenüber. Am Ende des Jahrhunderts wurde der ungleiche Kampf zuungunsten Ludwigs entschieden. Der Gefahr einer französischen Hegemonie, wie sie bisweilen bestanden hatte, wirkten gleichzeitig auch die Siege Österreichs über die Türken, mit denen Frankreich lange im Bunde gestanden hatte, entgegen; so wie Frankreich auch Polen als Bundesgenossen verlor, als August der Starke von Sachsen 1697 zum polnischen König gewählt wurde.

Die folgende Entwicklung verschlechterte die Lage Frankreichs weiter. Der dreizehn Jahre dauernde Spanische Erbfolgekrieg, in dem es gegen die anderen großen europäischen Staaten kämpfte, schwächte es sehr. Zudem scheiterte sein Versuch, Spanien und Italien in seinen Herrschaftsbereich miteinzubeziehen. Für ein Jahrhundert war Frankreich, obwohl noch immer unangefochten die stärkste Militärmacht Europas, nicht mehr in der Lage, das Reich ungestraft anzugreifen. Daß Belgien als Ergebnis dieses Krieges an Österreich fiel, bedeutete für die Habsburger und damit für das Reich eine erhebliche Machterweiterung. Die Nachfolger Ludwigs XIV. waren weniger kriegerisch, weniger ruhmsüchtig; ihre Schwäche, der innere Niedergang Frankreichs und seine verlustreichen überseeischen Auseinandersetzungen mit England minderten sein europäisches Gewicht ganz allgemein.

Der Nordische Krieg führte schließlich dazu, daß auf deutschem Boden nur noch ein ungefährlicher Rest an Schwedenherrschaft verblieb. Schon bei Fehrbellin und in den folgenden Kämpfen hatte Brandenburg-Preußen militärische Überlegenheit über die Schweden gezeigt. Das französische Übergewicht hatte es allerdings zunächst daran gehindert, sie völlig aus Deutschland zu vertreiben. Die moralische Wirkung aber war jedenfalls gewaltig. Die Friedensschlüsse von Stockholm (1719 und 1720) gaben Deutschland Bremen und Verden, Stettin und Vorpommern zurück; nur Neuvorpommern, Rügen und Wismar blieben in schwedischer Hand. Die Sicherheitsprobleme der deutschen Territorien waren damit im wesentlichen gelöst, zumal im 18. Jh. die Methoden der Kriegsführung ganz allgemein zurückhaltender und zivilisierter wurden und die Zivilbevölkerung bewußt schonten.

Ein Sonderfall war aber Brandenburg-Preußen. Sein Staatsgebiet war aufgesplittert, es reichte vom Rhein bis zur Weichsel und besaß keine natürlichen Grenzen oder leicht zu verteidigende Regionen. Es hatte mächtige Nachbarn und war in fast alle großen politischen Angelegenheiten Europas verflochten. Gewisse Verbesserungen seiner strategischen Lage hatte es zwar bereits früher erreicht. 1680 war Magdeburg an Brandenburg gefallen, womit jedem sächsischen Angriff ein Riegel vorgeschoben worden war[35]. Dann kamen die erwähnten Erfolge gegen Schweden. Beim Tode des Großen Kurfürsten überragte Brandenburg-Preußen erheblich die anderen Territorialstaaten, die wie Sachsen, Bayern und die sächsischen Herzogtümer auf einem ähnlichen Grund erwachsen waren[36]. Andererseits hatte aber gerade der Nordische Krieg erneut gezeigt, daß es nach wie vor auf allen Seiten von rivalisierenden Mächten umgeben war und als Staat nur bestehen konnte, wenn es fortfuhr, seine Kräfte zusammenzufassen[37]. Friedrich Wilhelm I. erhöhte die Stärke der brandenburgisch-preußischen Truppen von 38 000 auf 80 000 Mann. Er erreichte für sein Land das im Politischen Testament von 1722 ausgesprochene Ziel, ein Wort wie andere Mächte mitreden zu können. Endgültig aus seiner schwierigen Lage befreit wurde der Staat aber erst durch die Erfolge Friedrichs des Großen; sie machten es zu einer wirklichen deutschen Großmacht.

Auch für Deutschland als Ganzes brachte der Aufstieg Preussens noch einmal zusätzliche Sicherheit. Es war nun wirklich so, daß der Bürger sagen konnte:
»Nichts Bessers weiß ich mir an Sonn- und Feiertagen
Als ein Gespräch von Krieg und Kriegsgeschrei,
Wenn hinten weit in der Türkei
Die Völker aufeinander schlagen.«

III.3. SCHWERPUNKTE UND SCHICHTEN DER DEUTSCHEN KULTURBLÜTE

Die deutsche Kulturblüte, obwohl auch eine gesamtdeutsche Erscheinung, weist deutliche Schwerpunkte auf, die an die einzelnen Territorien, die wesentlichsten Träger der Anpassung, gebunden sind. Ohne scharfe Unterscheidungen vornehmen zu wollen, wird man zweierlei sagen können: Seit etwa 1740 entstand eine autonome brandenburgisch-preußische Kulturblüte. Ihre Wurzeln sind unschwer in den historischen Ereignissen vor, um und nach 1680 zu erkennen. Wie die Römer mit ihrem praktisch-nüchternen Sinn während ihrer ersten Kulturblüte künstlerisch nur von Lucrez repräsentiert wurden, so die ähnlich gestimmten Preußen lediglich von den beiden »Grenzfällen«[38] Händel und Klopstock.

Sehr stark ausgeprägt dagegen ist – wiederum nicht unähnlich dem Ablauf der ersten römischen Blütezeit – die zweite Phase der brandenburgisch-preußischen Kulturblüte.

---

[35] Walter Schlesinger in: Gebhardt, Handbuch der deutschen Geschichte, Bd. II, S. 717.
[36] Erdmannsdörffer, a. a. O., S. 684.
[37] Erdmannsdörffer, a. a. O., II. Bd., S. 336.
[38] Händel wurde 1685 in Halle geboren, Klopstock 1724 in Quedlinburg, wo seine Familie seit der Mitte des 17. Jh. ansässig gewesen war. Halle war 1680 mit dem Erzstift Magdeburg an Brandenburg gekommen, Quedlinburg 1698 käuflich von ihm erworben worden.

Auch besteht insofern größere Klarheit bei der Zurechnung ihrer Vertreter. Wir sehen von dem im Jahre 1700 geborenen Ostpreußen Gottsched ab und erwähnen
Winckelmann (geb. 1717 Stendal), »Gedanken über die Nachahmung griechischer Werke«, 1755;
Kant (geb. 1724 Königsberg), seine große schöpferische Periode beginnt um 1770, seine drei »Kritiken« erscheinen von 1781 bis 1790;
Hamann (geb. 1730 Königsberg);
Herder (geb. 1744 Mohrungen in Ostpreußen), in seine kreativsten Jahre tritt er um 1770;
Schleiermacher (geb. 1768 Breslau);
Wilhelm von Humboldt (geb. 1767 Berlin);
Clausewitz (geb. 1780 Burg bei Magdeburg).

Eine gemeindeutsche Kulturblüte hatte ihr Vorspiel im »Sturm und Drang« und erreichte ihren Höhepunkt zwischen 1770 und 1830. Sie besaß eine starke württembergische Komponente. In Brandenburg-Preußen war ein gleichzeitiger neuer Kulturaufschwung zu beobachten. Es ergibt sich für die erste Phase dieser Kulturblüte das folgende zeitlich-räumliche Bild:

Württemberg	Brandenburg-Preußen	Übriges Deutschland
Schiller	*Schadow* (geb. 1764)	*Goethe* *Mozart* *Jean Paul* (geb. 1767 in Wunsiedel/Oberfranken)
Hölderlin	*Kleist* (geb. 1771)	*Beethoven* *Rauch* (geb. 1777)
	Schinkel (geb. 1781)	
	Eichendorff (geb. 1788)	*Karl Maria von Weber* (geb. 1786)
		Schubert (geb. 1797) *Heine* (geb. 1797)
Mörike (geb. 1804)		

Die zweite Phase wird vor allem von Hegel, Friedrich Schlegel (geb. 1772), Schelling (geb. 1772) und Schopenhauer verkörpert. Sie läßt sich insbesondere von der zweiten Phase der eigentlichen brandenburgisch-preußischen Kulturblüte nicht ohne weiteres trennen.

Zweifelhaft dagegen ist, ob man eine besondere sächsisch-thüringische Kulturblüte annehmen soll, die etwa 1720 begonnen haben könnte. Für eine solche Annahme spricht das dichte Auftreten bedeutender Künstler, die frühzeitig durchaus klassische Formen benützten. Die großen Denker, die diese Gegend hervorgebracht hat, weisen in dieselbe

Richtung. Wir erwähnen als große Repräsentanten der ersten Phase Bach, Lessing[39], Schumann und Wagner, als solche einer zweiten Phase wiederum Lessing, der eine Doppelstellung einnimmt, ferner Fichte[39], Ranke und Nietzsche. Für die Annahme einer besonderen sächsisch-thüringischen Kulturblüte spricht auch das zeitlich von der gemeindeutschen Entwicklung unabhängige Auftreten dieser Persönlichkeiten sowie der Umstand, daß diese sonst so fruchtbare Region am antiklassischen »Sturm und Drang« um 1770 nicht beteiligt war. Gegen eine solche Annahme könnte man vor allem einwenden, daß ihre politischen Ursprünge nicht besonders deutlich zu erkennen sind.

III.4. Ergebnis

An der deutschen Kulturblüte war eine Mehrzahl autonomer Territorien beteiligt, ferner auch – alles überwölbend – das in diesem Zusammenhang fast nur als psychologische Realität wesentliche ganze Deutschland. Damit ist auch gesagt, daß die deutsche Kulturblüte in ihren Ursprüngen nur bedingt eine einheitliche Erscheinung ist, worauf man die konkreten Phänomene im Einzelfall auch zurückführen mag, und ganz unabhängig davon, daß stets andauernde territoriale Veränderungen, Wanderungsbewegungen von Individuen und Familien sowie grenzüberschreitende psychologische Zusammenhänge die Zurechnung oft erschweren oder unmöglich machen. Die Vielfalt des Ursprungs macht auch jede Systematisierung mehr oder weniger willkürlich.

Auf der anderen Seite erklärt sie solche Unregelmäßigkeiten wie das isolierte Auftreten Bachs und Verschiebungen in der Aufeinanderfolge der Phasen. Die mannigfaltigen Überschneidungen der gemeindeutschen und der mehr begrenzten Impulse, die von einzelnen Territorien ausgingen, trugen dazu bei, daß Künstler und Philosophen, Goethe und Kant, Beethoven und Hegel, gleichzeitig und gleichgewichtig das deutsche Kulturleben bestimmen konnten. Bei dieser Betrachtungsweise wird auch verständlich, wie es zwischen dem harmonischen und ausgewogenen Bach und dem reifen klassischen Goethe zu einer Bewegung wie dem »Sturm und Drang« kommen konnte.

Die deutsche Kulturblüte hat mit der italienischen gemeinsam, daß sie beide aus einem System der Kleinstaaterei hervorgegangen sind. Die italienische Kulturblüte entwickelte sich dabei jedoch aus einem Gegeneinander kleiner Gemeinwesen, das Ausland spielte dabei keine wichtige Rolle; für die Entstehung der deutschen Kulturblüte entscheidend war dagegen das Miteinander der deutschen Territorialstaaten gegen die Feinde Deutschlands im Westen, Osten und Norden.

In einem gewissen Sinne hat die deutsche Kulturblüte, um dies noch einmal zu wiederholen, in ihrem Ursprung also eine gewisse Ähnlichkeit mit dem Augusteischen Zeitalter.

---

[39] Lessing und Fichte stammten aus Kamenz und Rammenau in der Oberlausitz, die 1635 an Kursachsen gelangt war. Es ist erwähnenswert, daß in der Oberlausitz der übliche charakteristische antiständische Prozeß stattgefunden hatte, während die Niederlausitz, die ebenfalls seit 1635 zu Kursachsen gehörte, ihrerseits nicht durch so illustre Geister ausgezeichnet, zu den wenigen deutschen Territorien zählt, für die umgekehrt die konsequente Durchführung der landständischen Verfassung charakteristisch ist.

Auch dieses wurde von einer Vielzahl staatsähnlicher autonom handelnder Territorien hervorgebracht, die verwandte soziologische Bedingungen kannten, denselben Feind hatten, in dieselbe Richtung strebten und sich schließlich den Erfolg teilten.

Der deutsche Fall ist allerdings dadurch kompliziert, daß die verschiedenen Territorien gleichzeitig Unterteilungen einer umfassenderen deutschen Gesellschaft darstellten, die jenseits aller institutionellen Strukturen eine sozialpsychologische Realität war. Nur sozialpsychologische Faktoren, nur gesellschaftliche Normen können etwa den großen Einfluß, der von dem Beispiel eines kleinen Staates wie Sachsen-Gotha auf dem Gebiet des Schulwesens, Beamtentums und der Verwaltung auf das ganze protestantische Deutschland ausging, erklären.

Wahrscheinlich wird man aber auch für die Italiker ähnliche sozialpsychologische Querverbindungen annehmen müssen. Nicht alle italienischen Gebiete, die später an der Kulturblüte beteiligt waren, hatten im Bundesgenossenkrieg gegen Rom gekämpft. Livius kam aus Patavium (Padua), das Rom stets treu geblieben war, Vergil, der in Andes bei Mantua geboren worden war, aus der Po-Landschaft, wo nach Ergehen der lex Julia die zuverlässigsten Hilfsquellen der Römer lagen, Catull aus Verona, also aus den damals schon fast ganz romanisierten Keltenlandschaften diesseits der Alpen; die Heimat des Properz und des Melissus war schließlich Umbrien, das den Römern einen auffallend geringen Widerstand, der mit dem der Marser und Samniten in keiner Weise zu vergleichen war, entgegengesetzt hatte.

Insofern besitzt die deutsche Kulturblüte in ihrer Vorgeschichte Ähnlichkeit auch mit der großen Zeit der Abbasiden. Denn auch im Kampf der islamisierten Perser gegen ihre arabisch-syrischen Herren war das bloße Zusammengehörigkeitsgefühl ein entscheidender Faktor.

Was an der deutschen Kulturblüte auffällt, ist ihr langsamer und gleichsam moderierter Verlauf. Große schöpferische Leistungen erstrecken sich über einen Zeitraum von sechs bis sieben Generationen. Die erste Phase führte an ihrem Ende auch nicht zu einem derart abrupten Bruch in der geistigen und künstlerischen Haltung, wie ihn etwa der Manierismus für die florentinische Renaissance bedeutete. Dem entsprach die soziale Entwicklung. Es kam in keinem Abschnitt zu einer eigentlichen Erschütterung der Fundamente der Gesellschaft.

Dies hatte aber auch zur Folge, daß die Deutschen weniger den eigentlichen Zivilisierungsprozeß, der sonst große Kulturblüten begleitet, erfuhren. Sie erreichten nicht dieselbe Urbanität wie einige andere europäische Völker. »Die Deutschen«, bemerkte Goethe einmal, »sind von gestern. Es müssen noch ein paar Jahrhunderte vorübergehen, bevor man von ihnen sagen kann, es ist schon lange her, daß sie Barbaren waren«. Die alte hierarchische Struktur, die überkommene und verstärkte Disziplin blieb auch nach Erreichen des Gipfels der Kulturblüte in höherem Grade als bei anderen europäischen Nationen erhalten. Die Deutschen bewahrten eine Gesinnung, die bei den weiter fortgeschrittenen Völkern Westeuropas notwendig immer auf Antipathie stieß. Sie wurden zur »verspäteten Nation« (H. Plessner), und zwar nicht in erster Linie deshalb, weil ihre Kulturblüte unter den großen in Europa als letzte auftrat, sondern vor allem darum, weil sie trotz aller Bedeutung nicht die gewöhnliche umwälzende soziale Wirkung hatte.

Dieser gezügelte Ablauf der deutschen Kulturblüte mag auch auf die Vielfalt ihres Ursprungs zurückzuführen sein. Ein anderer wesentlicher Grund könnte in der äußeren Geschichte der deutschen Kulturblüte liegen, die eine Freisetzung gesellschaftlicher Reserven nur zeitweilig erlaubte. Wenn der Ausgang des Siebenjährigen Krieges in der Folgezeit ein Ausruhen auf den »Lorbeeren Friedrichs des Großen« möglich machte, so setzten dem bereits der Einbruch Napoleons und die Katastrophen von Jena und Auerstedt wieder ein Ende. Entscheidend für den moderierten Ablauf der deutschen Kulturblüte war aber auch der Charakter der Anpassung, die sich – insbesondere im Falle Brandenburg-Preußens – mit einer ähnlichen Tendenz wie die Spartas bewegt hatte, nämlich in Richtung auf größere Disziplin und soziale Geschlossenheit; das Ergebnis einer solchen Anpassung mußte dann später einer sprunghaften Lockerung der gesellschaftlichen Integration zwangsläufig im Wege stehen.

EXKURS: DIE KULTURBLÜTE ALS EMANATION GESELLSCHAFTLICHER KRÄFTE UND ALS ÄUSSERUNG EINES DESINTEGRATIONSPROZESSES

I. Die »Emanationstheorie«

Es ist auffallend, daß die Zeiten der Anpassung auf *politischem* Gebiet schöpferischer sind als die Kulturblüten selbst. Themistokles war genialer als Perikles, T'ai Tsung bedeutender als Ming Huang, Richelieu größer als Ludwig XIV. oder Colbert. Während der Kulturblüte machen sich im politischen Bereich bisweilen sogar bereits gewisse Verfallserscheinungen bemerkbar, und die große Persönlichkeit pflegt in ihnen weniger Chancen zu haben, sich zu entfalten. Diese und andere Beobachtungen könnten nahelegen, die Kulturblüten nicht als ein Ergebnis besonderer Umstände der inneren und äußeren Geschichte der Gesellschaft aufzufassen, sie vielmehr auf eine Emanation schöpferischer Kräfte zurückzuführen, die sich erst in der Politik, dann nacheinander in der Kunst, den Geisteswissenschaften und den Naturwissenschaften zeigt und die sich unabhängig von der äußeren Geschichte vollzieht. Die äußere Bedrohung und der einhergehende Anpassungsprozeß wären dann nur zufällige Begleiterscheinungen der beginnenden Kulturblüte und ohne wesentlichen Zusammenhang mit ihr.

Für eine solche Annahme könnte auch die weitere Feststellung sprechen, daß es zuweilen Kulturaufschwünge gibt, die sich nicht ohne weiteres aus der äußeren Geschichte der Gesellschaft erklären lassen. England wurde in der zweiten Hälfte des 15. und der ersten Hälfte des 16. Jh. von außen anscheinend nicht ernstlich bedroht. Trotzdem brachte es seit der zweiten Hälfte des 16. Jh. eine bedeutende Kulturblüte hervor, Shakespeare, Bacon, Hobbes und Newton sind Namen, die auch den schöpferischsten Zeiten zur Ehre gereichen würden. Die Aufeinanderfolge der Gebiete, die sie repräsentieren: Kunst, Philosophie und Naturwissenschaften, entspricht dem Ablauf, der für Kulturblüten ganz allgemein charakteristisch ist. Auch andere Umstände im damaligen England stimmen mit dem Bild überein, das für sie generell typisch ist.

Für die Auffassung der Kulturblüte als einer gewaltigen und umfassenden Emanation gesellschaftlicher Kraft – sie soll im folgenden als *»Emanationstheorie«* bezeichnet werden – sprechen, wenigstens scheinbar, auch andere Tatsachen. Gewisse Elemente der Anpassungsfähigkeit – Offenheit und Religiosität – nehmen bisweilen in den Zeiten unmittelbar vor dem Prozeß, der als Anpassungsprozeß bezeichnet wurde, an Intensität – tatsächlich oder scheinbar – zu. Besonders auffallend ist dies bei Athen. Diese Polis war bis ins siebente Jahrhundert v. Chr. nicht besonders offen. Als etwa Milet und andere griechische Städte an zahlreichen Plätzen der antiken Welt Kolonien anlegten, war sie hieran zunächst überhaupt nicht beteiligt. Dies änderte sich erst etwa fünf Generationen vor dem Beginn der Kulturblüte. Ferner war die auffallend starke Religiosität, zu der es im 6. Jh. v. Chr. vor allem auch in Attika kam, vorangegangenen Jahrhunderten völlig fremd gewesen. Frappierend ist auch die stetig wachsende Religiosität, die die Franzosen seit etwa 1580 ergriff.

Diese Entwicklungen scheinen in einem gewissen Gegensatz zu der hier vertretenen Hypothese zu stehen, daß die Anpassungsfähigkeit eine Eigenschaft ist, die die Gesellschaften regelmäßig schon lange vor der Anpassung besitzen. Sollte es sich bei dieser plötzlichen Steigerung von Offenheit und Religiosität in Wirklichkeit nicht um Begleiterscheinungen einer Emanation gesellschaftlicher Kräfte handeln, derselben Emanation, die sich später dann als kulturelle Blüte äußert?

Für die Emanationstheorie scheint auch zu sprechen, daß den Kulturblüten eine – oft mehrere Generationen dauernde – vorbereitende Aufschwungphase vorangeht, die einen Zusammenhang mit außergesellschaftlichen Vorgängen nicht ohne weiteres erkennen läßt. Ist die Kulturblüte nicht einfach eine konsequente, wenn auch gesteigerte Fortsetzung dieser Entwicklung und dementsprechend ebenfalls ohne unmittelbaren Zusammenhang mit der äußeren Geschichte?

Ferner entfalten sich mehrere Gesellschaften eines Kulturkreises geistig, künstlerisch und zivilisatorisch oft mehr oder weniger im Gleichtakt. So erfolgte der Übergang vom archaischen zum frühklassischen Strengen Stil um 500 v. Chr. nicht nur in Athen, sondern gleichzeitig auch im übrigen Griechenland. Jedenfalls insoweit, so könnte es scheinen, ist nicht die äußere Geschichte einer Gesellschaft, sondern die gemeinsame innere Geschichte der Gesellschaften, die der Kulturkreis umfaßt, das entscheidende Moment für die kulturelle Entwicklung.

Weiter wird die Emanationstheorie auch durch den Umstand gestützt, daß die Anpassungsprozesse, wie hervorgehoben wurde, vorzugsweise in der Richtung verlaufen, in der sich die Gesellschaften ohnedies bewegen, so daß die Vermutung naheliegt, daß sich die soziale Entwicklung unabhängig von äußeren Einflüssen vollzieht, was wiederum bedeuten würde, daß es sich dabei eigentlich gar nicht um Anpassungsprozesse handeln kann. So fand die Anpassung Athens, wie ausgeführt wurde, wesentlich auch in der Schaffung demokratischer Institutionen ihren Ausdruck. Tatsächlich tendierte aber die gesamte athenische Verfassungsentwicklung von Solon bis zum Peloponnesischen Krieg in diese Richtung. Warum sollte man das verfassungsrechtliche Werk des Themistokles als außenpolitisch bedingt auffassen, wenn die Reformen Solons und Kleisthenes' zuvor und später die Maßnahmen des Ephialtes und des Perikles ganz sicher von der äußeren Geschichte Athens direkt nicht beeinflußt waren und obwohl sie alle nur verschiedene Abschnitte auf demselben Weg darstellen? – Der Anpassungsprozeß der Florentiner bestand, wie ferner dargelegt wurde, vor allem auch darin, daß sie eine besondere Form von staatsbürgerlichem Humanismus entwickelten. Gegen den Anpassungscharakter dieses Vorgangs könnte man vorbringen, daß der Humanismus in Italien – inner- und außerhalb der Stadt Florenz – schon viel früher aufgekommen war und bereits zuvor so bedeutende Vertreter wie Petrarca und Boccaccio hervorgebracht hatte.

II. Die »Desintegrationstheorie«

Es gibt ferner gewisse Tatsachen, die darauf hinweisen, daß es sich bei den Kulturblüten weniger um Vorgänge handelt, die durch die äußere Geschichte der Gesellschaft bedingt sind, als um späte Folgeerscheinungen eines langhingezogenen Prozesses gesellschaftlicher Desintegration: Zu einer Kulturblüte käme es demnach dann, wenn sich die Integration einer Gesellschaft bis zu einem bestimmten Grad gelockert hat. Diese Hypothese wird im folgenden als »*Desintegrationstheorie*« bezeichnet. Im Verlaufe fast jeder Kulturblüte kommt es zu Erscheinungen gesellschaftlicher Desintegration. Dieses Phänomen wurde als Freisetzung moralischer Kräfte bezeichnet. Die Kulturblüte läßt sich nun als ein Produkt jenes Zustandes auffassen, in dem sich ein Gleichgewicht zwischen Individuum und Gesellschaft herausgebildet hat, mithin als ein Produkt jener Entwicklungsphase, in der sich der Gesellschaftsangehörige mit der Gesellschaft besonders einig ist, ohne daß er sich auf Kosten der Gemeinschaft auslebt oder umgekehrt die Gesellschaft das Individuum unterdrückt. Eine derartige gesellschaftliche Struktur ist für die Kreativität des einzelnen, wie zu zeigen versucht wurde, schon als solche besonders günstig.

Auch für diese Theorie ist England ein wichtiges Beispiel. Bereits im 14. Jh. zeigten sich in diesem Land gewisse Indizien für eine Lockerung der streng hierarchischen Ordnung der mittelalterlichen Gesellschaft, also viel eher als in Deutschland oder Frankreich. Der Adel wurde für erfolgreiche Bürgerliche frühzeitig zugänglich. William de la Pole, ein Graf aus Hull, machte mit Anleihen an Eduard III. während des Hundertjährigen Krieges solche Gewinne, daß seine Familie große Ländereien erwerben konnte und in den höchsten Adel aufgenommen wurde. Als Herzöge von Suffolk heirateten sie sogar in die königliche Familie ein und erhoben zu Beginn des 16. Jh. Anspruch auf die englische Krone. – Unter den Tudors wurde die englische Gesellschaft ganz allgemein sehr mobil. Kardinal Wolsey, den Heinrich VIII. zum Lordkanzler machte, war der Sohn eines armen Metzgers. Sein Nachfolger, Staatssekretär Thomas Cromwell, kam ebenfalls aus einfachen Verhältnissen. Der eigentliche Adel mußte seine privilegierte Stellung bald mit der Gentry, dem Landadel, teilen. Tüchtigkeit wurde ausgezeichnet. Die Cecils stiegen innerhalb von vier Generationen aus dem Nichts zu wohlbestallten Grafen auf. Auch andere Familien wie die Russels, die Cavendishes, die Cokes, die Cranfields und die Dashwoods wurden in den Adel erhoben; sie standen im Dienst des Königs, bewährten sich als Juristen, kamen durch den Handel hoch oder hatten – auch dies geschah – ihr Glück als erfolgreiche Bierbrauer gemacht. Nichts hinderte im damaligen England einen Kaufmann oder Anwalt, sich ein Gut zu kaufen und so Angehöriger der Gentry zu werden. Seit der Zeit, zu der das Domesday-Buch (1085/86) angelegt worden war, hatte zu keiner Periode soviel Land den Besitzer gewechselt wie in der zweiten Hälfte des 16. Jh. und dem Anfang des 17. Jh. Umgekehrt beteiligte sich in England auch der Adel am Handel und grenzte sich vom Kaufmannsstand sozial keineswegs ab.

Zu eben jener Zeit, als Shakespeare seinen Gipfel erreichte, begann das Gefüge von Staat und Gesellschaft gewisse Risse zu zeigen. Um 1600 wurde die Überzeugung von der Notwendigkeit gesellschaftlicher Reformen immer mehr Gemeingut. Es gab Persönlichkeiten wie Ellesmere, der revolutionäre Bewegungen fürchtete, und Bacon, der umfassende Reformen für unumgänglich hielt. Lordkanzler Ellesmere stellte 1610 fest, daß die Macht des Königs zurückgegangen sei und die des Unterhauses, in dem vor allem das Bürgertum repräsentiert war, zugenommen habe: »The power ... of the Commons hath grown big and audacious ... it will not cease (if not stayed in time) until it breaks out in democracy«. In den zwanziger Jahren entwickelte dann Coke die These, daß das Common Law über König und Exekutive stehe und nur dem souveränen Parlament unterworfen sei. Um dieselbe Zeit kam es zu einer äußerst wichtigen und bezeichnenden verfassungsrechtlichen Entwicklung. Die Institution des Impeachment wurde zu neuem Leben erweckt. Das Oberhaus saß 1621 über Bacon, den damaligen Lordkanzler, zu Gericht, ohne daß der König ihn vor einer Verurteilung zu bewahren vermochte. Sieben Jahre später verbot die »Petition of rights« dem König, ohne die Zustimmung des Parlaments Steuern zu erheben oder Zwangsanleihen aufzulegen. Sie bedeutete eine weitere Schwächung seiner Autorität.

Die Auseinanderentwicklung der Gesellschaft in verschiedene antagonistische Gruppen zeigte sich frühzeitig auch im religiösen Bereich. Der Anglikanismus, in dem die unbeliebte Monarchie eine feste Stütze hatte und der mit dem Court of High Commission über eine der Inquisition vergleichbare Institution verfügte, gelangte zu neuer Kraft. Die Gegenseite, die dem Anglikanismus feindlich gesinnten Puritaner, waren antiautoritär gesinnt und stellten den göttlichen Ursprung der Monarchie in Frage. Während der Anglikanismus vor allem von der gesellschaftlichen Oberschicht repräsentiert wurde, waren die Puritaner vorwiegend bürgerlichen und zum Teil sogar kleinbürgerlichen Ursprungs.

1642 kam es zum Bürgerkrieg. König Karl I. kämpfte gegen die Ansprüche des Parlaments, unterlag und wurde 1649 hingerichtet. Der Vorgang hat auch soziale Bedeutung. Er stellte die erste bürgerliche Revolution dar. Sicher hatten die Ungeschicklichkeit und Intransigenz der Stuarts an dieser Katastrophe einen entscheidenden Anteil. Sie haben die großen Strömungen jedoch nicht ausgelöst; diese vollzogen sich vielmehr in gesellschaftlichen Tiefen, die dem Einfluß der Regierungen im Prinzip nicht zugänglich sind, auch nicht in negativer Hinsicht, und schon gar nicht in der damaligen Zeit.

Am Ende der vierziger und fünfziger Jahre wurde vielfach ein weiterer Umsturz befürchtet. Die »Levellers« John Lilburnes, die »Diggers«, die unter Winstanleys Führung behaupteten, der Boden Englands gehöre dem Volke und sei ihm von den Junkern gestohlen worden, ferner gewisse Sekten wie die Quäker, die »familists«, die »Grindletonians«, die »Muggletonians«, die »Millenarians« und die »Fifth Monarchy«-Anhänger, die Bestrebungen aller zeugen von einem radikalen Proletarianismus, der auf eine gründliche Umverteilung von Eigentum und Macht zugunsten der Unterprivilegierten gerichtet war.

Das für fortgeschrittene Kulturblüten so charakteristische soziale Malaise zeigte sich auch auf dem Gebiet der wissenschaftlichen Theorie. Am deutlichsten kam es in der Staatsphilosophie von Thomas Hobbes mit ihrer pessimistischen Auffassung von der menschlichen Natur und vom Staat zum Ausdruck. Nach Hobbes ist es nicht der soziale Trieb, der die Menschen zur Bildung von Staaten veranlaßt, wie man seit Aristoteles geglaubt hatte, sondern die Furcht vor einem gewaltsamen Tod, der »metus mortis violentiae«. Nach seiner Auffassung sind es auch keineswegs Gefühle der Liebe, die das Verhältnis des Menschen zu seinen Mitmenschen bestimmen; der Mensch ist ihm zufolge dem Menschen vielmehr ein Wolf, »homo homini lupus«, der Naturzustand ein Krieg aller gegen alle, »bellum omnium contra omnes«. Ohne bittere soziale Erfahrungen und gesellschaftliche Frustrationen ist eine solche Theorie nicht denkbar.

Für die Desintegrationstheorie spricht auch, daß die eigentliche kulturelle Höhezeit manchmal mit voller Kraft überhaupt erst einsetzt, wenn der gesellschaftliche oder politische Verfall bereits deutlich geworden ist. So erreichten Leonardo und Michelangelo den Höhepunkt ihres Schaffens erst zu einer Zeit, als der soziale und staatliche Abstieg ihrer Heimatstadt nicht mehr aufzuhalten war. Noch ausgeprägter haben wir die gleiche Erscheinung im Falle Spaniens. Das »Siglo de Oro« begann um 1600. In den ersten Jahrzehnten des 17. Jh. wirkten die größten Dichter, Schriftsteller und Künstler, die Spanien hervorgebracht hat: Cervantes, Góngora, Lope de Vega, Quevedo, Ribera, Zurbarán, Velázquez, Calderón und Gracián. Auf der anderen Seite aber ist der staatliche und gesellschaftliche Niedergang Spaniens seit dem Ende des 16. Jh. – als es noch von dem tüchtigen Philipp II. gelenkt wurde, so daß individuelle Einflüsse ausscheiden – unverkennbar. In der ersten Hälfte des 17. Jh. verstärkte er sich in einer Weise, daß es für das weitere Schicksal Spaniens verhängnisvoll wurde.

Eine ähnliche Parallelität zwischen sozialer Desintegration und Entwicklung der kulturellen Kreativität beobachten wir in Deutschland nach dem Ersten Weltkrieg. Das Berlin der zwanziger Jahre war geistig ein außerordentlich aktiver Platz, mit dem damals keine zweite Hauptstadt konkurrieren konnte, und dies obwohl Deutschland eben erst den größten Krieg, den die Menscheit bis dahin gesehen hatte, in demütigender Weise verloren hatte und Staat und Gesellschaft in einen Zustand von Desorganisation und Turbulenz geraten waren. Hervorragendes wurde in der Literatur geleistet. Die bedeutendsten Schriftsteller waren: Gerhart Hauptmann, Stefan George, Ernst Jünger, Thomas Mann (»Der Zauberberg«, 1924), Carl Zuckmayer (»Der fröhliche Weinberg«, 1925; »Der Hauptmann von Köpenick«, 1931), Rudolf Borchardt, Hermann Hesse und Bert Brecht (»Dreigroschenoper«, 1927). In der Malerei ragten Lovis Corinth (gest. 1925), Max Beckmann, Max Ernst, der 1924 den Surrealismus mitbegründete, Paul Klee, Emil Nolde und Ernst Barlach hervor. In der Architektur erlangten die Künstler des Bauhauses, Gropius und Mies van der Rohe, eine Bedeutung, die weit über Deutschland hinausging. Auf musikalischem Gebiet war Richard Strauss auch international die bestimmende Persönlichkeit. Äußerst bemerkenswert waren auch die Leistungen in der Philosophie und den Geisteswissenschaften: Max Scheler (»Vom Umsturz der Werte«, 1919; »Vom Ewigen im Menschen«, 1921), Friedrich Meinecke (»Die Idee der Staatsräson«, 1924), Martin Heidegger (»Sein und Zeit«, 1927, das wichtigste philosophische Ereignis seit Hegels Phänomenologie), Edmund Husserl (»Formale und transzendentale Logik«, 1929) und Karl Jaspers (»Philosophie«, 1934). Mit Werner Heisenberg (Quantenmechanik, 1925; Unschärferelation, 1927) und anderen Forschern war Deutschland auch in den Naturwissenschaften führend.

Es gibt einen weiteren Umstand, der sowohl für die Emanations- als auch die Desintegrationstheorie spricht. Gesellschaften, die zwar *einem* Kulturkreis angehören, aber ziemlich unterschiedliche äußere Erfahrungen durchmachen, bringen oft gleichzeitig oder in nur geringfügigen zeitlichen Abständen Kulturblüten hervor. Im 5. Jh. v. Chr. trafen zusammen die Ausläufer der ionisch-dorischen Kulturblüte, eine Art argivischer Blütezeit und die Leistungen Athens. Die europäischen Kulturblüten folgten vom 15. bis 18. Jh. ohne größere Verzögerungen aufeinander, während davor oder danach keine der europäischen Gesellschaften eine kulturelle Produktivität aufwies, die aus der Reihe gefallen wäre. Nicht einmal Florenz war eine isolierte Erscheinung innerhalb des Italien des 15. Jh. In derselben Zeit zeichneten sich Venedig (Bellini, Crivelli, Carpaccio, Giorgione, Tizian) und Urbino durch große Schöpferkraft aus. Letzteres war mit Bramante und Raffael das dritte Ursprungsgebiet großer Renaissancekünstler.

III. Kritik der Emanations- und der Desintegrationstheorie

Sowohl die Emanations- als auch die Desintegrationstheorie berücksichtigt nur einen Teil der bekannten geschichtlichen Tatsachen. Wären diese Theorien zutreffend, so würde dies bedeuten, daß Athen und Florenz auch ohne die geschilderten äußeren Bedingungen ihre Kulturblüten gehabt hätten und daß der auffallend ähnliche äußere Rahmen der hervorragenden Kulturblüten allgemein auf Zufall beruhen würde. Dies wird aber niemand ernsthaft behaupten wollen, zumal, wie wir gesehen haben, die Gesamtheit der wesentlichen äußeren und innergesellschaftlichen Bedingungen Platz in einem sinnvollen Modell findet. Tatsächlich gibt es auch keine historischen Fakten, die nur mit einer dieser beiden Theorien zu verstehen wären. Daß die Gesellschaften in den Zeiten der Bedrohung politisch schöpferischer sind als während der Kulturblüte, erklärt sich zwanglos daraus, daß es in jener Epoche um ihre Existenz schlechthin zu gehen pflegt, während danach der gegenteilige Zustand verwirklicht sein kann: Die äußere Bedrohung ist völlig überwunden, wie es ja als typische Voraussetzung für die Freisetzung gesellschaftlicher Kräfte angenommen wurde. Während der äußeren Bedrohung hat in einer intakten Gesellschaft der hervorragendste Politiker eine gute Chance, die Führung des Staates übertragen zu bekommen, während die Gesellschaft in den ruhigeren Zeiten der Kulturblüte dazu neigt, den unbequemen Charakteren großer Persönlichkeiten aus dem Wege zu gehen, zumal dann, wenn, wie dies regelmäßig der Fall ist, ihre Integration bereits begonnen hat sich zu lockern.

Auch im Falle Englands läßt sich ein – wenigstens zeitlicher – Zusammenhang zwischen typischen außen- und innenpolitischen Vorgängen einerseits und der elisabethanischen Kulturblüte andererseits feststellen. Tatsächlich wurde dieser Staat in der ersten Hälfte des 16. Jh. und bis zu einem gewissen Maße auch noch in dessen zweiten Hälfte von anderen Staaten bedroht. Es gab zunächst einmal den Doppelgegner Schottland-Frankreich. Die Verbindung zwischen diesen Staaten beruhte an sich auf der gemeinsamen Gegnerschaft gegen den englischen Feind, wurde aber durch enge familiäre Bande zwischen den beiden Königshäusern noch verstärkt. Gegen ihre Angriffe war England ziemlich ungeschützt; im Norden besaß es eine lange offene Landgrenze, im Süden eine von Frankreich aus leicht zugängliche Küste. Zweimal bedrohte diese Mächtekombination im 16. Jh. die englische Sicherheit. Bei Flodden Field siegten 1513 die englischen Bogenschützen in einem Kampf mit verkehrten Fronten gegen die doppelt so zahlreichen Schotten.

Die Engländer waren damals in der glücklichen Lage, daß sie schon vor dieser Schlacht die Franzosen niedergekämpft hatten. Zu einer großen Krise für England entwickelten sich die Dinge aber drei Jahrzehnte später. Die Engländer wurden von den Schotten bei Ancrum Moor geschlagen (Februar 1545). Der Kaiser hatte sie im Stich gelassen. Sie verfügten über keinen Verbündeten und mußten befürchten, von den Franzosen im Süden und den Schotten im Norden gleichzeitig angegriffen zu werden. – Das englische Volk erbrachte beispiellose Opfer. König Heinrich VIII. ließ sein Silber einschmelzen und verpfändete seine Ländereien. In Portsmouth organisierte er selbst die Verteidigungsanstrengungen. Eine französische Flotte drang in den Solent ein und setzte Truppen auf der Isle of Wight an Land. Nur allmählich konnte diese Gefahr überwunden werden. – Die schottische Herausforderung wurde endgültig erst ein halbes Jahrhundert später beseitigt.

Auch von seiten der Spanier fühlten sich die Engländer bis in die 2. Hälfte des 16. Jh. gefährdet, und zwar alle Schichten des Volkes, von einem so klugen Politiker wie Thomas Cromwell[1] bis hinab zu der breiten Masse. Die Furcht dauerte auch noch um die

---

[1] Ernst Schulin in: Schieder, Handbuch der europäischen Geschichte, Bd. III, S. 913 f.

Mitte des Jahrhunderts an. Als Philipp II., damals noch Prinz, 1554 nach England kam, um Königin Maria zu heiraten, mußte er wegen der krankhaften Angst der Engländer vor einem militärischen Handstreich seine Leibwache an Bord lassen. Spanier, die sich in der Öffentlichkeit sehen ließen, wurden verhöhnt, verprügelt und ausgeplündert. Es kam zu einer ganzen Reihe von blutigen Zwischenfällen. Der Haß der Engländer gegen die papistischen Spanier entsprang einer tiefsitzenden Angst vor einer spanischen Usurpation, die von interessierten englischen Kreisen noch planmäßig geschürt wurde[2]. – Daß die englische Furcht vor Spanien, das nach der Universalmonarchie strebte und die strategisch entscheidende Mündung der Schelde beherrschte, keineswegs unbegründet war, zeigte am Ende des Jahrhunderts der großangelegte Angriff der spanischen Armada, den die von Heinrich VIII. geschaffene Flotte unter günstigen äußeren Umständen allerdings abzuwehren vermochte.

Auch einen Prozeß ausgeprägter innerer Umwandlung können wir feststellen. Heinrich VIII. ist der Schöpfer der englischen Flotte. Er brach die Macht der Kirche. Die Kloster wurden aufgelöst, ihr Besitz eingezogen und dem Staat nutzbar gemacht. Von 1529 bis 1537 war das »Reformationsparlament« tätig, dessen Gesetzgebung eine tiefgreifende und bleibende Wirkung hatte. Mit Gesetzeshoheit und Nationalsouveränität des Parlaments entstanden die Grundlagen des modernen englischen Staates. Die Verwaltung modernisierte Thomas Cromwell ganz wesentlich.

Da das Bindeglied zwischen äußerer Geschichte und Kulturblüte die Anpassungsfähigkeit darstellt, soll im Hinblick auf das England Heinrichs VIII. kurz auch auf deren Elemente eingegangen werden. Diese Gesellschaft war noch stark – wenn auch, wie gezeigt wurde, nicht in übermäßigem Grade – integriert. Die Stellung des Königs war außerordentlich herausgehoben. Er besaß nach allgemeiner Überzeugung eine Aura, einen quasisakramentalen Charakter, den er durch die Salbung bei der Krönung erlangt hatte. Obwohl Heinrich VIII. über keine bewaffneten Kräfte verfügte, war seine Autorität unangefochten. Selbst seine Gewalttakte wurden ohne Murren als Recht hingenommen. Im ganzen 16. Jh. kam es zu keiner Rebellion, die sich gegen den König gerichtet hätte. In dieser hierarchisch gegliederten und paternalistisch autoritären Gesellschaft waren die Lehensbande stärker als die familiären. Rang und Stand waren von großer Bedeutung[3]. Noch Shakespeare hatte einen ausgeprägten Sinn für Traditionen und hierarchische Unterschiede. Aus seinen Vorbehalten gegen das einfache Volk, »die törichte Masse des tölpelhaften Monstrums mit den ungezählten Köpfen«, machte er keinen Hehl. – Ferner war das England des 16. Jh. sehr offen. Es entwickelte auch ein ganz neues Interesse für seine Vergangenheit.

Gegen die Emanations- und Desintegrationstheorie sprechen bis zu einem gewissen Grade auch die Plötzlichkeit des Beginns und der revolutionäre Charakter des Ablaufs von Kulturblüten. Sowohl Emanation als auch Desintegration ist man geneigt, sich in den kulturellen Folgen eher als allmählich wirkend vorzustellen. Kulturblüten haben aber einen abrupten Beginn, sie pflegen die kontinuierliche Entwicklung, die ihnen vorausgeht, sowohl durch plötzliches Ansteigen der individuellen und der gesellschaftlichen Kreativität als auch durch materielle Sprünge zu unterbrechen. Shang-Schrift, Shang-Bronzetechnik, sokratische Methode, mathematische Perspektive traten unvermittelt auf. Auf dem Höhepunkt der vor allem von den Persern getragenen abbasidischen Kul-

---

[2] Ludwig Pfandl, Philipp II., Gemälde eines Lebens und einer Zeit, Darmstadt 1969[6], S. 288.
[3] A. L. Rowse, The England of Elizabeth, The Structure of Society, London 1964[7], S. 222.

turblüte entstand zu Beginn des 9. Jh. die neupersische Dichtung. Von Anfang an war sie im Vollbesitz ihrer Techniken, Versformen, rhetorischen Mittel, Arten und Themen. G. Lazard, der Historiker dieses Vorgangs, sagt, daß sie voll ausgestattet aus dem Dunkel der Geschichte hervortrat, wie Minerva aus dem Haupte Jupiters[4]. Dieses Bild ist für die größten Leistungen der Kulturblüten, die im typischen Fall plötzlich entstehen und nicht abzuleiten sind, ganz allgemein zutreffend.

Ganz entsprechend hat Thomas S. Kuhn in seinem Werk »The Structure of Scientific Revolution« (1962) betont, daß sich die Wissenschaften diskontinuierlich entwickeln, daß ihre Entwicklung eigentliche Sprünge macht und daß es neben der »normalen Wissenschaft«, die durch den fortschreitenden Ausbau eines wissenschaftlichen Leitbildes gekennzeichnet ist, »wissenschaftliche Revolutionen« gibt, die zu neuen Leitbildern führen, die mit den alten Leitbildern inkommensurabel sind. Es ist nur hinzuzufügen, daß sich jedenfalls die bedeutendsten wissenschaftlichen Revolutionen in den Rahmen von Kulturblüten einfügen.

Es wurde gesagt, daß für die Emanationstheorie auch sprechen könnte, daß sich die Religiosität vor Kulturblüten oft in eigentümlicher Weise intensiviert, und daß in dieselbe Richtung weist, daß die Offenheit oft gerade vor, während und nach der Kulturblüte gesteigert ist. Tatsächlich sind diese Erscheinungen jedoch auch einer anderen Deutung zugänglich. Oft ist das Hervortreten einer scheinbar besonders starken Religiosität gerade ein Zeichen dafür, daß der Glaube problematisch geworden ist, daß er nicht mehr so selbstverständlich wie zuvor ist, daß die Zeit vorüber ist, in der ihn seine Anhänger wie eine angeborene Veranlagung als etwas Besonderes gar nicht wahrnehmen. Er gilt den Gläubigen nicht mehr als so gefestigt, daß ihnen sein weiteres Schicksal keine Sorge bereiten würde. Dies macht einerseits die plötzlich aufflammende religiöse Aktivität verständlicher, wie wir sie z. B. in Frankreich um die Wende zum 17. Jh. beobachten können. Die neue ambivalente Haltung der Gesellschaftsangehörigen zeigt sich andererseits – wiederum besonders deutlich im damaligen Frankreich – in spektakulär plötzlichen Bekehrungen von ungläubigen oder religiös uninteressierten Menschen wie Madame Acarie, Mutter Angélique, Antoine Le Maître und Pascal. Die Entwicklung ihres Glaubens zeigt, daß sie die Religion nicht mehr mit der Muttermilch eingesogen hatten. Ihr Glaube ist also wohl nur eine besondere Spielart der Religiosität von Persönlichkeiten wie Boccaccio, Poggio, Pulci und Descartes, bei der uns kaum verständlich ist, wie sie mit dem gläubigen Christentum, zu dem sie sich bekannt zu haben scheinen, zu vereinbaren sein soll. Die zwiespältige Einstellung äußert sich bei diesen in einer widersprüchlichen Haltung, bei jenen in plötzlichen Wendungen.

Es ist möglich, daß auch die religiöse Propaganda, die der athenische Staat unter Peisistratos betrieb, einer ähnlichen Unsicherheit entsprang. Eine ganz entsprechende Entwicklung vollzog sich in Ägypten zu Beginn der Kulturblüte des Alten Reiches. In den Anfängen der fünften Dynastie wurde die Verehrung des Sonnengottes Re von On (Heliopolis) zur Staatsreligion erhoben. Den König machte man zum Sohn der Sonne. Daß es sich hier um eine parallele Erscheinung handelt, ist um so mehr anzunehmen, als auch die übrigen Tatsachen, die uns bekannt sind, in diese Richtung weisen: Die Macht der Priesterschaft und des Adels nahm um jene Zeit auf Kosten der Autorität des Königs zu; aus dem Gott, der er gewesen war, wurde ein Mensch[5]. Das Reich verwandelte sich in ei-

---

[4] G. Lazard in: The Cambridge History of Iran, Bd. IV, The Period from the Arab Invasion to the Saljuqs, hrsg. von R. N. Frye, Cambridge 1975, S. 598.

[5] Walther Wolf, Kulturgeschichte des alten Ägypten, Stuttgart 1962, S. 114.

nen Beamten- und weiter in einen Feudalstaat. Die Könige der 6. Dynastie versuchten schließlich, ihre alte Stellung, Ausdruck der Integration der ägyptischen Gesellschaft, wiederherzustellen und scheiterten damit. Diese Entwicklung war von einer bemerkenswerten Kulturblüte begleitet.

Auch ist zweifelhaft, ob die Offenheit vor der Entstehung von Kulturblüten tatsächlich zunimmt. Einzelne Fälle wie Athen mögen zwar dafür sprechen. Ein sicherer Schluß nach der einen oder anderen Richtung ist jedoch nicht möglich. Man ist auch insofern leicht einer Täuschung ausgesetzt. Zu dem Eindruck gesteigerter Offenheit können insbesondere auch schon die natürlichen Konsequenzen größeren Wohlstands beitragen, der bereits v o r großen Kulturblüten aufzutreten pflegt, was jeden längerfristigen Vergleich zwischen verschiedenen Stadien der Entwicklung einer Gesellschaft von vornherein problematisch macht.

Ebensowenig lassen sich aus dem typischerweise schon Generationen vor der eigentlichen Kulturblüte beginnenden allmählichen kreativen Anstieg der Gesellschaft und aus der oft bis zu einem gewissen Grade ähnlichen gleichzeitigen kulturellen Geschichte anderer Gesellschaften des Zivilisationskreises Schlüsse für die Emanationstheorie ziehen. Was Athen betrifft, so ist zwar richtig, daß die Entwicklung dieser Stadt, die dann im 5. Jh. ihren Höhepunkt fand, schon beträchtliche Zeit vor den Perserkriegen eingeleitet worden war. Es darf aber füglich bezweifelt werden, ob hieraus ohne die spezifische äußere Geschichte Athens die Kulturblüte des 5. vorchristlichen Jh. entsprungen wäre. Tatsächlich ist nicht nur in Athen, sondern auch im übrigen Griechenland, wie bereits erwähnt wurde, um 500 v. Chr., das Aufkommen des frühklassischen Stils zu beobachten. Aber die Hochklassik entfaltete sich nur in Athen[6], vielleicht auch in Argos[7]. Die Tragödie blieb ebenfalls auf Athen beschränkt. Diese Leistungen, mit denen Athen das übrige Griechenland so weit überflügelte, sind auf die besondere Geschichte Athens zurückzuführen, wobei sich die auswärtige von der sozialen Komponente nicht trennen läßt. Gerade diese Geschichte Athens bietet die stärksten Argumente für die Richtigkeit des hier dargelegten idealtypischen Modells.

Die weitgehend gleichförmige zivilisatorische und kulturelle Entwicklung der Gesellschaften, die einem Kulturkreis angehören, und vor allem der Umstand, daß ihre Kulturblüten zeitlich selten sehr weit auseinanderliegen, oft sogar dicht aufeinanderfolgen, erklärt sich im übrigen durch die meist ziemlich ebenmäßige Entwicklung der Anpassungsfähigkeit der Gesellschaften des Kulturkreises und ihres moralischen und materiellen Anpassungsspielraums. Anpassungsfähigkeit und moralischer Anpassungsspielraum unterliegen auch dem Einfluß der einebnenden Kräfte der Anregung, die die Entwicklung bestimmen, solange es nicht zu jenen Impulsen kommt, die eigentliche Kulturblüten hervorrufen. Auch größere oder geringere Prosperität bleibt kaum je auf einzelne Gesellschaften eines Kulturkreises beschränkt; von dem wirtschaftlichen Niveau der Völker hängen aber auch ihre Anpassungsfähigkeit und ihr materieller Anpassungsspielraum ab. So kommt es, daß mehrere Gesellschaften eines Kulturkreises oft mehr oder weniger gleichzeitig in die Phase eintreten, die für Kulturblüten optimale Voraussetzungen bietet; und diese lassen dann, wenn die Struktur des Staatensystems die notwendigen Voraussetzungen erfüllt, meist auch nicht allzu lange auf sich warten. Gerade dieser Umstand trägt dazu bei, daß bei der Betrachtung bestimmter Geschichtsperioden so leicht

---

[6] So F. Schachermeyer, Die frühe Klassik, S. 181.
[7] So Ernst Langlotz in: Encyclopedia of World Art, New York 1959 ff., Bd. III, S. 657 f.

der Eindruck einer bloßen Emanation kultureller Kräfte entsteht, während tatsächlich auch hier die sonst typischen Zusammenhänge gelten, z. B. im italienischen Kulturkreis des 15. Jh. für Urbino und Venedig.

Die Montefeltri, die Herren von Urbino, rivalisierten mit der Familie Malatesta, die Rimini beherrschte. Diese Auseinandersetzungen spitzten sich in den Jahren nach 1442 aufs äußerste zu. Erst der Kreuzzug, den Pius II. 1461 gegen Sigismondo Malatesta unternahm, brachte für Urbino die Befreiung von dem gefährlichen äußeren Druck. Eine hervorragende Rolle zunächst bei der Überwindung der Bedrohung, dann für die kulturelle Entfaltung der Gesellschaft spielte Federigo da Montefeltro, der über den Stadtstaat von 1444 bis 1482 herrschte.

Venedig hatte einen sehr langwierigen Krieg mit Genua zu bestehen, in dem es zunächst um seine Stellung als levantinische Macht, schließlich um seine Existenz selbst ging. Die erste bewaffnete Auseinandersetzung fand bereits im Jahr 1258 statt. Es waren die Genuesen, die 1261 dazu beitrugen, daß das von den Venezianern zu Beginn jenes Jahrhunderts beseitigte griechische Kaisertum in Konstantinopel wiederhergestellt wurde. Zu erneuten Kämpfen kam es 1264. 1299 fügten die Genuesen den Venezianern eine vernichtende Niederlage zu. Ein Krieg um den Pelzhandel des Schwarzen Meeres, der von 1353 bis 1354 dauerte, kostete Venedig seine gesamte Flotte. Bald darauf trat der Kampf in seine entscheidende Phase ein. Der griechische Kaiser gestand 1376 Venedig den Besitz der Insel Tenedos zu, die entscheidend für die Kontrolle über die Dardanellen war. Damit begann der mörderischste Krieg des 14. Jh. Genua ergriff die Offensive und vernichtete die venezianische Flotte fast völlig. Venedig war dem Feind schutzlos preisgegeben. Es kam zur größten Krise der venezianischen Geschichte. Die Genuesen begannen die Stadt zu blockieren und auszuhungern. Sie beherrschten die See; auf der Landseite wurde ihr die Zufuhr von Francesco Carrara, dem zu Genua haltenden Herrn von Padua, abgeschnitten. Der genuesische Admiral Pietro Doria nahm 1378 die im Süden von Venedig auf einer Insel gelegene Stadt Chioggia und machte sie zur Basis seiner Operationen. Seine Flotte legte er in die Lagune selbst.

Die Venezianer wurden der Situation jedoch voll gerecht. Rund um ihre Inseln ankerten sie schwimmende Festungen und bestückten sie mit Kanonen, die zu den ersten in Europa überhaupt gehörten. Unter unerhörten Opfern schuf die hungernde Bevölkerung eine neue Flotte. Mitten im Winter begannen die Venezianer die feindliche Streitmacht, welche sich, wie nun offenbar wurde, bei Chioggia in eine Falle begeben hatte, in verwegenen nächtlichen Angriffen zu attackieren, und mit Hilfe kühner Manöver einzuschließen. Im Juni 1380 mußten die Genuesen kapitulieren. Ein Jahr später erreichte Venedig auch die Aufhebung der Landblockade. Es befreite sich durch seine Erfolge nicht nur aus einer äußerst schwierigen Lage, sondern wurde nunmehr zur unbestrittenen Herrin über die Levante- und Mittelmeerschiffahrt. Wie glanzvoll sticht das siegreiche Venedig in seiner weiteren kulturellen Entfaltung von dem unterlegenen Genua ab!

Es wurde gesagt, daß für die Emanationstheorie zunächst auch der Umstand zu sprechen scheint, daß die Anpassungsprozesse vorzugsweise in der Richtung erfolgen, in der sich die Gesellschaften ohnedies entwickeln, daß es sich dabei also möglicherweise gar nicht um Anpassungsprozesse handelt. Die Gefahr einer falschen Deutung ist, wie ebenfalls aus bereits Gesagtem hervorgeht, besonders groß bei Athen und Florenz. Der Zusammenhang zwischen äußerer Geschichte und angeblichem Anpassungsprozeß ist in diesen beiden Fällen noch sorgfältiger, als an sich schon notwendig, zu prüfen und dem Urteil der sachkundigsten Historiker besonderes Gewicht zuzumessen. – Kein Geringerer als Eduard Meyer hat nun aber für Athen die engen Beziehungen zwischen den Notwendigkeiten, die der Abwehrkampf gegen Persien mit sich brachte, dem Bau der Flotte und den inneren Reformen hervorgehoben[8]. – Für Florenz hat einer der besten Kenner der frühen Renaissance den Zusammenhang zwischen der Bedrohung des florentinischen Gemeinwesens durch Mailand und der Entstehung des staatsbürgerlichen Humanismus nachgewiesen. Durch die Forschungen Hans Barons ist heute klargestellt, daß die Anfänge der neuen Weltanschauung auf den Höhepunkt der florentinisch-mailändischen Auseinandersetzung, die Jahre der äußersten florentinischen Not, zurückgehen[9]. Einen höheren Wahrheitsgehalt als die Emanationstheorie besitzt, so scheint es, die Desintegrationstheorie. Es wurde festgestellt, daß eine zu starke gesellschaftliche Integration der Entfaltung einer Kulturblüte entgegensteht. Auch wurde bemerkt, daß im Verlaufe jeder Kulturblüte eine Lockerung der Integration zu beobachten ist, und betont, welche Bedeutung diese Erscheinung für die Dynamik der Kulturblüte hat; es wurde ferner ausgeführt, daß die Lockerung der Integration schon vor der Kulturblüte einsetzt. Alles spricht dafür, daß sich dieser Prozeß auch bei unseren Beispielsfällen selbst ohne die äußere Bedrohung und ihre Überwindung fortgesetzt hätte.

Es gibt jedoch auch Beobachtungen, die gegen diese Theorie in ihrer uneingeschränkten Form sprechen. Je schneller der Lockerungsprozeß verläuft, desto geballter ist die Freisetzung gesellschaftlicher Kräfte und desto höher damit auch die Kulturblüte. Es ist nun aber so, daß gerade die geballte Lockerung der gesellschaftlichen Integration, die nach der hier vertretenen Auffassung, soll eine hohe Kulturblüte entstehen, innerhalb eines kurzen Zeitraums erfolgen muß, nur durch die äußere Geschichte der Gesellschaft bewirkt werden kann, und zwar vor allem durch solche Prozesse, dir für die äußere Geschichte von Gesellschaften, die vor einer großen Kulturblüte stehen, charakteristisch sind. Außenpolitische Anpassung bedeutet ferner eine Steigerung der gesellschaftlichen Integration – jedenfalls an der Oberfläche – oder wenigstens eine Verzögerung ihrer Lockerung. Die Überwindung der Bedrohung und die endgültige Befreiung von der äußeren Gefahr haben dann genau die gegenteilige Wirkung. Zudem ist die Freisetzung moralischer Reserven, d. h. die Lockerung der gesellschaftlichen Integration, nur *ein* Faktor der Kulturblüte, zu dem im typischen Fall noch andere kommen. So besitzen gewisse sozialpsychologische Umstände, die mit einer bloßen Lockerung der gesellschaftlichen Integration nicht ohne weiteres einhergehen, ebenfalls entscheidende Bedeutung.

Es ist nun richtig, daß England keine Perserkriege hatte und trotzdem das Elisabethanische Zeitalter hervorbrachte. Dieses Land ist jedoch als einschlägiges Gegenbeispiel kaum tauglich, da es keineswegs die gedrängte Fülle großer schöpferischer Leistungen, wie sie vor allem Athen und Florenz, aber auch etwa Frankreich und Deutschland kannten, aufzuweisen hat. Um seine trotz allem große Produktivität zu erklären, reicht schon die Annahme aus, daß es die *inner*gesellschaftlichen Voraussetzungen einer Kulturblüte voll verwirklichte, während man den Grund dafür, daß seine Kreativität nicht noch größer war, gerade darin sehen kann, daß die eigentlichen Ursachen von Kulturblüten, eine äußere Bedrohung und ihre erfolgreiche Überwindung, hier weit weniger wirksam wurden als bei Athen, Florenz und anderen hervorragenden Kulturblüten.

---

[8] Ed. Meyer, Geschichte des Altertums, Bd. IV Teil 1, S. 339f.
[9] Dem Nachweis dieses Zusammenhangs ist das in Kap. I Anm. 6 zitierte Werk von Hans Baron gewidmet.

Auch die geistig so glanzvolle Zeit der Weimarer Republik ist kein überzeugender Beweis für eine uneingeschränkte Desintegrationstheorie. Nicht oder jedenfalls nicht nur der verlorene Erste Weltkrieg kann die entscheidende Ursache für die kulturellen Leistungen diese Zeitraums gewesen sein. Die Katastrophe des großen Krieges scheidet als solche im wesentlichen schon deshalb aus, weil sich so kurzfristig wirkende primäre Ursachen für kulturelle Blütezeiten in der Geschichte nirgends beobachten lassen, sie also höchstens einen schon laufenden Prozeß intensiviert haben kann. Ein anderer wichtiger Einwand ist, daß der kulturelle Aufschwung in Deutschland tatsächlich schon vor dem Ersten Weltkrieg begonnen hatte, so daß dieser für die natürliche Betrachtung keinen wesentlichen Einschnitt bilden kann. Vor 1914 schrieben bereits Nietzsche (»Also sprach Zarathustra«, 1883–1885), Gerhard Hauptmann (»Die Weber«, 1892; »Die Ratten«, 1911), Stefan George (»Blätter für die Kunst«, 1892 ff.), Rilke (»Stundenbuch«, ab 1899; »Malte«, 1910), Husserl (»Logische Untersuchungen«, 1900/01; »Ideen zu einer reinen Phänomenologie«, Bd. I, 1913), Thomas Mann (»Die Buddenbrooks«, 1902), Friedrich Meinecke (»Weltbürgertum und Nationalstaat«, 1908), Max Scheler (»Der Formalismus in der Ethik und die materiale Wertethik«, 1913 ff.) und Max Weber. Auch die deutsche Kunst nahm bereits vor dem Ersten Weltkrieg einen bedeutenden Aufschwung. Der Jugendstil brach 1895 mit den historisierenden Stilen und bedeutete für die moderne Formgebung einen revolutionären Durchbruch. 1905/06 entstand der deutsche Expressionismus. Aus der Münchner »Neuen Künstlervereinigung« kam ein für Deutschland ganz neuer Impuls. Aus ihr gingen 1911 die Maler des »Blauen Reiters«, also vor allem Franz Marc, August Macke und Paul Klee hervor. Für die Plastik wirkte Lehmbruck als Wegbereiter des Expressionismus. Neben anderen bedeutenden Bildhauern leistete auch Barlach bereits vor dem Ersten Weltkrieg Bedeutendes.

In der Musik war die Zeit vor 1914 eher schöpferischer als nach 1918. Richard Strauß vollendete 1905 seine »Salome«, die mit ihren faszinierenden Klangvisionen alles zuvor auf instrumentalem Gebiet Verwirklichte übertraf. 1911 folgte der »Rosenkavalier«, 1912 »Ariadne auf Naxos«. In die Zeit vor dem Ersten Weltkrieg fällt auch das Schaffen Max Regers. – Ebenso wurde in den Naturwissenschaften bereits vor dem Ende des Ersten Weltkriegs Großes geleistet. Planck entwickelte die Quantentheorie (1900), Einstein die Spezielle und die Allgemeine Relativitätstheorie (1905 und 1916).

Ein direkter Zusammenhang der Kreativität der zwanziger Jahre mit den Ereignissen des Ersten Weltkrieges ist auch deshalb wenig wahrscheinlich, weil die in den sechziger Jahren Geborenen sehr stark an den großen Leistungen der Nachkriegszeit beteiligt waren. – Gegen die Auffassung dieser Kulturblüte als eines bloßen Ausläufers der großen deutschen Kulturblüte spricht andererseits die starke bayerische Beteiligung. – Die Impulse für die Leistungen der Weimarer Zeit kamen wahrscheinlich auch nicht von einer autonomen Lockerung der gesellschaftlichen Integration, sondern vielmehr von dem Prozeß, der zur deutschen Einigung geführt hatte, und von dem siegreichen Krieg gegen Frankreich. Die Wurzeln der Erfolge in den Naturwissenschaften und der Medizin reichen wahrscheinlich noch weiter zurück. Es handelt sich bei ihnen wohl um den Gipfelpunkt der naturwissenschaftlichen Phase der eigentlichen deutschen Kulturblüte, so daß Planck und Einstein etwa Galilei und Newton entsprechen würden.

Die gesteigerte Kreativität der Deutschen vor und nach dem Ersten Weltkrieg läßt sich aber auch als eine Nachblüte zur Goethezeit auffassen. Eine gleichartige Erscheinung haben wir auch im Gefolge der englischen und französischen Kulturblüte, in beiden Fällen in einem Abstand von ein bis zwei Jahrhunderten. – England leistete im 18. Jh. Hervorragendes in der Malerei (Reynolds, Gainsborough, George Romney, Thomas Lawrence), der Briefkunst (Lord Chesterfield und Horace Walpole), der Kritik (Samuel Johnson), der Gartenbaukunst (William Kent, Humphry Repton, Henry Hoare), der Geschichtsschreibung (Hume und Gibbon) und der Schauspielkunst (Garrick). – Auch die englische Lyrik des ausgehenden 18. und des beginnenden 19. Jh. (Wordsworth, Coleridge, Byron, Shelley und Keats) gehört in diesen Zusammenhang. – In Frankreich blühten im 19. Jh. der Roman (Balzac, Flaubert, Zola), die Lyrik (Victor Hugo, Verlaine, Rimbaud, Baudelaire, Mallarmé), die Malerei (Corot, Manet, Monet, Renoir, Degas) und die Kritik (Sainte-Beuve). – Mit Goya zeigte auch Spanien einen zeitlich hiermit durchaus korrespondierenden Ansatz zu einer derartigen Nachblüte.

Offensichtlich handelte es sich bei diesen Parallelitäten nicht um zufällige Übereinstimmungen, sondern um ein durch gleichartige Grundbedingungen hervorgerufenes Ergebnis. Dabei spielten eine besondere Rolle das europäische Staatensystem, das eine zu große innere Verausgabung nach dem äußeren Erfolg verhinderte, die eng mit den auswärtigen Notwendigkeiten zusammenhängenden monarchischen Institutionen, die in dieselbe Richtung wirkten, ferner eine mit der Sonderstellung des Bürgertums weltgeschichtlich ebenfalls einzigartige Sozialstruktur und schließlich gleichartige zivilisatorische Faktoren wie vor allem die Technik. Das alles führte dazu, daß es in der geschichtlich auch sonst zu beobachtenden Stabilisierungsphase nach der akuten Verfallsperiode der Kulturblüte zu einem neuen kulturellen Aufschwung kam.

Ob der Erste Weltkrieg mit allen negativen Folgen, die er für die Gesellschaft hatte, darüber hinaus prozeßbeschleunigend wirkte und damit die Kreativität noch intensivierte, so wie die Einflüsse der Sophistik und der Peloponnesische Krieg der athenischen Kulturblüte zeitweilig zusätzliche Impulse gaben, bleibe dahingestellt. Man kann eine derartige Wirkung nicht schon deshalb ausschließen, weil die Produktivität Deutschlands nach dem Ersten Weltkrieg alles in allem eher geringer als vorher gewesen zu sein scheint.

Zwischen der Emanations- und der Desintegrationstheorie besteht kein eigentlicher Widerspruch. Man kann die Desintegrationstheorie als einen Sonderfall der Emanationstheorie ansehen. Sie würde dann besagen: Die Emanation kultureller Kräfte findet bis zu einem bestimmten Wendepunkt in dem Maße statt, in dem die Lockerung der gesellschaftlichen Integration voranschreitet.

Das in diesem Buch entwickelte Modell kennt als wesentliche Voraussetzungen der Kulturblüte moralischen Anpassungsspielraum, der sich erst im Laufe der Entwicklung einer Gesellschaft herausbildet, und Freisetzung moralischer Reserven während der Kulturblüte. Man könnte diese Theorie zur Not als einen Sonderfall der Desintegrationstheorie ansehen: Zu einer hohen Kulturblüte käme es demnach dann, wenn bestimmte innere Bedingungen, darunter vor allem die Lockerung des gesellschaftlichen Zusammenhalts, mit bestimmten äußeren Bedingungen, die geeignet sind, die bereits eingetretene Lockerung der Integration in kurzer Zeit entschieden voranzutreiben, in erster Linie also mit einer starken äußeren Bedrohung, die siegreich überwunden wird, zusammentreffen. Allerdings würden durch diese Formel die Akzente zu sehr verschoben. Der Haupteinwand gegen sie ist, daß auch sie dem Anpassungsprozeß, der für jede Kulturblüte offensichtlich zentrale Bedeutung hat, keinen sinnvollen Platz einräumt.

Teil II

Zur Philosophie der Kulturblüte

IX. Kapitel

HALTUNG UND WELTSICHT

I. Allgemeine Einstellung

Angehörige von Gesellschaften, die eine Kulturblüte hervorbringen, besitzen eine charakteristische Einstellung zur Umwelt, die so ausgeprägt ist, daß man ihr eine bestimmte Gestalt zusprechen kann. Die Besonderheiten sind insbesondere für den Gipfel der Kulturblüte ziemlich genau zu umreißen.

Über die sozialen Eigenheiten, die die Gesellschaft während der Kulturblüte zeigt, wurde bereits gesprochen. Ihre Integration tendiert schon zu Beginn der Kulturblüte dazu, nicht allzu stark zu sein. In ihrem Verlaufe läßt sie weiter nach. In der ersten Generation entwickelt sich dieser Prozeß – wenigstens äußerlich gesehen – allerdings noch langsam. Die Integration der Gesellschaft der Kulturblüte ist demnach von mittlerer Stärke. Sie nimmt ihre Angehörigen einerseits nicht mehr im Übermaß in Anspruch, andererseits bejahen diese die Gemeinschaft und sind für sie zu jedem sinnvollen Opfer bereit. Bis zur eigentlichen Kulturblüte erkennen sie die Autorität der Gesellschaft noch in dem Maße an, wie es das Interesse aller verlangt. Sie stehen bis dahin auf der Scheide zwischen dem unterdrückten Individualismus der zurückliegenden Zeit und der verkümmerten Bindung an die Gesellschaft, die die Zukunft beinhaltet, sofern die Gesellschaft nicht erstarrt. Das Verhältnis des einzelnen zu Staat und Gesellschaft wird noch nicht als Problem empfunden; die Gesellschaft zeichnet sich noch durch innere Harmonie aus.

Die positive Einstellung aller Gesellschaftsangehörigen gegenüber der Gemeinschaft führt während der eigentlichen Kulturblüte zu jenem eindrucksvollen hohen Grad innerer Ordnung der Gesellschaft und großer Autorität der Regierung, von dem weiter oben die Rede war. Negativ ausgedrückt: Der Übergang von »Gemeinschaft« zu »Gesellschaft« hat zur Zeit der eigentlichen Kulturblüte noch nicht stattgefunden. Es gibt noch kein »Unbehagen in der Kultur« und keinen »Horror vor der Sozialisierung«. Die Gesellschaft wird noch nicht als »Ärgernis«, »Konflikt« oder Kampf zwischen Unterdrückern und Unterdrückten verstanden und kennt noch nicht »illegitime Normen« oder »Ideologien«. Es ist noch nichts zu verspüren von der angeblich generellen Zerrissenheit der gesellschaftlich-ökonomischen Verhältnisse. Niemand käme auf die Idee, wie George Sorel der Gewalt einen sozialen Eigenwert zuzuschreiben.

In demselben Sinn entwickelt sich der religiöse Glaube. Gläubigkeit kann verschiedene Stufen der Intensität aufweisen. Die Religiosität, wie sie den Menschen der Kulturblüte charakterisiert, nimmt einen mittleren Platz in der Skala ein. Er ist noch religiös und von der Ehrfurchtslosigkeit späterer Zeiten weit entfernt, die Gottheit hat für ihn aber ihren

Schrecken verloren. Die beiden Pole ihrer Einstellung werden etwa durch Sophokles und Michelangelo bezeichnet.

Ferner haben wir gesehen, daß die Gesellschaft der Kulturblüte nach außen offen ist. Anders als die Integration, die sich während der Kulturblüte zu vermindern pflegt, bleibt sich die Offenheit der Gesellschaft auch nach der Überwindung der äußeren Bedrohung – wenigstens zunächst – eher gleich. Wir müssen allerdings, um genau zu sein, zwischen den beiden Komponenten der Offenheit unterscheiden. Das Interesse der Gesellschaftsangehörigen für die Umwelt scheint im Verlauf von Kulturblüten meistens sogar noch zuzunehmen. Freilich sind wir bei einem solchen Urteil in Gefahr, einer Täuschung zu erliegen, da die Überwindung der äußeren Gefahr, die der Kulturblüte vorauszugehen pflegt, und der größere Wohlstand der Kulturblüte selbst diese Gesellschaften jedenfalls zunächst ganz von selbst zu vermehrten Kontakten mit der äußeren Umwelt führen. Was die andere Komponente der Offenheit, die rationale Einstellung, anbelangt, so ist das Bild weniger klar. Die Gesellschaftsangehörigen werden einerseits, wie der Rückgang der Religiosität und der Fortschritt in den Geistes-, Natur- und technischen Wissenschaften zeigen, im Verlaufe der Kulturblüte rationaler. Demgegenüber steht aber der Umstand, daß das Verhältnis der Gesellschaftsangehörigen zur außenpolitischen Umwelt – wenn die äußere Bedrohung einmal wirklich oder scheinbar überwunden ist und die Kulturblüte fortschreitet – oft einen irrationalen Einschlag erhält. Auch die innenpolitisch-soziale Einstellung der Gesellschaftsangehörigen tendiert dazu, irrationaler zu werden, ein Umstand, der in dieser Situation vor allem in Demokratien der Demagogie den Weg zu bereiten pflegt.

Im folgenden soll von der eigentümlichen Haltung und Weltsicht die Rede sein, die die Repräsentanten großer Kulturblüten auszeichnen. Während sich die Ausführungen, die über die sozialen Merkmale der kulturell hochgradig produktiven Gesellschaften gemacht wurden, vornehmlich auf die erste Generation der Kulturblüte beziehen, und während die Offenheit der Gesellschaft meistens auch noch nach Ablauf der Kulturblüte vorzuhalten pflegt, gelten die folgenden Erörterungen über die geistige und künstlerische Erscheinungsform der Kulturblüte vor allem für deren eigentlichen Gipfel. Die Züge, die nachstehend erwähnt werden, hängen innerlich zusammen. Sie sind Aspekte dessen, was man als klassisches Lebensgefühl bezeichnen kann. Wir finden sie um so stärker ausgeprägt, je kräftiger die Impulse der Kulturblüte sind.

Die Vertreter von Kulturblüten haben ein bestimmtes enges und rationales *Verhältnis zur Wirklichkeit*. Sie zeichnen sich durch eine strenge Tatsächlichkeit aus, deren größter Zeuge Thukydides ist. – Goethe sah in der Unempfindlichkeit gegen die Verführung des Witzes, potentiell stets einer subtilen Verdrehung der Wirklichkeit, einen Vorzug:

>»Dich blendet nicht der Schein des Augenblicks,
>Der Witz besticht dich nicht. . .
>. . .
>Fest bleibt dein Sinn und richtig dein Geschmack,
>Dein Urteil grad. . .«

läßt er seine Leonore sagen. Für die auf den Höhepunkt der Kulturblüte folgende manieristische Geisteshaltung dagegen erhält der Witz, der der Ironie verwandt ist, einen dem

Wirklichkeitssinn übergeordneten Eigenwert. Das »dicendo ogni cosa al contrario«, wie Castiglione es nannte, macht für Menschen dieser Einstellung die Dinge erst schön. Selbst aus Mantua stammend, schrieb Castiglione seinen »Cortegiano« zwischen 1513 und 1518, also um dieselbe Zeit, zu welcher in der Kunst manieristische Formen die klassischen abzulösen begannen. 30 Jahre vor Vasari benützte Castiglione den Ausdruck »maniera« und beschrieb verschiedene manieristische Techniken[1]. Ganz entsprechend räumte Schlegel in der manieristischen Phase der deutschen Kulturblüte, der Romantik, den Begriffen Ironie und Witz eine zentrale Stellung in seiner literarischen Theorie ein.

Kennzeichnend für die Vertreter der Kulturblüte ist ferner ihre *humanistische* Einstellung. Humanismus in diesem Sinne ist ein vielfältiger Begriff. Wesentlich ist, daß für sie der Mensch im Mittelpunkt steht und daß sie allem menschliches Maß geben, alles auf den Menschen beziehen. Menschsein wird als etwas Großes verstanden, die Würde des Menschen lebhaft empfunden.

So betonte Ficino die einzigartige Stellung des Menschen in der Schöpfung, ein Gefühl, das keineswegs allen Zeiten in dieser Form eigen ist. Die menschliche Seele ist nach seiner Lehre ganz auf Gott und zugleich auf den Leib, auf die geistige und die körperliche Welt, gerichtet. Daher ist sie auch der Endlichkeit und der Ewigkeit gleichermaßen teilhaftig. Ihr kommt in Ficinos universeller Rangordnung ein privilegierter Platz zu. Er sagt, daß sie in der Natur das größte Wunder sei[2].

Der Mensch der Kulturblüte hat natürliche Werte und ist für alles Menschliche offen: Homo sum, humani nil a me alienum puto. Das menschliche Maß, wie es Sophokles versteht, bedeutet Bejahung aller Seiten des Lebens. Nicht Verzicht auf materielle Güter, nicht Unterdrückung der natürlichen Triebe lehrt er, sondern Ganzheit und Vollendung der Persönlichkeit mit dem Ziel menschlicher Totalität[3]. Der Parthenonfries gibt dieselbe Idee vom Menschen bildlich wieder. Es ist kein Zufall, daß die Florentiner zu Beginn des 15. Jh. eine ähnliche Einstellung entwickelten, die in völligem Gegensatz zu allen mittelalterlichen Idealen stand. Sie öffneten sich sämtlichen natürlichen Erscheinungsformen des menschlichen Daseins. Die Beziehungen zwischen den Geschlechtern und die Ehe gewannen wieder eine Wertschätzung, wie man sie seit der Antike in Europa nicht mehr gekannt hatte. Alberti pries in seiner Abhandlung »Über das Hauswesen« in großer Ausführlichkeit die eheliche Liebe, und Bruni lobte – ganz anders als noch Boccaccio ein Jahrhundert früher – Dante dafür, daß er sich eine Frau genommen habe. Auch Poggio bejahte alle gesunden Seiten des Lebens. In einem Dialog rechtfertigte er die Ehe. Er lehnte auch alle Formen eines unfruchtbaren Asketentums und mönchischer Einsamkeit ab; es war seine Überzeugung, daß Gesundheit und Wohlstand für die mannhafte Tüchtigkeit (»virtus«) wesentlich seien. Er billigte und erstrebte die »virtus«, die durch das Le-

---

[1] Zu Castiglione vgl. Gustav René Hocke, Die Welt als Labyrinth, Manier und Manie in der europäischen Kunst, Hamburg 1957, S. 21 f.
[2] Paul Oskar Kristeller, Renaissance Thought, The Classic, Scholastic, and Humanistic Strains, New York 1961, S. 128.
[3] H. Weinstock, Sophokles, S. 266.

ben bestätigt werde. Es sei notwendig, daß der Mann sich der »fortuna« stelle und über sie triumphiere[4].

Auch der menschliche Körper wurde wieder als etwas Natürliches betrachtet. Poggio betonte seine vollkommene Anmut. Man stellte ihn seiner Bedeutung nach gleichberechtigt neben die Seele. Der Humanist Francesco Filelfo hob hervor, daß der Mensch nicht nur Seele, sondern auch Körper sei[5].

Dieser Auffassung vom Menschen und vom Leben entspricht das Erziehungs- und Persönlichkeitsideal der Kulturblüten. In Athen war das Ziel der Erziehung, den Menschen zum Menschen zu machen, ihn auf die eigentlich menschliche Ebene zu bringen, seine sämtlichen Fähigkeiten voll zu entwickeln, ihn Gott anzugleichen, die ὁμοίωσις τῷ θεῷ. Das ideale Ergebnis der richtigen Erziehung war der καλὸς κἀγαθὸς ἀνήρ, der »edle und gute Mann«, der in Körper und Geist alles Schöne und Anständige vereinigt.

Die Florentiner entwickelten ein ähnliches Leitbild. Filelfo löste im Unterricht die sieben Freien Künste, wie sie das Mittelalter gekannt hatte, durch eine vollständigere Ausbildung ab, die man als humanistische Studien bezeichnete. »Litterae humanae«, sagte Bruni, »werden so genannt, weil sie unser Menschentum vervollkommnen«[6]. Alberti hatte einen unerschütterlichen Glauben in die Möglichkeiten der Erziehung, die er als Entwicklung aller Fähigkeiten des Individuums verstand. – La Rochefoucauld trat ebenfalls für die allseitige Entfaltung der Persönlichkeit ein; die Spezialisierung lehnte er ab. In diesem Sinne sagte er: »L'honnête homme n'a point de métier«, und: »L'honnête homme ne se pique de rien«. Auch die Franzosen überwanden im Verlauf ihrer Kulturblüte das mittelalterliche Erziehungssystem. Claude Fleury, Fénelon und Madame de Maintenon entwickelten jene pädagogischen Grundsätze, die in ganz Europa für lange Zeit selbstverständliche Geltung erhielten[7].

Die Gesellschaft der Kulturblüte zeichnet sich auch durch Menschlichkeit in einem allgemeinen Sinne aus. In der »Medea«, nach überkommenen griechischen Begriffen einer rechtlosen Barbarin, schilderte Euripides 431 zum ersten Mal einen Menschen, der als solcher Mitleid verdient. Seit dem Hegeso-Relief, also seit ca. 420, stellen die attischen Grabstelen die Sklavin fast gleichberechtigt neben die Herrin und verbinden sie mit dieser in menschlich würdiger Form[8]. Ficino betonte die Solidarität aller Menschen. Nach Ansicht dieses florentinischen Philosophen beweist man seine Zugehörigkeit zur menschlichen Gemeinschaft dadurch, daß man menschlich ist; durch Grausamkeit wird die menschliche Würde verwirkt.

Die Menschlichkeit äußert sich auch in der Politik. Dies ändert sich erst im Verlauf der Kulturblüte, wenn ein übersteigerter Individualismus immer mehr an die Stelle tradierter sozialer Bindungen tritt und ein allgemeines soziales Malaise aufkommt. Dies wurde für

---

[4] Eugenio Garin, Der italienische Humanismus, Bern 1947, S. 45 ff.
[5] Garin, a. a. O., S. 47.
[6] Nach V. Cronin, The Florentine Renaissance, S. 55.
[7] Vgl. K. A. Schmid, Geschichte der Erziehung vom Anfang bis auf unsere Zeit, fortgef. von Georg Schmid, 4. Bd. 1. Abt., Stuttgart 1896, S. 503 ff.
[8] Vgl. B. Snell, die Entdeckung des Geistes, S. 338.

Athen, Florenz und Frankreich weiter oben dargelegt. In Deutschland haben wir, seit die Kulturblüte hier ihren Höhepunkt erreicht hatte, eine ganz ähnliche Entwicklung. Hegel, Treitschke, Nietzsche und Spengler priesen die Macht. »Brandige Glieder«, sagte ersterer, »können nicht mit Lavendelwasser geheilt werden«. Und Treitschke bestimmte das Wesen des Staates als »Macht, Macht und nochmals Macht«. In demselben Sinne bezeichnete sein Antipode, Karl Marx, die Petersburger Terroristen als »durch und durch tüchtige Leute«; »ihr modus operandi« war nach seiner Ansicht eine »spezifisch-russische, historisch unvermeidliche Aktionsweise . . ., worüber ebensowenig zu moralisieren ist . . . als über das Erdbeben von Chios«.

Dem Ideal der Kulturblüte entspricht auch eine hohe Wertschätzung menschlichen *Maßes* und menschlicher *Vernunft*. Von Äschylos bis ins 4. Jh. galt als einer der größten Fehler, den der Mensch haben kann, die Hybris, der Mangel an Maß; sie ist es, die den Menschen dazu verleitet, sich ungehörigerweise den Göttern gleichzustellen[9]. »Der Übel größtes ist die Zügellosigkeit«, sagte Sophokles ganz im Geiste seiner Zeit. Er zeigte in seinen Tragödien, wie sich die Götter für »das Denken, das nicht nach dem Maß des Menschen ist«, rächen. Der Hybris gegenüber steht die Sophrosyne, die Besonnenheit; sie wurde wie eine Göttin verehrt. Der athenische Mensch war zu jener Zeit tatsächlich eher »apollinisch«, nicht mehr wie im vorangegangenen Jahrhundert »dionysisch«. Ganz entsprechend lobte Horaz die »aurea mediocritas«, den goldenen Mittelweg, und sagte mit Nachdruck:

»Est modus in rebus, sunt certi denique fines,

quos ultra citraque nequit consistere rectum.«

Han Yü gab seiner berühmten Streitschrift den bezeichnenden Titel »Die Begründung der Vernunftnormen«. – Alberti hielt Mäßigung für den Schlüssel zum Glück. Ein Mensch von der Extravaganz Cellinis wäre in dem Florenz des 15. Jh. noch unmöglich gewesen. – »Die Mitte verlassen«, betonte Pascal, »heißt die Menschlichkeit verlassen«. Molière bewunderte den »honnête homme«, den vernünftigen Mann von Welt, der seinen Weg zwischen den Extremen geht. »Travaillons«, sagte Bossuet, »à retablir en nous-même l'empire de la raison«.

II. Die Kunst zur Zeit des Höhepunkts der Kulturblüte

Es wurden mehrfach Künstler als Zeugen angeführt. Tatsächlich kommt die Haltung der Repräsentanten von Kulturblüten in der Kunst auch am sinnenfälligsten zum Ausdruck. Daher sollen die Erscheinungsformen der Kunst der Kulturblüte im folgenden zusammenfassend betrachtet werden.

---

[9] Jean Charbonneaux, Roland Martin, Francois Villard, Grèce classique (480–330 avant J.-C.), 1969, S. IX.

Das Wesen dieser Kunst läßt sich zunächst negativ ausdrücken. Sie ist nicht willkürlich subjektiv, nicht irrational, nicht abstrakt, sie entstellt nicht die Wirklichkeit. Auch befaßt sie sich nicht mit sozialen Fällen und krankhaften Befunden. Disharmonie, Häßlichkeit, Schock, romantische Ironie und ähnliche Stilmittel kennt sie nicht. Der spontane Ausdruck des Künstlers ist ihr nicht Selbstzweck.

Positiv ausgedrückt ist die Kunst der Kulturblüte *objektiv* in dem Sinne, daß der Künstler hinter dem Kunstwerk zurücktritt, daß er sich aller Willkür enthält, ein Verzicht, der unserer unklassischen Zeit, die dazu tendiert, die spontanen Willkürlichkeiten des Manierismus, des Barocks und ähnlicher Stile vorzuziehen, leicht als Kälte und unpersönliche Distanz erscheint.

Objektivität so verstanden bedeutet nicht, daß die Kunst der Kulturblüte ein Höchstmaß an Objektivität beinhalte, daß sie nicht gleichzeitig auch subjektive Momente hätte; sie besitzt solche, und zwar in dem Sinne, daß der Künstler nun nicht mehr in demselben Maße durch die strengen Normen, an die ihn die Gesellschaft im typischen Fall zuvor gebunden hatte, in der Freiheit der Gestaltung eingeengt ist, daß er seine individuelle Eigenart also in viel höherem Grade im Kunstwerk ausdrücken kann, als dies vorher möglich war. Die gesellschaftlichen Schranken, die der individuellen Spontaneität sehr enge Grenzen setzten und die einer allgemeineren Objektivität entgegenstanden, sind weitgehend gefallen. Der schöpferische Einfall des Künstlers hat eine bis dahin nicht gekannte Bedeutung erhalten.

Diese Kunst trägt der sozialen und der individualistischen Natur des Menschen der Kulturblüte gleichermaßen Rechnung, ersterer durch ihre Objektivität, letzterer durch ihren subjektiven Charakter. Insofern definiert Schachermeyer[10] die klassische Kunst zutreffend als »coincidentia oppositorum«, als Harmonisierung äußerster Gegensätze.

Die Kunst der Kulturblüte ist anthropozentrisch. Der *Mensch* steht für sie im Mittelpunkt. Sie schildert ihn unverzerrt, als gesund und gutgeraten. Mit der T'ang-Zeit wandten sich die chinesischen Künstler, wie schon erwähnt, wieder in vermehrtem Maße der Darstellung des menschlichen Körpers zu. Im Athen des 5. Jh. wurde der Mensch zum eigentlichen Gegenstand der bildenden Kunst. Die Bedeutung, die der menschliche Körper für den griechischen Bildhauer hatte, ist dem heutigen Betrachter fast unbegreiflich. Ihr Hauptziel war, die Würde des Menschen in der menschlichen Gestalt darzustellen[11]. Sogar der griechische Tempel ist dem menschlichen Körper nachgebildet. Die Struktur des Säulenbaus, seine Gliederung, die Verteilung von Gewichten und tragenden Kräften sind dem menschlichen Organismus vergleichbar[12]. Am vollständigsten wurde die Analogie zwischen Tempel- und menschlichen Formen mit der Perfektion des dorischen Tempels im Athen des 5. vorchristlichen Jahrhunderts[13].

Die athenische Kunst des 5. Jh. vermied alle übermenschlichen Maßstäbe. Der Parthenon ist aufwendig gebaut; er besaß einen größeren Reichtum an plastischem Schmuck als

---

[10] F. Schachermeyer, Die frühe Klassik, S. 12.
[11] Walter Rehm, Griechentum und Goethezeit, Geschichte eines Glaubens, Leipzig 1936, S. 16.
[12] Hans Rose, Die Klassik als künstlerische Denkform des Abendlandes, München 1937, S. 76.
[13] E. Langlotz in Encyclopedia of World Art, Bd. III, S. 660f.

jeder andere Tempel der Antike. Trotzdem hat er die bescheidenen Maße von 73 mal 34 Meter, ist also kleiner als der im 6. Jh. begonnene Zeustempel. Diese Mäßigung sichert der Architektur der Kulturblüte auch ein spannungsloses Verhältnis zwischen Bauwerk und menschlicher Skulptur[14]. Man spricht in diesem Zusammenhang gern von der altorientalischen Kolossalität, die die zurückhaltenderen Griechen vermieden hätten. Aber auch im Orient zeugen die Schöpfungen der Kulturblüten von Maß. Typisch für die Kulturblüte des Mittleren Reiches etwa ist das während der 12. Dynastie entstandene Grabmal Mentuhoteps I. mit seinen bescheidenen Dimensionen und klaren Verhältnissen[15], so wie auch die Plastik der 12. Dynastie in einem gewissen Sinne als »klassisch« bezeichnet werden kann[16]. Gigantik und Megalomanie zeigte das alte Ägypten nur in Früh- und Spätzeiten. Die riesigen Pyramiden des Alten Reiches entstanden *vor* der Kulturblüte des Alten Reiches (5./6. Dynastie), die ungeheuren Tempel Ramses' II. *nach* der eigentlichen Blütezeit des Neuen Reiches. Auch das Versailler Schloß wies bis 1678 keine überdimensionalen Ausmaße auf.

Der Mensch steht auch im Mittelpunkt der Poesie Tu Fus. Es ist die universelle Menschlichkeit Li Pos, die seinen Gedichten Weltruhm verschafft hat. al-Jāhiz legte die Grundlagen für einen eigenständigen arabischen Humanismus[17]. Die florentinischen Künstler entdeckten den Menschen wieder, nachdem er in der mittelalterlichen Kunst, die vor allem religiösen Wahrheiten symbolischen Ausdruck geben wollte, in Vergessenheit geraten war. In unendlichen Variationen schilderten die florentinischen Bildhauer seine leibliche und seelische Schönheit. Der David Donatellos ist ein Markstein in der Kulturgeschichte. Der Leib ist hier nicht mehr Gefängnis des Geistes, sondern sein Verbündeter[18].

Die Künstler der Kulturblüte befolgen ganz bestimmte *Regeln*. Diese Regeln werden entsprechend dem hohen Bewußtseinsgrad der Kulturblüte *bewußt* befolgt. Sophokles fand erwähnenswert, daß Äschylos – anders als er selbst – nur unbewußt das Richtige getan habe. Auch verfaßte er eine Abhandlung über den Chor, so wie Iktinos ein Buch über seine berühmteste Schöpfung, den Parthenon, schrieb. al-Jāhiz gab in seinem »Bayan«, einer Abhandlung über Rhetorik, ein ästhetisches System, das die Regeln der arabischen Beredsamkeit präzisiert. Für Alberti ist die Schönheit das geoffenbarte Gesetz. Er entwickelte – Augustin folgend – den Begriff der rationalen Schönheit, der »concinnitas«. Ghiberti schrieb ab 1450 die – unvollendeten – Commentarii, die eine zeitgemäße Kunstlehre darstellen. Leonardo bezeichnete die Kunst geradezu als eine »cosa mentale«. Und Michelangelo sagte: »Si pinge col cervello, non con la mano.« Für die Dichtkunst haben Horaz und ihm folgend Boileau die Regeln niedergelegt. Vitruv war der große Lehrmeister Albertis, der sein Werk kritisch bearbeitete. In Frankreich kodifizierte Lebrun als Direktor der Akademie ein System von Vorschriften, das davon ausging, daß Kunst lehr-

---

[14] Rose, a. a. O., S. 76.
[15] W. Wolf, Kulturgeschichte des alten Ägypten, S. 261.
[16] Wolf, a. a. O., S. 262 f.
[17] G. Wiet, Introduction à la littérature arabe, S. 107.
[18] Cronin, a. a. O., S. 198.

bar sei. Bossuet dachte ähnlich: »J'ai mon art, j'ai mes règles, mes principes que je réduis autant que je puis à un premier principe qui est un.« Bach faßte die Gesetze der Harmonie in Werken zusammen die bis heute die Grundlage für das Studium der Musik bilden. »Das wohltemperierte Klavier« ist »das unvergängliche Denkmal des . . . erstmalig in seinem Umfang dargelegten Systems der . . . modernen Tonarten«[19]. »Die Kunst der Fuge« ist eine »Beispielsammlung . . . für die Kunst, Kanons und Fugen aller nur denkbaren Art zu schreiben«[20].

Diese Regeln beschränken die Willkür und Spontaneität des Künstlers, wenn auch längst nicht in demselben Maße wie in der vorangegangenen Zeit. Bossuet spricht treffend von der »hardiesse réglée«, die es zu haben gelte. In demselben Sinne betont Leonardo, daß die Praxis der Malerei immer auf der Theorie errichtet werden müsse, ohne die man nichts Gutes vollbringen könne[21].

Die Regeln der Kunst der Kulturblüte drängen entsprechend der allgemeinen Haltung der Zeit auf Maß, Vernunft und Klarheit. Es sind im übrigen dieselben Gebote, nach denen die *Natur* arbeitet, die nachzuahmen sie anstrebt. Goethe fand besonders bedeutend ein Wort Mercks: »Dein (d. h. Goethes) Bestreben, deine unablenkbare Richtung ist, dem Wirklichen eine poetische Gestalt zu geben, die anderen suchen das sogenannte Poetische, das Imaginative zu verwirklichen, und das gibt nichts wie dummes Zeug.« Horaz vertrat die Ansicht, daß man die Natur auch »mit der Heugabel« nicht austreiben könne. Und Leonardo betonte: »Wer die Malerei mißachtet, liebt weder die Natur noch die Philosophie.« Eindeutig ist auch Boileau: »Que la nature donc soit votre étude unique. . .« Goethe beschrieb in diesem Sinne das Klassische:

»Die hohen Kunstwerke sind zugleich als die höchsten Naturwerke von Menschen nach wahren und natürlichen Gesetzen hervorgebracht. Alles Willkürliche, Eingebildete fällt zusammen. Da ist Notwendigkeit. Da ist Gott.«

Untrennbar von der Wirklichkeitsnähe ist das Naturgefühl, das die großen Künstler der Kulturblüte auszeichnet. Großartig ist das Naturempfinden, das Sophokles ausdrückt. Unsterblich ist der Chorgesang, den er seiner Heimat Kolonos gewidmet hat:

»Freund, zur prangenden Siedlung hier
dieses Landes der schönen Pferde kamst du:
zum kalkhellen Kolonos, wo
schluchzt und flötet die Nachtigall,
wo allzeit sie am liebsten weilt,
in der grünenden Waldschlucht,
im weinfarbenen Efeu wohnt
. . .

---

[19] Hugo Riemanns Musik-Lexikon, 10. Aufl., bearb. v. Alfred Einstein, Berlin 1922, S. 63.
[20] Meyers Handbuch über die Musik, hrsg. und bearb. von Heinrich Lindlar, Mannheim 1971, S. 438.
[21] Scritti d'Arte del Cinquecento, Bd. I, hrsg. von Paola Barocchi, Mailand/Neapel 1971, S. 731.

Hier, benetzt von des Himmels Tau,
blühn tagtäglich in Träubchen hold Narzissen
zum altheiligen Kranz der zwei
Großen Göttinnen. Golden strahlt
ringsum Krokus, und nimmer müd,
nie versiegen die Quellen
des Kesiphos: Sie spenden uns
Wasser...«
(Übersetzung von Wilhelm Willige)

Das Naturgefühl des Aristophanes erinnert an die Lyriker Alkman und Sappho. Die Wolken schildern in der nach ihnen benannten Komödie, wie sie vom Ozean kommend die weite Welt überschauen. Auch an dem Treiben kleiner Tiere wie der Vögel und Frösche hat er seine Freude. Phantasievoll erfand er den weltbeherrschenden Staat Wolkenkuckucksheim. Myrons Kuh war im ganzen Altertum berühmt. Der Parthenon schildert die Tiere mit ebensoviel Liebe wie die Menschen. Das Pferd der Selene im Giebel dieses Tempels ist gleichsam gesteigertes Tierleben (Buschor).

Auch die Malerei und Lyrik der T'ang sind außerordentlich naturnahe. Wu Tao-tzu, der zur Zeit Ming Huangs arbeitete, war der erste große chinesische Landschaftsmaler, so wie es Leonardo im Rahmen der florentinischen Kulturblüte gelang, ein bis dahin nicht gekanntes Naturgefühl auszudrücken und neue atmosphärische Effekte wiederzugeben. Wang Wei, ein Zeitgenosse Wus, begründete die Schule der Naturdichter. Auch Li Po und Tu Fu hatten ein lebhaftes Empfinden für die Schönheiten der Natur. Li Po drückte es etwa in seinem Gedicht »Waldgespräch« aus:

»Ihr fragt mich, warum im grünen Wald ich niste –
Ich lächle schweigend, und mein Herz ist selig leicht:
Die Pfirsichblüten schwimmen fort und schwinden –
Es gibt noch eine Welt, von Menschen unerreicht.«
(Übersetzung von Richard Wilhelm)

Naturnähe ließ Goethe, Gedichte wie »Wanderers Nachtlied«, »Herbstgefühl« und »Rastlose Liebe« schaffen, die, ohne daß er sich dessen bewußt wurde, der T'ang-Lyrik sehr nahe kommen und auch auf Chinesen wie Gedichte der T'ang-Zeit wirken[22].

Die Kleinplastik der T'ang-Zeit hatte als Lieblingsvorwurf das Tier, und insbesondere das Pferd, das in allen Spielarten dargestellt wurde. – Auch die florentinische Renaissance leistete Großes in der Darstellung von Pferden. Die Reiterstatuen Donatellos, Verrocchios und Leonardos wurden bereits erwähnt.

La Fontaine vermenschlichte die Tierwelt. Tier und Mensch behandelte er als gleichrangig. Er fühlte sich völlig in die Natur ein. Wenn er von einer schlafenden Herde spricht, gibt er uns das Gefühl eines großen bewegungslosen Schlafes, der auf dem Hirten, dem Schäferhund und den Lämmern lastet. Es ist bezeichnend, daß gerade Vergil, der Vertreter einer anderen großen Kulturblüte, La Fontaine gelehrt hatte, auch in den bescheidensten Tieren und Pflanzen das Wunder des Lebens zu erkennen. Ebenso sahen

---

[22] O. Franke, Geschichte des chinesischen Reiches, II. Bd., S. 588.

die Philosophen jener Zeit, wie Gassendi und Bernier, die Natur als etwas Beseeltes an, also ganz anders als einige Jahrzehnte zuvor Descartes und seine Schüler[23] und auch in deutlichem Gegensatz zu den französischen Materialisten des 17. Jh. Naturtreue und Naturnähe bedeuten jedoch nicht Naturalismus, nicht sklavische Nachahmung der Natur. Die Künstler der Kulturblüte geben die Wirklichkeit *gleichsam überhöht* wieder. Für Boileau, Molière, La Fontaine und Racine ist die Vernunft die Fähigkeit, das Wahre in der Vielfalt der Natur zu erkennen. Sie streben nach dem Allgemeinen, ohne deshalb abstrakt zu werden[24]. Die Wahrheitsliebe lähmt nicht ihre Erfindungsgabe und Spontaneität. Sie legen auf Wahrscheinlichkeit des Dargestellten den größten Wert, verstehen dabei aber, der Banalität auszuweichen.

Bei der Darstellung des Menschen und insbesondere bei seiner bildlichen Wiedergabe wird noch vorzugsweise das Typische und Normative geschildert, und zwar auch im Besonderen. Sophokles hat seinen Hauptgestalten alles Zufällige, das dem Individuellen sonst anhaftet, genommen; sie sind über das Niveau des Durchschnittsmenschen hinausgehoben[25], dennoch sind sie allgemeingültig. Jeder von uns ist Aias, Ödipus, Antigone. Auch die klassische Plastik der Athener stellte vorzugsweise nicht Individuen, sondern Menschen an sich dar. Molière brachte keine Einzelwesen auf die Bühne, vielmehr wie Sophokles Typen. Sein Geiziger und Eingebildeter Kranker sind in der Wirklichkeit nie vorgekommen; sie wird es in dieser Reinkultur auch nie geben.

Aber bereits während der eigentlichen Kulturblüte setzt eine Entwicklung ein, die die Künstler immer mehr nach der Darstellung des Individuellen streben läßt. In Athen begann bereits Myron die persönlichen Eigentümlichkeiten der von ihm porträtierten Personen festzuhalten. In seiner Klytämestra gestaltete Äschylos keinen Typ, sondern einen individuellen Charakter[26]. Euripides ist an dem Menschen vor allem als individueller Erscheinung interessiert. »Ich zeichne die Menschen«, sagte Sophokles, »wie sie sein sollten, Euripides zeichnet sie, wie sie sind«. Derselbe Gegensatz besteht zwischen Corneille und Racine, obwohl letzterer noch der eigentlichen Kulturblüte zuzurechnen ist. Schon La Bruyère brachte diesen Kontrast in einer Wendung, die sehr an die eben angeführten Worte des Sophokles erinnert, zum Ausdruck.

Dieses Streben, das Normative darzustellen, hat gesellschaftliche Gründe. Den großen Meistern der eigentlichen Kulturblüte liegt weniger daran, den einzelnen Menschen wahrheitsgemäß zu erfassen, als das Wesen der Dinge allgemein zu ergründen. Es kommt ihnen also in erster Linie gar nicht darauf an, das Individuum psychologisch zu begreifen. Sie gehen unbewußt von ihrer Gesellschaft aus, in der das Individuum noch geborgen ist. Sie kennen noch nicht das eigentliche, das vereinsamte Individuum, das in einer entseelten Umwelt von Gott verlassen auf sich selbst gestellt ist. Die künstlerischen Probleme sind in diesen Zeiten noch notwendig andere als später. – Auch insofern kann jedoch, wie

---

[23] A. Adam, Histoire de la littérature française au XVIIe siècle, Bd. IV, S. 53 f.
[24] H. Gaillard de Champris, Les écrivains classiques, S. 277.
[25] Vgl. J. C. Kamerbeek, Individuum und Norm bei Sophokles, in: Wege der Forschung Bd. XCV, Sophokles, Hrsg. H. Diller, Darmstadt 1967, S. 79 ff.
[26] Schmid-Stählin, Geschichte der griechischen Literatur, I. Teil 2. Bd., S. 193.

der Übergang von Sophokles und Molière einerseits zu Euripides und Racine andererseits zeigt, mit der Entwicklung der Gesellschaft sehr rasch ein Wandel eintreten.

Auch die Natur wird überhöht wiedergegeben. Was Goethe in dem Aufsatz »Myrons Kuh« für die antike Kunst allgemein sagt, gilt in erster Linie gerade für die klassische Kunst der athenischen Kulturblüte: »Sie adelt nicht das Tierische am Menschen, sondern hebt das Menschliche des Tieres hervor.« Die Kunst, sagt Aristoteles, der sich vor allem an den athenischen Hervorbringungen des 5. Jh. orientierte, vollendet, was die Natur nicht zum Abschluß bringen kann. Sie unterrichtet über ihre unverwirklichten Ziele. Winckelmann zufolge bildeten die Griechen die Natur, »wie sie es verlangt«. Dasselbe meint Leonardo, wenn er in dem Zitat, das weiter oben angeführt wurde, den Zusammenhang von Malerei und Philosophie betont.

Schönheit als solche ist für diese Kunst ein entscheidendes Ziel. Das Häßliche als stilistisches Mittel lehnt sie ab. Vitruv wandte sich ausdrücklich gegen das Groteske[27]. – Die Schönheit wird bewußt mit den *sparsamsten* Mitteln angestrebt. Als vollkommenstes Kunstwerk gilt jenes, von dem man nichts mehr hinwegzunehmen vermag. So haben Kunstkritiker für Statuen der griechischen Klassik als wesentlich angesehen, daß man sie einen Abhang hinunterrollen kann, ohne daß etwas abbricht. Nach Goethe zeigt sich der wahre Meister erst in der Beschränkung: »Wer Großes will, muß sich zusammenraffen. . .« Die Lyrik und Malerei der T'ang-Zeit deuten ihren Gegenstand nur an, das Wesentliche wird der Phantasie des Lesers oder Betrachters überlassen, so wenn Li Po die Stimmung am See schildert:

»Eine Schildkröte wandelt auf einem Lotusblatte,
Ein Vogel ruht im Innern einer Schilfblume.
Ein junges Mägdlein rudert einen leichten Nachen.
Die Töne seines Liedes folgen dem fließenden Gewässer.«
(Übersetzung von W. Grube)

Humorvoll demonstriert die Kunst des Weglassens sein Gedicht »Am Wege«:

»Am grünen Bache steht ein alter Maulbeerbaum,
Ein Mädchen sammelt seine Blätter.
Die weiße Hand huscht zierlich durch das dunkle Laub,
Das rote Kleid blitzt munter in der Sonne. . .
›Laßt mich! Ich muß nach meinen Seidenraupen sehen,
Und Eure Pferde werden ungeduldig!‹«
(Übersetzung von R. Wilhelm)

Dieser Dichter verzichtete auf gelehrtes Schmuckwerk und näherte sich mehr als andere große Dichter dem Volkslied. Auch gab er seine Gefühle ungeschminkter wieder als sonst üblich. Tu Fu benützte in seinen Dichtungen selbst Wendungen aus der Volkssprache. Po Chü-i schrieb so leicht verständliche Gedichte, daß später die Legende aufkam, er habe sie einer ungebildeten Frau vorgelesen und alles weggelassen, was sie nicht verstan-

---

[27] De architectura VII 5.

den habe[28]. Wenn Alberti ein Bild gemalt hatte, befragte er Kinder nach seinem Sinn. Wenn sie ihn nicht erfaßten, sah er es als mißlungen an[29].

Bezeichnend ist die Entstehungsgeschichte großer Werke Leonardos. Seine Skizzen für das Abendmahl zeigen ein Fortschreiten vom Hochdramatischen zum Einfachen und Ruhigen. Ebenso erging es dem Entwurf für das Reiterstandbild Francesco Sforzas. Zuerst stelle Leonardo das Pferd galoppierend, zuletzt nur noch einfach schreitend dar. Es ist hier auch zu erwähnen, daß Pugets Statue eines sitzenden Herkules, die Foucquet 1660 in Auftrag gab und die er 1670 vollendete, sich ganz ähnlich entwickelte. Die vorbereitenden Skizzen sind barocker und temperamentvoller als das spätere Werk, mit dem der Bildhauer dem klassischen Ideal näher kam als sonst jemals[30]. Beethoven brachte dieses auch von ihm angewandte Verfahren auf die bündige Maxime: »Immer einfacher.«

Auch Molières Dramen sind in Ausdruck und Handlung sehr einfach. Racine übte äußerste Sparsamkeit der Mittel. Mit einem Minimum an Worten erreichte er ein Höchstmaß an Aussage. Vor allem Bérénice zeichnet sich durch hochgradige Einfachheit aus. Gleiches läßt sich von der damaligen Kunst der Predigt sagen. Die Kanzelredner legten um 1660 alles Hyperbolische ab und begannen Eleganz und Einfachheit zu kultivieren[31]. Eine neue Form nahm die Ökonomie der Mittel in der Prosa La Bruyères an. Bei seinen Charakterstudien verzichtet er auf ein direktes Urteil: Er ersetzt es durch das mittelbar sprechende Detail, das »petit fait«, welches durch seine ihm innewohnende Aussagekraft den Leser mittelbar zum richtigen Schluß führt.

Wesentlich für die großen Kunstwerke der Kulturblüte ist ihre *innere Einheit*. Innere Einheit bedeutet, daß alle Teile des Kunstwerks aufeinander und auf das Ganze abgestimmt sind. Der gewaltige Formwille eines Äschylos ließ die Dramen der Orestie mit zwingender Logik auseinander hervorgehen. Die Athener errichteten das Erechtheion auf unebenem Boden. Es vereinigte verschiedenartige alte Heiligtümer in einem Bau und bestand dementsprechend aus mehreren Bauteilen; dennoch hat bewunderungswürdige Kunst diesen Bau architektonisch zu einem einheitlichen Ganzen gemacht. Für Alberti ist Schönheit »eine gewisse Übereinstimmung und ein Zusammenklang der Teile zu einem Ganzen, das nach einer bestimmten Zahl, einer besonderen Beziehung und Anordnung ausgeführt wurde, wie es das Gesetz der Harmonie ... erfordert«[32]. Die Pietà Michelangelos (1499) war im Abendland die erste Skulptur, die wieder eine Gruppe im höchsten Sinne des Wortes [33] darstellte. Das Ebenmaß der Kunstwerke großer Kulturblüten ist bisweilen geradezu rechnerisch bestimmbar. Bachs »Kunst der Fuge« konnte man als »mathematisch strenges Denkwerk« bezeichnen[34].

---

[28] A. Waley, Life and Time of Po Chü-i, S. 161.
[29] Will Durant, The Renaissance, A History of Civilization in Italy from 1304–1576 A. D., New York 1953, S. 108.
[30] Walter Trachsler, Pierre Puget, Neue Forschungen, Neue Zürcher Zeitung vom 21. 10. 1973.
[31] A. Adam, Histoire de la littérature française au XVIIe siècle, Bd. V, S. 118.
[32] Buch IX Kap. V.
[33] Jacob Burckhardt, Der Cicerone, Köln 1953, S. 339.
[34] Hugo Riemanns Musik-Lexikon, S. 438.

Innere Einheit bedeutet auch, daß Form und Inhalt einander entsprechen. Das Formlose wird ebenso abgelehnt wie das nur technisch Vollkommene. Auch Natur und Geist halten sich die Waage. Zwischen Leiblichem und Seelisch-Geistigem besteht Gleichklang. Brunelleschi bemühte sich auf der Suche nach innerer Einheit um die richtigen Proportionen. Innere Einheit bedeutet auch Sammlung und Entstofflichung, und diesen dienen im klassischen Drama wiederum die drei Einheiten des Ortes, der Zeit und der Handlung.

Vollkommene innere Einheit zeigt das Abendmahl Leonardos. Der Künstler erreichte dies durch zahlreiche Kunstgriffe, die sein Gemälde scharf von früheren Abendmahlsdarstellungen abheben. Eines dieser Mittel ist der zu kleine Tisch, ein anderes die Bildung von Gruppen. Judas ist bei Leonardo nicht mehr isoliert. Nur Christus selbst nimmt eine herausgehobene und beherrschende Stellung ein. Alles ist auf ihn konzentriert. Den Johannes läßt Leonardo nicht mehr wie andere Künstler vor ihm an der Brust seines Herrn schlafen. Ganz wesentlich ist die psychologische Einheit, die Leonardo dem Gemälde dadurch gab, daß er Christus und die Jünger nicht mehr durcheinanderreden läßt, sondern *einen* Moment entscheidend macht, und zwar den Augenblick, in dem Jesus gerade gesprochen hat[35].

Insgesamt befolgt die Kunst der Kulturblüte Regeln, die gleichsam aus der Natur der Sache folgen. Hieraus und aus der Objektivität dieser Kunst ergibt sich ihre *Zugänglichkeit* nicht nur für die Zeitgenossen und die Angehörigen desselben Kulturkreises, sondern für alle gebildeten Menschen aller Epochen und aller Länder. Die Kunst der Kulturblüte ist somit keine esoterische Angelegenheit, sondern bereitet jedem empfänglichen Beobachter Genuß, gleichgültig, wann und wo er lebt; das soll heißen, sie setzt keinen besonderen Aufwand an Einfühlung und keine Kenntnis ihres geistesgeschichtlichen oder gesellschaftlichen Hintergrundes voraus. Was in Kulturblüten geschaffen wird, ist daher universeller Besitz der Menscheit. T'ang-Gedichte sind auch für das abendländische Empfinden Meisterwerke. Cervantes' Don Quixote ist jedermann verständlich. Der Genuß der manieristischen Kunst späterer Zeiten erfordert dagegen bestimmte Kenntnisse, ein allmähliches Hineinfühlen, die Beschäftigung mit ihrer Entwicklung, das nicht immer einfach zu erlangende Verständnis ihrer Strukturen. Oft stößt sie schon bei den Angehörigen des eigenen Zivilisationskreises, ja selbst bei den unmittelbaren Zeitgenossen auf Befremden.

III. Die künstlerischen Ausdrucksformen vor der Kulturblüte und nach ihrem Höhepunkt

Diese Züge der Kunst der Kulturblüte sind um so eindrucksvoller, als die Zeiten, die ihr vorausgehen und die ihr nachfolgen, meist künstlerische Ausdrucksformen benützen, die

---

[35] Zu Leonardos Abendmahl H. Wölfflin, Die klassische Kunst, S. 41.

sich hiervon sehr deutlich abheben, und als sie gerade auf dem Gipfel der Kulturblüte am reinsten verwirklicht sind, und zwar unabhängig davon, ob er innerhalb der Kulturblüte früher – wie in Athen – oder später – wie in Florenz – zu liegen kommt. Der Wechsel der Formen vollzieht sich meist sehr einheitlich und innerhalb kurzer Zeit.

In *Athen* herrschte wie im übrigen Griechenland bis etwa 500 der archaische und sodann bis um 460 der sog. Strenge Stil. Danach begann in Athen eine Sonderentwicklung, die zur hochklassischen Kunst führte. Nach wie vor war der Mensch das vornehmste Objekt der bildenden Kunst. Neu aber waren die große anatomische Genauigkeit, mit der der Körper und seine Bewegungen nun wiedergegeben wurden, die Geschlossenheit des Ganzen, die innere Einheit des Werks und die Ausgewogenheit der Formen. Die Figuren sind plötzlich wie mit innerem Geist belebt. Der Kontrapost ist das fast greifbare Ergebnis dieser neuen Bestrebungen. Das künstlerische Resultat war die Einheit von Leiblichem und Seelischem, ein Gesamteindruck von Schönheit (kállos) und Erhabenheit (mégethos). Die Vereinigung von körperlicher und geistiger Vollkommenheit hat man geradezu als die Quintessenz der griechischen Klassik bezeichnet[36]. Wir haben dann jene Klassik, die ihren höchsten Ausdruck im Parthenon und seinem bildlichen Schmuck gefunden hat. Dieses Bauwerk ist nicht nur durch seine Proportionen, sondern auch durch seine plastische Durchformung von größter Geschlossenheit und Lebendigkeit.

In der Dichtung fand die gleiche Entwicklung statt. Äschylos ist noch so gewaltig, daß er dem Bizarren bisweilen nahekommt. Wenig später sind dann aber Sophokles' Dramen trotz Leidenschaft in Form und Inhalt ausgewogen und voller Maß. Seine besten Stücke sind bei aller Schlichtheit von reiner Schönheit und allumfassender innerer Einheit. Sie wirken wie selbstverständliche Natur. Dies gilt insbesondere für König Ödipus.

Daß Athen die hochklassischen Formen schon in der ersten Generation der Kulturblüte erreichte, während Florenz durchgehend und auf breiter Ebene erst in der dritten Generation so weit gelangte, liegt einmal an den stärkeren Impulsen, die in Athen wirksam waren, mag aber, jedenfalls was die bildende Kunst anbetrifft, auch auf die besseren Startbedingungen, die Athen insoweit in seinem Kulturkreis vorfand, zurückzuführen sein, also insbesondere auf die gesamtgriechische Frühklassik.

Bereits in den beiden letzten Jahrzehnten des 5. Jh., kaum daß die Kulturblüte ihren eigentlichen Gipfel überschritten hatte, trat bereits eine gegenläufige Entwicklung ein, die über die Klassik hinausführte. Die hochklassischen wurden nach und nach durch freiere Formen abgelöst. Es entwickelte sich der »Reiche Stil« mit seinen ausgeprägteren Gegensätzlichkeiten. Körper und Gewänder, hängende und gespannte Gewandteile, Gesicht und Haartracht wurden nunmehr in Kontrast gebracht. Die Linienführung wurde rhythmischer, der plastisch-lineare hochklassische Stil malerisch bereichert, der Ausdruck lyrischer. Oft war es nur noch der bloße schöne Schein, der gesucht wurde[37].

Um 390 begann die manieristische Phase des Reichen Stils. Hierauf folgte die Spätklassik, die etwa von 380 bis 325 dauerte und ihren Höhepunkt um 350/340 hatte. Wie es zur

---

[36] Langlotz, a. a. O., S. 670.
[37] Vgl. E. Buschor, Die Plastik der Griechen, S. 61, und K. Schefold, Die Griechen und ihre Nachbarn, S. 335.

Spätklassik kam, ist nicht bekannt. Die Kunsthistoriker halten es für möglich, daß sie nicht auf Praxiteles, sondern auf das Zusammenwirken mehrerer nicht-athenischer Künstler zurückgeht[38]. Es läßt sich jedoch mit ziemlicher Sicherheit sagen, daß auch hier in erster Linie nicht persönliche Faktoren, sondern allgemeine gesellschaftliche Kräfte ausschlaggebend waren. Die Sonderentwicklung der athenischen Kulturblüte mit ihrer schließlichen Rückkehr zu klassichen Formen hat eine Parallele in der 18. Dynastie (Neues Reich). Auch hier war die Abkehr von den strengen Formen des Höhepunkts der Kulturblüte, zu der es vor allem mit Echnaton kam, nur vorübergehend. Sie ist in die Kunstgeschichte unter der Bezeichnung Amarna-Zeit eingegangen. Die damalige manieristische Kunstrichtung – manche Bildnisse Echnatons erinnern geradezu an El Greco – war von diesem König zwar gefördert, letzten Endes aber nicht erzeugt worden. Sie hatte ihren Anfang noch unter Amenophis III. genommen. Ihren Nährboden fand sie in der gewaltigen Fermentation der damaligen ägyptischen Gesellschaft. Schon vor dem Tode Echnatons (1350) erhielt die »konservative« Partei durch die unglückliche innere und verhängnisvolle äußere Entwicklung Ägyptens neuen Auftrieb und bald die Oberhand. Der soziale Restaurationsprozeß, der nun einsetzte, bereitete kurze Zeit nach Tutenchamons Ableben (1340) auch jener manieristischen Kunst ein Ende. Sie blieb wie die parallele, wenn auch schwächer ausgeprägte, Erscheinung des Reichen Stils in Athen eine Episode.

Wahrscheinlich ist die Ursache für die Rückkehr Athens zu klassischen Formen im 4. Jh. v. Chr. die gleiche wie im Ägypten des 14. vorchristlichen Jh. für den entsprechenden Vorgang, nämlich das Wiedererstarken der »konservativen« Kräfte. Das Pendel war trotz der außerordentlichen Dynamik, die Athen im 5. vorchristlichen Jahrhundert entfaltete, hier nie so weit in die »progressive« Richtung ausgeschlagen wie in Ägypten, das mit seiner dritten Kulturblüte sozial insgesamt weiter fortgeschritten war, oder wie in Florenz. Einer solchen Entwicklung hatte schon der Peloponnesische Krieg entgegengewirkt. Bereits im Jahre 404 war es mit den »Dreißig Tyrannen« zu einer blutigen, wenn auch nur kurzfristigen, oligarchischen, d. h. »konservativen« Reaktion gekommen. Tatsächlich sorgte hier die äußere Geschichte dafür, daß die Lockerung der Integration nicht bis zu jenem Punkte, den Ägypten und Florenz mit der künstlerischen Konsequenz des extremen Manierismus erreichten, fortschritt.

Die athenische Spätklassik fällt in eine Zeit, die in diesem Zusammenhang in zweifacher Hinsicht bemerkenswert ist. Sie beginnt in einer Zeit, in der sich nach der sozialen Umwälzung, die zu dem Prozeß gehört, dessen Randerscheinung die Kulturblüte ist, die Gesellschaften gewöhnlich wieder beruhigen und in der auch die Exzesse einer manieristischen Kunst wieder nachzulassen pflegen. Die athenische Spätklassik erreichte ihren Höhepunkt ferner erst ein bis zwei Jahrzehnte, nachdem die mazedonische Gefahr sich zu zeigen begonnen hatte, angesichts deren die Kräfte der Vernunft mit ihrem wichtigsten Repräsentanten Demosthenes noch einmal zusätzliches Gewicht erlangten. Die Mazedonier hatten damit für die Entwicklung der griechischen Kunst eine ähnliche Stellung

---

[38] Vgl. Schefold, a. a. O., S. 117.

wie für den Gang der ägyptischen die Hethiter, die allerdings bereits in einer etwas früheren Phase der Kulturblüte des Neuen Reiches eingegriffen hatten.

Auf Praxiteles folgte auch in Athen die Kunst des frühen Hellenismus, die statt des Allgemeinen der Klassik das zeitgebundene Individuelle suchte und für die heftige Dissonanzen charakteristisch sind[39]. Man hat sogar von einer expressionistischen Phase gesprochen und sie mit der barocken Skulptur Berninis verglichen[40].

Euripides war der Schrittmacher einer ähnlichen Entwicklung in der Literatur. Mit der überkommenen dramatischen Form ging er sehr großzügig um. Unter seinen Händen verlor das griechische Drama die innere Einheit, was sich etwa darin zeigt, daß der Chor immer mehr zu einem bloßen Beobachter und philosophierenden Kommentator wurde oder – in anderen Dramen – nur noch dazu da war, lyrische Einlagen beizusteuern. Sein Streben nach lyrischem Ausdruck führte nicht selten zu Geziertheit und übertriebenen Wortwiederholungen. – Wesentliche Neuerungen führte Euripides auch in der Musik ein. Das alte Prinzip »eine Silbe für eine Note« gab er auf. Er verwandte neuartige Instrumente. Die von ihm benützte Musik war gefühlsbetonter und sinnlicher. Der Effekt wurde auch hier zum Selbstzweck. – Der Charakter der »modernen« Musik war allgemein emotionaler. Der große musikalische Revolutionär Timotheos kam allerdings aus Milet; seinen größten Erfolg hatte er aber in Athen, und zwar in den Jahren 419 bis 416. Dem entspricht es, daß die Dithyrambiker damals begannen, ihre Gedichte anstatt in Versform in freien Rhythmen zu schreiben. Aristophanes karikierte ihren »Luft- und Wolkenstil«.

Wie in der bildenden Kunst, so ist auch in der Literatur noch während der Kulturblüte eine Rückkehr zu eigentlich klassischen Formen zu beobachten. Platons Dialoge und Demosthenes' Reden entsprechen in allem den Maßstäben der Klassik.

Es ist außerordentlich bemerkenswert, daß gegen Ende des 7. Jh. auch die *chinesische* Skulptur klassische Formen annahm[41], die Starrheit und Strenge der Kunst der vorausgegangenen Sui-Dynastie wurden verdrängt[42]. So wie die griechische Plastik zu allen Zeiten die dämonische und häßliche Physiognomie gekannt hat und nur die klassische Zeit eine Ausnahme bildet[43], entwickelte sich in einer kulturgeschichtlich vergleichbaren Epoche auch die chinesische Bildhauerkunst: Mit der Blüte der T'ang-Zeit verschwanden die Drachen, Gnomen und Hexen, wie sie bis dahin gängig gewesen waren: An ihre Stelle trat eine klare, ausgewogene und elegante Kunst[44]. Strenge Form, Gemessenheit und verhaltene Leidenschaft[45] geben auch der T'ang-Lyrik etwas sehr Ausgewogenes. Wang Wei gilt als der »klassischste« aller chinesischen Dichter.

---

[39] Schefold, a.a.O., S.336.
[40] So A. L. Kroeber, Style in the Fine Arts, in: The Sociology of Art and Literature, hrsg. von Milton C. Albrecht u. a., 1970, S. 127.
[41] D. Lion-Goldschmidt/J.-C. Moreau-Gobard, Chinesische Kunst, S.273.
[42] Lion-Goldschmidt/Moreau-Gobard, a.a.O., S. 211, 265.
[43] Langlotz, a.a.O., S. 43.
[44] L. Sickman/A. Soper, The Art and Architecture of China, S.78.
[45] Franke, a.a.O., S. 588.

Kenner haben an der T'ang-Lyrik den Realismus im Goetheschen Sinne hervorgehoben: Wirklichkeit der gegebenen Situation und Wirklichkeit der durch sie hervorgerufenen Empfindung[46]. Bei Tu Fu kann man geradezu von einem Wirklichkeitsbedürfnis sprechen. Seine Lyrik ist im Gegensatz zu der Li Pos auch ganz auf den Menschen bezogen. Die realistische Richtung ist bis zum Tode Po Chü-is (846) vorherrschend. Die Lyrik dieses Dichters ist von Archaismen und literarischen Anspielungen freier als sonst in China üblich[47]. Noch ausgeprägter sind die Kontraste in der Prosa. Han Yü ersetzte den hochtrabenden und gekünstelten »p'ien-wên«-Stil durch eine einfache, direkte und männliche Ausdrucksweise[48]. Die strenge Form, die er einführte, wurde gegen Ende der ersten Phase der Kulturblüte wieder aufgegeben. Tu Muh (803–852), ein Hauptvertreter des »fu«, bezeichnet bereits die Gegenbewegung. Seine poetische Beschreibung des von Shi-hoang-ti erbauten Palastes Ngo-fang ermüdet durch ihre zahlreichen Einzelheiten und schwülstigen Hyperbeln[49]. In der Lyrik traten in der Späten T'ang-Zeit (846–906) an die Stelle der strengen Liedform immer mehr subjektive Elemente. Dieselben Tendenzen zeigten sich in jener Epoche auch in der bildenden Kunst. Die Formen wurden komplizierter, die Oberfläche weniger einheitlich, die Gewandung bewegter, während sich bei der Darstellung des Körpers, der Hände und des Gesichts eine bis dahin unbekannte Plumpheit zu zeigen begann[50].

Bis zum Anfang des 15. Jh. herrschte wie im übrigen Europa so auch in *Florenz* die Gotik. In dem Bildhauer Nanni di Banco besaß die Stadt den hauptsächlichsten Vertreter des internationalen gotischen Stils. Sicher bemühte sich auch dieser Künstler in einem gewissen Sinne um klassische Stilelemente wie »Die vier Heiligen« zeigen. Gerade sein letztes Werk, die Giebelgruppe der Porta della Mandorla (am Dom), stellte aber wieder eine spätgotische Vision dar. Die gotische Baukunst fand in Florenz jedoch mit dem Findelhaus, das Brunelleschi 1419 begann, ein abruptes Ende. Dieser Baumeister verwendete als erster wieder klassische Formen. Bei der Kirche S. Lorenzo, die er ab 1421 in der Form einer altchristlichen Säulenbasilika errichtete, dominiert das Streben nach Einfachheit, Klarheit und innerer Einheit. Um dieselbe Zeit erkannte Masaccio, daß – wie Vasari es überspitzt formulierte – Malerei nichts anderes sei als Nachahmung der Natur. Dieser Künstler erteilte dem verspielten Zierrat des gotischen Stils, der weichen Manier Lorenzo Monacos und der von naturalistischen Elementen nicht freien Malweise Gentile Fabrianos eine kategorische Absage[51]. Die gotische Kunst hatte damit in Florenz ein plötzliches Ende gefunden. Sie wurde nunmehr verachtet und, wie Filarete es ausdrückte, als eine Art aufgeblasene Goldschmiedearbeit angesehen, und dies zu einer Zeit, als Mailand seinen großen gotischen Dom kaum begonnen hatte. Auch das übrige Europa folgte der florentinischen Entwicklung erst allmählich. Das gilt selbst für Venedig, dessen Gotik

---

[46] So Franke, a.a.O., S. 588.
[47] Waley, a.a.O., S. 161.
[48] E. O. Reischauer/J. K. Fairbank, East Asia, The Great Tradition, S. 234.
[49] W. Grube, Geschichte der chinesischen Literatur, S. 317f.
[50] Sickman/Soper, a.a.O., S. 75.
[51] Wölfflin, a.a.O., S. 16; A. Chastel, Die Kunst Italiens, Teil I, S. 264f.

wie die Ca' d'Oro deutlich zeigt, seit dem Ende des 14. Jh. bis ins Theatralische ausgeformt wurde[52].

Ein ganz neues Verhältnis zur Wirklichkeit und vor allem eine bis dahin unbekannte Rationalität verrät die Entwicklung der perspektivischen Sehweise. Sie ist so revolutionär und tritt so abrupt auf, wie in der Geschichte der Plastik die Entdeckung des Kontrapostes. Brunelleschi fand um 1420 die Gesetze der wissenschaftlichen Perspektive. Masaccios »Dreifaltigkeit« in S. Maria Novella gilt als eigentliches Manifest des klassischen Stils. Sie demonstriert die Theorien Brunelleschis am praktischen Beispiel. Besonders bemerkenswert ist die Verkürzung des Gewölbes[53].

Wie bewußt die Repräsentanten der florentinischen Kulturblüte ihre Werke schufen, zeigen zahlreiche kunsttheoretische Abhandlungen. Alberti betonte in allen seinen Schriften die rationalen und wissenschaftlichen Grundlagen der Künste. In der Abhandlung »Über die Baukunst« entwickelte er eine Theorie, die die künstlerische Praxis auf mathematische Gesetze zurückführt. Von Brunelleschi und Ghiberti war bereits die Rede. Leonardos theoretische Bemühungen sind allgemein bekannt.

Das Bemühen um reine Schönheit ist auch für die florentinische Renaissance charakteristisch. Schon der David Donatellos ist hierfür Zeuge. Ganz breit und durchgängig zeigt sich dieses Streben sodann in der dritten Künstlergeneration der florentinischen Kulturblüte, also während der florentinischen Hochrenaissance, ihres eigentlichen Gipfels. Die Schönheit als Selbstzweck finden wir vor allem bei Botticelli, Fra Bartolommeo, Andrea del Sarto, bemerkenswerterweise aber auch bei dem frühen Michelangelo. Seine Pietà ist von einer Reinheit, wie sie der Künstler später, als die Kulturblüte bereits weiter fortgeschritten war, nie wieder erreicht oder gewollt hat[54].

Den Höhepunkt der künstlerischen Entwicklung der florentinischen Kulturblüte überhaupt, das Gemälde, in dem zugleich die geistige Haltung ihrer Künstler ihren unmittelbarsten Ausdruck fand, stellt aber ohne Zweifel Leonardos Abendmahl dar. Mit einfachsten Mitteln gelang ihm ein Höchstmaß an Ausdruck. Das Werk ist von einer einzigen ruhigen Schönheit durchwoben, es enthält nichts Unedles oder Heftiges. Der Adel, den die Christusfigur in Gesichtsausdruck, Haltung des Kopfes und Form der Hände zeigt, ist unübertrefflich.

Bereits gegen Ende der eigentlichen Kulturblüte änderte sich der Stil tiefgreifend. Michelangelo bereitete durch die bewußte Verwendung von Dissonanzen dem Barock den Boden[55]. Schon zu Beginn des 16. Jh. hatte die neue Phase seines künstlerischen Schaffens begonnen. Er war nunmehr – im Gegensatz zu früher – ungemein subjektiv. Seine Figuren ließ er jetzt oft die unwahrscheinlichsten Stellungen einnehmen. »Tag« und »Nacht« der mediceischen Kapelle (um 1529) liegen in völlig unnatürlicher Haltung; sie stützen den rechten Arm auf den linken Oberschenkel. Die Fläche der Sarkophagdeckel, auf denen sie liegen, ist so knapp bemessen und so abschüssig, daß sie eigentlich hinunter-

---

[52] Chastel, a. a. O., S. 231.
[53] Eve Borsook, The Mural Painters of Tuskany, From Cimabue to Andrea del Sarto, London 1960, S. 143.
[54] Vgl. Burckhardt, a. a. O., S. 399.
[55] Wölfflin, a. a. O., S. 56.

rutschen müßten. Gewisse Körperformen, wie Nacken und Schulter, bildete Michelangelo ins Gewaltige aus. Andere Willkürlichkeiten sind zahlreich. – Auch für den späteren Michelangelo steht die Menschengestalt im Vordergrund, aber sinnlich Schönes bietet er kaum mehr. Seine Pietà Rondanini, die er in den Jahren vor und nach 1560 schuf, ist so expressiv, daß sie bis zum Beginn des 20. Jh. als ein Produkt senilen Verfalls angesehen wurde[56]. – Geringere Zeitgenossen bildeten aus dem, was sie bei ihm sahen, die neue Theorie der Bravour.

Ebenso ging Michelangelo als Architekt vor. In der Vorhalle zur Laurenzianischen Bibliothek entfremdete er alle Einzelformen ihren eigentlichen Funktionen. Zwischen Mauern mit blinden Fenstern stellte er je zwei Säulen dicht nebeneinander wie in einen engen Wandschrank, darunter gewaltige Konsolen[57]. Wir haben bei dem späten Michelangelo dasselbe Streben nach äußerster Verdichtung, das in einem vergleichbaren kulturellen Entwicklungsstadium Beethoven zeigte.

In der florentinischen Malerei vollzog sich die entscheidende Wende in den Jahren vor 1520. Um diese Zeit fand der Übergang zum Manierismus statt. »Anaturalistische Abstraktion« und »Phantasiekunst« traten an die Stelle der bisherigen Naturnähe. Innere Erlebnisse und subjektive Empfindungen ersetzten die frühere objektive Einstellung. In das Jahr 1518 fällt Pontormos »Sacra Conversazione, ein Alterbild in S. Michele Visdomini. Dies Gemälde ist ein revolutionärer Akt. Es stellt eine vollkommene Absage an die Klassik dar. Seine einzelnen Teile sind nicht mehr aufeinander bezogen und miteinander abgestimmt. Es birgt Widersprüche in sich, ist komplex, nervös und aus Elementen zusammengesetzt, die auseinanderstreben. Das klassische Gleichgewicht zwischen Energie und Materie ist hier zum Nachteil der letzteren verschoben.

Um dieselbe Zeit malte Pontormo seinen »Joseph in Ägypten«. Das Prinzip der inneren Einheit ist hier in noch eklatanterer Weise mißachtet. Das Gemälde stellt vier Vorgänge dar, die weder in den Proportionen noch in der Perspektive aufeinander abgestimmt sind. Die Hauptepisode, Joseph vor dem Pharao, ist besonders klein wiedergegeben und dazu in die rechte obere Ecke verwiesen. Die das Bild dominierende Wendeltreppe läuft ohne Stützen durch die Luft, offensichtlich nur lose mit der dahinter befindlichen Baulichkeit verbunden. Zu diesen irrationalen kommen häßliche, schockierende und groteske Elemente. Der revolutionäre Schritt, den Pontormo mit diesen Bildern vollzog, ist um so bemerkenswerter, als er in klassischen Formen geschult worden war, mit ihnen umzugehen verstand und sie auch vielfach benützt hatte.

Mitbegründer des florentinischen Manierismus sind Pontormos Altersgenosse Rosso Fiorentino und sein Schüler Bronzino. Rosso hat eine Neigung zum Phantastischen und Bizarren. Seine Farbgebung ist grell und expressiv; er bevorzugt die dissonanten »colori cangianti«. Rossos Gemälde »Madonna mit vier Heiligen« bedeutet einen bewußten und offenen Bruch mit den klassischen Auffassungen. Es entstand wie Pontormos »Sacra

---

[56] Charles de Tolnay, Michelangelo – zum fünfhundertsten Geburtstag, in: Neue Zürcher Zeitung vom 1./2. 3. 1975.
[57] Burckhardt, a. a. O., S. 199, 401.

Conversazione« im Jahre 1518. Die Klassik endete damit in Florenz ähnlich schlagartig wie sie begonnen hatte[58].

Vielleicht hängt der ziemlich unvermittelte – und damit wiederum an die Entwicklung im Neuen Reich erinnernde – Übergang zu manieristischen Formen damit zusammen, daß der Gipfel der Kulturblüte, der sich durch mehr oder weniger streng klassische Formen auszuzeichnen pflegt, hier spät liegt, anders als in Athen, wo er früh erreicht wurde, man die klassische Formensprache nach einer gewissen Unterbrechung aber auch viel länger weiterverwandte. Es handelt sich hierbei um eine Hypothese, die bei der mangelhaften Überlieferung und der geringen Zahl hoher Kulturblüten allerdings kaum überprüft werden kann. Daß die Formensprache in Athen in geringerem Maße als in Florenz fortentwickelt wurde, mag auch damit zusammenhängen, daß in Athen die Kreativität frühzeitig stärker nachließ.

Auch die *französische* Kunst erfuhr zu Beginn der Kulturblüte einen stilistischen und inhaltlichen Wandel, wie er ähnlich in Athen um 460 v. Chr. und in Florenz um 1425 stattgefunden hatte. Allerdings war er in Frankreich nicht so tiefgreifend und umfassend. Seit der Mitte des 17. Jh. gab es eine französische Renaissance, die sich immer mehr gegen die barocke Zivilisation Italiens, Süddeutschlands und Böhmens stellte und auch alles Romantische ablehnte[59]. Auf dem Gebiet der Literatur, des wichtigsten Produkts der französischen Kulturblüte, ist die Klassik sehr ausgeprägt; weniger einheitlich ist dagegen das Erscheinungsbild im Bereich der bildenden Künste.

In der Literatur setzte die klassische Ausdrucksweise sofort mit dem Beginn der eigentlichen Kulturblüte ein. Der hervorragendste Kenner der französischen Literatur jener Zeit, Antoine Adam, läßt die klassische Zeit um 1720 enden. Der Beginn der Klassik oder des Klassizismus in den bildenden Künsten ist dagegen nicht so klar abgrenzbar, dafür fällt ihr Ende deutlicher mit dem Ende der eigentlichen Kulturblüte zusammen. – Pascal verzichtet als Stilist auf alles Überflüssige. Er gehört mit zu den Schöpfern des klassischen französischen Prosastils. Die Vernunft hat in seinem Denken eine zentrale Stellung. In gewissen Grenzen rationalisierte er sogar das Christentum. Molière machte die manierierten »Preziösen«, die um 1660 noch in der Gunst des Publikums standen, mit Erfolg in seiner nach ihnen benannten Komödie lächerlich.

Die Maximen La Rochefoucaulds zeichnen sich durch Kürze, Schärfe und Genauigkeit des Ausdrucks aus. Voltaire war es, der die Ansicht äußerte, daß dieser Moralist wesentlich dazu beigetragen habe, den Geschmack der französischen Nation zu bilden: ». . . il accoutuma à penser et à renfermer ses pensées dans un tour vif, précis et délicat.« Gegen Ende der ersten Phase der Kulturblüte pflegte ein anderer Moralist, La Bruyère, den lakonischen Satz.

Racine ist der Klassiker par excellence. Sein Werk zeichnet sich durch eine außerordentliche formale Reinheit und Eleganz aus. Seine Sprache bleibt auch da maßvoll und

---

[58] Zu den Angaben über Pontormo und Rosso Fiorentino vgl. S. J. Freedberg, Painting in Italy 1500–1600, Harmondsworth/Mx. 1971, S. 118, 127, und Kurt Kusenberg in: Thieme/Becker, Allgemeines Lexikon der bildenden Künstler, Bd. XXIX, S. 61.

[59] A. Adam, Histoire de la littérature française au XVIIe siécle, Bd. II, S. 397.

zurückhaltend, wo er die Mächte der Unterwelt beschwört. In charakteristischem Gegensatz zu seinem Vorgänger Corneille vermeidet er auch jede Emphase. Er drückt das Entscheidende eher leise aus und liebt es, am Ende des Verses die Stimme absinken zu lassen. Mit Sorgfalt und scheinbar ohne Mühe wahrt er die drei aristotelischen Einheiten. Er zeigt ein neues Formbewußtsein. Bloßer Rhetorik und allem sonst Nebensächlichen weicht er aus. Seine Dialoge ergeben sich aus der Handlung und dem Charakter der Akteure und vermeiden alles Überflüssige. Ganz anders als etwa Corneilles Rodogune besitzen seine Dramen einen organischen Schluß. Auch zeichnet er seine Charaktere naturnäher und menschlicher als sein großer Vorgänger. – Madame de Lafayettes Romane sind einfach, nüchtern und maßvoll.

Bemerkenswert an der französischen Entwicklung ist auch, daß es um 1660 zu der allgemeinen Überzeugung kam, daß in der Literatur bestimmte Regeln beachtet werden müssen. Niemand nahm mehr an, daß der Schriftsteller nur seiner freischweifenden Phantasie folgen könne. 1658 stellte Aubignac Regeln für das Theater auf. 1673 legte Claude Perrault eine kommentierte Übersetzung des Vitruv vor, die zu einem Wendepunkt in der Architekturtheorie wurde. Ein Jahr später veröffentlichte Boileau seine Dichtkunst, die die literarischen Regeln überhaupt darlegte, Grundsätze, die das Genie eines Molière instinktiv beachtet hatte.

Schriftsteller und Kritiker stimmten nunmehr darin überein, daß der Autor sich die Natur zum Vorbild nehmen müsse. Molière, bemerkt Sainte-Beuve[60], das ist die Natur, also eben das, was sich so zutreffend auch von Shakespeare sagen läßt. Nach der Natur ist es die Vernunft, über die zu verfügen nach der Meinung der damaligen Kritiker die höchste Fähigkeit des Künstlers ist. Eine wichtige künstlerische Maxime der Zeit besagt, daß ein Kunstwerk ein Ganzes zu bilden habe und daß zu dieser Einheit des Ganzen die Einheit des Gedankens, des Ausdrucks und des Stils gehöre[61]. Allgemeiner ausgedrückt, es handelte sich um Regeln, die auch in anderen Kulturblüten beachtet werden.

Ähnlich, wenn auch in weniger ausgeprägter Weise entwickelten sich die bildenden Künste, allen voran die Baukunst. Der Klassizismus, wie ihn Claude Perrault verstand, setzte sich in der Architektur durch. Bernini, der große Meister des Barocks, begab sich 1665 nach Paris, hatte hier jedoch keinen Erfolg. Sein Entwurf für die Kolonnade des Louvre wurde 1666 – in jenem Jahr also, in dem die Französische Akademie in Rom eine Zweigstelle einrichtete, damit die Studenten die Antike an Ort und Stelle studieren konnten – abgelehnt, der klassizistische Plan Perraults ausgeführt. In demselben Stil errichtete Le Vau die Gartenfront von Versailles, sein wichtigstes Werk, den Gipfelpunkt der klassischen Tradition in Frankreich vor dem Invalidendom Jules Hardouin-Mansarts (1679–1706), der mit seiner zentralen Anlage, geradlinigen Fassade und herrlichen Kuppel den Stil im gesamten Frankreich beeinflußte.

Dasselbe künstlerische Streben machte sich sogar in der Gartenbaukunst aufs entschiedenste geltend. Le Nôtre unterwarf die Natur dem Zwang klassizistischer Formen. Seine Gärten sind axiale Kompositionen, gegliedert in lange Avenuen, diese unterbrochen

---

[60] Sainte-Beuve, Port Royal, II. Bd., S. 257.
[61] A. Adam, Histoire de la littérature française au XVIIe siécle, Bd. III, S. 49 ff.

durch Brunnen und andere Wasseranlagen, und artikuliert durch symmetrische Alleen, die mit Gebüsch, künstlichen Grotten und schattigen Hainen wechseln. Das Ganze ist ausgewogen, die einzelnen Teile aufeinander abgestimmt, es besteht ein sorgfältig ermitteltes Gleichgewicht zwischen der Auslegung des eigentlichen Gartens, den Brunnenanlagen und den Skulpturen.

In Frankreich heben sich Stil und geistige Haltung der Kulturblüte von den vorhergehenden und den nachfolgenden Zeiten nicht so scharf ab wie in anderen Fällen. Poussin, nach Ansicht mancher *der* klassische Maler der europäischen Tradition, begründete bereits vor der großen französischen Kulturblüte die klassische französische Malerei. François Mansart, der im wesentlichen ebenfalls vor 1660 wirkte, gilt als der Schöpfer und hervorragendste Vertreter des französischen Klassizismus des 17. Jh.

Andererseits setzte sich das Klassische auch während der Kulturblüte niemals völlig durch. Das gilt selbst für die Literatur. Zwar benützten die wirklich großen Autoren zu jener Zeit klassische Formen, zweitrangige Literaten verfolgten jedoch andere Richtungen. Molière hatte der Preziosität keineswegs den Todesstoß versetzt. Die Werke der Preziösen mit ihren hochtrabenden Wendungen und unglaublichen Schilderungen erscheinen in derselben Periode, in der Madame de Lafayette ihre Romane schrieb. Auch haben die großen Klassiker entschiedene künstlerische Gegner, die Auseinandersetzungen provozierten, von denen manch eine literarhistorische Berühmtheit erlangt hat. In der bildenden Kunst setzte sich das Klassische noch weniger durch. Es gibt kaum ein Gebäude in Frankreich, das so sehr den Geist des Barocks verwirklicht, wie das »Collège des Quatre Nations«, das Le Vau in den sechziger Jahren entwarf. Die französische Innenarchitektur blieb mit ihren Stuckverzierungen, bemalten Decken und polychromen Marmorverkleidungen immer mehr oder weniger barock.

Dennoch ist sowohl in der Literatur wie auch in den bildenden Künsten der Gegensatz zu den vorhergehenden und nachfolgenden Zeiten auch in Frankreich sehr ausgeprägt. In der Literatur war vor der Kulturblüte Madeleine de Scudéry maßgebend. Sie war die Hauptvertreterin der Preziosität. Ihre vielbändigen, gerade wegen ihrer Formlosigkeit heute als unlesbar geltenden Romane »Le Grand Cyrus« und »Clélie« waren weitverbreitet und außerordentlich populär. Auf dem Gebiet der bildenden Künste ist die Entwicklung trotz Poussin und Mansart ähnlich. Vouet, der einflußreichste französische Maler der ersten Hälfte des 17. Jh. bediente sich eines eklektischen Barockstils. Le Vau folgte zunächst der dekorativen Tradition Ducerceaus. Umgekehrt trat bereits um 1680 die erste Reaktion gegen die klassischen Tendenzen des Gipfels der Kulturblüte ein. Die Kolossialität des dritten Umbaus des Versailler Schlosses, der um 1678 begonnen wurde, stand im Widerspruch zu dem Geist des Baus von Le Vau. Der »Salon des Krieges«, den Coysevox dekorierte, war im Stil barocker als alles, was Versailles bis dahin gekannt hatte. Seine Arbeiten in Marly kündigen bereits das Rokoko an. Pierre Puget, ein barocker Bildhauer aus Marseille, bekam bis 1683 keinen offiziellen Auftrag. Dann wurde er in Frankreich zum wichtigsten Vertreter des römischen Barocks, der gegen Ende des Jahrhunderts dort aufkam. Nach 1700 brachte Frankreich den Rokoko-Stil hervor, der bald vorherrschend wurde; er stellt die Parallele zum florentinischen Manierismus dar.

X. Kapitel

REVOLUTIONÄRER FORTSCHRITT UND KULTURKREIS

I. Die Kulturblüte als Entladung gesellschaftlicher Energie

Die entscheidenden Kräfte des menschlichen Fortschritts sind diejenigen Impulse, die die Kulturblüten hervorrufen. Fast alle großen künstlerischen, philosophischen und wissenschaftlichen Leistungen sind, soweit uns die Geschichte zu blicken erlaubt, in ihrem Rahmen vollbracht worden. In hervorragenden Kulturblüten entstehen Leistungen, die sonst in Jahrhunderten nicht vollzogen würden, gleichsam aus dem Nichts. Als besondere Charakteristika der Kulturblüten wurden die schlagartige Erweiterung des Bewußtseins, die sie mit sich bringen, sowie der revolutionäre Umbruch, den sie auf künstlerischem und geistigem Gebiet bewirken, hervorgehoben. Sie sind Ausdruck der großen Kraft, die sich während bedeutender Kulturblüten entlädt. Als der einundzwanzigjährige Pico della Mirandola 1484 nach Florenz kam, fand er hier, wie er sagte, einen »unvergleichlichen Mittelpunkt der Weisheit und intellektuellen Energie«[1]. Ein moderner Historiker bezeichnet das damalige Florenz treffend als das »Kraftwerk Italiens«[2].

Die Impulse der Kulturblüten sind selbst insofern der Motor der kulturellen und geistigen Geschichte, als die äußere Gesittung in Frage steht. Die athenische Gesellschaft des ausgehenden 5. und des 4. Jh. war die feinste, die es in Europa je gegeben hat[3]. Das Ideal des gebildeten Mannes wurde von dem καλὸς κἀγαθὸς ἀνήρ verkörpert, jenem Manne, der sich durch Gewandtheit und Anmut auszeichnet und auch philosophisch geschult ist. Er ist wohl der höchste Typ Mensch, den es je gegeben hat. Am deutlichsten tritt uns der kultivierte athenische Bürger in den Dialogen Platons und den Komödien Menanders entgegen. Von letzterem kommt das Wort: »Etwas wie Anmutiges ist der Mensch, wenn er Mensch ist.« Seine Komödien haben über Plautus und Terenz die Umgangsformen Europas weitgehend geprägt.

Das Leitbild des chinesischen Gentleman, das »chün-tzu«, geht bis auf Konfuzius zurück. Er zeichnet sich vor allem durch fünf Eigenschaften aus: »chih« (Rechtschaffenheit), »i« (Gerechtigkeit), »chung« (Gewissenhaftigkeit gegenüber anderen oder Loyalität), »shu« (Altruismus oder Gegenseitigkeit) und »jen« (Liebe oder Menschlichkeit)[4]. Die T'ang-Zeit erweckte dieses Ideal zu neuem Leben.

---

[1] Nach V. Cronin, The Florentine Renaissance, S. 134.
[2] So Cronin, a. a. O., S. 313.
[3] Hierzu und zum folgenden B. Snell, Die Entdeckung des Geistes, S. 341.
[4] E. O. Reischauer/J. K. Fairbank, East Asia, The Great Tradition, S. 71.

Ähnliches gilt für Florenz und Frankreich. Was wäre die europäische Gesittung heute ohne die Kulturblüten dieser Gesellschaften? Alberti betonte, daß die wahre Höflichkeit nicht in gekünstelten Manieren bestehe, sondern natürlich sein müsse[5]. Mit untrüglicher Sicherheit lehrte der »Galateo« des Florentiners Giovanni della Casa zu Beginn des 16. Jh. Schicklichkeit, Takt und feine Lebensart. In Italien ist noch heute einer, der »den Galateo nicht kennt«, ein Mensch mit schlechten Manieren. Die Höflichkeit des alten Europa wird über seine Vorschriften, sagt Jacob Burckhardt, schwerlich hinauskommen[6].

Nach der Ansicht Voltaires waren die Franzosen vor der glanzvollen Zeit Ludwigs XIV. Barbaren; erst damals sei die französische Eigenart von dem gotisch-fränkischen Element, das sie durch neun Jahrhunderte überlagert habe, befreit worden. Es war insbesondere Antoine de Méré, der die Theorie vom »honnête homme« entwickelte, von dem Mann, der die Kunst beherrscht, in Gesellschaft zu gefallen. Wesentlich ist nach Méré die »Urbanität«, die die Gabe ist, gleichzeitig zu schmeicheln und zu unterhalten. Wer es nicht verstehe, anderen Vergnügen zu bereiten, müsse wenigstens vermeiden, jemanden zu verletzen. Deshalb solle man seinen Ehrgeiz verbergen und sich nicht zu klug, zu glänzend oder auch nur zu ehrgeizig geben. Die Regeln der »bienséance« habe man genau zu kennen, sich dabei aber immer bewußt zu bleiben, daß sie nicht viel mehr bedeuten als die korrekte Beziehung zwischen den eigenen Handlungen und den äußeren Umständen. La Bruyère vertiefte diese Auffassungen und betonte, der wahre »honnête homme« habe immer auch die Selbstachtung seiner Mitmenschen im Auge und bemühe sich, anderen das Gefühl der Geborgenheit zu geben und sie zufrieden zu machen[7].

Andere Kulturblüten kennen die gleiche Erscheinung. Rom hatte um die Mitte des ersten nachchristlichen Jahrhunderts in Petronius seinen »arbiter elegantiarum«, in Spanien erschien 1653 das »Handorakel« des Jesuiten Baltasar Gracián, in Deutschland liest man seit 1788 das Buch des Freiherrn von Knigge »Über den Umgang mit Menschen«. Der Begriff des »adīb«, des arabischen Gentleman, bildete sich in der abbasidischen Zeit und zwar vom Ende des 8. Jh. bis zur Mitte des 9. Jh. voll heraus. Von einem adīb erwartete man eine gute Kenntnis der arabischen Geschichte und Literatur, ferner auch der Genealogie der vornehmsten Geschlechter. Unerläßlich war auch, daß er die Kunst der literarisch gewürzten Unterhaltung beherrschte und sich so zu betragen wußte, daß er der jeweiligen Situation voll gerecht wurde. Seine Großmut hatte zartfühlend und seine Treue zu den Freunden unverbrüchlich zu sein. Jede Überschwenglichkeit, vor allem in der Liebe, war verpönt. Die adab-Literatur hatte zum Ziel, die Regeln, die der adīb zu beachten hatte, weiteren Kreisen zugänglich zu machen. Ihre Hauptvertreter waren Ibn al-Muqaffa, Ibn as-Sikkīt (gest. 857), al-Jāhiz, Ibn Qutayba, al-Mubarrad (gest. 898) und Ibn Adrabbihī (gest. 940)[8]. – Sirjab, ein Kurde aus Mossul, war von Hause aus Musiker und glänzte als solcher am Hofe des Kalifen von Cordoba, wohin ihn das Schicksal verschlagen hatte; er tat sich aber auch durch die Gewandtheit seines Auftretens und das Raf-

---

[5] Nach Harold Nicolson, Vom Mandarin zum Gentleman, 1957, S. 182.
[6] Jacob Burckhardt, Die Kultur der Renaissance in Italien, Stuttgart 1922[13], S. 277.
[7] Zu A. de Méré und La Bruyère vgl. Nicolson, a. a. O., S. 216, 220.
[8] St. und N. Ronart, Lexikon der arabischen Welt, S. 63.

finement seiner Umgangsformen hervor. Sein erlesener Geschmack wurde hier bald zum unbedingten Vorbild. Auch die Tischsitten erfuhren unter seinem Einfluß eine ungemeine Verfeinerung[9].

Die Kulturblüten zeichnen sich auch durch große zivilisatorische Leistungen aus. Selbst die einfachen Dinge des Lebens werden – oft mit langer Nachwirkung – besonders gründlich und sorgfältig geordnet. Athen und Florenz wurden während ihrer Kulturblüte bald zu besonders sicheren und sauberen Städten. 1656 schuf die französische Regierung öffentliche Hospitäler, die nicht nur für die Pflege Kranker bestimmt waren, sondern auch der Aufnahme sozial Bedürftiger dienten. Als La Reynie 1667 Polizeipräsident von Paris wurde, war diese Stadt noch schmutzig, unsicher und mittelalterlich. Dreißig Jahre später war sie sauber und sicher, hatte eine regelmäßige Müllabfuhr und war nachts durch fünftausend Lampen beleuchtet, die in gleichen Abständen aufgestellt waren, eine damals in ganz Europa einmalige Einrichtung. Paris war nunmehr die bestverwaltete Stadt der Welt.

Auffällig ist schließlich, wie schöpferisch die Kulturblüten auch im sprachlichen Bereich sind. Jede der drei ägyptischen Kulturblüten entwickelte ihre eigene Sprache. Die Kulturblüte des Mittleren Reiches brachte jenes »klassische« Ägyptisch hervor, das in Ägypten noch während der römischen Epoche als mustergültig und nachahmenswert galt[10]. Das goldene Zeitalter des Hebräischen begann unter Salomon. Euripides wurde zum Schöpfer der gemeingriechischen dramatischen Sprache. Seine Bedeutung als Sprachmeister für die spätere Dichtung ist mit der Homers zu vergleichen. Der Schöpfer der spätklassischen Prosa war der Redner Isokrates (436–338). Auf Cicero ist die im Rahmen der ersten römischen Kulturblüte entstandene moderne lateinische Prosa zurückzuführen.

Der Neukonfuzianer Han Yü schuf eine einfache und direkte chinesische Prosa. Der »ku-wên«-Stil, das stilistische Ideal der Mittleren T'ang-Zeit, blieb auch für alle Folgezeit die Norm[11]. Und mit al-Jāhiz erreichte die arabische Prosa eine einzigartige Vollendung. Er machte sie zu einem elastischen, reichen, für den Ausdruck aller gedanklichen Nuancen geeignetes Werkzeug[12]. – Die neupersische Literatursprache entstand im 9., 10. und 11. Jh.[13], ihren Ursprung nahm sie also in dem Jahrhundert, in dem die abbasidische Kulturblüte ihren Höhepunkt erreicht hatte. – Auf Dante und die florentinischen Schriftsteller des Quattrocento geht das moderne Italienisch zurück. Den Italienern, die wissenschaftliche Werke bis ins 15. Jh. in lateinischer Sprache abfaßten, gab Alberti mit seiner Abhandlung »Über das Hauswesen« um 1440 ein glänzendes und richtungsweisendes Beispiel italienischer Prosa. Lorenzo erweckte in seinen Gedichten den Volgare-Dialekt zu neuem Leben. Auch im restlichen Italien wurde Toskanisch zur Sprache, die die Ge-

---

[9] Sigrid Hunke, Allahs Sonne über dem Abendland, Stuttgart 1960, S. 296 ff.
[10] George Steindorff/Keith C. Seele, When Egypt Ruled the East, Chicago 1947, S. 23.
[11] W. Grube, Geschichte der chinesischen Literatur, S. 320 ff; Ch'ēn, Chinese Literature, S. 305, 355 f.
[12] G. Wiet, Introduction à la littérature arabe, S. 107.
[13] G. Lazard, in: The Cambridge History of Iran, Bd. IV, S. 606.

bildeten im Umgang miteinander benützten. Am Ende des 15. Jh. begannen selbst Botschafter anderer italienischer Stadtstaaten ihre Berichte in toskanischem Dialekt abzufassen[14]. 1505 gab Pietro Bembo mit seinen »Asolani« als erster Nicht-Toskaner ein hervorragendes Beispiel rein toskanischer Prosa[15].

Um 1660 erlangte die französische Sprache jene Vollkommenheit, die seither als vorbildlich gilt. Das berühmteste Beispiel ist die Prosa Pascals, insbesondere seine »Lettres Provinciales«. Dieser große Mann hatte aber weniger bekannte Zeitgenossen, die in demselben oder noch höherem Maße zu dem klassischen französischen Stil beitrugen: Pellisson, Saint-Evremond und Bussy-Rabutin[16]. Paul Pellisson war erst Sekretär Foucquets, sodann Historiograph Ludwigs XIV. Seine »Geschichte der Académie française« wurde von Sainte-Beuve als eines der vollkommensten Stücke französischer Prosa betrachtet. Saint-Evremonds Schriften zeichnen sich durch Eleganz, Witz und Leichtigkeit des Stils aus. Bussy-Rabutin, der Vetter Madame de Sévignés, wurde durch seine »Histoire amoureuse des Gaules« (1665) berühmt und berüchtigt.

II. Die Impulse des revolutionären Fortschritts

Der Umstand, daß in historischer Zeit alle wesentlichen Entwicklungen des menschlichen Geistes im Rahmen von Kulturblüten stattfanden, bedeutet, daß für die geistige Entfaltung des Menschen nicht die allmählichen Fortschritte entscheidend sind, sondern vielmehr die schubartigen Stöße der Kulturblüten, die welthistorisch gesehen nur einen geringen Zeitraum in der Geschichte der Menscheit ausmachen und an denen nur einzelne und vorzugsweise sogar eher kleine Gesellschaften beteiligt sind. Zu dieser Tatsache befinden sich alle rein evolutionistischen Geschichtstheorien in Widerspruch. Umgekehrt steht damit aber auch der große Einfluß fest, den die äußere Geschichte einer Gesellschaft auf ihre geistige Entfaltung und die der Menschheit überhaupt haben kann. Denn die obigen Betrachtungen haben gezeigt, daß die äußere Geschichte einer Gesellschaft über mögliche Kulturblüten nicht nur die Weite des Bewußtseins sondern bis zu einem bestimmten Grad auch den Inhalt des Denkens ihrer Angehörigen bestimmt.

Wenn Marx sagt, daß die Produktionsweise des materiellen Lebens den sozialen, politischen und geistigen Lebensprozeß überhaupt bedinge, so entspricht dies nach allem, was über die geistesgeschichtliche Bedeutung der Kulturblüten, über ihre Entstehung und über die Entwicklung der Gesellschaft vor und während der Kulturblüte ausgeführt

---

[14] Cronin, a.a.O., S. 243.

[15] Paul Oskar Kristeller, Renaissance Thought II, Papers on Humanism and the Arts, New York 1965, S. 136.

[16] A. Adam, Histoire de la littérature française au XVIIe siècle, Bd. II, S. 270.

wurde, in dem von ihm gemeinten Sinne nicht den Tatsachen. Ebenso ist die marxistische Behauptung unzutreffend, daß das religiöse, künstlerische und philosophische Bewußtsein aus dem Konflikt zwischen gesellschaftlichen Produktivkräften und Produktivverhältnissen zu erklären sei. Wir haben vielmehr gesehen, daß sich gerade während der Kulturblüten das Bewußtsein der Gesellschaftsangehörigen außerordentlich erweitert – eine Entwicklung, die wiederum durch den Verlauf der äußeren Geschichte bedingt ist und die, jeder rein instrumentalistischen Auffassung der menschlichen Erkenntnis zuwider – insoweit entspricht die kulturelle Wirklichkeit offensichtlich der künstlerischen Auffassung Spenglers – völlig zwecklos erfolgt.

Es ist also offenbar in erster Linie nicht der dialektische Widerspruch – nicht der Widerspruch, den die Gesellschaften in sich selbst tragen, der aber gerade in der Gesellschaft der Kulturblüte charakteristisch wenig ausgeprägt ist – der die Menschheit geistig vorwärts bringt, sondern vielmehr die äußere Geschichte der Gesellschaften. Es ist daher seltsam, daß Hegel und Marx diesen Aspekt in der Theorie der Entwicklung des menschlichen Geistes völlig ignoriert haben. Auch die umfangreiche Literatur der Wissenssoziologie hat das Problem, das sich hier stellt, nicht einmal im Ansatz erkannt. Übrigens ist selbst jener Fortschritt, den Marx als die Entwicklung der materiellen Produktivkräfte bezeichnete und dem er so große Bedeutung beimaß, wesentlich durch die Impulse der Kulturblüten und damit letzten Endes auch durch die äußere Geschichte bedingt. Denn wie wir gesehen haben, ist der schöpferische Genius der Kulturblüten in der dritten Phase ihrer Entwicklung vor allem naturwissenschaftlich-technisch orientiert. Auch zeichnen sich große Kulturblüten durch beträchtlichen materiellen Wohlstand aus. Diese beiden Faktoren wirken ganz von selbst auf eine bedeutende Entwicklung der Technik hin.

Schließlich wäre es nach dem Gesagten auch zu einseitig, die großen kulturellen Leistungen nur als Sublimierung, als Ersatzbefriedigung verdrängter Triebe aufzufassen. Der harte Kern der Kultur hat vielmehr entgegen Freud seinen Ursprung in einem sozialen Dasein, das relativ konfliktlos ist.

III. Das »Gesetz« vom abnehmenden Einfluß der äußeren Geschichte

Es gibt allerdings, so ist hinzuzufügen, gleichsam ein »Gesetz« des abnehmenden Einflusses der äußeren Geschichte: Nach großen Kulturblüten hat die äußere Geschichte einer Gesellschaft auf das Verhalten und die Entwicklung ihrer Angehörigen einen tendenziell abnehmenden Einfluß. In dieser Epoche lockert sich die Integration der Gesellschaft, und die Gesellschaftsangehörigen sind gewöhnlich immer weniger bereit, für die Selbstbehauptung der Gemeinschaft Opfer zu bringen; oft nimmt auch die Einsicht in die großen Gefahren ab, die der Gesellschaft schon bei geringen Veränderungen der äußeren Lage, einer weiteren Lockerung der Integration oder einem fortschreitenden Verfall der

Institutionen drohen können oder die ihr tatsächlich bereits drohen. Dies bedeutet, daß nach dem Höhepunkt großer Kulturblüten – besser: nach teilweisem Ablauf der Prozesse, die sie generieren – die Gesellschaften sich viel weniger als zuvor an den außenpolitischen Gegebenheiten orientieren und zuweilen sogar, solange andere Gesellschaften nicht mit unmittelbarer Gewalt auf sie einwirken, überhaupt nicht mehr. Dieser Prozeß gehört zu dem Thema Kulturverfall, und es ist hier nicht näher auf ihn einzugehen. Jedenfalls kann es soweit kommen, daß die Entwicklung einer Gesellschaft fast nur noch von innergesellschaftlichen, d. h. autonomen Faktoren bestimmt wird, wie dies z. B. in dem Rom der Kaiserzeit und nach der T'ang-Zeit in China geschah. In solchen Fällen spielen für die weitere Entwicklung tatsächlich dialektische Prinzipien eine wesentliche Rolle, sofern nicht eine Erstarrung der gesellschaftlichen Strukturen einem weiteren Fortschritt überhaupt im Wege steht. Da derartige Gesellschaften aber weder das schöpferische Niveau noch die Leistungsdichte der Kulturblüten haben, steht das erwähnte »Gesetz« nicht in Widerspruch zu der These, daß die geistige Entwicklung der Menschheit im wesentlichen nicht auf dialektische Bewegkräfte zurückgehe.

IV. Kulturblüten als Scharniere der Geschichte

Die Impulse, die die Kulturblüten generieren, der Umbruch, den sie hervorrufen, die Bewußtseinserweiterung, die sie bewirken, sind so stark und die schöpferischen Leistungen, zu denen sie führen, so bedeutend, daß die Kulturblüten Scharniere in der Geschichte des menschlichen Geistes darstellen. Sie bezeichnen die großen Wenden im Leben der Völker und Gesellschaften. Alle Ansätze zu »modernem« Denken, die sich in der Geschichte der einzelnen Kulturen zeigen, lassen sich auf sie zurückführen. Sie sind so auch unentbehrlich für die Abgrenzung geschichtlicher Perioden. Selbstverständlich gilt dies nur für die umfassenderen Kulturkreise. Aber auch nur aus deren Schoß können wegen der Notwendigkeit der geistigen Befruchtung bedeutendere Kulturblüten kommen. Den wesentlichsten Einschnitt, den Übergang von »Mittelalter« zu »Neuzeit«, wenn ein solcher überhaupt stattfindet, bildet in der Regel die jeweils höchste Kulturblüte, die die Gesellschaften eines Kulturkreises hervorbringen.

Die griechische Welt hatte nach der mykenischen Epoche ihre erste hervorragende Kulturblüte in der zweiten Hälfte des 8. Jh. v. Chr. Sie wurde von den ionischen Städten Kleinasiens hervorgebracht. Wir haben für die Existenz dieser Kulturblüte außer den Epen Homers nur indirekte Beweise, die weiter unten erörtert werden sollen. Die eigentliche Wende in der Geschichte des griechischen Kulturkreises stellt jedoch erst der Beginn der athenischen Kulturblüte dar. Erst diese Zeit brachte so »moderne« Persönlichkeiten wie Euripides und Thukydides hervor. Es hat daher eine gewisse innere Berechtigung, wenn manche Historiker das griechische Mittelalter um 500 v. Chr. enden lassen. Allerdings kommt der wirklich entscheidende Einschnitt ein paar Jahrzehnte später zu liegen. In der chinesischen Geschichte der letzten zweitausend Jahre liegt die eigentliche geistige und soziale Scheide in der frühen T'ang-Zeit. Bis dahin waren die Chinesen den Europäern viel ähnlicher als in späteren Zeiten. Wer begreifen will, was die Chinesen heute sind, muß auf diese Epoche zurückgehen, in der China, wie es sich im Westen bis in dieses Jahrhundert darbot, seinen Ursprung nahm. Die Einteilung, die mit der frühen T'ang-Zeit das Mittelalter Chinas enden und gleichzeitig seine Neuzeit beginnen läßt, ist daher sinnvoll[17]. Den Wendepunkt kann man etwa auf das Jahr 680 ansetzen.

Das Florenz des 15. Jh. ist die wahre Geburtsstätte des modernen Europa. Falls dieses einen fixierbaren Geburtstag hat, so ist es der 3. September 1402, als Giangaleazzo starb und Florenz aus seiner aussichtslosen Lage befreit wurde. Der geistige Umbruch, der hierdurch in Florenz eingeleitet wurde, rechtfertigt es, die europäische Neuzeit in Florenz und zwar zu Beginn des 15. Jh. ihren Anfang nehmen zu lassen[18]. Zu jener Zeit begann die Epoche der großen europäischen Kulturblüten, die dann in der Goethezeit ihren Abschluß fand, nahmen also jene Jahrhunderte ihren Anfang, in denen die Grundlagen für die heutige europäische Zivilisation geschaffen wurden. Einer ihrer Höhepunkte war die französische Kulturblüte des 17. Jh., die den Übergang zu einer besonderen Form der europäischen Moderne, der Aufklärung, darstellt.

V. Die Struktur des revolutionären Fortschritts

Es ist anzunehmen, daß die geistige Entwicklung der Menschheit in ihren wesentlichen Etappen sich auch bereits in prähistorischer Zeit unter den besonderen Bedingungen, auf die die großen Kulturblüten allgemein zurückgehen (äußerer Druck, Konzentration der eigenen Kräfte, extreme Gefahr und ihre Überwindung) vollzogen hat. Wahrscheinlich ist sogar der Übergang vom »Affen« zum Menschen auf ein derartiges Entwicklungsschema zurückzuführen. Dieser Sprung gibt in seiner Radikalität ohne Zweifel ein außerordentliches Rätsel auf. Es ist aber auch ein Geheimnis, wie sich ein Sokrates plötzlich mit dem Wesen des Wissens als solchem befassen konnte. Man muß sich vor Augen halten, daß dieser Philosoph einen völligen Neubeginn darstellte: Von den ionischen Naturphilosophen und den Sophisten läßt er sich nicht ableiten. In Athen selbst hatte er keinen Vorgänger. Der einzige athenische Philosoph, den es vor ihm gab, Archelaos, war wenig

---

[17] Diesem Einteilungsprinzip folgend lassen Herbert Franke/Rolf Trauzettel, Das chinesische Kaiserreich, Frankfurt a. M. 1968, das chinesische Mittelalter von 200 bis 600 n. Chr. dauern. Es gibt indes angesehene Kenner der chinesischen Geschichte, die andere Auffassungen vertreten.
[18] Damit ist auch der Beginn der Renaissance, ursprünglich eines kunsthistorischen, seit Michelet und Burckhardt auch allgemeingeschichtlichen Epochenbegriffs, bestimmt.

originell. Auch die Einführung des Kontraposts in die Bildhauerkunst ist eine Revolution, die sich genetisch nicht verstehen läßt. Ähnlich abrupt ist der Übergang vom Mittelalter zur Renaissance. Die unvermittelte Einführung der perspektivischen Sehweise und die plötzliche Ablösung der gotischen durch klassische Bauformen sind Sprünge, die sich nicht auf vorausgegangene Entwicklungen zurückführen lassen. Der Kunsthistoriker Erwin Panofsky spricht in diesem Zusammenhang von einem »Mutationswandel«. Auch in diesen Fällen haben wir also einen äußerst radikalen Umbruch, der sich ohne die Annahme besonderer Antriebskräfte nicht verstehen läßt.

Der Übergang vom »Affen« zum Menschen ist nun freilich eine noch wesentlich umstürzendere Entwicklung. Die Kulturblüten, die wir kennen, sind aber auch nur bedingt ein Anhaltspunkt für das, was an Entwicklungssprüngen und geistigen Revolutionen tatsächlich möglich ist, und zwar deshalb, weil die idealtypischen äußeren Voraussetzungen und inneren Bedingungen historischer Kulturblüten auch in den günstigsten Fällen nur unzureichend verwirklicht waren. Wie gezeigt wurde, hatte selbst die athenische Kulturblüte keine optimalen Voraussetzungen. Unter Verhältnissen, die im Sinne des idealtypischen Modells schöpferischen Leistungen uneingeschränkt förderlich sind, kann man sich auch eine so radikale Bewußtseinserweiterung und einen so gewaltigen Sprung in der Qualität des Geistigen vorstellen, wie sie die Entstehung des Menschen ausmachen und worin gerade deren Rätselhaftigkeit besteht. Wenn man das Modell auf den Übergang vom »Affen« zum Menschen anwendet, muß man freilich Begriffe wie äußere Bedrohung, Anpassung und Überwindung der Bedrohung in einem Sinne anwenden, der den biologischen und soziologischen Gegebenheiten relativ wenig entwickelter Primatenhorden und den Beziehungen zwischen ihnen gerecht wird.

Damit ist noch nichts zu der biologischen Seite der Entwicklung gesagt, insbesondere auch nichts zu der Frage, ob mit den Entwicklungssprüngen Mutationen verbunden sind. Allgemein bemerkenswert sind die Parallelitäten zwischen der Entwicklungsgeschichte der Kultur und der Entfaltung des Lebens überhaupt. So wie nur wenige besonders begünstigte Gesellschaften große Kulturblüten hervorbringen, so gelingt in der Geschichte der Natur der schöpferische Durchbruch zu einer neuen Entwicklungsstufe innerhalb eines Stammes jeweils auch nur einer kleinen Gruppe. Nur eine einzige Gruppe der Fische, die Crossopterygier, schaffte den Übergang zu den Amphibien, nur *eine* Gruppe der Amphibier den Sprung zu den Reptilien, nur *eine* Gruppe der letzteren die revolutionäre Entwicklung zu den Säugetieren. Unter diesen brachte wiederum nur *eine* Entwicklungsreihe den Menschen hervor. Unter den zahlreichen anderen Reihen, die nicht zum Menschen führten, haben wir ähnlich differenzierte Entwicklungen. Vor allem aber besteht auch der wesentliche Teil des Entwicklungsprozesses des Lebens nicht in einer evolutiv fortschreitenden Anpassung an die Umwelt. Höhere Stufen treten vielmehr in ziemlich kurzer Zeit, oft sprunghaft, explosiv und ohne Beziehung zu einer bestimmten Lebensweise auf. Der damit eingeleitete Entwicklungszyklus verläuft dann ruhig und evolutionär. Erst jetzt kommt es zu Spezialanpassungen an bestimmte Lebensweisen, die jedoch an dem weiteren Fortschritt nicht teilnehmen. Nach dem von E. D. Cope aufgestellten »Gesetz« der nicht-spezialisierten Abstammung sind die unspezialisierten Formen Träger der weiteren Entwicklung und nicht die einseitigen Spezialisten, deren Sonderanpassungen entwicklungsfeindlich sind[19]. Zu große Spezialisierung führt in der Tierwelt – wie auch bei den menschlichen Gesellschaften – zur Unfähigkeit, sich an neue wesentliche äußere Bedrohungen anzupassen (bei den menschlichen Gesellschaften fehlt es dann an der notwendigen »Offenheit«), was tödliche Folgen haben kann, in jedem Falle aber bewirkt, daß es an einer Vorbedingung für die Verwirklichung eines weiteren Entwicklungssprunges fehlt.

Auch damit ist noch nichts über den Zusammenhang zwischen dem Auftreten von Kulturblüten und biologischer Entwicklung gesagt. Theoretisch ist denkbar, daß sich die biologische Entwicklung, die dem hohen geistigen Niveau der Kulturblüten entspricht, jeweils schon vor diesen vollzogen hat, daß also die Impulse der Kulturblüten einen zuvor evolutiv erfolgten biologischen Fortschritt nur aktualisieren und manifest machen. Ähnliches könnte auch – rein theoretisch gesehen – für den Übergang vom »Affen« zum Menschen gelten. Die Ergebnisse der vorliegenden Untersuchung stehen der Annahme eines derartigen allmählichen biologischen Fortschritts, für den die Impulse der Kulturblüten ohne Bedeutung sind, nicht entgegen. Es spricht allerdings viel für einen engen Zusammenhang zwischen biologischer und geistiger Entwicklung. Der Schluß liegt nämlich nahe, daß nicht nur oberflächliche Analogien zwischen der Entwicklung der biologischen Arten und der kulturellen Entfaltung der Gesellschaften bestehen, sondern daß sie sich beide allgemein nach denselben Gesetzen richten und daß u. a. auch die Vorbedingungen für den Fortschritt in beiden Fällen dieselben sind, so daß sich weiter folgern läßt, daß die biologische und die kulturelle Entwicklung auch tatsächlich die Tendenz haben, parallel zueinander zu verlaufen.

Es ist in diesem Zusammenhang interessant, daß die Forschung heute anders als früher davon ausgeht, daß die Mechanik der Evolution (in einem weiteren Sinne) nicht nur auf einzelne Individuen, sondern auf ganze Gruppen wirkt. Mutationen werden nicht als bloße Veränderungen in Individuen gesehen, sondern als Mutationsdruck, dem eine Bevölkerung in ihrer Gesamtheit unterliegt. Die natürliche Auslese erfaßt dementsprechend als Selektionsdruck ebenfalls vollständige Gruppen. R. Goldschmidt und O. H. Schindewolf betrachten auch die Ansicht, daß die Umgebung zu einer allmählichen Anhäufung geringer Mutationen führe, als unzutreffend. Sie sind der Meinung, daß die Evolution nur über Makromutationen beträchtlicher Größenordnung erklärt werden kann[20].

Es liegt kein Grund zu der Annahme vor, daß die ersten Anfänge menschlicher Kultur und die primären Hochkulturen anderen Kräften ihre Entstehung verdanken. Der Umstand, daß sich letztere in großen Flußtälern entwickelten, hat Toynbee zu der Hypothese veranlaßt, daß sie das Ergebnis einer Herausforderung seien, die die Flußtäler für den Menschen darstellten. Hiergegen spricht jedoch schon die Plötzlichkeit, mit der sich die potamischen Kulturen entfalteten, insbesondere in Ägypten, im Industal und in China. Z. B. treten in China die Shang-Schrift und die Shang-Bronzetechnik mit einem Male auf. Der Bronzeguß der Shang ist bereits so vollendet, daß manche Gelehrte daraus – zu

---

[19] Zu der Entwicklungsgeschichte des Lebens vgl. Otto H. Schindewolf, Erdgeschichte und Weltgeschichte, Mainz 1964, S. 34 ff., 44 f.
[20] Nach R. J. Nogar in: New Catholic Encyclopedia, New York 1967, Bd. V, S. 690.

Unrecht – schließen, daß er eine jahrhundertelange Entwicklung gehabt haben müsse. Auch die Shang-Schrift tritt fertig vor uns hin. Bislang haben die Archäologen keine Spuren einer primitiven chinesischen Schrift entdecken können. Alle wichtigen Grundsätze für die Bildung moderner chinesischer Buchstaben galten von Anfang an[21]. Eine Herausforderung durch die natürliche Umgebung wäre nicht geeignet, eine hohe Kultur so plötzlich entstehen zu lassen. Die Flußtäler können als solche daher nur eine indirekte Rolle für die Entstehung der potamischen Kulturen gespielt haben. Viel wahrscheinlicher als die These von der Herausforderung durch die natürliche Umgebung ist die Annahme, daß die Bewohner der Flußtäler dem Druck von Völkerschaften, die in weniger begünstigten Gebieten lebten, besonders ausgesetzt waren, daß sie außergewöhnliche Schwierigkeiten hatten, sich zu behaupten. Früher oder später gelang es aber einzelnen Gesellschaften, durch einen großen Erfolg über die Widrigkeiten zu triumphieren, und hieraus entsprangen die Impulse für eine große Kulturblüte.

Rushton Coulborn nimmt an, daß die Religion »der grundlegende geistige Impuls bei der Schaffung der primären Hochkulturen war«, wie »bei der Schaffung oder Neuschaffung aller Hochkulturen«[22]. Dieser Autor sagt zutreffend, daß der Vergleich die Methode ist, die zum Verständnis der Kulturen und Kulturvölker am meisten beiträgt[23]. Die Vergleichsbasis sollte jedoch hier wie auch sonst möglichst weit gezogen werden, also im vorliegenden Fall nicht auf die Gesellschaften zur Zeit der Entstehung der Hochkulturen beschränkt bleiben, sondern auf die gesamte menschliche Geschichte ausgedehnt werden, und zwar insbesondere auch auf diejenigen historischen Perioden, die dermaßen gut dokumentiert sind, daß sie für Vergleiche am meisten hergeben. Geht man so vor, wird man bald Zweifel an der These Coulborns haben, die im übrigen das Problem nur auf die Frage verschiebt, warum gerade in dieser Epoche die Religion der Gesellschaft die Kraft gegeben haben soll, sich wie ein Münchhausen am eigenen Schopf aus dem Sumpf der Primitivität zu ziehen. Noch zweifelhafter ist, ob dem Wasserkult wirklich die Bedeutung zukommt, die ihm Coulborn zumißt[24].

Zieht man die Kulturdurchbrüche heran, die in späterer geschichtlicher Zeit stattgefunden haben, so wird man eher zu dem Schluß gelangen, daß zwar ein Zusammenhang zwischen der Entstehung der Hochkulturen und ausgeprägten religiösen Aufschwüngen besteht, daß es sich bei der Religiosität aber mehr um eine notwendige Begleiterscheinung als um eine eigentliche Ursache der kulturellen Durchbrüche handelt. Von den Beziehungen zwischen Religion und Kultur wird in allgemeinerer Form noch die Rede sein. Dem Wasserkult als solchem wird man überhaupt keine Bedeutung zusprechen können.

---

[21] A. J. Toynbee, A Study of History, Bd. XII, S. 353.
[22] Rushton Coulborn, Die Entstehung der Hochkulturen, Stuttgart 1962, S. 138.
[23] Coulborn, a. a. O., S. 6.
[24] Coulborn, a. a. O., S. 138 ff., 146.

VI. Das Geheimnis der Achsenzeit

Wahrscheinlich tragen die bisherigen Überlegungen auch dazu bei, ein anderes Rätsel der menschlichen Geschichte, die Achsenzeit, aufzuhellen.
Die »Achse der Weltgeschichte« sieht Karl Jaspers – Lasaulx und Viktor von Strauß folgend – dort,

> »wo geboren wurde, was seitdem der Mensch sein kann, wo die überwältigendste Fruchtbarkeit in der Gestaltung des Menschseins geschehen ist in einer Weise, die für . . . alle Menschen. . ., wenn nicht empirisch zwingend und einsehbar, doch aber aufgrund empirischer Einsicht überzeugend sein könnte, derart, daß für alle Völker ein gemeinsamer Rahmen geschichtlichen Selbstverständnisses erwachsen würde[25]«.

Eine derartige Achse der Weltgeschichte glaubt Jaspers auf die Zeit um 500 vor Christus ansetzen zu können, auf den geistigen Prozeß, der zwischen 800 und 200 stattfand. Dort liegt nach ihm der tiefste Einschnitt der Geschichte:

> »Es entstand der Mensch, mit dem wir bis heute leben . . . In dieser Zeit drängte sich Außerordentliches zusammen. In China lebten Konfuzius und Laotse, entstanden alle Richtungen der chinesischen Philosophie, dachten Mo-Ti, Tschuang-Tse, Lie-Tse und ungezählte andere, – in Indien entstanden die Upanischaden, lebte Buddha, wurden alle philosophischen Möglichkeiten bis zur Skepsis und zum Materialismus, bis zur Sophistik und zum Nihilismus, wie in China, entwickelt. – Im Iran lehrte Zarathustra das fordernde Weltbild des Kampfes zwischen Gut und Böse, – in Palästina traten die Propheten auf von Elias über Jesaias und Jeremias bis zu Deuterojesaias, – Griechenland sah Homer, die Philosophen – Parmenides, Heraklit, Plato – und die Tragiker, Thukydides und Archimedes. Alles, was durch solche Namen nur angedeutet ist, erwuchs in diesen Jahrhunderten annähernd gleichzeitig in China, Indien und dem Abendland, ohne daß sie gegenseitig voneinander wußten . . .
>
> Das Neue dieses Zeitalters ist in allen drei Welten, daß der Mensch sich des Seins im Ganzen, seiner selbst und seiner Grenzen bewußt wird. Er erfährt die Furchtbarkeit der Welt und die eigene Ohnmacht. Er stellt radikale Fragen. Er drängt vor dem Abgrund auf Befreiung und Erlösung. Indem er mit Bewußtsein seine Grenzen erfaßt, steckt er sich die höchsten Ziele. Er erfährt die Unbedingtheit in der Tiefe des Selbstseins und in der Klarheit der Transzendenz. . . In diesem Zeitalter wurden die Grundkategorien hervorgebracht, in denen wir bis heute denken, und es wurden die Ansätze der Weltreligionen geschaffen, aus denen die Menschen bis heute leben . . . Es begann der Kampf gegen den Mythos von seiten der Rationalität. . . Diese gesamte Veränderung des Menschseins kann man *Vergeistigung* nennen. . . Zum ersten Mal gab es Philosophen . . . Es geschah in der Achsenzeit das Offenbarwerden dessen, was später Vernunft und Persönlichkeit hieß[26].«

In der Tat bezeichnet die Achsenzeit eine ganz wesentliche Etappe in der Geschichte der Menschheit, deren Ablauf sich grob wie folgt schematisieren läßt: 1) Die Entstehung der Spezies Mensch. 2) das Auftreten der primären Hochkulturen, das ab etwa 3000

---

[25] Karl Jaspers, Vom Ursprung und Ziel der Geschichte, München 1949, S. 19.
[26] Jaspers, a. a. O., S. 20 ff.

v. Chr. erfolgt. Es handelt sich dabei um die potamischen Kulturen, die in Mesopotamien, Ägypten, Indien (Indusgebiet) und China (Tal des Gelben Flusses) – letzteres gegenüber den ersteren mit einer Verzögerung von etwa 1000 Jahren – aufblühen. 3) Das Erscheinen der sekundären Hochkulturen, deren Gipfel der griechische Kulturkreis mit der athenischen Kulturblüte darstellt. Andere wesentliche Vertreter dieser Hochkulturen sind Indien, wiederum China, Persien und Israel. 4) In der jüngeren Zeit hat Europa den faustischen Menschen mit seiner radikalen Rationalität hervorgebracht. In dieser Epoche leben wir noch heute.

Wir kommen nun zu der wesentlichen Frage: Die Kulturen, die zur Achsenzeit ihren Gipfelpunkt erreichten, hatten keine Verbindung miteinander. Wie läßt sich ihr gleichzeitiges Aufblühen erklären, das um so bemerkenswerter ist, als die Parallelität der Entwicklung nur in jenen Jahrhunderten besteht? Lasaulx und V. von Strauß umschreiben das Geheimnis nur. Auch Jaspers weiß keine Erklärung: »Niemand kann zureichend begreifen, was hier geschah und zur Achse der Weltgeschichte wurde.« Er sieht in dem Phänomen ein »großes Geheimnis«[27]. An bloßen Zufall will er aber nicht glauben. »Vielmehr scheint sich darin etwas in der Tiefe Gemeinsames, ein Ursprung des Menschseins zu zeigen[28].«

Andere sehen die Ursache in den gleichartigen soziologischen Bedingungen, die in China, Indien usw. in der fraglichen Zeit herrschten. Soziale Zustände allein aber können das Phänomen nicht erklären. Auch würde sich sofort die weitere Frage erheben, wie es in der fraglichen geschichtlichen Periode zu so ähnlichen sozialen Verhältnissen kommen konnte, obwohl es zwischen China, Indien und Europa keine Berührung, keinen geistigen Austausch gab. Alfred Weber hat die gemeinsame Ursache in dem Einbruch der Streitwagen- und Reitervölker aus Mittelasien gesehen. Die indoeuropäischen Reitervölker erreichten am Ende des dritten vorchristlichen Jahrtausends Europa und das Mittelmeer. In einem weiteren großen Schub eroberten sie um 1200 den Iran und Indien. Andere Gruppen kamen am Ende des 2. Jahrtausends nach China. Die Angehörigen dieser Völker – dies hält Alfred Weber für entscheidend – machen mit dem Pferd die Erfahrung der Weite des Raums. Als Eroberer unterwerfen und zerstören sie die alten Hochkulturen. Sie erleben die Fragwürdigkeit und Tragik des Lebens. So entwickeln sie ein neues Bewußtsein, aus dem sich die geistigen Leistungen der Achsenzeit erklären[29].

Aber auch diese Hypothese kann die Achsenzeit nicht verständlich machen. Sie ist schon deshalb mißlich, weil sie eine ad hoc-Theorie ist, deren Richtigkeit an keinem anderen historischen Vorgang verifiziert werden kann. Zudem sagt sie uns nicht, warum es gerade etwa ein bis zwei Jahrtausende nach dem Eindringen der Reitervölker und überall mehr oder weniger gleichzeitig zu einem einmaligen vorübergehenden Aufleuchten großer Kreativität kommen konnte. Auch findet in Alfred Webers Theorie die Kulturblüte Israels, das von den Reitervölkern nicht erobert wurde, keinen angemessenen Platz.

---

[27] Jaspers, a.a.O., S. 37.
[28] Jaspers, a.a.O., S. 32.
[29] Vgl. zu diesen Darlegungen Alfred Weber, Das Tragische und die Geschichte, Hamburg 1943, S. 50ff. 443; Jaspers, a.a.O., S. 37.

Dennoch ist es wahrscheinlich, daß zwischen dem Einbruch der Reitervölker und den geistigen Leistungen der Achsenzeit ein Zusammenhang besteht, der allerdings weniger direkt ist, als Alfred Weber annahm. Diese Wanderung bedeutete zunächst die weitgehende Vernichtung der alten Hochkulturen. An ihre Stelle traten primitive, »unverbrauchte« und stark integrierte Gemeinwesen. Die alten Gesellschaften, die unterworfen oder vernichtet wurden, wären zu Kulturblüten wahrscheinlich nicht mehr fähig gewesen, so wenig wie das späte Ägypten, das nach der Kulturblüte des Neuen Reiches in den etwa sieben Jahrhunderten, die ihm bis zu dem Angriff der Perser noch verblieben, keine überragenden kulturellen Leistungen mehr vollbrachte. Es fehlte dieser Gesellschaft, dessen Kultur weitgehend erstarrt war, für eine Kulturblüte an den notwendigen inneren Voraussetzungen, so an der erforderlichen Offenheit. Die pferdezüchtenden Eroberer besaßen demgegenüber zwar große Offenheit, ihre Gesellschaften waren aber – auch insoweit anders als die alten Kulturen, die ihnen zum Opfer fielen – für große Kulturblüten zunächst zu stark integriert. Vor allem aber ermangelten sie zunächst auch der geistigen und materiellen Grundlagen, die für eine Kulturblüte notwendig gewesen wären. Sie waren zu großen kulturellen Leistungen daher erst nach Jahrhunderten weiterer Entwicklung fähig. Da der Start in China, Indien, Persien und Griechenland zeitlich, kulturell und materiell unter ähnlichen Bedingungen stattfand, ist das spätere ungefähr gleichzeitig erfolgende Auftreten Buddhas, Konfuzius', Zoroasters und Heraklits nicht so erstaunlich. Gewisse chronologische Differenzen sind vor allem aus dem Zufall des jeweils früheren oder späteren Auftretens der auslösenden Faktoren der äußeren Geschichte leicht verständlich. Für diese Auffassung spricht auch, daß die Leistungen der Achsenzeit nur dort verwirklicht wurden, wo sich die aus dem Norden eingedrungenen Völker endgültig festsetzten, nicht aber anderswo, z. B. nicht in Ägypten, das die Hyksos wieder vertrieben und unter Ramses III. die »Seevölker« vernichtend geschlagen hatte und so unabhängig geblieben war.

Ein Sonderfall ist Israel. Die Bedrohung, die die Philister für diesen Staat darstellten, war einer der Hauptgründe für die Errichtung des Königtums unter David. Dieser Fürst besiegte nicht nur die philistinischen Feinde, sondern begründete durch die Unterwerfung der Ammoniter, Moabiter, Edomiter und Aramäer im mittleren Syrien und um Damaskus auch einen imperialen Machtstaat. Nie wieder hatte Israel in der Königszeit eine so große Ausdehnung. Dazu kam, daß zu jener Zeit Ägypten und Assyrien auf einem Tiefpunkt ihrer Macht angelangt waren, die Sidonier sich vor allem für die maritime Ausbreitung interessierten und die Aramäer sich noch nicht von den Niederlagen, die ihnen von Israel zugefügt worden waren, erholt hatten. Israel war militärisch stark, hatte zahlreiche feste Plätze und verfügte über eine Armee, die mit dem modernen Kampfmittel des Streitwagens ausgerüstet war. In diesem Bild sind leicht Bedrohung, Anpassung, Überwindung der Bedrohung und die äußeren Voraussetzungen für die Freisetzung gesellschaftlicher Reserven zu erkennen. Auch die inneren Voraussetzungen für eine Kulturblüte brachte diese Gesellschaft mit. So kam es in Israel unter König Salomon zu einer kulturell glanzvollen Zeit, die vor den Kulturblüten der Achsenzeit liegt und die – im Gegensatz zu diesen – ein unmittelbares Ergebnis des erfolgreichen Kampfes gegen die Wandervölker jener Zeit war.

Die Ursachen der späteren Kulturblüten der Achsenzeit sind dagegen ganz andere. Hier haben wir Eroberervölker, die primitiv waren und die die inneren Voraussetzungen für Kulturblüten erst noch im Laufe von Jahrhunderten entwickeln mußten, dort eine Randgesellschaft der absterbenden primären Hochkulturen Mesopotamiens und Ägyptens, von ihnen befruchtet und für eine Kulturblüte nicht ohne günstige innere Voraussetzungen, die mit idealen äußeren Bedingungen zusammentrafen.

Der Einbruch der Reitervölker schuf also die notwendigen Grundlagen für die Kulturblüten der Achsenzeit, stellt aber selbst nicht das auslösende Moment für sie dar. Er hatte eine ähnliche Wirkung wie zuvor um 4000 v. Chr. das Vordringen der Hornviehzüchter für das spätere Aufblühen der Primärkulturen und die germanische Völkerwanderung im 4., 5. und 6. Jh. für die etwa ein Jahrtausend nachfolgenden großen europäischen Kulturblüten. Im Gegensatz dazu sind die unmittelbaren Ursachen für die Kulturblüten der Achsenzeit – ebenso wie für die Primärkulturen und die europäischen Kulturblüten – anderswo zu suchen und von Gesellschaft zu Gesellschaft verschieden. Sie fügen sich, soweit die historische Überlieferung ein Urteil erlaubt, in jedem Fall zwanglos in das dargelegte gedankliche Schema ein.

VII. »Anstoß« und »Anregung«

Die Kraftimpulse, die unmittelbar zu Kulturblüten führen, haben eine Sonderstellung. Sie sollen im folgenden als »Anstoß« bezeichnet werden. Je länger eine Kulturblüte dauert, desto schwächer wird diese originäre Kraftquelle, eine desto wichtigere Rolle spielt die »Anregung«, zu welcher künstlerische und geistige Leistungen als solche führen. Subjektiv entspricht ihr der natürliche Gestaltungs- und Erkenntnistrieb. Während bei den Kräften des Anstoßes gesellschaftliche Faktoren primär und unmittelbar wirksam sind, spielt die Gesellschaft bei der Anregung eine mehr mittelbare Rolle. Die Anregung entfaltet sich überall da, wo die gesellschaftlichen Umstände im weitesten Sinne des Wortes wenigstens einigermaßen günstig sind. Im Gegensatz zu den Kräften des Anstoßes, die höchste Kreativität zu wecken vermögen, sind die Impulse der Anregung wesentlich schwächer. Während die Impulse des Anstoßes dahin führen, daß die überkommenen künstlerischen, philosophischen und wissenschaftlichen Leitbilder in revolutionärer Weise durch völlig neue, auf die alten nicht zurückführbare Leitbilder ersetzt werden, bedeutet die Anregung lediglich eine Fortentwicklung der Kultur im Rahmen bereits gegebener Leitbilder.

Der Anstoß entfaltet sich fast nur innerhalb der Gesellschaft, von der er ausgeht, und nur während weniger Generationen; die Anregung wirkt dagegen auch auf Angehörige anderer Gesellschaften, und zwar um so mehr, je näher sich zwei Gesellschaften kulturell stehen, und zeitlich im Prinzip unbeschränkt. Eng damit zusammenhängt, daß die Kräfte des Anstoßes zur Diversifikation der Kultur, die Impulse der Anregung zu ihrer Vereinheitlichung führen. Erstere machen verständlich, warum sich Kulturkreise in der Regel nicht einheitlich entwickeln – die wichtigste Ausnahme sind jene Fälle, in denen wie im Beispiel Chinas der Kulturkreis politisch weitgehend geeinigt ist – letztere lassen uns begreifen, warum Kulturkreise stets eine mehr oder weniger homogene Gestalt zu behalten pflegen.

Die Fortschritte der Kulturblüten werden über die Kräfte der Anregung so zur Grundlage neuer Leistungen. Die Höhe der Kulturblüten hängt, wie wir gesehen haben, in hohem Grade von den Anregungen ab, die sie aus dem Kulturkreis empfangen. Wenn die Kulturkreise eine Entwicklungsphase erreicht haben, in der sie keine Kulturblüten mehr hervorbringen können, sind es allein die Kräfte der Anregung, die eine weitere kulturelle Entfaltung ermöglichen.

Je höher eine Kulturblüte, desto stärker wirkt sie auf andere Völker. Gesellschaften, die sich in einer Phase eigener Kraftentfaltung befinden, sind gegenüber äußeren Einflüssen besonders aufgeschlossen, wenn sie auch dazu tendieren, sie sofort schöpferisch zu assimilieren. Am wenigsten sind solche Gesellschaften zugänglich, die eine Kulturblüte hinter sich haben und, wie China seit dem 9. Jh., zur Erstarrung neigen.

Je rationaler die Leistung, desto eher regt sie im allgemeinen den Erkenntnis- und Nachahmungstrieb anderer an. Je mehr die Kulturblüte voranschreitet, desto exakter, wissenschaftlicher und rationaler, also allgemeinzugänglicher wird ihr Geist. Daher pflegen die Anregungen, die von einer Kulturblüte ausgehen, besonders stark in der philosophisch-historischen Phase und noch kraftvoller in der mathematisch-naturwissenschaftlichen Phase zu sein. Aristoteles' Philosophie hätte ebenso gut das Produkt eines Atheners sein können. Ein ähnliches Verhältnis hatte Pico della Mirandola, der Schüler Ficinos aus der bekannten Herrscherfamilie in der Emilia, zu der florentinischen Kulturblüte, und Rousseau, ein Genfer Bürger, zur französischen.

Die Kräfte der Anregung wirken aber auch auf künstlerischem Gebiet. Auf das Beispiel Athen wird gleich noch eingegangen werden. Auch Florenz übte in diesem Bereich starken Einfluß aus. Raffael, der aus Urbino stammte, erhielt von Leonardo die entscheidenden Anregungen. Erst während seines vierjährigen Aufenthaltes in Florenz löste er sich von der weichen Malweise seiner umbrischen Heimat[30].

Der Begriff Anregung scheint der Sache nach zunächst nicht neu zu sein. Die Soziologen meinen denselben Vorgang, wenn sie von »Diffusion« oder »Akkulturation« sprechen. Spengler verwendet den Ausdruck »Einwirkung«. Toynbee redet in einem sehr engen Sinne von »Mimesis«, einem Begriff, den er der »Originalität« gegenüberstellt. Diese Termini haben eher den synchronischen oder, wenn man will, den gleichsam horizontalen Aspekt des Prozesses im Auge. Der Geschichtsphilosoph Ibn Khaldûn benützt einen verwandten Begriff, »malakah«, »Gewohnheit«, welche, wie er sagt, die Fortdauer höherer Zivilisationen sicherstellt. Er legt das Gewicht also – ganz entsprechend der geringen Kreativität der damaligen arabischen Zivilisation – weniger auf die schöpferische Fortbil-

---

[30] André Chastel, Die Kunst Italiens, Teil II, Darmstadt 1962, S. 9.

dung des Überlieferten als auf dessen bloße Weitergabe. Die »malakah« hebt den diachronischen oder »vertikalen« Aspekt der Anregung hervor. Trotz dieser Vorgänger ist der Begriff »Anregung« insofern neu, als er so bestimmt wird, daß er zusammen mit dem »Anstoß« ein Begriffspaar bildet, das erst durch diese Gegenüberstellung seine spezifische Bedeutung erhält.

Gewaltig war die Anregung, die von Athen, T'ang-China, Florenz und dem Frankreich Ludwigs XIV. ausging. Im Laufe des 5. vorchristlichen Jahrhunderts wurde *Athen* das geistige Zentrum der Griechen. Seine Rolle als »Schule Griechenlands« ist besonders augenfällig auf dem Gebiet der bildenden Kunst. Die klassische Skulptur entstand originär in Athen. Von Athen übernahmen sie dann – mit einer gewissen zeitlichen Verzögerung – die gesamte griechische Welt[31]. Die großen Bauvorhaben der Athener und der gewaltige Aufschwung ihrer Kunst zogen Meister aus den anderen griechischen Zentren an. Die Maler Polygnot von Thasos, Zeuxis aus Heraklea in Lukanien und Parrhasios aus Ephesos kamen nach Athen, entfalteten sich und wirkten hier; sie trugen die neue Kunst sodann hinaus in die übrige griechische Welt[32]. Die Chorgesänge der athenischen Dramen kannten alle Griechen. Selbst die Gegner Athens ahmten seine rhapsodischen Vorträge und Tragödien nach, so die Epidaurer in der großen Kuranstalt beim Heiligtum des Asklepios. Ein Dichter, der in der griechischen Welt wirklichen Erfolg haben wollte, mußte zunächst einmal die Feuerprobe vor dem athenischen Publikum bestehen[33].

Herodot, der Vater der Geschichtsschreibung, stammte aus dem dorischen Halikarnass. Er machte Athen zur Heldin seiner Historien. Ohne die Inspiration, die ihm diese Stadt gab, sind sie nicht zu denken[34]. Der Einfluß, den die attische Tragödie auf sein Werk hatte, ist unverkennbar[35]. Philosophen aus aller Welt kamen, um bei Sokrates und Platon zu lernen. Eudoxus verlegte seine Schule von Knidos nach Athen, um mit Platon zusammenarbeiten zu können. Aristoteles begab sich im Alter von 16 Jahren dorthin, um Platons Vorlesungen zu hören. Später gründete er hier seine eigene Schule. Nach Athen wurde Alexandria zum neuen geistigen Mittelpunkt. Die führenden Köpfe, die an seiner Universität, dem Museion lehrten, kamen aus der gesamten griechischen Welt. Es war die Zeit der hellenistischen Weltzivilisation. Auch die römische Kultur speiste sich zunächst aus originären Triebkräften; sie übernahm aber bald sehr vieles aus dem hellenistischen Kulturkreis, ein Vorgang, der durch die Expansion Roms noch wesentlich gefördert wurde. Die schließlich weitgehende Einheitlichkeit der griechisch-römischen Weltzivilisation ist das Ergebnis geistiger Einebnung durch Anregung, nicht etwa das Resultat der Entfaltung einer im Keim von vornherein angelegten gemeinsamen Kultur. Plautus und Terenz übernahmen die griechische Komödie, Lukrez und Cicero die griechische Philosophie und Horaz die griechische Dichtkunst. Treffend spricht Schadewaldt von »jener

---

[31] E. Langlotz in: Encyclopedia of World Art, Bd. III, S. 657f.
[32] Ed. Meyer, Geschichte des Altertums, Bd. IV Teil 1, S. 811.
[33] Ed. Meyer, a. a. O., S. 745f.
[34] C. M. Bowra, Periclean Athens, London 1971, S. 94.
[35] Schmid-Stählin, Geschichte der griechischen Literatur, I. Teil 2. Bd., S. 56ff.

Ausgleichskultur«, »der die Römer die zivilisatorische Form gaben, die wir ›antike‹ nennen[36].«

Die Kultur der *T'ang-Zeit* hat Vietnam, Korea und andere peripher gelegene Völker außerordentlich beeinflußt. Sie übernahmen die chinesische Kultur in einer vielfach fast sklavischen Weise. Originell finden wir sie in Japan weitergebildet. Die Rezeption der Nara-Zeit (710–784) vollzog sich trotz der großen Entfernung und den damals schwachen Kontakten zwischen den beiden Ländern. Die neue Hauptstadt Kyoto, 792 bis 794 erbaut, ist eine Kopie von Tsch'ang-an. Die buddhistischen Tempel und Klöster, die die Japaner in dieser Zeit errichteten, sind die besten Beispiele der T'ang-Architektur, über die wir verfügen[37]. Ebenso sind es japanische Skulpturen, wie die großen Bronzeplastiken von Yakushiji und die Bilder aus getrocknetem Lack in dem Hokkedō von Tōdaiji, die uns am ehesten die große Manier der T'ang-Künstler nachfühlen lassen[38]. Das frühe 9. Jh. sah den Gipfelpunkt der chinesischen Ausstrahlung auf Japan. Wie zahlreiche historische Kompilationen, Anthologien chinesischer Gedichte, Enzyklopädien und juristische Kommentare zeigen, blieb der direkte chinesische Einfluß aber auch dann noch für mehr als hundert Jahre sehr stark. Erst danach entwickelten die Japaner die chinesischen Gedanken eigenständig weiter[39]. Das Prestige der T'ang-Kultur bewirkte, daß die Japaner auch solches chinesisches Kulturgut übernahmen, das aus früheren Zeiten stammte, so den Konfuzianismus und vor allem die chinesische Schrift, durch die sie für dauernd an die chinesische Zivilisation gebunden wurden. Chinesische Geschichte und Philosophie wurden mit der Gründung der Universität (702) die klassischen Studienfächer.

Gewaltig war auch die kulturelle Ausstrahlung der Stadt *Florenz*. Kein anderes italienisches Kunstzentrum hatte auch nur entfernt einen ähnlich großen Anteil an der Renaissance. Hier entstand die perspektivische Sehweise, die von allen europäischen Malern schnell und mit bleibender Wirkung übernommen wurde. Norditalien malte erst eine Generation später im Renaissance-Stil und dann unter dem direkten Einfluß toskanischer Künstler wie Paolo Uccello, Filippo Lippi, Piero della Francesca, Andrea del Castagno und vor allem Donatello. – Verrocchios Werkstatt wirkte nachhaltig auf die übrige italienische Kunst ein[40]. Rom wurde im Auftrag von Papst Nikolaus V. durch Alberti neugestaltet. Die römische Renaissance ist ganz wesentlich das Werk Michelangelos und des in Florenz geschulten Raffael. Für den florentinischen Einfluß auf dem Gebiet der Architektur ist charakteristisch, daß Luca Pacioli 1508 sagen konnte: »Wer heute in Italien bauen will, holt sich seinen Architekten aus Florenz[41].« Die Florentiner begründeten auch das neue Verhältnis zu Geschichte und Natur. Sie haben auf diesen Gebieten den weiteren Gang des europäischen Denkens bestimmt. Erst im Laufe des 16. Jh. ließ die

---

[36] Wolfgang Schadewaldt, Von Homers Welt und Werk, Aufsätze und Auslegungen zur homerischen Frage, Stuttgart 1959³, S. 127.
[37] Reischauer/Fairbank, a.a.O., S. 488ff.
[38] L. Sickman/A. Soper, The Art and Architecture of China, S. 71.
[39] Reischauer/Fairbank, a.a.O., S. 506.
[40] A. Chastel, Die Kunst Italiens, Teil I, S. 332.
[41] Zitiert nach Chastel, a.a.O., S. 322.

Ausstrahlung der florentinischen Kulturblüte nach. Galilei ist ein Sonderfall. In Italien kam dann Neapel auf, im 18. Jh. führte Venedig, selbstredend, ohne daß sich die Kultur dieser Städte mit der florentinischen vergleichen könnte.

VIII. Vielfalt und Einheit der Kulturen

Große Kulturblüten, hervorgebracht von einzelnen Gesellschaften, treiben die Entwicklung des gesamten Kulturkreises voran. Zunächst sind sie der kulturellen Einheitlichkeit allerdings eher abträglich; denn sie bewirken einen geistigen Umbruch, der gewöhnlich zunächst nur einen Teil des Kulturkreises erfaßt. Die Kräfte der Anregung tendieren dann dazu, die kulturelle Einheitlichkeit wiederherzustellen: Das Nachlassen der schöpferischen Impulse, die der Kulturblüte zugrunde lagen, auf der einen Seite, der Nachahmungstrieb der übrigen Gesellschaften des Kulturkreises auf der anderen führen in der Regel wieder zu einer raschen kulturellen Einebnung, ein Vorgang, der zuweilen schon beginnt, bevor die Kulturblüte ihren Gipfelpunkt erreicht hat. Die Anregung wirkt so auf eine kontinuierlich fortschreitende Entwicklung der Geistesgeschichte hin, wobei allerdings zu berücksichtigen bleibt, daß geistige Leistungen vielfach verloren gehen, von vornherein nur bestimmte Anregungen aufgegriffen werden und ein starker Rückgang der Kreativität eigentliche Rückschritte nach sich ziehen kann.

Die Impulse der Kulturblüten führen jedoch auch, wie wir gesehen haben, zu einer Revolution in der sozialen Struktur der Gesellschaft und der Haltung ihrer Angehörigen. Es kann insoweit je nach dem Standort der anderen Gesellschaften zu einer Entfernung von ihnen oder zu einer Annäherung an sie kommen. Die sozialen Veränderungen, die mit der Kulturblüte einhergehen, können dem Kulturkreis Risse zufügen, die lange offen bleiben. Ebenso kann der umgekehrte Fall eintreten. Die Kulturblüten Athens und Florenz' waren von einer gesellschaftlichen Auflösung begleitet, die diese Städte sozial den weiter fortgeschrittenen griechischen und italienischen Gemeinwesen anglich. Die französische Kulturblüte näherte Frankreich sozial Italien, England und Spanien an, entfernte es aber gleichzeitig von anderen Staaten der germanischen Welt. Die romanischen und germanischen Völker entwickelten sich in ihrer gesellschaftlichen und politischen Mentalität in einem solchen Maße auseinander, daß manche Völkerpsychologen bis auf den heutigen Tag geneigt sind, die Differenzen als biologisch fundiert anzusehen.

Die Tendenz zur geistigen und kulturellen Einebnung, die die Anregung bewirkt, führt dazu, daß die Geistes- und Kulturgeschichte der verschiedenen Völker eines Kulturkreises in einem ersten Entwicklungsabschnitt ziemlich gleichmäßig zu verlaufen pflegt. Erst die Impulse der Kulturblüten reißen in einem zweiten Abschnitt der Entwicklung, in dem die Gesellschaften die Fähigkeit erlangt haben, Kulturblüten hervorzubringen, Gräben zwischen ihnen auf, die die Anregung in einem dritten Abschnitt in der

Regel aber bald wieder auszugleichen tendiert. Es war oben von den Organismus- und Kreislauftheorien die Rede; es wurde gesagt, sie seien wesentlich in der Beobachtung begründet, daß die Gesellschaften nur in einem mittleren, nicht aber in dem ersten und dritten Abschnitt ihres Lebens fähig sind, große Kulturblüten hervorzubringen. In der ziemlich ebenmäßigen Entwicklung der Kulturkreise in dem ersten und dritten Abschnitt ihrer Entwicklung liegt ein weiterer Grund, der diesen Theorien eine gewisse Plausibilität verleiht.

Die Unterscheidung zwischen Anstoß und Anregung ergibt auch die Antwort auf die Frage nach der Einheit der historischen Betrachtung. Die Wirkung der Anregung, die die Kulturkreise geistig und zivilisatorisch einebnet, führte Spengler, Toynbee und andere auch dazu, die Kulturkreise als die Einheiten der Geschichte anzusehen. Spengler bezeichnete Kultur als »das Urphänomen aller vergangenen und künftigen Weltgeschichte«[42] und Toynbee, wie erwähnt, die Zivilisationskreise sogar als »soziale Atome«. Es bedarf keiner weiteren Darlegung mehr, daß in Wirklichkeit jene gesellschaftlichen Einheiten, die die Kulturblüten hervorbringen, viel wichtiger sind als die Kulturkreise. Anders als Spengler und Toynbee angenommen haben, besitzen die Kulturkreise keine unmittelbare Bedeutung für die Entstehung von Kulturblüten und nur bedingt für die konkrete kulturelle Erscheinung der Gesellschaften. Die Kulturblüten und die Gesellschaften, die sie hervorbringen, sind primär nicht »Artikulationen« von Kulturkreisen, jenen, wie Toynbee sagt[43] »wahren sozialen Wesenheiten«, mag auch die Ähnlichkeit zahlreicher kultureller Elemente innerhalb eines Kulturkreises hierüber leicht täuschen; vielmehr bestimmen umgekehrt die Kulturblüten letzten Endes Qualität und Niveau der Kulturkreise. Die historischen Einheiten bilden mithin die Gesellschaften, die im Prinzip in der Lage sind, Kulturblüten hervorzubringen, also die staatlich organisierten Gemeinwesen, in Ausnahmefällen auch solche Gesellschaften, die der staatlichen Institutionen zwar entbehren, nichtsdestoweniger aber fähig sind, mit Aussicht auf Erfolg, für Gleichberechtigung und Freiheit zu kämpfen. Die Entstehung von Kulturblüten ist an ihre Geschichte geknüpft. Nur bei ihnen lassen sich äußere Ursache der Kulturblüte und diese selbst einigermaßen deutlich herausarbeiten. Bei den historischen Einheiten Toynbees ist die »Herausforderung« als Ursache einer »Antwort«, wie P. A. Sorokin mit Recht feststellt, nicht mehr nachzuweisen. Toynbee hat den Gegenstand der Betrachtung nicht genügend isoliert.

Die Gesellschaften, die Kulturblüten hervorbringen können, haben nicht, wie die Kulturkreise, vorwiegend für die kulturelle, sondern in gleichem Maße auch für die soziale und politische Geschichte Bedeutung. Auch unter diesem Gesichtspunkt ist es gerechtfertigt, sie als Einheiten der geschichtlichen Betrachtung anzusehen.

Die Erscheinung zivilisatorischer Einheitlichkeit, hervorgerufen durch kulturelle Einebnung innerhalb der Kulturkreise, verdeckt oft die unterschiedlichen Ursprünge geistiger Bewegungen. Die Geschichte eines Kulturkreises ist in ihrer Vielfalt aber nur verständlich, wenn man die originären Impulse, auf die die Kulturblüten zurückgehen, von

---

[42] O. Spengler, Der Untergang des Abendlandes, Bd. I, S. 140.
[43] A. J. Toynbee, A Study of History, Bd. I, S. 45.

den bloßen Diffusionsvorgängen unterscheidet und wenn man die Erscheinungen, die erstere auslösen, von jenen Phänomenen zu trennen weiß, die die Kräfte der Anregung hervorgerufen haben. Die europäische Kultur war in ihrem Ursprung und Charakter während des ganzen Mittelalters sehr in sich geschlossen. Dies änderte sich bis zu einem gewissen Grade – und auch dann nur zeitweilig – erst, als Florenz und mit ihm die italienische Nation im 15. Jh. die geistige Führung ergriff und ihm eine Anzahl anderer europäischer Gesellschaften nach und nach in derselben Rolle folgte: Auf Italien England, auf England Spanien und die Niederlande, auf diese Nationen Frankreich, das seinerseits durch Deutschland abgelöst wurde.

Vom 15. bis zum 19./20. Jh. waren immer nur bestimmte Schichten des europäischen Geistes einheitlich, auf die sich in großen Schüben, die von einer großen Gesellschaft nach der anderen ausgingen, immer neue kulturelle Schichten legten, die in ihrem Ursprung unabhängig waren und genetisch zuweilen überhaupt nicht reduzierbar sind, durch Anregung und Nachahmung jedoch immer wieder schnell zu europäischem Gemeingut wurden. Erst seit dem 18./19. Jh. kam es nicht mehr zur Entfaltung jener Impulse, die zunächst immer nur jeweils die Kultur *einer* Gesellschaft vorangetrieben hatten. Die Unterschiede in Kultur und Kreativität Europas begannen sich nun endgültig einzuebnen. Wie in früheren Jahrhunderten geistige Strömungen, was ihren Ursprung und die Quelle ihrer Energie anbetrifft, oft unabhängig nebeneinanderherliefen, wurde häufig verkannt. So ist auch die »Krise des europäischen Geistes« in erster Linie, wie schon erwähnt, eine französische, nicht eine gesamteuropäische und schon gar nicht eine einheitlich europäische Erscheinung. Deutschland hat keinen Anteil an diesem Vorgang, auch nicht durch Leibniz, der den christlichen Glauben zu befestigen suchte und ganz anders als etwa Fontenelle oder Bayle die religiöse Skepsis bekämpfte. Der »Glaube« an die Vernunft ist bei ihm etwas ganz anderes als bei seinen französischen Zeitgenossen. Zudem blieb Leibniz in Deutschland eine Einzelerscheinung. Die deutsche Krise folgte erst mehr als ein Jahrhundert später. In Italien, England und Spanien, das Hazard nur am Rande berührt, zeigten sich Symptome des Verfalls schon früher. Jede dieser Gesellschaften hatte ihre eigene Krise, jede dieser Krisen ihre eigenen Ursachen, die jeweils auf die Kulturblüten der einzelnen Gesellschaften und deren Ursprünge zurückgehen. Charakteristisch etwa ist, daß der Materialismus als geistesgeschichtliches Phänomen in England im 17. Jh. (Bacon, Hobbes, Locke), in Frankreich im 18. Jh. (Voltaire, Helvetius, Holbach, Lamettrie) und in Deutschland im 19. Jh. (Ludwig Feuerbach, Marx) auftrat.

Nicht einmal die italienische Kultur ist in ihren Ursprüngen etwas Einheitliches. Es gab verschiedene italienische Kulturblüten, die sämtlich an politisch selbständige Stadtstaaten gebunden waren und jeweils aus deren besonderer Geschichte zu verstehen sind. Florenz mit seinen beiden Kulturblüten im 13. und 15./16. Jh. sowie Venedig, das ebenfalls zwei Kulturblüten hatte, und zwar im 15./16. Jh. und im 18. Jh., nehmen dabei eine Sonderstellung ein. Die spätere Einheitlichkeit der italienischen Kultur kam erst durch Einebnung zustande. Selbst der Typ des florentinischen Menschen war noch im 15. Jh. ein völlig anderer als im übrigen Italien, von Venedig vielleicht abgesehen. In Florenz gab es zu der damaligen Zeit noch nicht wie in anderen hervorragenden italienischen Stadtstaaten das souveräne, sich schrankenlos frei fühlende Individuum.

Auch die geistige und politische Geschichte der griechischen Welt im 5. und 4. Jh. ist nur verständlich, wenn man nicht vorschnell von einer inneren Einheit ausgeht, die sie tatsächlich nicht besaß. Wie verschieden die Griechen zunächst einmal in sozialer Hinsicht waren, zeigt schon ihre Haltung gegenüber der persischen Gefahr. Charakteristisch ist, wie unterschiedlich sie im Frühjahr 480 auf die Nachricht reagierten, daß der persische Großkönig sich mit einem gewaltigen Heer gegen Griechenland bewege. Längst nicht alle besaßen wie Athen und Sparta die Entschlossenheit zu entschiedenem Widerstand. Manche Städte stellen sich sogar, ohne zu zögern, auf die Seite des Feindes. Andere schwankten zum mindesten. Den sozialen entsprechen die geistigen Differenzen. So haben auch die Repräsentanten der athenischen Kulturblüte und die Sophisten – ihrem Ursprung nach vorwiegend Ionier und Westgriechen – nichts miteinander gemein. Es ist sogar nicht einmal möglich, Sophokles und die Vertreter der altattischen Komödie, wie manche Gelehrte es getan haben, als »Gegenströmung« zu den Sophisten aufzufassen. Es handelt sich bei ihnen um durchaus autonome Bewegungen, die bis in die zweite Hälfte des 4. Jh. im wesentlichen unabhängig nebeneinander herliefen. Die Sophisten kamen aus einer Welt, deren Integration sich bereits in der Vergangenheit gelockert hatte, was sich naturgemäß nicht nur in schöpferischer Hinsicht, sondern auch in ihrer Einstellung zu Religion, Gemeinschaft, Moral und anderen Seiten des sozialen Lebens äußerte. Sie neigten zu Atheismus und huldigten einem starken Individualismus. Sokrates lehnte sie ab, noch Platon empfand sie als etwas Fremdartiges. Erst für Aristoteles, den Nicht-Athener, haben sich die Gegensätze verwischt.

Die Feststellung, es handle sich um zwei getrennte Strömungen, soll nicht heißen, daß nicht ein gewisser geistiger Austausch stattfand, wobei Athen wegen seiner sozial weniger weit fortgeschrittenen Entwicklung mehr der nehmende Teil war. So regten die Sophisten Thukydides mit an, sein System der »unbefangenen Welterkenntnis« (Nietzsche) bis zur letzten Konsequenz zu durchdenken. Aber selbst hier sind die verbleibenden Differenzen charakteristisch. Thukydides versucht, die große unverhüllte Wirklichkeit, zu erkennen, in der das Schlechte und Entsetzliche, aber auch das Edle und Gute seinen Platz hat. Bei den Sophisten dagegen überwiegt das zersetzende Element.

Die sozial gesehen größere Reife der ionischen Griechen erklärt sich aus der Kulturblüte, die sie seit der zweiten Hälfte des 8. Jh. hatten und deren erster großer Vertreter Homer war, und einer darauffolgenden Abschwungsphase. Die wissenschaftliche Periode dieser Kulturblüte repräsentieren vor allem Thales, Demokrit, der Begründer der Lehre von den Atomen, Heraklit und Pythagoras. Die äußeren Ereignisse, die zu dieser Kulturblüte geführt haben, sind nicht mehr zu rekonstruieren. Klar erkennbar sind jedoch ihre sozialen Voraussetzungen. Die Integration der ionischen Gesellschaft zur Zeit Homers war von einem mittleren Grad. Am besten zeigt dies die Religiosität seiner Menschen. Sie fühlen sich nicht mehr willkürlichen Gewalten ausgesetzt. Der Schauder vor dem Unheimlichen fehlt bei ihnen fast völlig. Das Grauen, das noch die vorausgegangenen Generationen vor dem Göttlichen empfunden hatten, ist bei ihnen geschwunden. An seine Stelle sind bloßes Staunen und unbefangene Bewunderung der Götter getreten. Auch von Zauberwesen und Glauben an magische Kräfte ist nichts mehr zu spüren. Homers Helden bitten die Götter nicht mehr um übernatürliche Werke, die diese auch gar nicht vollbringen könnten, da sie selbst der Ordnung des Kosmos unterworfen sind[44].

Ferner waren die Ionier zu jener Zeit sehr offen. Sie hatten den rationalen Glauben, daß die Welt der Erscheinungen, wenn man sie nur tief genug auffasse, schön und sinnvoll sei[45]. Ihr Interesse für die menschliche Umgebung war ungemein groß. In der Dichtung zeigen dies die Fahrten des Odysseus, in der Wirklichkeit beweist es die Geschichte ihrer einzigartigen Kolonisation. Milet soll allein die Küsten des Schwarzen Meeres besiedelt haben; diese Stadt gründete, wie es heißt, am Pontos und an der Propontis neunzig Pflanzstädte. – Die auch sonst für Kulturblüten typische Freisetzung moralischer Kräfte führte noch zur Zeit Homers zu einer starken Lockerung der gesellschaftlichen Integration. »Wie die Menschen jetzt sind . . .«, so sagt er bedauernd. – Auch ein Umbruch im Denken und gesellschaftlichen Leben, wie er jede Kulturblüte charakterisiert, ist zu beobachten. Das achte Jahrhundert war, wie Schadewaldt sagt,[46] ein »schnelles Jahrhundert«. Schriftgebrauch, Seefahrt, Geldverkehr, Handel und Phalangitentechnik gewannen ein neues unverkennbar eigenständiges Grundgepräge[47]. Für die Schnelligkeit des geistigen Umbruchs ist bezeichnend, daß die Ilias noch um so vieles archaischer als die Odyssee ist, daß man – irrtümlich – angenommen hat, daß erstere mindestens ein Jahrhundert älter sein müsse und nicht von demselben Dichter stammen könne. Man beging hier den generellen Irrtum zu übersehen, wie geradezu abrupt sich manche Entwicklungen in der ersten Phase einer Kulturblüte vollziehen können. Ferner war auch die Bewußtseinserweiterung, die damals eintrat, ungewöhnlich stark. Homer kam praktisch aus dem Nichts. Er war es, der die Tragik des menschlichen Daseins entdeckte. Auch entwickelte sich damals ein erstes historisches Bewußtsein[48].

Die ionische und die athenische Kulturblüte haben also ganz verschiedene Ursprünge. Die Sophisten sind auf die erstere zurückzuführen, die großen Repräsentanten der athenischen Kulturblüte kommen aus einer anderen geistigen und sozialen Welt. Die Renaissance faßte die Zeit von Homer bis Justinian als Einheit auf und bezeichnete sie als das klassische Altertum. Es ist das eigentliche Verdienst Winckelmanns, die klassische Periode auf einen Zeitraum von anderthalb Jahrhunderten, die Epoche von 450 bis 300, also auf die Zeit von Myron bis Lysipp, eingeschränkt zu haben. Aus dem Gesagten ergibt sich allerdings, daß man noch weiter differenzieren muß. Einmal sozial: Es ist zu unterscheiden zwischen Athen, dem man, wenn man will, Argos gleichstellen kann, auf der einen Seite, der ionischen und großgriechischen Welt auf der anderen Seite und schließlich den übrigen Griechen. Ferner muß man berücksichtigen, daß in der Zeit von 450 bis 300 die Athener auch selbst mehrere nach ihrem Wesen recht unterschiedliche kulturelle Phasen durchliefen. Erst im vierten Jahrhundert begann die griechische Zivilisation sich wieder zu vereinheitlichen. Erst in dieser Epoche gewannen die Kräfte der Anregung wieder die Oberhand über die originären Kräfte des Anstoßes.

---

[44] Zur Religiosität der Helden Homers vgl. Snell, a. a. O., S. 42 f., 49, 53 f.
[45] Snell, a. a. O., S. 59.
[46] Schadewaldt, a. a. O., S. 126.
[47] Schadewaldt, a. a. O., S. 124.
[48] Schadewaldt, a. a. O., S. 125.

IX. Kultur und Staatensystem

Wie gezeigt wurde, sind die charakteristischen Züge einer Kulturblüte um so ausgeprägter und ist ihre Kreativität um so größer, je vollkommener das idealtypische Modell (äußere Bedrohung, Anpassung, Überwindung der Bedrohung und Freisetzung gesellschaftlicher Kräfte) verwirklicht ist. Damit ist impliziert, daß die geistige Bedeutung, die ein Kulturkreis zu erlangen vermag, auch wesentlich von seiner politischen Struktur abhängt. Ein Kulturkreis, der so organisiert ist, daß er in verschiedene, in ihren politischen Entscheidungen unabhängige Gesellschaften zerfällt, die von vergleichbarer Macht sind und die sich gegenseitig bedrohen, mit der Folge, daß sie sich in dem günstigsten Abschnitt ihrer sozialen Entwicklung großen äußeren Gefahren gegenübersehen, die sie glücklich zu überwinden vermögen, und zwar so gründlich, daß die siegreiche Gesellschaft wenigstens während einer gewissen Zeit von außen verhältnismäßig ungestört leben kann – ein solcher Kulturkreis hat ganz andere Chancen, Außerordentliches zu vollbringen, als andere Kulturkreise, vor allem auch als solche, die als Einheitsstaat organisiert sind. Letztere können nur von Gesellschaften, die außerhalb des Kulturkreises stehen, bedroht werden; die Gefahr wird dann aber für eine optimale Kulturblüte regelmäßig eher zu schwach oder zu stark sein, als wenn sie von einer Gesellschaft ausgeht, die an dem meist mehr oder weniger ausbalancierten Machtgefüge einer Gruppe kulturell zusammengehöriger Staaten teil hat. Dies gilt grundsätzlich. Allerdings bildete gerade die auch nach ihrer Intensität sehr günstige Herausforderung, die die Perser für Athen darstellten, eine Ausnahme. In der Regel werden ferner Gesellschaften, die dieselbe Sonderentwicklung, wie Athen bis zum Siege über die Perser, durchlaufen, nicht noch darüber hinaus so glücklich wie dieser Stadtstaat sein, bedeutende kulturelle Anregungen von außen zu empfangen. Eine solche Befruchtung setzt im Regelfall nämlich voraus, daß eine Gesellschaft einem Kulturkreis angehört, der bereits eine reiche geistige Vergangenheit aufweist, die ihrerseits wiederum durch ein Staatensystem der geschilderten Art begünstigt wird.

Man sieht, welchen Vorzug es für einen Kulturkreis darstellt – für die Früh- und Spätzeit seiner Entwicklung mag anderes gelten –, anstatt politisch geeint zu sein, in mehrere Staaten zu zerfallen, zwischen denen einerseits ein Machtgleichgewicht besteht, die einander aber andererseits immer wieder stark zu bedrohen vermögen, jedoch ohne in der Lage zu sein, sich gegenseitig zu vernichten. Besonders günstig für die Entwicklung des Kulturkreises ist es, wenn – wie es ein Staatensystem der geschilderten Art impliziert – die Kulturblüten, die potentiell mit durch die dargelegte eigentümliche zwischenstaatliche Organisation hervorgerufen werden, dann innerhalb des eigenen Kulturkreises neue Kulturblüten befruchten können, d. h. wenn eine Häufung von Anstößen im Wege der Anregung eine besonders breite und fortgesetzte Wirkung entfaltet.

Charakteristisch für ein solches Staatensystem ist etwa die Entwicklung Italiens in den beiden letzten Jahrhunderten des Mittelalters. Gegen Ende des 12. Jh. gab es in Italien etwa 200 bis 300 selbständige Stadtstaaten. Seitdem es 1003 zwischen Pisa und Lucca zum Kriege gekommen war, den ersten zwischen zwei italienischen Städten im Mittelalter, hatte sich jedes einzelne dieser Gemeinwesen mit seinen Nachbarn – und in letzter Konsequenz immer mit Gewalt – auseinanderzusetzen. Der Einsatz des Kampfes war stets die Fortdauer der eigenen Unabhängigkeit. Gesellschaften, die sich nicht zu behaupten wußten, wurden von ihren stärkeren Nachbarn absorbiert. Diese Auseinandersetzung wurde um die Mitte des 15. Jh. im wesentlichen damit abgeschlossen, daß es in Italien nur noch fünf Mächte von Gewicht gab. Die geringen Dimensionen der Stadtstaaten und die prekäre politische Lage, in der sie sich ständig befanden, wirkten sich für einzelne von ihnen, die sich länger als die anderen zu behaupten verstanden, in kultureller Hinsicht besonders günstig aus. Das schließliche Ergebnis war die italienische Renaissance.

Der Reichtum, die Radikalität und die Tiefe der europäischen Kultur sind wesentlich durch die Einmaligkeit des europäischen Staatensystems mitbedingt. Auch für ihre Entfaltung war entscheidend, daß der Kulturkreis in eine Mehrzahl von unabhängigen Staaten zerfiel, die sich gegenseitig bedrohten. Dazu kamen andere bestimmte Wesenszüge. Seit dem 16. Jh. war das Prinzip des europäischen Gleichgewichts das Fundament der zwischenstaatlichen Politik. Dieser Grundsatz besagte, daß kein einzelner Staat so viel Macht erlangen dürfe, daß er allein stärker sei als alle anderen vereinigt. Seine Umsetzung in die Praxis bewirkte, daß es keinem europäischen Staat je gelang, eine gesicherte Vorherrschaft zu erlangen, führte aber andererseits auch dazu, daß kein wichtiges Land in Europa den Zustand der äußeren Bedrohung jemals für längere Zeit überwand, daß also keine Gesellschaft jemals in hohem Grade gesellschaftlich gebundene Energien freisetzen konnte. Dieser – wenn man das Kriterium einer einmalig hohen kulturellen Produktivität anwendet – eher negative Aspekt wurde aber auf der anderen Seite mehr als kompensiert durch den Umstand, daß keiner der größeren Staaten von einem überlegenen Feind wirklich bezwungen werden konnte, keine der führenden Gesellschaften also jemals durch kriegerische Ereignisse als potentielle Trägerin einer Kulturblüte ausschied. Die ständig wechselnden Machtkonstellationen wirkten dem entgegen. Der Schwächere erhielt in der Stunde dringendster Gefahr regelmäßig die Hilfe anderer oder konnte sie mit so großer Wahrscheinlichkeit erwarten, daß diese Aussicht von vornherein in die Kalkulation der Gegenseite einging. Das Wechselspiel von Bedrohung und Überwindung der Bedrohung wurde so durch die Begehrlichkeit und den Ehrgeiz der einen und die vorausschauende Politik der anderen, welche die Eigenart des Systems notwendig machte, dauernd in Gang gehalten.

Die Besonderheiten des damaligen europäischen Kriegswesens verstärkten seine Wirkung noch. Sie boten dem einzelnen Staat weitgehenden Schutz vor Vernichtung. Vom 16. Jh. bis zur französischen Revolution wurden die Kriege mit Söldnerheeren ausgekämpft, die zahlenmäßig klein und sehr kostbar waren, zumal gefallene oder desertierte Soldaten nur schwer ersetzt werden konnten. Diese Heere waren andererseits nicht leicht zusammenzuhalten, da sie zum großen Teil aus Ausländern und gegen ihren Willen in die Armee gepreßten Soldaten bestanden. Derartige Truppen waren nur für Lineartaktik und Kampf in freiem Gelände geeignet. Sie waren nicht durch Requisitionen zu unterhalten, sondern blieben auf Magazine angewiesen, von denen sie sich nicht mehr als nur wenige Tagesmärsche entfernen konnten, worauf sie auf die Anlage eines neuen Magazins warten mußten. Solche Heere vermochten naturgemäß nicht schnell zu operieren. Ferner waren sie nicht dazu imstande, einen tödlichen Stoß gegen die Hauptstadt des Gegners zu führen. Die letzte große Entscheidungsschlacht vor Napoleon hatte 1525 bei Pavia stattgefunden. Danach war an die Stelle der Vernichtungs- die Ermattungsstrategie getreten, die zwischen dem Schlachtenpol und dem Manöverpol dauernd hin- und herschwankte, letztlich aber dem Manöverpol zuneigte. Wie schon im Italien des 15. Jh. erschöpfte man sich oft in bloßen Märschen und Gegenmärschen; das strategische Ziel war häufig reiner Raumgewinn, man operierte auf engsten Flächen, legte befestigte Lager an, schloß Festungen ein, mied aber Schlachten; ganze Feldzüge verliefen ohne solche. Kurz gesagt, man betrieb den Krieg wie eine Partie Schach[49].

Die politische Wirklichkeit spiegelte sich in dem einzigartigen europäischen Völkerrecht wider, das Hugo Grotius als systematische Wissenschaft begründete. Krieg und Frieden wurden als Rechtsinstitute mit genau definierten Rechten und Pflichten behandelt. Ein wichtiger Grundsatz war, daß der Krieg allein Sache der Soldaten sei und den Bürger nichts angehe, ein Prinzip, das umgekehrt eine bis dahin unbekannte Schonung der Zivilbevölkerung und der materiellen Reserven der Gesellschaften bedeutete. Die bloße Ermattungsstrategie und die rücksichtsvollere Kriegführung hatten zum Ergebnis, daß kriegerische Auseinandersetzungen die Mittel der beteiligten Gesellschaften selten erschöpften.

Dieses Staatensystem, das in enger Beziehung zu der geographischen Konfiguration des Kontinents stand und das sich durch eine ebenmäßige Machtverteilung zwischen mehreren großen Staaten, durch rechtliche und pragmatische Prinzipien, die die Anwendung von Gewalt dämpften und wesentlichere Machtverschiebungen oder die Vernichtung der größeren Staaten ausschlossen, und durch eine Militärorganisation, die die vollständige Niederwerfung des Gegners nicht gestattete, gleichermaßen auszeichnete, war der einmalige politische Rahmen für den ungeahnten kulturellen Aufschwung Europas. Es bewirkte zwar, daß sich die Staaten in ihren Anstrengungen gegenseitig hochsteigerten, es erlaubte auch einzelnen von ihnen begrenzte Triumphe, gleichzeitig verhinderte es aber ein dauerndes allgemeines kräfteverzehrendes Chaos und die Bildung eines Universalstaates, zwang sie vielmehr dazu, sich immer wieder schöpferische Pausen zu gewähren. Es hatte die bekannte Folge, daß Nationen wie die Engländer, Spanier, Niederländer, Franzosen und Deutschen nacheinander ihre Kulturblüten haben konnten, jede einzelne von den vorhergehenden stark befruchtet und die späteren ihrerseits ebenso anregend. Erst im 19. Jh., seitdem das kulturschöpferische Potential Europas wenigstens zeitweilig in einem gewissen Maße ohnedies beeinträchtigt ist, änderte sich diese gleichgewichtige und moderierende zwischenstaatliche Struktur.

Sicher standen dem gewisse Nachteile gegenüber. Die entscheidenden Gesellschaften waren demographisch und territorial verhältnismäßig groß, was ihre Offenheit und Empfänglichkeit für Kulturblüten mindern mußte. Da sich nie ein Universalstaat bildete, entfiel ferner auch eine einmalige ganz große Kulturblüte. Die Vorzüge des Systems machten diese Nachteile insgesamt jedoch mehr als wett.

---

[49] Vgl. H. Delbrück, Geschichte der Kriegskunst, IV. Teil, S. 336 ff.

Für andere Zivilisationen war bereits der Umstand, daß der Kulturkreis zeitenweise in mehrere unabhängige Staaten vergleichbaren Gewichts zerfiel, eine glückliche kulturgeschichtliche Fügung, auch wenn sie im übrigen die besondere zwischenstaatliche Struktur Europas nicht besaßen und die endgültige politische Einigung des Kulturkreises in einem Universalstaat mit ihren sterilisierenden Konsequenzen nicht zu vermeiden war. So wurde Griechenland politisch erst geeint, nachdem es die ionische und athenische Kulturblüte hervorgebracht hatte. Indien war zur Zeit Buddhas und Mahāviras, des Stifters des Jainismus, in seiner politischen Struktur dem Griechenland des 5. Jh. nicht unähnlich. Es gab ein oder zwei mächtige Monarchien und verschiedene Königreiche von geringerer Bedeutung. Dazu kamen mehrere Republiken, von denen ebenfalls ein oder zwei sehr große Macht besaßen und die übrigen über eine mehr oder weniger eingeschränkte Unabhängigkeit verfügten. Aus einer dieser Republiken, Sākiyas mit der Hauptstadt Kapilavatthu, kam Buddha. Diese Staaten lagen in ständigem Kampf miteinander. Das größte Königreich war Kosala, dessen Oberfläche dem heutigen Frankreich wenig nachstand. Der Aufstieg dieser Macht im Zentrum Nordindiens war der wesentlichste Vorgang der indischen Geschichte in den Generationen vor Buddha. Wir wissen wenig über die damalige Zeit, es ist jedoch bekannt, daß Kosala das Königreich Kāsi niederzwang und absorbierte. Ein anderes wichtiges Königreich war Magadha, obwohl es flächenmäßig nur etwa 12 bis 15 Prozent von Kosala ausmachte. Die Überlieferung berichtet von Gesprächen und Kontakten Buddhas mit den Königen beider Staaten. Es war schließlich dieser im äußersten Südosten Indiens gelegene Staat, der sich lange Zeit nach Buddha in dem Kampf aller gegen alle durchsetzte[50]. Er faßte im vierten vorchristlichen Jahrhundert Indien in dem Maurja-Kaiserreich zusammen, so wie dann im vierten nachchristlichen Jahrhundert auch das Gupta-Reich seine Schöpfung ist[51].

Es ist bezeichnend, daß China mit Laotse, Konfuzius und deren unmittelbaren Nachfolgern das goldene Zeitalter seiner Philosophie ebenfalls in einer Epoche hatte, als es politisch noch nicht geeinigt war. Seit dem Ende des 8. Jh. zerfiel es in eine Reihe unabhängiger Staaten, die unter der nominell fortbestehenden Oberhoheit der Chou ein politisches System bildeten, das in manchem an das europäische Staatensystem des 18. Jh. erinnert[52]. Die Staaten lagen in dauerndem Krieg miteinander. Gab es im 8. Jh. noch etwa 1000 weitgehend unabhängige Lehnsherrn, so waren zu Beginn des 5. Jh. davon nur noch sieben übrig. Es war eine Zeit ständig wechselnder Hegemonien. Die Rivalitäten zwischen den Staaten waren mannigfaltiger und oft undurchsichtiger Natur. Auf die einzelnen Wechselfälle und Bündnisse kann hier nicht eingegangen werden. Lu, der Heimatstaat des Konfuzius, grenzte im Norden an das dynamische Staatswesen Ch'i, das im 7. und 6. Jh. sein Territorium mindestens um das Sechsfache vermehrte. Dieser letztere Staat unternahm unter Herzog Huan und dessen bedeutendem Ratgeber Kuan Chung große Anstrengungen, sich zu modernisieren und seine Kräfte zusammenzufassen. Lu

---

[50] Zu den Angaben über das indische Staatensystem vgl. C. A. F. Rhys Davids in: Cambridge History of India, Bd. I, Cambridge 1922, S. 175, 178, 179, 180, 182, 191 f.
[51] E. J. Rapson in Cambridge History of India, Bd. I, S. 310.
[52] So Reischauer/Fairbank, a. a. O., S. 60 ff.

selbst sank frühzeitig auf das Niveau eines halbabhängigen Staates ab, was auch dadurch bedingt sein mochte, daß es die Fähigkeit zur Selbstbehauptung eingebüßt hatte, wie dies im Gefolge von Kulturblüten nicht selten zu geschehen pflegt. Die Hegemonie Ch'is brach bald auch ihrerseits zusammen.

Wie stark die Kräfte waren, die diese Staaten der Kriegführung widmeten, zeigt der Umstand, daß einige von ihnen schließlich Armeen mit Zehntausenden von Soldaten und Tausenden von Streitwagen ins Feld schickten. Charakteristisch ist ferner, daß sie bei ihren Auseinandersetzungen bestimmte Regeln beachteten, ihre Macht also mit einer gewissen Zurückhaltung einsetzten. Erst im 4. und 3. Jh. kam es zu einem Verfall der außenpolitischen und militärischen Bräuche. Schon vorher wirkten auf dieses Staatensystem auch die außenstehenden halbbarbarischen Staaten Wu und Ch'u ein. Letzterer, der sich nicht an die Spielregeln des Systems hielt, bedrohte im Süden alle eigentlich chinesischen Staaten, die sich zuweilen auch gegen ihn verbanden. Auch in dem chinesischen Kulturkreis jener Zeit gab es also immer wieder Gefahren, denen sich die Gesellschaften in nicht berechenbarer Weise gegenübersahen, die sehr bedrohlich sein konnten, für die Stärksten der Gruppe aber nie tödlich wurden.

Es ist allerdings richtig, daß hinter vielen großen Kulturblüten Einheitsstaaten stehen. Wir erwähnen nur die Kulturblüten Altägyptens, ferner die der Han, der T'ang, das Augusteische Zeitalter, die Gupta-Periode und die große Epoche der Abbasiden. Diese Beispiele stehen jedoch nicht in Widerspruch zu der hier vertretenen Auffassung, da ihre Wurzeln regelmäßig noch in Vielstaatensystemen liegen. Die Kulturblüte folgte der Bildung eines Einheitsstaates nach, diese war ein wesentlicher Teil des Prozesses, der zu der Überwindung einer vorangegangenen äußeren Bedrohung und der Freisetzung gesellschaftlicher Kräfte führte, wie ja auch Athen zur Zeit seiner Kulturblüte den halben griechischen Kulturkreis in einem Reich vereinigt hatte. Die besonderen Voraussetzungen der Kulturblüten des augusteischen Roms und der Abbasiden-Zeit, die nicht in diesen Rahmen passen, wurden dargelegt. Für die T'ang-Kulturblüte war weniger der Zusammenschluß zwischen Nord und Süd als die Bedrohung durch die Türken und andere Völker der entscheidende Anstoß.

Tatsächlich führt die Entwicklung von Universalstaaten auf die Dauer leicht in eine kulturelle Sackgasse, wie das späte China und nicht wenige andere Beispiele zeigen. Zwar vermögen im Grundsatz auch sie noch Kulturblüten hervorzubringen. Denn die äußeren Voraussetzungen von Kulturblüten können wie gesagt auch von Gesellschaften gesetzt werden, die nicht dem Kulturkreis angehören, sofern die Universalstaaten nicht wie lange Zeit Rom so mächtig sind, daß kein anderer Staat mehr eine ernsthafte Bedrohung für sie darstellen kann. Eine optimale Befruchtung kann aber nur aus dem Kulturkreis selbst kommen. Für Europa so wesentlich war gerade, daß die Kulturblüten dicht aufeinander folgten und – die früheren die späteren jeweils bereichernd – sich zu vorher nicht gekannten Leistungen steigerten. Ein politisch geeinigter Kulturkreis wird zwar einmalig – relativ gesehen – besonders Großes hervorbringen, im übrigen aber auch unter günstigen Bedingungen Kulturblüten nur in Abständen von jeweils mehreren Jahrhunderten haben können. Nach so langer Zeit wirken die Kräfte der Anregung naturgemäß aber viel schwächer als bei unmittelbar aufeinanderfolgenden Kulturblüten.

XI. Kapitel

ÜBER HISTORISCHE SINNZUSAMMENHÄNGE

I. Die Notwendigkeit einer ganzheitlichen historischen Betrachtungsweise

I.1. Die Problematik monokausaler Erklärungsversuche

Die Geschichte ist ein zu kompliziertes Gewebe, als daß man ihre großen Entwicklungen auf einzelne spezifische Faktoren zurückführen könnte. Ein solcher Versuch wäre ein um so nichtigeres Unterfangen, als die vermeintlichen Ursachen, die man isolierend hervorhebt, oft selbst ebenso sehr gerade Ausdruck jener Entwicklungen sind, die man mit ihnen zu erklären versucht, auch wenn sie umgekehrt die herrschende Tendenz tatsächlich noch weiter verstärken mögen.

Monokausale Erklärungsversuche sind in der Geschichte der Historiographie eine bekannte Erscheinung. Chinesische Historiker haben ganz bestimmte Ansichten über die Wurzeln des Niedergangs Chinas in der zweiten Hälfte der Regierungszeit Ming Huangs. Alle chinesischen Geschichtsschreiber sind sich darüber einig, daß die Ernennung des brillanten, aber charakterlich minderwertigen Li Lin-fu zum Premier wesentlich zum Fall des Reiches beigetragen habe. Über andere Punkte gibt es auch zwischen chinesischen Geschichtskennern starke Meinungsverschiedenheiten. Eine der hauptsächlichsten Schulen sucht die entscheidenden Ursachen für den Verfall im wirtschaftlichen Bereich. Die Regierung Ming Huangs habe zu Prosperität, die Prosperität ihrerseits zu Extravaganz geführt, die Extravaganz zu Furcht vor Mangel; diese habe aber nicht Sparsamkeit, sondern die Ausbeutung des Volkes nach sich gezogen. Die Staatsausgaben hatten sich unter Ming Huang in der Tat außerordentlich erhöht, die Beamten an Zahl sehr zugenommen, die Verteidigung der Grenzen war wesentlich kostspieliger geworden. Auch war die Hofhaltung jetzt sehr viel aufwendiger als in früheren Zeiten. Die Ausbeutung des Volkes war, wie die genannte Schule weiter hervorhebt, von wachsender Korruption begleitet. Die Reichen wurden immer reicher und die Armen immer ärmer. Dies ebnete, wir folgen immer derselben Theorie, dem Aufstand An Lu-shans und damit dem Niedergang Chinas den Weg.

Andere chinesische Geschichtsschreiber sehen die wesentliche Ursache in der Entwicklung der Institutionen. Für sie liegt der wichtigste Grund für den Zusammenbruch des Staates darin, daß 722 die Konskription durch die Anwerbung von Söldnern ersetzt wurde. Dies habe zur Folge gehabt, daß die Generalgouverneure eigene Truppen aufstellten und selbst Steuern erhoben. Der Schutz der Hauptstadt sei dadurch immer schwächer geworden. Als der mächtigste der Generalgouverneure, An Lu-shan, sich erhoben habe, sei ihm die Hauptstadt wehrlos zum Opfer gefallen[1].

Für jede dieser Theorien lassen sich gute Gründe anführen, und doch wird man in keiner auch nur annähernd die volle Wahrheit sehen können. Jede von ihnen führt zu neuen Fragen, auf die die chinesischen Historiker nicht eingehen. Wie ist es möglich, daß es innerhalb so kurzer Zeit zur Ausbeutung des Volkes und der Korruption der Steuerbeamten kam? Warum wurde die allgemeine Wehrpflicht abgeschafft, und weshalb waren die Generalgouverneure mit einem Mal bestrebt, ihre Macht auf Kosten der Krone zu vermehren? Wie war es möglich, daß ein Mann wie Li Lin-fu zu einem so hohen Amte aufsteigen und sich in dieser Position bis zu seinem Tode halten konnte? Wie ist es schließlich zu verstehen, daß Ming Huang in der ersten Hälfte seiner Regierungszeit als mustergültiger Kaiser herrschte, den Luxus ablehnte, tüchtige und einwandfreie Berater heranzog und sich moralisch tadellos verhielt, sodann aber sich in abrupter Weise völlig veränderte. Man kann den umfassenden Niedergang des damaligen China kaum in einzelnen Ursachen von der Art, wie wir sie erwähnt haben, suchen. Was sich um das Jahr 730 in China zu zeigen begann, sind Äußerungen eines Desintegrationsprozesses, der bereits wesentlich früher eingesetzt hatte und sich um diese Zeit – in Übereinstimmung mit unserem Modell – nur intensivierte.

Die Historiker Athens erwähnen oft den Einfluß der Sophisten, den Pelopennosischen Krieg und die furchtbare Pest, die die Stadt 430 v. Chr. heimsuchte, als Ursachen für die soziale Zersetzung, die sich in der athenischen Gesellschaft seit etwa 435 immer deutlicher abzeichnete. Sicher hatten die genannten Umstände eine abträgliche Wirkung auf die Kohäsion der athenischen Gesellschaft. Ebenso dürfte aber feststehen, daß sie für sich allein genommen die Entwicklung durchaus nicht verständlich machen können. Dieselben Faktoren hätten ein- oder zweihundert Jahre früher auf die geistige und soziale Entwicklung Athens möglicherweise geradezu die gegenteilige Wirkung gehabt. Es wurde schon erwähnt, daß auch Florenz in einer entscheidenden Phase seiner Geschichte sehr hart von der Pest getroffen wurde. Diese Krankheit raffte 1340 ungefähr 15000 und sieben Jahre später gegen 4000 Florentiner hinweg. 1348 waren die Verluste noch furchtbarer; es sollen ihr damals selbst nach zurückhaltenden Schätzungen zwei Drittel der florentinischen Bevölkerung zum Opfer gefallen sein[2]. Der Sozialkörper erlitt hier jedoch keinen Schaden. Die Leiden hatten sogar eher eine Festigung der Integration zur Folge. Es liegt daher die Vermutung nahe, daß auch im Falle Athens die vermeintlichen Ursachen nur sekundäre Bedeutung hatten.

Wie gezeigt wurde, tritt im Verlauf von Kulturblüten eine gewisse Lockerung der Integration ein, auf die die konservativ gebliebenen Teile der Gesellschaft zuweilen heftig reagieren. Auch den Charakter dieser Reaktion gilt es zu erkennen, so etwa das Wesen der religiösen Intoleranz, die sich in Athen plötzlich in den dreißiger Jahren des 5. Jh. zeigte. Manche führen auch sie auf die Pest von 430 zurück, andere auf den Peloponnesischen Krieg und noch andere, die mit Recht bemerken, daß diese Ereignisse zeitlich spä-

---

[1] Vgl. zu diesen Theorien W. Hung, Tu Fu, S. 46f.
[2] F. Schevill, History of Florence, S. 224.

ter als die Anfänge des fraglichen Phänomens liegen, mit mehr Plausibilität auf die politischen Spannungen mit Sparta, die diesem Krieg vorausgingen[3]. Wenn man im Auge behält, daß sich während anderer Kulturblüten Erscheinungen derselben Natur zeigen und welchem Modell ihr Ablauf allgemein folgt, wird man aber auch dem letzten Erklärungsversuch, jedenfalls soweit er verabsolutierend gemeint ist, mit Skepsis begegnen.

Auffallend ist auch die – synchronisch gesehen – vorwiegend isolierende Betrachtungsweise vieler geistes- und kunstgeschichtlicher Darstellungen. Im charakteristischen Fall versuchen sie zu zeigen, wie ein Denker oder Künstler an bestimmte Vorgänger anknüpft, wie sich seine Gedanken oder Formen auf frühere gründen, aus ihnen hervorgehen oder sich dialektisch von ihnen abheben. Selbst ein Hegel glaubte, den Kern der Sache zu treffen, wenn er betonte, daß Sokrates »nicht wie ein Pilz aus der Erde gewachsen, sondern . . . in der bestimmten Kontinuität mit seiner Zeit« gestanden habe. Goethe hat einmal beschrieben, wie man einen »originalen Künstler« zu würdigen habe. Zunächst komme es darauf an, seine Kraft und ihre Ausbildung zu untersuchen. Dann habe man seine Umgebung, insofern sie ihm Gegenstände, Fertigkeiten und Gesinnungen überliefert, zu betrachten. Erst zuletzt dürfe man den Blick nach außen richten und der Frage nachgehen, was er Fremdes gekannt und wie er es benützt habe. Diese Ausführungen gelten ganz besonders für die großen Repräsentanten der Kulturblüten. Oft wird genetischen Entwicklungsreihen eine Bedeutung zugemessen, die ihnen jedenfalls für die Zeiten der Kulturblüten nicht zukommt. Es ist nämlich nie aus dem Auge zu verlieren, daß insbesondere in diesen geistig so fruchtbaren Zeiten die Impulse des »Anstoßes« gegenüber den Kräften der »Anregung« eine bevorzugte Rolle spielen. Sie wirken auf Diskontinuität auch der geistigen Entwicklung hin und lassen dialektische Prozesse nur in vermindertem Maße zur Geltung kommen. Genetisch kann man die sokratische Philosophie in ihrem Kern ebensowenig verstehen wie die perspektivische Malerei der Florentiner. Nicht ganz so evident sind andere Fälle: In Frankreich zeigten sich klassische Formen bereits zur Zeit der französischen Frührenaissance. Man hat in ihnen Ansätze gesehen, die zur späteren Klassik hinführten, obwohl es unter Ludwig XIII. wieder zu einem gemäßigten Barock gekommen war. In Wirklichkeit hat die klassische Architektur, die das Frankreich Ludwigs XIV. hervorbrachte, ihre eigenen autonomen Ursprünge und ist genetisch nur bedingt aus der Renaissance zu erklären. – Zuweilen wird dieser Sachverhalt allerdings dadurch verdeckt, daß jeder schöpferisch Tätige, soweit es die Substanz gestattet, schon um sich verständlich zu machen, mehr oder weniger an die überkommene Begriffs- oder Formensprache anknüpft.

Was über Entwicklungsreihen auf geistes- und kunstgeschichtlichem Gebiet gesagt wurde, gilt sinngemäß auch für die gleichsam negative Ableitung von Ausdrucksformen und -inhalten, wie wir sie nicht selten in der Kunstgeschichte finden: So behauptet man von bestimmten Stilen, sie seien nur deshalb von neuen Formen abgelöst worden, weil ihre Möglichkeiten angeblich erschöpft waren. Dementsprechend verstehen manche Kunsthistoriker den »Reichen Stil« in Griechenland und den Manierismus in Florenz als Reaktion auf die jeweils vorausgegangene Klassik, deren Lebenszeit in beiden Fällen aus

---

[3] Vgl. C. M. Bowra, Periclean Athens, S. 195 f.

inneren Gründen notwendig beendet gewesen sei. In demselben Sinne nehmen manche Literarhistoriker an, daß in der späten T'ang-Lyrik das subjektive Element immer mehr überwog, weil die strenge ausgewogene Liedform sich ausgelebt hatte[4]. Manche Gelehrte gehen sogar so weit zu sagen, die Entstehung der athenischen Klassik sei wesentlich auch dadurch bedingt gewesen, daß die archaische Kunst nach mehr als einem Jahrhundert angeblich schal geworden war. Diese Art der Argumentation macht es sich zu einfach. Mit demselben Recht könnte man auch behaupten, daß die Gesellschaft zur Zeit des Höhepunkts der Kulturblüte von einem geordneten sozialen Zustand zu weniger geregelten Verhältnissen überginge, weil die Möglichkeiten eines harmonischen gesellschaftlichen Zusammenlebens sich erschöpft hätten.

Der Fehler liegt darin, daß die Gesamtzusammenhänge zu wenig berücksichtigt werden, daß man die Entwicklung der Gesellschaft nicht als einen umfassenden Prozeß betrachtet, sie vielmehr in Einzelphänomene zerlegt und die Partikel sodann isoliert untersucht, obwohl die historischen Ereignisse in ihrer Wesenheit nicht durch Einzelursachen determiniert sind, alle Geschehnisse sich vielmehr in einen Gesamtrahmen einordnen. Bei den geschilderten Vorgängen ist das Entscheidende nicht ein dialektisches Umschlagen von These zu Antithese, sondern der Umstand, daß sich die Gesellschaften aus Gründen, die geschildert wurden, fortentwickelt haben, und mit ihr die geistigen und künstlerischen Ausdrucksformen. Nur eine ganzheitliche Betrachtungsweise vermag zu zeigen, daß auch die Denker und Künstler der Kulturblüte – trotz aller Spontaneität – sich im Gleichklang mit der allgemeinen gesellschaftlichen Entwicklung bewegen. Eine isolierende Methode führt zu Irrtümern wie jenem, den manche Kritiker begehen, wenn sie Euripides für den Tod der Tragödie verantwortlich machen, als ob dieser Dichter nicht selbst ein Produkt der Gesellschaft gewesen wäre und als ob dieselben gesellschaftlichen Kräfte, die einen Euripides hervorgebracht hatten, nicht ausreichend wären, um auch das Ende der Tragödie zu erklären.

I.2. Krieg und Kultur

Besondere Aufmerksamkeit verdienen die grundsätzlichen Beziehungen von Krieg und Religion zu Kultur. Krieg wird von den Historikern vielfach als der Kultur abträglich angesehen: Inter arma Musae silent. Es war soeben vom Peloponnesischen Krieg und seiner Wirkung auf Athen die Rede. Die Italiener neigen dazu, die Schlacht von Fornovo, in der 1495 Karl VIII. von Frankreich mit 9500 Mann eine Armee von 30 000 Italienern unter Francesco Gonzaga entscheidend schlug, als Ursache für den politischen Niedergang Italiens anzusehen: »Die Italiener erkannten die Niederlage als das, was sie tatsächlich war: Einer jener entscheidenden Momente, in denen die Seele einer Nation, auf die Probe gestellt, versagt«[5]. Dem Sacco di Roma im Jahre 1528 schreiben sie eine ähnliche Bedeutung zu:

---

[4] So R. Wilhelm, Die chinesische Literatur, S. 136.
[5] So V. Cronin, The Florentine Renaissance, S. 288.

». . . Sie (die Plünderung Roms) zerstörte ihre Seele. Sie schwächte ihren Stolz und ihren Willen zur Nation, denn auch Rom war, wie Jerusalem, das Symbol ihrer Existenz als Nation . . . Rom war die große Mutter, der Schoß, der alles geboren, was Italienern lieb und teuer, und ohne den sie keinen Frieden finden konnten. Der Verlust Roms war nicht mehr gutzumachen[6].«

Verallgemeinernd glaubt Toynbee, daß der Krieg immer eine abträgliche Wirkung auf die Kultur haben müsse oder sie jedenfalls in keiner Weise fördern könne[7]. Dagegen gab es besonders im Deutschland des 19. und beginnenden 20. Jh. eine geistige Strömung, die an die kulturfördernde Kraft des Krieges glaubte. Nach Hegel ist der Krieg der große Reiniger, der die sittliche Gesundheit der Völker, die durch langen Frieden verdorben sind, wiederhergestellt, wie der Wind die See vor der Fäulnis bewahrt, die die Folge einer längeren Stille sein würde. Treitschke hielt die Hoffnung, daß der Krieg je beseitigt werden könne, für zutiefst unmoralisch. Er glaubte, daß der ewige Friede die Verkümmerung vieler der wesentlichsten und höchsten Kräfte der menschlichen Seele bedeuten würde.

Jacob Burckhardt vertrat einen differenzierteren Standpunkt:

»Der lange Friede bringt nicht nur Entnervung hervor, sondern er läßt das Entstehen einer Menge jämmerlicher, angstvoller Notexistenzen zu . . . Der Krieg bringt wieder die wahren Kräfte zu Ehren. Jene Notexistenzen bringt er vielleicht wenigstens zum Schweigen . . .

Nur müßte es womöglich ein gerechter und ehrenvoller Krieg sein, etwa ein Verteidigungskrieg, wie der Perserkrieg war, welcher die Kräfte der Hellenen in alle Richtungen glorreich entwickelte, oder wie der der Holländer gegen die Spanier.

Ferner ein wirklicher Krieg um das gesamte Dasein . . .

Ganz besonders sind die heutigen Kriege zwar wohl Teile einer großen allgemeinen Krisis, aber einzeln für sich ohne die Bedeutung und Wirkung echter Krisen . . . Auch ihre kurze Dauer nimmt ihnen ihren Wert als Krisen; die vollen Kräfte der Verzweiflung werden nicht angespannt, bleiben daher auch nicht siegreich auf dem Schlachtfeld stehen . . .[8].«

Ein anderer hervorragender Historiker, Eduard Meyer, sagte von der Wirkung des Krieges:

»Und dennoch – die schöpferische Kraft des Krieges hat sich auch diesmal (d. h. im Falle des Peloponnesischen Krieges) gezeigt . . . Eben die Zerrüttung der alten Ordnung, welche der Krieg herbeiführt, vollendet die Emanzipation des Individuums und entfesselt alle seine Kräfte im Guten wie im Bösen . . .[9].«

Die obigen Ausführungen über die Ursprünge der Kulturblüte rechtfertigen demgegenüber den Schluß, daß die Beziehungen zwischen Krieg und Kultur ziemlich vielfältig sind. Der Krieg – oder genauer gesagt, die Bedrohung, die für eine Gesellschaft einem Krieg vorangehen kann – und die große Sicherheit, die ein erfolgreich bestandener Krieg der Gesellschaft zu bringen vermag, sind für die Entstehung großer Kulturblüten wesent-

---

[6] Luigi Barzini, Die Italiener, Frankfurt 1965, S. 301.
[7] Vgl. oben S. 9.
[8] Jacob Burckhardt, Weltgeschichtliche Betrachtungen, Krefeld 1948, S. 172 ff.
[9] Ed. Meyer, Geschichte des Altertums, Bd. IV Teil 2, S. 135.

lich; wie das seltene Auftreten großer Kulturblüten zeigt und wie zu begründen versucht wurde, sind diese jedoch keineswegs die sichere Folge des siegreichen Bestehens gefährlicher Kriege. Anders verläuft die Entwicklung vor allem dann, wenn die Gesellschaft sich, aus welchem Grunde auch immer, auf die äußere Bedrohung nicht anpaßt, die Bedrohung durch den Sieg nicht wirklich überwindet oder ihre Kräfte während des Krieges erschöpft hat.

Insoweit war von der *mittel*fristigen Wirkung des Krieges die Rede. Der Krieg kann für die Kultur aber auch kurz- und langfristige Bedeutung haben. *Kurz*fristig kann er zersetzend und – wenn eine Kulturblüte gerade in der Entwicklung begriffen sein sollte – prozeßbeschleunigend, mithin als kulturfördernder Katalysator wirken. Beispiele sind Athen während des Peloponnesischen Krieges und Deutschland nach dem I. Weltkrieg. Wir haben hier allerdings einen mehr hypothetischen, faktisch kaum nachweisbaren Einfluß.

Die *lang*fristige Wirkung des Krieges kann kulturell positiver oder negativer Natur sein. Befindet sich eine Gesellschaft in einer Entwicklungsphase, in der sich ihre Integration bereits fühlbar zu lockern begonnen hat, kann ein Krieg mit vernichtenden Folgen zu einer weiteren Lockerung der Integration entscheidend beitragen und auch auf die Dauer in diesem Sinne kulturfeindlich wirken. Ist sie aber zu einer Anpassung eben noch in der Lage, kann der Krieg diese Fähigkeit konservierend beeinflussen; es ist diese besondere Konstellation, die die Kriegsideologen des 19. Jh. voraussetzten. Ferner kann ein furchtbarer Krieg, welcher – wenigstens in seinen Folgen – längere Zeit andauert, eine Gesellschaft regenerieren, indem er ihr die Fähigkeit zur Selbstbehauptung wiedergibt und ihr dadurch neue Kulturblüten ermöglicht. Hiervon wurde bereits weiter oben gesprochen. Insofern ist die Hegelsche These von der sittlichen Kraft des Krieges durchaus berechtigt. Unter diesem Blickwinkel kann man auch der schwülstigen Äußerung Proudhons Sinn abgewinnen, der zufolge »der Krieg der Orgasmus des universellen Lebens ist, der das Chaos, das Präludium für alle Schöpfungen, befruchtet und bewegt und der wie Christus, der Erlöser, über den Tod durch den Tod selbst triumphiert«. Wirkt sich ein Krieg allerdings nicht als eine solche Roßkur aus, so ist, wie gesagt, wahrscheinlich, daß er schon vorhandene Schwächen der Gesellschaft noch weiter verstärkt.

Die kurz- und die längerfristige Wirkung des Krieges können gegenläufig sein; er kann kurzfristig z. B. zersetzend, d. h. prozeßbeschleunigend und damit eventuell kulturfördernd, längerfristig aber gleichzeitig über die Minderung der Anpassungsfähigkeit kulturhemmend wirken.

I.3. Religion und Kultur

Auch das gegenseitige Verhältnis von Religion und Kultur ist problematisch. Zahlreiche Geschichtsdenker glauben, daß es hohe Kultur ohne Religion nicht geben könne. Für Spengler besteht das Wesen aller Kultur in Religion[10]. In einem ähnlichen Sinn nimmt

---

[10] O. Spengler, Der Untergang des Abendlandes, Bd. I, S. 455.

Herder an, daß die Kunst ohne Religion bald ihre Lebenskraft verliere. T. S. Eliot vertritt die Ansicht, daß religiöse und kulturelle Entwicklung nicht voneinander abzugrenzen seien. Kultur und Religion sind für ihn nur zwei Aspekte derselben Sache. Es werde von dem Standpunkt des jeweiligen Betrachters abhängen, ob er eine Verfeinerung der Kultur als Ursache von Fortschritten der Religion ansehe oder umgekehrt[11]. Eindeutig äußert sich Jacob Burckhardt:

> »Hohe Ansprüche haben die Religionen auf die Mutterschaft über die Kulturen, ja die Religion ist eine Vorbedingung jeder Kultur, die den Namen verdient, und kann geradezu mit der einzig vorhandenen Kultur zusammenfallen«[12].

Rushton Colbourn sieht, wie erwähnt, in der Religion den grundlegenden Impuls bei der Entstehung aller Hochkulturen.

In der Tat ist es verblüffend, wie regelmäßig die Menschen der Kulturblüte gläubig sind. Eindrucksvoll sehen wir in dem alten Ägypten, wie mit jeder der drei großen Kulturblüten eine neue Religion einhergeht, mit der 5. Dynastie die Religion des Sonnengottes Re, mit der 12. Dynastie der Kult des Osiris und – in diesem Zusammenhang ist die Parallele statthaft – mit der 18. Dynastie der monotheistische Glaube des Echnaton.

Sicher ist, daß die Religiosität im Verlaufe von Kulturblüten stets nachläßt. Dieser Rückgang ist jedoch nie so stark, daß sie nicht in der Zeit vor dem Höhepunkt der Kulturblüte – und zuweilen auch länger – immer noch eine beträchtliche Intensität aufweisen würde, mit dem Ergebnis, daß, wie auch weiter oben ausgeführt, Kulturblüten und eine erhebliche Religiosität bis zu einem gewissen Zeitpunkt immer Hand in Hand gehen.

Trotz einer gewissen Versachlichung der Religion, die dazu führt, daß sie dem Fortschritt von Wissenschaft und Philosophie nicht mehr im Wege steht, ist die Religiosität doch noch so stark, daß Wissenschaften und Philosophie selbst eine gleichsam religiöse Bedeutung behalten können. Zunächst ist das wissenschaftliche Wissen noch eine Art Religionsersatz, trivialisiert pflegt es erst im Laufe der Zeit zu werden. Noch Newton erhob einen quasi-theologischen Wahrheits- und Weltdeutungsanspruch. Die Lehren von Marx und Freud hatten von vornherein den Charakter von Ersatzreligionen.

Gibt es einen darüber hinausgehenden unmittelbaren Zusammenhang zwischen Religiosität und hoher kultureller Produktivität? Für eine solche Annahme lassen sich gewisse plausible Gründe anführen. Es war bereits weiter oben davon die Rede: Hervorragende Kreativität des Individuums hat eine gewisse Bindung an die Gemeinschaft zur Voraussetzung. Es ist eine Art Gleichgewicht zwischen Individuum und Gesellschaft erforderlich. Die für den Gipfel der Kulturblüte typische Stimmung des einträchtigen Wettbewerbs kann nur in einigermaßen integrierten Gesellschaften aufkommen. So gesehen ist Religiosität für eine Kulturblüte auch in einem direkten Sinn wohl unerläßlich, wenn auch ihr Gipfel wie bei Florenz in einen Zeitraum fallen mag, in dem die genannten sozialen Voraussetzungen keineswegs mehr optimal sind, wie ja auch schon T. S. Eliot festgestellt hat, daß sich eine Kultur noch eine Weile halten und sogar noch Glanzleistungen zustande bringen könne, nachdem der religiöse Glaube schon in Verfall geraten sei[13].

---

[11] T. S. Eliot, Zum Begriff der Kultur, Frankfurt a. M. 1961, S. 29, 31.
[12] Burckhardt, a. a. O., S. 106.
[13] Eliot, a. a. O., S. 31 f.

Die Religiosität hat insoweit dieselbe Stellung wie die soziale Stufenfolge: Gesellschaften, die Kulturblüten hervorbringen, pflegen bis zu ihrem Gipfelpunkt in ausgeprägter Weise hierarchisch gegliedert zu sein.

Es könnte aber einen noch engeren Zusammenhang zwischen Religiosität und außerordentlicher Kreativität geben. Hierfür spricht, daß während der ersten Phase der Kulturblüte die Kunst voller metaphysischer Ausdruckskraft ist: Sie scheint inspiriert von einer höheren geistigen Welt, hat also einen Charakter, der sich insbesondere von der rein virtuosen und diesseitigen Kunst späterer Zeiten abhebt. Freilich mag es sein, daß es sich bei dieser Betrachtungsweise nur um eine Täuschung handelt. Was uns große Kunst von Gott und dem Ewigen zu vermitteln scheint, ist vielleicht einfach eine Folge des Zusammentreffens der hohen Schöpferkraft der Künstler der Kulturblüte sowie der starken Verdichtung, die sie mit ihrer Kunst erzielen, mit den typischen Zügen der Kunst der eigentlichen Kulturblüte, wie etwa Einfachheit, menschlichem Maß und Naturnähe. Trotzdem wird niemand übersehen, daß die Religiosität der Kulturblüte und der Geist, den sie in ihren höchsten Kunstwerken zeigt, nahe miteinander verwandt sind und daß insofern tatsächlich ein enger Zusammenhang zwischen Religiosität und Kultur besteht.

II. Die historische Rolle großer Persönlichkeiten

II.1. DIE GROSSE PERSÖNLICHKEIT WÄHREND DES ANPASSUNGSPROZESSES

Die Frage, ob einzelne große Männer oder aber anonyme gesellschaftliche Kräfte den Gang der Geschichte bestimmen, ist ein altes Lieblingsthema von Historikern und Geschichtsphilosophen. Während für die einen die Massen der historisch ausschlaggebende Faktor sind und die große Persönlichkeit nur ein Produkt der Gesellschaft darstellt, stehen andere auf dem Standpunkt, daß es Männer sind, die Geschichte machen, so Carlyle und Treitschke. Für Carlyle sind die »Helden« die aufeinanderfolgenden Inkarnationen göttlicher Offenbarungen. Jacob Burckhardt wies darauf hin, daß Schicksale von Völkern und Staaten, Richtungen von ganzen Zivilisationen daran hängen können, daß ein außerordentlicher Mensch gewisse Seelenspannungen und Anstrengungen ersten Ranges in gewissen Zeiten aushalten könne[14].

Auch hier handelt es sich um ein Problem, daß nicht aufgrund von ad hoc-Theorien, sondern nur mittels einer umfassenden Betrachtungsweise gelöst werden kann.

Für die Zeiten unmittelbar *vor* den Kulturblüten scheint eines festzustehen: Die großen Persönlichkeiten, die die Abwehr gegen die Bedrohung organisieren, haben weltge-

---

[14] Burckhardt, a. a. O., S. 247.

schichtliche Bedeutung. Wie gezeigt wurde, ist eine Kulturblüte nur möglich, wenn die Integration der Gesellschaft nicht mehr allzu stark ist. Optimal für eine glanzvolle Kulturblüte ist die Integration dann, wenn sie sich so weit gelockert hat, daß die Gesellschaft die Anpassung nur noch unter dem dominierenden Einfluß einer Persönlichkeit von außerordentlicher Intelligenz, seltener Charakterstärke und bemerkenswerter physischer Widerstandskraft vornehmen kann, die die Gesellschaft gleichsam zur Anpassung zwingt, wie die Hohenzollern durch drei Generationen Brandenburg-Preußen. – Ohne solche großen Persönlichkeiten hätte sich die Menschheit kulturell nur sehr viel schwächer entwickelt. Von ihnen hingen die Stärke der Anpassung, die Größe des Triumphs und somit auch das Ausmaß der freisetzbaren Kräfte, die die Höhe der jeweils induzierten Kulturblüte bestimmten, entscheidend ab.

Vorweg zu nennen ist Themistokles. Sein staatsmännisches Genie ermöglichte die innere Umwandlung Athens, die zur Bewältigung der persischen Herausforderung unerläßlich war. Ohne seine von allen – auch dem persischen Feind – anerkannte machtvolle Persönlichkeit hätten die Griechen die Siege von 480 und 479 nicht erringen können. Ohne den Widerstand Athens wäre es den Persern möglich gewesen, ihren Plan auszuführen und bis nach Italien vorzudringen. Rom wäre wahrscheinlich nie ein großes Reich geworden. Wesentliche Teile des damaligen Europa wären dem beherrschenden politischen und geistigen Einfluß der orientalischen Großmacht geöffnet worden. Die politischen Ideale Europas von Freiheit und Menschenwürde hätten sich in ihrer uns überlieferten Form nicht bilden können. Die ganze europäische Geschichte wäre anders verlaufen.

Ohne Themistokles hätte aber auch – und dies ist der entscheidende Punkt – die kulturelle Entfaltung Europas in all ihrem Reichtum nicht stattgefunden. Athen hat die größte Kulturblüte überhaupt hervorgebracht. Alle wesentlichen modernen Gedanken lassen sich in dem einen oder andern Sinn auf das Athen des 5. und 4. vorchristlichen Jahrhunderts zurückführen. Ohne die siegreiche Überwindung der Bedrohung, die von Persien ausging, hätte Athen seine kulturelle Blütezeit in dieser Fülle und Tiefe nicht haben können. Insbesondere wären die revolutionären Gedanken der athenischen Philosophen und Wissenschaftler, die buchstäblich Jahrtausende beeinflußt haben, nicht gedacht worden. Die griechische Welt wäre über die Ideen der ionischen Naturphilosophen und der Eleaten nicht wesentlich hinausgekommen. Eine vergleichbare Kulturblüte hat es seither nicht mehr gegeben. Ob die Menschheit ohne die Vorarbeit der Athener ihr heutiges intellektuelles Niveau erreicht hätte oder je erreichen würde, ist zweifelhaft. – Wenn Europa einen Vater hat, so ist es Themistokles.

Oft vollziehen Gesellschaften – wie z. B. Japan im 19. Jh. – die Anpassung spontan, ohne die Einwirkung einer großen unersetzlichen Persönlichkeit. Japan ist allerdings insofern ein Ausnahmefall, als das Gesagte vor allem für kleine Gesellschaften gilt. Dies erklärt sich daraus, daß letztere für eine erfolgreiche Überwindung der Bedrohung ihre Kräfte bis zum äußersten zusammenfassen müssen, daß hier also die Anpassung vorzugsweise in einer Anspannung der geistigen und moralischen Kräfte liegen muß, die von oben herab nur bedingt zu steuern ist. So war die hervorragendste Gestalt des florentinischen Kampfes gegen Mailand, der welthistorisch gesehen weniger wichtige Coluccio Salutati, nach Herkunft ein Toskaner aus Stignano, der seit 1375 das Kanzleramt der Stadt bekleidete. Zwar war Coluccio durch seine Persönlichkeit so bedeutend, daß er den Widerstandswillen der Florentiner zu artikulieren verstand und in der propagandistischen Auseinandersetzung mit Giangaleazzo Hervorragendes leistete. Es ist jedoch kaum anzunehmen, daß ohne ihn die Dinge wesentlich anders verlaufen wären. Das florentinische Volk war in sich so geschlossen, daß seine Anpassung nicht der Organisation durch einen großen Führer bedurfte, daß sie sich vielmehr spontan und weitgehend anonym vollzog. – In größeren Gesellschaften dagegen kommt der bewußten, von oben herab gesteuerten und oft auch mit Zwang verbundenen Zusammenfassung der Kräfte und damit dem Führer von Staat und Gesellschaft, d. h. auch der überragenden Persönlichkeit, eher entscheidende Bedeutung zu.

Wie wichtig die Rolle der großen Persönlichkeit für die Entstehung von Kulturblüten ist, sehen wir besonders deutlich in der Vorgeschichte des Zeitalters Ludwigs XIV. Die Integration und Anpassungsfähigkeit Frankreichs hatte in der ersten Hälfte des 17. Jh. bereits ziemlich nachgelassen. Daher waren der Staat, sein Zwangsapparat und die Politiker, die ihn zu handhaben hatten, für die Konzentration der gesellschaftlichen Kräfte ausschlaggebend. Von dem Werk Richelieus war bereits die Rede. Nur von dieser einzigartigen Persönlichkeit konnte es vollbracht werden; es ist um so bewundernswerter, als seine Stellung Jahre hindurch unsicher blieb und er dauernd bedroht war. Trotz aller Umsicht wurde er Zielpunkt immer neuer Komplotte. Zu seinen Feinden gehörten so einflußreiche Figuren wie die Mutter und der Bruder des Königs. Leidenschaftlich kam seine schwierige Lage in dem Vortrag, den er am 13. Januar 1629 dem König, dessen Mutter und dem königlichen Beichtvater hielt, zum Ausdruck. Es heißt hier:

> »Wenn es mir so leicht wäre, die Gebrechen meines Körpers zu heilen, wie es mir gegeben ist, meine geistigen Fehler zu bessern, so wäre dies für mich ein großer Trost, denn dann wäre ich nicht gezwungen, Eure Majestäten zu beschwören, immer mit der Hinfälligkeit meiner Person zu rechnen. Meine verbrauchten Kräfte nehmen jeden Tag so sehr ab, daß sie es mir einfach nicht mehr erlauben, die furchtbaren Mühen zu ertragen, die man zur Erhaltung eines großen Staates auf sich nehmen muß, besonders wenn ständige körperliche Anstrengungen stets mit schwerer geistiger Arbeit, mit tiefen Sorgen und Niedergeschlagenheit der Seele zusammenfallen[15].«

Noch ein Jahr später muß Richelieu am »Tag der Geprellten« annehmen, daß er unmittelbar vor dem Sturz stehe und will fliehen. Nur der besonnene Rat seines Bruders hält ihn davon ab. Nach dieser Krise darf er sich zwar sicher sein, daß der König ihn unterstützt, die Rache der Großen, die glauben, daß er ihnen übel mitgespielt habe, kann ihn jedoch auch danach noch jederzeit treffen. – Richelieus starker und zielbewußter Wille war durch keinen anderen zu ersetzen. Niemand war wie er geeignet, die reinen und unverfälschten Interessen des französischen Staates zur Geltung zu bringen. Ohne ihn wäre die französische und europäische Geschichte nicht nur während einiger Jahrzehnte, sondern auch langfristig anders verlaufen. Ohne Richelieu hätte es kein Zeitalter Ludwigs XIV., auch keine französische Aufklärung und nicht einmal die französische Revolution mit den bekannten welthistorischen Dimensionen gegeben.

---

[15] C. Burckhardt, Richelieu, Behauptung der Macht und kalter Krieg, S. 14.

II.2. Die politischen Repräsentanten der Kulturblüte

Den großen Persönlichkeiten, die den Widerstand gegen die äußere Bedrohung organisieren, entsprechen die glanzvollen Repräsentanten der Kulturblüten. Auf Themistokles folgte Perikles, auf Yang Ti und T'ai Tsung Kaiser Ming Huang, auf Abū Muslīm der Kalif Hārūn al-Rashīd, auf Coluccio Lorenzo der Prächtige, auf Heinrich VIII. Königin Elisabeth und auf Richelieu der Sonnenkönig. Diese Persönlichkeiten symbolisieren zunächst einmal die Größe der Gesellschaft zur Zeit der Kulturblüte, wie ja auch häufig die ganze Epoche nach ihnen benannt ist. Ob sie nur Produkt ihrer Gesellschaft oder darüber hinaus auch große Gestalter ihrer Zeit sind, ist bei den meisten von ihnen umstritten. So bereits bei Perikles. Der Jenenser Historiker und Philologe Adolf Schmidt sah in ihm nicht nur den Repräsentanten einer kurzen Zeitspanne und eines kleinen Staatswesens, auch nicht nur den eigentlichen Vertreter einer großen Nation und ihrer Geschichte, sondern den Protagonisten des ganzen Weltalters und einer Entwicklungsstufe der Menschheit. Für diesen Forscher steht Perikles im Zenit der gesamten Antike. Die neuere Forschung ist dagegen über Perikles und seine geschichtliche Rolle geteilter Meinung. Julius Beloch erkannte ihn weder als Staatsmann noch als Feldherrn an; lediglich »parlamentarische« Verdienste gestand er ihm zu. Dagegen betont aber wiederum die Geschichtsschreibung der Gegenwart, wie wesentlich die Leistung des Perikles für die Erfüllung der athenischen Kulturmission war[16].

Noch weniger einig sind sich die Historiker über die Bedeutung der Medici, was allerdings auch darauf zurückzuführen ist, daß diese Familie der republikanischen Staatsform, die Florenz bis 1512 besaß, ein Ende bereitete. Das hat zahlreiche freiheitlich eingestellte Historiker verstimmt und auch die Beurteilung der frühen Medici beeinflußt. Vor allem florentinische Geschichtsschreiber selbst haben von ihnen meist nur eine geringe Meinung. Auf der anderen Seite neigen nicht-italienische Betrachter vorwiegend zu einer Bewunderung, die zuweilen an Lobhudelei grenzt. So führte Sismondi die italienische Kulturblüte ganz wesentlich auf Lorenzo zurück. Bis zur Kritiklosigkeit vertritt die Sache der Medici auch das recht verbreitete Werk des britischen Obersten G. F. Young. – Die Kontroverse hält bis auf den heutigen Tag an. Selbst De Sanctis, der bedeutendste italienische Literarhistoriker, sieht in Lorenzo noch – wie einst Savonarola – nur den Tyrannen, der einer religiösen und politischen Reform Italiens im Wege stand, einen im Grunde korrupten Menschen, dessen Verderbtheit um so gefährlicher gewesen sei, als sie unter dem Namen »civiltà« einhergegangen und mit allen Attributen der Kultur ausgestattet gewesen sei[17].

Bis in unser Jahrhundert beurteilen die Historiker auch Ludwig XIV. sehr unterschiedlich. R. Grousset betont, daß Ludwig XIV. das Glück gehabt habe, im Jahrhundert Ludwigs XIV. zu leben. Lavisse und Seignobos stehen ihm sehr kritisch gegenüber. Sie werfen ihm vor allem volksfremden Absolutismus, Intoleranz, Militarismus und Verschwendungssucht vor. Andere Geschichtsschreiber sind, wie schon Voltaire, dem sicher

---

[16] Zu den verschiedenartigen Urteilen vgl. H. Bengtson, Griechische Geschichte, S. 172f.

[17] Vgl. Giuseppe Prezzolini, Vorwort zu Lorenzo de' Medici, »Poesie«, Mailand 1953.

niemand Mangel an Urteilsvermögen oder Mut vorwerfen kann, auch in unseren Tagen noch von der Größe des Königs überzeugt, so Gaxotte[18] und Antoine Adam, der darauf hinweist, Ludwig XIV. sei es gewesen, der dem Königreich den großartigen Stil gegeben habe, wie wir ihn bei Bossuet, La Rochefoucauld, Madame Lafayette und Racine sehen[19]. Andere Historiker nehmen eine mittlere Position ein. H. Berr hebt hervor, das Zeitalter habe das Glück gehabt, daß ein großer König seine charakteristischen Wesenszüge repräsentiert und bestärkt habe[20].

Die Bedeutung der Repräsentanten der Kulturblüte ist weniger autonom als die Größe der Führer der Gesellschaft zur Zeit der Anpassung. Diese sind im Gegensatz zu jenen nur dann erfolgreich, wenn sie sich in wesentlichen Punkten gegen vorherrschende Strömungen in der Gesellschaft durchsetzen. Wie ausgeführt wurde, sind die wichtigsten Triebkräfte der Kulturblüte die Freisetzung gesellschaftlicher Reserven, die Revolution im Normensystem der Gesellschaft und sozialpsychologische Faktoren wie Hochgefühl, Selbstvertrauen und gesellschaftliche Harmonie. Auf die Freisetzung gesellschaftlicher Reserven und den Umbruch im Normensystem haben die Führer der Gesellschaft lediglich in mehr autoritär gelenkten Gemeinwesen Einfluß, der aber auch hier begrenzt und dazu vorwiegend prozeßhemmend, kulturell also rein negativer Natur ist, wenn sie sich auch längerfristig um die Stabilität der Gesellschaft durchaus Verdienste erwerben mögen. Nehmen sie ihre beschränkte Möglichkeit zur Einwirkung wahr, so laufen sie Gefahr, nicht nur die Freisetzung und die Revolution im Normensystem zu hemmen, sondern auch das sozialpsychologische Klima, also die Kulturblüte überhaupt, zu stören. Verzichten sie umgekehrt auf solche Eingriffe oder geben ihnen hierzu die Institutionen von vornherein keine Möglichkeit, so vermögen sie für die Kulturblüte eine wichtige Rolle zu spielen, indem sie die gesellschaftliche Harmonie fördern, die notwendige innergesellschaftliche Ordnung sicherstellen und die schöpferischen Kräfte ermutigen.

Da die Gesellschaften während des Höhepunkts der Kulturblüte für ein oder zwei Jahrzehnte gleichsam von selbst zur Harmonie neigen, ist der Einfluß, den die große Persönlichkeit in dieser Zeit auf den Gang der Dinge nehmen kann, relativ gering, ihre Aufgabe, wie es scheint, auch einfach. Nach dieser Epoche pflegt es zu einer wachsenden Disharmonie in der Gesellschaft zu kommen. Dem bedeutenden Staatsmann, der zwischen den verschiedenen Tendenzen, die in der Gesellschaft vorherrschen, vermittelt und die Ordnung gewährleistet, könnte nunmehr eine wichtige Rolle zukommen. Die erfolgreiche Erfüllung dieser Aufgabe scheint jedoch über Menschenmaß hinauszugehen. Die Lockerung der Integration, die mit der Kulturblüte Hand in Hand geht, zehrt zu sehr an dem Mark der Gesellschaft, als daß ein einzelner die hieraus entspringenden Folgen abwenden könnte. Es gibt denn auch in der Geschichte kaum einen großen Namen, der sich mit einer solchen Entwicklungsphase in positivem Sinne verbindet. In dieser Zeit sind die gesellschaftlichen Verhältnisse bereits so beschaffen, daß der Politiker, für den sein Ge-

---

[18] Zur Beurteilung Ludwigs XIV. E. Weis in Schieder, Handbuch der deutschen Geschichte, Bd. IV, S. 174.

[19] A. Adam in: Histoire des littératures, Bd. III, S. 525.

[20] Weis, a. a. O., S. 174.

wissen oberste Instanz ist und dem es vor allem um die Sache geht, gegenüber den opportunistischen Taktikern meist hoffnungslos in der Hinterhand ist.

Die These, daß die großen Repräsentanten der Kulturblüte ihren Glanz mehr von der Gesellschaft leihen, die sich in einer Persönlichkeit symbolisch ausdrückt, als einer großen Leistung verdanken, soll natürlich nichts über ihren Eigenwert aussagen, der über diese Rolle hinausgehen, allerdings auch – und dies ist der gewöhnliche Fall – hinter ihr zurückbleiben kann.

III. Renaissance und Wahlverwandtschaft

III.1. Das Phänomen der Renaissancen

Kulturell hochgradig produktive Zeiten greifen gern auf frühere große Kulturblüten zurück, zehren von deren Errungenschaften und ahmen sie in vielem nach. Diese Erscheinung läßt sich bereits im alten Orient beobachten. Die Könige Amenemhēt I. und Sesostris I. (12. Dynastie) bauten die Pyramide und den Totentempel bei El-Ischt in engster formaler Anlehnung an die Königsgräber der 6. Dynastie. Die neubabylonische Zeit (605 bis 539 v. Chr.) ahmte stilistisch bewußt die berühmtesten Tempelbauten und Reliefs der nationalen Dynastien nach, die am Ende des 3. und dem Beginn des 2. Jahrtausends geherrscht hatten. Äschylos griff in einem Maße auf Homer zurück, daß Wilamowitz ihn als seinen Erben bezeichnen konnte. Die römischen Attizisten des 1. Jh. v. Chr. bewunderten die einfache Art des Thukydides. Ein Kreis junger Römer, darunter Lucrez, Cornelius Nepos, Vergil und Sallust, begeisterten sich für diesen Historiker und seinen archaisierenden Stil. Auch der Historiker Asinius Pollio stand stilistisch unter seinem Einfluß. Cicero seinerseits empfand eine Affinität zu Demosthenes.

Die Gupta-Kulturblüte bedeutete eine Hindu-Renaissance. Der Buddhismus wurde damals zurückgedrängt, die literarische Tradition der vorbuddhistischen Zeit wieder aufgegriffen, Sanskrit in vermehrtem Maße benützt[21]. Die großen Sanskrit-Epen Mahabharata und Ramayana entstanden in jener Epoche. – Im China der T'ang-Zeit haben wir eine entsprechende Erscheinung. Bereits unter den Sui hatte man, wie erwähnt, begonnen, den konfuzianischen Traditionen neue Geltung zu verschaffen. Im 8. Jh., als die Kulturblüte der T'ang ihren Höhepunkt erreichte, ahmten die Schriftsteller immer mehr den Stil der Han-Zeit nach. Es kam zu einer großen literarischen Renaissance[22]. Schon Tu Fu nahm sich die großen Meister jener Zeit gewissenhaft zum Vorbild. Manche Kenner der chinesischen Geschichte sehen hierin sogar den Grund, warum der berühmte Dichter,

---

[21] A. Smith, The Oxford History of India, 3. Aufl. hrsg. von Percival Spear, Oxford 1967, S. 172f.
[22] E. O. Reischauer/J. K. Fairbank, East Asia, The Great Tradition, S. 185.

der seiner Zeit einfach voraus war, das Beamtenexamen zunächst nicht bestand[23]. – Die einfache und freie, nicht an rhythmische Regeln gebundene Prosa der Han-Zeit war insbesondere auch Han Yüs Ideal[24]. Geistig ging dieser leidenschaftliche Gegner des Taoismus und Buddhismus bis auf den Konfuzianer Meng-tzu (371–289 v. Chr.) zurück, den letzten, der nach seiner Ansicht die Ideen des Meisters richtig erfaßt hatte, dessen »Mantel zu übernehmen« er sich berufen fühlte.

Am ausgeprägtesten war das Phänomen im Florenz des 15. Jh. Die Hinneigung der Florentiner zur Antike war so stark, der Umfang ihrer geistigen Anleihen beim Altertum so bedeutend, daß sich für jene Epoche der Begriff »Renaissance« eingebürgert hat. Ihre beiden Hauptzüge sind die mit ungeheurem Eifer betriebene Wiederentdeckung und Rezeption der antiken Literatur sowie der Rückgriff auf klassische griechische und römische Formen. – Auch in Frankreich zeigten die großen Repräsentanten der Kulturblüte ein intensives Interesse für die Leistungen vorangegangener Kulturblüten. Racines Vorbild war erst Vergil, dessen Einfluß sich noch im Britannicus zeigt, dann Homer und schließlich vor allem Sophokles, als dessen Schüler er sich fühlte. Die »Ars poetica« des Horaz war das Vorbild für Boileaus »Dichtkunst«. Die Stilgesetze, die Horaz und er vortragen und für zeitlos halten, sind in Wahrheit die Regeln der Kunst der Kulturblüte. Auch La Fontaine orientierte sich an Vergil und Horaz. Von diesem sagte er, daß er ihm erst die Augen geöffnet habe.

Allerdings waren sich nicht alle Franzosen über die Bedeutung der Alten einig. Es entwickelte sich über diese Frage ein Meinungsstreit, der schließlich außerordentliche Formen annahm und als »querelle des anciens et modernes« in die europäische Geistesgeschichte einging. Am Ende erlangte die Kontroverse fast politische Dimensionen. Im Januar 1687 kam es in der Akademie zum offenen Konflikt. Die großen Vertreter der französischen Kulturblüte wie Racine, Boileau, La Fontaine und La Bruyère waren aber Anhänger der »Alten«; umgekehrt wirkten als Wortführer der »Modernen« weniger bedeutende Persönlichkeiten wie vor allem Desmarets, Fontenelle und die Brüder Perrault. Auch die hervorragenden französischen Architekten gingen auf die klassischen römischen Vorbilder zurück. Welche Bedeutung ihre Formensprache für die französische Baukunst und die Theorie der Akademie erlangte, wurde bereits erwähnt.

Auch die deutsche Kulturblüte zeigt das Phänomen. Für die Goethezeit bedeutete die griechische Klassik dasselbe wie für die Romantik ein paar Jahrzehnte später das europäische christliche Mittelalter. Für Winckelmann, Herder, Goethe, Schiller, Humboldt, Friedrich Schlegel, Hölderlin und andere wurde die Sehnsucht nach dem klassischen Griechenland geradezu eine Ersatzreligion. Hölderlin sprach für sie alle: »Denn lieb ist in der Ferne nicht Eines mir, wie jenes, wo die Göttersöhne schlafen, das trauernde Land der Griechen.« Sophokles war für ihn der Zeuge, daß einmal in der Geschichte die Heiligung der Welt und die Ordnung des Lebens Wirklichkeit gewesen waren, ohne daß die Würde des Menschen angetastet worden wäre[25]. Winckelmann hatte eine besondere Af-

---

[23] Hung, a. a. O., S. 27.
[24] E. Feifel, Geschichte der chinesischen Literatur, S. 202.
[25] H. Weinstock, Sophokles, S. 318.

finität zu den großen bildenden Künstlern der griechischen Klassik, erkannte ihre Eigenart wie kein anderer vor ihm und trat für ihre Nachahmung ein. Schlegel sprach von dem »heiligen Winckelmann«, der das Urbild vollendeter Menschheit in den Gestalten des Altertums erkannt und gottbegeistert verkündet habe. Goethe sagte einmal: »Das Griechische klang, wie ein Stern in der Nacht erscheint.« Zur Selbstreinigung las er griechische Texte. Seine Iphigenie spricht den Traum der deutschen Griechenlandbegeisterten aus: »Und an dem Ufer steh' ich lange Tage, das Land der Griechen mit der Seele suchend.« Auch er war ein Verehrer von Sophokles und gehörte mit Racine zu den ersten, die den antiken Tragiker wieder schätzten, nachdem ihm durch Jahrhunderte der weniger formstrenge und weniger klassische Euripides vorgezogen worden war.

III.2. Deutung des Phänomens der Renaissancen

Auch bei diesem Phänomen stellt sich die Frage nach der Beziehung zwischen den Erscheinungen: Ist die Kulturblüte das auslösende Moment für die Hinwendung zur Vergangenheit oder führt der Rückgriff auf vergangene Kulturblüten zu neuer kutureller Produktivität? Hat die Wiederentdeckung der Antike die Renaissance zur Folge gehabt, oder hat der Geist dieses Zeitalters ein solches Interesse an der Antike bewirkt, daß diese wiederentdeckt und wiedergeboren wurde? Das Problem stellen heißt nach allem, was gesagt wurde, auch die Antwort geben. Der Anstoß für die Kulturblüte liegt in einer äußeren Bedrohung, die in einer bestimmten Weise und unter besonderen Bedingungen überwunden wird. Es kann sich bei dem Interesse der Kulturblüte für bestimmte schöpferische Zeiten der Vergangenheit also nur um eine Erscheinung, die sie begleitet, nicht um eine ihrer Voraussetzungen handeln.

Wenn man diese Annahme zum Ausgangspunkt nimmt, ist das Phänomen der Renaissancen im übrigen einfach zu verstehen. Die Offenheit der Gesellschaft, die eine wesentliche Voraussetzung der Kulturblüte ist, äußert sich nämlich auch immer als Interesse für die Vergangenheit. Die Kulturblüte pflegt diese Tendenz noch wesentlich zu verstärken. Allerdings bedeutet das Phänomen, mit dem wir es hier zu tun haben, nicht eine Hinwendung zu großen Leistungen der Vergangenheit schlechthin, sondern ein Interesse, das den Schöpfungen anderer Kulturblüten gilt. Auch dies ist verständlich. Wie dargelegt wurde, besitzen Gesellschaften, die eine Kulturblüte hervorbringen, eine ganz bestimmte Struktur, ihre Angehörigen haben ein vergleichbares Verhältnis zur Gemeinschaft und Umwelt, befassen sich mit ähnlichen künstlerischen, geistigen und sozialen Problemen und benützen charakteristische Ausdrucksformen. Dies bewirkt, daß die Angehörigen solcher Gesellschaften von den hervorragenden Leistungen früherer Kulturblüten angezogen werden. – So erklärt sich auch das Interesse der Repräsentanten der Renaissance für das klassische Altertum. Es ist also nicht so, daß die Manuskripte der antiken Schriftsteller wiederentdeckt und erst dadurch schöpferische Kräfte angeregt wurden; vielmehr gelangte man in den Besitz der Autoren des Altertums, weil man plötzlich so viel offener war und aus einer kreativen Einstellung heraus sich so viel brennender für die klassische Antike interessierte als die vorangegangenen Jahrhunderte.

IV. Zur Kulturmorphologie

IV.1. Spenglers »Kulturseele«

Wie gezeigt wurde, verwendet die Gesellschaft der Kulturblüte bezeichnende Mittel des Ausdrucks. Sie ist unter anderem rational und mäßig religiös, in der Kunst bevorzugt sie klassische Formen. Jede große Kulturblüte zeichnet sich auch durch jene Entdeckung der Welt und des Menschen aus, die Michelet und Burckhardt so bezeichnend für die italienische Renaissance fanden. Diese Erscheinung hat allerdings zwei verschiedene Komponenten. Die Entdeckung der Welt wird vor allem durch die Offenheit bewirkt, die bereits Voraussetzung für eine Kulturblüte ist. Die Entdeckung des Menschen dagegen ist die Folge einer Steigerung der Bewußtheit, die als Begleiterscheinung für Kulturblüten allgemein charakteristisch ist. Man kann sie selbst bei weit zurückliegenden Kulturblüten wie dem Mittleren Reich Ägyptens (12. Dynastie) beobachten.

Spengler schrieb jeder Kultur eine besondere Seele zu, die jeweils nur ihr eigen sein soll; die Seele der antiken Kultur war nach ihm »apollinisch«, die der abendländischen »faustisch«, die der arabischen »magisch«.

> »Der antike – apollinische, dem punktförmigen, euklidischen Sein hingegebene – Mensch blickte auf seine Seele wie auf einen zur Gruppe schöner Teile geordneten Kosmos... Was hier nachgebildet erscheint, ist die Natur, wie sie sich vor den Blicken antiker Menschen entfaltet: eine wohlgeordnete Summe greifbarer Dinge, denen gegenüber der Raum als das Nichtseiende empfunden wird. Wo findet sich in diesem Bild der ›Wille‹? Wo die Vorstellung funktioneller Zusammenhänge? Wo sind die übrigen Schöpfungen *unserer* Psychologie?[26]« »Das faustische und das apollinische Seelenbild stehen einander schroff gegenüber... Man darf die imaginäre Einheit hier als *Seelenkörper*, dort als Seelenraum bezeichnen[27].« »Der seelischen Statik des apollinischen Daseins... steht die *Seelendynamik* des faustischen gegenüber.«[28] »Das magische Seelenbild trägt die Züge eines *strengen Dualismus zweier rätselhafter Substanzen, Geist und Seele*. Zwischen ihnen herrscht weder das antike, statische, noch das abendländische, funktionale Verhältnis, sondern ein völlig anders gestaltetes, das sich eben nur als magisch bezeichnen läßt[29].«

Auch über die Seele der altägyptischen Kultur hat sich Spengler geäußert:

> »... ihr Weltgefühl nämlich, das hat die ägyptische Seele, fernab von allem theoretischen Ehrgeiz fast allein durch die unmittelbare Sprache des *Steins* ausgedrückt[30].« Sie »sah sich wandernd auf einem engen und unerbittlichen schmalen *Lebenspfad*, über den sie einst den *Totenrichtern* Rechenschaft abzulegen hatte... Das war ihre Schicksalsidee[31].«

---

[26] Spengler, a.a.O., S. 387.
[27] Spengler, a.a.O., S. 388.
[28] Spengler, a.a.O., S. 389.
[29] Spengler, a.a.O., S. 389.
[30] Spengler, a.a.O., S. 241.
[31] Spengler, a.a.O., S. 242.

Im folgenden sollen einige Punkte herausgegriffen werden, auf die Spengler bei der Darstellung der apollinischen, faustischen, altägyptischen und magischen Seele besonderen Nachdruck legt. Hervorragende Bedeutung mißt er dem Raumempfinden bei. Die »Art der Ausgedehntheit« stellt für ihn das Ursymbol einer Kultur dar[32]. Als Ursymbol der faustischen Seele betrachtet er den grenzenlosen Raum[33]. Der abendländischen Auffassung des Raumes als eines unendlichen Kontinuums stellt er das punktförmige »Raum«empfinden der Griechen, wie er in dem Begriff »topos« (»Ort«) zum Ausdruck kommt, das »Höhlengefühl« der magischen Kultur und das Gefühl des »Weges« bei den alten Ägyptern gegenüber.

»Der unendliche Raum ist das Ideal, welches die abendländische Seele immer wieder in ihrer Umwelt *gesucht* hat. . . Inwiefern liegt die grenzenlose Ausgedehntheit allem Gegenständlichen *zugrunde?* Kaum ein zweites Problem ist so ernsthaft durchdacht worden, und fast hätte man glauben sollen, es hinge jede andere Weltfrage von dieser einen nach dem Wesen des Raumes ab. Und ist es *für uns* in der Tat nicht so? Warum hat denn niemand gemerkt, daß die gesamte Antike kein Wort darüber verlor, ja daß sie nicht einmal das Wort besaß, um dies Problem genau umschreiben zu können? . . . Wie kommt es, daß *unserem* tiefsten Gefühl nach »die Welt« nichts anderes ist als jener durch das Tiefenerlebnis ganz eigentlich geborene Welt*raum*, dessen erhabene Leere durch die in ihm verlorenen Fixsterne noch einmal bestätigt wird. Hätte man dieses Gefühl einer Welt einem antiken Denker auch nur begreiflich machen können? . . . Gerade diese allmächtige Räumlichkeit, welche die Substanz aller Dinge in sich saugt, aus sich erzeugt – unser Eigentliches und Höchstes im Aspekt *unseres* Weltalls –, wird von der antiken Menschheit, *die nicht einmal das Wort und also den Begriff Raum kennt,* einstimmig als τὸ μὴ ὄν abgetan, als das, was *nicht* da ist . . . Die antike Statue in ihrer prachtvollen Leibhaftigkeit . . . enthielt für das antike Auge alles ohne Rest, was Wirklichkeit hieß . . . Für Chrysipp ist das göttliche Pneuma ein Körper; für Demokrit besteht das Sehen im Eindringen von stofflichen Teilen des Gesehenen. Der Staat ist ein Körper, der aus der Summe aller Körper der Bürger besteht; das Recht kennt nur körperliche Personen und körperliche Sachen. Und endlich findet dies Gefühl seinen erhabensten Ausdruck in dem Steinkörper des antiken Tempels[34].«

»Das Ursymbol der ägyptischen Seele läßt sich, neben dem unendlichen *Raum* des Nordens und dem *Körper* der Antike, durch das Wort *Weg* am ehesten faßlich machen.« »Das ägyptische Dasein ist das eines *Wanderers* in einer und immer der gleichen Richtung; die gesamte Formensprache seiner Kultur diente der Versinnlichung dieses Motivs[35].« Das Ursymbol der magischen Kultur ist die Welthöhle. »Das erste, was der Mensch dieser Kultur vom ärmsten Sklaven und Lastträger bis zum Propheten und Khalifen als Kismet über sich fühlt, ist nicht die grenzenlose Flucht der Zeiten, die den verlorenen Augenblick nie wiederkehren läßt, sondern ein Anfang und ein Ende ›dieser Tage‹, die unverrückbar gesetzt sind und zwischen denen das menschliche Dasein eine von allem Ursprung an bestimmte Stelle einnimmt. Nicht nur der Weltraum, auch die Weltzeit ist höhlenhaft. . .[36]«

---

[32] Spengler, a. a. O., S. 226.
[33] Spengler, a. a. O., S. 235.
[34] Spengler, a. a. O., S. 227 ff.
[35] Spengler, a. a. O., S. 242.
[36] Oswald Spengler, Der Untergang des Abendlandes, Bd. II, München 1923, S. 288.

Dem Raumgefühl der Kulturen entspricht nach Spengler ihr Empfinden für die *Zeit*. Der antiken Seele schreibt er ein punktförmiges Zeitbewußtsein zu.

> »Das ›Gedächtnis‹ des antiken Menschen . . . ist etwas ganz anderes, weil hier . . . die ›reine Gegenwart‹, die Goethe an allen Äußerungen des antiken Lebens . . . so oft bewundert hat, es mit einer uns ganz unbekannten Mächtigkeit ausfüllt. Diese reine Gegenwart . . . stellt in der Tat eine *Verneinung der Zeit* . . . dar . . . Was der Grieche Kosmos nannte, war das Bild einer Welt, die nicht *wird*, sondern *ist*[37].«

Die ägyptische Seele ist nach seiner Auffassung dagegen

> »eminent historisch und mit urweltlicher Leidenschaft nach dem Unendlichen drängend«. Sie »empfand die Vergangenheit und Zukunft als ihre *ganze* Welt, und die Gegenwart, die mit dem wachen Bewußtsein identisch ist, erschien ihr lediglich als die schmale Grenze zwischen zwei unermeßlichen Fernen«[38].

Spengler vergleicht auch die aus Holz gebauten vergänglichen Tempel der frühen Griechen mit den, wie er sagt, für die Ewigkeit bestimmten Tempelbauten der Ägypter und kommt zu dem Schluß:

> »Die ägyptische Kultur ist eine *Inkarnation der Sorge* . . ., der Sorge um das Künftige, wie sie sich in der Wahl von Granit und Basalt als künstlerischem Material . . . ausspricht. . . Demgegenüber ist es ein Symbol ersten Ranges . . ., daß die Hellenen ihrer mykenischen Vorzeit gegenüber, und zwar in einem an Steinmaterial überreichen Lande, vom Steinbau zur Verwendung des Holzes *zurückkehrten*, woraus sich das Fehlen architektonischer Reste zwischen 1200 und 600 erklärt. . .[39]«

Weiter beruft sich Spengler zum Beweis seiner These auf die Bestattungsbräuche:

> »Die ägyptische Mumie ist ein Symbol vom höchsten Range. . . Es besteht eine tiefe Beziehung zwischen dem Verhalten gegen die historische Vergangenheit und der Auffassung des Todes, wie sie sich in der *Form der Bestattung* ausspricht[40].« Demgegenüber »erscheint an der Schwelle der antiken Kultur. . . die *Verbrennung der Toten*. Der mykenischen Zeit war die sakrale Heraushebung dieser Bestattungsform aus den übrigen, die von primitiven Völkern der Steinzeit nebeneinander ausgeübt wurden, durchaus fremd. Die Königsgräber sprechen sogar für den Vorrang der Erdbestattung. Aber in homerischer Zeit so gut wie in vedischer erfolgte der plötzliche, nur seelisch zu begründende Schritt vom Begräbnis zur Verbrennung, die, wie die Ilias zeigt, mit dem vollen Pathos eines sinnbildlichen Aktes – der feierlichen Vernichtung, der Verneinung aller historischen Dauer – vollzogen wurde[41].«

Wie sich schon aus dem Gesagten ergibt, weisen Spengler zufolge die einzelnen Kulturen auch im *historischen Sinn* entscheidende Unterschiede auf. Bei den Ägyptern sieht er ihn – entsprechend ihrem Raum- und Zeitgefühl – sehr entwickelt, ebenso bei den Menschen der faustischen Kultur. Umgekehrt spricht er ihn der antiken Kultur ab, obwohl die Griechen auch Herodot, den »Vater der Geschichtsschreibung«, und Thukydides, den größten Historiker überhaupt, hervorgebracht haben:

---

[37] Spengler, a. a. O., Bd. I, S. 11.
[38] Spengler, a. a. O., Bd. I, S. 15.
[39] Spengler a. a. O., Bd. I, S. 15.
[40] Spengler, a. a. O., Bd. I, S. 16.
[41] Spengler, a. a. O., Bd. I, S. 16 f.

»Für Herodot und Sophokles wie für Themistokles und für einen römischen Konsul verflüchtigt sich die Vergangenheit alsbald in einen zeitlos ruhenden Eindruck von *polarer, nicht periodischer* Struktur – denn das ist der letzte Sinn durchgeistigter Mythenbildung –, während sie für unser Weltgefühl und inneres Auge ein periodisch klar gegliederter, zielvoll gerichteter Organismus von Jahrhunderten oder Jahrtausenden ist[42].«

Spengler bezieht sich zum Beweis seiner Thesen auch auf die *bildende Kunst*. Das größte Symbol für die reine Gegenwart des antiken Menschen ist für ihn die dorische Säule[43]. Eingehend befaßt er sich mit der Skulptur:

»Man betrachte bei Phidias, bei Polyklet, bei irgendeinem anderen Meister nach den Perserkriegen die Wölbung der Stirn, die Lippen, den Ansatz der Nase, das blind gehaltene Auge – wie das alles der Ausdruck einer ganz unpersönlichen, pflanzenhaften, *seelenlosen* Lebenshaltung ist. Man frage sich, ob diese Formensprache imstande wäre, ein inneres Erlebnis auch nur anzudeuten. Es gab nie eine Kunst, für welche so ausschließlich nur die mit dem Auge betastbare Oberfläche von Körpern in Betracht kam. Bei Michelangelo, der sich mit seiner ganzen Leidenschaft dem Anatomischen ergab, ist trotzdem die leibliche Erscheinung stets der Ausdruck der Arbeit aller Knochen, Sehnen, Organe des *Innern;* das Lebendige *unter* der Haut tritt in Erscheinung, ohne daß es gewollt war... Es liegt mehr Psychologie (und weniger »Natur«) im Arm eines seiner Sklaven als im Kopfe des praxitelischen Hermes. Beim Diskobolos des Myron ist die äußere Form ganz für sich da ohne alle Beziehung auf die inneren Organe, geschweige denn die »Seele«. Man vergleiche mit den besten Arbeiten dieser Zeit die altägyptischen Statuen etwa des Dorfschulzen oder des Königs Phiops, oder andererseits den David des Donatello, und man wird verstehen, was es heißt, einen Körper nur seiner stofflichen Grenze nach anerkennen. Alles, was bei den Griechen den Kopf als den Ausdruck von etwas Innerlichem und Geistigem erscheinen lassen könnte, ist peinlich vermieden... Das Biographische, das *Schicksal* fehlt ihnen... Es gibt bis auf Lysipp herab nicht einen einzigen Charakterkopf. Es gibt nur Masken. Oder man betrachte die Gestalt im ganzen: mit welcher Meisterschaft ist da der Eindruck vermieden, als ob der Kopf der bevorzugte Teil des Leibes sei. Deshalb sind diese Köpfe so klein, so unbedeutend in der Haltung, so wenig durchmodelliert[44].«

Antiken Akt und faustisches Porträt empfindet er als Gegensätze[45]. Sie

»verhalten sich wie Körper und Raum, wie Augenblick und Geschichte, Vordergrund und Tiefe, wie die euklidische zur analytischen Zahl, wie Maß und Beziehung. Die Statue wurzelt im Boden, die Musik – und das abendländische Porträt *ist* Musik, aus Farbentönen gewebte Seele – durchdringt den grenzenlosen Raum... Die apollinische Formensprache offenbart ein Gewordenes, die faustische vor allem auch ein Werden[46].«

Letzten Endes leugnete Spengler ursprünglich die Allgemeinverbindlichkeit der menschlichen Vernunft:

---

[42] Spengler, a. a. O., Bd. I, S. 11.
[43] Spengler, a. a. O., Bd. I, S. 11.
[44] Spengler, a. a. O., Bd. I, S. 337 f.
[45] Spengler, a. a. O., Bd. I, S. 333.
[46] Spengler, a. a. O., Bd. I, S. 339 f.

»Was für uns wahr ist, ist für sie (d. h. die anderen Kulturen) falsch und umgekehrt: das gilt vom Seelenbild der einzelnen Kulturen wie von jedem anderen Ergebnis wissenschaftlichen Nachdenkens[47]«.

So nahm er an, daß es keine universell gültige Mathematik gebe, vielmehr jede Kultur ihre eigene mathematische Wissenschaft hervorbringe:

»Die moderne Mathematik . . . wäre Platon als lächerliche und mühselige Verirrung auf dem Wege erschienen, der *wahren* Mathematik, der antiken nämlich, beizukommen . . .[48]« »Eine Zahl an sich gibt es nicht und kann es nicht geben. Es gibt mehrere Zahlenwelten, weil es mehrere Kulturen gibt. Wir finden einen indischen, arabischen, antiken, abendländischen Typus des mathematischen Denkens und damit Typus einer Zahl, jeder von Grund aus etwas Eigenes und Einziges, jeder Ausdruck eines anderen Weltgefühls, jeder Symbol von einer auch wissenschaftlich genau begrenzten Gültigkeit, Prinzip einer Ordnung des Gewordenen, in der sich das tiefste Wesen einer einzigen und keiner anderen Seele spiegelt, derjenigen, welche Mittelpunkt gerade dieser und keiner anderen Kultur ist. Es gibt demnach mehr als eine Mathematik[49].« – »›die‹ Mathematik . . . ist eine Illusion. Richtig, überzeugend, ›denknotwendig‹ ist eine mathematische und überhaupt eine wissenschaftliche Denkweise, wenn sie vollkommen dem eigenen Lebensgefühl entspricht[50].«

Dieselbe Annahme macht Spengler für die Physik[51] und die Philosophie[52].

IV.2. Kritik der Auffassungen Spenglers

Die Bedeutung der Kulturblüten für die Physiognomie der Kulturen

Spengler hat mit künstlerischem Einfühlungsvermögen Unterschiede im Wesen der Kulturen erkannt, die vor ihm niemand erfaßt hatte. Den Gegensatz zwischen dem antiken und dem modernen europäischen Raumempfinden hat er zutreffend gesehen. Zu demselben Ergebnis kommt C. F. von Weizsäcker in seiner Studie »Die Unendlichkeit der Welt«. Auch Spenglers Analyse der künstlerischen Äußerungen der verschiedenen Kulturen ist eindrucksvoll. Er geht jedoch zu weit. Seine Ausführungen gelten vor allem für das unreflektierte Lebensgefühl, wie es sich in Religionen und Brauchtum der Kulturen und bedingt auch in ihrer Kunst ausdrückt, nicht jedoch für jenes rationale Denken, das für Wissenschaft und wissenschaftliche Philosophie charakteristisch ist, so wie sich ja auch die – Spengler zufolge – eminent historische ägyptische Kultur auf dem Gebiet der wissenschaftlichen Geschichtsschreibung nicht mit den vermeintlich ahistorischen Griechen messen kann. Wie groß Rationalität und Radikalität einer Kultur sind, hängt nicht

---

[47] Spengler, a.a.O., Bd. I, S. 392.
[48] Spengler, a.a.O., Bd. I, S. 90.
[49] Spengler, a.a.O., Bd. I, S. 78 f.
[50] Spengler, a.a.O., Bd. I, S. 89.
[51] Spengler, a.a.O., Bd. I, S. 487.
[52] Spengler, a.a.O., Bd. I, S. 463.

von einer vorgegebenen »Kulturseele« ab. Sie sind das potentielle Ergebnis der Prozesse, die die Kulturblüten hervorbringen. Mithin hängt ihr Grad entscheidend von der Zahl, Dichte und Intensität der Kulturblüten ab, die aus dem Schoße eines Kulturkreises hervorgehen. Ist aber das Denken nur rational und radikal genug, kommt es überall zu ähnlichen Ergebnissen. Die jeweilige »Kulturseele« hat also keinen Einfluß auf die Wahrheit der Wissenschaft. Auch die Mathematik ist eine allgemeingültige Wissenschaft. Zwar kennt auch unsere heutige Wissenschaft verschiedene Mathematiken, versteht diese Vielfalt jedoch in einem anderen Sinne als Spengler, da sie jeder denselben uneingeschränkten Wahrheitsgehalt zubilligt, während die Mathematiken Spenglers immer nur eine auf eine einzelne Kultur »begrenzte Gültigkeit« haben.

Geistige Radikalität und Rationalität bedeuten auch größere Bewußtheit. Die Unterschiede zwischen dem wissenschaftlichen Denken der einzelnen Kulturen sind weniger durch eine bestimmte »Kulturseele« als vor allem dadurch bedingt, daß die einzelnen Kulturen verschiedene Bewußtheitsstufen erreichen; je bewußter sie sind, desto ähnlicher werden sich auch ihre Wissenschaften. Einen besonders hohen Bewußtheitsgrad hat das moderne Europa erlangt. Tatsächlich bedeutet der Begriff »faustisch« neben radikaler Lebenshaltung gerade eine solche Intensität der Bewußtheit. Damit stimmt auch Spengler überein: »Faustisch ist«, wie er sagt, »ein Dasein, das mit tiefster Bewußtheit geführt wird«[53]. Somit gehören die Begriffe »faustisch« und »apollinisch« verschiedenen Ebenen an, da sich letzterer Terminus, wenn man ihn zweckgerecht definiert, nicht auf den Charakter und die Dynamik einer ganzen Kultur bezieht, sondern nur auf die Art der Ausdrucksmittel, die die Kulturblüten sämtlich in einem gewissen Maße benützen. Wenn man »apollinisch« so versteht, sind »manieristisch«, »romantisch« und »dionysisch« die Gegenbegriffe. Allerdings gibt es in der Welt der Tatsachen, anders als dies Nietzsche und Spengler sahen, einen gewissen Zusammenhang zwischen Erscheinungen apollinischen Charakters und solchen faustischen Typs: Je intensiver eine Kulturblüte ist, desto größer ist ihr Beitrag zu einer faustisch dynamischen Kultur, desto größer aber auch ihre Tendenz, sich auf ihrem Höhepunkt in klassischen, das heißt apollinischen Formen auszudrücken.

Auch ist die »Seele« einer Kultur keineswegs unwandelbar, vielmehr ist sie mit der Entfaltung des Kulturkreises starken Veränderungen unterworfen. Sie ist nach Kulturblüten etwas anderes als vor diesen. Die Unterschiede zwischen den einzelnen Entwicklungsstufen einer Kultur sind oft größer als die Differenzen zwischen verschiedenen Kulturen. Große Kulturblüten haben auf ihrem Gipfel immer etwas »Apollinisches«. Das Besondere an der Entwicklung Athens ist nur, daß es infolge einer frühzeitigen Dämpfung seiner schöpferischen Dynamik nicht in demselben Maße wie andere Kulturblüten manieristische Formen entwickelte, und aus Gründen, die erörtert wurden, ähnlich wie das Neue Reich um die Mitte des 14. vorchristlichen Jahrhunderts sehr bald wieder zu klassischen Formen zurückkehrte. Entscheidend für die Physiognomie einer Kultur sind mithin auch ganz allgemein vor allem Zahl, Dichte und Intensität der Kulturblüten, welche die Gesellschaften, die dem Kulturkreis angehören, hervorbringen.

---

[53] Spengler, a. a. O., Bd. I, S. 235.

Der abendländische Geist besitzt, wie Jaspers mit Nachdruck betont hat, eine Rationalität, die nirgends Halt macht. Er hält sich offen für den Zwang des konsequenten logischen Gedankens und der empirischen Tatsächlichkeit, wie sie jedermann jederzeit einsichtig sein müssen. Seit dem Ende des Mittelalters geht die europäische Forschung »kritisch auf endgültige Ergebnisse im Besonderen, bei ständiger Unfertigkeit im Ganzen, einen unendlichen Weg«. Dieselbe rationale Einstellung haben wir im modernen europäischen Rechts- und Wirtschaftsverkehr. Dieser Rationalität entspricht eine radikale Lebenshaltung. Europa »kennt mit einzigartiger Eindringlichkeit die Forderung, die Welt gestalten zu sollen«. Es eignet ihm »eine Entschiedenheit, die die Dinge auf die Spitze treibt, zur vollsten Klarheit bringt, vor das Entweder-Oder stellt, daher die Prinzipien bewußt macht und die innerlichsten Kampffronten aufrichtet«[54]. Dies gilt jedenfalls für das Europa der großen Kulturblüten. Zweifellos haben wir hier einen Aspekt desselben Phänomens, das Spengler mit dem Begriff »faustisch« zu erfassen versuchte.

Die Rationalität der europäischen Kultur bedeutet, daß sie auch für Angehörige anderer Kulturen zugänglich ist. Dies gilt insbesondere für ihre Philosophie und Wissenschaft, die allen rational eingestellten Menschen leicht faßlich sind. Darauf beruht ihre allgemeinmenschliche Bedeutung. Derartige Kulturen stehen im Gegensatz zu den manieristischen, wie etwa der chinesischen, die durch eine lange, kaum je unterbrochene Tradition eine unvergleichbare Verfeinerung und einen gleichsam ästhetischen Reiz erlangt hat, dadurch aber für Außenstehende sehr schwer verständlich geworden ist.

Auch in der europäischen Kultur waren Rationalität und Radikalität des Denkens nicht von vornherein angelegt. Sie entwickelten sich erst im Laufe ihrer Geschichte. Welche Rolle dem Staatensystem, also einem kulturell an sich äußerlichen Moment, dabei zukam, wurde erörtert. Umgekehrt ist etwa die um so vieles geringere Rationalität und Radikalität der chinesischen Kultur nicht einer etwa schon ursprünglich vorhandenen Veranlagung zuzuschreiben, sondern ganz wesentlich auch daraus zu erklären, daß es nach der konfuzianischen Zeit in China nur noch zu zwei Kulturblüten kam, wovon die eine in die frühe Han-, die andere in die Frühe und Mittlere T'ang-Zeit fiel. Beide waren eher schwach ausgeprägt und lagen zeitlich weit auseinander. An dieser geringen Zahl bedeutender Kulturblüten hatte wesentlichen Anteil auch der Umstand, daß China seit dem ausgehenden dritten Jahrhundert v. Chr., von gewissen Unterbrechungen abgesehen, einen Einheitsstaat bildete.

Die große Radikalität, Bewußtheit und Rationalität des neueren Europa fehlen auch allen anderen Kulturen. Wären sie radikaler und bewußter gewesen, so hätten sie auch – ganz unabhängig von ihrer besonderen »Seele« – eine ähnliche Mathematik und Physik wie Europa entwickelt. Ihre Wissenschaft wäre etwa auf dieselben Raumprobleme gestoßen und hätte auch – jedenfalls auf wissenschaftlichem Gebiet – ähnliche Raumvorstellungen entwickelt. Ist es etwa nicht charakteristisch, daß jenes Raumempfinden, das Spengler für typisch »faustisch« hält, sich in Ansätzen gerade auch während der athenischen Kulturblüte – trotz ihres »apollinischen« Charakters – zeigte. Mit dem Kontrapost führten die athenischen Bildhauer die räumliche Tiefe in die Skulptur ein. In der Archi-

---

[54] K. Jaspers, Vom Ursprung und Ziel der Geschichte, S. 89ff.

tektur begann Iktinos den inneren Raum des Tempels zu erschließen. Der Maler Apollodor brachte mit seiner »skiagraphia« perspektivische Elemente in seine Darstellungen, also gerade das, was Spengler als das »Pathos der dritten Dimension«[55] bezeichnete.
Ganz ähnliche Erscheinungen kennen wir übrigens aus der Zeit der 12.[56] und 18. Dynastie. Wären im griechischen Kulturkreis der athenischen in nicht allzu großem zeitlichen Abstand andere bedeutende Kulturblüten nachgefolgt, so hätten sie diese Ansätze wahrscheinlich aufgegriffen und fortgebildet. Entsprechendes gilt für Ägypten, das die Kulturblüte des Neuen Reiches erst drei bis vier Jahrhunderte nach dem Höhepunkt des Mittleren Reiches hervorbrachte. China hatte keine Gelegenheit, in einer weiteren hervorragenden Kulturblüte die Landschaftsmalerei der T'ang-Zeit und die von Wu Tao-tzu begründete Technik[57] weiterzuentwickeln. Auch die europäische Kultur hat sehr lange gebraucht, bis die perspektivische Malweise herrschend wurde. Endgültig war dies erst mit Masaccio im 15. Jh. der Fall, bezeichnenderweise also ebenfalls innerhalb einer Kulturblüte. Derselben Kulturblüte gehörte Leonardo an, der – dies ist wiederum charakteristisch – in der Wiedergabe der Tiefe sogar das Hauptproblem der Malerei sah. Eine voll entwickelte dritte Phase der athenischen Kulturblüte hätte das Raumempfinden, das sich in der Kunst bereits zu regen begonnen hatte, möglicherweise auch ins Wissenschaftliche umgesetzt, so wie mit Thukydides während ihrer zweiten Phase trotz des vermeintlich fehlenden historischen Sinns der Griechen und Römer unvermittelt ein großer Historiker auftrat.

Allerdings zeigen sich bei weniger typischen Kulturblüten gewisse an sich typische Züge nur in geringerem Grade. Manche Gesellschaften entwickeln – wenigstens in gewissen Abschnitten ihrer kulturellen Entfaltung – ein eigentliches Doppelgesicht. Die charakteristischen Züge der Kulturblüte treten unvermittelt neben die überkommenen mehr manieristischen oder traditionsgebundenen Ausdrucksformen. Was gemeint ist, zeigt bildlich vielleicht am besten eine Löwenplastik der frühen T'ang-Zeit, die mit einem wunderbar realistischen Körper einen traditionell stilisierten Kopf verbindet[58]. Der Klassizismus mancher Kulturblüten, so etwa der brandenburgisch-preußischen, ist in demselben Sinne eine Klassik, die sich nicht völlig durchgekämpft hat.

Die Ähnlichkeit »gleichzeitiger« Epochen

Vergleich zwischen Kulturblüten

Bisher sind die Kulturblüten in ihrer Gesamtheit betrachtet worden; es wurde hervorgehoben, welche Rolle der Zahl, Dichte und Intensität ihrer Kulturblüten für die Prägung ihres Charakters zukommt. Es ist hinzuzufügen, daß zwischen Kulturen, die sich in einer vergleichbaren Epoche ihrer Entwicklung befinden, immer nur bedingt Unterschiede bestehen. Vergleichbar in diesem Sinne sind insbesondere die Zeiten hervorragender Kreativität.

---

[55] Spengler, a. a. O., Bd. I, S. 485.
[56] W. Wolf, Kulturgeschichte des alten Ägypten, S. 262.
[57] Vgl. o. S. 132.
[58] L. Sickman/A. Soper, The Art and Architecture of China, S. 76.

So zeigen Kulturblüten häufig wenigstens Ansätze zu einer *tragischen* Weltsicht. Die Grundstimmung der 12. Dynastie (Mittleres Reich) etwa war, wie ihre Kunst beweist, ein tragischer Heroismus[59]. Von einem starken Empfinden für die tragischen Tiefen des menschlichen Daseins zeugen auch Kunstwerke der 18. Dynastie (Neues Reich), wie der im Museum von Kairo befindliche Kopf des Pharaon Ai. Während der Frühen T'ang-Zeit vernehmen wir selbst aus dem scheinbar seinem Wesen nach so antitragisch gestimmten China Töne der Tragik. Zeugnis dafür sind insbesondere gewisse Gedichte Tu Fus. Auch in der florentinischen Renaissance und insbesondere im Schaffen Michelangelos traten Ansätze zu einem tragischen Weltgefühl hervor. Die Kontur, die seine Entwürfe der Kuppel der Peterskirche gaben, war so lastend und tragisch, daß Giacomo della Porta sie bei der Ausführung des Baus mildern mußte. England brachte seinen großen tragischen Dichter auf dem Höhepunkt der elisabethanischen Kulturblüte hervor. Ähnliches läßt sich von Frankreich sagen. Molières Komödie »Der Misanthrop« geht ins Tragische über, so wie auch bei dem heiteren Mozart in gewissen Werken die tragischen Anklänge unüberhörbar sind. Racine vermochte, die Grundkategorien des Tragischen im Rahmen der Gegebenheiten der damaligen französischen Gesellschaft auszudrücken. Auch Pascal hatte einen starken tragischen Sinn entwickelt.

Ebenso ist der *historische* Sinn, den die einzelnen Kulturen entwickeln, eine Frage der Intensität ihrer Bewußtheit. Er zeigt sich daher regelmäßig während großer Kulturblüten, und zwar insbesondere in deren zweiter Phase. Dieser Zusammenhang ist bereits im alten Ägypten zu beobachten. Mit der fünften Dynastie, also der ersten ägyptischen Kulturblüte beginnen die Ägypter Annalen zu schreiben[60]. Ein eigentliches Geschichtsbewußtsein entwickelte sich mit der Kulturblüte des Neuen Reiches. Thutmosis III. gab Berichte über seine Feldzüge, die über eine annalistische Aufzählung von Fakten hinausgehen[61].

In China läßt sich ein deutliches Interesse an historischen Fragen bis auf die erste große Kulturblüte zurückverfolgen. Konfuzius stützte seine historischen Betrachtungen auf das Studium geschichtlicher Originalquellen. In seinem Shu ching sammelte er Urkunden und Reden aus den vorangegangenen Jahrhunderten, um ein Bild der Chou-Dynastie zu geben. Diese Arbeit wurde von den Chinesen stets als sein bedeutendstes Werk angesehen! Einen wesentlichen Schritt auf dem Wege zu einer wirklichen Geschichtsschreibung taten sie während ihrer zweiten Kulturblüte. Das hervorragendste literarische Produkt der Han-Zeit sind die »Historischen Aufzeichnungen« Ssu-ma Ch'iens (145– ca. 85 v. Chr.), Chinas größten Historikers. Ssu-ma beschränkte sich auf die klare und nüchterne Wiedergabe der Tatsachen, wie sie überliefert worden waren, ohne sie um des erzählerischen Effektes willen auszuschmücken und ohne auf der anderen Seite tiefer nach den zugrundeliegenden Ursachen zu fragen. Diejenigen Quellen, die nach seiner Meinung die verläßlichsten waren, zitierte er mit möglichst wenigen Änderungen. War die Überlieferung widersprüchlich, ohne daß er die Widersprüche auflösen konnte, so gab er

---

[59] Wolf, a. a. O., S. 264.
[60] Vgl. A. Toynbee, A Study of History, Bd. XII, S. 347.
[61] Wolf, a. a. O., S. 397, 399f.

die verschiedenen Varianten gleichberechtigt wieder. Alle späteren chinesischen Historiker übernahmen diese Technik[62]. Das historische Interesse Ssu-mas war dabei bemerkenswert vielfältig.

Während der abbasidischen Kulturblüte entwickelte al-Tabarī eine ganz ähnliche Methode. Dieser arabische Historiker gab Ereignisse, über die verschiedene Versionen existierten, dadurch wieder, daß er die ursprüngliche Quelle wortgetreu zitierte. Dies bedeutete für die arabische Geschichtsschreibung, die bis dahin nur Biographien aneinandergereiht hatte, um die sie ohne Rücksicht auf die chronologische Reihenfolge Erzählungen über besondere Ereignisse gruppierte, eine völlige Neuerung[63]. In demselben Geist hatte al-Jāhiz – nicht unähnlich Thales im Rahmen der ionischen Kulturblüte – bereits zuvor Ansätze zu einer Evolutionstheorie entwickelt.

Das europäische Geschichtsbewußtsein entwickelte sich voll erst mit dem Ausgang des Mittelalters, und zwar mit der florentinischen Kulturblüte, war also auch hier nicht Ausdruck einer vorgegebenen Kulturseele. Es waren erst die Florentiner der Renaissance, die in Europa ein intensiveres Bewußtsein von der Zeit entwickelten[64]. Im neueren Europa kennzeichnen die wesentlichsten Etappen der allmählichen Entfaltung des geschichtlichen Denkens Machiavelli, Voltaire und Montesquieu, Winckelmann, Herder, Hegel und Ranke. Jeder dieser Historiker und Geschichtsdenker hat seinen festen Platz in einer Kulturblüte.

Daß eine so bedeutende Kulturblüte wie die Gupta-Zeit Ansätze zu einem Geschichtsbewußtsein nur in der schwachen Form einer Renaissance zeigte, ist eine Anomalie.

Das Kriterium der »Gleichzeitigkeit«

Spengler beging den Fehler, Unvergleichbares miteinander in Parallele zu setzen, obwohl gerade er es war, der den Begriff Homologie oder »Gleichzeitigkeit« in die Kulturmorphologie eingeführt und ihm eine zentrale Bedeutung gegeben hatte:

> »Ich nenne *gleichzeitig* zwei geschichtliche Tatsachen, die, jede in ihrer Kultur, in genau derselben – relativen – Lage auftreten und also eine genau entsprechende Bedeutung haben... *Gleichzeitig* vollzieht sich die Entstehung der Ionik und des Barock. Polygnot und Rembrandt, Polyklet und Bach sind *Zeitgenossen*... Ich hoffe zu beweisen, daß ohne Ausnahme alle großen Schöpfungen und Formen der Religion, Kunst, Politik, Gesellschaft, Wirtschaft, Wissenschaft in sämtlichen Kulturen *gleichzeitig* entstehen, sich vollenden, erlöschen...[65]«

Der Begriff »Gleichzeitigkeit« soll in abgewandelter Form auch hier verwendet werden. Im Sinne der folgenden Ausführungen sind »gleichzeitig« alle Erscheinungen, die gleichartigen Entwicklungsphasen einer Kulturblüte oder einem vergleichbaren Abschnitt der vorhergehenden oder nachfolgenden Zeit zugehören, und zwar auch dann, wenn es sich um Kulturblüten handelt, die aus *einem* Kulturkreis hervorgegangen sind. »Gleichzeitig« sind demnach etwa die florentinische Renaissance, die Klassik Athens und die Kulturblüte des Mittleren Reiches. Sie stehen sich nach ihrem Geiste gegenseitig näher

---

[62] Reischauer/Fairbank, a.a.O., S. 65, 112.
[63] St. und N. Ronart, Lexikon der arabischen Welt, S. 997.
[64] Vgl. die Angaben bei Cronin, a.a.O., S. 95 ff.
[65] Spengler, a.a.O., Bd. I, S. 149 f.

als beispielsweise Renaissance und Manierismus in Florenz, obwohl jene in diesen zeitlich und sachlich unmittelbar einmündet. »Gleichzeitig« sind auch Thutmosis III., Themistokles und Heinrich VIII. einerseits, Perikles, Augustus, Ming Huang und Lorenzo der Prächtige andererseits, ferner Sophokles, Horaz und Hölderlin, auch Leonardo, Molière und Mozart, schließlich Sokrates und Kant. Auf Leonardo und Mozart folgen Michelangelo und Beethoven, die ebenfalls »gleichzeitig« auftreten, jeweils in einem Abstand von etwa 15 Jahren. »Gleichzeitig« sind ferner Leonardo und Goethe: Nicht zufällig besitzen gerade diese beiden Persönlichkeiten ein eng verwandtes Verhältnis zu Kunst und Wissenschaft, Gott und Gesellschaft. »Gleichzeitige« Epochen haben überhaupt eine ähnliche geistige Haltung.

Gleichzeitig in diesem Sinne können auch soziale Tatbestände und die Haltung gegenüber solchen sein. Konfuzius, der auf die Rückkehr zu den Sitten der guten alten Zeit drängte, ist etwa gleichzeitig mit Platon, welcher ebenfalls der späte Vertreter einer Kulturblüte war. »Gleichzeitig« sind Han Yü, al-Jāhiz, Sallust und Voltaire. Sie alle sind Vertreter einer ähnlichen sozialkritischen Haltung in einer kulturgeschichtlich vergleichbaren Phase. Machiavelli wiederum entspricht dem Chinesen Sun-tzu, der im 5. vorchristlichen Jahrhundert lebte. Beide entsprangen einer ähnlichen kulturellen Phase und einem korrespondierenden sozialen Klima; beide gelangten zu denselben Auffassungen: Für Sun-tzu waren wie für seinen italienischen »Zeitgenossen« Hinterlist bis zu gemeinem Mord, Grausamkeit und Unaufrichtigkeit hervorragend wichtige Mittel des politischen Kampfes. Wie Machiavelli glaubte er, daß eine »realistische« Politik ohne sie nicht auskommen könne. Beide Denker hatten dabei den ehrlichen Willen, ihrem Volk zu helfen. Auf die Parallelität von Aristophanes (nach 400), Tu Fu und dem späten La Fontaine wurde bereits hingewiesen.

Auch Jesus und Savonarola sind »gleichzeitig«. Sie treten in einem kulturgeschichtlich ähnlichen Entwicklungsstadium ihrer Gesellschaft auf, wirken in derselben sozialen Atmosphäre, haben ein gleichartiges Anliegen und erleiden dasselbe persönliche Sckicksal[66]. Jesus und Savonarola zuzuordnen ist Echnaton, der auf dem Höhepunkt der sozia-

---

[66] Jesus trat für eine Läuterung der überkommenen jüdischen Religion ein. Er wirkte in der späten Phase eines Prozesses, dessen Ursprünge bis ins 2. Jh. v. Chr. und insbesondere in die Epoche der seleukidischen Fremdherrschaft zurückgehen. 168 v. Chr. verboten die Seleukiden den jüdischen Kult und begannen die Gläubigen auf das grausamste zu verfolgen. Es folgte der Aufstand der Makkabäer. – Parallel zum bewaffneten Widerstand lief ein Anpassungsprozeß. Die jüdische Orthodoxie setzte sich vollständig durch, das hellenistisch eingestellte Reformjudentum wurde moralisch und physisch vernichtet, das halbkirchliche Reich der Hasmonäer errichtet. – Die wichtigsten Schritte bei der Überwindung der Herausforderung bestanden in der Gründung eines unabhängigen jüdischen Staates durch Jonathan und Simon (145–140 v. Chr.) und dem durch anderweitige Ereignisse herbeigeführten Untergang der Seleukidenreiches (126 v. Chr.).
Der durch diese Vorgänge in Gang gesetzte soziale Prozeß führte u. a. auch zu einer Spaltung der Gesellschaft. Den »fortschrittlichen« Pharisäern sind die religiösen Gesetze, anders als die »konservativen« Sadduzäer es wollten, nicht nur in der Schrift enthalten, sondern bestehen auch aus der von den Vätern überkommenen parsisch beeinflußten Tradition. Die Pharisäer hatten die Unterstützung der Mehrheit der Masse. Das religiöse Fundament, auf dem Jesus steht, ist ganz das der Pharisäer. Auf dieser Basis entwickelte er jedoch ein revolutionär neues religiöses und ethisches Bewußtsein.

len Krise einer Kulturblüte einen geläuterten monotheistischen Sonnenglauben an die Stelle des überkommenen Polytheismus zu setzen versuchte. Er ist insofern eine Ausnahme, als mit ihm ein Exponent der »Progressiven« mit allen Folgen für die Gesellschaft auf den Thron gekommen war, so daß sich in diesem Sonderfall die monarchischen Institutionen für fast zwei Jahrzehnte prozeßbeschleunigend auswirkten. – Es soll schließlich darauf hingewiesen werden, daß auch der englische Materialismus des 17. Jh., der französische Materialismus des 18. Jh. und der deutsche Materialismus des 19. Jh. »gleichzeitig« sind.

Wer die besondere Physiognomie einer Kultur erkennen will, muß ihre Epochen mit »gleichzeitigen« Abschnitten anderer Kulturen vergleichen. Spengler hat bei seinen Untersuchungen aber nicht nur dieses Prinzip ignoriert, sondern darüber hinaus auch noch die Vergleichsbasis von Fall zu Fall gewechselt. Dies soll im folgenden anhand von Spenglers Ausführungen zu der Zeit- und Geschichtsauffassung der einzelnen Kulturen gezeigt werden. Um das punktförmige Zeitbewußtsein des antiken Menschen zu beweisen, greift er für das Gebiet der Plastik auf die Kulturblüte Athens zurück, und seine Beispiele sind insoweit eindrucksvoll genug. Die archaische Kunst, die in Griechenland – so wenig wie anderswo – keineswegs reine Gegenwart war, übergeht er. Umgekehrt verfährt er mit der ägyptischen Kunst. Er ignoriert die Werke, die auf dem Höhepunkt des Mittleren und Neuen Reiches entstanden, obwohl sie vielfach nicht weniger als die klassische Kunst der Griechen den flüchtigen Augenblick festhalten und damit einer gegenteiligen Annahme Spenglers, mit der er das angeblich besonders ausgeprägte Zeitbewußtsein der Ägypter zu begründen versuchte, widersprechen. So zeigte sich in der Kunst der 12. Dynastie die Neigung, einmalige Geschehnisse aus dem Leben der porträtierten Personen darzustellen, etwa wiederzugeben, wie sie der Jagd nachgehen oder den Block für eine Statue aus dem Steinbruch holen[67]. Noch ausgeprägter haben wir dasselbe Phänomen in der Amarna-Zeit. Aber auch die Plastik der 5. und 6. Dynastie ist unvergleichlich lebendiger als die der ägyptischen Früh- und Spätzeit.

Bei der Betrachtung der Architektur wechselt Spengler nun aber die Vergleichsbasis. Wenn er bei den Griechen auf die Verwendung von Holz als Baumaterial hinweist, so greift er damit auf die archaische Zeit zurück; denn ihre klassischen Bauten errichteten sie durchaus in Stein. Hätte er für Ägypten die vergleichbare Zeit herangezogen, so hätte er festgestellt, daß ein Unterschied zwischen Ägypten und der Antike insofern nicht besteht, da nähmlich auch die Ägypter bis zur Stufenpyramide von Sakkara, die König Djoser errichten ließ, mit Holz bauten[68]. Der Übergang von Holz- zu Steinarchitektur fand also in beiden Kulturen statt, und zwar etwa »gleichzeitig«. – Und wenn Spengler die antike Sitte der Leichenverbrennung mit dem ägyptischen Brauch kontrastiert, die Leichen durch Einbalsamierung zu mumifizieren und dadurch zu verewigen, so ist darauf hinzuweisen, daß die nachhomerischen Griechen neben der Einäscherung auch die Erdbestattung praktizierten. Er ignoriert ferner, daß bei den Latinern beide Formen der Bestattung in Übung waren. Die Cornelier, das am weitesten verzweigte römische Adelsgeschlecht, das mit den Aemiliern, Claudiern u. a. in Rom eine Art Fürstenstand bildete, kannten bis

---

[67] Wolf, a. a. O., S. 265.
[68] G. Steindorff/K. C. Seele, When Egypt Ruled the East, S. 14.

auf Sulla nur die Erdbestattung. Baulich zeugt hiervon bis auf unsere Tage das Scipionengrab an der Via Appia.

Zum Beweis eines angeblich geringen oder nicht vorhandenen historischen Sinnes der antiken Welt geht er ebenfalls auf die frühe griechische Zeit zurück, eine Epoche also, in der das geschichtliche Bewußtsein trotz der Fortschritte in homerischer Zeit in der Tat noch kaum entwickelt war. Dem Historiker Thukydides maß er ebensowenig Bedeutung wie Polybius, Sallust oder Tacitus bei. Auch die geringen historiographischen Leistungen des europäischen Mittelalters ignorierte er. Er hätte ebenso umgekehrt verfahren und die Epoche der griechischen und römischen Reife mit der europäischen Frühzeit in Parallele setzen können; er wäre dann zu dem entgegengesetzten Ergebnis gelangt.

Der Irrtum Spenglers ist ein doppelter: Er verkannte einmal die Bedeutung der Prozesse, die die Kulturblüte generieren, und die Dynamik, mit der sie den Charakter einer Kultur zu verändern vermögen. Er vernachlässigte sodann, um dies abschließend noch einmal festzuhalten, das Prinzip der »Gleichzeitigkeit«. Daß er nicht die Epochen, die sich eigentlich entsprechen, zueinander in Parallele setzte, führte auch dazu, daß er mit der Renaissance, die seiner Theorie vom faustischen, nicht-apollinischen Charakter des Abendlandes entschieden widersprach, nichts anzufangen wußte. Daß sie in das von ihm entworfene Modell nicht paßte, hat er selbst empfunden:

> »Die Renaissance war aus dem Trotz geboren. Es fehlt ihr darum an Tiefe, Umfang und Sicherheit der formbildenden Instinkte. Sie ist die einzige Epoche, die in der Theorie folgerichtiger war als in den Leistungen[69].« »Mithin sind Gotik und Barock etwas, das *ist*. Renaissance bleibt ein Ideal, das über dem Wollen einer Zeit schwebt, unerfüllbar wie alle Ideale[70].«

Von seinem Standpunkt aus konsequent, aber gleichzeitig die Schwäche seiner Theorie verratend, sieht er die Renaissance sogar als eine Verirrung an:

> »Diese drei Großen (nämlich Raffael, Leonardo und Michelangelo) haben, jeder in seiner Weise, jeder in einem eignen tragischen Irrgang versucht, antik im Sinne der mediceischen Theorie zu sein, und jeder hat nach einer anderen Seite hin den Traum zerstört, Raffael die große Linie, Leonardo die Fläche, Michelangelo den Körper. In ihnen kehrt die verirrte Seele zu ihrem faustischen Ausgang zurück. Sie *wollten* das Maß statt der Beziehung, die Zeichnung statt der Wirkung von Luft und Licht, den euklidischen Leib statt des reinen Raumes. Aber eine euklidisch-statische Plastik hat es damals nicht gegeben. Sie war nur einmal möglich: in Athen[71].«

Er übersieht Donatello und verkennt, daß Michelangelo sich zu diesem Künstler verhält wie Beethoven zu Mozart. An einer anderen Stelle schreibt er der Renaissance eine »gewaltige Täuschung über ihre eigenen Tendenzen« zu[72]. Dementsprechend sieht er denn auch die eigentliche Erfüllung des Abendlandes im Barock. Wir haben hier wieder jenes Unverständnis für alles Klassische, das auch seine Beurteilung der griechischen Skulptur so stark beeinflußt hat. Auch hierbei handelte es sich übrigens um eine Art Wahlverwandtschaft.

---

[69] Spengler, a. a. O., Bd. I, S. 349.
[70] Spengler, a. a. O., Bd. I, S. 350.
[71] Spengler, a. a. O., Bd. I, S. 350.
[72] Spengler, a. a. O., Bd. I, S. 332.

Anhang

KULTURBLÜTE UND GESELLSCHAFTLICHES NORMENSYSTEM

I. Das gesellschaftliche Normensystem

Die Dynamik der Kulturblüte ist voll nur zu verstehen, wenn man von der normativen Theorie des Handelns, wie sie von Talcott Parsons entwickelt wurde, ausgeht. Dieser Soziologe hat in seinem bedeutenden Werk »The Structure of Social Action«[1] dargelegt, daß alles Handeln durch Normen bestimmt wird. Diese Erkenntnis kann man als die voluntaristische Theorie des Handelns bezeichnen, der insbesondere die positivistische Theorie des Handelns gegenübersteht, von deren Richtigkeit die Gesellschaftswissenschaften unbewußt bis zur Jahrhundertwende ausgingen und die annimmt, daß die Ziele und Mittel menschlichen Handelns ausschließlich unter Anpassung an die Situation (Erbgut und Umgebung) oder aber willkürlich (Irrtum und Zufall) bestimmt werden. Parsons entwickelte seine Theorie auf der Grundlage der Werke Durkheims, Paretos und Max Webers. Soweit soziales Handeln in Frage steht, besagt sie, daß dieses wesentlich auch durch gesellschaftliche Normen bestimmt wird.

Gesellschaftliche Normen sind einmal Verhaltensnormen, die das äußere bewußte und dem freien Willen unterliegende Tun und Unterlassen der Gesellschaftsangehörigen »regeln«. Es kann sich dabei um Normen des Rechts, der Moral, Sitte, Tradition, Ehre usw. handeln. Wenn Parsons und andere Soziologen von Normen sprechen, meinen sie immer diese Verhaltensnormen. Daneben gibt es aber auch Erkenntnisnormen, mit denen die Gesellschaft das Denken, Wissen und Fühlen ihrer Angehörigen beeinflußt. Soweit ersichtlich, nähern sich nur Durkheim und Parsons diesem erweiterten Normbegriff. Durkheim unterscheidet zwischen Glaubenssätzen und Riten, die beide – wie er sagt – von der Gesellschaft geregelt und miteinander unauflöslich verknüpft sind. Sein Buch »Les formes élémentaires de la vie religieuse« verfolgt den ausgesprochenen Nebenzweck, den religiösen »und damit sozialen« Ursprung der Kategorien nachzuweisen[2]. Glaubenssätze definiert er als »Vorstellungen«, Riten als »Verhaltensvorschriften, die festlegen, wie man mit den heiligen Dingen umzugehen habe«[3]. Man sieht, hier fehlen nur noch die Erhebung der Glaubenssätze von Vorstellungen zu Regeln, d. h. zu Normen, womit sie den Riten völlig gleichgestellt wären, und die Ausdehnung des Resultats

---

[1] New York 1967⁵.
[2] Emile Durkheim, Les formes élémentaires de la vie religieuse, Paris 1968⁵, S. 12 ff.
[3] Durkheim, a. a. O., S. 56.

vom bloßen religiösen auf den gesamten sozialen Bereich. Beide Schritte sind sehr klein, in der Tat um so kleiner, als Durkheim die Glaubenssätze und die Kategorien miteinander in Verbindung bringt und als er das Religiöse dem Sozialen gleichsetzt. Ferner faßt Durkheim alle Glaubenssätze und alle Verhaltensweisen, die auf die Gesellschaft zurückgehen, – auch die Riten – unter dem Begriff »Institutionen« zusammen. Auch für Parsons wäre der Schritt zu den Erkenntnisnormen nicht mehr groß gewesen. Er betont einerseits die Wichtigkeit des kognitiven Aspekts für die Theorie des sozialen Handelns; andererseits sagt er, daß der normative Aspekt der kognitiven Orientierung leicht zu fassen ist[4].

Über die Erkenntnisnormen lenkt die Gesellschaft das Verhalten ihrer Angehörigen indirekt. Mittelbar wirkt auch eine dritte Kategorie von Normen, die Haltungsnormen. Von den Verhaltensnormen unterscheiden sich die Haltungsnormen dadurch, daß sie sich nicht auf das Tun und Unterlassen in einer bestimmten Situation beziehen, daß sie nicht so explizit, artikulierbar und konkret sind und daß sie ferner in ganz anderem Maße über das Unbewußte wirken, also auch ihre Befolgung nicht so direkt wie die Verhaltensnormen dem freien Willen unterliegt. Die Haltungsnormen führen zu Eigenschaften, die wie Ehrenhaftigkeit, Hingabe an die Sache, Hartnäckigkeit oder Ausdauer biologisch bedingten Besonderheiten ähneln und von ihnen bisweilen nur schwer oder gar nicht zu unterscheiden sind. So ist selbst zweifelhaft, ob der aufrechte Gang des Menschen ursprünglich ein biologischer oder aber ein sozialer Tatbestand ist. Die Haltungsnormen beziehen sich auf alle Bereiche des menschlichen Lebens, während der Wirkungsbereich der einzelnen Verhaltens- oder Erkenntnisnorm meist enger umrissen ist. Die Gesamtheit der Haltungsnormen begründet die allgegenwärtige geistige und seelische Identität einer Gesellschaft. Was man im allgemeinen unter dem Begriff Nationalcharakter zusammenfaßt, ist ganz wesentlich durch diese Kategorie von Normen bestimmt. Wie die Gesellschaft, so hat auch jede Kultur ein Normensystem, das für sie charakteristisch ist. Es besteht ganz wesentlich auch aus Erkenntnisnormen. Die Gesamtheit der grundlegenden Normen, die einer Kultur eigen sind, kann man mit Spengler als ihre »Seele« bezeichnen. Auf die besondere Seele jeder Kultur hat gerade dieser Autor immer wieder hingewiesen. Er ging in seinem Hauptwerk sogar so weit, zu behaupten, daß die einzelnen Kulturen in ihrer seelischen Haltung so verschieden seien, daß es ein gegenseitiges Verständnis zwischen ihnen nicht geben könne. Einen ähnlichen Sinn wie Spenglers Kulturseele hat der von Frobenius gebrauchte Begriff »Paideuma«.

Die Beachtung oder Nichtbeachtung jeder Norm ist von der Gesellschaft sanktioniert. Die Sanktion kann positiver oder – wie im Regelfall – negativer Natur sein, sie kann in einer Belohnung oder einer Strafe bestehen. Die Gesellschaft arbeitet jedoch auch mit feineren Mitteln. Schon Durkheim, der zunächst wie andere Soziologen das Element des Zwanges herausgestellt hatte, erkannte bald, daß die sozialen Phänomene damit nur sehr unzureichend erklärt werden können. Er entwickelte den Begriff der Internalisierung, der für die heutige Soziologie von grundlegender Bedeutung ist. Internalisierung ist die Verinnerlichung von Normen. Sie bewirkt, daß der Gesellschaftsangehörige, der die Norm internalisiert hat, diese in erster Linie nicht befolgt, um Sanktionen zu vermeiden,

---

[4] Talcott Parsons, The Social System, London 1951, S. 7 und 13.

sondern aus einem inneren Bedürfnis heraus. Internalisierung liegt – entsprechend dem dargelegten weiteren Normbegriff – über den erwähnten Fall, daß eine Norm aus einem inneren Bedürfnis befolgt wird, hinaus auch dann vor, wenn ein Gesellschaftsangehöriger sich eine Norm so angeeignet hat, daß sie über das Unbewußte wirkt, mithin in allen Fällen, in denen ein Gesellschaftsangehöriger einer Norm aus einer zweiten Natur heraus nachlebt. Unbewußt wirkende Verhaltens- und Erkenntnisnormen werden immer internalisiert; dies gilt im Prinzip auch für die Haltungsnormen. Über Internalisierung erfüllen ihre Lenkungsfunktion grundsätzlich auch alle Verhaltensnormen, die aus wertrationaler Motivation, und alle Erkenntnisnormen, die aus innerer Überzeugung beachtet werden.

Wichtig für das Verständnis der Kulturblüte ist nun, daß die gesellschaftlichen Werte und Normen miteinander in einem inneren Zusammenhang stehen, daß sie ein System bilden, das eine eigene Logik hat. Ändert sich eine wichtigere Norm, so wirkt sich dies auf die anderen Normen aus. Solange das Normensystem nicht erstarrt ist, befindet es sich folglich in einem ständigen Fluß.

Das Werte- und Normensystem ist hierarchisch aufgebaut. An der Spitze stehen die Werte; von ihnen hängen die Normen ab. Je höher die Stellung, die die Gesellschaft den Werten der eigenen Selbstbehauptung und der Rationalität einräumt, desto eher werden Widersprüche im Normensystem eliminiert. Was die Rationalität anbelangt, so ist dies evident. Für den Fall, daß die Selbstbehauptung den höchsten Wert darstellt, so folgt dies daraus, daß alles diesem *einen* Wert untergeordnet wird. Je pluralistischer das Wertesystem der Gesellschaft, desto unvollkommener ist die Abstimmung zwischen einzelnen Normen und Normkomplexen. Historisch sind derartige Gesellschaften keineswegs selten. Es erscheint nicht richtig, mit Max Weber verallgemeinernd von einen »Normenkosmos« zu sprechen.

II. Die Anpassung

Die Gesellschaften passen ihr Normensystem mehr oder weniger den Notwendigkeiten der natürlichen und menschlichen Umwelt an. Falls die neuen Normen zum Zwecke der wirksameren Selbstbehauptung gegenüber anderen Gesellschaften gebildet werden, findet eine »außenpolitische« Anpassung statt. Eine solche Anpassung an die menschliche Umwelt hat zum Ziel, in wesentlichem Maße neue Kräfte zu erschließen oder ein zweckgerechtes Verhalten der Gesellschaftsangehörigen zu bewirken. Paßt sich eine Gesellschaft an die menschliche Umwelt dadurch an, daß sie nur jene Normen ändert, die sich unmittelbar auf die »Außenpolitik« beziehen, so kann man von »spezifischer« außenpolitischer Anpassung sprechen. Bei der »unspezifischen« außenpolitischen Anpassung versucht die Gesellschaft, den »außenpolitischen« Notwendigkeiten mittelbar gerecht zu werden, nämlich durch eine Steigerung der physischen Macht der Gesellschaft. Sie bedeutet also eine Änderung von Normen, die unmittelbar mit der »Außenpolitik« nichts zu tun haben. Anpassung in diesem Sinne heißt, daß das gesamte gesellschaftliche Leben optimal auf die Bewältigung einer äußeren Bedrohung ausgerichtet wird. Sie wird in der Regel als Reflex eine Reform der staatlichen Institutionen einschließen, kann aber auch vorwiegend oder ausschließlich in einem bloßen geistig-moralischen Prozeß, z. B. der Stärkung der staatsbürgerlichen Gesinnung und Opferbereitschaft der Gesellschaftsangehörigen – wie etwa im Falle des florentinischen Stadtstaates – bestehen. Eine Anpassung vollzieht sich jedoch nur, wenn sich neue gesellschaftliche Normen bilden. Es darf sich nicht nur um bloß vorübergehende Stimmungen handeln. Bei den Florentinern etwa kam es mit dem staatsbürgerlichen Humanismus um die Wende zum 15. Jh. zu einer Änderung der Einstellung gegenüber der Umwelt, die drei bis vier Generationen wirksam blieb. Wir müssen auch außenpolitische Anpassungsprozesse von bloßen außenpolitischen Reaktionen unterscheiden; mit letzteren versucht eine Gesellschaft ohne Änderung ihres Normensystems, also im Rahmen dieses Systems, außenpolitischen Erfordernissen gerecht zu werden. Praktisch sind die Übergänge zwischen Anpassung und Reaktion freilich fließend.

Spezifische und unspezifische Anpassung sind zwei grundverschiedene Vorgänge, die sich gegenseitig eher ausschließen, als daß sie miteinander Hand in Hand gingen. Die spezifische Anpassung ist ein längerfristiger Prozeß und vollzieht sich unbewußter. Sie gleicht mehr der Anpassung an die natürliche Umwelt, wenn diese auch viel weiter getrieben werden kann, was daran liegt, daß die natürliche Umwelt gleichbleibender und berechenbarer ist als die außenpolitischen Erscheinungen. Im Gegensatz zu der spezifischen hat die unspezifische Anpassung wie gesagt in aller Regel die Änderung von Institutionen zur Folge und wird hier am greifbarsten. Das institutionelle Oberflächenphänomen schildert vereinfachend Friedrich Engels im Hinblick auf Preußen:

> »Zwei gute Einrichtungen hatte Preußen den anderen Großstaaten voraus; die allgemeine Wehrpflicht und den allgemeinen Schulzwang. Es hatte sie eingeführt in Zeiten verzweifelter Not und hatte sich damit die Möglichkeit bewahrt, die in der Volksmasse schlummernde potentielle Energie eines Tages in einem Grade zu entfalten, der für eine gleiche Volkszahl anderswo unerreichbar blieb.«

Im folgenden soll nur noch von der unspezifischen außenpolitischen Anpassung die Rede sein.

Eine Anpassung setzt immer zweierlei voraus: Eine Gefahr, die nur mittels Anpassung bewältigt werden kann, und Anpassungsfähigkeit der bedrohten Gesellschaft. Auf letztere soll gleich noch eingegangen werden. Das erstere Erfordernis bedeutet, daß die Normen der Gesellschaft für die Bewältigung einer bestimmten äußeren Bedrohung nicht ausreichend sind, daß also die Situation, wenn die außenpolitische Anpassung nicht erfolgt, voraussichtlich zu schwerem Schaden für die Gesellschaft führt.

Anpassung bedeutet Umgestaltung des gesamten Normensystems, auch der unbewußt wirkenden und der internalisierten Normen. Diese Normen ändern sich immer nur allmählich, was impliziert, daß eine Anpassung nicht über Nacht erfolgen kann, sondern vielmehr einen länger-, meist mehrere Jahrzehnte dauernden Prozeß darstellt. Die Intensität einer Anpassung hängt also nicht nur von der Schwere der Bedrohung, sondern auch von ihrer Dauer ab.

III. Die Anpassungsfähigkeit

Entscheidend für die Stärke der Anpassung ist ferner, in welchem Grade die Gesellschaft anpassungsfähig ist. Gesellschaften haben gleichsam eine primäre und eine sekundäre Struktur. Die sekundäre Struktur einer Gesellschaft in diesem Sinne ist die Organisation, die sie sich zu einem bestimmten Zeitpunkt konkret gegeben hat und die, jedenfalls solange nicht besondere äußere Notwendigkeiten eingreifen, einen gewissen Zufallscharakter haben mag. – Ihre primäre Struktur besteht in ihrer Anpassungsfähigkeit, ihrem Vermögen, ihre Organisation bestimmten äußeren Notwendigkeiten anzupassen. Die primäre Struktur einer Gesellschaft ist mithin weniger greifbar als die sekundäre, andererseits für sie aber viel charakteristischer und von größerer Bedeutung für die Diagnose ihres Zustandes. Während die sekundäre Struktur nur eine Art Mantel ist, den sie – eine entsprechende primäre Struktur vorausgesetzt – wie sie ihn angezogen, so auch wieder ablegen kann, macht diese ihre eigentliche Persönlichkeit aus. Die primäre Struktur einer Gesellschaft wird von ihren obersten Werten bestimmt. Sie ist mit der Anpassungsfähigkeit und der Fähigkeit zur Selbstbehauptung identisch.

Auch zwischen der Anpassungsfähigkeit und der bloßen Reagibilität sind die Übergänge fließend. In extremen Fällen ist selbst die Reagibilität schwach ausgebildet. Als wesentliche Komponenten der Anpassungsfähigkeit wurden Offenheit und ein beträchtlicher, aber nicht zu hoher Grad an Integration hervorgehoben. Erstere kann auch als Flexibilität des Normensystems bezeichnet werden. Sie geht meist mit geringer Normendichte Hand in Hand. Je eingehender, je eindeutiger und je wirksamer eine Gesellschaft die Haltung, das Verhalten und das Erkennen ihrer Angehörigen regelt, desto dichter und geprägter ist ihr Normensystem.

Trifft Offenheit in diesem Sinne mit genügend starker Integration zusammen, so steht an der Spitze der Hierarchie des gesellschaftlichen Werte- und Normensystems, wie die Geschichte zeigt, immer der Wert der Gemeinschaft. Oder umgekehrt: Wenn für eine offene Gesellschaft in der Hierarchie der Werte die Gemeinschaft an oberster Stelle steht, so ist ihr Normensystem von geringer Dichte und Prägung, mithin also flexibel. Das bedeutet praktisch auch, daß die Gesellschaft wenig oder keine Erkenntnis- und Verhaltensnormen besitzt, die ihren Angehörigen das Verständnis der Umwelt, soweit es zur Selbstbehauptung erforderlich ist, erschweren oder ein Verhalten auferlegen würden, das sie daran hindern könnte, der äußeren Bedrohung möglichst rational zu begegnen. Oder anders ausgedrückt: Die Rollen der Gesellschaftsangehörigen sind insoweit »offen«[5].

---

[5] Walter Rüegg, Soziologie, Frankfurt a. M. 1969, S. 230.

Wir haben hier das subjektive Gegenstück zu der objektiven Bedingung der Anpassung, daß die Tatsachen, in denen sich die äußere Bedrohung verkörpert, ihrer Bedeutung nach möglichst gewichtig sind. Die Normen der Rationalität und der Wert der gesellschaftlichen Selbstbehauptung ersetzen bis zu einem gewissen Grad die gesellschaftlichen Normen. Daß derartige Gesellschaften gewöhnlich ein großes Interesse für ihre Umwelt haben, läßt sich empirisch zeigen. Bei hoher Normendichte werden Normen, z. B. solche ästhetischen Charakters, dagegen oft zum Selbstzweck, sie treten an die Stelle von Werten.

Im ersteren Fall können wir von *sozialer,* im letzteren von *kultureller* Integration sprechen. Für erstarrte Kulturen ist große Normendichte charakteristisch. Auch hohe spezifische Anpassung bedeutet große Normendichte. Sie mindert die Flexibilität des Normensystems und damit die Anpassungsfähigkeit. Hohe spezifische Anpassung an die äußere – sei es die menschliche, sei es die natürliche – Umwelt kann daher außenpolitisch gefährlich sein, steht in jedem Falle aber einem bedeutenderen kulturellen Aufschwung entgegen.

Auf die wichtige Rolle, die eine harte natürliche Umgebung indirekt für die Entfaltung einer hohen Kulturblüte zu spielen vermag, wurde hingewiesen. Die Umgebung darf jedoch nicht so schwierig sein, daß sie nur mit Hilfe einer hochgradigen spezifischen Anpassung bewältigt werden kann, da diese zu einer so großen Normendichte führen würde, daß darunter die Offenheit und die Fähigkeit zur Selbstbehauptung leiden müßte. Optimal ist also eine harte, aber nicht zu harte Umgebung: Insoweit ist unbeschadet der Ausführungen in Kap. VII Abschnitt IV/2 Toynbee zuzustimmen, wenn er im Hinblick auf die Schwere der Herausforderung von der Regel der »goldenen Mitte« spricht und sagt: »Die anregendste Herausforderung liegt in der Mitte zwischen einem Mangel an Schärfe und einem Übermaß an ihr[6].«

Wie weiter oben angedeutet, haben wir auch in der Geschichte des Lebens die Erscheinung, daß eine zu vollkommene Anpassung an die natürliche Umwelt der weiteren Entwicklung der Art abträglich ist. Auch der Entwicklungsprozeß der Arten besteht – soweit er nicht in eine Sackgasse führt – in einer fortschreitenden Anpassung an die Umwelt. Die wesentlichen stammesgeschichtlichen Fortschritte bestehen in der revolutionär erfolgenden Herausgestaltung neuer Merkmalsgefüge, die in *ganz allgemeiner* Weise die Lebenstüchtigkeit der Organismen erhöhen. Weitere Entwicklungssprünge werden nur von den Gruppen, die nicht zu sehr spezialisiert sind, vollzogen, während die hochspezialisierten Gruppen mangels Fähigkeit zur weiteren Anpassung bei der geringsten Milieuveränderung zum Aussterben verurteilt sind[7].

---

[6] Arnold J. Toynbee, A Study of History, Bd. II, Oxford 1956[7], S. 260.
[7] O. H. Schindewolf, Erdgeschichte und Weltgeschichte, S. 34, 44.

IV. Die Freisetzung moralischer Energien

Was oben als Freisetzung moralischer Kräfte bezeichnet wurde, ist eine Form fortgeschrittener Rückanpassung. Die Anpassung an die außenpolitische Umwelt schießt bisweilen über ihr Ziel hinaus. Eine äußere Bedrohung kann bei anpassungsfähigen Gesellschaften dazu führen, daß sie ihre Kräfte in einer Weise organisieren, die die eigentlichen Erfordernisse übertrifft. Die äußere Entwicklung wird im typischen Fall diesen Abstand noch vergrößern. Dies ist inbesondere dann der Fall, wenn der Gegner vernichtet oder die Gefahr, die er darstellt, wenigstens entscheidend vermindert wird. Angesichts der völlig veränderten äußeren Lage tendiert die Gesellschaft dazu, sich aus dem Zustand der Überanpassung in das andere Extrem einer zu geringen Anpassung zu begeben. Die Normen, die in ihrer früheren Strenge nicht mehr erforderlich erscheinen, werden gemildert oder verschwinden ganz. Das Leben in Sicherheit, Wohlstand und Muße weckt oder stärkt das Empfinden für Werte, die mit dem kollektiven Selbsterhaltungstrieb nichts zu tun haben. Die Gemeinschaft kann an der Spitze der Hierarchie der gesellschaftlichen Werte leicht durch andere Werte verdrängt werden.

Hat wegen des inneren Zusammenhangs aller Normen bereits die Anpassung zu einer Veränderung des ganzen Normensystems geführt, indirekt und mit einer zeitlichen Verzögerung also auch jener Normen, die für die Selbstbehauptung der Gesellschaft keine Bedeutung haben, so gibt die Rückanpassung, die einsetzt, bevor dieser Prozeß beendet ist, diesem doppelte Dynamik und intensiviert ihn bis zu einer eigentlichen Revolution im Normensystem. Dieser durch die äußeren Verhältnisse in Gang gesetzte, dann aber autonom ablaufende Prozeß ist der eigentliche Motor der Kulturblüte. Freilich liegt der Gedanke nahe, daß der Umbruch im Normensystem nur eine Folge der gesteigerten Kreativität der Kulturblüte sei, nicht ihre Ursache. Das mag bis zu einem gewissen Grade auch stimmen. Anzunehmen jedoch, daß er in seinem wesentlichen Kern nur Folge der erhöhten Schöpferkraft sei, wäre aber ein offensichtlicher Irrtum. Denn es pflegt während der Kulturblüte nicht nur eine geistige, sondern auch eine politisch-soziale Revolution stattzufinden, wobei diese sicher keine Folge vermehrter Kreativität ist.

Da zu den Normen auch die Erkenntnisnormen gehören, die in gewissem Maße das Denken, Wissen und Fühlen der Gesellschaftsangehörigen regeln, bewirken Anpassung und Rückanpassung auch eine geistige Revolution. Ein Aspekt dieses Prozesses ist, daß der verbotenen Wahrheiten immer weniger werden. Insgesamt ist eine Erweiterung des Bewußtseins die Folge.

Die langsame Wandelbarkeit der Normen, von der die Rede war, hat zur Folge, daß der Umbruch, den die Anpassung der direkt betroffenen Normen bei den übrigen Normen auslöst, noch lange nach Abschluß der Anpassung fortdauert. Dies ist einer der Gründe, warum die Revolution im Normensystem, die gemeinhin den Beginn der Kulturblüte bezeichnet, erst etwa eine Generation nach Beginn der Rückanpassung einsetzt. Auch die stufenweise Entwicklung der Kulturblüte (Kunst, Geschichtsschreibung-Philosophie, Mathematik-Naturwissenschaften) erklärt sich daraus, daß der Umbruch des gesellschaftlichen Normensystems und die korrespondierende Erweiterung des Bewußtseins sich nicht auf einmal, sondern erst nach und nach, und zwar je nach Gebiet früher oder später, vollziehen. Die Gesellschaft der Kulturblüte drückt ihr neues Lebensgefühl zunächst mit Hilfe des direkteren Mediums der Kunst und dann erst durch die abstrakteren Geisteswissenschaften aus. Mit dem Ende der eigentlichen Kulturblüte pflegt sich der Umbruch im Normensystem zu verlangsamen. Dies und der Umstand, daß die Normen nur allmählich wandelbar sind, bedingen, daß die Revolution auf dem Gebiet der Naturwissenschaften noch wesentlich später erfolgt, da die Bewußtseinsänderung auf diesem Gebiet von den früheren geistigen Fortschritten abhängt, so wie Einstein bekannte, daß er ohne Kant die Relativitätstheorie nicht hätte entwickeln können.

Das gesellschaftliche Malaise, von dem mehrfach gesprochen wurde, bedeutet im normativen Bereich, daß sich die Normvorstellungen wesentlicher Teile der Gesellschaft auseinanderentwickelt haben. Der Umbruch im Normensystem hat wegen seiner Schnelligkeit zur Folge, daß die neuen Normen, die sich als Folge der Anpassung und Freisetzung bilden, von den Gesellschaftsangehörigen erst nach und nach oder überhaupt nicht mehr rezipiert werden. Viele Gesellschaftsangehörigen bleiben auf der Seite der Überlieferung, die zahlreiche andere Individuen dagegen nur noch in abgewandelter Form oder überhaupt nicht mehr als verbindlich ansehen.

Nachwort

THEORIE DER KULTURBLÜTE UND DIAGNOSE DER ZEITGENÖSSISCHEN GESELLSCHAFT

Die vorliegende Studie ist wissenschaftlich fundiert, trotzdem nicht als akademische Übung gedacht, sondern der Anteilnahme an der Entwicklung der zeitgenössischen Gesellschaft entsprungen. Seit den großen Kulturblüten des 17. und 18. Jh. gibt es in Europa soziale Erscheinungen, die auf Kulturverfall – im Sinne eines relativen Nachlassens der gesellschaftlichen Schöpfer- und Lebenskraft – hindeuten. Im 20. Jh. haben sich die Symptome, die in diese Richtung weisen, verstärkt. Es stellt sich somit die brennende Frage, wie es um die Lebensfähigkeit der modernen Gesellschaft bestellt ist.

Bei der Diagnose ihres Zustands und ihrer Entwicklung begegnen sich sehr unterschiedliche Auffassungen. Optimistische »progressive« Ansichten nehmen etwa an, daß die Geschichte der Menschheit erst eigentlich beginne. Eher pessimistische »konservative« Beobachter gehen im Extremfall so weit, daß sie, wie unlängst Solschenizyn, glauben, der Westen stehe am Rande eines selbstverschuldeten Zusammenbruches.

Die Argumente für und wider haben sich erschöpft, ihre bloße Wiederholung führt zu keiner neuen Erkenntnis, mögen sie sich nun auf umfassende, in ihren Voraussetzungen aber mehr oder weniger willkürliche, nur durch einen Akt des Glaubens akzeptierbare Theorien gründen oder aber auf mehr gefühlsmäßig gemachte unsystematische Annahmen. Es bedarf neuer Ansätze, die, wenn sie wissenschaftlich sein sollen, historisch fundiert sein müssen. Denn der Standort und die Entwicklungstendenz einer Gesellschaft lassen sich in ihrer Besonderheit nicht begrifflich deduzieren oder instinktiv erfassen, sondern ergeben sich, wenn überhaupt, nur aus vergleichenden historischen Untersuchungen.

Kulturverfall begegnet uns vor allem in drei Formen, die jeweils in einem bestimmten Verhältnis zu den sozialen Prozessen stehen, die bedeutende Kulturblüten hervorbringen:

– Als kurzfristiges Phänomen in den eine bis zwei Generationen andauernden Entwicklungen, in die die Abläufe übergehen, deren Randerscheinung die Kulturblüten darstellen. Sie sind, wenn sie sich rein verwirklichen, von einer solchen Intensität, daß sie die Gesellschaft bisweilen zu zerreißen drohen. Es gibt keine anderen sozialen Prozesse, in deren Verlauf die Gesellschaften in so kurzer Zeit so viel Lebenskraft einbüßen. Athen war bereits im 3. Jh. v. Chr., also verhältnismäßig kurze Zeit nach dem Gipfelpunkt seiner außerordentlichen Kulturblüte, völlig unschöpferisch geworden. Seine politische Unabhängigkeit hatte der Stadtstaat, der einst dem persischen Weltreich getrotzt hatte, auf ruhmlose Weise schon vorher eingebüßt. – Wir haben es hier mit der Urform des Kulturverfalls zu tun.

– Als mittelfristige Erscheinung in dem sich daran früher oder später regelmäßig anschließenden, oft viele Generationen andauernden und ruhiger verlaufenden relativen

Desintegrationsvorgang, eine Art schleichender Krankheit, die außer der Vitalität der Gesellschaft auch ihre Fähigkeit beeinträchtigt, hohe Kreativität zu entfalten.

Das eindrucksvollste Beispiel für diese Erscheinungsform des Kulturverfalls ist Rom im zweiten und dritten nachchristlichen Jahrhundert. Es ging aus diesem Prozeß völlig transformiert hervor und verlor auch noch die letzten Reste einstiger Lebenskraft. Wenn es danach noch über anderthalb Jahrhunderte weiterexistierte, so nur, weil sich kein Gegner fand, der das Gewicht gehabt hätte, dem Koloß schon vorher den Todesstoß zu versetzen.

Die betroffene Gesellschaft kann die Fähigkeit zu neuen Kulturblüten in der Regel nur durch eine Katastrophe, die auf sie zeitweilig verheerend wirken muß, sie nur nicht vernichten darf, wiedergewinnen.

Diese beiden Arten von Kulturverfall können durch Einwirkungen der Umwelt, insbesondere der menschlichen, in ihrem typischen Ablauf beeinflußt werden. Tatsächlich ist die Gesellschaft, wenn sie einmal den Gipfelpunkt der Kulturblüte erreicht hat, äußeren Gefahren besonders ausgesetzt, da sie dazu tendiert, wenn nicht außenpolitischen Entwicklungen geringere Aufmerksamkeit zu widmen, so doch äußeren Gefahren immer weniger kraftvoll zu begegnen. Die an sich autonomen Prozesse des Kulturverfalls entfalten sich in der Regel daher ungestört nur bei Gesellschaften, die wie etwa das kaiserliche Rom schon durch ihre bloße physische Masse ein ausreichendes Übergewicht über ihre möglichen Gegner haben.

– Als langfristiger Vorgang in dem endgültigen Verlust der Fähigkeit zu Kulturblüten und in zivilisatorischer Rückentwicklung. Er setzt voraus, daß eine Gesellschaft bereits mehrere kulturblütengenerierende Prozesse durchlaufen hat. Jeder dieser Prozesse, selbst wenn es zu zwischenzeitlichen Regenerationen der Gesellschaft kommt, hinterläßt Spuren in der sozialen Struktur, Veränderungen, in denen auch der Grund für die irreversible Degeneration der betroffenen Gesellschaften zu suchen ist und die u. a. bewirkt haben, daß bisher noch keine Gesellschaft mehr als drei bedeutende Kulturblüten hervorgebracht hat. Diese Spielart des Kulturverfalls ist somit für Gesellschaften charakteristisch, die eine sehr alte Geschichte haben, wie etwa das pharaonische Ägypten nach der Kulturblüte des Neuen Reiches (also seit dem 14./13. Jh. v. Chr.) oder China nach der T'ang- und Sung-Zeit (letztere bis 1126). Sie kann sich, wie auch die anderen Erscheinungsformen des Kulturverfalls, natürlich nur verwirklichen, wenn die Gesellschaft den Gefahren, die ihr drohen und denen sie – weil in ihrer Lebenstüchtigkeit bereits beeinträchtigt – besonders ausgesetzt ist, nicht, wie dies meist geschieht, schon vorher erlegen ist.

Aus dem Zusammenhang der Kulturblüten mit den erwähnten Verfallsvorgängen ergibt sich die Bedeutung der vorliegenden Studie für die Untersuchung des Kulturverfalls und für die Diagnose der gesellschaftlichen Gegenwart. Beide sind nämlich nur zu verstehen, wenn man die Wirkung der Prozesse kennt, die nicht nur die Kulturblüten generieren, sondern gleichzeitig dazu tendieren, die Gesellschaften um ihre Vitalität zu bringen. Die Ergebnisse dieses Buches können mittelbar zur Beantwortung der folgenden, für eine Diagnose der zeitgenössischen Gesellschaft wesentlichen Fragen beitragen:

– Ist die Gesellschaft dabei, einen jener mittelfristigen Verfallsprozesse zu durchlaufen, die bedeuten, daß die gesellschaftliche Lebens- und Schöpferkraft tendenziell zurückgeht? Eine Unterfrage hierzu ist: Welche kurz- und mittelfristigen Folgen für die weitere soziale Entwicklung der deutschen Gesellschaft beinhaltet der Vorgang, der im 18. Jh. als

Randerscheinung die Goethezeit hervorgebracht hat? Es handelt sich bei diesen Fragen um Teilaspekte des allgemeinen, nur aus der Geschichte zu beantwortenden Problems der Mechanik des Kulturverfalls.

– Und hilfsweise: Sind manche der Lebensäußerungen der zeitgenössischen deutschen Gesellschaft in ihrer Bedeutung den Symptomen gleichzustellen, die während der historisch bekannten Verfallsprozesse auftraten? Für die Beantwortung dieser Frage ist eine historisch fundierte Symptomatik des Kulturverfalls erforderlich.

Der Rückgriff auf historische Erfahrungen allein reicht für die Diagnose der Gegenwart jedoch nicht aus. Der Charakter mancher zeitgenössischer sozialer Phänomene, die wenigstens bei flüchtigem Hinschauen auf Verfall hindeuten, ist nur zu verstehen, wenn man außer Ablauf und Erscheinungsbild des Kulturverfalls die zusätzliche Wirkung der modernen technisch-ökonomischen Bedingungen kennt. Bei der Analyse des modernen Europa ist nämlich das Eigenmoment in Rechnung zu stellen, das Technik und Wirtschaft in der Neuzeit für die gesellschaftliche Entwicklung immer mehr gewonnen haben. Wahrscheinlich hatten sie bereits in den letzten Jahrhunderten eine europäische Sonderentwicklung zur Folge.

In früheren Zeiten und in anderen Kulturkreisen führte die Einebnung hierarchischer Strukturen, die Hand in Hand mit der Entfaltung bedeutender Kulturblüten vor sich ging, unmittelbar von aristokratischen zu weniger lebenstüchtigen amorphen Massengesellschaften oder zu – meistenteils mit Erstarrungserscheinungen verbundenen – Zwitterformen. Im neueren Europa verlief die Entwicklung anders. Infolge der besonderen technisch-ökonomischen Bedingungen kam es hier mit dem weitgehenden Fortfall der privilegierten Stellung der aristokratischen Oberschicht nicht, wie es sonst zu erwarten gewesen wäre, zu Vermassung und allmählichem Verfall der Gesellschaft.

Die Fortschritte der Produktionstechnik hatten in der Neuzeit zwischen Adel und Masse eine wohlhabende Schicht, das Bürgertum, entstehen lassen. Dieses trat als neue führende Schicht mit einer eigenen charakteristischen Wertordnung, die für die gesamte Gesellschaft maßgebend wurde und auf deren Grundlage sich diese weitgehend rekonstituierte, an die Stelle der Aristokratie. Als Arbeitshypothese kann man davon ausgehen, daß die europäischen Gesellschaften auf diese Weise von der historisch im Anschluß an die Kulturblüten sonst zu erwartenden Dekadenz oder Erstarrung wenigstens teilweise bewahrt blieben, wobei Spanien eine gewisse Ausnahme bilden mag.

Sollten die aufgrund geschichtlicher Vergleiche gefundenen Indizien darauf hinweisen, daß die zeitgenössische Gesellschaft gewissen Kräften des Verfalls unterliegt, so erhebt sich die Frage, ob sich gegenwärtig nicht ein analoger Vorgang vollzieht, ob nämlich die durch moderne Technik und Massenwohlstand gesetzten Bedingungen nicht derart sind, daß gleichzeitig mit der in unserer Epoche zu beobachtenden Beseitigung der privilegierten Position des Bürgertums sich eine neue führende Gesellschaftsschicht bildet, die an die Stelle der alten, bürgerlichen Wertordnung ihre eigene setzt. Ritterlichkeit war nicht ein kennzeichnendes Merkmal des Bürgertums; die spezifisch bürgerlichen Tugenden werden sicher nicht charakteristisch für die neue führende Schicht sein, und zwar um so weniger, auf je breiterer Grundlage sie sich formieren wird. Neue Lebenskraft wird die Gesellschaft, wenn die normative Revolution abgeschlossen ist, jedoch nur dann gewinnen, wenn die Hierarchie ihrer Werte so beschaffen sein wird, daß der Gemeinschaft als solcher, der persönlichen Verantwortung des einzelnen und der individuellen Freiheit ein hoher Rang zukommt.

Hilfsweise im Zusammenhang mit dieser Frage wiederum ist zu untersuchen, ob zeitgenössische Erscheinungen, die aus historischer Sicht etwa als Verfall erscheinen, auch bei Berücksichtigung der modernen technisch-ökonomischen Bedingungen in diesem Sinne gedeutet werden müssen.

> Der Leser wird bei der Lektüre mancher in diesem Buch geschilderter sozialer Phänomene an Vorgänge der Gegenwart erinnert worden sein. Insbesondere mag ihm dies widerfahren sein bei der Beschäftigung mit dem zeitweise revolutionären Umbruch im gesellschaftlichen Normensystem und den Desintegrationserscheinungen, die mit der Entfaltung der Kulturblüte verbunden sind (vgl. vor allem Kap. IV). Auch in unserer Epoche setzte – in Verbindung mit einer äußerst schnellen technischen und wirtschaftlichen Entwicklung – eine immer noch andauernde soziale Umwälzung ein, die sich in einer tiefgreifenden Veränderung des gesellschaftlichen Normensystems ausdrückt. Dabei waren und sind – im Verlauf von fortgeschrittenen Kulturblüten – die Einebnung hierarchischer Strukturen, das Nachlassen der Religiosität und ein Zurückgehen des Gemeinsinns zu beobachten. Ganz in Übereinstimmung mit der Entwicklung jener Gesellschaften sind auch für unsere zeitgenössische Gesellschaft ein weitverbreitetes Malaise und starke Polarisierung zwischen »Progressiven« und »Konservativen« charakteristische Erscheinungen.
>
> Es wurde davon abgesehen, die Parallelen im einzelnen herauszustellen. Äußerlich liegen sie vielfach ohnedies auf der Hand; in der Substanz bleiben sie aber ohne eine breitere theoretische Grundlage in jedem Falle unsicher. Denn bei den Prozessen, die die Kulturblüten hervorbringen, handelt es sich im Prinzip um autonome Vorgänge, die zwar durch äußere Ursachen mithervorgerufen werden, dann aber grundsätzlich nach ihren eigenen Gesetzen ablaufen; eine ihrer Äußerungen ist die Steigerung der Kreativität. Dem zeitgenössischen Umbruch dagegen fehlt diese besondere Randerscheinung; außerdem verläuft er wahrscheinlich nur bedingt autonom: Er ist vermutlich auch ganz wesentlich durch die beschleunigte technische Entwicklung und den in der letzten Generation stark vermehrten Massenwohlstand bedingt, Faktoren, die zwar ihrerseits ebenfalls von der Gesellschaft hervorgebracht sind, im Maße ihres Fortschreitens aber zu immer größerem Eigenleben tendieren und als verselbständigte Größen auf die Gesellschaft zurückwirken. Für die Folgen dieser Sonderumstände gibt höchstens die neuere Geschichte der europäischen Gesellschaften, die schon zur Zeit der Kulturblüten des 17. und 18. Jh. eine bedeutende Technik und einen gesteigerten Wohlstand kannten, Anhaltspunkte.

Es wäre z. B. möglich, daß Vorgänge, die an historischen Maßstäben gemessen, als Verfall erscheinen, z. B. die Einebnung hierarchischer Strukturen und überhaupt alles, was der gängige Ausdruck »Emanzipation« bezeichnet, nur Äußerungen eines Prozesses sind, in dessen Verlauf sich die Gesellschaft an die zeitgenössischen technisch-ökonomischen Bedingungen anpaßt, ohne daß es gleichzeitig zu einem eigentlichen Nachlassen ihrer Lebenstüchtigkeit kommt.

Eine andere Möglichkeit wäre, daß die modernen technisch-ökonomischen Bedingungen in Verbindung mit den Normensystemen gewisser moderner Industriegesellschaften solche Sachzwänge ausüben, daß sie die gesellschaftliche Entwicklung, selbst wenn sie zu Verfall tendierte, bis zu einem gewissen Grade stabilisieren und – etwa durch die Disziplin, die sie den Angehörigen solcher Gesellschaften auferlegen – integrierend wirken, in dem Sinne etwa, in dem Herbert Marcuse – wenn auch mit einer anderen Tendenz – den fortgeschrittenen technisch-wissenschaftlichen Verhältnissen so viel unerschütterliche Objektivität zuschreibt, daß sie mit der Praxis nicht zu vermitteln sei.

Von einem einigermaßen fundierten Urteil über Zustand und Entwicklung der zeitgenössischen Gesellschaft ist somit über die Untersuchung historischer Parallelvorgänge hinaus die Wirkung der modernen technisch-ökonomischen Bedingungen im wesentlichen unter drei Gesichtspunkten zu prüfen:

- Inwieweit wirkt die technisch-wirtschaftliche Revolution der letzten Jahrzehnte etwaigen Verfallstendenzen dadurch entgegen, daß sich die Gesellschaft in einer neuen führenden Schicht und auf der Grundlage einer neuen Wertordnung, die ihre Lebensfähigkeit gewährleistet, rekonstituiert?
- Sind Verfallssymptome, die die moderne Gesellschaft etwa zeigt, bloße Anpassungserscheinungen an die modernen technisch-ökonomischen Bedingungen?
- Wirken letztere, wenn die moderne Gesellschaft zu Verfall tendieren sollte, auf den gesellschaftlichen Prozeß stabilisierend?

Personenregister

von Carl Graf Kinsky

Kursiv gesetzte Seitenzahlen beziehen sich auf die Anmerkungen.

d'Abana, Pietro 202
Abū Muslim 213, 307
Abū Nuwās 211
Acarie, Madame 66, 238
Acciaiuoli, Neri 52
Accolti, Benedetto 187
Adam, Antoine 53, *105f., 114f., 141f., 171, 185, 256, 258,* 266f., *272,* 308
Adcock, F. E. 48
Ady, Cecilia Mary *35,* 93
Äschylos 70f., 76, 101, 109, 117ff., 146, 158f., 169, 188, 19*2*, 204, 251, 253, 256, 258, 260, 309
Agariste 60
Agorakritos 45
Ai, Pharao 320
Alberti, Leon Battista 73, 103, 134, 183, 185, 250f., 253, 258, 264, 270f., 285
Albrecht, Milton C. 262
Albizzi, Rinaldo degli 74
Albornoz, Gil Alvarez 23
d'Alembert, Jean 145
Alexander der Große 160, 170, 187
Alexei, Zar von Rußland 224
Alkibiades 60, 102, 107f., 157
Alkman 79, 255
Amenemhēt I., König von Ägypten 309
Amenophis III., König von Ägypten 261
Anaxagoras 46, 102, 107, 199
Anaximander 197f.
Anaximenes 197
Angelico, Fra 166, 203
Angélique Arnauld, Äbtissin 66f., 238
An Lu-shan 110ff., 147, 162f., 297f.
Apollodor 3, 124, 147, 160, 319
Archelaos 275
Archermos 45
Archimedes 279
Argyropoulos 204

Aristides 32
Aristion 45
Aristophanes 49, 76, 106ff., 120, 147, 158ff., 171, 184, 255, 262, 322
Aristoteles 65, 70, 118, 125ff., 144, 159f., 202, 204, 234, 257, 283f., 289
Arnauld, Antoine 58, *66,* 67, 105
Arnim, Hans Georg von 218
Aron, Raymond *144*
Aspasia 107
Aubery 191
d'Aubignac, François Hédelin Abbé 267
August der Starke, Kurfürst von Sachsen 225
Augustinus 67, 253
Augustus, Gaius, Julius Caesar Octavianus 3, 14, 41, 187, 191, 207f., 210, 214, 228, 295, 322
Aurispa, Giovanni 184, 204

Bach, Johann Sebastian 227f., 254, 321
Bacon, Francis 231, 233, 288
Bailey, B. L. *47*
Baladhurī, al- 212
Balzac, Honoré de 243
Banco, Nanni di 165, 263
Barlach, Ernst 235, 242
Barocchi, Paola *254*
Baron, Hans *23, 36f., 54, 72f., 99, 183, 241*
Bartolommeo, Fra 264
Barzini, Luigi *301*
Baudelaire, Charles 243
Bayle, Pierre 11f., 58, 105, 143, 171, 288
Beccadelli, Antonio degli 57
Becker, Karl *266*
Beckmann, Max 235
Beethoven, Ludwig van 185, 227f., 258, 265, 322, 324
Bellen, Heinz *45*
Bellini, Giovanni 235

Beloch, Julius *97, 100, 158,* 307
Bembo, Pietro 272
Bengtson, Hermann *55f., 81, 91, 97,* 307
Bentham, Jeremy 7
Berenson, Bernard *136*
Bernier, François 53, 143, 256
Bernini, Gian Lorenzo 262, 267
Berr, H. 308
Bersihand, Roger *172*
Bérulle, Pierre de 67
Bion 45
Bīrūnī, al- 212
Blet, Henri *52f.*
Boccaccio, Giovanni 36, 66, 232, 238, 249
Bodin, Jean 63
Boileau-Despréaux, Nicolas 58, 67, 142, *170f.,* 185, *192f.,* 253f., 256, 267, 310
Bonifaz VIII., Papst 52
Borchardt, Rudolf 235
Borsook, Eve *264*
Bos, Abbé du 106
Bossuet, Jacques-Bénigne 58, 64, 66, 74, *105f.,* 140, *142f.,* 192, 251, 254, 308
Botticelli, Sandro 72, 113, 166, 264
Bourde, André *64, 75, 83, 86, 104*
Bourdoise, Adrien 67
Bowra, C. M. *284, 299*
Bramante 235
Brandini, Ciuto 61
Braubach, Max *218f., 222*
Brecht, Bert 235
Brinvilliers, Marie Madeleine Marquise de 114
Bronzino, Agnolo di Cosimo 265
Brunelleschi, Filippo 58, 73, 135ff., 139, 146, 166, 186, 192, 195, 204, 259, 263f.
Bruni, Leonardo 2, 36f., 73, 137f., 167, 171, 183, 186, 194, 249f.
Buffon, Georges-Louis Leclerc de 145
Buoncompagno 202
Buoninsegni, Duccio *93*
Burckhardt, Carl J. *39f., 66, 75, 101, 306*
– Jacob 139, 165, 188, *259, 264f.,* 270, 301, 303f., 312
Buschor, Ernst *124f.,* 255, *260*
Bussy-Rabutin, Roger de 272
Byron, George Gordon Noël, Lord *178,* 243

Caesar, Gaius Julius 37, 127, 207
Cambio, Arnolfo di 165, 203
Camus, Albert 140
Canaletto, Bernardo 15
Carpaccio, Vittore 235

Capponi, Gino 74
Carlyle, Thomas 304
Carrara, Francesco 240
Cartier, Jacques 53
Casa, Giovanni della 270
Casanova, Giovanni Giacomo, Chevalier de Seingalt 15
Cassirer, Ernst *139*
Castagno, Andrea del 285
Castiglione, Baldassare, Graf 249
Cato der Jüngere 208
Catullus, Gaius Valerius 207, 229
Cavalcanti, Guido 63, 138, 167
Cellini, Benvenuto 251
Cennini, Bernardo 187
Cervantes Saavedra, Miguel de 234, 259
Chalais, Henri de Talleyrand, Marquis de 38
Chamberlain, Basil H. *68*
Chamberlin, E. R. *23, 62*
Champaigne, Philippe de 67, 143, 170
Champlain, Samuel de 54
Champris, Henri Gaillard de *192f., 256*
Chapelain, Jean 53, 185, 192
Chapelle (eig. Claude-Emmanuel l'Huillier) 185
Charbonneaux, Jean *251*
Chardin, Jean 53
Chastel, André *72, 99, 136f., 186, 202f., 263f., 283, 285*
Ch'ēn, Shou Yi *109f., 133, 162, 193, 200f.*
Chêng Ch'ien 133
Chesterfield, Philip Dormer Stanhope, Earl of 243
Chiang, Yen 201
Chrysipp 313
Chrysolaris, Emmanuel 204
Chung Jung 201
Cicero, Marcus Tullius 36f., 207f., 271, 284, 309
Cimabue (eig. Cenni di Pepo) 139, 165, 202, *264*
Cinq-Mars, Henri, Marquis de 84
Clausewitz, Carl von 215f., 227
Coke, Sir Edward 233
Coysevox, Charles Antoine 268
Colbert, Jean-Baptiste 54, 106, 115, 169, 187, 191f., 231
Coleridge, Samuel Taylor 243
Colleoni, Bartolommeo 166
Campagni, Dino 82
Comte, Auguste 7, 144
Condé, Louis Prinz v., Herzog v. Bourbon 66, 84, 168, 185, 196

Cooper, J. P. *40, 86*
Cope, Edward Drinker 276
Corinth, Lovis 235
Corneille, Pierre 169f., *256, 267*
– Thomas 169
Corot, Camille 243
Coulborn, Rushton 278, 303
Cranach-Sichert, E. von *143*
Credi, Lorenzo di 135
Créquy, Herzog von 185
Crivelli, Carlo 235
Cromwell, Thomas 233, 236f.
Cronaca, Simone 166
Cronin, Vincent *36, 94, 99, 113, 134f., 187ff., 250, 253, 269, 272, 300, 321*

Dante, Alighieri 36, 57, 66, 71f., 82, 165, 167, 192, 194, 202, 249, 271
Darius I., König von Persien 20
Darius III., König von Persien 170
Darwin, Charles 7, 145
Dati, Gregorius 24, 37, 99, 137, 167, 171
Daubray 114
Davanzati, Chiaro 82
David, König von Israel 3, 154, 166, 183, 195, 281, 315
Davids, C. A. F. Rhys *294*
Davidson, Robert *51, 57, 62, 66, 72, 77, 82*
Degas, Edgar 243
Delbrück, Hans *40, 42, 113, 138, 293*
Demades 106
Demokrit 289, 313
Demosthenes 70, 106, 120, 160, 261f., 309
De Sanctis, Francesco 307
Descartes, René 11f., 58, 66, 83, 105, 140, 169, 238, 256
Desmarets de Saint-Sorlin, Jean 310
Deuterojesaias 279
Diagoras 102
Dijksterhuis, E. J. *139*
Diller, H. *256*
Dilthey, Wilhelm *152*, 215
Diogenes, Laërtius 195
Diopeithes 102
Donatello 57, 136, 166, 183, 195, 204, 253, 255, 264, 285, 315, 324
Doria, Pietro 240
Dostojewski, Fjodor Michailowitsch 140
Drusus, Marcus Livius 209
Duccio (eig. D. di Buoninsegni) 203
Ducerceau, JacquesAndrouët 268
Durant, Ariel *54*

Durant, William J. *54, 189, 258*
Durkheim, Emile 64, 325f.
Duvergier de Hauranne, Jean 67

Eberhard Ludwig, Herzog von Württemberg 223
Echnaton (Amenophis IV.), König von Ägypten 261, 322
Eduard III., König von England 233
Ehrenberg, Viktor *48*
Eichendorff, Joseph Freiherr von 227
Einstein, Albert 6, 216, 242, 332
Einstein, Alfred *254*
Elias 279
Eliot, Thomas Stearns 303
Elisabeth I., Königin von England 307
Ellesmere, Lordkanzler 233
Empedokles 46
Engel, Josef *94*, 139
Engels, Friedrich 328
Ephialtes 59, 99, 232
Epikur 160
Erdmannsdörffer, Bernhard *219, 221, 223f., 226*
Ernst der Fromme, Herzog von Sachsen-Gotha 223f.
Ernst, Max 235
Eudes, St. Jean 67
Eudoxus 284
Eugen, Prinz von Savoyen 220
Euklid 196
Euphorion 71
Eupolis 102
Euripides 46, 69, 100, 101f., 107, 109, 117, 119f., 159f., 185f., 192f., 204, 250, 256f., 262, 271, 274, 300, 311
Exekias 159

Fabriano, Gentile 263
Fairbank, John K. *12, 22, 33, 44, 49, 56, 60, 65, 82, 100, 103, 110f., 163, 173, 263, 269, 285, 294, 309, 321*
Fan Li 112
Fa-shien 189
Feifel, Eugen *133, 310*
Fénélon, François de Salignac de la Mothe-F. 58, 250
Ferdinand II., deutscher Kaiser 26f.
Ferdinand II., Herzog von Mantua 28
Feuerbach, Ludwig 7, 288
Fibonacci, Leonardo 203
Fichte, Johann Gottlieb 228

Ficino, Marsilio 57, 103, 183, 185, 195, 249f., 283
Fiesque, Graf von 185
Filarete (eig. Antonio di Pietro Averlino) 263
Filelfo, Francesco 184, 204, 250
Fiorentino, Rosso 265 f.
Fitzgerald, Charles P. *22, 109*
Flaubert, Gustave 243
Fleury, Claude 250
Fontenelle, Bernard Le Bovier de 104f., 143, 171, 288, 310
Forke, Alfred *49*
Forster, Johann Georg 53
Foucquet, Nicolas 196, 258, 272
Francesca, Piero della 285
Franke, Herbert *275*
– Otto *33f., 85, 129, 132, 201, 255, 262f.*
Franz I., König von Frankreich 54
Franz von Assisi 202
Freedberg, S. J. *266*
Frescobaldi, Matteo 82
Freud, Sigmund *152*, 178, 215f., 273, 303
Friedell, Egon *75*
Friedrich II., deutscher Kaiser 85, 203
Friedrich II., König von Preußen 220, 226, 230
Friedrich Wilhelm, Kurfürst von Brandenburg 219 ff., 224
Friedrich Wilhelm I., König von Preußen 222, 226
Frischeisen-Köhler, Max *183*
Frobenius, Leo 326
Fuentes, Pedro Enriquez de Acevedo, Graf von 26
Fueter, Eduard *103*
Fukuzawa, Yukichi 174

Gainsborough, Thomas 243
Galilei, Galileo 6, 139, 147, 151, 167, 202, 242, 286
Gallas, Matthias 28
Garin, Eugenio *250*
Garrick, David 243
Gassendi, Pierre 256
Gauß, Carl Friedrich 216
Gaxotte, Pierre 308
Gebhardt, Bruno *217f.*
George, Stefan 235, 242
Ghazzālī, al- 212
Ghiberti, Lorenzo 135, 166, 194, 253, 264
Ghirlandaio, Domenico 166, 189
Gibbon, Edward *178*, 243
Gioja, Flavio 202

Giorgone (eig. Giorgio Barbarelli) 235
Giotto di Bondone 82, 136, 139, 165, 202
Goethe, Johann Wolfgang von 6, 11, 44, 117, 119, 140, *152, 178, 182,* 188, 196, 207, 214f., 220, 227 ff., 242, 248, 254f., 257, 263, 275, 299, 310f., 314, 322
Goldoni, Carlo 15
Goldschmidt, Richard 277
Góngora y Argote, Luis de 234
Gonzaga, Francesco 300
Gorgias 45
Gottsched, Johann Christoph 227
Goubert, Pierre *39f., 187*
Goya, Francisco de 243
Gracián, Baltasar 234, 270
Gramont, Antoine III., Herzog von G. 185
Greco, El 261
Gregor XII., Papst 93
Gropius, Walter 235
Grotius, Hugo 293
Grousset, René *49f., 65, 161, 163, 201, 213, 307*
Grube, Wilhelm *112, 128, 164,* 257, *263, 271*
Grundmann, Herbert *217*
Guardi, Francesco 15
Guicciardini, Francesco 167
Guinizelli, Guido 202
Gwyther, J. Howard 68

Hamann, Johann Georg 227
Hammurabi, König von Babylon 14
Händel, Georg Friedrich 226
Han Kan 194
Han Yü 43, 112, 132, 147, 162 ff., 251, 263, 271, 310, 322
Hardouin-Mansart, Jules 267
Hārūn al-Rashīd 14, 307
Hasebroek, Johannes *47f.*, 65
Hasenclever, Sophie 57
Hassinger, Erich *36f., 85, 114*
Hatschepsut, Königin von Ägypten 61
Hauptmann, Gerhard 235, 242
Hauser, Arnold *100*
Hausherr, Hans *169*
Hawkwood, John 25, 35
Hazard, Paul *105, 143, 169,* 288
Hegel, Georg Wilhelm Friedrich 118, 150, *152,* 153, 215, 227f., 235, 251, 273, 299, 301f., 321
Heichelheim, Fritz M. *47*
Heidegger, Martin 235
Heine, Heinrich 227

Heinrich IV., König von Frankreich 26, 28, 38f., 54, 83
Heinrich VIII., König von England 233, 236f., 307, 322
Heinsius, Nicolaas 54
Heisenberg, Werner 216, 235
Hekatäos 197f.
Helvetius, Claude Adrien 288
Henriette-Anne von England, Herzogin von Orléans 114, 142
Henriette-Marie, Königin von England 142
Heraklit 153, 198, 279, 281, 289
Herder, Johann Gottfried 215, 227, 303, 310, 321
Herodot 45f., 199, 204, 284, 314f.
Hesiod 204
Hesse, Hermann 235
Hipparchos 32
Hippias 20, 81
Hippodamos 46
Hippokrates 199, 212
Hitler, Adolf 30
Hoare, Henry 243
Hobbes, Thomas 231, 234, 288
Ho Chih-chang 110
Hocke, Gustav René *249*
Holbach, Paul Thiry, Baron von 288
Hölderlin, Friedrich 182, 227, 310, 322
Holstein-Gottorp, Herzog Friedrich von 224
Holt, P. M. *213*
Homer 64f., *126*, 197f., 204, 271, 274, 279, 285, 289f., 309f., 314
Hommel, Karl Ferdinand *45*
Horaz (Quintus Horatius Flaccus) 194, 207, 209, 251, 253f., 284, 310, 322
Hsiao Wen Ti 33, 77
Hsüan-tsang 49f., 163, 201
Huan 294
Huet, Pierre Daniel 185, 191
Hui Nēng 110
Hugo, Victor 243
Hulbert, H. B. *22*
Humboldt, Alexander von 137, 216
– Wilhelm von 215, 227, 310
Hume, David 10, 243
Hung, William *49, 71, 98, 110, 134, 161f., 171, 298, 310*
Hunke, Sigrid *271*
Hunter, William 137
Hurault, Michel 53
Husserl, Edmund 235, 242
Hussey, J. M. *213*

Huygens, Christian 54

Ibn Adrabbihi 270
Ibn Khaldûn 89, 283
Ibn al-Muquaffa 211, 270
Ibn Qutayba 211f., 270
Ibn as-Sikkīt 270
Ibn Sīnā (Avicenna) 212
Ibrahim, Imam 214
Iktinos 121f., 253, 319
Imola, Benvenuto von 83
Ingelheim, Anselm Franz, Fürst von 219
Ion 45
Irnerius 202
Isagoras 81
Isokrates 271

Jacob, E. F. *113*
Jāhiz, al- 211f., 253, 270f., 321f.
Jansenius (Cornelius Jansen) 67
Jaspers, Karl 235, 279f., 318
Jean Paul (eig. Jean Paul Friedrich Richter) 227
Jeremias 279
Jesaias 279
Johannes V. Palaiologos, Kaiser von Byzanz 42
Johannes VIII. Palaiologos, Kaiser von Byzanz 42, 51
Johnson, Samuel 243
Jonathan 322
Jünger, Ernst 235
Justinian I., oströmischer Kaiser 184, 290

Kafka, Franz 140
Kallias 158
Kamerbeek, J. C. *256*
Kant, Immanuel 153, 215, 227f., 322, 332
Kao-tsung, Kaiser von China 65, 163
Karl I. (Stuart), König von England 142, 234
Karl IV., Herzog von Lothringen 95
Karl V., deutscher Kaiser 27
Karl VIII., König von Frankreich 113, 300
Karl der Kühne, Herzog von Burgund 26
Karl Alexander, Herzog von Württemberg 223
Karl Emanuel, Herzog von Savoyen 28
Karl Eugen, Herzog von Württemberg 223
Keats, John 243
Kebes, von Theben 46
Kent, William 243
Kepler, Johannes 105
Kimon 45, 59f., 69f., 92
Klee, Paul 235, 242

Kleist, Heinrich von 227
Kleisthenes 32, 56, 59f., 81, 232
Kleomenes, König von Sparta 81
Kleon 60, 102, 106ff., 146
Klopstock, Friedrich Gottlieb 226
Knigge, Adolf Freiherr von 270
Kolumbus, Christoph 51, 139
Konfuzius 14, 32f., 42f., 44, 56, 110, 112, 133, 154, 173, 200, 269, 271, 279, 281, 294, 310, 322
Konon 100
Konstantin von Karthago 202
Kopernikus, Nikolaus 6, 105, 215
Köprülü, Großwesir 218
Kristeller, Paul Oskar *103, 249, 272*
Kroeber, A. L. 262
Kuan Chung 294
Kuhn, Thomas S. 238
Ku K'ai-chih 200
Kusenberg, Kurt *266*
Kylon 81
Kyros II., der Große 19
– der Jüngere 127

La Bruyère, Jean de 63, 86, 105, 143, 171, 256, 258, 266, 270, 310
La Chaise, François d'Aix (Père La Chaise) 12
Ladislaus, König von Neapel 93
La Fayette, Marie-Madelaine, Comtesse de 142, 267f., 308
Laffont *144*
La Fontaine, Jean de 53, 105, 114, 141, 147, 170f., 185, 192, 255f., 310, 322
Lamarck, Jean Baptiste de 145
Lamettrie, Julien Offray de 288
La Monnoye, Bernard de 191
Lancelot, Claude 67
Landino, Cristoforo 112, 194f.
Landmann, G. B. 186
Landucci, Lando 94
Langlotz, Ernst *239, 252, 260, 262, 284*
Laotse 65, 112, 185, 200, 279, 294
La Reynie 12, 114f., 271
La Rochefoucauld, François, Herzog von 58, 114, 141ff., 147, 170, 250, 266, 308
Lasaulx, Ernst von 279f.
Lauzun, Graf 63
Lavisse, Ernst *28*, 55, 307
Lavoisier, Antoine Laurent 145, 147
Lawrence, Thomas 243
Lazard, G. *238, 271*
Lebrun, Charles 143, 170

Lehmbruck, Wilhelm 242
Leibniz, Gottfried Wilhelm, Freiherr von 44, 219, 288
Le Maître, Antoine 67, 238
Le Nôtre, André 143, 170, 267
Leonard, Emile G. *213*
Leonardo da Vinci 6, 58, 103, 135ff., 139, 147, 166f., 185, 192, 234, 253ff., 257f., 259, 264, 283, 319, 322, 324
Leopold I., deutscher Kaiser 95
Lepidus, Marcus Aemilius 134
Léry, Jean de 52
Lessing, Gotthold Ephraim 152, 215, 228
Le Tellier, Michel 40
Le Vau, Louis 142, 146, 267f.
Lewis, B. *213*
Li Ch'eng-ch'ien 50
Lie-Tse 279
Lilburne, John 234
Li Lin-fu 110, 147, 297f.
Lindlar, Heinrich *254*
Lion-Goldschmidt, Daisy *65, 163, 262*
Li Pi 111f.
Li Po 1, 110, 129ff., 147, 163, 183, 185, 192, 194, 253, 255, 257, 263
Lippi, Fra Filippo 166, 195, 285
Liselotte von der Pfalz 104, 115
Li Ssu-hsün 132
Li Tao-yüan 162
Liu Chih-chi 133
Liu Hsieh 201
Livius, Titus 207, 229
Locke, John 104, 288
Longueville, Anne-Geneviève de Bourbon-Condé 67
Louvois, François-Michel, Marquis de 40, 106, 141
Lucanus, Marcus Annaeus 207
Lu Chün 43
Lucretius Carus, Titus 207, 226, 284, 309
Ludwig XIII., König von Frankreich 29, 67, 169, 299
Ludwig XIV., König von Frankreich 12, 19, 39, 54, 63, 68, 99, 100, 115f., 140, 142, 144, 146f., 168f., 171, 187, 191, 196, 225, 231, 270, 272, 284, 299, 306ff.
Ludwig Wilhelm, Markgraf von Baden 220
Lykurgos 100
Lysias 46, 158, 193
Lysipp (Bildhauer) 160, 290, 315
– (Komödiendichter) 186

Machiavelli, Niccolo 58, 88, 113 f., 116, 137 f., 141, 167, 191, 321 f.
Macke, August 242
Mahāvira 294
Mahler, Gustav 130
Maiano, Benedetto da 166
Maintenon, Françoise d'Aubigné, Marquise de 12, 250
Malatesta, Sigismondo 240
Malebranche, Nicole 104 f., 143
Mallarmé, Stéphane 243
Malraux, André 140
Manet, Edouard 243
Manetti, Gianozzo 186
Mann, Thomas 11, 235, 242
Mansart, François 169, 268
Marana, Giovanni Paolo 104
Marc, Franz 242
Marcuse, Herbert 337
Maria Tudor, Königin von England 237
Mariéjol, Jean H. *28 f.*
Marīgny 115
Mark Aurel 41, 136
Marks, L. F. *113*
Marsilio von Padua 202
Marot, Clément 185
Martini, Simone 203
Marx, Karl 6, 7, 11, *152*, 215 f., 251, 272 f., 288, 303
Masaccio 136 f., 139, 146, 166, 263 f., 319
Maximilian I., deutscher Kaiser 26
Maximilian I., Kurfürst von Bayern 96, 217
Medici, Cosimo de' 51, 57, 74, 93, 190, 194 f., 307
– Giovanni de' 74
– Giuliano de' 191
– Lorenzo de' 74, 93, 103 f., 113, 116, 135, 147, 184, 189, 191 f., 195 f., 271, 307, 322
– Maria, franz. Königin 67, 146
– Piero de' 191, 194
Meiji, Kaiser von Japan 173
Meinecke, Friedrich 138, *144*, *215*, 235, 242
Melissus 229
Menander 117, 120, 160, 192, 269
Mendelsohn, K. *61*
Meng-tzu 310
Mentuhotep, ägypt. König 253
Méré, Antoine de 270
Mersenne, Marin 83
Merck, Johann Heinrich 254
Meton 127

Meyer, Eduard 20, *30*, *49*, *56*, *70*, *81*, *96*, *99*, *102 f.*, *107*, *116*, *118*, *120*, *184*, *190*, *193*, 241, *289*, 301
Meyer, Joseph *254*
Michelangelo, M. Buonarotti 11, 104, 135, 139, 147, 166 f., 185, 192, 195, 234, 248, 253, 258, 264 f., 285, 315, 320, 322, 324
Michelet, Jules 275, 312
Michelozzo, M. di Bartolommeo 195
Mikon 159
Miltiades 31, 59
– d. Ältere 48
Ming Huang, Kaiser von China 71, 110, 147, 185, 188, 190, 193, 194, 231, 255, 297 f., 307, 322
Mnesikles 122 f., 147
Mocenigo, Tommaso 93
Mocquet, Jean 53
Molière, Jean Baptiste Poquelin 86, 103, 140, 147, 167, 170, 185, 188, 191 f., 251, 256 ff., 266 ff., 320, 322
Mommsen, Theodor *208 ff.*
Monaco, Lorenzo 203, 263
Monet, Claude 243
Montaigne, Michel de 53, 143
Montausier, Charles de Sainte-Maure, Herzog von 185
Montefeltro, Federigo da 93, 240
Montespan, Françoise Athenaïs, Marquise de 115, 185
Montesquieu, Charles de Secondat, Baron de 144, 147, 171, 321
Monteverdi, Claudio 15
Montmorency, Henry II., Herzog von 38, 83
Moog, Willy *183*
Moreau-Gobert, Jean-Claude *65*, *163*, *262*
Mörike, Eduard 227
Mo-Ti 279
Mozart, Wolfgang Amadeus 227, 320, 322, 324
Mubarrad, al- 270
Muhammad ibn Alī 213
Müller, August *213*
Münchhausen, Karl Friedrich Hieronymus, Freiherr von 278
Muqaddasī, al- 212
Murray, Gilbert *119*
Myron 123, 256, 290, 315

Namier, Lewis B. 11
Nantouillet, Chevalier de 185
Napoleon I. 230, 293
Nepos, Cornelius 309

Nero, Claudius Caesar Augustus Germanicus 115, 157
Nestle, Wilhelm *126*
Nevers, Karl I. von Gonzaga, Herzog von 28, 94
Newton, Isaac 6, 105, 151, 231, 242, 303
Niccoli, Niccolò de' 184, 195
Nicole, Pierre 58, 67, 105
Nicolson, Harold 270
Nietzsche, Friedrich 140, 182, 215f., 228, 242, 251, 289, 317
Nigg, Walter *140*
Nikeratos 158
Nikias 158
Nikolaus V., Papst
Nilsson, Martin P. *85*
Nogar, R. J. *277*
Nolde, Emil 235
Notaras, Lukas 42

Ochis, Andreolo de 184
Odysseus 290
Oestreich, Gerhard *223*
Ogasawara, Takatoki 173
Olier, Jean Jacques 67
Olivares, Caspar, Graf 27
Oñate 26f.
Orcagna, Andrea 165
Orléans, Gaston, Herzog von 84
Osborne, Harold *124*
Ovidius Naso, Publius 204, 207, 209

Pacioli, Luca 285
Pandolfini, Agnolo 74
Panofsky, Erwin 276
Pareto, Vilfredo 325
Parmenides 199, 279
Parsons, Talcott 235f.
Parrhasios 284
Pascal, Blaise 5, 64, *66*, 67, 86, *114*, 134, 140, 142f., 146, 150f., 167, 169ff., 188, 238, 251, 266, 272, 320
Paul, Vincenz von 67
Pauly, August *45*, *48*, *69*, *210*
Pellat, Charles 211
Pellison, Paul 272
Perikles 12, 32, 45f., 56, 59f., 69f., 97, 107, 109, 121, 126, 146f., *158*, 159, 186, 189f., 192f., 231f., *284*, *299*, 307, 322
Perrault, Claude 143, 147, 267, 310
– Charles 310
Persius, Aulus P. Flaccus 185
Perugino, Pietro 135

Petit, Claude 115
Petrarca, Francesco 36f., 137, 192, 232
Petronius Arbiter 270
Pfandl, Ludwig *237*
Pheidon, König der Argiver 79
Phidias 45, 122, 124, 193, 315
Philemon 192
Philipp II., König von Spanien 26, 235, 237
Phrynichos 20, 108
Pico della Mirandola 269, 383
Piranesi, Giambattista 15
Pindar 204
Pisano, Andrea 203
Pi Sheng 164
Peisistratos 48, 59, 65, 81, 85, 238
Pius II., Papst 93, 240
Planck, Max 216, 242
Platen, August, Graf von 118
Platon 46, 57, 70, 103, 109, 111, 112, 120, 126f., 133, 147, 151, 160, 166, 195, 199, 204, 262, 269, 279, 284, 289, 316, 322
Platzhoff, Walter *28*
Plautus 269, 284
Plessner, Helmuth 229
Plethon, Gemistos 204
Plinius d. Ältere 194
Plutarch 70
Po Chü-i 77, 129, 131, 163, 185, 192, 257f., 263
Poggio Bracciolini 36, 58, 103, 137f., 167, 183f., 194, 204, 238, 249f.
Poirier, Jean *44*, *53*
Pole, William de la 233
Poliziano, Angelo 184, 192
Pollio, Asinius 309
Polybios 324
Polygnot 45, 284, 321
Polyklet 124, 315, 321
Pontormo, Jacobo da 167, 265f.
Popper, Karl 126
Porta, Giacomo della 320
Poussin, Nicolas 169, 268
Pradon, Jacques 193
Praxiteles 125, 160, 261f., 315
Prezzolini, Giuseppe *307*
Prodikos 45
Properz, Sextus 207, 229
Protagoras 45f., 102, 199
Proudhon, Pierre Joseph 302
Proust, Marcel 140
Puget, Pierre 258, 268
Pulci, Luigi 103, 166, 238
Pythagoras 198, 289

PERSONENREGISTER

Qahtaba 214
Queneau, Raymond 105
Quevedo y Villegas, Francisco Gomés de 234
Quinault, Philippe 169, 185
Quintilian, Marcus Fabius 204, 207

Rabelais, François 52 f.
Rabutin-Chantal, Jeanne de 66
Racine, Jean Baptiste 53, 67, 86, 140 f., 147, 170, 185, 191 f., 256 ff., 266, 308, 310 f., 320
Raffael (Raffaelo Santi) 126, 235, 283, 285, 324
Raitenau, Wolfdietrich von 217
Ramses II., König von Ägypten 253
Ramses III., König von Ägypten 281
Ranke, Leopold von 27, 215, 224, 228, 321
Rapson. E. J. *294*
Rauch, Christian Daniel 227
Rāzī, al- 212
Réaumur, René-Antoine 145
Reger, Max 242
Redditi, Filippo 135, 189
Rehm, Walter *252*
Reischauer, Edwin O. *12, 22, 33, 44, 49, 56, 60, 65, 82, 100, 103, 110 f., 163, 173, 263, 269, 285, 294, 309, 321*
Rembrandt 192, 321
Rénaudot, Théophraste 39
Renoir, Pierre Auguste 243
Repton, Humphrey 243
Retz, Paul de Gondi, Kardinal 103, 116, 142 f., 147
Rhodes, Alexandre de 53
Rhoikos 198
Ribera, Jusepe de 234
Ricci, Matteo 44
Rich, E. E. *38*
Richelieu, Armand-Jean du Plessis, Herzog von, Kardinal 19, 28 f., 38 ff., 54, *66*, 67, 74 f., 83 f., 86, 94 f., *101*, 143, 168 f., 217, 231, 306 f.
Richter, Gisela M. A. *47*
Riemann, Hugo *254, 258*
Rilke, Rainer Maria 242
Rimbaud, Jean Arthur 243
Ritter, Moriz *216, 222*
Robbia, Luca della 166
Rodin, Auguste 124
Rohe, Mies van der 235
Romney, George 243
Ronart, Nandy *213 f., 270, 321*
– Stephan *213 f., 270, 321*
Roscoe, William 189

Rose, Hans *252 f.*
Rostovtzeff, Michael *55 f., 91*
Roth, Stephan Ludwig 221
Rousseau, Jean-Jacques 126, 283
Rowland, B. 125
Rowse, A. L. *237*
Rubinstein, Nicolai *99, 134, 138*
Rüegg, Walter *329*

Saint-Evremond, Charles de 272
Saint-Simon, Louis de Rouvroy, Herzog von 101, 185
Sainte-Beuve, Charles-Augustin *64, 140, 215, 243, 267, 272*
Sales, Franz von 66 f.
Sallustius Crispus, Gaius 207 f., 309, 322, 324
Salomo, König von Israel 3, 14, 271, 281
Salutati, Coluccio 24, 36 f., 73, 204, 305 f.
Sandys, John E. *202, 204, 215*
Sappho 255
Sargon von Akkad 14
Sarto, Andrea del 264
Sassoferrato, Bartolo di 62, 203
Savonarola, Girolamo 104 f., 113, 147, 307, 322
Schachermeyer, Fritz *199, 239, 252*
Schadewaldt, Wolfgang 284 f., 290
Schadow, Johann Gottfried 227
Schafer, Edward H. *43, 50, 98, 201*
Schalk, Fritz *144*
Schefold, Karl *122 f., 261 f.*
Scheler, Max 235, 242
Schelling, Friedrich Wilhelm Joseph *152*, 227
Schevill, Ferdinand *23, 35, 51 f., 57, 62, 66, 72, 74, 100, 116, 298*
Schieder, Theodor *54, 83, 94, 101, 104, 139, 219, 223, 236, 308*
Schiller, Friedrich von *152*, 227, 310
Schindewolf, Otto H. *277, 330*
Schinkel, Karl Friedrich 227
Schlegel, Friedrich 215, 227, 249, 310 f.
Schleiermacher, Friedrich Ernst Daniel *152*, 227
Schlesinger, Walter 226
Schmid, Wilhelm *64 f., 118, 186, 256, 284*
– Georg *250*
– Karl Adolf *250*
Schmidt, Adolf *70, 121*, 307
Schopenhauer, Arthur 227
Schubert, Franz 227
Schulin, Ernst *236*
Schulthess, Edmund *48*
Schumann, Robert 228
Scudéry, Madeleine de 268

Seckendorf, Veit Ludwig von 223
Seek, Otto *41*
Seele, Keith C. *271, 323*
Seignobos, Charles 307
Seneca, Lucius Annaeus 207
Sesostris I., König von Ägypten 309
Sévigné, Marie Marquise de 67, 86, 105, 141 f., 171, 185, 191, 272
Sforza, Francesco 93, 137, 258
Shakespeare, William 6, 118, 188, 231, 233, 237, 267
Shelley, Percy Bysshe 243
Shên Chüan-ch'i 128, 146
Shi-hoang-ti 263
Shih Ssu-ming 111
Siao T'ung 201
Sibawaihi 211
Sickmann, Laurence *132, 262f., 285, 319*
Siebold, Philipp Franz, 172
Simon 322
Simon, Richard 104 f., 143, 171
Sīnā, Ibn (Avicenna) 212
Sirjab 270
Sismondi, Jean Charles Léonard Simon de la 307
Skopas 160
Smith, Vincent A. *309*
Snell, Bruno *157, 198, 250, 269, 290*
Sōgōro, Sakura 173
Soissons, Louis, Graf von 84
Sokrates 12, 46, 56, 71, 97, 102, 109, 125 ff., 133, 147, 156 f., 160, 184, 199, 204, 237, 275, 284, 289, 299, 322
Solon 30 f., 47, 55 f., 59, 69, 81, 85, 158, 232
Solschenizyn, Alexander 333
Songtsen Gampos, Großkönig von Tibet 22, 92, 146
Soper, Alexander *132, 262f., 285, 319*
Sophokles 45, 69 ff., 101 f., 109, 118 ff., 133, 147, 159, 169, 182 f., 185, 188, 192 f., 204, 248 f., 251, 253 f., 256 f., 260, 289, 310 f., 315, 322
Sorel, Charles 83, 191
– George 247
Sorokin, P. A. 287
Sourdel, D. *214*
Spear, Percival *309*
Spencer, Herbert 7
Spengler, Oswald 6 ff., 13, 87, 251, 273, 283, 287, 302, 312 ff., 326
Speusippos 127, 160
Spooner, F. C. *96*

Ssu-ma Ch'ien 320
Ssu-ma Kuang 34
Staël, Germaine de 183
Stählin, Karl *64f., 118, 186, 256, 284*
Stälin, P. *223*
Stefani 62
Steindorff, Georg *271, 323*
Stendhal (eig. Marie-Henri Beyle) 140
Stengel, Paul 65
Stirner, Max 7
Strauss, Richard 235, 242
Strauß, Viktor von 279 f.
Strowski, Fortunat *66, 68*
Sulla, Lucius Cornelius 209, 324
Sung Chih-wēn 128, 146
Sun-tzu 322
Su-tsung, Kaiser von China
Su Tung-Po 129

Tabarī, al- 212, 321
Tacitus, Cornelius 207, 324
T'ai Tsung, Kaiser von China 2, 22, 33, 50, 92, 109, 146, 163, 193, 231, 307
Tallemant, Abbé Paul 187
Talleyrand-Périgord, Charles Maurice de 84
T'ao Ch'ien 200
Tauhīdī, al- 212
Tavernier, Jean-Baptiste 53
Telekleides 190
Terenz, Publius Terentius Afer 269, 284
Terpandros 79
Tha'âlibî, al- 212
Thales von Milet 289, 321
Thalheim *69*
Theaitet 127, 160
Themistokles 21, 31 f., 54, 59, 107 f., 231 f., 305, 307, 315, 322
Theodoros 198
Theophrast 160
Theseus 69
Thevet, André 52
Thieme, Ulrich *266*
Thrasymachos 45
Thukydides 45, 56, 60, 76, 102, 109, 116, 120, 126 f., 147, 160, 199, 204, 248, 274, 279, 289, 309, 314, 319, 324
Thukydides der Ältere 60, 70, 188
Thutmosis III., König von Ägypten 320, 322
Tiberius Julius Caesar Augustus, Kaiser von Rom 115
Tibullus, Albius 207
Tieghem, Philippe van *53, 66*

Tiepolo, Giovanni Battista 15
Timotheos 100, 262
Tizian 235
Tököly, Emmerich 218
Tolnay, Charles de 265
Toscanelli, Paolo dal Pozzo 57, 139
Toynbee, Arnold 6ff., 13, 76f., 89, 205f., 277f., 283, 287, 301, *320*, 330
Trachsler, Walter *258*
Trauzettel, Rolf *275*
Traversari, Ambrogio 195
Treitschke, Heinrich von 251, 301, 304
Tschuang-Tse 279
Tuan Ch'êng-shih 192
Tu Fu 1, 3, *49*, 71, 77, 98, 109f., 129, 131, 133, 147, *161*, 163, 171, 183, 185, 193, 253, 255, 257, 263, *298*, 309, 320, 322
Tu Muh 263
Tutenchamon, König von Ägypten 261
Tyrtaios 79

Überweg, Friedrich *183*
Uccello, Paolo 285
Ullman, B. L. *138*
Uzzano, Niccolò da 63, 74

Vaglieri, Laura Veccia *213*
Varchi, Benedetto 167
Varese, Claudio *192*
Varro, Marcus Terentius 87
Vasari, Giorgio 103f., 136, 138, *139*, 167, 249, 263
Veblen 97
Vega, Felix de V. Carpio 234
Velazquez, Diego de Silva 234
Vergilius Maro, Publius 194, 204, 207, 229, 255, 309f.
Verlaine, Paul 243
Verrocchio, Andrea del 135, 166, 255, 285
Vespucci, Amerigo 51
Vetter, E. *210*
Viau, Théophile de 83
Villani, Filippo 73
– Giovanni 51, 58
Visconti, Filippo Maria, Herzog von Mailand 74, 93
– Giangaleazzo, Herzog von Mailand 2, 19, 23ff., 35, 73, 92f., 98, 146, 164f., 168, 275, 306
– Giovanni, Erzbischof 23
– Primi 114
Vitruvius Pollio 134, 204, 253, 257, 267

Viviani, René 54
Vivonne, Herzog von 185
Vollmer, Hans *143*
Voltaire, François-Marie 6, 11, 44, 53, *58*, 105, 142, 144, 147, 171, 183, 187, 266, 270, 288, 307, 321f.
Vossius, Isaac 54
Vouet, Simon 268

Wachsmuth, Kurt *47*
Wagner, Richard 228
Waley, Arthur D. *185*, *192*, *258*, *263*
Wallenstein, Albrecht, Herzog von Friedland 217f.
Walpole, Horace 243
Wang Shi-chih 200
Wang Wei 1, 129, 132f., 147, 163, 192, 194, 255, 262
Weber, Alfred 3, 280f.
– Karl Maria von 227
– Max *42*, 242, 325, 327
Wedgwood, Cicely V. *29*
Weinstock, Heinrich *118ff.*, *249*, *310*
Weis, Eberhard *54*, *101*, *219*, *308*
Wen Ti, Kaiser von China 33, 85
Weizsäcker, Carl Friedrich von 316
Werner, O. 118
Werth, Johannes von 29
Whitehead, Alfred North 126
Wieland, Christoph Martin 193
Wiet, Gaston *211ff.*, *253*, *271*
Wilamowitz-Moellendorff, Ulrich von 309
Wilhelm, Richard *130f.*, 255, 257, *300*
Wilhelm I., »der Eroberer« 202
Wilhelm III., König von England 168, 225
Willige, Wilhelm 255
Wilson, C. H. *38*
Winckelmann, Johann Joachim 185, 215, 227, 257, 290, 310f., 321
Winstanley, Gerrard 234
Wissowa, Georg *45*, *48*, *69*, *210*
Wittfogel, Karl A. 155
Wolf, John B. *189*
– Walter *238*, *253*, *319f.*, *323*
Wölfflin, Heinrich *136*, *259*, *263f.*
Wolsey, Thomas, Erzbischof von York 233
Wordsworth, William 243
Wu, chines. Fürst 112
Wu, Kaiserin von China 65, 100, 163, 188
Wu Tao-tzu 1, 132, 147, 163, 192, 194, 255, 319
Wu Ti, Kaiser von China 200
Wu-tsung, Kaiser von China 43

Xanthippos 32, 60
Xavier, Francisco 44
Xenophanes 199
Xenophon 120, 127, 160, 204

Yamagata, Aritomo 173
Yang Hsien-chih 162
Yang Kuei-fei 110f.
Yang Ti, Kaiser von China 21, 33f., 50, 60, 82, 85, 307
Yen Chih-t'ui 162, 201
Yen Li-pên 163, 193
Young, G.F. 307

Yüan Chên 77, 163
Yü Hsin 201

Zarathustra 56, 279, 281
Zeeden, Ernst W. *217*
Zeller, Eduard *125*
Zenon 46
Zeuxis 45, 160, 284
Ziegler, K. *45*
Zola, Emile 243
Zuckmayer, Carl 235
Zurbarán, Francisco de 234